LE

TOUR DE FRANCE

D'UN PETIT PARISIEN

CONSTANT AMÉRO

LE
TOUR DE FRANCE
D'UN PETIT PARISIEN

ÉDITION ILLUSTRÉE PAR J. FÉRAT

PARIS
A LA LIBRAIRIE ILLUSTRÉE
7, RUE DU CROISSANT, 7

Tous droits réservés.

10 c. la Livraison (2 par semaine) — la Série (tous les 20 jours) **50** c.

LE TOUR DE FRANCE
D'UN PETIT PARISIEN

LIBRAIRIE ILLUSTRÉE 7, RUE DU CROISSANT, PARIS
et chez tous les Libraires de Paris et des Départements.

Il paraîtra 2 Livraisons à 10 centimes chaque semaine

LE TOUR DE FRANCE
D'UN
PETIT PARISIEN
GRAND ROMAN D'AVENTURES
Par Constant AMÉRO
Édition illustrée par J. FÉRAT

AVIS DE L'ÉDITEUR

Nous présentons au public une œuvre d'un puissant intérêt dramatique, destinée à un immense succès. C'est une vaste composition ayant pour cadre ce beau pays de France, que nous aimons tous avec raison, et que nous aimerions bien davantage si nous connaissions mieux les enseignements de son passé, si nous possédions plus complètement les éléments de sa puissance et de sa vitalité.

Rien de piquant et d'original comme cette promenade pleine d'imprévu à la suite d'un aimable et sincère enfant de Paris, à qui notre sympathie est bien vite acquise. Il est amené par des circonstances peu ordinaires à visiter les diverses provinces de la France. Dans un style coloré, rapide, et parfois éloquent, l'écrivain distingué qui a raconté les épisodes de cette épopée populaire déroule à nos yeux des scènes tour à tour émouvantes ou comiques ; souvent il semble avoir retrouvé, au bénéfice de son sujet, les accents de la vieille gaieté française. C'est une succession de curieuses particularités de mœurs, de tableaux largement brossés, de magnifiques paysages, de narrations pleines de verve et d'entrain. Sans effort, on doit apprendre, dans ce livre où tout est vrai, à pénétrer davantage dans l'intimité de cette chère patrie, que nos pères ont si bien su défendre, agrandir et glorifier.

Les nombreux acteurs de ce drame aux cent actes divers, et surtout le gentil gavroche qui en est le héros principal, fourniront un exemple saisissant de ce que peuvent produire des ressorts tels que l'amour de la patrie, l'honneur du nom, l'énergie individuelle, aux prises avec les trahisons, les injustices, la ruse, la violence, la force brutale et finissant par triompher.

Le Tour de France d'un petit Parisien est donc une œuvre nationale, saine et puissante, capable de stimuler le sentiment patriotique. Tout le monde voudra suivre les péripéties terribles ou amusantes qui s'y déroulent.

Prologue : Le Coup de main du Pont de Fontenoy
1re Partie : L'Honneur d'un Père. — 2me Partie : Sans Nom
3me Partie : La Lutte pour la vie.

L'OUVRAGE EST EN VENTE CHEZ TOUS LES LIBRAIRES DE FRANCE

LE TOUR DE FRANCE

D'UN PETIT PARISIEN

PROLOGUE

Le coup de main du pont de Fontenoy

I

Paris agonisait.

Il y avait pourtant encore en France bien des gens de cœur qui ne désespéraient pas... Un groupe d'hommes énergiques ne cessaient d'organiser la résistance dans quelques parties des Vosges demeurées hors d'atteinte de l'invasion, notamment au nord du plateau de Langres, qui présente une région montueuse et boisée on ne peut plus favorable pour la guerre des partisans.

Des compagnies franches avait été formées, on voulait surtout tenter de couper les principales communications avec l'Allemagne que gardaient, à travers la Lorraine et l'Alsace, les armées d'invasion.

Le soir du 18 janvier, au moment même où Paris préparait sa dernière sortie, — l'héroïque folie de Buzenval, — plusieurs compagnies de francs-tireurs, chasseurs et mobiles quittaient le quartier général établi dans la région la plus sauvage des Vosges, à la cime de la montagne du Crochet, dans la forêt de Boëne, au lieu dit de la Vacheresse, du nom d'un village voisin, et que les francs-tireurs, dans leur foi robuste, préféraient appeler le campement de la Délivrance.

C'est de ce camp fortifié que descendait à la nuit close, par des sentiers impraticables, un millier d'hommes déterminés à répondre à l'attente de leurs chefs. C'étaient là les premiers pas d'une expédition mystérieuse, grosse de périls. Il y avait plus de quatre-vingts kilomètres à parcourir par le froid et les neiges, dans l'une des régions les plus accidentées de la France, à travers de hautes collines aux pentes abruptes, des gorges profondes, des vallons perdus et des bois inextricables, en marchant à l'ouest de la chaîne principale des Vosges, et en passant de préférence par les plus mauvais chemins, par cette raison, les moins surveillés.

Cet hiver-là, les forêts de sapins envahies par les neiges étaient sombres et lugubres, les ruisseaux roulaient à grand bruit des eaux jaunâtres entre leurs bords gelés par le froid, les petits lacs bleus encaissés aux pieds des hauteurs disparaissaient sous un linceul blanc...

Il fallait à ces braves soldats une force d'âme peu commune pour tenter l'entreprise hasardeuse à laquelle ils couraient. Après six mois de guerre, irrités de toutes les brutalités, de toutes les violences, de l'absence totale de générosité d'un ennemi insolent qui déshonorait la victoire, les francs-tireurs de la forêt de Boëne, s'ils ne se brisaient pas contre les obstacles, les périls accumulés sur la route, s'abattraient lourdement sur leurs adversaires.

Malheur aux Prussiens qui se laisseraient surprendre!

La colonne était conduite par le commandant Bernard, vieux troupier plein de courage et de hardiesse. Naguère simple caporal d'administration dans les convois de l'armée du Rhin, il s'était révélé en lui tout d'un coup de réelles aptitudes pour la guerre de partisans. Les officiers qui l'accompagnaient dans cette aventureuse expédition rivalisaient de fougue et d'audace. C'étaient au premier rang, le capitaine Coumès, jeune lieutenant d'infanterie évadé de Metz, le capitaine Magnin, ex-adjudant aux tirailleurs algériens, échappé de Verdun avec une poignée d'hommes de son régiment dont il avait fait le « noyau d'entrain » d'une compagnie franche; le capitaine Richard, sergent de zouaves retraité qui avait repris du service dès nos premiers revers ; on l'appelait le « capitaine bleu, » à cause de la couleur du parement de ses soldats.

Les troupes se composaient des deux compagnies du commandant Bernard et du capitaine Coumès, de six autres compagnies franches organisées dans les Vosges sous le nom de « Chasseurs de la Délivrance, » des chasseurs du capitaine Magnin et des francs-tireurs de la Meuse du capitaine bleu. Il y avait encore un peloton d'éclaireurs à cheval, formé d'anciens cavaliers de l'armée du Rhin, et enfin un bataillon de mobiles du Gard, envoyés de Langres, et qui avaient rallié le camp depuis peu de jours. — Douze cents hommes en tout.

Marchant presque toujours à travers bois, la colonne s'avançait vers le nord. Le péril était grand, surtout à partir de Châtenois, situé entre Neufchâteau et Mirecourt, villes occupées par l'ennemi, dont les patrouilles parcouraient les campagnes environnantes.

L'expédition était servie par la nuit noire, la neige épaisse, le froid intense, les terrains boisés et difficiles ; elle réussit à dépasser les bois d'Attignéville, et fit une halte à la ferme de la Hayevaux où un gîte lui avait été préparé. Les hommes exténués par une marche forcée de quatorze heures à travers les bois, sur un sol accidenté, couvert de neige et de verglas n'avaient plus même la force de manger. Un certain nombre de mobiles du Gard, éclopés déjà, semblaient destinés à demeurer forcément en arrière.

Les chefs décidèrent de les renvoyer au campement, ainsi que les soldats qui, ne possédant pas toutes les qualités requises, ne pouvaient que compromettre la réussite de l'entreprise. Réduite à deux cent cinquante hommes, dont deux cents combattants, la colonne expéditionnaire se remit en mouvement le 20, à neuf heures et demie du soir ; mais les difficultés augmentaient. En abandonnant les routes connues pour s'acheminer par des chemins de traverse peu fréquentés, on risquait à tout moment de s'égarer et de tomber au milieu de patrouilles qui auraient promptement donné l'alarme. On redoubla donc de précautions dans l'ordre de marche. Un groupe d'éclaireurs à cheval prit les devants; quelques-uns, munis de lanternes à feux blancs et rouges devaient faire des signaux convenus. Un gros chien noir figurait à l'avant-garde, flairant chaque buisson, s'engageant dans chaque sentier d'où pouvait déboucher l'ennemi...

Puis, s'avançaient sur deux files, les francs-tireurs, observant le plus complet silence, silence commandé, mais facile à garder, car tous ces soldats demeuraient graves, absorbés comme on l'est à la veille d'une bataille ; on marchait, en effet, sans hésitation ni délai vers la mort, — la mort à donner ou à recevoir. Chaque homme s'efforçait autant que le permettait l'obscurité de mettre le pied dans l'empreinte laissée dans la neige par ceux qui l'avaient précédé, et cela, est-il besoin de le dire? afin de dérober autant que possible le passage d'une troupe armée. Enfin, l'arrière-garde escortait les charrettes chargées des sacs de poudre et de quelques centaines de rations.

Parfois on faisait halte dans un chemin creusé à travers bois par les eaux torrentielles et les roues des chariots. Chacun s'établissait un moment le long des roches renversées comme des bornes au bord de la voie, ou sur les racines moussues s'échappant de terre au pied de vieux arbres ; on allumait une pipe, et çà et là, des foyers de lumière illuminaient fugitivement des groupes à l'aspect martial, — profils sévères et rudes, légers képis, capotes brunes, sacs au dos, bidons, « musettes » et cartouchières sur le flanc, — et faisaient courir un éclair sur les canons des fusils ou étinceler la poignée d'un sabre.

Au dessus, entre les hautes cimes dépouillées de leurs feuilles, tremblotaient quelques étoiles frileuses dans des coins de ciel d'un azur sombre. La voix lugubre des vents d'hiver promenait sa plainte à travers forêts et vallons. Un peu plus loin, on s'arrêtait, au milieu d'une clairière. Aux alentours, les arbres géants abattus sur le sol demeuraient à la place où ils étaient tombés; la guerre avait suspendu les *coupes;* contre des piles de bois scié et symétriquement rangé venaient s'accumuler la poudre blanche des frimas.

Après avoir marché parallèlement à la vallée du Vair, on passa à pied sec cette rivière : le froid en avait arrêté le cours. Il fallut ensuite traverser plusieurs villages, Tranqueville, sur la limite du département, Saulxures dans la Meurthe. Ces villages semblaient déserts, ils l'étaient presque...

Nulle trace de semailles dans les champs, aucune apparence de vie autour des habitations. Par les portes laissées ouvertes, on voyait la grange vide, l'étable et l'écurie abandonnées; ni vaches ni chevaux au râtelier.

Au bord d'une route, pourrissant à l'air, gigantesque dans l'ombre, quelqu'une de ces grandes voitures à échelles auxquelles les paysans lorrains attellent plusieurs chevaux, venue on ne sait d'où, au moment de l'effroyable panique que produisit dans la contrée l'invasion de la troisième armée allemande, commandée par le prince royal... Il était facile de constater que tout travail avait cessé dans les hangars de bois et de briques des scieries de planches, des clouteries...

Quel contraste avec ces mêmes lieux dans les précédentes années! Les populations industrieuses de ces villages s'y montraient actives même durant l'hiver, occupées alors à faire de la boissellerie, des sabots, des limes, des clous, des chaussures communes, des instruments de musique; car, ainsi que dans le Velay, l'Auvergne et le Jura, les longs hivers et le sol avare des pays de montagnes ont obligé les habitants des Vosges à se créer des ressources en dehors de l'agriculture et de l'élève des bestiaux.

Beaucoup de paysans avaient fui devant l'invasion. Dès que Gambetta prit la conduite des affaires militaires, presque tous les hommes valides répondirent aux appels sous les drapeaux, et le département des Vosges, surveillé par l'ennemi de moins près que la Meurthe, avait pu fournir aux bataillons mobilisés d'excellents contingents. D'autres étaient allés s'enrôler dans les compagnies franches.

Ces braves populations semblaient pressentir que la victoire définitive des Allemands les arracherait à la France! Même, rassurés sur le sort de leur province, les habitants de la région des Vosges auraient encore eu un puissant stimulant, capable de les pousser à la défense commune : c'est dans la partie occidentale du département des Vosges que se trouve, au bord de la Meuse, le village où naquit Jeanne Darc : Domremy ; c'est de là qu'elle partit pour aller accomplir sa mission patriotique. La contrée tout entière semble consacrée au souvenir de l'héroïne et subir la vivifiante influence de son nom.

Pour nous, saluons au début de ce récit cette glorieuse et touchante figure !

Lorsque la colonne expéditionnaire ne pouvait se dispenser de traverser un village, ordre était donné de bousculer les curieux et de les effrayer au risque de recevoir quelque coup de fusil dans le dos. Comme il fallait absolument éviter toute indiscrétion qui, par les espions répandus dans les campagnes fût promptement parvenue à l'ennemi, les soldats alsaciens de la troupe, pour faire rentrer au plus vite les paysans chez eux, coupaient l'air de jurons allemands ; c'était à croire au passage d'une de ces patrouilles de landwehrs qui, du bourg de Vézelize, où l'ennemi était en force, s'avançaient d'ordinaire jusqu'à Colombey, ville que la colonne des francs-tireurs laissait à sa droite.

Les francs-tireurs du commandant Bernard avaient hâte d'atteindre les premiers contreforts du vaste plateau boisé qui s'étend entre les vallées de la Meuse et de la Moselle. Là, au moins, en cas d'attaque, il serait possible de trouver de bonnes positions de défense sur les ruisseaux et les ravins qui relient ce plateau à la plaine; en se dérobant pour déboucher plus loin vers la Moselle, le succès de l'expédition n'était nullement compromis.

Dans cette partie de la marche, les hommes enfonçaient dans la neige jusqu'aux genoux ; ils avançaient lentement et au prix d'une fatigue extrême.

Fort avant dans la nuit, les compagnies franches entraient silencieusement dans la principale rue de Vannes-le-Châtel, lorsque plusieurs chiens se mirent à aboyer. Quelques fenêtres s'entr'ouvrirent.

Aussitôt les Alsaciens s'interpellèrent avec vivacité en allemand pour intimider la population du village et lui donner le change. Le commandant Bernard, en quittant le camp de la Délivrance avait eu la précaution de se munir de capotes prussiennes et de casques à pointes. Les Alsaciens s'en affublaient lorsque l'occasion l'exigeait, et c'est ainsi travestis qu'ils venaient de pénétrer dans le village.

Malgré l'heure nocturne et le froid, une femme âgée se montra sur le seuil d'une porte. L'un des faux Prussiens l'apercevant s'avança vers elle en poussant un juron énergique, puis changeant de ton, il affecta l'accent des Allemands lorsqu'ils parlent notre langue.

— Li prendre le frais, la mamzelle? Li vouloir entendre chanter le rossignol?

La vieille femme recula d'un pas avec un geste de dégoût.

— Pouah! fit-elle, des Prussiens!

— Non, non... pas Prussiches, mon cœur, Paffarois.

— Passez-moi votre fusil, père Barnabé! dit une voix forte à l'intérieur; il faut que j'en tue un — ou deux!

— Tu vois, le père! s'écria la vieille paysanne. Je t'avais bien dit de rendre ton fusil quand on a désarmé le village! Elle ajouta : — Jacob, vous cherchez du malheur!

— Oh! je les suivrai jusqu'au bout du village... plus loin...

— On nous brûlera tous, vrai comme j'ai eune bague à doïe! Faites pas ça, mon afans! Pour votre petiot!...

— Laissez donc! Il y en a trop qui pensent comme vous, la mère... Nous n'en viendrons jamais à bout de cette vermine!

Pendant l'échange de ces quelques mots, dans cette demeure où l'on veillait si tard cette nuit-là, un enfant de six à sept ans s'était laissé glisser hors de l'étroite couche qu'il occupait dans un coin de la salle basse, et enfilant en deux temps son pantalon, il courut à la porte, restée entre-bâillée. Il l'ouvrit, regarda et se mit à crier de toute l'étendue de sa petite voix :

— Vive la France! Vive la France!

— Tais-toi, mauvais gachon! fit la vieille. Tenez, voyez-le donc sans solés è ses pieux!

— Crie plus fort, mon enfant! dit le père — l'homme au fusil que la vieille femme avait appelé Jacob.

L'enfant répéta à plein gosier : Vive la France!

— Bravo! répondirent plusieurs voix au dehors. Quelqu'un ajouta : Voilà un jeune coq qui chante de bonne heure.

— Mais ce ne sont pas des Prussiens! fit le père du petit garçon en écartant son enfant. Oh! il va y avoir du nouveau par ici...

LE TOUR DE FRANCE
D'UN PETIT PARISIEN

PROLOGUE

Le coup de main du pont de Fontenoy

I

Paris agonisait.

Il y avait pourtant encore en France bien des gens de cœur qui ne désespéraient pas... Un groupe d'hommes énergiques ne cessait d'organiser la résistance dans quelques parties des Vosges demeurées hors d'atteinte de l'invasion, notamment au nord du plateau de Langres, qui présente une région montueuse et boisée on ne peut plus favorable pour la guerre de partisans.

Des compagnies franches avaient été formées ; elles travaillèrent d'abord utilement à ravitailler Langres, et gênèrent beaucoup les fourrageurs ennemis ; mais ce que se proposait surtout le comité de défense, c'était de couper les principales communications avec l'Allemagne que gardaient, à travers la Lorraine et l'Alsace, les armées d'invasion.

Le soir du 18 janvier, au moment même où Paris préparait sa dernière sortie, — l'héroïque folie de Buzenval, — plusieurs compagnies de francs-tireurs, chasseurs et mobiles, quittaient le quartier général établi dans la région la plus sauvage des Vosges, à la cime de la montagne du Crochet, au centre même de la forêt de Boëne.

Cette forêt couvre un vaste plateau d'un accès toujours difficile, rendu plus difficile encore en ce terrible hiver de 1870 par les accumulations de neige. Au point culminant, se trouve une maison forestière. Autour de cette maison, on avait construit plusieurs baraques pour loger les troupes ; d'une maisonnette voisine on avait fait une redoute ; grâce à des abatis d'arbres et à quelques travaux de terrassement, cette position naturellement forte de la montagne du Crochet avait été promptement transformée en une véritable citadelle.

Mais ce qui valait mieux peut-être que la possibilité de résister aux entreprises des colonnes expéditionnaires qui surveillaient le pays, c'était l'ignorance absolue de l'ennemi touchant l'existence de ce campement, dit de la Vacheresse, du nom d'un village voisin; et que les francs-tireurs, dans leur foi robuste, préféraient appeler le campement de la Délivrance.

C'est de ce camp fortifié que descendait à la nuit close, par des sentiers impraticables, un millier d'hommes déterminés à répondre dignement à l'attente des chefs hardis et courageux autour desquels ils étaient venus se ranger. C'étaient là les premiers pas d'une expédition mystérieuse, grosse de périls. Il y avait plus de quatre-vingts kilomètres à parcourir par le froid et les neiges, dans l'une des régions les plus accidentées de la France, à travers de hautes collines aux pentes abruptes, des gorges profondes, des vallons perdus et des bois inextricables, en marchant à l'ouest de la chaîne principale des Vosges et au nord des monts Faucilles qui s'en détachent, et en passant de préférence par les plus mauvais chemins, par cette raison, les moins surveillés.

Dans la belle saison les sommités du massif des Vosges, aux contours adoucis, sont revêtues d'une fraîche végétation ; de belles forêts de sapins et de pins escaladent les flancs des montagnes, et dans les régions basses de magnifiques pâturages alternent avec des vergers et des coteaux boisés de chênes, de hêtres, d'érables, de charmes et de bouleaux. Ce ne sont partout que vallées ombreuses, coteaux gracieux, roches couvertes de mousse, eaux rapides et claires, cascades veinées d'écume...

Les défilés étroits que suivait la colonne expéditionnaire présentent de véritables réductions des cols des montagnes des Vosges, les hauteurs ayant retenu quelque chose de ces formes arrondies auxquelles les sommets de l'imposant massif, — très escarpé du côté qui fait face au Rhin, — doivent leur nom de « ballons ».

Mais l'hiver, — mais cet hiver-là surtout, — les beautés du paysage avaient pris un caractère de sauvage grandeur; les forêts de sapins envahies par les neiges devenaient lugubres, les ruisseaux roulaient à grand bruit des eaux jaunâtres entre leurs bords gelés par le froid, les petits lacs bleus encaissés au pied des hauteurs disparaissaient sous un linceul blanc; plus les chemins étaient d'ordinaire pittoresques et accidentés, plus ils devenaient rebutants, pénibles à suivre.

Il fallait à ces braves soldats une force d'âme peu commune pour tenter l'entreprise hasardeuse à laquelle ils couraient. Après six mois de guerre, irrités de toutes les brutalités, de toutes les violences, de l'absence totale de générosité d'un ennemi insolent qui déshonorait la victoire, les francs-tireurs de la forêt de Boëne, s'ils ne se brisaient pas contre les obstacles, les périls accumulés sur la route, s'abattraient lourdement sur leurs adversaires. Malheur aux Prussiens qui se laisseraient surprendre!

La colonne était conduite par le commandant Bernard, vieux troupier plein de courage et de hardiesse. Naguère simple caporal d'administration dans les convois de l'armée du Rhin, il s'était révélé en lui tout d'un coup de réelles aptitudes pour la guerre de partisans. Les officiers qui l'accompagnaient dans cette aventureuse expédition rivalisaient de fougue et d'audace. C'était, au premier rang, le capitaine Coumès, jeune lieutenant d'infanterie évadé de Metz; le capitaine Magnin, ex-adjudant aux tirailleurs algériens, échappé de Verdun avec une poignée d'hommes de son régiment dont il avait fait le « noyau d'entrain » d'une compagnie franche, qui s'était distinguée dans la belle défense de la petite et patriote ville de Nogent-le-Roi, où elle perdit les deux tiers de son effectif; le capitaine Richard, sergent de zouaves retraité qui avait repris du service dès nos premiers revers ; on l'appelait le « capitaine bleu », à cause de la couleur du parement de ses soldats.

Les troupes se composaient des deux compagnies du commandant Bernard et du capitaine Coumès, de six autres compagnies franches organisées dans les Vosges sous le nom de « Chasseurs de la Délivrance », des chasseurs du capitaine Magnin et des francs-tireurs de la Meuse du capitaine bleu. Il y avait encore un peloton d'éclaireurs à cheval, formé d'anciens cavaliers de l'armée du Rhin, et enfin un bataillon de mobiles du Gard, envoyés de Langres, et qui avaient rallié le camp depuis peu de jours. — Douze cents hommes en tout.

Marchant presque toujours à travers bois, la colonne s'avançait vers le nord. Le péril était grand surtout à partir de Chatenoy, situé entre Neufchâteau et Mirecourt, villes occupées par l'ennemi, dont les patrouilles parcouraient les campagnes environnantes.

L'expédition était servie par la nuit noire, la neige épaisse, le froid intense, les terrains boisés et difficiles ; elle réussit à dépasser les bois d'Attigneville, et fit une halte à la ferme de la Hayevaux où un gîte lui avait été préparé. Les hommes exténués par une marche forcée de quatorze heures à travers les bois, sur un sol accidenté, couvert de neige et de verglas, n'avaient plus même la force de manger. Un certain nombre de mobiles du Gard, éclopés déjà, semblaient destinés à demeurer forcément en arrière.

Les chefs décidèrent de les renvoyer au campement, ainsi que les soldats qui ne possédant pas toutes les qualités requises, ne pouvaient que compromettre la réussite de l'entreprise. Une colonne trop forte, moins aisément dissimulable à travers le pays qu'il s'agissait de traverser, augmentait les chances d'insuccès. Dès les premiers pas, on s'apercevait que pour un coup de main comme celui qu'on allait tenter, il ne fallait que des hommes alertes, intrépides, familiers avec les ruses de la guerre de partisans, rompus à toute fatigue.

Réduite à deux cent cinquante hommes, dont deux cents combattants, la colonne expéditionnaire se remit en mouvement le 20, à neuf heures et demie du soir ; mais les difficultés augmentaient. En abandonnant les routes connues pour s'acheminer par des chemins de traverse peu fréquentés, on risquait à tout moment de s'égarer et de tomber au milieu de patrouilles qui auraient promptement donné l'alarme. On redoubla donc de précautions dans l'ordre de marche. Un groupe d'éclaireurs à cheval prit les devants ; quelques-uns, munis de lanternes à feux blancs et rouges, devaient faire des signes

LE TOUR DE FRANCE D'UN PETIT PARISIEN

COURAGE DU PETIT PARISIEN
JEAN SAUVANT UNE JEUNE ANGLAISE AU PUY DE SANCY

convenus. Un gros chien noir dont l'éducation militaire ne laissait rien à désirer, figurait à l'avant-garde, flairant chaque buisson, s'engageant dans chaque sentier d'où pouvait déboucher l'ennemi...

Puis, s'avançaient sur deux files les francs-tireurs, observant le plus complet silence, silence commandé, mais facile à garder, car tous ces soldats demeuraient graves, absorbés comme on l'est à la veille d'une bataille ; on marchait, en effet, sans hésitation ni délai vers la mort, — la mort à donner ou à recevoir.

Chaque homme s'efforçait autant que le permettait l'obscurité de mettre le pied dans l'empreinte laissée dans la neige par ceux qui l'avaient précédé, et cela, est-il besoin de le dire ? afin de dérober autant que possible le passage d'une troupe armée.

Enfin, l'arrière-garde escortait les charrettes chargées des sacs de poudre et de quelques centaines de rations.

Parfois on faisait halte dans un chemin creusé à travers bois par les eaux torrentielles et les roues des chariots. Chacun s'établissait un moment le long des roches renversées comme des bornes au bord de la voie, ou sur les racines moussues s'échappant de terre au pied de vieux arbres ; on allumait une pipe, et, çà et là, des foyers de lumière illuminaient fugitivement des groupes à l'aspect martial, — profils sévères et rudes, légers képis, capotes brunes, sacs au dos, bidons, « musettes » et cartouchières sur le flanc, — et faisaient courir un éclair sur les canons des fusils ou étinceler la poignée d'un sabre.

Au-dessus, entre les hautes cimes dépouillées de leurs feuilles, tremblotaient quelques étoiles frileuses dans des coins de ciel d'un azur sombre. La voix lugubre des vents d'hiver promenait sa plainte à travers forêts et vallons. Un peu plus loin, on s'arrêtait, au milieu d'une clairière. Aux alentours, les arbres géants abattus sur le sol demeuraient à la place où ils étaient tombés ; la guerre avait suspendu les *coupes ;* contre des piles de bois scié et symétriquement rangé venait s'accumuler la poudre blanche des frimas.

Les éclaireurs à cheval, mettant à profit ces courtes stations de la petite troupe, poussaient une reconnaissance dans des directions diverses, à travers la nuit toute noire.

Après avoir marché parallèlement à la vallée du Vair, on passa à pied sec cette rivière : le froid en avait arrêté le cours. Il fallut ensuite traverser plusieurs villages : Tranqueville, sur la limite du département, Saulxure dans la Meurthe. Ces villages semblaient déserts, ils l'étaient presque...

Nulle trace de semailles dans les champs, aucune apparence de vie autour des habitations. Par les portes laissées ouvertes, on voyait la grange vide, l'étable et l'écurie abandonnées ; ni vaches ni chevaux au râtelier. Au bord d'une route, pourrissant à l'air, gigantesque dans l'ombre, quelqu'une de ces grandes voitures à échelles auxquelles les paysans lorrains attellent plusieurs chevaux, venue on ne sait d'où, au moment de l'effroyable panique que produisit dans la contrée l'invasion de la IIIe armée allemande, commandée par le prince royal.... Il était facile de constater que tout travail avait cessé dans les hangars de bois et de briques des scieries de planches, des clouteries...

Quel contraste avec ces mêmes lieux dans les précédentes années ! Les populations industrieuses de ces villages s'y montraient actives même durant l'hiver, occupées alors à faire de la boissellerie, des sabots, des limes, des clous, des chaussures communes, des instruments de musique ; car, ainsi que dans le Velay, l'Auvergne et le Jura, les longs hivers et le sol avare des pays de montagnes ont obligé les habitants des Vosges à se créer des ressources en dehors de l'agriculture et de l'élève des bestiaux.

Mais beaucoup de paysans avaient fui devant l'invasion. Dès que Gambetta prit la conduite des affaires militaires, presque tous les hommes valides répondirent aux appels sous les drapeaux, et le département des Vosges, surveillé par l'ennemi de moins près que la Meurthe, avait pu fournir aux bataillons mobilisés d'excellents contingents. D'autres étaient allés s'enrôler dans les compagnies franches.

Ces braves populations semblaient pressentir que la victoire définitive des Allemands les arracherait à la France ! Or, les Lorrains, c'est une justice à leur rendre, joignent à une incontestable bravoure des qualités qui la font valoir : ils sont froids, réfléchis, ordonnés. Toujours tenus en éveil comme les populations de frontières et pénétrés de l'esprit militaire, ils ont donné à notre pays des hommes de guerre comme Bassompierre, Fabert et Chevert, des maréchaux de France comme Gouvion Saint-Cyr, Lobau, Duroc, Oudinot, Victor, Excelmans, Molitor, Ney, des généraux tels que Custines, Houchard, Eblé, Drouot, Grangean, Jacqueminot, Fabvier et tant d'autres !

Même, rassurés sur le sort de leur province, les habitants de la région des Vosges auraient encore eu un puissant stimulant, capable de les pousser à la défense commune : c'est dans la partie occidentale du département des Vosges que se trouve, au bord de la Meuse, le village où naquit Jeanne Darc : Domremy ; c'est de là qu'elle partit pour aller accomplir sa mission patriotique. La contrée tout entière semble consacrée au souvenir de l'héroïne et subit la vivifiante influence de son nom.

Pour nous, saluons au début de ce récit cette glorieuse et touchante figure !

Lorsque la colonne expéditionnaire ne pouvait se dispenser de traverser un village, ordre était donné de bousculer les curieux et de les effrayer au risque de recevoir quelque coup de fusil dans le dos. Comme il fallait absolument éviter toute indiscrétion qui, par les espions répandus dans les campagnes fût promptement parvenue à l'ennemi, les soldats alsaciens de la troupe, pour faire rentrer au plus vite les paysans chez eux, coupaient l'air de jurons allemands ; c'était à croire au passage d'une de ces patrouilles de landwehrs qui, du bourg de Vézelize, où l'ennemi était en force, s'avançaient d'ordinaire jusqu'à Colombey, ville que la colonne des francs-tireurs laissait à sa droite.

Mais il était moins facile d'échapper à l'examen défiant des brocanteurs juifs, venus à la suite des armées étrangères dans de petites charrettes traînées par des chevaux étiques et recouvertes de sordides bâches de toile. Tour à tour humbles ou menaçants, ils s'introduisaient, s'imposaient partout, se faisaient redouter par leurs délations. Ces Juifs, avec les marchands de tabac d'Allemagne, les vivandiers, les aventuriers et gens sans emploi et jusqu'à des mendiants d'outre-Rhin, traînant après eux femmes et enfants en haillons, constituaient l'élément civil — et immonde — de l'invasion, bien plus repoussant que l'élément militaire. Ces conquérants de la deuxième heure suivaient, sur les chemins, les bataillons ennemis comme les vautours et les corbeaux les suivaient du haut des airs.

Les francs-tireurs du commandant Bernard avaient hâte d'atteindre les premiers contreforts du vaste plateau boisé qui s'étend entre les vallées de la Meuse et de la Moselle. Là, au moins, en cas d'attaque, il serait possible de trouver de bonnes positions de défense sur les ruisseaux et les ravins qui relient ce plateau à la plaine ; en se dérobant pour déboucher plus loin vers la Moselle, le succès de l'expédition n'était nullement compromis.

Dans cette partie de la marche, les hommes enfonçaient dans la neige jusqu'aux genoux ; ils avançaient lentement et au prix d'une fatigue extrême.

Fort avant dans la nuit, les compagnies franches entraient silencieusement dans la principale rue de Vannes-le-Châtel, lorsque plusieurs chiens se mirent à aboyer. Quelques fenêtres s'entr'ouvrirent.

Aussitôt les Alsaciens s'interpellèrent avec vivacité en allemand pour intimider la population du village et lui donner le change. Le commandant Bernard, en quittant le camp de la Délivrance, avait eu la précaution de se munir de capotes prussiennes et de casques à pointes. Les Alsaciens s'en affublaient lorsque l'occasion l'exigeait, et c'est ainsi travestis qu'ils venaient de pénétrer dans le village.

Malgré l'heure nocturne et le froid, une femme âgée se montra sur le seuil d'une porte. L'un des faux Prussiens l'apercevant s'avança vers elle en poussant un juron énergique, puis changeant de ton, il affecta l'accent des Allemands lorsqu'ils parlent notre langue.

— Li prendre le frais, la mamzelle? Li vouloir entendre chanter le rossignol?

La vieille femme recula d'un pas avec un geste de dégoût.

— Pouah! fit-elle, des Prussiens!

— Non, non... pas Prussiches, mon cœur, Paffarois.

— Passez-moi votre fusil, père Barnabé! dit une voix forte à l'intérieur; il faut que j'en tue un — ou deux!

— Tu vois, le père! s'écria la vieille paysanne. Je t'avais bien dit de rendre ton fusil quand on a désarmé le village! Elle ajouta :

— Jacob, vous cherchez du malheur!

— Oh! je les suivrai jusqu'au bout du village... plus loin...

— On nous brûlera tous, vrai comme j'ai eune bague à doïe! Faites pas ça, mon afans! Pour votre petiot!...

— Laissez donc! Il y en a trop qui pensent comme vous, la mère... Nous n'en viendrons jamais à bout de cette vermine!

Pendant l'échange de ces quelques mots, dans cette demeure où l'on veillait si tard cette nuit-là, un enfant de six à sept ans s'était laissé glisser hors de l'étroite couche qu'il occupait dans un coin de la salle basse, et enfilant en deux temps son pantalon, il courut à la porte, restée entre-bâillée. Il l'ouvrit, regarda et se mit à crier de toute l'étendue de sa petite voix :

— Vive la France! Vive la France!

— Tais-toi, mauvais gachon! fit la vieille. Tenez, voyez-le donc sans solés à ses pieux!

— Crie plus fort, mon enfant! dit le père, — l'homme au fusil que la vieille femme avait appelé Jacob.

L'enfant répéta à plein gosier : Vive la France!

— Bravo! répondirent plusieurs voix au dehors. Quelqu'un ajouta : Voilà un jeune coq qui chante de bonne heure.

— Mais ce ne sont pas des Prussiens! fit le père du petit garçon en écartant son enfant. Oh! il va y avoir du nouveau par ici...

Si tu m'emmenais à la guerre? suggéra l'enfant (page 11).

Et il se planta sur le seuil de la porte, écarquillant les yeux, dévisageant les soldats qui défilaient. Justement le chef de l'expédition, entouré de ses officiers, se trouvait vis-à-vis de lui.

— Bonsoir, mon commandant! dit Jacob avec un accent de mâle franchise et en faisant le salut militaire.

Le commandant Bernard aperçut cet homme ferme et droit dans l'encadrement lumineux de la porte.

Il devina un ancien soldat et répondit par un geste amical, qui était aussi une injonction de garder le silence.

Jacob, s'avançant alors rapidement, lui dit :

— Mon commandant, avez-vous besoin d'un guide?... Me voici, Jacob Risler, né natif du Niederhoff, arrondissement de Sarrebourg, soldat de l'armée d'Italie, décoré à Magenta, pour action d'éclat, — ce n'est pas le quart d'heure d'être modeste, — blessé à Solférino, actuellement garde forestier. Notre garde général s'est engagé dans les chasseurs des Vosges et m'a mis, ainsi que tous mes camarades, à la disposition du comité de résistance de la région. Je me rendais au camp de la Vacheresse. Me voulez-vous? Comme tout bon Lorrain, j'ai la tête assez ronde pour faire pièce à ces têtes carrées d'Allemands.

— Cela se trouve bien, venez ! fit le commandant sans hésiter. Nous marchons à travers un pays que nous ne connaissons pas trop.

— Je vous servirai de guide, mon commandant, dit l'ancien soldat de l'armée d'Italie; je suis à vous : le temps seulement d'embrasser mon mioche... et de dire deux mots à de braves gens chez qui je suis depuis quelques heures...

Il s'esquiva et rentra dans la maisonnette d'où il était sorti, — une véritable habitation de paysans lorrains. Dans la salle basse, sur un lait de chaux couvrant les murs, s'étalaient une douzaine d'images d'Épinal ; un grand lit dans le fond, sous des rideaux; une commode de chêne sculpté à ventre rebondi et poignées de cuivre; la table de sapin avec les pieds en X et le fourneau de fonte de rigueur; quelques chaises de hêtre au dos plat percé d'un trèfle. Devant une fenêtre, dans un coin, l'atelier du maître du logis, qui faisait des violons — à temps perdu; devant la deuxième fenêtre, de l'autre côté de la porte, les coussins et les tambours de dentellière de sa femme.

— Affaire de service ! fit Jacob Risler en redressant sa haute taille et en frisant sa moustache. Je vous quitte plus tôt que je ne croyais... On va donc se dérouiller un brin !

— Vous nous quittez déjà ! A peine arrivé ! s'écrièrent la paysanne et son mari.

Celui-ci n'avait pas bougé de son lit. Il se mit sur son séant.

— Lai ! fit-il d'un ton plaintif. En voilà une farce !

Et il avait des mouvements de tête qui secouaient son immense bonnet de coton.

— Mes amis, je vous laisse mon Jean ; je vous le confie. Vous en aurez bien soin, n'est-ce pas ? Jean, tu obéiras comme il faut à mère Jacqueline, qui est un peu ta tante, et au père Barnabé. Si tu es bien sage, je le saurai à mon retour... et je te donnerai un beau sabre...

— Oui, pour couper la tête aux Prussiens ! fit l'enfant radieux.

— Laï ! laï ! Et si tu ne reviens pas, Jacob ? demanda le père Barnabé, en gémissant. Il aurait mieux valu que les Prussiens te gardent en prison à Nancy !

— Ou que la blessure de ma jambe, encore une fois rouverte, me retienne au village ? Si je ne reviens pas ? Ah ! voilà le chiendent ! Si je ne... revenais pas... eh bien ! vous feriez savoir à la mère du petit que... je suis parti avec les compagnies franches.

— Mais où ça qu'on va ? demanda la vieille paysanne.

— Je n'en sais rien ! Suffit que j'emboîte le pas au commandement de marche ! Quand nous aurons délivré Paris, si je ne réponds pas à l'appel, vous écrirez à la belle-mère : vous savez, la veuve Bertrand, giletière, rue Marie-Stuart...

— On doit bien la connaître, puisqu'elle est Parisienne, observa la mère Jacqueline.

— Tous ne seront pas morts de faim, ni écrasés par les bombes, dit encore Jacob Risler. Que Dieu les assiste !... Et qu'il me garde aussi ma chère Hortense et ma petite Pauline !...

— Mais donc ! pourquoi ta femme s'est-elle laissé enfermer dans Paris ? s'écria le père Barnabé.

— Est-ce sa faute ? Puisque sa mère était au plus mal... et qu'on a clos les portes ?...

Le garde forestier redevenu soldat — beaucoup trop tardivement à son gré — distribua de vigoureuses poignées de main à la vieille femme et à son mari. Puis, saisissant son fils, il l'enleva, le serra avec force contre sa poitrine et lui donna sur la bouche deux ou trois baisers retentissants.

Attendri, il regardait cet enfant longuement, comme si sa résolution allait faiblir ; mais pour croire cela il n'aurait pas fallu connaître la trempe de caractère du brave soldat de l'armée d'Italie.

— Si tu m'emmenais à la guerre ? suggéra l'enfant en s'emparant familièrement des moustaches de son père.

— Faut que tu manges encore bien de la bouillie, mon blondin, afin de devenir grand.

Il déposa le petit Jean et lui dit d'une voix douce, quasi maternelle :

— Sois bien sage, mon petit Risler, sois bien sage ! Et souviens-toi qu'il n'y a jamais eu de traître du nom que tu portes.

— En voilà une farce! répétait le père Barnabé, qui avait arraché son bonnet de coton. Alors c'est dit? demanda-t-il d'une voix altérée et la face apoplectique.

— C'est sans remise. Si l'on me demande : absent par congé.

La paysanne frappa énergiquement dans ses mains; elle paraissait, malgré tout, prendre son parti de ce qui arrivait :

— Tuez-en beaucoup! dit-elle à demi-voix.

Jacob Risler sortit. La neige tombée amortissait le bruit de ses pas.

— Père, lui cria le petit au moment où il s'enfonçait dans l'obscurité, bien grand, le sabre !

Risler eut vite rejoint la colonne et fut placé à l'avant-garde.

La troupe, ainsi augmentée d'un volontaire, arriva vers trois heures du matin à la ferme de Saint-Fiacre, située en plein bois au-dessous de Gibeaumeix. Là on pouvait avoir une sécurité relative, se permettre quelque repos. Ceux des francs-tireurs qui se tenaient encore debout se donnèrent l'apparence de bûcherons, et, la hache au poing, ils s'éparpillèrent autour de la ferme pour y faire sentinelle.

Jacob Risler, le plus dispos de tous, demanda à être du nombre de ces derniers, et donna des preuves multiples de bonne volonté.

Toutes les issues de la ferme étant solidement barricadées, les hommes s'empilèrent dans les granges et les écuries, résolus du reste à se laisser rôtir vivants plutôt que de se rendre, si l'on venait les relancer jusque-là.

Au jour, les chefs tinrent conseil pour fixer enfin, avant de faire un pas de plus, l'objectif de l'expédition.

On n'était d'accord que sur ce point : faire le plus de mal possible aux Prussiens, et tenter quelque chose qui pût être utile à Paris affamé et bombardé.

Il y avait trois projets à examiner sérieusement : détruire un des ponts de Liverdun, ou le pont de Fontenoy, ou faire écrouler le tunnel de Foug. Grâce aux renseignements fournis par les ingénieurs du chemin de fer de l'Est, on savait que le pont de Fontenoy et le tunnel de Foug étaient minés et que les Prussiens ignoraient l'emplacement de ces mines.

A Foug, dès le commencement des hostilités deux galeries parallèles avaient été pratiquées dans l'épaisseur de la voûte. On ne s'était pas trouvé en mesure d'en faire usage avant l'arrivée de l'ennemi, mais on avait pu masquer l'entrée de ces galeries par une maçonnerie légère.

A Fontenoy, le fourneau de mine creusée dans la première pile du pont, du côté de la frontière, datait de la construction même du pont, et descendait jusqu'au niveau des hautes eaux. Au commencement de la guerre, la dalle couvrant le trou de descente avait été enlevée et remplacée par une cheminée en maçonnerie montant jusqu'au ballast.

A Liverdun, il n'y avait pas de fourneau de mine préparé; le travail à faire était long, pénible, bruyant; en outre la destruction du chemin de fer entraînait celle de l'un de nos plus beaux ouvrages d'art : au même endroit, le canal de la Marne au Rhin qui longe la Moselle de Toul à Frouard, franchit ce cours d'eau sur un beau pont de douze arches.

En renonçant à Liverdun, l'expédition devait se porter sur Foug ou sur Fontenoy. On n'ignorait pas que le tunnel de Foug était gardé à chacune de ses ouvertures par des postes nombreux et une batterie de mitrailleuses placées en enfilade. D'après le calcul des ingénieurs de la compagnie de l'Est, il ne fallait pas moins d'un millier de kilogrammes de poudre pour déterminer l'éboulement du souterrain, tandis que 400 kilogrammes devait suffire pour faire sauter le pont de Fontenoy. Tout bien pesé, ce fut décidément un coup de main sur Fontenoy qui fut décidé. Fontenoy, village situé sur la Moselle non loin de l'endroit où cette rivière absorbe la Meurthe, était à environ sept lieues de Gibeaumeix, où l'on se trouvait.

On savait la gare et le village occupés par un détachement de landwehrs. Il s'agissait d'enlever le poste à la baïonnette et d'empêcher les soldats logés chez les habitants de donner l'alarme... Plus rien alors ne s'opposait à ce que le pont fût détruit. Mais tout cela devait être exécuté avant le lendemain.

II

La colonne fit ses préparatifs de départ.

On n'avait plus besoin des éclaireurs à cheval. Ils furent renvoyés au camp. Les charrettes devenaient un embarras. Il fallut les abandonner et charger la poudre sur des chevaux.

La petite troupe ainsi allégée se remit en marche, évitant les villages et choisissant de préférence son chemin sur les points les plus inaccessibles de la région.

Les gorges succédaient aux gorges, les collines aux collines, aux crêtes où s'enchevêtraient les sapinières; les vallées descendaient en s'élargissant vers la Moselle; au loin, sur l'extrême droite, se profilaient les sombres lisières des forêts à perte de vue, se creusaient des vallées, bout à bout, s'ouvraient des cols dans de hautes altitudes. On devinait de ce côté les géants du massif des Vosges, le Honeck, le Donon, le Prancey, transformés en glaciers dont l'âpreté de l'air rapprochait la distance...

Et toujours de la haute et de la basse futaie, des taillis et des brousailles, des roches granitiques, des torrents avec leurs fragiles ponts de bois... Parfois, au-dessus du chemin taillé à mi-côte, surplombait un ancien château, le lierre, les ronces, les houx touffus s'étageant le long de la roche; ou les pentes boisées que l'on côtoyait semblaient servir d'encadrement à une maison forestière, surgissant nettement avec sa haute toiture en auvent, percée de petites lucarnes à tabatière, sa galerie à balustrade découpée à jour, ses cheminées de briques rouges. Les bois, naguère retentissant sous les coups secs de la hache des bûcherons, demeuraient silencieux; nulle part la fumée blanche des charbonniers à l'œuvre dans le taillis.

Enfin, on aperçut l'ensemble de la vallée de la Moselle et, s'estompant dans la brume, les deux tours de dentelle de la cathédrale de Toul, — la pauvre et charmante petite ville dominée par la haute colline de Saint-Michel, distante des remparts d'une portée de fusil, d'où les Prussiens avaient pu, quelques mois auparavant, la bombarder tout à leur aise...

On dut descendre à travers les vignes, passer en contre-bas d'une partie de la route de Neufchâteau à Toul, puis s'engager dans un chemin creux longeant de très près les remparts de Toul.

Tour ces mouvements s'exécutèrent à l'insu de l'ennemi.

De rares habitants de la localité croisaient la troupe mystérieuse, hésitant à la vue des soldats... Ils saluaient les uniformes français ; mais avec un enthousiasme mêlé de crainte. Les francs-tireurs se donnaient comme appartenant à l'avant-garde de Bourbaki.

— Est-ce possible ! s'écria un vieux garde forestier, n'ayant conservé que la plaque d'argent sur la poitrine, la petite casquette à visière relevée, les grandes guêtres de toile, mais le bâton de houx à la main au lieu du fusil en bandoulière. Est-ce possible ! répétait-il.

Et du revers de sa main calleuse il essuyait des larmes de joie.

— Ah ! qu'il vienne vite, Bourbaki ! dit une jeune fille ; qu'il vienne nous sortir de cette honte !

— Nous souffrons plus que la mort ! s'écria un pauvre vigneron courbé par l'âge.

— Il n'y a donc plus de France ? dit avec un soupir une femme toute pâle, qui serrait en frémissant son nourrisson contre son sein. Celle-là était difficile à persuader...

Hélas ! au moment où les francs-tireurs des Vosges, se faisant illusion sur leur rôle, parlaient de Bourbaki comme d'un libérateur, le brave et audacieux général venait de briser l'effort de son armée contre les Prussiens de Werder, retranchés entre Héricourt et Belfort, et la retraite désastreuse de l'armée de l'Est allait commencer, au milieu des neiges, à travers les montagnes du Jura...

A la nuit close, la colonne atteignit Pierre-la-Treiche, à six kilomètres de Toul. C'était là qu'on devait passer la Moselle (pour se diriger ensuite en aval de Toul, sur Fontenoy, à travers l'angle que forme la Moselle et dont Toul occupe le sommet). Mais il fallait attendre que la nuit fût avancée pour cette opération difficile du passage.

Le commandant fit faire halte et l'on se reposa pendant quelques heures dans une sorte de manoir isolé, habitation d'un brigadier forestier.

A une heure du matin, la Moselle fut franchie par un froid de dix-neuf degrés. La rivière était prise en partie; mais les mariniers du village, une fois mis dans le secret de l'expédition, se jetèrent bravement à l'eau pour dégager le bac du milieu des glaçons. Ce bac, ne pouvant contenir qu'une quarantaine d'hommes, dut aller plusieurs fois d'une rive à l'autre. Ce va-et-vient, qui pouvait être découvert par l'une des patrouilles qui exploraient les bords du fleuve à de courts intervalles, les glaçons heurtant l'embarcation d'une force à la faire éclater, le dévouement des mariniers, et puis encore la colonne un instant coupée et éparse sur les deux rives, tout cela créait une situation des plus émouvantes.

Le commandant Bernard voulut rétribuer les passeurs pour une besogne accomplie dans des conditions à la rendre mortelle; mais ils refusèrent avec dignité, s'estimant heureux d'avoir été mis à contribution.

La colonne reformée gravit, dans le plus grand silence, la rive droite de la Moselle, fort escarpée en cet endroit.

Enfin, elle parvint sans accident sur la crête et s'enfonça aussitôt dans les bois.

La petite troupe avait à peine fait trois cents pas depuis le débarquement, lorsque, soudain, l'horizon s'éclaira sur la gauche d'une lueur rougeâtre. Chacun prête l'oreille et l'on entend gronder le canon de Toul. Presque aussitôt, répond, au loin, le canon de Commercy; puis vient se mêler à ce duo le râlement lugubre des mitrailleuses de Foug. Ces signaux d'alarme se prolongèrent pendant plus d'une heure. Que pouvaient-ils signifier? L'ennemi se tenait-il sur ses gardes pour redoubler de vigilance? L'expédition était-elle éventée? Dans ce cas, il fallait gagner de vitesse les forces qui pouvaient se porter au secours de Fontenoy, et l'on était encore séparé de ce village par plus de deux lieues, — en ligne droite.

La colonne traversa le bois qui s'étend entre la Moselle et la route de Dammartin-lès-Toul, et qui est le prolongement du grand bois de Nancy. Elle coupa en amont de Gondreville, appuyant ensuite à droite pour se maintenir sous le couvert des bois. Les plus grandes précautions continuaient d'être prises pour dérober le passage de la troupe. Lorsqu'on traversait un chemin un peu trop fréquenté, quelques hommes de l'arrière-garde, promenant de grands râteaux sur la neige, effaçaient la trace des pas. Les soldats de l'avant-garde se tenaient en communication constante avec le gros de la troupe au

Le traître roula dans la neige, foudroyé (page 23).

moyen de coups de sifflet diversement modulés, à l'imitation des Prussiens. C'est ainsi qu'on descendit vers la Moselle et Fontenoy, en contre-bas du village de Velaine-en-Haye. Enfin, après une marche forcée de trois heures et demie à travers les halliers et les fondrières obstrués de neige, on arriva en vue de Fontenoy.

A cinq heures du matin, l'avant-garde aperçut, au débouché d'un chemin creux, les premières maisons du village et le fameux pont, situé à cent mètres de la station.

Le moment était solennel.

On fit une halte d'un quart d'heure, pour reprendre haleine et arrêter les dernières dispositions... Comme il fallait faire large besogne et peu de bruit, il fut décidé qu'on attaquerait le poste à l'arme blanche, qu'on l'enlèverait à la baïonnette.

Tout à coup, la lune cachée jusque-là toute la nuit par les nuages, se démasqua brusquement : c'était presque une hostilité, — comme le froid, la neige partout, en cette année maudite! — sa lueur éclaira les groupes en train de se former. Cette intrusion allait tout compromettre... Les francs-tireurs n'eurent que le temps de se rejeter dans l'ombre du chemin creux qu'ils venaient de quitter; mais les factionnaires du pont, très visibles, n'avaient-ils pas aperçu sur la hauteur ces ombres suspectes? n'allaient-ils pas donner l'alarme? faire retentir leur *wehr heraus!* Minute anxieuse... Rien; ils n'étaient point trahis. La lune se voila. Par précaution les hommes cachèrent le canon de leur fusil sous leur capote...

Plusieurs habitants de Fontenoy mis au fait de ce qui se tramait, avaient promis leur concours et se tenaient en communication avec le commandant du camp de la Vacheresse. L'un d'eux se glissa jusqu'au chemin creux et annonça qu'une forte patrouille de soixante hommes environ venait de quitter le village un moment auparavant. C'était là un renseignement favorable. Cette patrouille qui s'éloignait abandonnait la place aux francs-tireurs.

Restait à distribuer les rôles de chacun dans le drame lugubre qui se préparait. Voici ce qui fut arrêté : Une partie de la troupe prêterait main-forte aux mineurs chargés de faire sauter le pont et observerait les environs. Une autre partie surprendrait le poste de la station et noierait dans le sang toute résistance. Deux bouillants capitaines, hommes d'une trempe à toute épreuve, et dont nous pourrions donner les noms, se chargèrent de cette dernière tâche avec quarante francs-tireurs, — les plus solides. Le reste de la troupe se prépara à cerner le village pour empêcher de s'échapper les soldats de la landwehr logés chez les habitants.

Il n'y avait plus une minute à perdre. Les deux capitaines coururent droit au poste de la station. Il était occupé par cinquante hommes du 17° régiment de la landwehr. On sut plus tard que c'étaient des gens de Dusseldorf.

Cette poignée de francs-tireurs si résolus était guidée par un Gascon, ancien zouave, depuis compagnon du Devoir, qui naguère avait habité Toul et connaissait le pays.

Ce brave homme s'était fait un jeu de charger ses épaules du sac légendaire des soldats de l'armée d'Afrique. Il tenait là, assujettis par des courroies, une foule d'objets de quincaillerie, y compris sa gamelle. Il ne manquait guère à ce sac, pour être complet, que le chat de la compagnie perché dessus — ce chat qui, pour les zouaves, a remplacé le chien du régiment.

Bordelais la Rose, — c'était son nom, — ainsi équipé, trébucha dans une fosse ouverte sous la neige et fit avec son sac une culbute tellement bruyante et si ridicule que ses camarades ne purent réprimer un formidable éclat de rire, — malgré la gravité des circonstances.

Le moment était vraiment bien choisi pour s'égayer! Ils se trouvaient si près de la station qu'ils apercevaient les vestiges roussis de la guirlande de feuillage qui avait décoré l'édifice tout pavoisé, lors du passage de nos troupes six mois auparavant; ils voyaient distinctement s'agiter des ombres derrière les vitres. Ce qui pouvait tout gâter vint au secours des francs-tireurs. Au bruit de leurs rires, la porte de la station s'ouvrit, tandis qu'ils pénétraient dans la cour...

A la lueur projetée par cette porte, les francs-tireurs entrevirent les soldats du poste qui sortaient et se mettaient en rang pour recevoir cette reconnaissance si joyeuse. Leur physionomie n'exprimait que la surprise de la venue d'une nouvelle patrouille, si tôt après celle qui avait visité le poste un moment auparavant... Quelques-uns de ces hommes, brusquement réveillés, se frottaient encore les yeux.

Le chef de poste fit armer. Au même instant, le factionnaire des armes croisait la baïonnette sur l'officier qui marchait en tête de sa troupe, et criait : — *Halt! Halt! Wer da?*

L'officier lui répondit par deux coups de sabre en plein visage qui renversèrent le malheureux factionnaire. C'était le signal convenu : les francs-tireurs fondirent sur la proie qu'ils étaient venus chercher de si loin.

Alors sortit du gosier de ces hommes, si épouvantablement surpris dans leur quiétude, un *hurrah!* étranglé, que plusieurs n'achevèrent pas. L'écrasement du poste avait commencé. Les baïonnettes crevaient les poitrines, les sabres coupaient les figures, les crosses de fusil s'abattaient lourdement sur les têtes. Les francs-tireurs abordaient leurs adversaires avec l'élan des vingt lieues qu'ils venaient de faire. Ce n'était pas un combat auquel il fût possible à ceux-ci de se dérober, c'était une extermination impitoyable. Nulle retraite permise. On faisait expier à ces gens l'insolence de leur installation sur notre sol où ils semblaient comme chez eux; on mettait fin d'une façon épouvantable aux douceurs de leurs quartiers d'hiver.

Ceux des landwehrs qui n'étaient point passés subitement de l'engourdissement du sommeil dans les ténèbres de la mort, se jetèrent dans la station. Ils se trouvaient encore aussi nombreux que les assaillants. Ils se barricadèrent à la hâte et firent feu par les fenêtres. L'avantage pouvait leur revenir... Heureusement, un des nôtres, un sergent-major de la garde, força la porte en tirant un coup de revolver dans la serrure...

Ce fut alors une mêlée indescriptible. Les hurlements de douleur, les cris de détresse et de rage, les imprécations furieuses se croisaient au milieu du choc des armes. Du côté des vainqueurs les respirations sifflaient dans l'air, haletantes, épuisées par cette terrible besogne de bûcherons dans un taillis humain. A des défis criés dans une langue gutturale, répondaient d'affreux ricanements. Ni espoir à attendre, ni pitié à accorder.

Quelques décharges de fusil, faites à bout portant, remplissaient de fumée l'étroit espace où Français et Allemands s'étreignaient dans une lutte corps à corps, en nombre égal cette fois. Il n'y avait là aucune place pour le triomphe de l'usine Krupp : c'était poitrine contre poitrine qu'on se battait, face contre face.

On percevait d'étranges bruits, — ils ne s'entendent ailleurs que dans les abattoirs, — le bruit d'une tête que l'on fracasse, d'une épaule détachée d'un coup de sabre, d'un éventrement; des bruits mats de chairs déchirées ou perforées. Le pied glissait dans le sang, et plus d'un franc-tireur étreignant son adversaire alla rouler avec lui contre le mur. Les Allemands qui gisaient déjà terrassés, s'accrochaient, dans un suprême effort d'agonie, aux genoux prêts à les broyer et ne lâchaient prise que sous la pression d'une main qui étrangle ou le pétillement d'un revolver — dans l'oreille...

Quelques-uns de ces soldats de la landwehr se défendaient avec le courage du désespoir; l'un d'eux, décoré de la Croix de fer, criblé de blessures, refusait encore de se rendre. En revanche le sous-officier du poste s'était fourré sous une table; il fallut le tirer par les pieds de cette cachette...

Ces détails sont d'une scrupuleuse exactitude.

On ne fit guère de prisonniers, — huit en tout : les Prussiens ne fusillaient-ils pas les francs-tireurs qui tombaient entre leurs mains? Cette poignée d'hommes venus à marches forcées, en courant tant de dangers, et menacés d'une retraite plus difficile encore, pouvaient-ils songer à ramener de nombreux prisonniers? D'ailleurs, chez plusieurs des ardents patriotes engagés dans cette entreprise si grosse de périls, fermentait, il nous faut l'avouer, un besoin de vengeance provoqué par des attentats iniques, de cruelles injures, des humiliations imméritées. L'un de ces hommes, peu de temps auparavant, avait eu son frère fusillé comme soldat irrégulier. Plusieurs autres, faits prisonniers à Sedan, s'étaient échappés à la nage, sous une grêle de balles, de cet horrible camp de la Misère, où pendant dix jours, sous des pluies torrentielles, dans la boue profonde, sans pain, cent mille soldats français furent traités comme un vil troupeau ; ceux-là, animés d'une haine farouche contre de semblables ennemis, étaient venus s'engager dans les partisans des Vosges. Il y en avait qui, prisonniers, ou relevés blessés sur les champs de bataille, étaient parvenus à s'échapper jusqu'à trois fois...

Les infortunés landwehrs de Dusseldorf firent la cruelle expérience du retour de fortune qui menace tout soldat, et comprirent combien il est périlleux d'appartenir à des armées qui abusent de la force. En cette terrible minute qu'ils vécurent au milieu de cet ouragan de coups donnés et reçus, il en est qui durent voir se réaliser leurs plus sombres prévisions sur l'issue de la guerre ; car plus les Prussiens pénétraient au cœur de la France, moins ils espéraient en sortir.

Il n'a pas dépendu des compagnies franches des Vosges que leur exemple ne trouvât des imitateurs.

Dans le village, la chasse aux Prussiens avait commencé. Des coups de feu éclairaient la nuit dans diverses rues.

D'une maison, sortit un soldat allemand tout effaré ; il courait la baïonnette haute, hésitant visiblement sur la direction à suivre pour rallier ses camarades attaqués...

Un chasseur des Vosges l'abattit d'un coup de fusil dans la nuque. Le Prussien tomba au moment où une manière de paysan, courant après lui en lui parlant, se trouvait arrêté par deux francs-tireurs, qui lui mirent la baïonnette sur la poitrine.

— Français! dit-il, oh! Français!

Une fenêtre en lucarne venait de s'ouvrir et de s'illuminer. Plusieurs voix de femmes crièrent d'en haut : — Ne le croyez pas! Il est avec eux! C'est un espion... Il est plus méchant que les autres.

Un sergent « bleu » sortit de l'ombre des maisons. — Collez-moi ça au mur, fit-il.

Jacob Risler guidait ce sergent à travers les ruelles du village. Quelle ne fut pas l'émotion douloureuse du brave garde forestier en reconnaissant dans le paysan menacé d'être passé par les armes... son cousin Louis, le sabotier du Niderhoff.

Il allait se porter à son secours ; mais la confusion le retint. Si c'était un espion, comme on le disait ?... Depuis plusieurs mois Louis avait disparu du Niderhoff et le bruit avait couru, malgré les dénégations furieuses de son frère, que c'était pour suivre les Prussiens et trafiquer avec eux de ce qu'ils volaient... Quelle chose horrible qu'un traître dans sa famille! Non, ce n'était pas possible! Pourtant c'était un si méchant gueux que ce Louis Risler, qu'il était bien capable de s'être joint aux ennemis... Mais si son cousin se trouvait faussement accusé, tout ne lui faisait-il pas un devoir d'intervenir? même la brouille qui existait entre eux? Sans se montrer, il dit au sergent, à voix basse,

— Sergent, permettez... Encore faudrait-il être sûr...

— Qu'on le fouille! cria le sergent.

Déjà la chose était en train de s'exécuter, et les francs-tireurs remettaient bientôt à leur sergent un livret et quelques papiers.

Une porte s'était entre-bâillée. Il s'en échappait un rayon de lumière. Le sergent s'en approcha et fit un examen rapide des papiers et du livret. Il revint brusquement :

— C'est un espion, dit-il. Et il est Lorrain encore! Il avait dans sa poche une longue liste des fermiers du pays, soupçonnés de tenir des armes cachées... Les espions allemands sont d'honnêtes gens auprès de ce misérable! Logez-lui une balle dans la tête comme à un chien enragé!... Je prends la chose sur moi.

— Plus loin! plus loin! crièrent des voix de femmes, effrayées d'assister de leur fenêtre à ce drame militaire.

En ce moment brilla l'éclair d'un coup de feu : c'était le cousin de Jacob qui, renonçant à se justifier, se défendait en déchargeant son pistolet sur l'un des chasseurs des Vosges. Il l'atteignit à l'épaule.

Mais l'autre chasseur, doué d'une force peu commune, désarma le gredin : et d'une balle de son revolver il lui laboura le front.

Le sabotier tomba sur ses genoux. Le franc-tireur allait l'achever d'un deuxième coup :

— Non, non, commanda le sergent, pas comme cela. Il faut le fusiller.

Une jeune fille accourut apportant une lanterne allumée. — Que devient la pitié en temps de guerre?... — Elle la posa devant l'homme condamné à mourir, et qui poussait des hurlements.

Plusieurs francs-tireurs arrivaient derrière le sergent. Celui-ci les arrêta, en fit aligner quatre, qui comprirent à demi-mot et couchèrent en joue l'homme agenouillé, livide et ensanglanté par la blessure du front.

— Feu ! cria le sergent.

Un éclair traversa la rue et le traître roula dans la neige, foudroyé.

Cette exécution sommaire était à peine accomplie qu'une femme, tremblante d'émotion, s'approcha des francs-tireurs, et à voix basse :

— Venez donc ! fit-elle ; à la troisième porte, en tournant à droite... il y a trois Prussiens qui se cachent...

Le sergent et les francs-tireurs s'élancèrent dans la direction indiquée.

Jacob Risler demeuré seul, alla soulever le corps de son cousin.

— Il est mort... murmura-t-il ; et c'est bien lui !

Puis avec une explosion d'indignation :

— Quelle honte pour nous ! fit-il avec des larmes dans les yeux.

Et par un scrupule excessif, le brave soldat de l'armée d'Italie arracha brusquement le ruban rouge qu'il portait à sa boutonnière. Pourtant le déshonneur de son indigne parent ne pouvait l'atteindre...

— Maintenant, balbutia-t-il, il faut que j'enlève ce corps de là... Quelqu'un pourrait le reconnaître... Il n'est pas trop changé...

Il lui vint une idée : il tira de sa poche un bout de corde, attacha par les pieds le traître, et se mit à le traîner par les rues les plus sombres. Où allait-il ainsi? Il se dirigeait du côté du pont pour jeter le cadavre dans la Moselle...

Pendant que les francs-tireurs anéantissaient le poste de la station et poursuivaient les Prussiens à travers le village, deux hommes qui avaient donné des preuves nombreuses d'une vigueur et d'une agilité peu commune, s'étaient chargés de supprimer sans bruit les deux factionnaires du pont... et ils avaient réussi.

Tout allait donc à souhait.

Alors les agents des ponts et chaussées, aidés de quelques mineurs, ainsi que des hommes du commandant Bernard et du capitaine Richard, préparèrent la destruction du pont.

Le pont de Fontenoy est composé de sept arches de maçonnerie. Dans la première pile du côté de l'Est, un fourneau de mine avait été ménagé, nous l'avons dit, dès l'époque de la construction. Il s'agissait d'en reconnaître la place.

On travailla donc ardemment à la lueur d'une lanterne; mais le tampon placé à l'orifice de la cheminée, qu'on avait cru seulement à trente centimètres du niveau du balast, ne se trouvait point à l'endroit indiqué.

Ce fut un moment d'une angoisse terrible. Tant d'efforts avaient-ils été accomplis en vain! Tant d'existences avaient-elles été inutilement sacrifiées!

Enfin la pioche résonne sur du bois! Le tampon se trouvait à une profondeur de plus du double...

Les travailleurs mirent à jour l'orifice de la cheminée et commencèrent à charger le fourneau.

On procédait activement à cette besogne lorsqu'on entendit arriver avec des sifflements qui déchiraient l'air, un train venant de Toul. Il s'avança jusqu'à l'extrémité du pont...

Quel nouveau danger surgissait? Des troupes de secours étaient-elles envoyées pour la défense de la station? Mais comme, çà et là, dans le village, des coups de feu étaient tirés, le train ralentit sa marche, puis rétrograda à toute vapeur. On sut depuis que c'était un train de blessés : les Prussiens avaient l'habitude de faire ainsi voyager leurs blessés pendant la nuit, bien aises, dans leur orgueil, de dissimuler leurs énormes pertes aux populations envahies. Ils évitaient aussi d'affliger la vue des hommes de la landwehr par le décourageant tableau des réalités de la guerre.

Ce ne fut point là le dernier incident dramatique de cette nuit si remplie.

Le chargement de la mine touchait à sa fin quand une catastrophe faillit se produire. En voulant prendre la lanterne sur le rebord du fourneau, l'un des travailleurs laissa échapper la chandelle, qui roula tout allumée dans le trou, à quelques centimètres des sacs de poudre déjà mis en place!

Plus de cent hommes se trouvaient en ce moment sur le pont.

Ils furent sauvés par l'admirable présence d'esprit et l'adresse de l'un des agents des ponts et chaussées, M. T***. Sans hésiter une seconde, cet homme courageux se courba, disparut à moitié dans la cavité béante d'où instantanément la mort pouvait jaillir, et il parvint à ressaisir la chandelle... sans perdre l'équilibre et sans glisser.

Enfin la mine était chargée. Six mèches anglaises furent ajustées à la mine.

— Quelque chose pour boucher le trou ! cria l'un des travailleurs.

En ce moment Jacob Risler arrivait au pont. Il avançait machinalement, absorbé, anéanti, traînant le corps de son cousin sans plus avoir conscience de ce qu'il faisait. Il fut ramené à lui et comme réveillé brusquement par cette demande. Autour de lui, on cherchait « quelque chose ».

Il vit devant lui un soldat (page 28).

— Prenez ceci, dit Jacob, en passant aux travailleurs la corde qu'il tenait, c'est le cadavre d'un traître...

On ne chercha pas davantage ; le corps du sabotier servit à boucher et assujettir l'appareil de destruction.

Les mèches étaient allumées.

Les rangs furent reformés, sauf quelques blessés que les habitants pansaient.

La troupe remonta vers le village : on annonçait déjà l'approche des uhlans.

La colonne arrivait au haut de la montée quand une double détonation retentit : deux arches du pont de Fontenoy venaient de sauter.

Un cri vigoureux de Vive la France! y répondit, et les képis s'agitèrent en l'air.

Il était sept heures du matin. Le jour pointait.

L'explosion, en détruisant deux arches entières, avait fait écrouler la pile du fourneau et fortement lézardé les deux suivantes. Le tout constituait une brèche d'environ trente-cinq mètres, dans la grande ligne de l'Est.

Les pauvres habitants se pressaient autour des soldats; ils leur serraient les mains : « Paris est sauvé n'est-ce pas? » disaient-ils naïvement. Ils ne prévoyaient pas, les malheureux, ce qu'allait leur coûter cette audacieuse entreprise, ou plutôt dans leur émotion patriotique, ils n'y songeaient pas encore...

III

Le petit Jean attendit un jour, deux jours, le retour de son père, mais non sans impatience. Pour moins se languir, il allait au bout du village, du côté où la troupe avait disparu, et là, il regardait au loin dans les chemins, blancs de neige, qui bordaient les bois. Mais un vent froid le cinglait au visage. Alors, il s'en revenait les mains gourdes, la larme à l'œil, grandi par la neige collée à ses sabots.

— D'où viens-tu donc, encore, mauvais afans? lui criait la vieille Jacqueline.

— Tante, c'est pour le grand sabre, répondait Jean.

— Sabre de bois! je t'en ferai un de sabre, s'écriait le père Barnabé, visiblement impatienté, — mais demain... après mon travail, entends-tu?

— Je ne veux pas un sabre de bois, criait l'enfant en pleurant.

Puis son œil se rouvrait étincelant, rayonnant : il s'était réchauffé les mains auprès du fourneau ; et il murmurait déjà :

— D'abord, je vais voir!

Et il allait voir, marchant jusqu'aux dernières maisons de Vannes-le-Châtel, et même un peu au delà.

Le troisième jour, le petit Jean s'avança jusqu'à Barizey. Il ne rentra qu'après une absence de quatre heures et fut vivement grondé. Il promit « qu'il ne le ferait plus »; mais le lendemain il poussa une reconnaissance jusqu'aux environs de Colombey, à plus de deux lieues de Vannes. Le hasard semblait vouloir servir l'enfant, et il s'était sensiblement rapproché de l'endroit où son père avait passé ce même jour : car la colonne avait opéré sa retraite en appuyant davantage sur la gauche dans la boucle de la Moselle.

Elle était parvenue, sauf l'arrière-garde, à traverser le fleuve sur une surface solide, bien que la couche de glace n'eût que tout juste assez de consistance, surtout pour les blessés, au pas alourdi, et les chevaux, — on ramenait les chevaux et on réussit à les sauver. Lorsque le tour vint des hommes de l'arrière-garde, la glace brisée n'offrait plus que des glaçons flottants, et il fallut sauter de l'un à l'autre...

On revint de la sorte, sans autre accident, en se cachant sous bois par Goviller, Vandéléville, Vicherey, Houécourt jusqu'à Bulgnéville où la troupe du commandant Bernard touchait à la forêt de Boëne. Partout, sur leur chemin, les francs-tireurs étaient fêtés. En leur honneur on déboucha plus d'une bouteille de ces vins de Mirecourt et de Rabeuville, près de Neufchâteau, qui sont assez recherchés. On les tirait de leur cachette, et à chaque bouteille vidée, c'était à qui s'empresserait de dire : — Encore une que les Prussiens ne boiront pas ! Les libations, les toasts trop fréquents, valurent à la petite troupe d'égrener quelques traînards sur sa route. L'ex-zouave et compagnon du Devoir, Bordelais la Rose, s'était attardé plus qu'aucun autre de ses camarades.

Quant à Jacob Risler, il n'eut pas même la pensée, lorsque la colonne se trouva à la hauteur de Vannes, de demander la permission d'aller embrasser son fils, tant il demeurait péniblement affecté par la mort infamante de son cousin Louis !

Lorsque le petit Jean se vit si éloigné de Vannes, il se rappela les reproches de la tante Jacqueline et la promesse qu'il avait faite de ne plus recommencer, et il n'osa pas retourner au village...

Le voilà donc, arpentant les routes par un froid de dix-huit à vingt degrés. Il dépassa Colombey et atteignit les bois. Mais il était exténué, mourant de froid, mourant de faim. Il s'assit au pied d'un arbre, dans la neige, et se mit à pleurer... Puis le froid le gagna et il s'endormait d'un sommeil, mortel peut-être, lorsqu'il se sentit secoué.

En ouvrant les yeux, il vit devant lui un soldat. C'était Bordelais la Rose, très échauffé, le dos chargé de l'énorme sac que l'on sait, — avec tous les accessoires qui battaient une marche.

— Que fais-tu là, moutard, par ce froid? dit-il à l'enfant.

— Je... J'attends mon papa, balbutia Jean, dont les dents claquaient.

— Il faut se remuer.

— J'ai trop faim.

— Faim ? Fallait donc le dire plus tôt ! s'écria l'ex-zouave tout heureux de faire valoir sa prévoyance, même aux yeux d'un enfant.

Et posant son sac par terre, il dégagea de sa courroie la moitié d'un pain de munition d'aspect fort appétissant. L'enfant en reçut un gros morceau, et par occasion, ou pour encourager son petit ami, le zouave s'en coupa une tranche dans laquelle il mordit à belles dents.

— Tu n'as pas vu des soldats ? demanda-t-il à l'enfant, la bouche pleine.

— Quoi?

— Je te demande, moutard, si tu n'as pas vu tantôt des soldats suivant ce chemin, le long du bois ?

Jean secoua la tête négativement.

— Papa aussi est soldat, dit-il avec l'intonation d'un jeune coq qui essaye de chanter. Il est parti pour la guerre... l'autre nuit.

— D'où est-il parti?

— De Vannes.

— Ah! bien! je sais alors; il est des nôtres, ton père, un gaillard, un solide, aussi vrai que je suis un dur à cuire. Tu vas retourner bien vite à la maison pour donner de ses nouvelles à ta mère...

— Maman est à Paris, dit l'enfant; ma petite sœur Pauline aussi.

— Mais toi, alors, où demeures-tu?

— A Vannes, avec le père Barnabé, et la tante Jacqueline.

— Mais pourquoi es-tu là?

— Pour voir si mon papa va passer, et pour que le père Barnabé et la tante Jacqueline ne me grondent pas.

— Tu as bien mis trois heures pour venir de Vannes? demanda l'ex-zouave qui réfléchissait à un parti à prendre.

— Je ne sais pas.

— Tiens, tu es aussi bête que les pierres du chemin. Veux-tu que je t'emmène avec moi au camp... où est ton père?

Cela demandait réflexion. Le petit bonhomme se mit à se promener, les mains derrière le dos, dans une attitude sérieusement méditative. Sans s'en douter il avait pris l'air du « petit caporal » des images d'Épinal.

— Tiens! tu me bottes! s'écria l'ex-zouave ravi. Je t'emmène. Je t'ai sauvé de la faim, je veux te sauver du froid. Tu vas grimper sur mon sac.

Cette proposition leva les derniers scrupules de l'enfant. Et tandis que le vieux soldat chargeait sur ses épaules son sac et « tout le tremblement », Jean, tout à fait décidé, grimpait sur le fameux sac et prenait la place...

Quelle place? la place du chat, — ses jambes pendant en avant sur la poitrine du zouave.

— En route! fit le zouave, pour obéir à un commandement.

Et il partit d'un bon pas.

Jean se trouvait tout ragaillardi.

La nuit vient vite en hiver. Bordelais la Rose avait fait deux ou trois kilomètres, lorsqu'il distingua un village sur la lisière du bois.

— Tu vas aller voir s'il n'y a pas de Prussiens dans ce village, dit-il à l'enfant en le déposant à terre. Je t'attendrai ici. Va et surtout reviens, car j'ai bien soif, aussi vrai que je m'appelle Bordelais la Rose.

Jean s'éloigna en courant et un quart d'heure après il revenait accompagné d'un paysan : le repas du soir et un gîte pour la nuit étaient assurés.

IV

Le lendemain, Bordelais la Rose et son petit camarade se mirent en route de bonne heure. L'enfant avait de nouveau pris la place du chat.

La première étape fut pleine d'entrain.

L'ancien zouave chantait à demi-voix des airs de route :

> Oui, nous la plumerons
> L'alouette, l'alouette..

ou encore :

> Tous les Français sont volontaires
> Quand le gendarme va les chercher.

S'animant par degrés, et prenant un pas cadencé, il avait attaqué :

> Dansez au son de la musette,
> Dansez au son du tambourin !

Et il excitait l'enfant à chanter en chœur avec lui.

Celui-ci ne se le fit pas dire deux fois.

Le sac sautait sur les épaules et le petit Jean ne tenait plus en place. Tous deux répétaient :

> Dansé-ez, dansé-ez, au son de la musé-ette !

Lorsque tout à coup, Bordelais la Rose s'arrêta net.

— Dis donc, petit, fit-il, regarde dans la direction de mon doigt... Sac et giberne ! vrai ! ma vue s'affaiblit. Je ne distinguerai bientôt plus un marteau d'une lime.

Et il montrait un étroit chemin se déroulant, blanc de neige, au bas de la colline qu'ils suivaient à mi-côte, chemin plusieurs fois dérobé par des accidents de terrain, des rochers ou des bouquets d'arbres.

L'enfant regarda fixement —, curieusement.

— Que vois-tu?

— Je vois des soldats.

— Moutard, moi aussi je vois des soldats!... fit l'ancien zouave un peu désappointé.

— Ils ont un casque sur la tête.

— Ah! voilà ce que je voulais savoir. Bien, mon fils. Ne bougeons pas et attendons-les. Je veux leur dire bonjour... quand ils seront à bonne portée.

Et il déposa le petit garçon à terre.

— Tu les connais donc, monsieur Bordelais? demanda Jean se méprenant sur les intentions de son nouvel ami.

— Oui, oui, je les connais assez pour leur dire bonjour... avec mon « flingot ». Fais-toi petit.

La recommandation était superflue, vu l'exiguïté de la taille de l'enfant du forestier. Agissant en conséquence de ses recommandations, l'ancien zouave se mit à genoux derrière de grosses souches d'arbres et, avec précaution, il glissa le canon de son fusil entre deux branches basses constituant une sorte de fourche à deux dents.

Une patrouille de landwehrs avançait à grandes enjambées. Il pouvait y avoir là une quarantaine d'hommes.

— Je comprends, dit l'enfant en battant des mains, nous allons les tuer; ce sont les Prussiens; si nous les tuons tous la guerre sera finie, pas vrai? et maman reviendra de Paris... avec ma sœur, pas vrai? dis, monsieur Bordelais?

— Les tuer tous? Es-tu serin? Il y en a bien d'autres après ceux-là... Mais essayons toujours. Ne parle plus... Ici, il faut... du... recueille... ment. Pif!

La détonation du fusil de l'ancien zouave se confondit avec cette interjection finale. La fumée roula sur l'enfant, l'enveloppant.

— Ça sent bon la poudre, fit-il.

Bordelais la Rose écarquillant démesurément les yeux, observait l'effet de son projectile.

— Touché! fit-il. Ils en tiennent!

Il ne se trompait pas. La patrouille s'était arrêtée, et quelques hommes entouraient un blessé, qui alla s'asseoir sur une grosse pierre au bord de la route. Le restant de l'escouade, le nez levé, l'air rogue et menaçant, fouillait

LE TOUR DE FRANCE D'UN PETIT PARISIEN

Le soldat saisit Jean par une oreille (page 36).

du regard la colline boisée; plusieurs mains désignaient le petit nuage de fumée révélateur.

— Il me semble les entendre dire, observa le vieux soldat, c'est là-haut, à gauche du grand orme. C'est cela, attendez-moi sous l'orme... tas de mangeurs de choucroute. Nous allons changer de place... et ils croiront avoir affaire à un bataillon. Toi, petit, ne bouge pas.

Bordelais la Rose, tout en glissant une cartouche dans son fusil à tabatière se mit à marcher en deux doubles. Il fit ainsi une trentaine de pas, et s'arrêta derrière un chêne. Là, se redressant vivement, il visa sans perdre une seconde. Une nouvelle décharge envoya une balle à quelques mètres de la troupe ennemie : le projectile frappa sur un bloc de granit, en détacha quelques menus fragments et fit voler un peu de poussière.

— Court ! exclama l'ancien zouave, qui avait suivi la direction de son coup de feu. On va réparer ça.

Une troisième détonation rendit un bruit sec. Ce fut encore une balle perdue.

En ce moment les soldats de la patrouille, se croyant sérieusement attaqués, abandonnèrent le petit chemin, sur le commandement de l'officier qui les dirigeait, pour s'éparpiller et se dérober parmi les arbres de la côte d'en face.

Jean n'apercevant plus les ennemis, les crut en fuite, ou morts ; et il se mit à battre des mains. Quant au vieux soldat, en voyant le peloton exécuter ce mouvement, il se laissa glisser sur la neige d'une pente en criant encore une fois à son petit protégé :

— Ne bouge pas, moutard !

Presque aussitôt la réplique à son attaque lui était donnée par l'ennemi. Une grêle de balles vint pleuvoir à l'endroit où se trouvait Jean et du côté du chêne d'où l'ancien zouave avait deux fois déchargé son arme.

Alors commença un singulier combat de mousqueterie. Les Prussiens visaient les endroits où se produisaient, successifs et répétés, les éclairs du « flingot » du franc-tireur. Celui-ci changeait de place à chaque coup déchargé sur les ombres rapides qui s'agitaient derrière les arbres, et cherchait à s'établir sur un point avancé pouvant lui permettre de se placer sur le flanc de l'ennemi. Cette manœuvre fut devinée par l'officier des landwehrs, qui pensait avec raison n'avoir pas affaire à de nombreux agresseurs. Il commanda à ses hommes de retraverser la voie, de se déployer en tirailleurs et d'escalader la colline afin de cerner l'invisible ennemi.

Au moment où les soldats se trouvaient de nouveau en vue, sur la route, Bordelais la Rose, ajustant avec soin un petit groupe, eut la satisfaction de voir tomber un de ses adversaires, atteint aux jambes.

Il poussa un grand cri de joie, qui fit allonger la tête au petit Jean.

L'enfant ne voulait rien perdre de la « bataille » à laquelle il assistait. Les balles sifflaient à ses oreilles, ricochaient autour de lui, mais sans l'effrayer.

Le pauvre petit ne comprenait véritablement la mort que donnée par un soldat moustachu, très en colère, grondant et jurant dans un langage inconnu, roulant de gros yeux et le saisissant, lui chétif, par une oreille pour lui couper la tête. Sa conception n'allait pas au delà de Croquemitaine. Or on sait qu'il y a passablement loin de Croquemitaine à M. de Moltke.

Aussi le petit garçon se troubla-t-il réellement lorsqu'il entendit assez près de lui de grosses voix qui s'interpellaient, menaçantes, et que bientôt après deux soldats irrités abattaient une rude main sur lui.

— Ce n'est pas moi! ce n'est pas moi! cria-t-il, tandis que de grosses larmes venaient se ranger sous ses longs cils blonds, comme pour le défendre, — les larmes sont la défense du faible, de l'enfant...

— Où est ton père? hurla en français un Prussien de ces provinces rhénanes qui ont appartenu à la France.

Du moment qu'on ne lui parlait pas en allemand, le petit Jean reprit toute son assurance, — et il en avait beaucoup.

— Je ne suis pas avec mon père, dit-il. Ne me faites pas de mal.

— Avec qui es-tu, dans ce bois? avec ton frère? avec des gens du voisinage? Tu es avec quelqu'un, moucheron!...

— Avec qui je suis... dans ce bois? répondit l'enfant lentement, pensant venir en aide à « M. Bordelais » en retenant ces deux soldats furieux.

— Oui, avec qui? dit le deuxième soldat. Parle vite, *tarteiffle*, ou je t'écrase!

Le courage revenait à l'enfant ; il le sentait croître en lui avec son importance. Dire de quel côté il avait vu disparaître « M. Bordelais » un instant auparavant?... quant à cela, jamais!

— Conduisez-moi à votre général, fit-il en redressant sa petite taille. C'est à lui seul que je parlerai.

— Morveux! dit le premier soldat. Et il allongea à l'enfant un coup de pied dans les jambes. Mais la force de ce coup de pied, donné de côté, fut diminuée de tout le dédain qu'inspirait au soudard l'humble créature. Pourtant le petit tomba sur les genoux.

Mais il se releva fièrement, et prenant un air très digne :

— Troupier, dit-il, j'n'aime pas les bottes d'oignons. On ne frappe pas les prisonniers, on les fusille.

En parlant ainsi le petit Risler, discrètement, fit rentrer un bout de chemise qui flottait par derrière hors de sa culotte fendue, puis il croisa ses bras sur la poitrine avec un air plein de résolution.

Les deux soldats eurent un rire semblable à un grognement. Ils échangèrent quelques mots entre eux; après quoi celui qui s'était présenté le premier poursuivit son chemin à travers le bois, s'aidant pour grimper de chaque tronc d'arbre, de chaque branche flexible qui traînait jusque sur le sol.

L'autre soldat saisit rudement le petit Jean par une oreille, en lui criant:

— En route! *Tarteiffle!*

Et se laissant dévaler à travers les espaces éclaircis, glissant, roulant sur la neige, il entraîna l'enfant après lui jusqu'au bas de la colline.

— Le voilà, le général, lui dit-il, en poussant le marmot devant l'officier qui commandait la patrouille. — Mon lieutenant, voici déjà *quelqu'un*, ajouta-t-il en allemand.

L'officier examina l'enfant en fronçant terriblement les sourcils. Il eut un geste de désappointement, et regarda vers le haut de la colline, où le feu des assaillants avait cessé. « M. Bordelais », très satisfait, était en pleine retraite et déjà hors d'atteinte de l'ennemi.

— Est-ce que vous allez me fusiller? demanda le petit Jean.

— Hein? fit l'officier.

— Est-ce que vous me fusillerez... comme l'autre jour Bastien, le garçon meunier de chez nous?

L'officier eut un imperceptible haussement d'épaules et interrogea :

— Avec qui étais-tu là-haut?

— Avec un ami... que j'ai rencontré, dit l'enfant.

— Il est de ton village?

— Oh! que non! Je l'ai rencontré... par les chemins. C'est un « dur à cuire », il me l'a dit. Il sait chanter.

— C'est un soldat?

— Je crois bien!

— D'où viens-tu?

Jean se gratta le derrière de l'oreille, fort perplexe; il ne voulait pas nommer Vannes, de peur d'être reconduit chez la mère Jacqueline, si on ne le fusillait pas.

— Du village, dit-il enfin.

— Et où allais-tu, quand tu as rencontré ce « dur à cuire »?

— J'allais... j'allais trouver mon père, pour faire la guerre avec lui.

— Mais où?

— Je ne sais pas.

Et le petit garçon avait l'air penaud d'un écolier qui n'a pas appris sa leçon.

— Eh bien ! on va te fusiller, dit le lieutenant, — qui l'enleva de terre en souriant.

— Vive la France ! A bas les Prussiens ! cria le petit Jean résolument et en devenant tout rouge.

— Est-il joli ! fit l'officier. Il tenait l'enfant à bout de bras.

Et s'adressant à un vieux sergent qui se trouvait à côté de lui : — A-t-il une mine éveillée !

— J'en ai un comme cela au pays, murmura le sergent avec un soupir.

L'officier déposa l'enfant à terre, — bien doucement. — Sauras-tu retrouver ton chemin ? lui dit-il.

Jean fit semblant de vouloir s'orienter.

— Je vais du côté où vous n'allez pas.

— Veux-tu du biscuit ? demanda le sergent.

Le petit garçon fit un signe de tête négatif.

— Veux-tu un morceau de sucre ?

— Je ne veux rien des Prussiens.

En ce moment les landwehrs qui avaient escaladé le bois redescendirent en courant, et Jean fut tout heureux de voir qu'ils ne ramenaient pas « M. Bordelais ». L'officier fit ranger ses hommes, et l'on prit quelques disposition pour aider les deux blessés à rentrer avec la patrouille. Très légèrement atteints l'un et l'autre, ils pouvaient suivre. Des camarades porteraient leurs fusils...

Jean regardait les blessés sous le nez ; il allait de l'un à l'autre, s'amusant de leurs grimaces. Un soldat qui le vit sourire lui administra lourdement une taloche. Alors l'enfant s'éloigna rapidement, un peu effrayé. A vingt pas de là il s'arrêta, et tout prêt à prendre sa course, il attendit que la patrouille se remît en marche.

A mesure que les Prussiens s'éloignaient, le petit garçon, sans bouger de place, commençait à chercher des yeux à travers le bois, du côté où le franc-tireur avait disparu. Il s'attendait à le voir surgir tout à coup de derrière un arbre, ou au moins à s'entendre appeler. Rien ne remua...

— Ils l'ont peut-être tué! pensa l'enfant après un moment d'attente ; et soudain pris de peur à cette idée, il se mit à courir de toute sa force, tombant deux ou trois fois dans la neige, se relevant pour courir plus vite encore.

— Eh ! fit une voix peu rassurée, de quoi as-tu peur ?

— Des Prussiens ! répondit l'enfant sans s'arrêter, et sans regarder celui qui parlait.

— Des Prussiens ? Où sont-ils ?

Jean revint alors sur ses pas. D'un sentier pierreux descendant des collines, débouchait un paysan de seize à dix-huit ans, en blouse, tête nue, pâle et défait, — déchiré même, — et qui portait quelque chose dans un mouchoir à carreaux. Il répéta sa question :

— Où sont-ils ?

— Ils ont tué M. Bordelais, dit le petit garçon.

— Ces coups de fusil que j'ai entendus, il y a un quart d'heure ? demanda le jeune homme.

— C'était la bataille, répondit Jean.

A peine l'enfant achevait-il ces mots qu'une vive fusillade éclatait du côté où les Prussiens s'en étaient allés. C'était l'arrière-garde de la troupe du commandant Bernard qui, malgré l'ordre de ne pas s'attarder, n'avait pas résisté au plaisir d'échanger quelques coups de feu avec les landwehrs.

— C'est la bataille qui recommence ! s'écria l'enfant.

L'énergie dont avait fait montre jusque-là le pauvre petit était épuisée, et il se mit à pleurer.

— Il ne faut pas pleurer comme ça, lui dit l'autre. Est-ce que je pleure, moi ?

Jean leva la tête et regarda ce gars qui semblait sortir d'une lutte inégale dans laquelle on l'aurait maltraité — et qui ne pleurait pas. Ses yeux se séchèrent.

— Tu devrais donc pleurer ? dit-il. Pourquoi ? Est-ce que les Prussiens t'ont battu ? Tu es tout déchiré...

— Oui, ils m'ont frappé, les misérables, mais je leur revaudrai ça !... Et ils ont brûlé la maison de mes parents...

— Brûlé ?

— Alors, je me suis sauvé, reprit le jeune paysan ; mais je veux avoir le fusil et l'uniforme pour me venger. Je connais les chemins les plus courts et je vais tout droit au campement de la Délivrance... C'est dans la forêt de Boëne, tout en haut de la montagne du Crochet.

— Je veux y aller, moi aussi, dit le petit Jean très résolument.

— Tu es trop petit !

— Mais mon père est dans les soldats... Je suis tout seul...

Le gars pensa que l'enfant errait abandonné, à la suite de quelque violence comme il s'en commettait tant depuis la guerre.

— Eh bien! fit-il après un court moment de réflexion, viens toujours avec moi. Nous verrons après.

— Est-ce loin? demanda Jean lorsqu'ils eurent fait dix pas.

— C'est encore loin... Nous arriverons demain, en nous cachant cette nuit à Beaufremont. Laisse-moi faire!

Le jeune homme prit une allure rapide; l'enfant courait à côté de lui afin de pouvoir le suivre, — ce qui ne l'empêchait pas de raconter à son compagnon, qu'il s'appelait Jean Risler, et aussi comment il avait fait la connaissance de « M. Bordelais », et encore de quelle façon le franc-tireur, tout seul, avait tenu tête à tout un « régiment ». Il finit par le questionner sur le contenu de son mouchoir.

— C'est une miche de pain, répondit l'autre; je l'ai achetée en route; tu vas en avoir ta part tout à l'heure.

. . . .

Ils arrivèrent en effet le lendemain à la forêt de Boëno. Comme ils passaient à Sauville, village voisin du camp, l'un des lieutenants du commandant Bernard prenait des dispositions pour diriger, sur Langres, les prisonniers faits à Fontenoy.

Le jeune paysan demanda à lui parler.

— Mon commandant, dit-il, je viens pour être soldat avec vous. J'ai mes raisons. Et puis, nous n'avons plus rien là-bas; notre maison est brûlée.

— Comment, ta maison est brûlée? Où cela?

— A Fontenoy, mon commandant... Quand j'ai quitté le village, tout flambait comme de la paille. A dix heures du soir, on y voyait comme en plein jour. A la tombée de la nuit, ils avaient envahi le village. Ils nous chassaient de nos maisons à coups de crosse de fusil, sans nous permettre de rien emporter. Les maisons ont été brûlées l'une après l'autre, après avoir été enduites de pétrole. Tout a été anéanti, tout; les récoltes, les provisions, les meubles, les hardes de chacun; les chevaux, les vaches, les moutons, les porcs ont brûlé, étouffés dans les étables. Nous sommes tous ruinés!... On tirait sur ceux qui cherchaient à sauver quelque chose des flammes; c'est comme ça qu'un vieux de quatre-vingts ans, le père Christian, a reçu une balle dans le ventre; une pauvre vieille infirme a été brûlé dans son lit; la femme du maire a été battue, traînée par les cheveux, ainsi que d'autres qui se sont échappées au milieu des balles.

Le capitaine à qui parlait le jeune paysan pâlit.

— Les misérables! murmura-t-il.

Et il jeta sur les prisonniers un regard qui les fit trembler. Ils avaient à peu près tout compris ; ils crurent leur dernière heure arrivée.

— Ce n'est pas tout, reprit le villageois. Ils ont arrêté le maire, le chef de gare, et le curé de Gondreville qui était accouru pour s'interposer.

» Et maintenant les femmes et les enfants sont là qui bivouaquent en plein air, dans la neige ; les hommes, réfugiés dans les bois, sont traqués par les uhlans et les Bavarois qui veulent à toute force s'emparer d'eux, comme s'ils avaient travaillé à la destruction du pont... Ils ont réussi à mettre la main sur l'instituteur, et ils l'ont ramené ; mais dans quel état ! — Je viens vous demander un fusil, mon commandant, conclut le gars de Fontenoy.

Les landwehrs de Dusseldorf jetaient sur le capitaine des regards suppliants. Pour toucher plus sûrement sa sensibilité, deux d'entre eux tirèrent de leur poitrine des photographies d'enfants — de leurs enfants sans doute — et y collèrent bruyamment leurs lèvres. Heureusement pour ces pauvres diables, le capitaine avait moins de dureté de cœur qu'un Moltke ou un Bismarck... Il ne leur fut fait aucun mal, et ils s'éloignèrent l'instant d'après sous bonne escorte.

— Quel est cet enfant ? demanda le capitaine en avisant le petit Jean. Ton frère ?

— Non, mon commandant, un pauvre enfant abandonné que j'ai trouvé sur mon chemin. Son père est dans les compagnies franches ; peut-être dans les vôtres...

En ce moment Bordelais la Rose apparut, cheminant d'un pas ferme, avec armes et bagages.

— Ah ! voilà mon petit ! s'écria-t-il, en faisant au capitaine un salut militaire. Comme je l'ai cherché !... Il a fait le coup de feu avec moi, mon capitaine, et je ne suis pas surpris de le retrouver au camp.

— Bordelais, dit assez sévèrement le capitaine, vous êtes le dernier à rentrer...

— C'est possible, mon capitaine, c'est possible ; mais j'en ai démoli deux. Le père de ce mioche va être content de le retrouver : c'est ce soldat de l'armée d'Italie, décoré, qui nous a rejoints à Vannes-le-Châtel.

Un sergent s'approcha du capitaine et lui dit à demi-voix :

— Il a été tué hier, à l'arrière-garde.

— Tué ? fit l'ancien zouave.

— Pauvre enfant ! murmura le capitaine en posant une main caressante sur la tête du petit Jean.

LE TOUR DE FRANCE D'UN PETIT PARISIEN

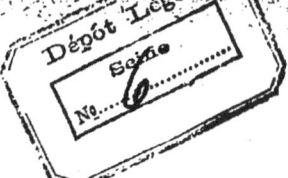

Vive la France ! cria Jean résolument (page 37).

LIV. 6.

— Si c'est vrai, capitaine, avec votre permission, j'adopte le petit, dit le zouave : la guerre ne durera pas toujours; on quittera le « flingot » pour la hache et l'herminette. J'ai toujours rêvé d'avoir une famille; voilà un commencement.

— Sa mère est dans Paris, objecta le gars de Fontenoy.

— Comment t'appelles-tu, mon enfant ? demanda le capitaine.

— Jean Risler, répondit le petit garçon, un peu surpris de ce qu'il y avait de triste et d'affectueux dans les paroles de chacun.

Le sergent avait tiré de sa poitrine un livret et il en examinait les premières pages.

— Risler, murmura-t-il, c'est bien cela !... Il ne manque pas de Risler dans le pays, observa-t-il à haute voix ; c'est aussi le nom d'un coquin que j'ai fait fusiller...

. . . .

Malgré les représailles exercées par les Prussiens sur les habitants de Fontenoy, malgré les mesures de rigueur prises par le comte Renard, préfet prussien de Nancy, pour faire rétablir la voie ferrée, et une contribution de guerre de dix millions infligée à la Lorraine, le coup de main de Fontenoy causa une profonde sensation. On accourait de toutes parts dans les Vosges pour s'enrôler dans la légion de la Délivrance, quand on apprit que Paris venait de capituler.

Le gouvernement de la Défense nationale, dans l'ignorance où il demeura touchant la situation de quelques régions de l'Est qui résistaient encore à l'invasion, les laissa englober dans la zone des territoires occupés par l'ennemi.

Le commandant Bernard et ses compagnons durent donc, pendant l'armistice, évacuer les positions qu'ils avaient rendues si fortes.

A proximité de ces vaillantes compagnies franches, se trouvait la place de Langres ; mais la zone neutre de cette ville était déjà fort encombrée, et, pour acquérir plus de liberté d'action, les partisans des Vosges préférèrent rentrer dans les lignes françaises au delà du département de la Haute-Marne, et gagner le Jura.

Par une convention militaire, signée à Dôle le 14 février 1871, et dont l'original est déposé au ministère de la guerre, le général de Manteuffel accorda « aux troupes françaises sous les ordres du commandant Bernard » le passage libre avec une escorte d'honneur à travers les lignes prussiennes. Promesse verbale fut aussi donnée « qu'en considération de la fière attitude de ces troupes dans les Vosges », leur campement fortifié de la forêt de Boëne serait respecté. Cette promesse fut tenue. Du reste toutes les clauses de la convention du 14 février furent rigoureusement observées.

Les francs-tireurs des Vosges traversèrent les lignes ennemies, fanfare en tête et enseignes déployées. Leur avant-garde arborait un drapeau avec ces mots : « Alsace et Lorraine ». Le général Werder les salua à Dôle à la tête de son état-major. Partout les postes prussiens leur présentèrent les armes.

Une particularité qui impressionna vivement les populations et les corps d'armée au milieu desquels on passait, c'était la présence, dans les premiers rangs, d'un vieux soldat portant, triomphalement juché sur le haut de son sac, le petit blondin au visage énergique et doux, au regard curieux et étonné, qui sera le héros de ce récit. L'ancien zouave ne faiblissait pas sous cet excédent de charge; pourtant son sac ne paraissait pas dégonflé — au contraire.

PREMIERE PARTIE

L'HONNEUR D'UN PÈRE

I

Un Crime en wagon

Le 1ᵉʳ août 1877, à huit heures vingt minutes du matin, le train venant de Périgueux, après avoir dépassé Brive-la-Gaillarde, sortait du tunnel de Galop, lorsque des cris perçants se firent entendre : ils semblaient partir d'un wagon de première classe.

Dans un wagon de troisième classe roulant à l'avant du même train, un homme âgé, dont la rude et franche physionomie tenait du soldat et de l'ouvrier, et un jeune garçon blond, d'allure toute parisienne, proprement vêtu d'une blouse de toile grise, avaient pris place l'un vis-à-vis de l'autre près d'une portière; c'est assez dire que l'enfant, sa tête blonde aux cheveux ras passée au dehors, les yeux en quête d'imprévu, ne prêtait qu'une attention distraite au récit que son compagnon lui faisait de l'assassinat du maréchal Brune, récit commencé à Brive, où naquit l'infortuné maréchal, et qui durait depuis un bon quart d'heure.

Aux appels désespérés poussés par quelque victime de l'un de ces attentats meurtriers trop fréquents en chemins de fer depuis quelques années, — c'était une voix de femme, — le jeune garçon vit une tête étrange se montrer à la portière du wagon qui suivait celui où il se trouvait. Cette tête, percée de deux yeux louches escortant un grand nez mince et long, était fendue par un affreux ricanement ouvrant démesurément une bouche pavée de dents noires, carrées. Les cheveux de ce personnage disgracié par son physique, blanchis, ou plutôt jaunis par l'âge, étaient coupés courts, excepté au sommet de la tête où ils se dressaient comme le rude poil de l'hyène. Ce devait être un étranger, peut-être un Allemand; mais dans ce cas, un Allemand comme on n'en voit que dans les *Contes* d'Hoffmann.

Les cris avaient cessé, mais non l'émoi qu'ils avaient fait naître parmi les voyageurs.

Une lutte semblait engagée derrière la portière du wagon de première vers lequel se portait la curiosité alarmée de tous ceux qui entendaient encore vibrer dans leurs oreilles ces cris d'épouvante que peut seul arracher l'horreur d'une fin tragique entrevue.

Soudain la portière céda, et un homme s'élança sur la voie. Il était bâti en hercule, avec une petite tête coiffée d'un chapeau minuscule. Le jeune garçon eut un saisissement en apercevant son visage. Le pauvre enfant pâlit affreusement et recula comme s'il eût craint d'être aperçu.

L'homme qui s'enfuyait emportait un petit sac de voyage en cuir rouge. Il adressa au ricaneur aux regards louches un signe d'intelligence que celui-ci n'avait pas attendu, car il déguerpissait à son tour enfonçant sa casquette sur ses oreilles. La portière vivement ouverte par lui, il s'élança aussi sur la voie et, grâce à des jambes longues comme des échasses, il rattrapa tout de suite son complice présumé et même gagna de vitesse sur lui.

Tout cela s'était passé on ne peut plus rapidement.

Le chef de train accourait en suivant les marchepieds ; l'attention du machiniste était éveillée, mais le train ne ralentissait pas sa marche.

— Pourquoi n'arrête-t-on pas? criaient les voyageurs.

Ils en comprirent la raison l'instant d'après.

Les deux malfaiteurs, très en vue, gravissaient le talus, couvert de bruyères, qui maintenait la ligne ferrée dans un fond. Tout à coup le train pénétra dans un second tunnel — le tunnel de Montplaisir. La nuit se fit, le sifflet de la machine et le roulement assourdi des roues des wagons mirent fin aux commentaires anxieux.

La lumière du jour reparut et le train s'arrêta enfin.

Les employés se précipitèrent vers le wagon où un crime avait dû être commis. Des voyageurs s'apprêtaient à les suivre, et déjà s'établissaient des dialogues alarmés entre maris et femmes :

— N'y vas pas, mon Adolphe, n'y vas pas !

— Eh! je veux voir ça, moi, je te dis.

— Cela te ferait du mal... tu as le cœur trop sensible!

— Lâche-moi, ou je fais un malheur!

— En voiture! En voiture! criaient les employés.

Dans un compartiment, où elle se trouvait seule, râlait sur une banquette une dame encore jeune, richement vêtue; une cravate d'homme en soie noire lui serrait le cou à l'étrangler. Suffoquée, elle faisait des efforts infructueux pour arracher ce lambeau de soie.

La cravate dénouée, elle ouvrit démesurément les yeux comme si elle craignait encore de se trouver en présence de son agresseur; mais en se voyant secourue, elle respira bruyamment deux ou trois fois :

— Assassinée et volée! s'écria-t-elle ; et elle s'évanouit.

Le conducteur pria deux dames du compartiment voisin de venir prendre place auprès de la victime, et un moment après le train se remettait en marche : la gare de Turenne était à quelques minutes.

— Eh! on en voit des choses quand on voyage, mon petit Jean! dit le compagnon du jeune garçon, qui demeurait sur sa banquette encore tout saisi, de grosses larmes roulant dans ses yeux.

Ce nom de Jean ramène sans doute le lecteur au souvenir de notre petit ami Jean Risler. C'était lui, en effet, très grandi, très fort pour un enfant de douze ans, mais peut-être trop réfléchi pour son âge. Son compagnon de route, on le devine, c'était ce brave homme de notre connaissance, l'ex-zouave, l'ex-charpentier Bordelais la Rose.

Comment et pourquoi ils voyageaient sur cette ligne de Périgueux à Figeac, c'est ce qu'on apprendra bientôt.

Oui, Jean pleurait.

— Mon enfant, lui dit le charpentier, il n'est pas défendu d'être impressionnable ; mais pourquoi pleurer maintenant que tout est fini. Tu étais passablement gai depuis Bordeaux...

— Oh ! non ! tout n'est pas fini, dit le jeune garçon, en secouant la tête d'un air découragé.

— Enfin la dame n'en mourra pas, c'est probable ; ce qu'on lui a pris, on le lui rendra, quand on aura mis la main sur les voleurs. Regarde donc plutôt sur ce rocher à pic ; c'est la petite ville de Turenne. Ah ! ça te réveille ce beau nom ! Nous allons arriver à la station. Ce que tu vois là-haut, dominant tout, ces vieilles murailles délabrées avec deux belles tours, ce sont les restes d'un château fortifié qui a été le berceau de la famille du grand guerrier... Je suis déjà venu dans le pays ; j'y ai bu de bien bon vin, dans le temps ; on ne connaissait pas encore le phylloxéra !...

Jean paraissait indifférent à tout ce que lui disait son excellent ami Bordelais la Rose.

Celui-ci s'en aperçut.

— Voyons, secouons-nous un peu, mon petit ! Sac et giberne ! on en verra d'autres. Tiens voilà la station. Regarde, on va transporter le cadavre.

Toutes les têtes étaient aux portières.

— Mais non, dit l'enfant, la dame ne veut pas descendre.

— Elle parle donc ! Je m'en doutais bien ! Alors c'est qu'elle se porte comme toi et moi... et qu'il ne faut plus penser à cette aventure de voyage. Maintenant ça devient l'affaire de la justice... et des journalistes. Voilà un « fait divers » que nous avons vu de près !...

Le train s'était remis en marche.

— Ah ! comme j'ai hâte d'arriver ! dit le petit Jean.

— Nous arriverons, mon fils ! nous arriverons ! Tu ne me demandes pas si j'ai préparé mes poings ?

— Pourquoi faire ?

— Mais... pour lui casser quelque chose à ton oncle Risler. Pourquoi serais-je venu, sac et giberne !

— Vous croyez alors que nous allons le trouver à Aurillac ?

— Tu me demandes si je le crois ? Je le crois... d'après toi, puisque tu m'y mènes ! Car c'est ainsi, en vérité : les hommes ne sont plus rien par le temps

LE TOUR DE FRANCE D'UN PETIT PARISIEN

— Ce jeune garçon est avec moi, dit Bordelais la Rose (page 54).

qui court, les enfants ordonnent ; c'est le progrès. Je ne te conduis pas, je te suis. Ah bien ! il paraît que je t'aime bigrement ! Mais n'en abuse pas, fils, Bordelais la Rose est un dur à cuire.

— Nous ne devrions pas nous arrêter à Figeac.

— Oh ! pour ça non ! Je ne serai pas venu de Bordeaux, mettons de Mérignac, — c'est tout comme, — passant par Figeac, sans aller broyer les mains de mon vieux caporal de Crimée et renouer connaissance avec lui pendant quelques heures! Un rude lapin, mon « fiston », que ce Crépin Cardaillac! Et... avec l'étoile sur la poitrine au moins. On ne viendra pas la lui prendre à celui-là! Nous voilà à Saint-Denis.

— Mais... on ne l'a pas enlevée à mon père, sa croix, dit Jean en protestant vivement; il était mort quand c'est arrivé...

— C'est vrai! c'est vrai! J'ai tort de parler ainsi...

— C'est moi qui aurais dû empêcher cette profanation...

— Pauvre enfant! Quel âge avais-tu lorsque le Risler a commis cet acte indigne?

— Je n'avais pas huit ans. Ma pauvre grand'mère Risler criait et pleurait...

— Et toi?

— Moi, je m'étais suspendu à la jaquette de mon oncle; mais il est si fort! il m'a détaché avec une chiquenaude... et je me suis assis... dans les cendres de la cheminée. Qu'il y prenne garde : je deviendrai un homme un jour...

— Tu es un brave garçon, va!... Écoute ce bruit. Nous passons la Dordogne sur le pont en tôle de Floirac... cent cinquante et quelques mètres. Maintenant le chemin de fer va monter jusqu'au plateau du Causse. Tu me dis qu'il est fort ton oncle?...

— Comme les hercules de la foire au pain d'épice.

— Est-ce pour m'effrayer? Apprends, mon fiston, que le bon droit triple la force d'un homme... Et nous avons le bon droit pour nous. Je le démolirai, ton oncle! Sac et giberne! il faut que je lui casse quelque chose. Ça me revient tout d'un coup ce que tu m'as rapporté au sujet de la croix de ton pauvre père. Le sang des pieds me monte à la tête, et je vois tout rouge. Tiens! l'un de ces deux brigands de tantôt était, certes, bien solidement constitué?...

Jean ne répondait pas; il regardait fixement son vieil ami, qui reprit avec quelque impatience :

— Je parle de ceux qui ont étranglé la dame! Sac et giberne! il me semble que je m'explique. Eh bien! si ton oncle était aussi fameusement charpenté que ce gaillard, il ne me ferait pas peur; je n'aurais qu'à penser à la scène faite par lui à ta grand'mère Risler.

Cette scène, à laquelle Bordelais la Rose faisait allusion, lui avait été racontée, les larmes aux yeux, par son petit protégé. Un jour, — il y avait de cela cinq ans, — Jacob Risler était venu chez sa cousine Gertrude pour lui emprunter une somme d'argent que la grand'mère de Jean ne voulut pas lui prêter. Extrêmement irrité de ce refus, il se lança dans des récriminations, et proféra des injures, établissant, selon son habitude, une confusion volontaire entre son cousin le brave et honnête Risler tombé les armes à la main pour la défense de nos foyers et son frère à lui, Louis, qui, devenu l'agent de l'ennemi, avait été frappé de la mort des traîtres. Jacob accabla de reproches la vieille femme, et quand il pensa l'avoir confondue et profondément humiliée, il décrocha un tableau vitré qui faisait l'ornement du manteau de la vaste cheminée de la salle basse : entre quatre baguettes dorées, s'étalait tout ouvert le brevet de chevalier de la Légion d'honneur de l'ancien sergent de l'armée d'Italie ; la croix même du légionnaire était fixée au parchemin par son ruban rouge.

Risler saisit à deux mains le tableau, et sans se laisser arrêter par les larmes de la pauvre mère, ni par les cris et les vaines menaces de Jean, il le mit en morceaux en le brisant sur le dossier massif d'un siège, puis il piétina les débris, jetés sur le sol, cracha dessus et fit mine de sortir.

Mais sur le seuil, il parut se raviser. Il vint ramasser la croix, la plaça sans façon dans le gousset de son gilet, et, secouant les éclats de verre qui y adhéraient, il plia soigneusement le brevet et le mit dans sa poche. — Jacob Risler avait trouvé bon depuis de se décerner à lui-même cette décoration. La conformité des prénoms se prêtait à cette odieuse usurpation, surtout dans un moment où une partie de la Lorraine et le Niderhoff venaient de passer à l'Allemagne. Et maintenant, à la faveur de cette distinction honorifique, Risler commettait toutes sortes de méfaits... Mais n'anticipons pas.

Soudain, Bordelais la Rose, mis hors de lui par le ressouvenir de cette offense, qu'il ressentait comme si elle lui était personnelle, s'écria avec véhémence :

— D'abord, je te défends de l'appeler « mon oncle » ! Ce coquin n'est pas ton oncle, puisque ton père et lui n'étaient cousins qu'au deuxième degré. S'il ne portait pas le même nom que toi, il y a longtemps que je t'aurais dit de renier à son égard toute parenté...

— S'il ne portait pas notre nom, de tout temps honorable, dit l'enfant, l'abominable idée de s'attribuer la décoration de mon père ne lui serait pas venue... Mais je ne l'appellerai plus mon oncle. J'avais déjà pris cette résolution tantôt.

— Pourquoi tantôt ?

— Je vous le dirai... plus tard.

Bordelais la Rose était vivement intrigué. Mais Jean ne voulait point parler. Le silence s'établit entre eux...

Le train avait atteint le plateau du Causse. Jean ne regardait plus et demeurait absorbé par ses réflexions.

— Je te croyais plus curieux, lui dit à la fin Bordelais la Rose avec l'accent du reproche. Le Causse, vois-tu, ajouta-t-il, c'est la partie du Lot où l'on sème le blé ; il y a d'autres plateaux où l'on ne cultive que le seigle, d'où leur nom de Ségalas. Ce qui fait l'originalité du Causse, mon Jean, c'est qu'il s'y trouve en quantité des gouffres profonds où se précipitent les eaux des ruisseaux; elles vont reparaître dans les vallées de la Dordogne et du Lot, où elles jaillissent de terre en belles sources. Ici, la voie passe à quelques mètres du gouffre de la Roque de Corn ; c'est un entonnoir dont on n'a jamais trouvé le fond ; les eaux du Miers s'y engloutissent : nous y voilà !

Jean eut un imperceptible haussement d'épaules. Mais Bordelais la Rose était si bon pour lui qu'il craignit de l'affliger, et il jeta un vague coup d'œil sur l'abîme béant.

— Quand arriverons-nous? dit-il avec un soupir.

— C'est tout ça ton émerveillement ! fit l'ex-zouave désappointé. Sûrement nous arriverons bientôt, car voilà le village de Rocamadour accroché aux flancs de son rocher à pic ; dans une heure nous serons à Figeac, et j'en suis bien aise, car tu commences à m'impatienter. Enfin qu'as-tu?

— Rien, dit Jean.

— Rien?

— Une crainte, un soupçon ; mais je ne peux pas m'expliquer.

Une heure après, comme l'avait annoncé Bordelais la Rose, le train passait le Drauzon sur le viaduc du Ceindreau, composé de vingt arches largement ouvertes, puis il franchissait le Célé sur un pont en tôle, et un moment après il entrait en gare de Figeac.

C'est à Figeac que s'arrêtait la dame victime de l'agression. Déjà, le télégraphe avait signalé le dramatique événement. Un gendarme bruni par le soleil d'été s'approcha du compartiment occupé par la dame, et vers lequel se portaient tous les voyageurs qui n'allaient pas à une gare plus éloignée. On devine que Jean se montrait parmi eux au premier rang.

La pauvre dame encore mal remise de son émotion descendait de voiture assez péniblement. Elle était mince, blonde, avec des traits fins et une tournure aristocratique, et pouvait avoir une quarantaine d'années. Le gendarme l'aida et, en quelques mots, elle mit au courant de ce qui s'était passé, ce premier représentant de l'autorité qui se présentait à elle.

Le gendarme, suivi de près par son brigadier, se tourna vers celui-ci, et lui exposa à son tour ce qu'il venait d'entendre.

— Voici la chose, mon brigadier : c'est la dame. Elle dit, comme ça, qui dit, qu'un particulier s'est introduit en route dans son wagon, qui dit. Un malfaiteur de la pire espèce, quoi! La dame change son sac rouge de place, qui dit; mais le malfaiteur le voulait ce sac; il a un empoignage avec elle, qui dit, et pour se débarrasser d'elle, il l'étrangle quasiment avec une cravate, et se sauve, qui dit, avec le sac. Voilà tout uniment l'accident, mon brigadier. C'est clair et limpide. Seulement ils étaient deux malfaiteurs de la pire espèce. Comprenez?

Pendant cette sorte de rapport inintelligible, accompagné d'énergiques secouements de sabre, le brigadier, bel homme, à figure pleine et placide, tournait alternativement la tête vers le gendarme et vers la plaignante, avec des mouvements automatiques.

— C'est bon! fit-il, voilà une grosse affaire pour les magistrats.

Le commissaire de police venait justement de recueillir à la hâte quelques indications du chef de train. Il s'approcha et offrit son bras à la dame blonde.

— Le vol, lui dit-elle, n'a d'importance que pour moi. Le sac ne contenait guère, avec très peu d'argent, que divers objets destinés à établir l'identité de ma pauvre enfant, qu'on m'a volée, monsieur, il y aura quatre ans le 1ᵉʳ septembre. Je venais à Figeac pour faire une démarche... J'en ai tant fait déjà sans succès! Et qui sait si l'acte de violence dont je me plains ne fait point partie d'un système de persécution dirigé contre moi? C'est à en devenir folle, monsieur le commissaire!

— La pauvre! la pauvre! disait-on autour de la dame avec intérêt. *Té*, on lui a pris sa petite!

— Que ceux qui ont quelque témoignage à fournir à la justice, dit le commissaire de police, prennent la peine de passer à mon bureau.

Jean avait quitté son vieil ami pour aller jeter un coup d'œil dans le wagon, dont la portière demeurait ouverte : il voulait voir.

Il aperçut dans un coin un mouchoir bleu, à carreaux, et le ramassa avec la pensée qu'il y avait peut-être là un indice propre à le fixer sur de terribles soupçons conçus par lui. Tremblant d'émotion, il se hâta de l'apporter au commissaire; mais tout en marchant, il cherchait d'une main fébrile, à l'un des coins, la marque du linge. Il trouva celle-ci : J. R.

— Je ne m'étais pas trompé! murmura-t-il en pâlissant. Et il ajouta tout haut : Ce doit être le mouchoir de l'assassin.

Le commissaire observa qu'il appartenait peut-être à quelque voyageur. Mais Jean s'obstina. Il était sûr, disait-il, de ne pas se tromper.

— Voilà un enfant qui a l'air d'en savoir long, remarqua le commissaire.

Jean montrait quelque velléité de parler; mais il se tut.

— N'y prenez donc pas garde, monsieur le commissaire, répliqua Bordelais la Rose; ce jeune garçon est avec moi, et nous étions dans un wagon éloigné...

» Il a vu, comme tout le monde, les deux coquins se sauver, assez tranquillement du reste; l'un, large d'épaules et fort, le second, long et sec...

— Oui, acheva Jean, avec des cheveux jaunes, des coudes pointus à percer son habit, des pieds énormes... Et puis une bouche! Des yeux! Et ce nez, donc, en lame de couteau! Quant à l'autre...

— Eh bien? fit le commissaire.

— Non, je n'en dirai rien, répondit Jean résolument.

— Restez-vous à Figeac, mon brave? demanda le commissaire de police à Bordelais la Rose.

— Jusqu'à demain, monsieur le commissaire, et à vos ordres.

— Eh bien! amenez-moi tantôt ce jeune garçon. Il semble avoir mieux vu que personne, et son langage m'étonne de plus en plus...

II

L'Orphelin

Il est indispensable de faire ici un retour sur les années écoulées depuis le moment où Jean, suivant les troupes au campement de la Délivrance, traversait les lignes prussiennes jusqu'à Dôle, dans le Jura. Que d'événements s'étaient produits !...

Avant même la fin de l'armistice, le brave charpentier, reprenant ses outils, s'établit d'abord à Dijon, ville toute frémissante encore des chocs de la guerre, occupée tour à tour qu'elle avait été par les Badois de Werder et les Chemises Rouges de Garibaldi.

Aussitôt que les communications furent rétablies, il écrivit au maire de Vannes-le-Châtel pour s'enquérir de la famille de Jean Risler, ou plutôt de cette tante Jacqueline et de ce père Barnabé à qui l'enfant avait été confié pendant quelques jours...

Bordelais la Rose apprit, peu après, que le vieux luthier des Vosges avait été jeté en prison par les Prussiens, sous l'inculpation de détention d'armes. Le malheureux se trouvait encore enfermé à Mirecourt ; on ne savait ce que sa femme était devenue.

Alors l'excellent Bordelais la Rose se décida à conduire à Paris cet enfant qu'il traitait déjà comme s'il l'eût adopté. Les renseignements sur la mère de Jean manquaient et lui faisaient vivement regretter ceux que le père Barnabé aurait pu fournir. Il fallut au charpentier beaucoup de patience et beaucoup de dévouement pour utiliser les vagues indications données par le petit Jean et arriver enfin, rue Marie-Stuart, au domicile de la mère et de la grand'-mère du jeune garçon : c'était la maison où était né Jean.

Mais les deux pauvres femmes étaient mortes pendant le siège; la mère de Jean soignant sa mère à elle, déjà malade au moment de l'investissement de Paris, ne réussit pas à la sauver, et succomba quelques semaines plus tard aux atteintes d'un mal contagieux.

On sait que Jean avait une sœur un peu plus jeune que lui. La petite Pauline avait été recueillie par son oncle Antoine Blaisot, frère de sa mère, ouvrier ébéniste dont on indiqua la demeure au charpentier bordelais; c'était dans la rue du Faubourg-Saint-Antoine.

Bordelais la Rose mena Jean à son oncle, qui fut enchanté de le voir vivant : déjà la grand'mère, — l'autre grand'mère, celle de Lorraine, — envoyait du pays des lettres désolées. A toutes ses questions, Antoine n'avait pu répondre d'une manière positive qu'en annonçant à la vieille Lorraine la mort de sa bru; de Jacob Risler et du petit Jean il ne savait absolument rien. La grand'-mère réclamait Pauline. L'oncle Antoine, qui était veuf, résolut tout de suite de rendre sans tarder à la bonne dame et Pauline et Jean, et il s'en expliqua avec Bordelais la Rose.

L'ancien zouave pensait avoir rempli convenablement sa tâche; il dit adieu au petit Jean, l'embrassa tendrement, et lui fit promettre de lui écrire souvent, « lorsqu'il serait grand et qu'il manierait une plume ». Ses lettres le trouveraient toujours à Mérignac, près de Bordeaux, où il comptait se retirer dans une vigne dont il avait hérité quelques mois avant la déclaration de guerre.

Jean et Pauline furent conduits par leur oncle au Niderhoff. Ce fut avec une joie douloureuse que la vieille grand'mère rentra en possession des deux enfants de son fils. Pendant un temps, la bonne femme s'attacha ardemment à croire que Jacob, fait prisonnier, vivait encore dans quelque prison d'Allemagne, — ou, blessé, dans quelque hôpital; mais les prisonniers revinrent, les blessés revinrent à leur tour, et tout espoir s'évanouit.

Toutefois Jacob avait été pleuré déjà; il ne le fut pas de nouveau. Une préoccupation absorbait la vieille Lorraine : quitter le village que les Prussiens avaient acquis le droit de garder pour toujours.

Elle ne voulait pas que son petit Jean fût Allemand, et dans les derniers jours de septembre 1872, au moment où allait expirer le dernier délai accordé à ceux qui refusaient d'opter pour la nationalité étrangère, la vieille Gertrude, aidée de ses voisins et des cousins Risler, — le mari et la femme, — chargea sur une charrette tout ce qu'elle pouvait emporter, et emmena son petit-fils à Dommartin, près Toul, par des routes encombrées d'un peuple

Où est-il ce misérable? répétait Jean (page 61).

d'émigrants qui venaient — lamentable et touchant spectacle! — jusque du fond de l'Alsace. La petite Pauline était très souffrante au moment où s'effectuait cet exode dans les montagnes des Vosges et les campagnes des bords du Rhin abandonnées à l'ennemi comme rançon. Quelque répugnance qu'elle y eût, la maman Gertrude dut confier l'enfant aux Risler; — qui restaient sans hésitation dans le pays. — Ceux-ci se montrèrent assez bien disposés, empressés même, et du même coup, en gens pratiques, ils prirent aussi possession de la maisonnette de la bonne vieille et du jardin potager bien préférables à la chaumière en mauvais terrain qu'ils possédaient tout au bout du village.

La grand'mère de Pauline comptait bien rappeler auprès d'elle la fillette dès qu'elle serait en état de supporter le voyage; mais il arriva, dans ces temps où tous les malheurs se succédaient sans relâche, que la pauvre mère Gertrude s'éteignit tout à coup : épuisée par ce dernier effort accompli en arrachant à l'étranger l'enfant de son nom et de son sang, et douloureusement atteinte par le deuil de quitter ce coin de terre française. Elle y était née, et rien, semblait-il, ne pouvait la priver de la triste douceur d'y mourir...

De braves gens de Dommartin écrivirent alors à l'oncle Antoine. Toujours rempli de bonne volonté, l'ouvrier ébéniste vint chercher Jean — deux fois orphelin. Jean revint à Paris avec son oncle. Il entrait alors dans sa neuvième année.

A cet âge, les chagrins n'ont guère de prise... L'enfant eut donc un moment d'épanouissement. Sa robustesse, ses bonnes couleurs firent sensation dans le faubourg populeux, où les gamins du même âge semblaient chétifs auprès de lui. Pendant six mois il fut pour tout le quartier « l'Alsacien qui ne voulait pas être Allemand », — et on le fêtait. Au bout de l'année, grâce à sa gentillesse et n'étant plus trahi par la fraîcheur de ses joues, Jean prenait droit de cité et s'élevait sans opposition à la situation privilégiée de gamin de Paris, à laquelle lui donnaient déjà des titres surabondants, sa naissance dans la grande ville et sa lignée maternelle.

Ce qui facilita, du reste, cette évolution, c'est qu'il se défendait volontiers, — on n'aurait pu dire pourquoi, — d'appartenir aux provinces perdues; ce n'était là ni répugnance, ni fantaisie puérile; il y avait une raison autrement sérieuse à cela; le pauvre petit avait été témoin d'une odieuse scène faite à sa grand'mère par le brutal Jacob Risler, et qui s'était terminée par la soustraction de ce brevet et de cette croix qui constituaient un titre d'orgueil et une relique sacrée aux yeux de la mère Gertrude et de son petit-fils. — On sait déjà quelque chose de cette scène.

Or, l'enfant avait retenu quelques-unes des expressions injurieuses prononcées contre son père. Un doute affreux avait germé dans son esprit. Quelques mois plus tard, lorsque sa pauvre grand'mère l'adjura de ne rien croire de ce qu'avait dit Risler son mauvais parent, ce doute se dissipa; mais à mesure que s'effaçait le souvenir des paroles de la bonne-maman, l'impression pénible de la scène revenait vivace et douloureuse à l'esprit de l'enfant. Il se rappelait alors certaines allusions cruelles des habitants du Niderhoff. Et il lui semblait, à mesure qu'il prenait de l'âge, qu'une tache déshonorait son nom.

Plusieurs fois Jean avait cherché à tirer quelque lumière de son oncle Antoine; mais le brave homme, assez borné d'esprit du reste, n'aimait pas les Alsaciens. Son neveu était Lorrain ; mais pour lui Alsacien ou Lorrain c'était tout un. L'ouvrier ébéniste, profondément Parisien, — on pourrait dire Parisien endurci, — avait vu avec déplaisir sa sœur devenir la femme de Jacob Risler. Ce déplaisir s'était accru lorsque son beau-frère, malgré sa promesse, après deux ans de mariage avait emmené au pays sa femme et le petit Jean. Ce nom de Risler, au surplus, sonnait mal à l'oreille d'Antoine. Des renseignements venus du Niderhoff ne se trouvaient nullement favorables à la famille Risler, dont les cousins Louis et Jacob étaient médiocrement considérés dans le pays; par surcroît, ce dernier avait épousé une Allemande et cette circonstance, aux yeux de l'honnête mais ignorant Antoine Blaisot, rapprochait singulièrement la frontière du côté du Rhin...

Plusieurs années s'écoulèrent et Jean ne pouvait ni se résoudre à oublier l'odieuse accusation dont son père avait été flétri, ni à accepter la réprobation qui le frappait, avec les siens. Oh ! comme il brûlait de grandir, de devenir un homme ! Il ne passait jamais devant les magasins de la rue du Faubourg-Saint-Antoine sans étudier, — grave et anxieux, — dans les glaces des devantures les progrès accomplis... depuis la veille. A l'école, il montrait un âpre désir d'apprendre très rare chez les enfants. Quelle ambition l'excitait donc ? quelle vanité ? quel besoin de dominer, d'éclipser les autres élèves ? Jean obéissait à une idée plus avouable. Il voulait écrire lui-même à son ami « M. Bordelais », dont l'adresse demeurait pieusement gardée dans sa mémoire. C'est qu'il était si sûr de posséder en lui un ami ! L'oncle Antoine se montrait indulgent, mais en même temps froid, indifférent...

Avec Bordelais la Rose, on fortifierait, le moment venu, un pacte d'inaltérable amitié. Et puis l'ex-zouave avait connu son père ; Jean savait fort bien qu'il l'estimait. Tout lui disait que par le vieux soldat des compagnies franches des Vosges il pourrait obtenir la preuve de l'honnête conduite de son père. L'espoir lui revenait; il se rappelait les dernières paroles que son père lui avait dites : Souviens-toi qu'il n'y a jamais eu de traître du nom que tu portes ! Et en bon fils, il avait hâte d'entreprendre une réhabilitation, à laquelle il voulait consacrer toute son énergie.

Jean put enfin écrire... et il eut de l'ancien soldat une réponse telle que le fils de Jacob Risler la pouvait souhaiter. Bordelais la Rose affirmait dans un style plein de franchise, assaisonné de jurons soldatesques, que le père de son petit ami n'avait pas été fusillé à Fontenoy. Il ne serait peut-être pas bien difficile, ajoutait-il, de mettre la main sur les papiers établissant l'identité du Lorrain de même nom surpris dans ce village en flagrant délit de trahison. Il entreprendrait cela un jour, lorsque ses rhumatismes lui laisseraient quelque répit, — des rhumatismes gagnés au siège de Sébastopol, sac et giberne ! où il fallait dormir dans la boue des tranchées...

Ce fut une grande joie pour Jean de recevoir de telles assurances. Il reprit courage tout à fait, et se montra moins impatient de grandir.

Le Niderhoff faisant partie des territoires perdus, c'est Paris qui devenait sa ville ; c'est dans la capitale qu'il devait songer à vivre et à s'établir. Un moment viendrait où il se trouverait en mesure, grâce à son travail, d'arracher sa sœur à ces vilains parents demeurés au village, — non pas Prussiens par force, ceux-là, mais Prussiens de la veille, — et il donnerait à tous une leçon sévère, obtenant pleine et entière réparation...

Voilà quels étaient les pensées, les sentiments et les aspirations du jeune garçon.

Pauline, aussi, avait grandi. Jean lui écrivait et recevait de bonnes réponses avec quelques mots dictés par la petite. C'étaient toujours des éloges pour la façon de se comporter envers elle de l'oncle Jacob et de la tante Grédel.

A chaque lettre du village, Antoine Blaisot disait invariablement : Tout va bien là-bas ; mais Jean, plus défiant à l'égard de ses parents d'Alsace-Lorraine, parvint à décider le brave Antoine à pousser une pointe jusqu'au Niderhoff pour voir et réconforter l'abandonnée Pauline.

Ce ne fut pas un long voyage ; mais Antoine rapporta de fâcheuses nouvelles : Sa nièce était souffrante, malgré les bonnes nouvelles contenues dans les lettres de la tante Grédel ; quant aux Risler, ils étaient toujours plus mal vus ; le père de Jean n'avait pas retrouvé l'estime de ses anciens amis. Le sabotier et sa femme, par leur opiniâtreté, avaient assuré le succès de leurs manœuvres.

Jean ne put entendre ces choses sans verser des larmes amères. Quant au ménage « allemand », au dire d'Antoine, « le torchon brûlait. » : Jacob était parti pour le Cantal, entraîné par un courtier allemand qui faisait des achats pour une grande maison de Strasbourg. Il ne comptait pas revenir de sitôt.

A cela Jean haussait les épaules, lorsque son oncle lui dit brusquement :

— Tu ne sais pas? il porte la croix de ton père...

Jean bondit. — Oui, reprit Antoine Blaisot ; cela lui est bien facile, avec son « toupet », puisqu'il s'appelle Jacob comme ton père, qu'il a été soldat comme ton père... La tante Grédel soutient que la croix appartient légitimement à son mari ; qu'elle lui était due, que ça a été une injustice ou une erreur. Elle le disait du moins à qui voulait l'entendre; mais maintenant le Risler est en baisse ; c'est qu'avant de partir il lui a rompu les côtes; je l'ai su...

— Et où est-il? où est-il ce misérable? répétait Jean, hors de lui, en tournant comme un fauve tout autour de la chambre voisine de l'atelier et qui servait à la fois de chambre à coucher, de salle à manger et de cuisine.

— Il écrit au pays... malgré la roulée, répondit l'oncle Antoine.

— Mais où est-il? répétait Jean. Je veux le savoir.

Antoine Blaisot se mit à fouiller ses poches ; ce fut en vain ; puis levant son chapeau melon il chercha au milieu de quelques papiers qui en occupaient le fond et avaient pris des formes arrondies. Il trouva ce qu'il cherchait : l'enveloppe d'une lettre de Jacob Risler à sa femme, timbrée d'Aurillac.

— Oh! s'écria Jean, si j'avais quinze ans, comme j'irai le souffleter ! Mais je suis assez fort pour lui sauter à la poitrine et lui arracher cette croix qu'il a volée à mon père, comme il lui a volé son honneur. Vous ne ressentez donc pas cette insulte, mon oncle? ajouta le généreux enfant.

— Mais si... puisque je t'en parle comme d'une chose qui m'a révolté, dit l'oncle Antoine très calme. Ce qui me fait plaisir dans tout cela, c'est que l'Allemande a reçu une roulée d'importance. Il paraît qu'elle en a gardé le lit trois jours.

— Et pendant ce temps-là, Pauline, qui la soignait?

— Ah! tu m'en demandes trop, mon petit! Tu dois comprendre que ta sœur ne peut pas être chez ces tristes gens comme auprès d'une mère!

— Pauvre Pauline! murmura Jean.

— Quand elle aura deux ou trois ans de plus, nous verrons, mon garçon! Je ne veux pas me remarier ; mais en fait de marmots, c'est assez de toi ici, — sans t'en faire reproche. Chaque jour Pauline grandit... dans quelque temps nous aviserons.

Jean accepta les encouragements de son oncle Antoine en ce qui concernait la fillette ; mais rien ne put le détourner de la pensée que son indigne parent usurpait la personnalité de son père.

Comme s'il lui était possible, par un violent effort de sa volonté, de sortir de cette enfance qui lui pesait, il ne se mêlait plus guère aux jeux des gamins de son âge. Le temps que les autres dissipaient, il l'employait à l'étude. Une page de sa géographie était noire et illisible à force d'avoir été lue. Quelle fascination exerçait-elle sur cet esprit ardent, sur cette nature précoce? Qui eût pu s'en rendre compte en y lisant qu'Aurillac est le chef-lieu du département du Cantal, formé de la haute Auvergne, qu'on y fabrique des dentelles, de l'orfèvrerie, des chaudrons, et qu'on y fait un commerce actif de sabots, de fromages, de bœufs, de mulets et de chevaux...

En Auvergne! Alors ces porteurs d'eau, ces marchands de marrons, ces commissionnaires, ces charbonniers, qu'on traitait d'Auvergnats, non sans une nuance de dédain, ils étaient de ce pays-là? Le jeune garçon ne laissait pas échapper une occasion de questionner l'un de ces hommes, dont la bonhomie n'exclut pas une certaine ruse à l'endroit de leurs intérêts. L'oncle Antoine s'étonnait du goût nouveau de son neveu pour les marrons grillés. Les deux sous du dimanche étaient immédiatement employés à l'achat de cette friandise.

Mais Jean ne demeurait pas fidèle à son marchand. Il allait d'une « rôtisserie » à l'autre, et apprenait à connaître tous ceux qui les tenaient. Le marchand du coin de la rue Saint-Bernard était des environs de Mauriac; dans la rue Saint-Antoine, il y en avait un de Saint-Flour, un autre de Murat, un autre de Chaudesaigues, un quatrième venait de Pierrefort. Le père Villamus, dont l'établissement figurait avantageusement sur le pas de la porte d'un marchand de vin de la place de la Bastille, était natif de Salers; devant son fourneau, Jean rencontrait les externes paresseux de quelques institutions du quartier de l'Arsenal qui venaient jusque-là consulter le rôtisseur sur la version à faire, et le rôtisseur, fouchtra! expliquait la version; chose surprenante, grâce à son patois, il traduisait Cornélius Népos à livre ouvert, ni plus ni moins qu'un bachelier. Cela faisait aller son commerce.

Tout à coup Pierre Villamus céda son fonds, « après fortune faite », fortune modeste et dont se contentait le brave homme, — ce fut un événement douloureux pour les potaches et autres cancres, réduits désormais à faire leurs versions eux-mêmes. Villamus fut remplacé par un grand garçon du nom de Mathurin, passablement sournois, mais ayant l'immense mérite aux yeux de Jean de venir en ligne droite d'Aurillac... Enfin!

Jean eut des nouvelles de son oncle Risler, — un malin, disait le successeur du père Villamus. Jean offrit de faire la correspondance de Mathurin, se réservant de demander en post-scriptum quelques détails sur les agissements de son parent. Mathurin ne réussit pas dans les marrons et prit un crochet de commissionnaire. Il ne quitta point Paris au printemps et ne s'éloigna pas du quartier...

Un jour Jean, qui continuait sa correspondance, apprit par ce moyen que Jacob Risler allait se marier... Il se disait veuf d'une Parisienne morte pendant le siège. — Etait-ce sérieux? Et Jacob Risler, poursuivant les agissements dont il tirait profit, songeait-il à se substituer tout à fait au père de Jean? — Il était agréé favorablement dans sa nouvelle famille : « Chat fera des jureux jépoux », disait la lettre.

Le coup était trop fort! Jean voulait partir immédiatement pour le Cantal. Son oncle lui rit au nez. Alors Jean écrivit à son ami, Bordelais la Rose, le suppliant de lui venir en aide. L'ancien soldat, dont les lettres étaient toujours affectueuses et tendres, répondit par l'envoi à son cher petit Jean des fonds nécessaires pour venir le trouver à Mérignac, à une lieue de Bordeaux.

Quelques jours après, l'ex-zouave et le fils du franc-tireur des Vosges prenaient le chemin de fer.

Nous les avons vus arriver à Figeac.

III

Le Compère Hans

La région montagneuse de la France, dite le Massif central, est loin d'être connue comme les Alpes françaises, les Pyrénées ou les Vosges. C'est qu'au delà des Alpes et du Jura se trouvent la Suisse et l'Italie; au delà des Pyrénées, l'Espagne; au delà des Vosges, le Rhin et l'Allemagne.

Le Massif central, isolé en quelque sorte, est composé de plateaux et de chaînes, et a pour bourrelet oriental les Cévennes et leurs prolongements. C'est une vaste étendue de hautes terres, montagnes granitiques ou volcaniques, plateaux granitiques aussi, ou calcaires, vallées profondes. Cet ensemble occupe à peu près le cinquième de la France. La partie la plus haute, — moins haute toutefois que les Alpes, — est dans les monts d'Auvergne, qui s'étendent sur une longueur de 130 kilomètres, et que les montagnes noires de la Margeride relient aux Cévennes.

Ces monts d'Auvergne forment quatre groupes distincts. Celui du Sud a pour centre le Plomb du Cantal qui s'élève à 1,906 mètres au-dessus du niveau de la mer. Les autres *puys* ou pics le cèdent de peu en hauteur. Les sommets de beaucoup de ces puys sont des cratères de volcans éteints, calcinés, décharnés; après des siècles sans nombre ils conservent un aspect terrifiant qui fait penser aux effroyables convulsions terrestres qui leur ont donné naissance.

Autour des puys, s'arrondissent les croupes boisées des montagnes inférieures et s'étagent leurs plateaux inclinés. La neige couvre cinq mois de l'an ces montagnes; mais à la belle saison, elles se parent d'une herbe touffue émaillée de violettes, de muguets sauvages, de primerolles, de marguerites,

Adressez-vous à mon homme, dit madame Abel (page 70).

d'œillets et de jacinthes. C'est là que se développe la vie pastorale et ses industries. A la base des plateaux et dans le fond des vallées, le long des cours d'eau qui descendent des hauteurs centrales, s'éparpillent les villes et les villages, très clairsemés ; les jardins et les vergers, les prairies et les champs sont séparés par des haies vives, et souvent par des clôtures en pierre.

Parmi ces villes, Aurillac, situé sur la rive droite de la Jordanne, est l'une des plus riantes. Les routes de Rodez, de Figeac, de Tulle, de Mauriac et de Saint-Flour y aboutissent, avec leurs cinq allées de grands arbres; deux voies ferrées ouvrent des communications avec le Lot et la Haute-Loire.

C'est là une situation favorable pour le commerce de la haute Auvergne, qui consiste principalement en bœufs de la belle et forte race de Salers, en chevaux et en fromages.

Herr Hans Meister, Allemand de Mayence, avait été envoyé dans le Cantal par la maison Dillenburg et Bohlanden de Strasbourg, pour acheter sur place, c'est-à-dire dans de bonnes conditions, divers produits de l'industrie du département. Mais Hans Meister était affligé d'un ricanement perpétuel, très nuisible en affaires, surtout avec des gens positifs comme les Auvergnats; de plus il louchait affreusement, ce qui n'inspire guère de confiance; enfin il n'était pas beau. Et puis, il ne savait pas, comme tant d'autres, dissimuler sa nationalité étrangère.

Trop intelligent pour ne pas connaître ses côtés défectueux, il avait entraîné avec lui dans le Cantal, pour lui servir d'auxiliaire engageant, le mari d'une de ses compatriotes de Mayence, Jacob Risler; il l'avait connu au Niderhoff, au temps où il venait faire d'énormes acquisitions de sabots dans l'arrondissement de Sarrebourg.

Meinherr Hans n'avait-il point une arrière-pensée en entraînant Jacob dans son orbite? C'est ce que nous verrons. Nous sommes toutefois en mesure d'apprendre au lecteur perspicace qu'aux yeux de madame Risler, Hans était un modèle de toutes les perfections. Influencée sans doute par le souvenir de la bonne ville de Mayence, regrettant peut-être la supériorité de ses jambons, la sèche Grédel n'avait pas caché à son compatriote, non moins sec, que si jamais elle devenait veuve, sa consolation serait de retourner dans sa ville natale par le chemin le plus court...

Jacob Risler était donc devenu l'associé de Hans Meister; mieux que cela, son compère, son âme damnée! A eux deux, ils en faisaient des farces! Singulières farces, dont on eût dit autrefois qu'elles frisaient la corde. Très gai, bien que d'une gaieté peu naturelle, Hans avait l'imagination fertile. C'est sur ses excitations que Jacob avait administré, quelques mois auparavant, à madame Risler, la fameuse correction qui la mit au lit. Oui, à madame Risler, sa sympathique compatriote. Explique cela qui voudra! Malgré certains agissements de Hans Meister, agissements d'une maladresse trop grande pour n'être pas calculés, la police n'avait eu garde d'intervenir. C'est encore Hans qui, levant les derniers scrupules de Jacob sur la croix de son cousin, la lui avait attachée lui-même sur la poitrine. La chose lui parut si amusante qu'il se livra, autour de son compère, — de sa victime, — à une danse désordonnée de cannibale ou de Peau-Rouge.

Est-il besoin maintenant de dire que les deux hommes qui s'échappaient du train de Limoges à Toulouse, entre Brive et Turenne, n'étaient autres que Jacob Risler et son ami Hans Meister? Encore une bonne plaisanterie de Hans, — capable de faire envoyer Risler à la Nouvelle-Calédonie pour le restant de ses jours! Mais quand il avait ingurgité la boisson favorite de son compère et associé, — de l'absinthe, aiguisée de quelques gouttes d'une liqueur dont ce dernier portait toujours sur lui un flacon, — Jacob Risler n'y regardait pas de si près. Sous l'inspiration de l'Allemand, il jouait fréquemment aux montagnards des tours pendables, mystifications odieuses, ou plutôt crimes véritables. Une de leurs distractions favorites consistait à mettre le feu à des granges isolées, à des huttes en bois, abris de vachers. Ils se sauvaient alors à toutes jambes.

Dans le train, Hans avait signalé la dame au sac de cuir rouge, et il défia son camarade, moitié sérieusement, moitié en plaisantant, jusqu'à ce que celui-ci relevât le défi. Alors tout en ricanant il avait enlevé de son cou la cravate de soie noire qui devait servir à Jacob. Selon Hans Meister, il ne s'agissait nullement d'étrangler la voyageuse; il suffisait de paralyser ses mouvements pendant quelques minutes. On a vu comment avait tourné cette « plaisanterie » sinistre, née d'un cerveau plus que malsain.

Les deux malfaiteurs, — ce nom ne leur convient-il pas, avec cette passion du mal qui les caractérisait? — les deux malfaiteurs donc, gagnèrent à pied Argentat; Jacob courant, Hans allongeant simplement la jambe pour le suivre. Là, ils prirent d'assaut l'impériale d'une voiture publique faisant le service entre Tulle et Aurillac. Quant au sac rouge, l'inventaire de son contenu avait été fait dès la première halte. Comme argent, il s'y trouvait à peine, — dans un porte-monnaie armorié, — de quoi payer les places de la voiture publique; des papiers, des photographies d'enfants, quelques bouts de dentelles, un mouchoir brodé : voilà tout...

Risler eût volontiers jeté le sac et ce qu'il renfermait par-dessus une haie; mais il fut séduit par l'odeur pénétrante du cuir de Russie; il pensa à Grédel, qui aimait ce qui sent bon, et il dissimula le sac sous sa jaquette, bien serré sur la hanche gauche, avec l'intention de le garder pour sa femme. Aussi bien ne pourrait-il pas rentrer au pays les mains vides!

— A ta place, conseilla le compère Hans, j'offrirais ce sac à mademoiselle Victorine. Ça ferait bien !... Si tu veux qu'elle croie au mariage...

— C'est une idée! dit Jacob. Mais si la chose du chemin de fer s'ébruitait, ce sac rouge... ce serait compromettant ?...

Hans loucha horriblement et son nez s'allongea : Encore un bon avis dédaigné !

Cependant Bordelais la Rose, après avoir refait, le verre en main, le siège de Sébastopol, avec son vieil ami Cardaillac, trouva le loisir de conduire Jean chez le commissaire de police. Comme le matin, le jeune garçon donna le signalement complet et pittoresque de l'homme aux yeux louches qui guettait à une portière, tandis que l'autre « faisait le coup ». Rien ne put le déterminer à fournir quelque indication précise sur ce dernier.

Le commissaire en prit son parti ; mais le Bordelais demeura vivement intrigué...

Le lendemain, à une heure trente minutes, après deux heures et demie passées en wagon, Bordelais la Rose et son protégé arrivaient enfin à Aurillac.

En sortant de la gare, le charpentier consulta une lettre de gros papier, évidemment de provenance locale.

— Dans tous les cas, observa-t-il, ça ne peut pas être très loin ; la ville n'est pas grande... bien que préfecture.

Le long de la Jordanne, qui baigne le pied de la ville, s'étend une belle promenade, le cours Monthyon, communément appelé le Gravier ; c'est là, dans une maisonnette juchée sur une hauteur au milieu des arbres et juste en face la statue du pape Sylvestre II, que Bordelais la Rose et Jean devaient trouver Jacob Risler, chez d'honnêtes gens du pays qui avaient consenti à lui donner sa fille.

Le brave charpentier, avec cette indifférence qu'entretient l'ignorance, très préoccupé aussi des motifs de son voyage, jeta à peine un coup d'œil sur la belle statue, couverte d'ornements pontificaux, la tiare sur la tête, œuvre de David d'Angers : que lui importait à lui Gerbert, ce pâtre d'Auvergne qui fut le premier pape de nationalité française ! L'essentiel était de mettre la main sur le très indélicat Jacob Risler, de l'arrêter dans l'exercice de ses manœuvres frauduleuses, compromettantes pour ceux qui avaient le malheur d'être de sa famille, et d'obtenir enfin les satisfactions réclamées par les intérêts et les justes susceptibilités de son jeune ami.

Avec son sans-façon ordinaire, Bordelais la Rose poussa la porte de la maisonnette. Il entra ; Jean le suivit. En venant du grand jour, ils n'y virent pas plus que dans une cave.

Mais on parlait dans une chambre haute à laquelle un escalier de bois donnait accès.

— Ah ! fichtre ! disait une voix de femme, parce que tu as le dos plat et que j'y ai une bosse, tu prends des airs capables avec moi ! Non, mon canard, ce mariage ne se fera pas ! Victorine n'est pas pour cet Alsacien ; et moi je n'en veux pas, je n'en veux pas, je n'en veux pas !

Pour Bordelais la Rose, comme pour son petit ami, il s'agissait évidemment du mariage projeté entre Jacob Risler et la fille de la maison.

Le charpentier poussa cette exclamation :

— Sac et giberne ! c'était bien vrai ! Mais, ajouta-t-il, nous arrivons heureusement assez tôt pour éclairer le futur beau-père... avant qu'il devienne la dupe de cet intrigant.

— Vous verrez, observa Jean, que cet homme traînera notre nom devant les tribunaux.

— Qui est-ce qui parle en bas ? demanda la femme qui venait d'admonester son mari.

— Madame Abel ! cria Bordelais la Rose en se faisant un porte-voix de ses deux mains.

— Me voilà, répondit-on ; qui me demande ?

— Y êtes-vous ?

La question paraissait superflue ; mais c'était là une tournure trop ordinaire dans le langage méridional pour que personne y prît garde.

Madame Abel s'apprêta à descendre ; « mon canard » la suivit.

Déjà les nouveaux venus commençaient à s'habituer à l'obscurité. Ils distinguaient le mobilier de la salle basse, principale pièce du logis : un grand lit à la duchesse aux colonnes torses, protégé par un baldaquin massif servant d'étagère pour une foule d'objets encombrants, une armoire colossale chargée de solides moulures et dont les battants faisaient penser à la porte cochère d'un hôtel princier ; à côté d'une très grande et très haute cheminée figurait avantageusement un dressoir à vaisselle dans des dimensions analogues aux pièces de l'ameublement, un grand fauteuil de bois, une « maïe » à pétrir le pain ; le long des murs s'alignaient chaises et tables massives, huches et bahuts.

Ce mobilier en chêne noirci, poli et verni par le temps, possédait un certain air d'opulence qui contrastait avec les « jambes » pendues aux solives du plafond. On appelle jambes, dans le Cantal, les jambons de porc que les ménagères gardent soigneusement en réserve. Dans les campagnes on n'y touche qu'aux grandes occasions, mariages ou enterrements ; c'est du reste la marque ostensible de l'aisance. Dans les villes, trop perdues au milieu des campagnes pour qu'il n'y ait pas imitation, les jambes ont la même signification. Là, elles sont surtout un ornement dans la demeure du petit bourgeois.

— Asseyez-vous, *messieurs*, dit madame Abel. — Le grand fauteuil de chêne échut à Jean qui s'y carra. — Après cela qu'y a-t-il pour votre service ?

— Nous venons... pour le mariage, dit Bordelais la Rose.

— Alors, adressez-vous à mon homme, dit madame Abel malicieusement. C'est sa partie, c'est son affaire...

» Mais ce mariage n'est pas encore fait.

— Il est impossible, observa Jean, avec vivacité.

Madame Abel était une petite femme brune de peau, passablement laide, épaisse de taille, et portant une coiffe noire avec un tablier de serge. Elle regarda attentivement l'auxiliaire à la taille exiguë, à la mine délicate, à l'œil animé qui lui arrivait. Et elle vint s'asseoir, bonne et caressante, dans le large fauteuil de chêne, où Jean lui fit une place auprès de lui.

— Alors, vous n'en êtes pas de ce mariage ? dit-elle à l'ancien zouave.

— Je le crois bien ! Il y a là-dessous, certainement, quelque tour de coquin.

— Ce mariage ? avec notre Victorine ? fit le père Abel, dont le visage praliné pâlit soudain.

— Rien n'est moins sérieux, mon bon, dit le Bordelais devenu familier, grâce à l'importance qu'il prenait dans la maison. Jacob Risler est marié... Il a une femme en Alsace-Lorraine... Ce petit est de la famille.

— Marié ! s'écrièrent M. et madame Abel avec des intonations différentes : le mari nuançant la stupéfaction, la femme s'abandonnant à la joie, à en avoir les larmes aux yeux et une quinte de toux.

Lorsque la toux de la bonne dame, qui n'avait pas le dos plat, comme elle le disait, — ni l'esprit borné, — se fut un peu calmée, le bourgeois d'Aurillac reprit la parole :

— Et moi qui lui ai prêté ce matin quinze cents francs sur sa bonne mine pour s'en aller à Salers avec un de ses « pays... » qui fait des achats dans les montagnes pour expédier à Strasbourg !

— Quinze cents francs ! sans me consulter ? s'écria la mère Abel. Ça gâte mon plaisir de le voir démonétisé. C'est égal, tu es joué, mon canard, et c'est bien fait ! Tu lui aurais même donné mes « jambes », s'il les avait demandées.

— Mais pourtant un ancien soldat, décoré de la Légion d'honneur ?...

— Halte là ! mon canard, fit Bordelais la Rose de plus en plus familier. Soldat, oui ; décoré, c'est ce que je conteste.

— C'est la croix de mon père ! exclama le pauvre petit Jean dans un sanglot ; et cette phrase qui eût fait rire, débitée sur une scène du boulevard, produisit dans ce milieu naïf une sensation douloureuse.

— Il nous l'a volée, ajouta le petit Parisien.

Une porte latérale s'ouvrit, et une fille un peu mûre entra. C'était une beauté sévère, avec un teint de lis et de rose, des cheveux noirs comme l'aile d'un corbeau et des yeux bleus, — ce qui produit une surprise fréquente dans le Cantal. Elle portait, même dans la maison, un très simple chapeau de paille genre « mascotte », toujours à la mode en Auvergne.

Sa mère eut un mouvement. Elle allait lui dire : Il est marié !

— J'ai tout entendu, fit mademoiselle Victorine.

— Il est vrai, dit son père, que nous parlons assez fort pour qu'il ne soit pas nécessaire d'écouter aux portes.

— Ce n'était pas sérieux, mon enfant, dit madame Abel d'un ton affectueux et compatissant. Et elle s'avança vers sa fille.

— Eh bien, fit celle-ci, je resterai demoiselle... comme tant d'autres.

Il y en a beaucoup dans le Cantal.

— C'est donc un malhonnête homme ? reprit-elle.

— Et encore nous n'avons pas tout dit ! repartit Jean, s'enhardissant à prendre la parole.

— Moi, j'ai dit tout ce que je savais, répliqua Bordelais la Rose. Mais je m'aperçois bien depuis hier que le petit a des secrets ; il veut ménager son parent.

— Ce que j'ai à dire... je le lui dirai à lui-même, fit Jean ; où demeure-t-il ?

— La porte à côté, mon enfant, dit madame Abel, il habite là avec son vilain camarade, un grand diable d'homme qui rit toujours d'une façon déplaisante ; mais ils sont partis à midi pour Salers en cabriolet, à peine rentrés d'hier au soir. Ah ! ils en font un de trafic !

— Je vais les rejoindre, fit le père Abel. Mon char à bancs ne sera pas long à atteler.

— Puisses-tu rejoindre aussi tes quinze cents francs, mon canard, lui dit sa femme et me prouver que, si tu as le dos plat, ton esprit ne manque pas de relief.

— Est-ce loin, Salers? demanda Jean.

— C'est dans les montagnes, dit madame Abel, à six ou sept lieues, suivant les chemins.

— Pas davantage? s'écria Bordelais la Rose.

— Voulez-vous venir avec moi? proposa le père Abel, qui n'était pas fâché de réclamer son argent avec l'assistance du solide Gascon.

— J'allais vous demander de m'emmener, mon canard!

— Moi aussi! fit Jean.

— Toi, mon petit, dit Bordelais la Rose, c'est autre chose! Tu attendras ici notre retour. Madame Abel te mettra à l'abri des mouches.

— Certainement! fit la bonne dame.

— C'est que je ne l'entends pas comme ça! s'écria Jean.

— Et moi je l'entends ainsi, répliqua le charpentier. Cela t'apprendra à avoir des secrets pour Bordelais la Rose.

Jean réfléchit un moment, se demandant s'il allait dire qu'il avait reconnu Jacob Risler dans l'auteur du crime commis entre les tunnels de Galop et de Montplaisir. C'était bien délicat! Il pouvait perdre à tout jamais son parent en le dénonçant pour un tel attentat. Et qui sait si le dévouement du Bordelais ne s'affaiblirait pas, en voyant à quelle famille il appartenait? si le brave homme ne reculerait pas devant l'énormité de la tâche à accomplir? D'autre part, laisser son ami affronter la colère d'un pareil coquin, c'était l'exposer; non, il fallait tenter l'impossible, et se faire admettre du voyage. Lui présent, il saurait maîtriser Jacob en lui faisant comprendre à mots couverts qu'il le tenait à sa discrétion.

— Quand part-on? demanda-t-il, espérant avoir le loisir de prendre une résolution.

Le père Abel tira sa montre.

— Dans une heure, dit-il.

— Nous avons le temps de monter jusqu'au château de Saint-Étienne, dit mademoiselle Victorine, qui avait compris un signe de son père. Et elle ouvrit la porte.

Jean la suivit sans défiance.

Dans les rues, un grand bruit de travail, des ateliers de chaudronnerie partout, impossible à Jean d'échanger une parole avec sa fraîche compagne.

LE TOUR DE FRANCE D'UN PETIT PARISIEN

Jean admirait ces belles perspectives (page 73).

Un quart d'heure après, mademoiselle Victorine mettait le petit Parisien en face d'un splendide panorama.

Ils se trouvaient au pied d'une tour carrée, encastrée dans des constructions modernes, laquelle tour est à peu près tout ce qui reste de l'ancien château de Saint-Étienne. Ce manoir d'un leude carolingien, devenu plus tard la citadelle des suzerains mitrés d'Aurillac, est occupé par l'école normale des instituteurs primaires du Cantal. Plus rien des glacis de l'antique forteresse, ni fossés, ni chemins couverts. Dans quelques vieilles salles voûtées, une bibliothèque, un cabinet de physique, une collection des roches et minéraux d'Auvergne.

On escalada l'escalier de la tour. Ce qu'on voyait de la plate-forme dédommageait amplement des fatigues de l'ascension. Il y avait de quoi justifier le babil élogieux de la demoiselle d'Aurillac : au-dessous d'eux, la ville pittoresquement assise sur une légère élévation au milieu de la verdoyante vallée à laquelle la Jordanne donne son nom ; s'allongeant entre deux collines que partout ailleurs on appellerait des montagnes, elle baigne le pied de la ville. Tout en face, derrière la colline du Buis, se développait la ligne dentelée des sommités du Cantal ; un grand promontoire violacé se détachait du groupe central ; c'est la longue coulée basaltique que couronne le puy Violent.

Du côté opposé, à la base des montagnes envahie par une végétation d'un beau vert, tachetée de jaune paille, dans les champs nouvellement moissonnés, la plaine d'Arpajon, — qui est à Aurillac ce que, plus au nord, la riche Limagne est à Clermont-Ferrand.

Mademoiselle Victorine montra encore sur la gauche les coteaux boisés qui mettent à l'étroit le cours de la Cère, à l'endroit où cette rivière débouche dans la plaine d'Arpajon et, à droite, les forêts de Marmiesse et d'Ytrac, entamées partout par des défrichements, des métairies et des villas.

Jean admirait toutes ces belles perspectives que présentent seuls les pays de montagnes. Il montrait un air réfléchi et méditatif que ne possèdent point les enfants de son âge. C'est qu'il avait rapidement mûri : on sait sous quelles influences.

Soudain, il jeta un cri : il venait d'apercevoir, sur une des routes montant vers le nord, le char à bancs du père Abel. Il reconnut Bordelais la Rose à ne pouvoir s'y tromper. Mademoiselle Victorine, interpellée vivement, fut forcée d'avouer que c'était bien en effet la voiture de son père. Jean comprit tout de suite qu'il était joué, et, sans saluer — il allait tête nue — sans prendre congé, il se mit à dévaler la côte, avec la vélocité d'un gamin fautif poursuivi par un garde champêtre.

La voiture courait plus vite que lui ; essayer de l'atteindre semblait impossible ; mais ce qui n'était nullement impossible, c'était d'aller à Salers à pied — et le petit Parisien en prit le chemin.

IV

Dans la forêt

Sur le chemin d'Aurillac à Salers roulait le char à bancs du père Abel. La route longeait la pente occidentale du gigantesque massif du Cantal, traversant plusieurs vallées qui ouvraient à la droite des voyageurs des perspectives prolongées jusqu'au centre même du massif volcanique.

A deux ou trois kilomètres en arrière, s'avançait un jeune garçon, tantôt marchant d'un pas rapide et nerveux, tantôt courant au pas gymnastique.

Bien qu'il ne fût pas venu en Auvergne pour voir le pays, Jean, très étonné de cette nouveauté pour lui des aspects de la France centrale, regardait à droite et à gauche tout en se hâtant. Il n'aurait jamais imaginé rien de pareil au spectacle que présentait cette accumulation de hautes montagnes, soudées les unes aux autres dans une convulsion terrestre, ou, violemment séparées par une autre convulsion, creusant entre elles des vallées disposées comme les rayons d'une roue, dont le Plomb du Cantal serait le moyeu. Il se rappelait les ballons arrondis des Vosges, et ne trouvait aucune ressemblance avec cette partie du sol français, qu'on dirait formée d'hier.

Il aurait voulu connaître le nom de tous les hameaux, celui des ruines féodales qu'il apercevait sur les premiers gradins des grands monts, et savoir aussi à qui appartenaient les châteaux des trois derniers siècles semés dans les prairies et les bois, les villas modernes, et jusqu'aux fermes échelonnées le long de la route.

Parfois il questionnait un piéton tout surpris de rencontrer dans ces campagnes un enfant évidemment échappé de la veille des faubourgs de quelque grande ville. Il sut, ainsi, qu'il traversait le carrefour des quatre chemins

« jouissant » d'un fort mauvais renom, ayant jadis été occupé, le jour par des détrousseurs de bourses, la nuit par tous les sorciers et sorcières qui exerçaient leurs maléfices à vingt lieues à la ronde ; de même on lui dit la légende sanglante de la tour de Cologne : il paraît que cette tour, située à deux kilomètres à gauche de la route, avait vu au temps des guerres de religion s'accomplir de sang-froid un massacre de prisonniers huguenots...

Un peu avant d'atteindre Saint-Cernin, il aperçut un château sur une hauteur très escarpée du côté de la vallée où coule la Doire, et il ne fut pas longtemps sans savoir que c'était le château d'Anjony, dominant le petit village de Tournemire. C'est un donjon carré, du quatorzième siècle, fort bien conservé. A chaque angle, une tour ronde très élevée, couverte d'un toit, domine l'édifice principal.

Il était quatre heures de l'après-midi lorsqu'il passa par la petite ville de Saint-Cernin. Il s'y arrêta un moment pour y acheter un petit pain, car lui et le Bordelais avaient oublié de déjeuner ce jour-là, et la faim se faisait sentir. Au sortir de cette ville, la route descendait dans la vallée de la Doire et, après avoir franchi la rivière, montait ensuite ; puis il descendit une côte dominée par l'énorme masse basaltique des « orgues de Loubéjac » dans laquelle s'ouvrent plusieurs grottes.

Après avoir dépassé Saint-Chamant, il franchit la Maronne, qui coule au fond d'une vallée bien connue des touristes. Saint-Martin-Valmeroux est situé sur la rive droite de la Maronne. Il donna un coup d'œil aux ruines du château de Crèvecœur et remonta péniblement une pente extrêmement raide pour atteindre enfin le but de son voyage : Salers.

C'est une ville fortifiée ayant conservé la physionomie féodale qu'elle avait lorsqu'elle résistait au quatorzième siècle aux Anglais et aux routiers, et un peu plus tard aux protestants et aux Ligueurs. Elle dresse sa silhouette grise sur un mamelon basaltique, à près de mille mètres d'altitude. Du côté du sud-est, au pied des murailles qui l'entourent, la ville est terminée par de brusques escarpements, au bas desquels coule la Maronne.

Le petit Jean s'engagea à travers les ruelles noires, sombres, pavées de basalte. Plusieurs maisons à tourelles étaient jointes ensemble par des arches.

La première auberge, à quelques pas de la tour de l'Horloge — c'était aussi une maison à tourelles et pignons, datant du quinzième siècle — où il entra pour se renseigner sur Bordelais la Rose et le père Abel, était celle où ces derniers venaient de descendre. Il se trouvait que justement Jacob Risler et son compère faisaient, dans leurs tournées, élection de domicile en cet endroit. On semblait les y tenir en parfaite estime. Quelqu'un qui les avait rencontrés faisant des achats dans les fromageries des côtes voisines, avait été chargé d'annoncer leur arrivée vers le soir.

Bordelais la Rose et « mon canard » avaient appris cela tout de suite et s'étaient résignés à attendre. Assis sous une tonnelle, ils faisaient plus ample connaissance en vidant quelques verres de vieux vin.

Jean décida de les surprendre par sa brusque apparition au moment opportun. Il entreprit de faire le tour de la ville. Ce ne fut pas long. En un quart d'heure il eut examiné ce qui subsiste encore des diverses enceintes concentriques fortifiées. Parvenu à la place centrale, il fut fort surpris de voir jaillir une eau abondante de la fontaine qui en fait le principal ornement — à cette hauteur ! Tournant sur lui-même comme une toupie, sa vivacité naturelle aidant, le petit Parisien se trouva en quelques minutes à la promenade de Barrouze, plantée de quelques arbres et bordée des plus vieilles maisons de la ville, les unes gothiques à portes et fenêtres ogivales, les autres romanes, reconnaissables à leurs ouvertures en arc surbaissé, avec moulures et colonettes.

Cette rue de Barrouze aboutit à une terrasse qui s'avance au-dessus d'un précipice, soutenue par un mur d'appui très épais. Une ou deux douzaines de tilleuls ombragent cette terrasse : c'est la promenade des paisibles habitants de Salers. On y jouit, du reste, d'une très belle vue, ce que Jean vérifia tout de suite. Mais il devait payer cher ce régal des yeux.

Au-dessous de la ville s'étendait la vallée de la Maronne, diaprée de bois, de prairies, d'eaux vives, de vergers et de hameaux ; à six kilomètres sur la gauche de la ville, s'étageaient les croupes arrondies du puy Violent, couvertes de pâturages ; en face s'ouvraient, comme trois avenues conduisant au cœur même des montagnes, les vallons de Malrieu et de Vielmur, retentissant de l'écoulement des cascades, et la romantique vallée de l'Aspre qui recèle dans ses gorges des sites d'une merveilleuse beauté.

Jean, accoudé au parapet, fouillait du regard les campagnes voisines et s'arrêtait de préférence sur la jolie bourgade de Fontanges, à l'entrée de la vallée de l'Aspre. Le soleil un peu descendu à l'horizon éclairait, en les détaillant, ses promenades, son église, ses riantes habitations, et donnait du relief à l'énorme roche envahie par le lierre et la mousse, où gisent les ruines d'un château qui a appartenu à la famille de la célèbre duchesse de Fontanges.

Il regardait ; et peu à peu son attention se fixa obstinément sur un cabriolet montant vers Salers. Deux hommes l'occupaient. A la forte corpulence de celui qui conduisait, le jeune garçon crut reconnaître Risler. Le second répondait assez, même vu de loin, à ce signalement de l'associé de Jacob que Jean possédait si bien.

Le petit Parisien quitta précipitamment la terrasse pour aller se montrer enfin à Bordelais la Rose, dût-il encourir son mécontentement, et au père Abel, et pour leur annoncer l'arrivée du personnage attendu; mais sans s'en apercevoir, après quelques détours dans les ruelles, il se trouva hors des vieux remparts, devant la route bordée de murailles basses que suivait le cabriolet.

Alors, sans hésiter, il alla au-devant de celui qu'il était venu de si loin poursuivre de ses légitimes revendications.

Le cabriolet roulait très vite, de sorte qu'en un moment Jean eût été dépassé s'il ne se fût mis à crier:

— Hé! arrêtez un peu!

Jacob Risler regarda fixement le jeune garçon et reconnut avec stupéfaction — le fils de son cousin.

— Que fais-tu là, toi? lui dit-il très surpris, et d'un ton qui n'avait rien d'engageant.

— Je vous attendais, « mon oncle », dit Jean avec assurance.

Il disait mon oncle par habitude.

— Moi? Mais je te croyais à Paris?

— Je ne suis venu ici qu'à cause de vous..., pour vous reprocher ce que vous faites pour déshonorer mon père!

Hans Meister ricanait — et louchait.

— Tu es seul? demanda le Lorrain, très attentif à la réponse qu'il allait recevoir.

— Oh! que non! fit Jean presque menaçant.

— Je ne t'entends pas, dit Jacob; monte...

Il aida l'enfant à grimper dans le cabriolet.

— Voyons, parle maintenant; de quoi s'agit-il? As-tu à te plaindre de quelque chose?

— Vous me le demandez? N'avez-vous pas profité de la mort de mon père pour cacher la honte de la mort de votre frère Louis, fusillé à Fontenoy? — oui, oui, fusillé! Et quant à la décoration dont vous êtes fier, j'ai vu sur quel champ de bataille vous l'avez *cueillie* : vous aviez pour adversaires une vieille femme et un enfant.

— Peuh! fit Jacob Risler, est-ce que tu te connais à ces choses-là?

— Oh! ce n'est rien encore! reprit Jean avec une véhémence rare chez un jeune garçon; lorsque vous voulez emprunter de l'argent... sans intention de le rendre, vous parlez de mariage, comme si vous n'aviez pas une femme au pays!

Le ricanement de Hans Meister s'accentua et Jacob y mêla son gros rire brutal.

— Vous ne ririez pas, fit Jean, si je vous disais qui j'ai vu sortir d'un wagon entre Brive et Turenne, où une dame a été assassinée et volée.

— Tiens! Il en sait long, le petit, s'écria l'ancien sabotier visiblement décontenancé. Si tu dis un mot de plus, ajouta-t-il d'un ton de véritable colère, je te tire les oreilles! Et tu sais comment je m'y prends?

— Oui, oui, je me rappelle vos tendresses d'autrefois. Mais nous verrons tout à l'heure... comment vous parlerez devant M. Bordelais la Rose.

— Qu'est-ce que c'est que ce Bordelais en fleur? grommela Jacob.

— C'est un honnête homme, et qui saura prendre ma défense.

Hans Meister ne ricanait plus; mais il louchait davantage. Il dit quelques mots en allemand à son compagnon. Les deux hommes parurent se concerter un instant comme s'il s'agissait d'aviser...

— Oui, nous verrons, mauvais gueux! dit enfin Jacob. Tu es bien le fils de ton père qui, pendant la guerre faisait le métier d'espion, et dont on a fait sauter en l'air le cadavre en faisant sauter le pont de Fontenoy!

— Encore! et toujours! Oh! l'indigne parent que vous êtes! Vous savez bien que vous mentez! Comment osez-vous parler ainsi?

Depuis le moment de cette rencontre, Jean ne cessait de regarder le ruban rouge qui décorait la boutonnière de la jaquette de Jacob et d'étudier la figure du compagnon de celui-ci, que faisait grimacer une gaieté sinistre. Exaspéré, il porta violemment la main sur ce ruban et il essaya de l'arracher; mais il en fut empêché.

— Tu es trop petit... mon petit! fit Jacob Risler, en repoussant brutalement le pauvre garçon jusque dans les jambes du ténébreux Allemand.

En ce moment, le cheval du cabriolet montait au pas la côte. Jacob Risler, très soucieux, réfléchissait, excité semblait-il par de courtes phrases que mâchonnait son compagnon. D'accord enfin avec ce dernier, il jeta soudain le cabriolet dans un chemin qui passait entre la ville haute et un quartier moderne situé en contre-bas.

Il fouetta vigoureusement le cheval, qui changea d'allure, et Jean s'aperçut bientôt que la voiture abandonnait la montée de la ville pour gagner la campagne.

Alors, le petit Parisien eut conscience de la maladresse qu'il venait de faire ; emporté par la vivacité de son ressentiment il s'était mis étourdiment à la merci d'un homme capable de tout. Plusieurs fois il essaya de crier lorsque la voiture se trouvait près d'une maison placée sur le bord du chemin, ou que l'on rencontrait des paysans ; mais aussitôt Jacob et son compagnon criaient aussi, interpellaient les gens en divers idiomes, l'un ricanant, l'autre riant d'un gros rire, de telle sorte qu'on pouvait croire à une gaminerie et que personne ne répondait aux appels du jeune garçon.

Jean dut se résigner. — Décidément, se disait-il, ce Jacob est un misérable ! Cette réflexion trahissait son peu de confiance dans son parent.

Le cabriolet courait aussi vite que pouvait le permettre un sol inégal, des coudes nombreux et aussi les mauvais passages que présentait une étroite corniche taillée sur l'arête même du plateau qui limite, au nord, la haute vallée de la Maronne, et sur laquelle Jacob Risler, après avoir hésité un moment sur la route qu'il suivrait, avait engagé le léger véhicule. Chaque grosse pluie, chaque fonte de neige au printemps ravine le fragile rebord et change le plan horizontal de la route en un talus incliné vers les précipices. Le cabriolet allait du côté de l'est, dans la direction de Murat, par la route ouverte pour mettre en communication, à travers les montagnes, cette dernière ville et Salers.

L'élévation de cette corniche variant sur son parcours entre mille et douze cents mètres de hauteur absolue, c'est-à-dire au-dessus du niveau de la mer, le refroidissement de l'atmosphère était déjà très sensible, en ce commencement d'août, au moment où le soleil allait se coucher ; on sentait qu'une gelée blanche se préparait pour la nuit, et Jean très peu vêtu, sans rien à la tête, impressionné aussi par sa situation, frissonnait de fièvre et de froid.

Le jour était encore assez grand pour permettre de bien voir le pays qui se développait en face et dans les fonds, à droite de la route taillée dans le roc. C'était la vallée de la Maronne décrivant une courbe au pied du puy Violent, qui n'a pas moins de 1,594 mètres. La base de cette montagne est disposée du côté du nord en larges gradins, couverts de sapinières jusqu'aux limites des pâturages. Bien loin, au-dessous, défilaient les hameaux de Saint-Paul, de Recuset, de Couderc « semés, pour employer une expression laudative d'un touriste, comme des nids d'églogues dans une verdure intense ».

A une profondeur plus grande encore, la rivière, après avoir recueilli dans

Jean s'établit à la première fourche de l'arbre (page 85).

son lit rocheux les mille ruisselets filtrant sous le gazon des prairies ou suintant le long des hautes falaises, s'épandait elle-même en cascades retentissantes, qui franchissaient de distance en distance une de ces scories gigantesques que quelques géologues appellent dykes : blocs de matières volcaniques, vomies à l'état liquide, à l'époque de la formation du Massif central de la France; ces dykes joignaient ensemble, d'une base à l'autre, les deux masses montagneuses dont l'écartement a produit la vallée.

A huit ou neuf kilomètres de Salers, le chemin, taillé jusque-là en corniche dans le roc, et surplombant l'abîme, s'engagea tout à coup dans la montagne, franchissant, à 1,300 mètres de hauteur, le col étroit qui rattache le plateau de Salers au nœud des cimes cantaliennes.

Jean se trouva transporté sans transition en pleine forêt; le cabriolet ne bondissait plus sur des blocs rugueux de basalte nu, les roues de la légère voiture s'enfonçaient au contraire profondément dans un humus épais, vrai terreau de jardin; l'air, subitement adouci, se laissait aspirer à pleins poumons, chargé d'aromes résineux.

Mais cette première impression de soulagement fut passagère pour le jeune garçon. La nuit arrivait sombre et inquiétante sous les voûtes superposées de plusieurs générations de hêtres et, dans les parties plus hautes, de sapins. Les ombres s'épaississaient dans un sous-bois où se pressaient le coudrier, l'alizier des oiseaux, le sureau à grappes rouges et le framboisier. Le sous-bois qui croît dans la puissante forêt du Falgoux, ne paraît nullement souffrir du voisinage des grands arbres, qui étalent leurs ramures à trente et quarante mètres au-dessus des fourrés, tant est grande la richesse d'un sol, où depuis des siècles s'accumule, se décompose et renaît la végétation forestière; et où jamais n'a été fait un défrichement. Les arbres morts tiennent encore debout, attendant l'ouragan ou le coup de foudre qui doit les renverser, et revêtent les apparences d'une vie nouvelle, grâce à l'envahissement d'un inextricable fouillis de vignes vierges, de lierres énormes, de mousses pendantes, de viornes et de clématites.

L'émotion de Jean croissait de moment en moment.

Jacob et l'étranger avaient entamé une conversation à voix basse qui l'alarmait. A Paris, Jean, devenu aussi faubourien que possible, avait oublié le peu de patois allemand qui avait frappé son oreille dans sa première enfance, et cependant, le danger éveillant son intelligence, il comprenait que Risler et son compagnon formaient quelque mauvais dessein dont il devait être la victime.

— Où allons-nous ainsi? leur demanda-t-il brusquement. Où allons-nous par la nuit qui approche, dans cette forêt sans fin?

— Tu le verras! fit Jacob Risler.

— Non, je veux savoir! dit résolument le jeune garçon.

— Eh bien! nous allons au Falgoux.

— Qu'est-ce que le Falgoux? Une montagne? une ville?

— C'est un village... pas trop loin d'ici. Tiens-toi tranquille. Ce n'est pas la première fois de ta vie que tu as vu une forêt. Je pense que dans les gorges des Vosges il y a des sapinières qui valent bien celle-ci?

— Oh! non! fit l'enfant, je n'ai jamais vu de forêt si... épaisse.

— J'ai cru que tu allais dire si effrayante... Puisque tu es avec nous?

C'est justement parce qu'il était « avec eux » que Jean ne se sentait nullement rassuré. Il ne répondit rien, mais il songea sérieusement à s'esquiver à la première occasion.

Elle s'offrit, autrement qu'il ne l'avait attendue : un hêtre était récemment tombé en travers de la route, pas assez pour l'obstruer totalement de ses plus fortes branches, mais il fallait descendre de cabriolet et prendre le cheval par la bride pour le guider dans l'étroit espace laissé à peu près libre.

Hans, qui depuis un moment regardait chaque arbre comme s'il en cherchait un convenable à quelque projet criminel, voyant la route encombrée, poussa du coude Jacob, et lui dit en allemand :

— Pourquoi aller plus loin?

— Où est la corde? répondit l'autre.

— Sous mes pieds.

Jacob se baissa pour ramasser cette corde, qui devait servir... à quoi? C'est ce que le petit Parisien jugea prudent de ne pas vérifier. Il profita du court moment où Jacob se penchait, pour sauter du cabriolet. L'Allemand tendit une large main pour s'opposer à sa fuite; mais n'y réussit pas. Déjà le jeune garçon s'enfonçait au plus épais des fourrés.

— Jean! cria « l'oncle » Jacob. Jean!

Il radoucissait sa voix; parvenait presque à la rendre caressante.

— Jean!

Jean s'éloignait, écartant les hautes herbes et les arbustes avec le moins de bruit possible.

Il était évident pour les deux hommes que si Jean ne répondait pas, c'est qu'il ne voulait pas répondre.

Jacob n'appela plus, peut-être soulagé d'être forcément délivré de l'obsession d'une pensée coupable...

L'homme aux yeux louches, n'ayant pas les mêmes scrupules, essaya d'être plus persuasif, et se mit à appeler Jean d'une voix gutturale qui voulait être flûtée, mais qui trahissait la fausseté du personnage.

Constatant leur insuccès, les deux compères se mirent à se disputer en allemand, rejetant l'un sur l'autre le tort d'avoir laissé échapper le jeune garçon.

Celui-ci entendait s'échauffer l'altercation, assaisonnée de quelques gros jurons germaniques. Puis la voiture se remit en route; et Jean crut distinguer qu'au lieu de poursuivre son chemin à travers la forêt, elle revenait en arrière.

Il pensa qu'en se rapprochant de la route, il se rendrait mieux compte de la direction prise par le cabriolet, et qu'il pourrait peut-être le suivre de loin — en courant. Mais après quelques tâtonnements — car la nuit arrivait, obscure, — il désespéra de retrouver la route.

Jean reconnut alors qu'il était perdu dans la forêt du Falgoux, épaisse et sombre; et déjà il commençait à avoir peur des loups, parce qu'en venant à Salers un jeune pâtre lui avait montré un bois noir en lui disant : Ça s'appelle le Bois-aux-Loups...

Mais les loups les plus dangereux pour lui, c'étaient ces deux bêtes fauves à visage humain à qui il venait d'échapper.

En effet, ces tristes compères pour se délivrer d'un témoin gênant étaient gens à ne pas reculer devant un crime.

V

Le buron

Mais enfin, Jean avait peur des loups. A son âge c'était bien pardonnable.

Il erra dans diverses directions, tout en faisant le plus de bruit possible, maintenant qu'il n'avait plus à craindre de trahir sa présence. Ce bruit, on le comprend, c'était pour effrayer les loups : il les eût attirés plutôt!

Lorsque le petit Parisien désespéra de retrouver, avant le jour, le chemin suivi depuis Salers par le cabriolet de Jacob, il grimpa à un hêtre. Il avait recouvré en un moment la souplesse de membres et l'agilité du petit paysan vosgien, dénicheur de nids.

En se sentant à cinq ou six mètres au-dessus du sol, Jean ressaisit assez de calme pour envisager sa situation. Elle n'était pas gaie. Il lui fallait avant tout sortir de cette forêt, qui, n'étant ni exploitée pour ses bois, ni visitée par les touristes, n'offrait sans doute que de rares sentiers, en dehors de la route qu'il connaissait. Quand il aurait réussi à sortir de ces fourrés, il s'acheminerait vers Salers, avec l'espoir d'y trouver encore son excellent ami Bordelais la Rose et le bonhomme Abel.

Il s'établit solidement à la première fourche de l'arbre, jambe de ci, jambe de là, comme s'il eût été à cheval ; la maîtresse branche qui se trouvait devant lui représentait assez exactement le cou de la monture. Il la saisit et l'enveloppa de ses deux bras, comme une recrue de cavalerie embrasse, au manège, le cou de son cheval excité par quelques coups de houssine. C'est que Jean craignait de tomber s'il s'endormait. La gravité de la chute, à cette hauteur, il n'y pensait même pas ; mais les loups! Il croyait voir leurs yeux briller dans l'ombre, et instinctivement, il ramenait ses jambes pour échapper au danger imaginaire de sentir ses pieds mordus par les vilaines bêtes.

Des frémissements couraient à travers la forêt; les sapins faisaient entendre leurs harmonies de harpes éoliennes; des oiseaux de nuit s'interrogeaient de loin par des cris rauques, continués comme si la réponse n'arrivait jamais; de gros papillons de nuit venaient effleurer de leurs ailes veloutées la joue moite du jeune garçon; par moments une branche morte se cassait avec un bruit sec, et glissait comme une flèche à travers les ramures; de gros nuages couraient dans le ciel, — vagues rousses submergeant cent fois, comme une nef ballottée, un léger croissant de lune. Lorsque la lune demeurait au ciel, de la partie un peu élevée de la forêt où il se trouvait, Jean apercevait, mornes et dominant les arbres, les puys qui entourent le Plomb du Cantal.

La nuit était fraîche. Elle était longue surtout à s'écouler; car Jean ne dormait pas; il tressaillait, il vibrait, pour ainsi dire, à tous les bruits. La faim aussi le tenait éveillé.

Enfin, l'aube arriva matinale; c'était la délivrance. Jean vit l'horizon blanchir au levant; les hauts sommets dessinèrent leurs silhouettes grises sur ce fond pâle; puis ils prirent des tons divers dont le rose indiquait la position du soleil. Cette nuance lumineuse bordait les évasements, les échancrures des cratères des volcans éteints, dont les parties profondes demeuraient dans une ombre violette.

Avec le jour les fantômes s'enfuyaient; mais la réalité apparaissait au jeune garçon, saisissante et redoutable. Il descendit de son refuge.

Se rappelant qu'en pénétrant la veille dans la futaie il s'était presque constamment frayé un passage en gravissant des pentes, il résolut de redescendre ses pentes, à peu près certain, pensait-il, de rencontrer la route carrossière.

Mais il y avait plus d'une heure qu'il marchait, descendant toujours... Un ruisseau se présenta à lui; il le franchit, en constatant qu'il se trouvait au fond d'un vallon, et qu'il lui fallait choisir entre deux partis ne pouvant ni l'un ni l'autre, c'était à craindre, le mener à la route cherchée: gravir les pentes qui se présentaient devant lui, ou suivre le ruisseau. Or, ce ruisseau, cerné de roches et dont les eaux activaient la végétation folle des rives, n'était nullement facile à longer; mieux valait grimper sur la hauteur, aller de là à la découverte... C'est ce qu'il fit.

Il monta.

Il monta jusqu'à la région où s'arrêtait la végétation des hêtres ; les sapins s'élevaient à trois cents mètres plus haut.

Ce qui avait paru une colline au jeune garçon était une suite de collines, profondément séparées entre elles. Il lui semblait toujours qu'il allait atteindre le dernier sommet. Cette illusion, fréquente dans les montagnes, se répétait sans le décourager : la roche qui servait d'assise, semblait-il, à quelques roches superposées, n'était que le rebord d'un plateau. Arrivé là, il voyait reculer tous les plans de la montagne ; il lui fallait bravement traverser le plateau, qui parfois présentait un versant intérieur lui faisant perdre une partie des efforts de son ascension.

Le soleil était haut déjà et Jean commençait à ressentir une extrême fatigue. Il s'assit sur une pierre, très abattu. De route, il n'y en avait pas, et pas le moindre hameau. Qui lui indiquerait son chemin ? qui viendrait à son secours ? s'il avait seulement un morceau de pain ! mais la faim ajoutait une angoisse à toutes ses autres angoisses. Il pensait que si son parent Risler avait voulu se débarrasser de lui, il y avait bien réussi... sans charger sa conscience d'un crime. Cette forêt du Falgoux, ces montagnes volcaniques, constituaient pour lui un monde inhabité où il se trouvait aussi seul qu'on peut l'être dans certaines contrées désertes du globe.

Pendant qu'il s'abandonnait à ses pénibles réflexions, ses yeux toujours en mouvement, découvrirent sur une des plus hautes pentes, à quinze cents ou deux mille mètres à sa droite, des taches rousses qui se déplaçaient. L'espoir lui revint. Ce devait être un troupeau de vaches. Jean ne se trompait pas. En regardant mieux, il distingua, au milieu d'un étroit plateau, un chalet de berger grossièrement édifié.

Cette découverte lui donna des forces nouvelles. Il se remit en route.

Comme il approchait du revers septentrional du puy où paissaient les vaches rousses, il perdit de vue troupeau et chalet. Mais, bientôt, il entendit le tintement des clochettes rustiques que les plus âgés de ces animaux portaient au cou. Il pressa le pas. Un dernier effort l'amena sur le plateau herbeux, au fond duquel le chalet entrevu se dissimulait sous un bouquet d'arbres. Non loin de lui, des vaches, couchées dans l'herbe grasse et fleurie, rompaient le silence par un bruit de lente mastication : Jean venait de pénétrer dans une *fumade :* c'est ainsi que l'on nomme en Auvergne la portion d'un pâturage engraissé par les vaches, qui y passent la nuit en plein air ; le reste du pâturage constitue l'*aigade*.

Jean fut aperçu par le pâtre, qui le salua d'une clameur rythmée — stridente et plaintive — dans laquelle trois ou quatre notes se trouvaient si étrangement combinées que leur consonance ne pouvait être éteinte ni par le bruit des torrents, ni par les échos roulant au fond des précipices, ni par les commotions de l'atmosphère. C'est la courte et étrange mélodie montagnarde connue sous le nom de « la grande », que les pâtres se renvoient d'une hauteur à l'autre comme un salut sympathique, un appel fraternel, un encouragement, une exhortation analogue à celle des factionnaires criant sur les remparts : « Sentinelle, prenez garde à vous ! »

Pour une réponse, le jeune garçon se trouvait pris au dépourvu. Mais cet appel lui alla au cœur : il n'était plus seul!

Le chalet de la haute Auvergne vers lequel Jean se dirigeait, s'appelle un « buron » ou « masut ». Il est d'ordinaire édifié sur un point élevé. Celui-ci, adossé à une hauteur qui bornait le plateau, était un assemblage assez confus de deux ou trois cabanes formées de troncs d'arbres et couvertes de chaume; de fortes branches non dépouillées de leurs rameaux servaient à consolider l'agreste édifice, achevant par leurs enchevêtrements d'apporter de la confusion dans l'ordonnance de sa construction. En arrière, quelques sapins très noirs semblaient soutenir le buron et contribuaient peut-être à sa solidité. Sur la hauteur formant abri, de grands rideaux de sapins fermaient le site. Non loin du buron, à droite et à gauche, s'ébauchaient des enceintes à claires-voies où les troupeaux étaient parqués pendant la nuit.

Le « buronnier » s'était un peu avancé. D'une main, il se faisait un abat-jour pour mieux voir qui venait vers le buron. Jean ne se trouvait plus qu'à une trentaine de pas lorsque le montagnard se mit à crier :

— Hé, là! Mais c'est mon petit Parisien!

Au même moment, Jean reconnaissait dans le brave homme le marchand de châtaignes rôties de la rue du Faubourg-Saint-Antoine — si fort en versions latines.

— Eh bien, mon petit, dit l'Auvergnat, tu es arrivé aussi vite que Villamus dans le Cantal. Mais je n'en reviens pas! Parle donc! Et il ajouta avec un sourire plein de finesse narquoise : Est-ce que je ne t'ai pas fait bonne mesure, dans le temps, bourgeois? Est-ce que tu viens pour réclamer ton surplus? J'ai quitté les affaires, tu le sais; j'ai passé la queue de la rôtissoire à Mathurin...

Le jeune garçon très heureux de cette rencontre, mais à bout de forces, ne pouvait rien répondre et, pâlissant, il tendit à l'ami Villamus une main tremblante, dont celui-ci s'empara en s'écriant :

LE TOUR DE FRANCE D'UN PETIT PARISIEN

Le buronnier coupa un morceau de pain bis (page 90).

— Oh! mon pauvre petit! Ça ne va pas? Il y a donc du grabuge à Paris? Et puis on a faim et soif, je vois la chose.

Pierre Villamus entraîna son jeune ami dans le buron. Il y avait là du lait dans divers vases de sapin. Le buronnier en remplit une écuelle de bois et la lui offrit.

Pendant que Jean vidait l'écuelle, le buronnier coupait un morceau de pain bis.

Jean le reçut avec un sourire de remerciement et pouvant enfin parler, il dit à l'Auvergnat : — Je viens de Salers... je me suis perdu dans la forêt du Falgoux.

— Ce n'est pas étonnant! fit le buronnier. Mais Salers c'est loin du faubourg Saint-Antoine?... c'est loin de Paris?...

— C'est une longue histoire... une vilaine histoire; je vous la raconterai, Pierre... Mais je suis exténué.

— Nous avons le temps, pardi!

— Oui; cependant je suis pressé de retourner à Salers.

— Mais puisque tu en viens, malheureux! et que tu es à peine assis?... Est-ce que tu veux suivre la même route?

— J'en préférerais une autre, dit Jean en souriant.

— Je m'en doute bien! Je vois que tu es venu à contre-cœur me rendre visite.

— Pour ça, oui ; mais je ne suis pas fâché de la rencontre, mon excellent Pierre.

— Et moi donc! dit le buronnier. Mais je suis intrigué... Si je te donnais une seconde écuelle de lait et une nouvelle tranche de pain... histoire de t'ouvrir la bouche?

— De me la fermer plutôt... en la remplissant, observa Jean dont la bonne humeur revenait.

Voyant la curiosité de son ami Pierre si vivement excitée, Jean lui raconta enfin comment il se trouvait dans la haute Auvergne et ce qu'il était venu y faire.

L'Auvergnat n'interrompait le jeune garçon que pour répéter de temps en temps : « Le coquin! » Lorsque Jean dit au buronnier comment il avait été enlevé de Salers et entraîné à la nuit dans la forêt, le brave homme manifesta son indignation en donnant un grand coup de poing, sur la « gerle », grand vase de sapin où caillait le lait.

— Veux-tu te cacher ici de ces méchants hommes? dit-il à Jean. Qu'ils y viennent te chercher! Vois-tu, mon enfant, il ne faut pas te remettre en chemin tout seul... Et moi je ne peux pas quitter mes vaches. Il faut attendre une occasion...

— Si seulement je connaissais la route! exclama Jean.

— Il n'y en a pas de route ; tu te perdrais encore avant de rencontrer le premier village.

— N'importe ! j'essayerai. Pensez donc, mon brave Pierre, M. Bordelais la Rose qui me croit à Aurillac et qui ne saura pas ce que je suis devenu !... S'il est de retour à Aurillac, comme c'est probable, il doit s'en faire du mauvais sang !

— Alors tu voudrais partir... à toute force ? Ce n'est pas possible. Écoute-moi : Jean, mon boutilier, — il s'appelle Jean comme toi, — est allé à Dienne pour acheter de la craie rouge qui sert à colorer la croûte de nos fromages : je n'en avais plus une pincée. Dienne c'est près de Murat... Il sera de retour dans trois jours et c'est lui qui te ramènera. En attendant tu m'aideras, si tu veux, pour te désennuyer ; c'est très amusant... quand c'est nouveau. Le matin et le soir les vaches s'approchent d'elles-mêmes pour se faire traire ; tu verras les petits veaux comme ils tettent bien ! Nous faisons du fromage et du beurre, surtout du fromage, de gros fromages ; tu sais bien les fromages de « tomes » ? Eh bien, c'est d'ici... Tu en as mangé bien sûr ! Tu ne te doutais pas que tu en verrais les moules un jour... Je t'apprendrai à cailler le lait aussitôt la traite faite...

— Comment donc ? hasarda Jean.

— Mais avec de la présure. Bon ! je vois que ça t'amuse déjà...

— Oh ! non... il faut que je parte. Alors c'est pour faire les fromages ?

— Tout juste, mon petit. On brise le caillé, on sépare le petit-lait avec cet outil de bois que tu vois là, et on tourne doucement, toujours dans le même sens ; ensuite on pétrit la « tome », on lui laisse le temps de fermenter, on la sale, et il n'y a plus qu'à donner la forme du fromage et à mettre sous le pressoir. Le pressoir, tu le vois dans ce coin. Il faut quelques jours pour que le fromage devienne ferme... Au sortir du pressoir, le fromage est transporté dans le caveau, là-dessous.

Le buronnier désigna le parquet, et Jean comprit pourquoi une aussi pauvre habitation possédait un parquet en planches. Mais là s'arrêtait tout le luxe. Jean jeta un coup d'œil autour de lui et fut impressionné désagréablement. L'unique pièce du buron n'était autre chose qu'un atelier, avec un matériel encombrant de barattes, de seaux de bois, d'auges à pétrir la pâte du fromage. Le manteau d'une cheminée d'où descendaient des crochets pour suspendre la marmite, occupait le centre de la paroi maçonnée du buron. De chaque côté de la cheminée se groupaient dans un complet désordre les menus ustensiles, les choses utiles, les provisions, le sel et les gousses d'ail, des légumes, une lanterne, quelques grossières poteries, des bouteilles vides, plusieurs pièces de vêtements ; tout cela accroché à des clous, jeté sur une étagère ou enfoncé dans des trous carrés ménagés dans le mur. Une planche, suspendue par des cordes à la poutre principale, recevait l'excédent des objets encombrants. Pittoresque dans le paysage, le buron perdait beaucoup à être vu de près.

— Je veux m'en aller, dit Jean lorsqu'il eut fini son examen.

— Mon petit bourgeois, vous ne vous plaisez donc pas ici? Je vois ça, dit Pierre Villamus d'un ton doucement moqueur. Oui, ça se comprend! ça doit sentir l'aigre... Voyez-vous, ça provient du petit-lait que nous donnons à nos cochons — sauf votre respect, mon petit monsieur de Paris. Eh bien, je vais voir ce que je puis faire pour votre satisfaction... Tiens-toi tranquille, mon garçon, je ne vais pas très loin...

Le buronnier sortit, et Jean le suivit sur le seuil. Il le vit se diriger derrière le buron, gravir la paroi rocheuse, presque perpendiculaire, et s'enfoncer dans la sapinière qui la couronnait. Un moment après, il entendit ce chant d'appel dont il avait été salué à son arrivée. Une voix lointaine y répondit sur la même gamme. Puis des pourparlers parurent s'établir. Au bout d'un quart d'heure, maître Pierre revint, et signifia résolument au jeune garçon qu'il ne fallait pas songer à partir ce même jour pour Salers : il n'avait pu obtenir un guide dans le voisinage.

— Ainsi, ajouta le buronnier, c'est entendu : pas avant trois jours, au retour de Jean. Tu verras teter les veaux, et je te ferai ce soir une bonne soupe à l'oignon.

— Comme M. Bordelais va être chagrin! se borna à répondre Jean en baissant la tête.

Il alla s'asseoir tristement dans un coin.

Au coucher du soleil, Jean fut régalé du spectacle qui lui avait été promis. — Il vit les vaches revenir vers le buron incommodées par le poids de leur lait. Le buronnier les appelait chacune à leur tour, par leur nom, pour les traire ; il laissait un moment teter leur veau ; puis le veau attaché à l'une des jambes de devant de la mère, à qui il donnait une poignée de sel, il se mettait à la traire sans aucune difficulté — immobile et ruminante.

Ce soir-là, après la bonne soupe à l'oignon promise, un coffre de sapin garni de paille servit de couche à Jean, qui ne s'endormit qu'après avoir longuement réfléchi. Il envisageait combien il est difficile de rendre son éclat à la vérité obscurcie par le mensonge. Il prit néanmoins l'ardente résolution d'aller jusqu'au bout dans la tâche qu'il avait entreprise.

VI

Le dernier des « vicariants »

Jean s'éveilla assez tard ; déjà le buronnier était à sa besogne, un peu plus lourde en l'absence du boutilier. Les vaches traites, il avait fait cailler le lait ; mais en mettant de côté un grand bol du lait le plus crémeux pour son petit gourmand de Paris. Jean sut apprécier la saveur du lait et la bonté du procédé.

La journée s'écoula en causeries familières. Jean un peu calmé dans son impatience, curieux de son naturel, écouta avec plaisir ce que lui raconta Pierre Villamus, sur son industrie. Le buronnier lui apprit que ces hautes montagnes de l'Auvergne, grâce à leurs pâturages entretenus par d'habiles irrigations, sont classées parmi les propriétés territoriales les plus productives de la France. Durant quatre mois de l'année on y envoie séjourner les vaches. Ces prairies de la montagne, à l'herbe abondante et tendre, n'ont aucune clôture ; une simple borne sert à marquer des limites que les vaches ne dépassent pas d'ordinaire, habituées qu'elles sont à reconnaître le domaine qui leur est assigné. Il fallait voir, disait le buronnier, avec quelle joie elles montent d'un pas léger aux pâturages d'été, lorsque vers le milieu de juin on ouvre les portes des étables où elles ont passé l'hiver, maigrement nourries de fourrages secs ! C'est au mois de juin que le haut pays, demeuré jusque-là blanchi par les neiges, se couvre rapidement de verdure.

Voyant que l'attention du jeune garçon était bien éveillée, le buronnier s'étendit sur les diverses sortes de pâturages de la haute Auvergne. Il y en a sur certains plateaux dont le gazon s'accumule, formant de profondes couches sur lesquelles chaque printemps fait germer une herbe nouvelle.

Les bestiaux enfoncent dans ces herbages gras, semés de fleurs, et sur ce sol mou, imbibé de ruisselets dès la fonte des neiges, et où ne pousse aucun arbre, le sous-sol n'étant qu'un amas de détritus stériles.

Il y a aussi de ces pâturages largement ondulés, jetés en pentes douces jusqu'au sommet des grandes montagnes ; d'autres enfin remplissent le creux d'un bassin, enfermés dans un cercle de cimes nues.

Le buronnier fit visiter au petit Parisien les diverses parties de son établissement. L'étroit potager, entouré de palissades, situé à droite du buron, et où le jeune garçon fut invité à cueillir de belles framboises. Puis à gauche du buron le « védélat » qui est la hutte où l'on enferme les veaux ; le védélat était flanqué de la loge aux porcs, à qui le buronnier distribua leur nourriture quotidienne. Enfin l'heure vint de mener toute la « vacherie » se désaltérer à un réservoir de belle eau situé au bas d'une pente. Ce fut pour Jean le moment le plus attrayant de la journée. Il apprit vite le nom de toutes ces belles « laitières », et il eut bientôt ses préférées.

C'est ainsi que se passa cette seconde journée. Le soir, pour tenir compagnie à son petit Parisien et lui faire trouver la paille de son coffre moins étrange pour une couche, Pierre Villamus lui apprit comment il avait quitté la capitale ; c'était sans idée d'y retourner jamais. Non pas qu'il eût fait fortune, oh! non ; mais il savait se contenter... Il n'était pas comme tant d'autres !... Maintenant il trouvait de l'occupation dans l'une des principales industries du Cantal ; le moment viendrait sans trop tarder où il sortirait de sa bougette quelques écus luisants au soleil et ne devant rien à personne. Le brave homme parlait depuis longtemps que Jean, assoupi, ne l'entendait plus. Lorsque le discours du buronnier s'arrêta, Jean ouvrit les yeux, brusquement réveillé. Il ne s'endormit pas sans s'être dit avec confiance : Demain je partirai pour Salers et Aurillac ; demain je reverrai mon excellent Bordelais. Quelle joie pour lui et pour moi!

Le lendemain, à peine sur pied, la première parole de Jean fut une question au buronnier pour s'informer du boutilier.

— Je vois quelqu'un là-bas, sur le revers du plateau, ce doit être lui, répondit Pierre Villamus. Pourtant, ce n'est pas de ce côté qu'il devrait venir...

— Sera-t-il bien fatigué? Pourra-t-il au moins se remettre en route aujourd'hui? demanda Jean.

— Il le faudra bien... puisque tu l'exiges, mon garçon!

Jean sortit pour voir le piéton qui s'avançait. Le buronnier le lui montra tout au loin, marchant un bâton à la main. Puis tout d'un coup :

— Mais non, ce n'est pas mon boutilier ! s'écria-t-il. Aussi, ça m'étonnait... Et puis ce bâton... ce n'est pas dans son « genre ».

Ces paroles causèrent un véritable désappointement au petit Parisien.

— Pourvu que Jean vienne ! fit-il avec un accent de doute.

— Pour venir, il viendra ! dit Pierre. Ah ! fichtre, oui ! Patience, mon petit, patience ! — Mais c'est quelqu'un qui vient par ici tout de même, observa-t-il. Il en prend le chemin.

Le buronnier ne pouvait se tromper. Le piéton se dirigeait vers sa laiterie très visible d'en bas. Déjà il commençait à monter.

— Est-ce que ce ne serait pas M. Bordelais... qui te cherche? demanda-t-il à Jean.

Jean secoua la tête.

— Oh ! non ! fit-il, sans hésitation. Il ne peut pas deviner que je suis ici.

— C'est vrai.

Déjà on distinguait l'ensemble de la figure d'un jeune homme brun, grand, vigoureusement découplé, fort simplement vêtu d'un habit bourgeois d'une coupe sévère, coiffé d'un feutre mou et chaussé de guêtres. A ses épaules, passaient les courroies d'un sac de voyage qu'il portait sur son dos. Il avait le pas cadencé et nerveux d'un marcheur, habitué à faire de grands trajets à pied.

— Ça, c'est bien sûr un peintre qui vient visiter le Roc du Merle.

— Où cela, le Roc du Merle?

— Sur notre gauche, en arrière... Il en passe, comme ça, quelques-uns dans la belle saison, qui disent que quand on a vu de là-haut, au fond du paysage, les pentes brunes du puy Mary ; dans le bas, à droite, les têtes pressées des sapins qui remuent quasiment comme les vagues de la mer, et tout le côté gauche de la vallée, brûlé, raviné, en escarpements dont la roche est à nu, enfin le lit de la rivière avec ses cascades, les prairies et les vergers qui la bordent, eh bien ! on peut se faire une idée des plus belles scènes des pays de montagnes. J'ai bien compris, dans ma manière, qu'ils se moquent de ceux qui s'en vont bien loin, dans les pays étrangers, pour trouver moins beau qu'ici, en pleine France. — Mais, observa le buronnier, qui ne perdait pas de vue le piéton, il a les mains bien noires pour un artiste et la trogne bien rouge aussi.

Et il se mit à héler le nouvel arrivant, le saluant de cette mélodie bizarre, triste et sauvage à la fois, dont les montagnards de l'Auvergne animent volontiers les échos de leurs vallons.

Le piéton s'arrêta, écouta attentivement, fit un salut, le chapeau à la main ; puis tirant un livre blanc de son sac, il parut noter rapidement le chant qu'il venait d'entendre.

— Pardi ! c'est un musicien ! fit le buronnier.

Il ne se trompait pas. Le jeune homme, tout en marchant, déchiffrait et chantait l'air de la « grande », et il semblait satisfait de sa notation.

La « grande » et le coup de chapeau avaient rompu la glace. Le piéton et le buronnier allèrent l'un vers l'autre. Jean suivit ce dernier. Quand on fut un peu rapproché :

— Je vais au Roc du Merle, mon brave homme, dit le piéton. Ne puis-je m'arrêter une heure ou deux à votre buron et vous demander une écuelle de lait?

— Vous êtes le bienvenu, mon ami, répondit le buronnier ; seulement je vous prenais pour un musicien...

— Et vous ne vous trompiez pas ! C'est étrange !

— Mais alors qu'allez-vous faire au Roc du Merle... sans être trop curieux?

— D'abord... J'ai eu occasion de noter votre « grande » avec des variations que je ne connaissais pas encore; ensuite je compte me régaler du paysage; enfin, je crois que c'est par ici le plus court pour aller à Dienne.

— Bon ! bon ! fit Pierre Villamus.

— Je suis un musicien comme vous l'avez deviné, l'un des derniers « vicariants » de France, le dernier peut-être. J'ai visité la Savoie, le Jura ; je suis bien aise de voir les volcans de la France centrale. Vous ne savez pas ce que c'est « vicarier »? Jadis, c'était une noble profession et qui donnait gloire et profit. Aujourd'hui de pauvres compositeurs comme moi sont réduits à aller d'une cure à l'autre... Mais je préfère cette existence aventureuse à la honte de mettre en musique des chansons de café-concert. Si le curé est de bonne composition, s'il consent à orner ses vêpres du dimanche d'un *Salutaris* de ma façon, il me retient ; je suis toujours satisfait de ce que je reçois comme récompense — surtout si ma musique a fait plaisir à entendre. J'obtiens souvent une lettre de recommandation pour un autre curé ; et c'est ainsi que je viens de Salers où j'ai eu quelque succès, je puis le dire en toute modestie...

— De Salers? s'écria Jean en haussant sa taille pour justifier autant que possible son interruption.

LE TOUR DE FRANCE D'UN PETIT PARISIEN

Ils se séparèrent avec des souhaits échangés (page 100).

— De Salers, mon petit ami. Je l'ai quitté avant-hier, après la bataille, et l'ai suivi la vallée de l'Aspre par Fontanges et la Bastide.

— Quelle bataille, monsieur? demanda Jean qui tremblait déjà que Bordelais la Rose ne se fût exposé pour lui.

— La bataille de l'*Hôtel des Étrangers*, entre deux Allemands d'un côté, un

Gascon et un Auvergnat de l'autre... Il y a eu des coups de manche de fouet, des bouteilles cassées sur les têtes... Le sang a coulé...

— Ils m'ont tué M. Bordelais ! s'écria Jean.

— Bordelais? Oui, c'est ce nom-là. Ça vous intéresse donc, mon enfant? C'est un rude gaillard que ce Bordelais !... malgré qu'il eût affaire à une espèce d'hercule. Il en a reçu, c'est certain, mais il en a donné !

— Et on a laissé frapper mon pauvre ami par les deux « Allemands »? s'écria Jean.

— L'autre ne tapait pas... Il se contentait d'exciter... tout en riant sous cape ; les mains dans les poches, de crainte peut-être de céder à la tentation. L'ami du Bordelais a « écopé », lui aussi ; il réclamait de l'argent... il a eu des « torgnoles ». Les gendarmes sont arrivés avant l'extermination générale, et on les a emmenés tous les quatre en prison. Une heure après, lorsqu'on a voulu les acheminer vers Mauriac, qui est le chef-lieu de l'arrondissement, on a dû se contenter de Bordelais et de son adversaire.

— Et l'autre Allemand ? demanda Jean qui n'en revenait pas.

— Plus personne dans son cachot ! Il avait pris de la poudre d'escampette. Long et maigre comme il est, il a dû passer à travers les barreaux de la cage ; mais il est connu dans le pays. Il paraît même qu'il n'est pas méchant, malgré son vilain air. Ça a amélioré les affaires de l'ami du Bordelais... on n'en a plus voulu ; et il a rapporté à Aurillac son œil poché.

— Eh bien ! que vas-tu faire maintenant, mon petit? demanda le buronnier à Jean.

— J'irai à Mauriac ; j'irai retrouver Bordelais la Rose dans sa prison ; je demanderai à être enfermé avec lui.

— Ça ne se fait pas comme ça ! observa le vicariant. Nous en causerons. Mais d'abord un escabeau, un peu d'ombre et une écuelle de lait ! Je me suis mis en route de très bonne heure ce matin...

On entra dans le buron, et le maître de musique eut promptement ce qu'il désirait. Le buronnier y ajouta un énorme morceau d'excellent pain bis. Quand il vit son hôte bien en train de faire honneur à ce festin champêtre :

— Vous devez, dit-il, connaître tout le pays?

— Assez bien... On est en train de construire la huitième merveille du monde, pas loin d'ici, près de Saint-Flour.

— Et qu'est-ce donc?

— C'est le viaduc de Garabit.

— Je sais. J'en ai entendu parler.

— Ce sera le plus grand viaduc à arc métallique qui ait été exécuté jusqu'à ce jour. Il est destiné à livrer passage, au-dessus de la profonde vallée de la Truyère, à la nouvelle voie ferrée de Marvejols à Neussargues. Cinq cent cinquante mètres à franchir! Pour vous donner une idée de la hauteur vraiment prodigieuse de l'ouvrage, je vous dirai que sous l'arche centrale passerait Notre-Dame de Paris avec la colonne Vendôme sur une de ses tours. Mais vous n'en savez pas davantage, ni l'un ni l'autre, mes amis!

— Si fait! Je connais bien Paris, dit le buronnier.

— Et moi j'y suis né, dit Jean, et j'y étais encore il y a huit jours.

— Eh bien! que dites-vous de ça?

— C'est bien vrai, c'est une merveille! dit Villamus. Si cela pouvait nous faire vendre mieux nos fromages!

— Qui sait? Peut-être bien...

— Et Jean qui ne revient pas! s'écria tout à coup le petit Parisien. Et mon pauvre Bordelais la Rose blessé pour moi! mis en prison pour moi! Ah! monsieur, ajouta-t-il en s'adressant d'un ton suppliant au maître de musique, si vous vouliez seulement me mettre sur mon chemin, comme je vous serais reconnaissant!

— Ce serait une bonne action, observa le buronnier. Ce petit va me tomber malade. Voilà trois jours que ça dure, et ça ne fait que croître et embellir.

— Eh bien, j'y consens, dit le jeune homme. Mais voici à quelle condition: c'est que vous me permettrez, mon brave buronnier, de revenir vous demander un gîte pour la nuit. Il ne me restera plus assez de temps pour aller aujourd'hui au Roc du Merle. Je renverrai la partie à demain matin.

— Oh! c'est très volontiers! dit vivement Pierre Villamus, et je vous remercie de ce que vous faites pour cet enfant, qui est un brave garçon.

— Allons! en route! s'écria le jeune musicien; je le conduirai assez loin pour qu'il ne puisse plus manquer son chemin.

— Un instant! fit le buronnier. Et s'adressant à Jean: Je dois un louis, dit-il, à mon successeur Mathurin. Je vais te le remettre pour que tu le lui donnes à ton retour à Paris. Bien entendu, tu peux l'entamer en route, si tu en as besoin...

C'était là une attention fort délicate.

Ils partirent, Jean, tout joyeux, remerciant avec effusion le bon Villamus pour son hospitalité et l'intérêt qu'il lui témoignait. Le buronnier voulut absolument que le petit Parisien se coiffât d'un chapeau de paille qui traînait dans un coin : à l'entendre, du moment qu'il allait à la tête du jeune garçon, cela devait suffire.

Le maître de musique et Jean n'avaient pas fait cent pas qu'ils étaient amis et libres de toute contrainte l'un vis-à-vis de l'autre.

— Comment vous appelez-vous ? demanda Jean à son guide, avec cette hardiesse qu'on pardonne volontiers au gamin de Paris.

— Modeste Vidal.

— Je retiendrai votre nom, monsieur Modeste, comme celui d'un homme serviable.

— Hum ! fit l'autre ; celui de Vidal sera peut-être célèbre un jour à meilleur titre.

Ils suivaient la pittoresque vallée de l'Aspre. Au bout d'une heure, le musicien montra au loin à son petit camarade le château de Fontanges.

— Je le reconnais, dit Jean ; je ne peux plus me perdre maintenant...

Et ils se séparèrent avec des souhaits échangés, auxquels Jean ajouta de chauds remerciements.

C'est ainsi que le petit Parisien put arriver à Salers. Là, il monta dans une voiture qui prenait des voyageurs pour Saint-Martin-Valmeroux, localité où passait une diligence faisant le service entre Aurillac et Mauriac : les mailles du réseau des chemins de fer français sont encore très larges dans cette région-là.

Mauriac est une ville de 3,200 habitants, bâtie sur le penchant d'une colline dont le pied est baigné par une rivière.

Lorsque Jean avait pris la voiture publique à Saint-Martin-Valmeroux, il s'était contenté d'une humble place d'impériale. Son attention ne s'était nullement portée sur les voyageurs qui occupaient l'intérieur. Quelle ne fut pas sa surprise en voyant descendre à Mauriac cette dame distinguée qui avait failli être étranglée en wagon, quelques jours auparavant !

La dame le reconnut aussi, et sa surprise ne fut peut-être pas moins grande. Cette dame, après quelques recherches dans le pays, ajoutées vainement à toutes celles faites déjà par elle pour retrouver sa fille, s'en allait rejoindre son mari et son fils aux bains du Mont-Dore, où elle les avait laissés. Son intention était de se rendre de Mauriac à Largnac en voiture, et de là en chemin de fer jusqu'à La Queuille, où l'on prend la correspondance pour la célèbre station thermale.

Habituée depuis qu'on lui avait volé son enfant à faire naître toute occasion de conversation d'où pouvait jaillir un trait de lumière, un indice quelconque, elle vint vers le jeune garçon et lui rappela les circonstances de leur rencontre à la gare de Figeac. Elle lui demanda s'il n'avait rien appris depuis, touchant l'attentat auquel elle avait failli succomber. Jean en savait long, et certes rien ne le portait à ménager Jacob Risler et son associé. Cependant il ne voulut rien dire qui pût les trahir. La dame regrettait surtout son sac de voyage : et Jean qui connaissait le lieu où se trouvait ce sac ! Il comptait bien un jour forcer Jacob à le restituer ; et c'était un motif de plus, selon lui, pour garder le silence au sujet de son parent, si peu digne d'indulgence qu'il fût.

Pour détourner la conversation, il parla de son ami, de son bienfaiteur, Bordelais la Rose, blessé et mis en prison, bien que très honnête homme et tout à fait innocent. Il était venu à Mauriac, disait-il, exprès pour le voir dans sa prison...

La dame blonde, à qui le petit Parisien plaisait beaucoup, ne demandant pas mieux que de lui rendre service, s'offrit d'obtenir toutes les permissions nécessaires pour pénétrer dans la prison ; elle avait pour cela des facilités par des amis de sa famille ; et Jean, très heureux de l'assistance que lui offrait la belle dame, s'attacha à ses pas.

Une heure après, la démarche avait abouti, et Jean demandait à être admis auprès de Bordelais la Rose qui gisait sur un lit à l'infirmerie de la prison.

La dame, que Jean avait entendu appeler madame la baronne, — c'était la baronne du Vergier, — voulut l'accompagner, désireuse d'offrir au protecteur du jeune garçon de veiller sur celui-ci tout le temps qu'il n'aurait recouvré ni sa santé, ni sa liberté. Jean se montrait fort sensible aux bonnes intentions de la baronne.

Ce fut avec empressement qu'on ouvrit à la visiteuse et à Jean la porte de l'infirmerie ; il se trouvait deux malades, — deux blessés, — dans l'unique salle.

Bordelais la Rose, de son lit, aperçut Jean et poussa un cri de joie.

Un autre cri, — mais un cri d'effroi, — couvrit les paroles amicales du charpentier : la baronne venait de reconnaître, dans l'autre lit, sous le bandeau qui lui cachait le front, — l'homme qui avait tenté de l'étrangler.

VII

La promesse de Jacob Risler

Dans l'infirmerie de la prison de Mauriac les lits étaient dressés en une seule ligne, d'un côté de la salle, dont chaque bout était percé d'une fenêtre munie de gros barreaux de fer. La porte d'entrée s'ouvrait au milieu de la paroi inoccupée.

Le lit où gisait Jacob se trouvait à droite en entrant, le lit du charpentier sur la gauche. Les deux lits étaient séparés par plusieurs lits vides, ce qui n'empêchait pas, de temps en temps, les blessés de se regarder comme deux chiens de faïence.

La baronne du Vergier, apercevant tout d'abord le Lorrain, n'avait pu retenir un cri de surprise et d'épouvante; mais elle continua de se diriger vers le lit du protecteur du jeune garçon. Jacob Risler avait, lui aussi, reconnu la dame blonde, et, faute de pouvoir s'esquiver, il s'était retourné brusquement.

A peine Jean eut-il pris le temps d'embrasser Bordelais la Rose, qu'il lui dit :

— Voilà une dame charitable... qui m'a aidé à arriver jusqu'à vous. Nous lui devons des remerciements. — Madame, ajouta-t-il en s'adressant à la baronne et en lui avançant un siège, c'est mon ami, M. Bordelais la Rose. Il a un cœur trop bon pour ne pas savoir apprécier ce qu'on fait pour lui, et surtout pour moi.

Le charpentier fit de la main un signe d'acquiescement à ces paroles, où il ne vit que l'expression de la gratitude du jeune garçon. La baronne s'assit, jugeant tout de suite qu'elle avait affaire à un brave homme.

— Pensez-vous, lui dit-elle en baissant la voix, en avoir pour longtemps à garder le lit?

— Le médecin parle de dix à douze jours, mettons-en quinze. Ce qui m'inquiète, c'est cet enfant...

— Ne vous en tourmentez pas davantage : j'ai à vous faire à son sujet une proposition acceptable... J'y ai pensé dès ma rencontre avec lui en arrivant à Mauriac.

— Il est donc venu tout seul? s'écria Bordelais la Rose, ravi tout à la fois de la hardiesse de son protégé et fâché qu'il se fût risqué à lui donner cette marque d'amitié.

— Oui, dit Jean un peu intimidé, je suis venu par Saint-Martin-Valmeroux...

— Mais ce n'est pas le chemin !

— Je venais du Falgoux... et de Salers...

— De Salers ! à pied? Alors tu ne sais rien de « mon canard » ?

— J'avais commis la faute d'aller vous rejoindre... Mais vous voyez que je ne m'en porte pas plus mal. Je vous raconterai comment mon bon parent Jacob a tenté de se débarrasser de moi...

— Chut ! chut ! Il est là! fit Bordelais la Rose, en désignant le lit occupé.

Le petit Parisien eut un soubresaut. Il regarda la baronne et comprit alors sa contrainte et l'expression de ce cri qu'elle avait poussé en entrant.

— C'est le parent du jeune garçon? demanda la dame.

— Malheureusement !... répondit Bordelais la Rose, un cousin, très éloigné, c'est vrai ; mais, sac et giberne ! il n'est pas avouable, non ! Il m'a mis dans l'état où vous me voyez, madame, avec une côte enfoncée. Quant à mon poignet foulé, c'est « à lui en servir » que c'est venu. Et puis, je lui ai cassé une bouteille sur la tête. Et ce n'est pas fini, ajouta-t-il en élevant la voix, ce n'est que partie remise...

Jacob entendit ces paroles, mais se garda de les relever.

— N'allez pas croire, au moins, madame, reprit le charpentier, que je sois un homme méchant, querelleur : je ne suis venu dans ce pays qu'afin d'obtenir pour ce petit une réparation qu'il lui faut avoir sous peine d'être déshonoré lui-même. C'est le fils d'un bon soldat lorrain, décoré, tué pendant la guerre, dans les Vosges. Je l'ai connu, son père; nous étions ensemble au pont de Fontenoy, et, sac et giberne ! il ne sera pas dit que nous serons molestés par une manière de Prussien !

Et l'ex-zouave montra le lit de Jacob, où un grognement se fit entendre.

— C'est donc un Prussien? demanda la baronne d'une voix très basse.

— C'est un Alsacien-Lorrain... qui a opté.

— Mais ce n'est pas un crime, cela, monsieur Bordelais! Beaucoup l'ont fait par dévouement...

— Je le sais, je le sais... Enfin s'il n'est pas Prussien, il est bien digne de l'être. Sa femme qui est Allemande a déteint sur lui... Mais, madame, je ne vous ai pas encore remerciée... C'est pourtant bien de la bonté à vous de vous intéresser à un vieux bonhomme sous les verrous et à un pauvre petit vagabond...

La baronne sourit avec bienveillance; mais elle était distraite, préoccupée par cette pensée que l'homme dont elle avait tant à se plaindre était de la famille du jeune garçon à qui elle désirait rendre service.

— Madame, dit Bordelais la Rose, dites-moi, je vous en prie, cette proposition... au sujet de l'enfant... dont vous me parliez tantôt...

Madame du Vergier n'avait pas encore pris son parti. Elle tira de sa poche un petit carnet, l'ouvrit et écrivit quelques mots au crayon; puis elle déchira le feuillet, le plia en deux et pria Jean, par un signe que celui-ci comprit très bien, de porter le billet à l'autre blessé.

Jean fit quelques pas lentement: Jacob Risler lui faisait peur, après ce qui s'était passé dans la forêt du Falgoux. Il se dit cependant qu'il n'y avait pas à hésiter, car la baronne semblait avoir reconnu son meurtrier...

Pendant qu'il s'avançait vers le lit de Jacob, Bordelais la Rose se pencha mystérieusement vers la dame qui avait la bonté de lui prêter assistance, et que subitement, il venait de reconnaître pour l'avoir vue à la gare de Figeac, à la suite de dramatiques circonstances... Il lui dit:

— A cause de cela, madame... de sa nationalité nouvelle... l'affaire en restera là; on me l'a donné à entendre. Il m'a frappé; je ne l'ai pas ménagé, puisqu'il en porte les marques: aussitôt guéris, on nous enverra nous expliquer ailleurs.

— Tant mieux! dit la baronne.

Jean revint.

— Est-ce oui? Est-ce non? lui demanda-t-elle avec vivacité.

— C'est oui. *Il* a ajouté qu'il n'y manquerait pas.

Pour l'intelligence de ce court dialogue, il faut savoir ce que portait écrit ce billet:

« Le hasard me fait découvrir l'homme qui m'a volée, après avoir tenté de me tuer. A-t-il conservé le sac de voyage, et veut-il le rendre dès qu'il sera en état de le faire? — Réponse, par *oui*, ou *non*. »

Jean grimpa sur la banquette (page 106).

— C'est bien! dit la baronne. Et reprenant son carnet, elle donna cette fois son nom et son adresse aux bains du Mont-Dore.

Jean fut encore chargé d'aller porter ce second papier.

Bordelais la Rose devinait que les propositions de la dame relativement à Jean étaient subordonnées aux réponses, au consentement peut-être de Jacob Risler; et il s'en formalisait presque, tant il était loin de soupçonner le motif de cette correspondance entre sa belle et charitable visiteuse et l'odieux Jacob!...

Quant à la baronne elle était fixée. Elle se contentait de la promesse qu'elle venait de recevoir.

— Eh bien, dit-elle au charpentier, sur le franc visage de qui elle lisait une véritable anxiété, voici ce que j'ai à vous offrir. Je me rendais au Mont-Dore, où les miens m'attendent, lorsque j'ai été amenée à venir ici... Voulez-vous me confier le jeune garçon? Je vous le rendrai quand vous serez libre... guéri...

— C'est un acte de grande bonté, madame, balbutia le charpentier. Je ne sais vraiment si je puis accepter... *L'autre* n'y est pour rien au moins?

— *L'autre* n'y est pour rien, dit la baronne en souriant, et il faut accepter. Cet enfant a déjà couru des dangers sur les grands chemins... à ce que j'ai compris tantôt. Je vous le garderai jusqu'à ce que vous veniez me le réclamer. Quelque chose me dit que j'ai raison de vous le demander... et que j'en serai récompensée... Faites-le donc pour moi.

— Ah! madame, s'écria Bordelais la Rose vivement ému, vous avez, je le vois, la superstition de la charité : c'est une belle superstition, celle-là! Oui, je sais, vous avez perdu votre enfant... on vous l'a dérobée... Que Dieu vous assiste! Et agissez selon votre volonté...

Le lendemain matin à neuf heures, la baronne du Vergier et Jean prenaient la voiture de Largnac. La baronne monta dans le coupé; mais Jean demanda comme une faveur la permission de grimper sur la banquette, « pour mieux voir le pays ».

Quand il fut commodément installé, il eut un éclair de folle joie : ce n'était qu'un enfant après tout! Oubliant un moment quels motifs impérieux et pénibles l'avaient amené de Paris en Auvergne, il poussa ce cri :

— Veine! Il me semble que je fais le tour de France!

Le petit Parisien ne pensait pas si bien dire.

La voiture, roulant vers le nord, suivait une route tracée à travers la partie occidentale du massif central de notre pays, avec les montagnes d'Auvergne à sa droite, et un peu plus haut, à sa gauche, les monts du Limousin. Cette route est très pittoresque.

C'est d'abord le Vigean avec son vieux château de Chambres flanqué de tours, puis Jaleyrac, dominé par son église, construction romano-byzantine du douzième siècle. La route descend par de nombreux lacets, laisse à gauche Sourniac et ses châteaux; elle franchit la Sumène, rivière qui va se jeter, à la limite du département, dans la Dordogne; se présentent ensuite Sauvat, à l'est, et, vis-à-vis, entre la route et la Dordogne, Veyrières et ses forêts étendues.

En passant devant Ydes, dont l'église, conservée comme monument historique, a fait partie d'un édifice du douzième siècle ayant appartenu aux Templiers, un voyageur — tabellion dans une localité voisine — indiqua, à deux kilomètres sur la droite, Saignes et derrière, à trois kilomètres plus loin, Chastel-Marlhac, l'ancien *castrum Meroliacum*, juché sur un plateau de mille mètres de longueur, avec une largeur presque égale. Taillé à pic sur presque tout son pourtour, ce plateau présente des escarpements de vingt à trente-cinq mètres de hauteur. Il y a là, au milieu de nombreux débris antiques, les ruines d'un château, une fontaine miraculeuse, en grande dévotion parmi les paysans, enfin de curieuses roches volcaniques; l'une d'elles, où s'entasse la neige dans une fissure, forme une glacière qui ne fond qu'aux chaleurs de l'été.

Poursuivant leur chemin, les voyageurs laissèrent à leur gauche Madic, avec son château moderne et les magnifiques ruines d'un château fort; Madic offre une vue admirable sur les environs, où se trouve un lac de douze hectares.

La route écornait la petite pointe du département de la Corrèze qui s'insinue entre les départements du Cantal et du Puy-de-Dôme. Là est Bort, patrie de Marmontel, chef-lieu de canton de plus de deux mille habitants, sur la rive droite de la Dordogne, au pied d'une montagne couronnée d'énormes prismes basaltiques, qui ont reçu le nom d' « Orgues de Bort »; cette rangée de colonnes régulières, serrées l'une contre l'autre, rappelle à l'idée les tuyaux symétriques d'un orgue gigantesque.

De Bort, la vue s'étendait à gauche sur la vallée de la Dordogne, de l'autre côté sur les monts du Cantal. C'est à trente minutes de cette petite ville que les touristes vont admirer le « Saut de la Saule », l'une des plus belles cascades de France, pour le volume des eaux et le pittoresque du site.

La voiture franchit un affluent de la Dordogne, après lequel la route s'élevait par une côte fort raide; puis elle s'engagea sur un riant plateau, laissant à gauche le château de Vals, construction du quatorzième siècle admirablement conservée, et à droite les quatre lacs de la Nobre. On entra dans le département du Puy-de-Dôme. La route s'élevait et s'abaissait pour traverser divers cours d'eau. Sur une hauteur se trouvent les vestiges d'un camp de César. Peu après, une colline volcanique d'un aspect bouleversé, semée de blocs erratiques, porte le nom de « Cimetière des Enragés ». Il faudrait, en effet, si ces blocs projetés au hasard représentaient des tombes, qu'elles fussent l'œuvre désordonnée de gens hors de leur bon sens.

Tauves se voyait sur une autre colline. Après ce chef-lieu de canton, la route descendait jusqu'à la Dordogne, la franchissait pour arriver quelques kilomètres plus loin à Saint-Sauve, ville d'où l'on peut en une heure se rendre aux bains de la Bourboule. Pour atteindre la Queuille il n'y eut plus que trois bonnes lieues. Du plateau élevé qui précède ce village, on apercevait les montagnes du Puy-de-Dôme et celles de la Corrèze. Le trajet avait duré en tout deux heures et demie.

La baronne du Vergier emmena son petit ami à l'auberge voisine du bureau des voitures de correspondance du chemin de fer pour les diverses localités environnantes. On ne devait remonter en voiture qu'à deux heures. En se mettant à table à midi on avait donc plus de temps qu'il n'en fallait pour déjeuner.

Jean, avec la distinction de ses sentiments, ne pouvait pas avoir des manières d'enfant mal élevé. Rempli de prévenances, il demeurait vis-à-vis de sa protectrice dans une attitude respectueuse qui n'excluait pas une certaine indépendance de pensée et de parole. La baronne profita du tête-à-tête pour faire raconter de nouveau au petit Parisien ses griefs et ses moyens de revendication; elle le félicita vivement d'attacher tant de prix à l'honneur du nom, et sûre d'avance que son mari serait touché de la situation de ce jeune garçon, particulièrement intéressante, elle ne craignit point de promettre l'appui et l'expérience du baron du Vergier. — Dans quelques heures on serait auprès de lui.

La voiture partit enfin pour Mont-Dore-les-Bains, bondée de voyageurs, arrivés pour la plupart par le chemin de fer jusqu'à la Queuille. Jean trouva néanmoins le moyen de s'emparer d'une place sur la banquette. Il fut largement récompensé de sa peine par les belles perspectives qui se présentèrent aux regards dès qu'on eut gravi les plateaux élevés qui séparent le bassin de la Dordogne de celui de la Sioule. — Après avoir voyagé toute la matinée en montant vers le nord, la baronne et son jeune compagnon de route rétrogradaient vers le sud-est.

On passa par Murat-le-Quaire, où se trouve un château ruiné. A partir de là, le chemin taillé dans des roches volcaniques descendait vers la Dordogne. Il offrait des échappées sur le roc de Cuzeau, le puy de Cacadogne, le puy de Sancy — dont le sommet est le plus élevé de la France centrale — et quelques autres hauteurs, notamment celle du Capucin. Dans les gorges de la montagne, sur la gauche, se trouve le lac de Guéry, dont le trop-plein s'épanche en un ruisseau qui vient barrer la route; on franchit ce ruisseau, et quelques minutes après on arrivait à la station thermale du Mont-Dore.

VIII

Mont-Dore-les-Bains

Le village de Mont-Dore est situé au milieu d'une superbe vallée d'une lieue de longueur. Cette vallée qui se creuse comme un grand cirque dans la chaîne des monts Dores, à plus de mille mètres au-dessus de la mer, est entourée de hauteurs dessinant un fer à cheval, à peu près dépourvues de végétation, si ce n'est sur leurs pentes inférieures où se pressent des sapins en nappes sombres. Au centre de la courbe s'élève, majestueux, le puy de Sancy, qui n'a pas moins de 1,886 mètres d'altitude.

La vallée, est sillonnée de cours d'eau, torrents qui descendent des crêtes du pourtour à travers les ravines, faisant entendre, l'hiver surtout, leurs voix puissantes. Il y a un endroit, où la Dore se joint avec la Dogne pour former la Dordogne. Les fonds sont couverts de pâturages et parsemés de terrains cultivés. Du plateau de l'Angle, flotte comme une écharpe fixée à l'arête saillante d'une voûte de rochers, ce qu'on appelle la Grande Cascade.

Adossé à ce même plateau, le village devenu station thermale se compose d'environ trois cent cinquante maisons avec une population de 1,400 à 1,500 habitants. Beaucoup de ces maisons sont converties en maisons meublées. Celles-ci bordent la rue principale et la place Michel-Bertrand.

L'Hôtel des Bains, ouvert depuis 1823 seulement, s'élève sur l'emplacement d'un ancien therme romain. C'est une solide construction, composée d'un rez-de-chaussée et d'un étage, percés chacun sur la façade principale de sept ouvertures en arcades. Édifiée avec un trachyte grisâtre, dont la carrière est tout proche, sa toiture, en prévision des éboulements de la montagne de l'Angle, est faite en pierres de même provenance.

A l'extrémité de la rue, faisant face à cet établissement, s'ouvre une promenade circulaire, ornée d'une fontaine monumentale en fonte de fer. Là est le nouveau Casino ; là aussi ont été réunis en plein air, en un trophée, les nombreux débris antiques provenant des thermes de l'époque gallo-romaine et du Panthéon, édifices ruinés au cinquième siècle, lors de l'invasion des Vandales, ou au septième dans les guerres d'extermination faites par Pépin, au duc d'Aquitaine, Waïfre. Parmi ces restes, se trouve un buste de Néron. De cette esplanade, on embrasse d'un seul coup d'œil toute la vallée et les pics qui l'entourent.

Le puy de Sancy, nous l'avons dit, domine tous ces pics. On gravit ses cimes hérissées de pointes volcaniques, déchirées, d'un horrible aspect, par des sentiers rocheux pendus au-dessus des abîmes.

De leur sommet entouré de précipices, le regard embrasse un immense et grandiose panorama, au-dessus de toute description. En arrière se développe la vallée du Mont-Dore hérissée de puys : à droite les sommets du Cacadogne, du roc de Cuzeau, des puys de Mareilhe et de l'Angle ; à gauche, le puy de Clierge et le Capucin ; au nord, le puy Gros, la Banne-d'Ordenche et, presque sur le même plan, le lac de Guéry dominé par la roche Sanadoire ; enfin à perte de vue dans la même direction, les monts Dômes...

A l'ouest, l'œil plonge sur les forêts et les pâturages de la vallée de la Burande et sur la colline basaltique de la Tour-d'Auvergne, et, au nord-est, il dépasse la vallée de Chaudefour, le lac Chambon, pour atteindre jusqu'à la séduisante et fertile Limagne. Du côté du sud, et uni par une haute terrasse à la cime centrale du Sancy, se dresse le puy Ferrand (1,846 mètres). Au-delà du chemin qui conduit à Vassivières et à Besse, se déroulent de vastes pâturages mamelonnés, au milieu desquels se dressent d'anciens volcans et où s'étendent plusieurs lacs, notamment le lac circulaire de Chauvet... A l'horizon enfin, s'élèvent les cimes dentelées du Cantal, et dans la direction de Besse, quelques sommets des Alpes vaguement entrevus.

Nous avons nommé le roc du Capucin. Ce haut plateau escaladé par des sapinières offre une des curiosités de ce site. A quelques centaines de mètres en aval du village des Bains, à la bifurcation de la route et d'un chemin qui s'élève derrière Queureilh, se trouve le point précis d'où le rayon visuel prolongé vers le sommet de ce pic se heurte aux contours d'une roche isolée, détachée de la masse principale, et distingue nettement un moine agenouillé, la tête couverte du capuchon, les bras croisés sur la poitrine et les mains dans les manches de son froc...

Voilà dans ses traits généraux la vallée du Mont-Dore, le village des Bains et la région dont la vallée occupe le centre.

Le baron du Vergier habitait avec sa femme et son fils à l'Hôtel de la Poste. Prévenu par lettre, il était venu, accompagné de son fils, attendre la baronne à la descente de voiture.

Après les premières communications sur l'objet du voyage entrepris par sa femme — c'était, comme on le sait, la poursuite de recherches relatives à l'enfant disparue — le baron s'aperçut avec stupéfaction que sa femme ne rapportait pas son sac de voyage.

— C'était donc vrai, s'écria-t-il, ce que les journaux ont publié? ce crime en wagon? La baronne D. V., c'était donc vous, chère amie?

— C'était moi, dit madame du Vergier. Je l'ai nié, dans mes lettres, pour ne pas vous alarmer. Mais l'histoire est longue; je vous la raconterai quand vous aurez fait un meilleur accueil au jeune garçon que je vous présente.

— Quel garçon? demanda son mari, — qui vit, alors seulement, le petit Parisien, se dérobant timidement derrière la baronne. — Ce petit?

— Je me suis chargée de le garder une quinzaine de jours; c'est un acte d'obligeance qui vous coûtera peu à remplir — comme à moi, — lorsque vous connaîtrez l'histoire de cet enfant.

— Vous avez toujours la main heureuse, madame, lorsque vous exercez la bienfaisance. Il suffit que vous ayez jugé ce jeune garçon digne de votre intérêt; je n'ai plus qu'à vous seconder.

Le baron était un homme de quarante et quelques années, prématurément vieilli par le deuil qui avait frappé sa famille... De taille moyenne, de forte complexion, sa personne présentait des dehors avantageux. Toujours correctement rasé, il gardait sa moustache blonde; ses cheveux, rares, dégarnissaient le haut du front, ajoutant de la gravité à une physionomie intelligente, animée par des yeux gris de beaucoup de finesse d'expression. Il se piquait d'une excessive politesse vis-à-vis de sa femme et, ce qui ne gâte rien chez un homme qui possède trente mille bonne livres de rente, il avait des goûts distingués et un esprit cultivé. Il jouissait de quelque autorité comme archéologue, et l'Académie de Caen s'honorait de le compter au nombre de ses membres les plus actifs.

Son fils Maurice, aimable garçon de quinze à seize ans, avait la finesse de traits et la santé un peu délicate de sa mère. Ainsi la mère et le fils venaient

LE TOUR DE FRANCE D'UN PETIT PARISIEN

Ils s'engagèrent dans un sentier peu frayé (page 119).

chaque année soigner au Mont-Dore une laryngite chronique, qui s'amendait infailliblement après quelques jours de traitement. A la rigueur, la baronne eût pu déjà se considérer comme guérie, ainsi que son fils; mais elle venait en Auvergne obstinément, avec l'espoir de retrouver son enfant, ou peut-être avec la secrète pensée de vivre un moment plus près d'elle; — car c'est à

Clermont-Ferrand que la petite du Vergier lui avait été enlevée, lors d'un premier voyage fait aux sources du Mont-Dore.

Quant au baron, échappant au régime des eaux, il consacrait tout son temps en tournées savantes dans le département où il trouvait dans les dolmens, les tumuli, les colonnes miliaires, les vieilles églises romanes, les ruines des châteaux féodaux, d'inépuisables sujets d'étude.

On prit le chemin de l'Hôtel de la Poste.

Sans en demander plus long, le baron fit quelques amitiés à Jean. Il le questionna sur son nom, sur ses années d'école, sur l'état qu'il comptait apprendre. Quand il sut que Jean était Parisien par la famille de sa mère et Alsacien-Lorrain par son père, le baron s'intéressa tout de suite à lui. Il lui trouva l'air honnête et intelligent, et aussi une certaine fermeté de jugement, appréciable dans les moindres réponses du jeune garçon. Sans hésitation, le baron du Vergier le confia à son fils, comme à un camarade devant avoir sur lui l'ascendant de ses trois ou quatre années et d'une éducation achevée.

La baronne raconta à son mari comment elle avait découvert l'auteur de l'attentat dont elle avait failli être victime. C'était, dit-elle, par un bien singulier hasard, et grâce à l'intervention inconsciente de Jean.

— Et vous ne l'avez pas fait arrêter! s'écria M. du Vergier, devenant rouge et se tordant les moustaches à les arracher. C'est inconcevable !

— Je ne l'ai pas fait arrêter, non, repartit la baronne, et cependant je rentrerai en possession de mon sac de voyage... J'en suis certaine.

— La chose me semble moins assurée, observa le baron. Mais pourquoi vous blâmerais-je, lorsque je dois être tout au bonheur de vous revoir saine et sauve !

Madame du Vergier garda le silence sur la parenté de Jacob Risler avec Jean. Pour éviter de la laisser soupçonner à son mari, elle ne dit aucun nom et se borna à qualifier d'Allemand le détenteur du sac de voyage.

— Ah! si c'est un Allemand, lui dit le baron, vous avez bien fait de simplifier la procédure... Il suffit, en effet, que votre sac vous soit rendu. Vous y tenez beaucoup...

— Vous savez quels souvenirs, précieux pour nous, il renferme.

L'entretien s'attrista.

Pendant ce temps, Jean, dont l'installation à l'hôtel n'avait pas causé un grand dérangement, entraînait son nouvel ami dans les rues du village, poussé par sa curiosité naturelle et ses habitudes de flânerie parisienne.

Du haut de l'esplanade il se rendit compte de la forme de la vallée, entourée de plateaux élevés et de pics.

— Êtes-vous déjà allé là-haut ? demanda-t-il à Maurice, en lui désignant le plus élevé des pics, — le puy de Sancy.

— Non, pas encore, répondit le jeune homme ; et ce n'est pas l'envie qui m'en a manqué. Mon père se dirige de préférence du côté où il y a quelque curiosité archéologique à examiner...

— Eh bien ! nous grimperons ensemble jusqu'au sommet, dit Jean avec chaleur.

Maurice sourit, — il avait le sourire de sa mère, — et ne fit aucune objection à ce projet d'ascension.

Le baron, à qui sa femme raconta l'histoire de Jean, voulut encore la connaître de la bouche même du jeune garçon. Il cherchait sincèrement à lui venir en aide, et notait soigneusement dans sa mémoire toutes les particularités concernant la mort de son père, l'obligation où il s'était trouvé, enfant, de quitter la Lorraine pour ne pas devenir Allemand, les violences du mauvais parent abusant de la situation que lui faisaient les événements pour s'approprier les récompenses du soldat tombé devant l'ennemi, et jeter sur lui l'odieux d'une accusation de trahison.

— Ce Jacob Risler, le sabotier du Niderhoff, a réussi de la sorte, observa le baron, à cacher l'abominable conduite de son frère Louis, qui a été fusillé... Voilà ce qu'il faudrait avant tout établir, mon enfant, par des preuves hors de toute discussion.

— Vous le croyez, monsieur le baron ?

— Mais c'est évident ! Puisqu'on a trouvé sur ce malheureux des papiers accusateurs, à ce que dit cet ancien zouave qui vous veut du bien et qui a été mêlé à ces incidents de la guerre dans les Vosges, il convient de rechercher ces papiers, — afin d'établir incontestablement l'identité du Risler fusillé à Fontenoy par les francs-tireurs du commandant Bernard.

— M. Bordelais la Rose, dit Jean, a écrit au commandant...

— Eh bien ?

— Et celui-ci n'a pu fournir aucun éclaircissement sur cette affaire. Aussitôt après la guerre, tous les hommes de ses compagnies franches se sont dispersés.

— Alors, il faut commencer une enquête d'autre sorte. Sait-on qui a ordonné l'exécution ?

— Un sergent.

— Bon ! les choses se précisent. Nous disons un sergent.

— Un sergent « bleu » : c'était le nom d'une compagnie.

— De mieux en mieux. Eh bien ! mon enfant, il faut sans perdre une heure écrire à M. la Rose...

— M. Bordelais, rectifia Jean.

— A M. Bordelais, pour savoir s'il peut donner quelque indication sur les sous-officiers de cette compagnie. S'il n'en possède point, nous chercherons le capitaine « bleu ». Celui-là ne sera pas introuvable, et par lui nous arriverons enfin à notre homme.

Jean remercia vivement le baron. Très heureux du concours qui lui était offert, il écrivit sans différer au brave charpentier détenu à Mauriac...

Le jeune garçon se demandait pourquoi il n'avait pas songé à procéder de cette façon, — tout indiquée ? Il en trouva la raison dans sa préoccupation constante des actes coupables de son parent Risler, son attention se portant tout entière vers les faits et gestes compromettants du haïssable personnage.

Le lendemain matin, Jean fut très surpris et plus qu'enchanté, lorsque Maurice lui apprit que, pour fêter sa bienvenue, on leur accordait la permission d'aller tous deux au puy de Sancy. On emporterait de quoi déjeuner... Quelle fête !

Ils se mirent promptement en route. Le ciel était sans nuage. Les rayons du soleil, échauffant les pentes rocheuses, condensaient dans la vallée de légères vapeurs, qui flottaient comme des gazes nuancées de couleurs tendres. Devant le village même, à plus de trois cents mètres, s'élevait le sommet arrondi du Capucin. Les deux jeunes garçons s'amusaient fort de la gigantesque figure du moine en prière, agenouillé à l'entrée de sa grotte...

Dans la vallée, les hêtres se mêlaient aux frênes; mais à mesure que l'on montait, ces arbres faisaient place aux sapins. Un sentier se repliait en divers sens sous leurs voûtes sombres, au milieu d'une herbe épaisse, émaillée de fleurs de toutes les saisons, et labourée, çà et là, par des éboulements de lave descendant du Capucin comme des torrents de pierre. Quelques-uns de ces blocs en supportaient un autre placé en travers, comme une table de festin se dressant au milieu d'un fouillis de grandes fougères, de framboisiers géants, et de sureaux à baies rouges...

Plus haut, les sapins se rangeaient en allées régulières, étendant sur l'herbe l'ombre épaisse de leurs parasols. Cependant quelques rayons de soleil y pénétrant, dessinaient sur le fond vert du tapis velouté de capricieuses guipures noires.

De toutes parts se dégageaient des émanations embaumées, qui remplissaient les poumons et montaient au cerveau...

Particularité curieuse ! Tous ces sapins, — dont quelques-uns gisaient sur le sol, morts de vieillesse ou abattus par les grands vents, — tenaient, suspendues et flottant à leurs rameaux, de longues barbes blanches formées par les racines adventices des nombreux lichens adhérents à l'écorce de ces arbres.

Jean et Maurice approchaient du moine. Ils le cherchent. Mais, ô déception ! à sa place ils ne trouvent qu'une colonne de basalte sans forme distincte. Le capucin s'est changé en un bloc de pierre comme pour punir la curiosité des deux jeunes touristes.

Du reste, de là la vue s'étendait sur le magnifique cadre de la vallée. Que serait-ce lorsqu'on atteindrait le puy de Sancy, qui levait au midi sa tête pointue comme une flèche !

Ils disposèrent sur l'herbe les apprêts de leur déjeuner, s'apprêtant à y faire honneur avec l'appétit d'une promenade matinale.

Ils décidèrent, alors, de faire le tour de la vallée par le haut des montagnes et d'arriver au plus élevé des puys du groupe en suivant les crêtes.

Cette route, sans être impraticable, présente de grands dangers. Mais le petit Parisien avait besoin de fortes émotions : il eut l'art de persuader son camarade, — qui ne demandait pas mieux que de se laisser gagner.

Le grand air des montagnes avait certainement grisé ces deux émancipés

IX

Au puy de Sancy

Voilà donc nos deux hardis compagnons se rendant au puy de Sancy, et par le chemin le moins sûr.

En quittant le Capucin, ils laissèrent derrière eux les arbres, abordant une région où les sapins mêmes ne croissent plus. C'est à peine si on voyait, éparpillés, quelques genévriers rabougris ; en revanche, la pelouse se montrait superbe. Son herbe épaisse et haute semblait sans cesse rafraîchie par d'abondantes eaux. Cette pelouse était piquée de pensées d'un beau violet et d'œillets rouges ; de vigoureuses ombellifères y prodiguaient leurs bouquets de fleurs ; par places, la grande gentiane, poussant drue et serrée, balançait au vent sa tige desséchée ; dans les endroits moins humides, des myrtilles aux baies noires se multipliaient en touffes impénétrables.

Sur leur chemin se trouvait l'une des curiosités locales, le vallon de la Cour. C'est une enceinte qui mesure douze cents mètres de longueur sur six cents de large. Deux rochers énormes en gardent l'entrée. En se penchant, Jean et le fils du baron virent les blocs de lave qui représentent les juges — inamovibles ceux-là — de ce tribunal en plein air.

Il y avait là plusieurs jeunes filles pâles et souffrantes, conduites par leurs mères en ce lieu bien abrité pour y respirer les émanations balsamiques.

Le soleil qui faisait la journée si belle, calcinait les parois rocheuses situées au midi de la vallée du Mont-Dore. La fatigue commençait pour nos deux ascensionnistes, et aussi les dangers.

La crête des montagnes leur parut si aiguë, qu'ils commencèrent à renoncer à l'idée d'aborder par là les hauteurs du puy. Ils s'engagèrent dans un sentier peu frayé, qui les conduisit à mi-côte du pic de l'Aiguiller, à peu près à quatre cents mètres et de son sommet et de sa base, vers une masse rocheuse sur laquelle repose le pic de Sancy.

Mais tout à coup, le terrain manqua devant eux. Un précipice à parois verticales s'ouvrait, laissant apercevoir, bien bas, des blocs de basalte et de lave plantés dans tous les sens et s'enchevêtrant dans un désordre extrême : cela s'appelle le Jardin-du-Diable... Au delà, en face, se dressait une muraille droite et nue, montrant aux regards surpris, dans le roc fendillé, un immense soleil d'artifice, dont tous les rayons, un peu courbés, partaient du centre, avec une longueur de huit à dix mètres. C'est le produit d'un refroidissement de la lave...

Au-dessous d'eux, plusieurs petits pâtres gardaient quelques vaches, moins grosses, vues de si haut, que des moutons. N'osant se hasarder à descendre la pente rapide qui devait permettre de tourner le pied du massif du Sancy, les deux camarades hélèrent à qui mieux mieux les jeunes pâtres. Ceux-ci répondirent à leur appel. Ces voix d'enfants, attristées par les échos, avaient quelque chose des cris de détresse de naufragés perdus sur un rocher au milieu de l'Océan.

Trois petits paysans vinrent rejoindre assez lestement les ascensionnistes, et offrirent de leur servir de guides. Il fallait non pas descendre, mais gravir presque en ligne droite une hauteur de près de quatre cents mètres, sous un soleil ardent frappant perpendiculairement le versant de la montagne. Parfois le pied glissait; alors pour ne pas rouler à sept ou huit cents mètres, il ne restait que la ressource de s'accrocher aux hautes herbes.

Enfin on atteignit la crête. Jean commit alors l'imprudence de plonger un regard dans la vallée du Mont-Dore, et il éprouva l'horrible sensation d'une griffe s'enfonçant dans sa poitrine comme pour l'attirer dans l'abîme; tout son sang reflua au cœur, et il n'eut que le temps de se rejeter en arrière pour ne pas tomber, entraîné vers ce vide immense tout hérissé sur son pourtour de sommets dénudés.

Quant à Maurice du Vergier, familier déjà avec les excursions dans les montagnes, il n'avait eu garde de céder à la tentation de regarder derrière lui.

Les jeunes garçons congédièrent leurs guides, et Jean se montra tout aussi généreux que le fils du baron, en gratifiant, comme lui, les petits pâtres d'une belle pièce de cent sous économisée sur le louis d'or de l'excellent Pierre Villamus.

Maurice et Jean pensaient pouvoir se passer de tout secours, et cependant le sentier n'était guère marqué çà et là que par une pierre légèrement polie par le frottement, une motte de gazon un peu affaissée... Pour ne pas perdre l'équilibre, ils étaient forcés de saisir de la main gauche les herbes que la pente du terrain mettait à leur portée.

Le plus difficile du trajet n'était pas fait. La pente cessait, il est vrai, le terrain devenait uni; mais le passage se présentait étroit au point d'en être effrayant : il n'avait pas un mètre de large. C'était comme un pont sans parapet.

D'un côté, la chute menaçait d'être verticale; de l'autre, un talus rapide dégringolait vers des rochers reposant par assises les uns sur les autres, comme un gigantesque escalier écroulé. Dans lequel des deux gouffres valait-il mieux tomber? La pensée effrayée flottait entre ces deux hésitations, entre ces deux craintes.

Maurice, courageusement voulut passer le premier. Il le fit en se baissant un peu pour éviter le vertige.

— Le sentier n'est pas d'une solidité parfaite, observa-t-il, en sentant trembler sous ses pieds le basalte miné par les eaux des pluies.

Il revint sur ses pas et offrit la main à son camarade; mais Jean, tout à fait rassuré, suivit le chemin sur lequel Maurice s'était hasardé.

Le périlleux passage franchi, la montagne se relevait; c'était une sorte d'échelle qu'il fallait gravir en s'aidant des pieds et des mains.

Enfin un étroit plateau, couvert d'une herbe touffue, se présenta et leur permit de se reposer à l'abri du piton qui forme la tête du Sancy. La vue y planait au loin; mais le regard s'attachait avec persistance sur les points où des dangers avaient été courus.

Comme les deux jeunes garçons se réjouissaient du résultat atteint, et que Jean très satisfait et très fier battait des mains, deux jeunes filles de quinze à dix-huit ans, pleines de joie et d'animation, passèrent près d'eux en courant : elles descendaient du sommet du puy avec beaucoup trop d'élan.

— Prenez garde, mesdemoiselles, leur cria Maurice, la pente est rapide, et elle conduit à des précipices...

Entendirent-elles? Ces jeunes filles devaient être Anglaises et sœurs. L'aînée fit un mouvement de la main qui pouvait signifier : Merci! ou encore : Nous savons!

Et elles poursuivirent leur course.

Mais Jean s'était levé. Il vit la plus jeune poser sur le terrain un pied hési-

Il y avait là un homme d'un étrange aspect (page 123).

Liv. 16.

tant, le retirer aussitôt ; puis, tout d'un coup, disparaître en poussant un cri de terreur.

Maurice accourait aussi. Mais Jean, plus leste, s'était laissé dévaler. Quand il eut dépassé la pauvre enfant que le vertige et le trouble entraînaient vers le vide, il s'agenouilla et s'assujettit solidement en posant un pied sur une saillie de rocher. Il présentait ainsi un obstacle, que la jeune fille vint frôler, heureuse de rencontrer un point de résistance si faible qu'il fût. Jean étendit les bras et la retint.

Déjà Maurice offrait la main à l'imprudente, et en quelques secondes elle fut hors de tout danger. La sœur aînée jetait de grands cris. A cet appel, son père, son frère et un guide arrivaient en toute hâte...

Alors Jean s'effraya de ce qu'il avait osé faire : il se trouvait à un mètre d'un abîme insondable ; il en pâlit, et se servant des pieds et des mains, se cramponnant aux touffes d'herbe avec une énergie où se mêlait une véritable terreur, il se hissa jusqu'à la plate-forme.

Maurice grondait doucement la jeune fille sauvée d'une mort affreuse.

— Vous avez raison, répondit-elle ; mais c'est beaucoup la faute de cet homme... là-haut... que nous avons eu le tort de consulter.

Maurice et Jean levèrent les yeux vers le sommet du puy.

Il y avait là, assis sur le bloc de granit d'un mètre cube qui couronne le Sancy, un homme d'un bien étrange aspect. Ses jambes pendantes se croisaient avançant deux pieds énormes ; ses coudes osseux serrés le long de son corps, une main soutenant le menton, il souriait ; ou plutôt il riait sans bruit et sa bouche se fendait largement sous un nez pointu ; ses yeux regardaient vaguement du côté où tout le monde se portait ; sa tête était enveloppée d'un mouchoir rouge à carreaux, noué sur le front. Les deux cornes de ce mouchoir, mis sans doute pour les passages exposés au vent, achevaient de donner au personnage un air diabolique et grotesque tout à la fois.

Jean crut reconnaître en lui l'Allemand, le compère de Jacob Risler. Il ne se trompait pas ; Hans, forcément oisif par l'incarcération de son associé à Mauriac, craignant aussi d'être ressaisi comme ayant glissé entre les mains des gendarmes à Salers, se donnait le plaisir de faire quelques promenades en touriste désœuvré. Venu à Clermont-Ferrand, il avait suivi de loin une famille anglaise qui s'en allait vers les hauteurs du Mont-Dore, et il avait pu faire de la sorte l'ascension du puy de Sancy en se passant de guide, c'est-à-dire sans bourse délier, mais non sans se rendre importun aux gens à qui il s'imposait.

C'était, autour de la jeune fille arrachée au gouffre grâce au courage et à la vivacité de Jean et de Maurice, un concert de malédictions à l'adresse de l'individu à la figure ingrate qui semblait soudé au cube de granit. La mère des jeunes Anglaises et le fiancé de l'une d'elles, ainsi que deux autres guides, étaient venus se joindre au groupe des gens reconnaissants qui prodiguaient aux deux jeunes garçons des félicitations et de chauds remerciements. Les guides se montraient furieux que l'accident eût eu lieu par suite des fausses indications du malencontreux donneur d'avis.

— De quoi se mêle-t-il, ce paltoquet ? dit l'un d'eux qui flairait une concurrence déloyale.

— Mais c'est aux guides qui vous conduisent, mesdemoiselles, qu'on demande des renseignements, observa avec franchise le deuxième guide.

— A moins qu'on ne soit pas content d'eux, ajouta le troisième.

Le premier reprit :

— Rien ne me tient de lui donner une leçon, à ce particulier, dont il se souviendra !

Jean réfléchissait depuis un moment. Un vaste projet trottait dans sa petite tête.

— N'en faites rien, dit-il enfin avec vivacité ; cet homme est fou.

— Et c'est d'un fou que vous prenez conseil, mesdemoiselles ! s'écria le frère des deux jeunes filles, grand garçon blond, leur aîné, et qui parlait notre langue sans accent étranger. Passe encore pour Julia, qui est un peu folle elle-même...

— Vraiment ! fit une douce voix fâchée.

— Mais ma Kate ! — c'était la jeune fille sauvée, — ma Kate, qui est la sagesse même, s'adresser si mal !

— C'est peut-être qu'il a l'air avenant le bel oiseau, dit d'une voix moqueuse le premier guide.

— Taisez-vô, à la fin ! fit le père de famille, — un remarquable échantillon d'Anglais en voyage, avec petit chapeau et voile de gaze verte, favoris roux en broussailles, veston quadrillé, lorgnon pendu au côté dans sa gaine.

Sir William Tavistock, baronnet, ne payait pas les guides pour qu'ils élevassent la voix avec tant de liberté.

— Si cet homme est fou, reprit-il, il faut le laisser tranquille.

Chacun regardait Hans Meister, qui ne se gênait plus pour ricaner.

— Il n'est pas si laid ! observa lady Tavistock, gracieuse femme d'une quarantaine d'années, au regard indulgent et doux, et dont le visage s'encadrait de boucles soyeuses de cheveux châtains. Elle ajouta en se tournant vers le fiancé de Julia : Henry, *ma* fils, donnez-moi votre bras et montons.

Henry, bronzé par les soleils équatoriaux, avait la démarche et les allures vives d'un marin.

Toute la famille fit de nouveau l'ascension du sommet ; les guides aidaient les deux sœurs. Le frère de miss Julia et de miss Kate s'entretenait avec Maurice du Vergier et appuyait sur l'épaule de Jean une main affectueuse. Pour suppléer au défaut de présentation, des cartes furent échangées. Sur la sienne, Maurice écrivit au-dessus de son nom celui de Jean Risler.

Cette famille anglaise, au dire du jeune Tavistock (Alfred), pour se reposer de son excursion dans les Monts-Dores, comptait s'arrêter pendant quelques jours au village des Bains, où les bagages avaient été envoyés de Clermont-Ferrand.

— Comment savez-vous que cet homme est fou, mon petit ami? Vous le connaissez donc? demanda le fils du baronnet.

Jean avait préparé sa réponse. La puissante distraction qu'il se donnait au Sancy ne l'empêchait pas de songer sans cesse à la réparation d'honneur qu'il s'était fait un devoir filial d'obtenir pleine et entière. Il allait sans doute recevoir une prompte réponse du charpentier; et sur la moindre indication, il se promettait d'agir sans perdre un jour. Une seule chose pouvait l'arrêter : la dépense d'un voyage, même d'un voyage peu long : en s'y prenant bien, il pouvait forcer l'Allemand dont il avait tant à se plaindre, à l'aider dans la poursuite de son entreprise. Voilà dans sa simplicité le plan formé par le petit Parisien.

Il répondit donc au jeune Anglais que ce fou, jusqu'à présent inoffensif, avait été confié à un de ses parents. Il lui avait faussé compagnie à Salers. Le jeune garçon ajouta que si l'on voulait faire quelque chose pour lui, on s'assurerait de cet homme jusqu'au village, et qu'il aviserait ensuite au moyen de le replacer sous la protection et la garde de son parent. Il se faisait fort, assurait-il, en lui parlant, d'obtenir une complète soumission.

Cette intervention réclamée sembla facile à accorder, et Alfred Tavistock promit son concours. Avant même que le sommet fût atteint, l'Anglais avait mis son père au courant de ce que désirait le jeune garçon, et sir William, en regardant Jean, répétait sous forme d'adhésion :

— Yes, yes! yes!

Le sommet du pic formait un plan convexe de seize mètres carrés, entouré d'abîmes. Les lorgnettes de nouveau braquées ouvraient des horizons à des distances incalculables. Aucune vapeur ne flottait dans l'air ni sur les monts. Les perspectives apparaissaient distinctes et rapprochées. La vue n'était bornée qu'au sud, par les montagnes du Cantal, qu'on eût dites à portée de la main. A l'est, deux gros points blancs, rosés, semblables à deux pains de sucre énormes, se détachaient au-dessus d'un ligne vague : c'étaient deux montagnes des Alpes toutes couvertes de neige.

Chacun se récriait, donnant cours de diverses manières à son enthousiasme. Hans Meister ne bougeait pas de son cube de granit. Quand un des guides montra les Alpes, il redressa un peu sa longue taille, et voulut voir ; mais ses yeux louches, pour regarder les Alpes étaient fixés du côté des Pyrénées.

Plus près des touristes, de petits lacs miroitaient comme au pied même du puy de Sancy. Gorges, vallons, montagnes accusaient sensiblement leur relief.

Le plaisir de Jean n'était pas sans mélange ; il ne perdait pas de vue son Allemand ; et lui aussi il semblait loucher en regardant les Alpes et en même temps le compère Hans.

— N'ayez pas peur, mon petit, lui dit un des guides qui avait entendu les explications données au jeune Anglais. Ce serait un cabri qu'il ne m'échapperait pas !

Pour plus de sûreté, Jean aborda enfin l'associé de Jacob Risler.

— Vous ne vous attendiez pas à me retrouver ici, lui dit-il, après m'avoir laissé au fond de la forêt du Falgoux ?

— Priant pardon, qui est-ce ? Ah ! oui, je te vois d'un œil favorable, mon petit Risler : car c'est bien toi ?

— Oui, c'est moi, dit le petit Parisien. Je suis en mesure de vous donner des nouvelles de votre associé. Il est à Mauriac à l'hôpital de la prison, ainsi que mon pauvre ami Bordelais la Rose. C'est là votre œuvre...

— Il n'est pas pour mourir, Jacob ? dit l'Allemand.

— Je ne pense pas...

— Tant pis !

— Comment tant pis ?

— C'est tant mieux, que je voulais dire.

— Bon ! maintenant un mot : J'ai besoin de vous... J'ai recours à vous...

— Oui, parfaitement, mon petit, mais une autre fois.

— Non, pas une autre fois ; tout de suite... demain ; il me faut faire un petit voyage... je compte sur vous pour m'accompagner... vous concevez ? un enfant tout seul... et payer ma dépense... sur l'argent que Jacob Risler doit à ma famille pour la maison et le jardin du Niderhoff.

— On dirait que tu te fâches, observa Hans en roulant ses yeux louches. Il quitta sa place, et faisant mine de s'éloigner, il ajouta : J'ai l'honneur.

Mais Jean sauta sur la pierre carrée et le retint par un pan de son vêtement. Alors, debout, il lui dit à l'oreille :

— Non seulement j'ai à me plaindre de vous pour m'avoir tendu un piège à Salers, mais je peux vous faire arrêter, dès qu'il me plaira, pour l'attentat du chemin de fer de Figeac. J'ai des preuves, et pour témoin la victime même... qui est la mère du jeune homme que vous voyez là-bas.

Jean désignait Maurice. L'Allemand ne ricanait plus et son nez semblait s'allonger. Il réfléchissait au moyen d'éluder cette menace.

— Ne cherchez pas à m'échapper, lui dit Jean. J'ai déjà parlé de vous... mais comme d'un homme qui n'a plus sa raison ; cela nous met à notre aise tous les deux. Cependant si vous m'y forciez, je vous dénoncerais sans hésiter, — et nous verrions alors si vous auriez la chance de vous échapper comme à Salers.

— Mais je ne suis pas fou ! s'écria Hans Meister.

— Je n'ai rien trouvé de mieux.

— Je ne veux pas qu'on me traite de fou !

— Croyez-moi, je ne vous fais pas beaucoup de tort en disant cela.

L'Allemand se sentait dompté par le petit Parisien — comme sont domptés les taureaux en Auvergne, où un enfant sait se rendre maître d'une de ces redoutables bêtes avec une simple chiquenaude sur les naseaux.

X

Le « mentor » de Jean

Lorsque tous les yeux se furent amplement rassasiés du splendide panorama qui se déroulait autour du puy de Sancy, on se disposa à prendre le chemin du village des Bains.

Jean fit signe à l'Allemand, et celui-ci époussetant son veston pour se donner une contenance, se coiffant de sa casquette par-dessus son mouchoir rouge, vint avec docilité se ranger à la file.

La route à suivre, celle que prenaient d'ordinaire les guides, n'offrait de danger d'aucune sorte. L'un des guides marcha devant, suivi de près par les deux gentilles sœurs; sir William et sa femme avançant d'un pas plus lent, qui mettait une distance entre eux et le premier groupe; derrière eux Jean entraînait Maurice un peu loin de l'Allemand, pour ne pas être offusqué par la présence du détestable étranger, dont il s'effrayait plus qu'il n'osait se l'avouer. Celui-ci, précédé du fils de sir William et de sir Henry, était accompagné par les deux autres guides, qui ne se gênaient pas pour échanger dans leur patois et quelquefois dans un français mêlé de gasconnage et additionné du grasseyement provençal, les observations que leur suggérait la mine confuse du pseudo-aliéné.

On avait à faire de sept à huit kilomètres, mais en descendant toujours, — une belle promenade. Ce fut d'abord un chemin en zigzag, au bout duquel s'ouvrait le col de Sancy; c'est à ce col que s'arrêtent les chevaux des touristes qui montent vers le puy. En cet endroit le vent souffle parfois avec une violence extrême. Un peu plus loin on laissa à droite le Pan-de-la-Grange, sur

Ils signalèrent Hans Meister à l'attention du patron (page 136).

lequel, au dire d'un des guides, le Club Alpin français se proposait de faire construire une cabane devant servir de refuge. Au pied du Pan-de-la-Grange jaillissaient les eaux de la Dore, laquelle forme à la gauche du chemin les marais de Sancy.

Les touristes traversèrent ensuite le vallon de la Dogne, au point même où naît ce ruisseau ; puis ils descendirent une côte aboutissant à une sorte d'esplanade où se trouvent des monceaux de pierres disposées en murailles, vestiges de très anciennes habitations.

Le chemin serpentait sur les flancs du puy de Cacadogne, franchissant la Dore à l'endroit où elle s'unit à la Dogne. Du puy de Cacadogne s'épanchait un ruisselet ; c'est la cascade du Serpent, qui s'échappe comme un reptile luisant du milieu d'une forêt de sapins.

Après cela, il ne restait plus qu'à laisser à droite le ravin des Égravats, formé on ne sait à quelle époque, par la chute d'une partie du roc du Cuzeau et à saluer en passant la Grande-Cascade, l'une des plus belles et des plus visitées de l'Auvergne : elle tombe de la hauteur de trente mètres d'un rocher de trachyte taillé à pic, dans un cirque où son eau disparaît parmi d'innombrables blocs.

Vingt-cinq minutes plus tard les touristes atteignaient le village des Bains. Sir William devait descendre avec sa famille à l'Hôtel des Thermes, où les bagages se trouvaient déjà.

Les guides congédiés avec de beaux pourboires s'éloignaient. Hans Meister profita de ce moment pour tenter de s'esquiver. Mais Jean veillait sur lui. Ce fut en vain que l'Allemand objecta que l'Hôtel des Thermes était trop luxueux pour sa bourse ; quelques mots du petit Parisien le décidèrent à céder, et on lui donna une chambre un peu haute, — pour lui enlever toute velléité de fournir la mesure de la souplesse de ses membres. Sir William avait promptement mis l'hôtelier au fait de ce qui concernait le personnage, et lorsque Maurice et Jean prirent congé de leurs nouveaux amis, avec force poignées de mains échangées, Jean reçut l'assurance qu'on lui garderait « son homme ».

Le petit Parisien pensait avoir exécuté le plus difficile de sa conception, plus que hardie. Il avait hâte maintenant de recevoir l'approbation de la baronne du Vergier.

Le jour baissait lorsque Maurice et Jean rentrèrent à l'Hôtel des Postes. Après des embrassements dont Jean eut sa part, Maurice raconta à ses parents les incidents de la journée. Il parla de miss Kate avec chaleur, et fit valoir le courage de son petit camarade. L'Allemand eut aussi sa place dans la narration.

Jean profita des félicitations qu'il recevait du baron et de sa femme, pour demander à madame du Vergier la faveur de l'entretenir. Il tenait à avoir son avis sur la façon dont il comptait utiliser la rencontre de l'Allemand.

La baronne fut très surprise. Elle eut un instant la pensée de faire arrêter ce complice de son meurtrier ; mais une dénonciation atteignait forcément Jacob Risler ; et elle se trouvait liée envers celui-ci, au moins tant qu'il n'avait pas manqué à sa promesse de restitution.

S'assurer jusque-là de l'un de ses deux agresseurs n'était pas une mauvaise chose ; mais le petit Parisien ne s'exposait-il pas dans la compagnie de cet homme dangereux ? En vain le jeune garçon montrait-il une énergie et des capacités au-dessus de son âge, il pouvait tomber dans un piège...

La baronne fit donc une longue résistance ; mais Jean finit par lui arracher la promesse que dès que son ami le vieux charpentier donnerait la réponse attendue, elle le laisserait libre d'agir. Il promit de se tenir toujours sur ses gardes...

Les choses en étaient là, lorsque le lendemain matin arriva une lettre de Bordelais la Rose.

En voici le contenu :

« Mon petit Jean,

» Le baron du Vergier a indiqué la bonne voie. Sac et giberne ! c'est par là qu'il aurait fallu commencer. Si nous avions eu le carnet du fusillé, nous aurions tenu Jacob Risler à notre discrétion. Nous nous sommes amusés à faire des copeaux et nous avons gâté du bois, je veux dire perdu beaucoup de temps. Aussitôt que cela se pourra, mais pas avant d'avoir touché barre à Mérignac, nous nous mettrons en campagne. Heureusement Jacob ne m'a pas arrangé la tête comme je lui ai assaisonné la sienne, et j'ai toute ma mémoire.

» Voici donc les choses. Le sergent « bleu » en question doit être Vincent Isnardon, dont le père est un cultivateur des environs d'Orléans ou de Tours ; si ce n'était pas lui, alors ce serait un nommé Rougier, ancien caporal aux tirailleurs de Vincennes, de son métier taillandier dans un village près de Mirande ; à moins que ce ne soit Reculot, un solide, qui n'a jamais reculé devant l'ennemi. On l'appelait aussi le Capitaine parce qu'il avait amené une bande de sept volontaires au camp de la Délivrance en s'intitulant leur capitaine. Quant à celui-là, sac et giberne ! je ne me rappelle plus d'où il sortait... Mais je trouverais au besoin.

» Tu pourrais, à tout hasard, écrire à Tours. Un sergent des compagnies franches des Vosges, sans être un héros c'est quelqu'un ; ça se retrouve, sac et giberne ! A Mirande, dans le Gers, on doit mieux connaître le taillandier Rougier. Mais c'est Reculot qui m'intrigue ! ça viendra... ainsi que le retour de ma santé, dont je te parle avec le désir que la présente te trouve en meilleur état que moi.

» Bien des compliments respectueux à M. le baron ainsi qu'à sa dame, à qui je renouvelle mes remerciements.

» Avec lesquels je reste pour la vie, mon cher enfant, ton meilleur ami et ton second père

» BORDELAIS LA ROSE. »

Après avoir lu trois fois cette lettre, Jean courut la montrer à la baronne. Celle-ci en prit connaissance et, la rendant au jeune garçon, elle lui dit :

— Demeurez-vous dans les mêmes intentions, Jean?

— Plus que jamais, répondit Jean avec résolution. Vous voyez que mon ami, M. Bordelais, ne parle pas d'entreprendre de voyage avec moi; il avait quitté Mérignac — c'est près de Bordeaux — avec la pensée de ne faire qu'une courte absence. Il me conseille d'écrire. Écrire à qui? Non, il faut pouvoir questionner, tirer parti d'une indication...

— Sans doute! fit la baronne, émerveillée de l'assurance et de la bonne volonté du petit bonhomme. Au moins, ajouta-t-elle, me permettrez-vous, mon enfant, de vous offrir une petite somme... pour une partie de vos frais?

— Oh! que non, madame! Ce serait trop de bonté de votre part, et de la mienne une maladresse.

Jean dit alors comment il entendait se faire entièrement défrayer par l'Allemand. Et il expliqua à la baronne que Jacob Risler, si coupable envers elle et lui, ne s'était nullement pressé de trouver un acquéreur pour la maison du Niderhoff et n'avait jamais montré son intention d'entrer en payement, ainsi que cela était convenu, dans le cas où il garderait cette maison.

Qui fut penaud? ce fut Hans Meister, une heure après cet entretien, lorsque Jean Risler lui cria du seuil de sa porte entr'ouverte :

— En route! en route, mein Herr!

L'Allemand prêta l'oreille. N'entendant personne dans l'escalier, il fit signe à Jean d'entrer, et marcha vers la fenêtre espérant y être suivi par le jeune garçon. Mais celui-ci se défiait.

— Non, non, dit-il, nous n'avons pas une minute à perdre pour aller prendre à la Queuille le train d'Orléans.

— Le train de...?

— Le train d'Orléans, répéta Jean, jouissant de la stupéfaction du compère de Jacob.

— J'ai l'honneur, fit Hans Meister esquissant une révérence. Point d'argent !

— Oh ! que si ! Une bagatelle ! Vingt-cinq francs par place environ... en troisième... où il y a beaucoup de monde. Allons ! remuons-nous ; la voiture va partir ! on attelle.

— Je ne bougerai pas.

— Vous préférez que j'envoie chercher les gendarmes ?

— Les gendarmes ?

— Oui, pour voyager aux frais du gouvernement, — histoire peut-être de voir la mer... et de faire connaissance avec les anthropophages de la Nouvelle-Calédonie. En route ! En route !

L'Allemand comprit que le moment de résister n'était pas encore venu.

Son bagage, des plus simples, consistait en un sac de toile de la capacité d'un sac de mille francs en argent, d'où s'échappait un coin de l'indispensable mouchoir rouge, sac trop gros pour trouver place dans une poche et bien petit pour être porté à la main sans se donner du ridicule.

Quant à Jean, la baronne l'avait muni d'une petite valise contenant quelques chemises distraites de la garde-robe de Maurice et un peu de linge.

Hans Meister se décida enfin à suivre le petit Parisien, et, cinq minutes après, ils s'installaient l'un et l'autre sur la banquette de la voiture faisant le service entre le Mont-Dore et la Queuille. Pour la première fois, l'Allemand avait tiré de sa poche son porte-monnaie : ce n'était pas la dernière.

Maurice du Vergier devait venir bientôt, — Jean le savait, — prendre place sur la même banquette. Inquiet sur la façon dont le petit Parisien comptait réaliser son dessein, il avait obtenu de ses parents la permission de le voir aux prises avec les difficultés du début. La baronne lui recommanda vivement d'arrêter Jean, si dès les premiers pas, dans cette aventure, le moindre danger paraissait devoir en sortir pour le généreux enfant. Maurice qui possédait des dispositions pour la diplomatie, s'engagea vis-à-vis de sa mère à obtenir ce qu'elle désirait, et amena son père à lui accorder, comme valable compensation, de ne pas revenir à Clermont par le plus court chemin, et d'aller visiter le célèbre plateau de Gergovie, illustré par la belle défense de Vercingétorix.

Le baron, très heureux de cette demande qui le flattait dans ses goûts d'archéologue, permit tout ce que son fils voulut.

Jean allait refaire, en sens contraire, ce voyage de la Queuille à Mont-Dore-les-Bains, accompli déjà il y avait moins de deux fois quarante-huit heures ; bientôt il retrouva quelques-unes de ses impressions.

Hans Meister, lui, ne regardait rien. Il demeurait absorbé dans une pensée, facile à deviner : Comment se débarrasserait-il de ce monstre d'enfant ?

De temps en temps, Maurice et Jean se donnaient un coup de coude, ou échangeaient un clignement d'œil au sujet de l'homme au louche regard.

On traversa la station de Rochefort, chef-lieu de canton situé au pied de deux sommets volcaniques; puis la station de Pontgibaud, bâti en amphithéâtre sur la coulée de lave du puy de Côme, au bord de la Sioule.

Maurice du Vergier, après avoir averti son camarade par un signe d'intelligence, dit à l'Allemand en prenant une voix mielleuse :

— Vous savez... ou vous ne savez pas plutôt, qu'à une lieue de Pontgibaud, en descendant la Sioule, il y a des mines de plomb argentifère... qui ne le cèdent en importance, en France, qu'à celle de Poullouaen, dans le Finistère...

— Et qu'est-ce que cela me fait à moi ? dit brusquement Hans Meister. Puissiez-vous en avoir une balle de ce plomb, grosse comme le poing, logée dans votre cervelle !

Maurice et Jean éclatèrent de rire.

A partir de ce moment, Maurice se fit un malin plaisir de mettre à l'épreuve la patience de l'étranger.

— Nous voici à Royat, à douze minutes de Clermont-Ferrand. C'est un joli village Royat, bâti au bord de la Tiretaine dans une situation délicieuse, au fond d'une gorge couverte d'arbres magnifiques...

L'Allemand détourna la tête et fit entendre un grognement.

— Ses sources sont très fréquentées. La montagne qui domine le village au sud, c'est le puy de Gravenoire.

Le grognement tourna au rugissement. Hans Meister, l'agréable mystificateur qui ne craignait pas, pour s'amuser en la compagnie de Jacob Risler, de mettre le feu à un buron de vachers ou à une chaumière de pauvres gens, trouvait mauvais qu'on s'imposât à lui comme cicerone. Il tira de son petit sac de toile son mouchoir rouge, et se mit en devoir de le nouer autour de sa tête en cachant ses oreilles, afin de s'isoler complètement.

— Ce n'est pas la peine, mein Herr, lui dit Jean, nous voici arrivés à Clermont-Ferrand.

En effet, le train entrait en gare de cette ville.

— Nous allons aller déjeuner dans un café où l'on est très bien, dit Maurice.

— Et qui paie ? demanda sèchement le compère de Jacob.

— Mais... c'est moi, puisque je fais une invitation.

Hans Meister rengaina son mouchoir rouge. Le fils du baron et le petit Parisien prenant les devants, il dut se résigner à les suivre : du coin de l'œil, les deux jeunes garçons surveillaient l'ombre démesurément longue du « Mentor » de Jean, emboîtant le pas derrière eux.

On se dirigea vers un café-restaurant de la place de Jaude, la plus grande place de Clermont, bordée de belles maisons. Du centre de la place, Maurice et Jean aperçurent au bout d'une rue le puy de Dôme, dans une perspective très rapprochée mais trompeuse. A l'une des extrémités de la place s'élève la statue de Desaix, œuvre de Nanteuil : Maurice la désigna à Jean en lui apprenant que ce général de l'armée d'Italie, aux jours victorieux de Marengo, était né aux environs de Clermont.

Un moment après, Maurice et Jean, suivis de Hans Meister, entraient dans le café.

Maurice, tirant un tabouret de dessous une table, l'offrit cérémonieusement à l'Allemand, qui s'assit, un peu surpris de cette politesse : mais bien davantage surpris fut-il lorsqu'il vit que les deux jeunes garçons allaient prendre place à une autre table, — loin de lui. Il se rattrapa de cette humiliation sur la quantité et la qualité des mets.

— Si vous me donniez cette journée? dit le fils du baron à Jean, lorsqu'il eut mis une aile de poulet sur chaque assiette et rempli les verres. Je vous emmènerais à Gergovie... et vous partiriez demain matin pour Orléans? Laissez-vous tenter... Ce ne serait qu'un jour perdu... et encore perdu !

— Un jour c'est beaucoup, observa Jean. Mais que ferai-je de mon Allemand? Le forcer à venir avec nous... gâterait notre plaisir.

— Vous ne pouvez cependant pas l'avoir toujours auprès de vous? Quel moyen emploierez-vous alors?

— Je le ferai garder... comme au Mont-Dore.

— Eh bien, faisons-le mettre sous clé ! Aussi bien, mon cher ami, est-ce une épreuve à renouveler dans d'autres conditions... avant d'aller plus loin.

XI

Gergovie

Jean consentit à faire une excursion à Gergovie. Restait à savoir comment on s'assurerait de Hans Meister jusqu'au retour.

Le déjeuner touchait à sa fin. L'Allemand, bien qu'il eût paru satisfait de la cuisine de l'établissement, voulut goûter de sa cuisine à lui. Il se fit apporter des œufs frais et de l'eau chaude et se mit à casser et à battre les œufs dans l'eau, en y ajoutant du sel, du poivre et de la canelle. Le plus curieux, fut la façon d'ingurgiter ce singulier potage. Montre en main, il prit un soin particulier à l'avaler en une seule minute.

Le maître d'hôtel et, derrière lui, trois ou quatre garçons, regardaient curieusement procéder l'Allemand.

— Avaler promptement surtout, leur dit celui-ci, est nécessaire à ma santé.

Maurice et Jean trouvèrent l'occasion opportune et signalèrent Hans Meister à l'attention du « patron ».

— Il a le cerveau légèrement dérangé, dit Jean, et je le conduis à Orléans, à défaut d'un parent demeuré malade à Mauriac.

— Mais c'est une tâche difficile pour un garçon de votre âge ! répondit le restaurateur.

— Je compte bien qu'on m'aidera un peu, et je vous prie d'avoir l'œil sur lui... jusqu'à ce soir.

— N'avez-vous pas quelqu'un qui puisse le garder à vue ? demanda Maurice ; nous allons à Gergovie... En le promenant un peu par la ville, il sera docile...

LE TOUR DE FRANCE D'UN PETIT PARISIEN

Ils allèrent rouler dans la poussière (page 143).

— Je le confierai à Joseph, notre frotteur, un garçon très doux — et très fort. Avec lui je puis vous répondre de votre toqué.

Libres dès ce moment, les deux jeunes garçons louèrent une calèche et partirent. Ils n'avaient pas à s'occuper du chemin : le cocher conduisait tous les jours des touristes à Gergovie.

La chaîne de montagnes qui s'étend à droite de Clermont, lorsque de la ville, on regarde la belle vallée de la Limagne, se termine à neuf kilomètres par le plateau de Gergovie. C'est là qu'on se rendait directement.

La voiture sortit de Clermont par l'extrémité méridionale de la place de Jaude, et suivit la nouvelle route du Mont-Dore, qui se dirige vers le sud, dominée par les puys de Montaudou et de Gravenoire. Cette route croise, peu après, le chemin de fer de Tulle.

La calèche roulait sur un terrain bombé de nature volcanique; c'est une immense coulée de lave vomie par le puy de Gravenoire, couverte de scories, pleine de cendres et de pouzzolane. Le travail de l'homme a fini par transformer ce sol ingrat en beaux vignobles qui font la fortune des populations de Beaumont et d'Aubières. On dit que dans les belles années de récolte les buveurs sont admis dans les celliers de ces villages à raison de vingt centimes... par heure de consommation.

Beaumont est étagé sur un monticule.

La masse de lave descend sur le bord d'un ruisseau, côtoie de fraîches prairies, de riches vergers et remonte vers le village de Romagnat.

Le baron du Vergier était l'auteur d'une monographie estimée, sur le plateau de Gergovie. Son fils connaissait le pays pour en avoir longuement entendu parler par son père.

Après avoir dépassé Beaumont, il signala à Jean la petite rivière d'Artière, profondément encaissée entre des prairies et des vergers, et contournant la base du puy de Montrognon. Cette éminence couverte de débris volcaniques est surmontée d'une ruine féodale. Maurice apprit à Jean que la tour qui se dresse au sommet est ce qui reste d'un château élevé à la fin du douzième siècle par le premier dauphin d'Auvergne, château qui a appartenu à Catherine de Médicis, et que le cardinal de Richelieu fit démanteler.

Arrivés à Romagnat, ils suivirent pendant un moment la route d'Opmes. Près de ce village une voie carrossable a été ouverte en 1862, à travers les hauteurs de Risoles, pour faciliter l'accès de Gergovie à Napoléon III, qui s'occupait alors d'écrire son « Histoire de Jules César ».

Vue de Romagnat, la montagne où fut Gergovie, séparée des collines qui, de loin, semblent s'y joindre, affecte la forme d'un de ces tas de cailloux dressés avec régularité sur le bord des chemins pour leur empierrement. Mais elle a trois cent quatre-vingts mètres d'élévation au-dessus de la plaine, environ quatorze cents mètres de longueur et cinq cents de largeur. Son versant septentrional et celui de l'est présentent des pentes tellement abruptes qu'elles défient l'escalade. Le versant sud, au contraire, s'étage en un immense escalier, dont les gradins forment comme des terrasses légèrement inclinées vers la plaine.

La voiture contournait des collines en pentes douces et déposa au sommet nos jeunes voyageurs, très surpris d'être arrivés sans plus de difficultés.

Maurice apprit à son ami que, sur ce plateau de Gergovie, s'éleva jadis la capitale des Arvernes, où Vercingétorix résista victorieusement aux cohortes romaines de Jules César.

Pour Jean, si incomplètement connu que lui fût Vercingétorix, il le considérait comme une sorte de héros national. Il savait même que ce chef énergique avait fini par succomber dans Alésia.

Gergovie devait occuper tout le plateau, qui a la forme d'un parallélogramme. Actuellement, la culture a tout envahi, sauf plusieurs chemins, pavés en beaucoup d'endroits. De chaque côté de ces chemins, s'élèvent des amas considérables de pierres basaltiques provenant des constructions qui bordaient les ruelles de la cité gauloise. Des fouilles exécutées presque à un siècle d'intervalle — en 1755 et 1861 — ont fait découvrir de larges pavés de lave, un escalier à vis, un puits de quatre mètres creusé dans le basalte, une vaste cave, des débris de statues, des fers de lances, des flèches et des framées en silex, des fragments de bronze, des poteries en terre rouge, des médailles gauloises en or, en argent et en bronze. Ces divers objets figurent au musée de Clermont.

La ville était fortifiée, à la manière gauloise, par des assises de pierres et de poutres. Lorsque César l'attaqua, ses habitants se défendirent vaillamment, tandis que Vercingétorix, campé aux alentours avec son armée, repoussait chaque jour les Romains dans leurs lignes.

Après la défaite de Vercingétorix, les habitants de Gergovie abandonnèrent cette ville et allèrent s'établir à Clermont alors nommé *Nemetum*. On sait, par une charte, qu'au douzième siècle les ruines de Gergovie gisaient sur le sol très facilement distinctes; maintenant pour les reconnaître il faut l'œil exercé d'un antiquaire.

Le fils du baron du Vergier possédait à fond l'histoire nationale. En ce qui concernait Gergovie, il avait présentes à l'esprit les particularités de son siège fameux que César nous a transmises dans ses « Commentaires ».

Il fit faire lentement à son jeune ami le tour du plateau, en côtoyant les débris des invincibles murailles de la forteresse gauloise, et tout en lui racontant les péripéties de la résistance.

— Les clans de l'Arvernie, lui dit-il, hommes, femmes, enfants, vieillards, poussant devant eux leurs troupeaux et chargés de tout ce qu'on pouvait emporter de précieux, étaient accourus à Gergovie avec l'espoir de résister aux envahisseurs venus d'au delà des Alpes, ou résolus à mourir libres, sur la terre natale, en vue de leurs forêts sacrées, et en face des cimes mystérieuses de leurs redoutables volcans.

— Eh! ces Auvergnats! observa Jean, qui les croirait si vaillants?

Il pensait à ses rôtisseurs de marrons...

— Ils n'ont pas dégénéré, repartit Maurice; seulement leur vaillance s'exerce autrement et plus modestement dans les exigences de la vie moderne. Ils se montrent actifs, patients, sobres.

Le fils du baron reprit :

— César, désespérant d'enlever la position de vive force, prit des mesures pour réduire les assiégés par la famine.

» Vercingétorix avait assis son camp en avant des remparts, en le protégeant d'un mur de six pieds, établi à mi-côte le long d'une des corniches de la montagne qui en fait le tour.

» Dans ses « Commentaires », César dit que les troupes gauloises, rangées par ordre de nations à de faibles distances l'une de l'autre, occupaient toutes les hauteurs et présentaient un aspect terrible. Tous les matins au lever du soleil, les chefs se réunissaient en conseil, et il était rare que la journée s'écoulât sans qu'un mouvement s'exécutât pour entretenir le courage et la valeur des guerriers. Vercingétorix faisait combattre sa cavalerie, qu'il entremêlait d'archers.

» Là, en face, au pied de la montagne, le petit plateau de la Roche-Blanche, avait été fortifié par les Arvernes : en s'en emparant, l'armée romaine leur ôtait les moyens de se procurer de l'eau et des fourrages. César reconnut, que ce poste était assez faiblement gardé. Il sortit de son camp dans le silence de la nuit, et il en chassa la garnison avant qu'elle eût pu être secourue.

» Il établit deux légions en cet endroit, et ouvrit de ce petit camp à son camp principal un double fossé de douze pieds, pour assurer ses communications en cas d'attaque.

» De la Roche-Blanche on peut encore suivre les vestiges de ce double fossé.

» César, en développant sur près de cinq kilomètres ses lignes d'investissement, se flattait d'avoir fermé le seul chemin qui permît à la cavalerie gauloise du plateau l'accès de la plaine, de l'eau et du fourrage. Si son calcul était juste, l'anéantissement des chevaux et des nombreux troupeaux que renfermait la forteresse ne devait plus être qu'une affaire de temps.

» Mais le temps s'écoulait sans affaiblir les assiégés; le général romain voyait au contraire se multiplier autour de lui les défections et les soulèvements parmi ses alliés. Il finit par reconnaître qu'à l'ouest de Gergovie un col étroit et des hauteurs flanquées de bois et d'escarpements difficiles, mais d'un parcours aisé sur leurs lignes de faîte, avaient servi au ravitaillement de la place assiégée. Vercingétorix, tenant à conserver cette position de Jussat, travaillait à la fortifier.

» Dès le lendemain à l'aube, César envoya à son extrême gauche une légion et un corps de cavalerie, pour inquiéter les travailleurs; en même temps, il faisait passer à couvert le reste de son armée, dans le camp de la Roche-Blanche, en couvrant les insignes, en cachant les drapeaux. Alors il lança sur Gergovie trois légions, soutenues de deux autres dont il avait pris le commandement en personne. En peu de temps le mur de six pieds est forcé, les Romains sont maîtres de trois quartiers du camp gaulois, et les légionnaires victorieux arrivent avec les fuyards jusqu'aux portes mêmes de la ville.

» Des cris d'alarme s'élèvent de tous les points de Gergovie et répandent l'épouvante parmi les Gaulois éloignés; du haut des remparts des mères de famille jettent aux assaillants, de l'argent, des bijoux, de riches étoffes; et le sein nu, les bras étendus, elles supplient les Romains de les épargner. Déjà quelques légionnaires escaladaient le rempart.

» Cependant les Gaulois occupés à fortifier le point faible de Jussat se réunissent aux premiers cris qu'ils entendent; stimulés par de nombreux messagers, ils se précipitent à la suite de leur cavalerie pour repousser les Romains qu'ils croyaient déjà maîtres de la forteresse.

» La cavalerie de Vercingétorix vint tomber comme une avalanche sur le flanc de l'ennemi, l'infanterie suivait de près; les garnisons de la cité et du camp se rallient; les femmes honteuses d'avoir imploré la pitié de l'ennemi, maintenant debout sur le mur, les cheveux épars encouragent les combattants et leur montrent leurs enfants qu'ils doivent défendre; les légions plient; au plus fort du combat apparaissent tout à coup sur le flanc droit des Romains les auxiliaires eduens, que les Romains, trompés par les armes gauloises de ces troupes, prennent pour des soldats de Vercingétorix envoyés pour leur couper la retraite. Cette erreur achève de jeter la terreur dans leurs rangs; les légions sont précipitées le long des escarpements de la montagne et rejetées en désordre sur leur réserve. La Gaule avait triomphé de Rome, dont les morts couvraient le champ de bataille depuis les murs de la ville jusqu'au bas de la colline.

» Trois jours après César abandonnait ses lignes et repassait l'Allier, pendant que les têtes sanglantes de sept cents légionnaires séchaient sur le couronnement des portes de la ville forte.

Pendant ce récit, fait avec chaleur par Maurice du Vergier, l'œil de Jean s'allumait d'enthousiasme ; sa jeune imagination lui représentait vivante, sous ses yeux, cette lutte héroïque de deux races d'hommes. La réalité et la grandeur de la scène pouvait prêter à l'illusion.

— C'était bien beau ce que faisaient ces Gaulois, dit-il ; je suis heureux d'être venu ici. Si jamais, je sentais faiblir le sentiment du devoir envers la terre natale, je me rappellerai Gergovie et Vercingétorix.

Ajoutons que le retentissement de ce succès des Arvernes fut immense dans toute la Gaule ; il rallia à la cause de l'indépendance les cités qui hésitaient encore. « On peut, dit un écrivain patriote — M. Ferdinand de Lanoye — faire dater de cette journée le premier élan des enfants du sol vers cette unité nationale que leurs descendants ne devaient conquérir qu'après dix-neuf siècles de douleurs et d'épreuves, de défaillances et de convulsions. »

« A ce titre, ajoute-t-il, nous regretterons toujours que la statue de Vercingétorix, qui figure aujourd'hui sur le plateau d'Alésia et n'y apparaît guère que comme un trophée enchaîné à la mémoire du conquérant romain, n'ait pas été érigée plutôt sur le point culminant de Gergovie. Là, du moins, ce bronze colossal n'eût soulevé ni doutes ni ambages, et eût été salué — par les innombrables regards qui du fond de la Limagne, des plateaux du Forez et des Dômes, des contreforts du Mont-Dore et du Vélay, se tournent chaque jour vers la vieille acropole de la France centrale, — comme un pieux hommage aux origines sacrées de la patrie... » Nous nous associons à ce regret si éloquemment exprimé.

Maurice offrit à Jean de le ramener à Clermont par Chanonat, où il se promettait de lui faire voir les bâtiments, considérables encore, d'une commanderie de Malte ; mais le petit Parisien, très absorbé par sa visite à Gergovie, demanda comme une faveur de revenir par le chemin le plus direct...

Une heure après, ils apercevaient la haute cathédrale de Clermont et les toitures grises des maisons se dessinant sur le fond vert des vignobles environnants.

Ils virent mieux, en l'abordant cette fois, la position de cette ville assise sur un monticule, et occupant le milieu d'un hémicycle de volcans qui forment la berge occidentale du bassin de la Limagne. Chateaubriand, qui devait s'y connaître, déclare que la position de Clermont-Ferrand est l'une des plus belles du monde.

En arrière, le puy de Dôme dominait de ses 1,468 mètres la ligne de pics et de cratères, au nombre d'environ quarante, qui s'alignent du nord au sud, et vont se relier à la chaîne des monts Dores par une dune immense d'une élévation moyenne de plus de 800 mètres.

Maurice fit remarquer à son jeune ami que le puy de Dôme n'est pas un volcan chargé, comme la plupart des autres puys, de cendres et de scories. C'est qu'il doit son existence à un soulèvement : les feux souterrains se sont fait jour en vomissant leurs laves ardentes par les cratères environnants. Les pluies et les vapeurs qu'il attire lui donnent une fécondité remarquable ; aussi est-il couvert de bons pâturages et fréquenté par les troupeaux jusqu'à son sommet, — très accessible, d'ailleurs. — Pascal, né à Clermont, fit au haut de cette montagne de belles expériences sur la pesanteur de l'air.

Les deux amis ne pouvaient détourner leurs regards de ce vaste ensemble, — la chaîne des Dômes à leur gauche ; devant eux, au fond et sur leur droite, la splendide plaine de la Limagne, et au delà de cette plaine, les montagnes du Forez — lorsque le bruit d'une violente altercation ramena leur attention plus près d'eux : au tournant du chemin, ils aperçurent deux hommes qui s'administraient des coups de poing, tout en s'injuriant. Presque aussitôt le plus fort des deux saisit l'autre à bras le corps, et ils allèrent ensemble rouler dans la poussière.

La voiture approchait du lieu de la lutte.

Les adversaires s'étaient relevés et, le bras à la hauteur des yeux pour la parade, ils préludaient à une nouvelle attaque. Les coups recommencèrent à pleuvoir drus, cette fois en détachant des vêtements des nuages de poussière...

Le plus maltraité — le plus faible — allait céder.

— Sacrament! hurla-t-il pour se donner du cœur.

— Mais c'est mon Allemand! s'écria Jean. Ah! mais, c'est que je ne veux pas qu'on me l'abîme!

Et le petit Parisien se laissa glisser du véhicule pour aller séparer les combattants.

C'était bien Hans Meister, mais devenu méconnaissable tant il était enfariné dans la poudre du chemin. Il avait pour partner le « doux » Joseph, le frotteur de l'hôtel de la place de Jaude.

— Arrêtez! arrêtez! cria Jean, que Maurice suivait de près pour le seconder au besoin. Cet homme voyage avec moi, dit-il à l'Auvergnat, et je trouve mauvais qu'on me le mette en cet état... après les recommandations que nous avions faites!

— Mais, mon petit monsieur, dit l'Auvergnat, il voulait me brûler la politesse. Moi, j'ai répondu de lui, au patron, sur ma tête.

Le compère Hans profita de la trêve imposée, pour s'épousseter. De ses yeux louches, il regardait son bras droit en frappant sur sa manche gauche; passant à l'autre bras, il regarda de même du côté opposé.

— Le camarade voulait déguerpir, reprit Joseph, mais ce n'est pas à moi qu'on la fait... en louchant, encore!

— Toi, petit, grommela l'Allemand, en s'adressant à Jean, tu me paieras ça tout à la fois!

Jean allait lui décocher un de ces mots menaçants qui avaient le don de le calmer.

— C'est bon! c'est bon! on verra, dit Maurice. En attendant vous allez revenir avec nous en ville. Il y a de la place dans la voiture...

On fit monter l'Allemand à côté du cocher.

— Quant à moi, observa l'Auvergnat, je ne puis pas rentrer en ville ainsi fait... Je vais aller par là, m'essuyer... avec un verre de vin. Mais attendez-moi, messieurs, je vous en prie, au bout de la place de Jaude, pour me rendre mon imbécile : je tiens à le présenter moi-même au patron, qui me l'a confié.

LE TOUR DE FRANCE D'UN PETIT PARISIEN

Il se mit dans un coin — Jean en face de lui (page 152).

XII

De Clermont-Ferrand à Orléans

Il était dix heures et quinze minutes du matin, le train de Clermont-Ferrand à Gannat franchissait la Tiretaine, laissant en arrière Montferrand, ville de trois mille habitants dépendant de Clermont.

Le petit Parisien venait de faire ses adieux à son ami Maurice, et roulait vers Orléans en la maussade compagnie de Hans Meister, assis l'un et l'autre sur les dures banquettes de bois d'un wagon de troisième classe, encombré de voyageurs.

Jean tenait un indicateur des chemins de fer, et énonçait à haute voix les stations principales du parcours :

— Gannat, Commentry, Montluçon, Saint-Amand-Montrond, Bourges, Vierzon, Orléans ! — Orléans... bien près de Paris !

Cela lui rappela qu'il n'avait pas encore écrit à l'oncle Antoine.

Quant à l'Allemand, il ne regardait rien, ni personne. Jean avait eu soin de se placer entre la portière et lui, afin de l'empêcher de s'échapper, si cette envie le prenait. Le compère de Jacob n'avait prononcé qu'une parole depuis le départ :

— C'était trop cher à Clermont ! Beaucoup trop !

Il avait dû tout payer ; — ce n'était, il est vrai, qu'une avance sur la valeur de la maison du Niderhoff ; mais cela lui coûtait beaucoup à Hans Meister. Tout payer ! même, sans doute, les coups donnés et reçus sur la grande route, qui devaient bien se trouver sur la note pour qui aurait su lire entre les chiffres. Beaucoup trop cher ! Sur ce thème, son esprit assombri brodait mille fioritures, composait mille combinaisons vengeresses ; son visage s'allongeait, son nez s'amincissait comme une lame de sabre, sa bouche se contractait... Soudain le train s'arrête.

— Riom !... Riom !... crie un employé en défilant devant les wagons. Riom ! Riom !

Cela avait l'air d'une ironie à l'adresse de l'Allemand.

— C'est une ville, lui dit Jean, non sans malice.

— Qu'est-ce qu'il a ce saint homme ? demanda à demi-voix une dame du pays assise vis-à-vis de Jean.

— Il a... des inquiétudes, répondit Jean.

— Des maux de dents, peut-être ?

— Peut-être.

— Vous allez loin ?

— A Orléans. Je voyage... pour mon instruction. C'est mon professeur d'allemand.

— Si vous voyagez pour votre instruction, dit la dame, regardez encore une fois le puy de Dôme : il va disparaître. Ah ! vous voyagez pour votre instruction ! Dommage que vous ne puissiez pas aller jusqu'à Randan, à trois lieues d'ici; vous y verriez le château reconstruit par la sœur du roi Louis-Philippe... en briques roses et grises. Quand j'étais jeune, les princes d'Orléans venaient chasser dans le parc et dans la forêt de Randan.

Le train roulait vers Gannat.

— Dommage, dit encore la loquace voyageuse que nous contournions dans une tranchée la butte de Montpensier : si les chemins de fer passaient par-dessus les montagnes, vous auriez de là-haut une vue magnifique, avec les monts Dores au bout et les montagnes du Forez... Voilà Gannat. C'est ici que je descends...

Jean aperçut sur la limite de la ville trois ou quatre tours à demi ruinées, et questionna.

— C'est tout ce qui reste des anciennes fortifications... Et du vieux château, là-bas, on a fait une prison.

— Partout il y a des prisons, observa Jean.

— Il en faut.

— C'est qu'il y a tant de coquins!

— Sûr! dit la dame en sautant du wagon.

Hans Meister aurait bien eu envie d'en faire autant; mais la vieille prison, sur laquelle il jeta un regard louche, lui donna froid aux os.

Gannat est à la limite sud du département de l'Allier, formé de l'ancien Bourbonnais, province célèbre par le nom d'une famille de rois qui descendaient des sires de Bourbon.

C'était un dimanche. Le wagon s'emplit d'hommes et de femmes de la campagne, gens assez nonchalants d'allure, mais à première vue d'un caractère très doux.

Ceux de ces paysans qui venaient de localités éloignées des villes portaient des vestes rondes, de larges pantalons, des sabots ou de gros souliers, un chapeau à larges bords, d'où s'échappaient de longs cheveux flottants; leurs femmes et leurs filles étaient vêtues de robes à taille courte et à gros plis, rouges pour la plupart, avec des tabliers à bavette blancs ou d'une claire étoffe rayée; elles étaient coiffées de chapeaux de paille relevés en arrière et par devant en forme de bateau, ornés sur le sommet de la tête d'une large cocarde de rubans, chapeaux qui, noués sous le menton, encadraient souvent à merveille de fort jolis visages.

Tout ce monde se mit à plaisanter, dans un assez bon français, du reste, mêlé de quelques expressions surannées, mais prononcé en traînant sur les finales. D'un compartiment à l'autre, l'Allemand devint le sujet de spirituelles railleries, qui cessèrent aussitôt qu'on s'aperçut que ce personnage disgracieux voyageait avec un aimable enfant — un Parisien assurément, sans qu'il fût besoin de le demander.

Les conversations devinrent ensuite plus sérieuses, et Jean s'étonna d'entendre parler de tant de procès, de tant de rivalités et de tracasseries entre voisins au sujet de la limite d'un champ ou d'une servitude quelconque.

A chaque station ces gens de bonne humeur, malgré leur caractère processif, descendaient, remplacés aussitôt par d'autres non moins endimanchés et non moins gais : c'était le moment des fêtes villageoises connues dans le pays sous le nom d' « apports »; on y boit, on y mange, on y chante, on y danse des bourrées d'Auvergne au son de la vielle et de la cornemuse. Fi des violons!

Jean se réjouissait de cette joie répandue partout sur son passage. Cet enfant aimait réellement son pays avec passion, cela se révélait peu à peu. Ce sentiment était né en lui, vivace, le jour où il se révolta contre l'odieuse accusation qui faisait de son père un traître. Longtemps la France avait été pour le jeune garçon comme un beau livre fermé, admiré sur la foi des merveilles qu'il contient; maintenant, il lui était permis d'en feuilleter les pages magnifiquement illustrées. Au respect qu'il avait déjà, s'ajoutaient intenses les joies de la possession. Ces campagnes boisées ou marécageuses qu'on traversait, ces « brandes », — terrains couverts de bruyères, de joncs et de genêts, — ces belles plantations de noyers, tous ces petits cours d'eau si nombreux, ces étangs poissonneux, ces grands troupeaux de moutons, paissant dans les beaux pâturages, ces vignes surchargées du poids des vendanges prochaines, tout cela c'était la France, c'était la vie et la fortune de la France...

Et, oubliant un peu son sinistre compagnon de route et le triste motif de son voyage, il se prenait à s'intéresser à tous les bavardages : le rendement des lins des cantons de Varennes et de Cusset, et le rendement des chanvres de l'arrondissement de la Palisse; la récolte des vins de Saint-Pourçain et d'Ussel — qui entre parenthèses étaient réservés à la table royale sous Louis XI et sous Henri IV, — celle des vins rouges de Montluçon, de Mariol et de Montor, et des vins blancs du Greuzier et de la Chaise; deux années auparavant la récolte tout à fait exceptionnelle avait presque doublé. Ces moutons répandus dans tout le pays, dont la chair est délicate et la laine de bonne qualité, il apprit qu'on les achetait maigres dans les départements voisins, dans la Creuse, dans le Cher, pour les élever. Enfin, en approchant de Commentry, il eut la révélation de la véritable richesse du Bourbonnais : le bassin houiller, l'un des plus considérables de la France (il occupe 2,320 hectares et fournit du travail à plus de douze mille ouvriers).

Il entendit parler des principales exploitations de charbons de terre, qui sont au Marais, aux Ferrières, à Doyet, à Buxières-la-Grue, aux Gabeliers et en dix autres endroits. Ces mines consistent en trois couches superposées d'une épaisseur totale de vingt à trente mètres. Elles sont exploitées par deux puissantes compagnies. Des galeries profondes, des puits nombreux, d'immenses excavations, une activité incessante composent un des spectacles les plus extraordinaires qui se puisse voir. La grande galerie d'écoulement, longue de plus de treize cents mètres, assèche la mine. C'est une des curiosités locales.

Jean apprit qu'un incendie venait de se déclarer dans l'une des exploitations. Hans Meister parut s'en émouvoir extrêmement, et parlait d'aller y porter secours, tarteiffle! flairant sans doute une bonne occasion de recouvrer la liberté de ses mouvements. Avec Jean vif et jeune, la chose avait chance de lui réussir; mais des ouvriers mineurs qui montèrent en wagon, assurèrent qu'il n'y avait là rien que de très fréquent, et qu'on possédait des moyens rapides d'enrayer la marche de ces feux souterrains.

Les houillères de Commentry, ont donné naissance à des forges, à des usines. Les belles forges du Tronçais, de Commentry et l'usine de Saint-Jacques qui en fait partie produisent en grand des rails de chemin de fer. Le petit Parisien eût bien voulu être à même de satisfaire sa curiosité; mais il n'y fallait pas songer; déjà le train touchait à Montluçon, ville industrielle, bâtie sur les deux rives du Cher, et sur un mamelon qui domine cette rivière, et à l'origine d'une branche du canal du Berry, ou canal latéral du Cher, — avec des environs fort pittoresques. De nombreuses forges donnent une physionomie particulière aux quartiers excentriques de cette ville.

Un ouvrier qui se rendait à Montluçon parla de sa manufacture de glaces comme ne le cédant qu'à celles de Saint-Gobain et de Saint-Quirin. Le polissage s'y fait à la mécanique.

A Montluçon, il y avait un quart d'heure d'arrêt. Hans Meister en profita pour regarder, — puisqu'aussi bien il payait! Ils descendirent pour se dégourdir les jambes, Jean offrant très obligeamment la main à l'Allemand — qui la repoussa.

— Si au moins nous passions par Vichy! dit le compère de Jacob, avec un soupir.

— Vous avez laissé Vichy derrière vous depuis Gannat, répondit un homme d'équipe.

— Pourquoi par Vichy? demanda Jean intrigué.

— Il me semble que cela m'aurait soulagé ma gastrite.

— Tout au moins, repartit Jean en souriant, pourriez-vous dire que vous êtes allé à Vichy... et que de votre gastrite il n'en est ni plus ni moins.

On remonta en wagon. Une heure après, Jean s'aperçut aux physionomies nouvelles des voyageurs que l'on prenait et l'on quittait à chaque station, et à leurs costumes ayant moins de couleur locale, qu'on était passé d'un département dans un autre, et plus exactement d'une province dans une autre, du Bourbonnais dans le Berry. On venait en effet d'entrer dans le Cher et déjà Saint-Amand-Montrond et la montagne du Belvédère étaient dépassés; on courait sur Bourges à grande vitesse, à travers un pays très boisé et de nombreuses prairies. En général la campagne était un peu triste.

Les gens qui montaient en wagon paraissaient se ressentir de cet aspect du pays. Leur teint blafard, leurs yeux sans animation, accusaient un caractère porté à la mélancolie. Leurs gestes étaient rares, embarrassés, leur parole traînante. Jean se douta qu'il n'en était sans doute pas ainsi dans tout le Berry, et il ne se trompait pas : l'est tout entier du département, bordé par la Loire, appartient à une race d'hommes grands et forts, très actifs; ceux-là ne sont pas superstitieux; ils ne croient pas aux fées ou « fades », ni aux sorciers — bergers ou chanvreurs — distributeurs de sorts.

Soudain apparut à l'horizon la cathédrale de Bourges, couronnant la colline sur les flancs de laquelle s'échelonnent les rues tortueuses de l'ancienne capitale du Berry. Cette cathédrale qui a cinq nefs, est l'un des plus beaux édifices religieux de la France. Bourges est bâtie sur le canal du Berry au confluent de l'Auron et de l'Yèvres.

Le petit Parisien savait assez son histoire de France pour se rappeler, en apercevant la vieille ville, que Charles VII aux plus tristes heures de son règne reçut le surnom dérisoire de roi de Bourges. Cette sombre page se liait pour lui à l'intervention surnaturelle de Jeanne Darc, sa « petite sœur de Lorraine ». Il pensait aussi à « l'argentier du roi », cet infortuné Jacques Cœur dont les talents et les services furent si mal récompensés par le même Charles.

Il y a un buffet à la gare de Bourges... et vingt minutes d'arrêt.

— Trop peu de temps, murmura Jean, pour voir toutes les belles choses qui sont là devant moi : cette cathédrale splendide malgré ses deux tours inachevées, la maison de Jacques Cœur, dont on a fait, je crois le palais de justice... Oh! je reviendrai à Bourges... dès que je serai maître de le faire.

Si les vingt minutes d'arrêt ne suffisaient pas au petit Parisien, il n'en fallait pas tant à l'Allemand pour la confection de son brouet favori. On alla au buffet, et tandis que Jean se faisait apporter une tasse de bouillon, une tranche de jambon et un verre de vin, Hans Meister demandait trois œufs et de l'eau bouillante, et procédait selon sa méthode : cassant les œufs dans l'eau, les battant, et ingurgitant le mélange en une minute, — montre en main.

Il était cinq heures quarante, lorsque le train se remit en marche.

Quelques minutes après le conducteur criait :

— Marmagne!... Marmagne!

— C'est Orléans que l'on crie? demanda l'Allemand; il interrogeait son voisin de droite en regardant son voisin d'en face.

— Orléans? Vous allez à Orléans, mon vieux? Vous n'y êtes pas encore, répondit celui qui n'avait pas été interrogé. C'est Marmagne ici.

Dix minutes s'écoulèrent. Autre station.

— Mehun!... Mehun!...

— Cette fois on dit bien Orléans! s'écria Hans Meister en se levant à demi.

— Tenez-vous donc tranquille, mon vieux. C'est Mehun. Il y a une fabrique de faïence...

Se tenir tranquille était facile à conseiller; mais le brouet, faute de l'accomplissement de quelque rite indispensable, n'avait pas produit son effet tonifiant ordinaire. L'Allemand, très mal à son aise, réprimait des hoquets, et luttait avec son potage réfractaire. Dans l'intervalle des hoquets, survenaient les crampes. Blanc comme un linge, sauf le nez qui tournait au vert, il se frottait le creux de l'estomac. De grosses gouttes perlaient à son front.

— C'était pourtant assez cher! murmurait-il.

— Foëcy! Foëcy!

— Eh? Qu'est-ce qu'on crie? demanda Hans Meister aux abois.

— Ne vous faites pas de bile, mon vieux. C'est Foëcy. Il y a une fabrique de porcelaine...

Hans Meister demanda à Jean de changer de place avec lui : il éprouvait le besoin d'être à proximité de la portière.

Jean, avec son idée fixe d'une évasion, refusa énergiquement. Singulier débat, entremêlé de jurons et de haut-le-corps.

— Tarteiffle! tarteiffle! vociférait l'Allemand.

Son visage tout entier devenait vert comme une queue d'oignon. Le voisin d'en face, si placide, finit par s'alarmer pour son propre compte, et offrit sa place, que le patient accepta — sans opposition de la part de son jeune compagnon de voyage.

— Nous allons arriver à Vierzon, dit le voisin obligeant. Il y a un buffet; vous prendrez quelque chose. Connaissez-vous Vierzon, mon vieux? Il y a la grande fabrique de porcelaine et de faïence de Bel-Air...

— Vierzon!... Vierzon!... Les voyageurs pour Orléans changent de voiture!

— Tarteiffle! Maintetarteiffle! répondit l'Allemand.

— Allez donc prendre quelque chose, vieux!

Hans Meister changea de voiture, mais il ne prit rien, — au contraire.

Le voisin obligeant suivit l'Allemand et Jean. C'était un gros bourgeois, très réjoui.

L'Allemand ne lui sut aucun gré de ses prévenances. Il se mit dans un coin — Jean en face de lui — et, tirant de son sac de toile le fameux mouchoir rouge, il s'en enveloppa la tête, les oreilles surtout, et s'isola du reste de la chrétienté, trouvant promptement un sommeil réparateur — et bruyant.

Affublé de la sorte, avec son long nez tombant sur sa bouche fatiguée par un rictus ironique habituel, ses yeux à demi fermés et qui louchaient encore, son visage demeuré livide, on aurait dit Polichinelle assommé.

Aux stations, les gens qui ouvraient la portière, reculaient épouvantés. D'ailleurs les grandes jambes du personnage interceptaient absolument le passage.

C'est ainsi qu'on arriva à Orléans, — assez tard pour que Jean ne vît rien de l'aspect extérieur de la ville. Il était plus de neuf heures, — bonne heure pour dormir : Jean secoua sans pitié sa victime et la réveilla.

Son pied glissa entre deux planches (page 158).

XI

Les joyeux vinaigriers

Au sud-ouest d'une vaste forêt, et au nord de l'immense courbe formée par la Loire, Orléans dessine sur la rive droite de ce fleuve un arc de cercle. Le plus beau cours d'eau de la France coule largement, clair, sans replis, trois fois grand comme la Seine l'est à Paris. Quelques barques, aux voiles très amples, viennent l'égayer. Les horizons sont très beaux de tous les côtés.

La ville, ceinte de gracieux coteaux, est bâtie sur une pente assez prononcée pour que, vue de face, on en découvre toutes les parties. Le Mail et les autres arbres qu'on a plantés sur l'emplacement des anciens remparts lui font une ceinture de feuillage. Un très beau pont de neuf arches la relie, au sud, au faubourg Saint-Marceau et au village d'Olivet.

Du côté de la ville s'alignent des quais réguliers auxquels aboutissent des avenues, promenades bien plantées. Les rues modernes sont larges, mais elles manquent d'animation, bien que la population s'élève à 50,000 habitants. Dans certaines parties de la vieille ville se déroulent des ruelles sombres et tortueuses. Dans la rue des Africains, la tour Blanche offre un vestige intéressant des fortifications qui arrêtèrent les Anglais en 1429 et permirent à Jeanne Darc d'arriver au secours de la ville assiégée.

Orléans est une cité calme, heureuse, plus commerçante qu'industrielle, toute pleine de souvenirs. Elle renferme plusieurs monuments : l'ancien hôtel de ville, dont la façade offre un remarquable spécimen du style de la Renaissance ; on y a établi le Musée ; l'hôtel de ville actuel, bâti en 1530, souvent remanié depuis, l'évêché, la cathédrale ou Sainte-Croix, maintes fois détruite, et dont la dernière reconstruction présente des combinaisons de style médiocrement heureuses : ainsi ses deux tours, carrées comme celles de Notre-Dame de Paris, édifiées dans le style ogival, se terminent bizarrement par des tiares de colonnes grecques.

Parmi les autres églises du moyen âge l'église Saint-Aignan est rangée au nombre des monuments historiques, mais non pour sa façade : elle n'en a pas. Saint-Pierre-le-Puellier est la plus ancienne de ces églises.

Quelques curieuses maisons sont visitées avec intérêt : la maison de Diane de Poitiers, récemment restaurée et où l'on a ouvert un musée historique et départemental ; sa façade est percée de fenêtres très ornées et ses deux portes sont sculptées en bas-relief ; le pavé de la cour est une mosaïque de pierres blanches et noires ; au fond de cette cour se trouve un puits garni de son ancienne ferrure ; une galerie soutenue par trois arcades y sert de péristyle à un magnifique escalier de pierre en spirale, régnant jusqu'au haut de la maison. Cette maison est classée parmi les monuments historiques.

Dans la rue de Recouvrance se voit la maison dite de François 1er, qui est aussi un monument historique. On y remarque deux riches galeries superposées et un puits à margelle sculptée.

Parmi ces vieilles maisons d'Orléans qui attirent l'attention, se rangent encore la maison de Jeanne Darc, celle de Marie Bouchet, du temps de Charles IX, les maisons de la place du Vieux-Marché, l'hôtel de la Vieille-Intendance, la maison Royale bâtie par Louis XI, la maison du célèbre jurisconsulte Pothier.

Les Orléanais n'ont pas été ingrats envers l'héroïne qui délivra leur ville : la statue équestre de Jeanne Darc, œuvre de Foyatier, occupe la place du Martroy; on en voit une autre au-dessous du perron de l'hôtel de ville; celle-ci est la reproduction en bronze du chef-d'œuvre dû au ciseau de la princesse Marie d'Orléans.

Un bataillon, deux au plus, composent toute la garnison de cette subdivision militaire. Une brigade de police, formée d'une vingtaine d'agents et quelques gendarmes constituent la force publique de la peu turbulente cité.

La ville où Jean venait d'arriver, traînant après lui Hans Meister, a beaucoup souffert de l'occupation allemande. Placée dès les premiers mouvements de l'armée de la Loire, au centre même des opérations; serrée comme dans un étau entre l'armée d'investissement de Paris et les Bavarois de Von der Thann, Orléans reçut plus rapidement que la plupart des villes de la même région le contre-coup des événements militaires.

A quatre lieues à l'ouest de la ville, Coulmiers vit un de nos rares succès de la guerre de 1870; dans le triangle formé par Orléans, Pithiviers et Montargis, le bourg de Beaune-la-Rolande est resté célèbre par un des faits d'armes de la même guerre.

Orléans, après avoir conçu de vives espérances, dut subir une seconde occupation, et en avait gardé une irritation profonde contre les vainqueurs. Les habitants y ont recueilli avec soin certains aveux échappés à ces Allemands, qui se détestent si cordialement, et ne sont unis que lorsqu'ils se sentent menacés. C'était, par exemple, tel jugement formulé par un officier bavarois : « Les Prussiens ont de la tête, mais ils n'ont pas d'âme ». De leur côté, les Prussiens témoignaient du plus grand mépris pour les Bavarois : « M. de Thann, répétait partout un officier né à Berlin, est un âne qui ne sait où aller quand nous ne le conduisons pas par la bride. » Un autre Prussien expliquait ainsi la conduite des Bavarois à la guerre : « Pour leur donner du courage, assurait-il, nous leur permettons de piller, et quand ils ont pillé ils se battent bien de nouveau... pour conserver leur butin. »

Les Allemands ainsi peints par eux-mêmes seront longtemps avant d'avoir dissipé la mauvaise impression qu'ils ont laissée dans la paisible ville.

On ne s'étonnera donc pas, les dispositions des habitants étant connues, que l'Allemand qui accompagnait Jean, fut très mal accueilli. C'est au point que dans deux hôtels on ferma la porte au nez à cette façon de Hans Wurtz, — Jean Saucisse, — qui est le polichinelle d'outre-Rhin. On voulait bien loger le jeune garçon; mais celui-ci ne pouvait consentir à se séparer de son compagnon — de son maréchal des logis, de son officier payeur.

Le compère de Jacob, tout à fait au-dessus d'une humiliation, n'était nullement fâché de voir le mal que se donnait le petit Jean et les rebuffades qu'il essuyait. Il louchait à plaisir et ricanait avec une véritable joie.

— Le mieux est de retourner... là-bas, finit-il par dire.

— Où là-bas?

— En Auvergne.

— En renonçant à l'objet de mon voyage? Jamais! s'écria Jean.

Dans la rue de la Bretonnerie, — qui est le faubourg Saint-Germain d'Orléans, habité non par la noblesse à peu près disparue, mais par une bourgeoisie oisive et caustique, d'ancienne date, qui se substitue à l'aristocratie blasonnée, — une maison meublée se dissimulait entre deux nobles demeures. Là, on se montra accueillant. Il y avait de la place au premier et au troisième. Jean préféra le troisième comme plus haut. Fidèle à son système, il mit en garde le personnel de la maison contre les velléités de fuir du prétendu maniaque (qui l'était bien un peu et beaucoup, entre nous soit dit) et l'on ne s'étonna pas d'entendre commander au jeune garçon de servir le souper dans la salle commune. Une fois l'Allemand chambré, un double tour de clé fut donné à la serrure. Du dehors, Jean et l'hôtelier l'entendirent longtemps jurer en allemand. Sa mauvaise humeur provenait surtout de ce que, vu l'heure avancée, il ne lui avait pas été permis de confectionner son brouet favori : son estomac avait une revanche à prendre.

— Il n'a pas l'air méchant, observa l'hôtelier. J'aime assez à en tenir un enfermé... de ces Allemands qui ont fait dans ma maison si tranquille, tant de bruit, tant de bruit... « Je vous préviens, me disait un chirurgien bavarois, que ce soir nous nous enivrons encore « en vin de Champagne », ainsi « ne vous faites pas déranger par le bruit qui s'ensuivra naturellement ». Et cela arrivait comme il l'avait dit! Mais oublions ce temps... Vous êtes trop jeune pour en avoir souffert, et même sans doute pour me comprendre.

— Peut-être! fit Jean. Monsieur, ajouta-t-il, est-ce que vous ne connaîtriez pas à Orléans un ancien soldat de 1870, nommé Vincent Isnardon?...

L'hôtelier se mit à réfléchir, à fouiller dans sa mémoire.

— Il s'est battu dans les Vosges jusqu'au bout, reprit Jean... Il était sergent dans la compagnie franche du capitaine « bleu... » Le père de ce Vincent était à cette époque cultivateur aux environs de la ville.

— Cultivateur aux environs! Ce n'est pas sitôt vu que ça, les environs! Laissons de côté la Sologne qui commence au sud du département; mais il y a la plaine de la Chapelle-Saint-Mesmin, admirablement cultivée; il y a aussi tout le long de la Loire des jardins et des pépinières d'où sont expédiés en quantité dans toute la France, fleurs et arbustes; il y a encore les coteaux de Saint-Ay; là c'est la vigne que l'on cultive avec profit; Est-ce à Meung? est-ce à Beaugency, en descendant la Loire? Est-ce au contraire en amont d'Orléans? du côté de Jargeau? de Sully? de Gien? Vous tenez beaucoup à trouver cet Isnardon, mon enfant?

— C'est une question d'honneur... pour ma famille.

L'hôtelier hocha la tête d'un air peu encourageant.

— Vous cherchez le fils, si je comprends bien? Voyez donc d'abord dans les fabriques de lainages, voyez chez les vinaigriers qui emploient beaucoup de monde...

— En demandant un sergent des francs-tireurs, il me semble que...

— Ah! tous ces braves gens sont dispersés... Beaucoup sont morts de fatigue, des privations endurées...

— Ne me découragez pas trop, murmura Jean d'une voix presque suppliante.

— Non, mon enfant, lui répondit avec bonté l'hôtelier, je m'en garderais bien; car sans vous connaître je m'intéresse déjà à vous.

Le lendemain Jean, accompagné de Hans Meister, entreprit de visiter les établissements industriels de la ville. Il commença par les vinaigriers. Orléans en compte cent cinquante environ qui fabriquent ensemble au moins deux millions d'hectolitres de vinaigre : un océan — où nageraient à l'aise les cornichons du monde entier!

Cette fabrication est des plus simples, car le vinaigre se fait presque tout seul. Dans les immenses celliers de tel fabricant, on voit jusqu'à six ou sept cents fûts rangés debout sur trois étages de planchers.

Ces fûts ont deux trous pratiqués sur le fond supérieur; l'un de ces trous sert au dégagement de l'air. Par l'autre, on introduit d'abord un peu de vinaigre bouillant, puis, de huit en huit jours, on verse dix ou douze litres d'un vin qui a filtré sur des copeaux de hêtre. La température de ces celliers est maintenue très élevée au moyen de calorifères. De temps en temps, on soutire la moitié du vinaigre de chaque tonneau.

Il y a un procédé qui n'exige que trois ou quatre jours; il consiste à faire écouler trois fois le vin, par un fond criblé de petits trous, dans un tonneau renfermant des copeaux de hêtre rouge; le vin sort à l'état de vinaigre. Selon la couleur du vin que l'on a employé, on obtient du vinaigre rouge ou blanc; ce dernier est le plus estimé, mais on peut décolorer le vinaigre rouge en le filtrant par le noir animal.

Ces vins du Loiret, clairs, guillerets, un tantinet acides ne comptent point parmi les meilleurs vins de France... Ils sont pourtant assez recherchés dans le commerce; coupés avec certains vins du Midi ils donnent un vin qui se boit comme vin d'ordinaire. Quoi qu'il en soit, passables comme vins, ces crus du Loiret fournissent d'excellent vinaigre.

Chaque fois que Jean s'informait auprès des contremaîtres ou des ouvriers, Hans affectait de reculer comme suffoqué par la chaleur des calorifères et l'odeur des émanations des fûts en fermentation. Cherchait-il une occasion favorable de s'enfuir?

Des Vincent, on en connaissait, parbleu! mais pas celui que le petit Jean cherchait. Une fois, il se crut sur une bonne piste; une heure après, il se trouvait déçu.

Vers le soir, dans les celliers d'un des plus importants fabricants — M. Desseaux, s'il nous est permis de le nommer — Jean fut à son tour serré à la gorge par une bouffée d'air chargé d'acidité. Il recula en fermant les yeux, où des picotements amenaient des larmes.

Hans Meister, très attentif, fit un demi-tour et s'esquiva comme un voleur, au grand étonnement d'un groupe d'ouvriers, qui se concertaient entre eux pour satisfaire aux questions du jeune garçon.

— Arrêtez-le! cria Jean en entendant des pas pressés retentir sur un plancher mobile. Il put ouvrir les yeux, et aperçut l'Allemand déjà à une certaine distance. Arrêtez-le! répéta-t-il. Il n'a pas son bon sens et il fera un malheur!

Mais cette fois Hans réussissait à gagner au large. Tout à coup, il s'affaissa, subitement se releva, mais avec un cri de douleur : son pied, glissant entre deux planches, il venait de se donner une entorse et faisait la plus laide grimace qui se puisse voir. Deux ouvriers le reçurent, chancelant, dans leurs bras, et le soutinrent.

— Tarteiffle ! Maintetarteiffle ! jurait l'Allemand, bien plus contrarié d'avoir manqué l'occasion de s'évader qu'il ne souffrait de son pied.

Cependant l'enflure de la cheville augmentait à vue d'œil.

— Ça ne fait rien, je marcherai, assura Hans Meister, très dur au mal.

Il fit quelques pas en effet, bien qu'avec beaucoup de peine et de contorsions.

Un ouvrier s'approcha :

— S'il voulait, proposa-t-il, je le porterais à bon vinaigre?

— Assez de vinaigre comme ça, dit l'Allemand qui ne comprit pas le sens de l'offre qui lui était faite.

— A bon vinaigre... je m'en charge, répéta l'ouvrier. Où demeurez-vous?

Jean nomma la rue de la Bretonnerie.

— Ce n'est pas déjà si loin !

— Je voudrais une charrette, dit Hans Meister, — une charrette à bras, — avec un petit matelas.

Dans ce quartier des vinaigriers, il n'y avait guère que des haquets. Un jeune garçon joufflu et jovial ouvrit un avis.

— Il y a là, dit-il, en montrant en face une jolie maison bourgeoise, la chaise à porteurs de la vieille baronne morte la semaine dernière... Je me charge de l'obtenir.

Les chaises à porteurs ne sont pas rares à Orléans. Bien des fois, la grand'-tante qui se rend à l'église en chaise, croise le vélocipède du petit-neveu : les deux siècles se saluent avec courtoisie.

Le jeune Orléanais, sans attendre de réponse, avait pris lestement les devants ; Hans traversant la rue, le suivit en boitant, tout en disant :

— Ça me va une chaise... avec des porteurs, beaucoup de porteurs. Mais qui les paiera? ajouta-t-il en poussant un profond soupir.

L'ouvrier vinaigrier qui avait proposé de ramener le blessé « à bon vinaigre », réunit quelques-uns de ses compagnons, gens de bonne volonté dont la journée était finie et qui voyaient poindre une occasion de se divertir.

La nuit arrivait, pas assez obscure encore pour qu'on ne pût distinguer les roses qui enguirlandaient de leurs pétales vernis l'encadrement des portières de l'élégant véhicule, et les amours qui se lutinaient sur le devant de la caisse.

L'Allemand — reconnu pour tel — fut hissé, poussé, assis, très flatté malgré tout de prendre place dans ce meuble de famille qui sentait la poudre à la maréchale. Dans la crainte de le voir changer d'idée, les garçons vinaigriers s'emparèrent des brancards et imprimèrent à la chaise un terrible mouvement de rotation. Jean devait suivre à pied.

— Au Mail! au Mail! crièrent les joyeux compagnons sans plus se préoccuper de l'endroit où demeurait l'Allemand.

— Sans falot pas de plaisir! observa l'un d'eux.

— Mieux que cela! s'écria le jeune gaillard qui avait mis la chose en train; je vais avoir deux torches.

Les porteurs firent semblant de se mettre en route. Pour gagner du temps, ils faisaient six pas en avant et quatre en arrière. Hans Meister commençait à s'impatienter, et il devenait clair pour Jean qu'on voulait s'amuser de l'Allemand.

Tout à coup, deux torches de résine inondèrent cette scène de leurs lueurs rougeâtres. Cette fois, on se mit en route avec les éclats d'une folle gaieté. Les rires et les quolibets amorcèrent une douzaine de galopins qui firent escorte, en entonnant soudain la *Marseillaise*.

Naturellement, les vinaigriers avaient pris le chemin « le plus beau ». Ils suivaient les quais, marchant aux accents de la chanson patriotique d'un pas cadencé qui secouait l'Allemand. Son entorse lui faisait souffrir mort et passion. Bientôt les porteurs fatigués cédèrent leur place aux premiers venus qui s'offrirent. Ceux-ci, pensant qu'il s'agissait tout simplement de se divertir, ne conservaient plus aucun ménagement. Hans Meister paraissait alternativement à une portière, puis à l'autre, commandant d'arrêter; mais ses cris suppliants se perdaient dans le bruit et les rires; on ne voyait que son long nez, sa bouche convulsivement fendue jusqu'aux oreilles, ses yeux égarés, et parfois la contraction des traits causée par la douleur; et l'air grotesque du patient redoublait la bonne humeur de l'assistance.

— « Mein Gott! (mon Dieu!) s'écriait le malheureux, « mein Gott! » — Et puis, ses jurons à la file, et *tarteiffle!* et *maintetarteiffle!* et *sacrament!*

C'est en vain que Jean voulut intervenir : on ne l'entendit même pas.

A tout moment un des porteurs, à bout de forces, tant il riait, lâchait son brancard, et la chaise talonnait sur le sol avec un redoublement de cris de détresse s'échappant de l'intérieur, jusqu'à ce que quelque bon drille vînt remplacer le camarade qui, vaincu, s'esclaffait de rire, se tenant le ventre à deux mains.

Marchons! Marchons!

hurlait le chœur des galopins, auquel se mêlait maintenant quelque creux de

L'aubergiste réfléchissait (page 167).

basse. Le compère de Jacob Risler essaya d'ouvrir une des portières. Fermaient-elles par un ressort?... elles refusèrent de céder à ses efforts.

La scène devenait d'un haut comique.

— Halte! cria soudain un sergent de ville.

Ce commandement fit l'effet d'une douche glacée sur tous ces cerveaux surexcités. Les porteurs posèrent brusquement la chaise par terre, — si brusquement qu'elle faillit verser.

— Où menez-vous cet homme? demanda le sergent de ville.

Ce fut à qui ne répondrait pas. On s'interrogeait du regard.

— Nous n'en savons rien, balbutia enfin l'un des porteurs.

— Comment! Vous n'en savez rien?

— Nous le promenons... pour le distraire... Nous allons au Mail...

Jean, se haussant, réussit à se faire entendre.

— C'est un Allemand qui m'accompagne, dit-il, il ne peut pas marcher... il a un pied foulé...

— Tout ça c'est des vaudevilles! s'écria le représentant de l'autorité. Au poste! Et plus vite que ça!

Hans Meister cherchait le joint pour sortir de sa boîte. En se dressant, grâce à sa haute taille, son crâne souleva le dessus de la chaise. Il passa la tête par l'ouverture, et s'adressant à l'agent, étonné de le voir surgir tout à coup comme un diablotin, il protesta énergiquement de la violence qui lui était faite; il réclamerait justice, *tarteiffle!* Puis s'avalant, il s'efforça de passer par une portière; mais la douleur de son pied trahit sa bonne volonté. Cette dernière et infructueuse tentative provoqua une hilarité générale. L'autorité elle-même se mordait les lèvres pour ne pas éclater.

Aux armes, citoyens!

essayèrent de reprendre les petits polissons; mais ce fut en vain; le sergent de ville réussit à retrouver son air grave, et faisant sortir de la foule deux hommes vigoureux, il leur enjoignit de saisir les bricoles; de nouveau il ordonna qu'on prît le chemin du poste.

Et, s'emparant des deux torches qui secouaient des étincelles et entretenaient l'animation, le sergent de ville les écrasa l'une après l'autre sous ses larges semelles.

Alors on se remit en route. Les torches éteintes, aux chants avaient succédé des huées. Hans Meister, demeuré debout la tête et la moitié du buste dehors, montrait le poing à la foule et, plus près de lui, au petit Jean.

— Tu me paieras tout cela, coquin! criait-il. Ah! ce coquin de Parisien!

Jean passant ses mains par la portière fit rasseoir l'Allemand de force, et lui dit en manière de défi :

— Pour peu que vous y teniez, vous savez, nous allons régler tous nos comptes! Mais gare à vous! Vous voilà déjà sous la protection de la police!

XIV

Les sources du Loiret

Au poste de police, on examina le pied de Hans Meister, où l'entorse produisait une énorme enflure; et après les explications fournies par le petit Parisien, il ne fut plus question de retenir l'Allemand comme perturbateur de la tranquillité publique. Son pied exigeait les soins d'un chirurgien, des applications de compresses d'eau froide, un repos absolu assez long, bref tout un traitement.

Le rassemblement extérieur étant dissipé, le commissaire ordonna de transporter le blessé à l'Hôpital général, dans la chaise même dont on s'était servi pour l'amener, et dont les armoiries indiquaient la provenance. Le commissaire de police, quelque peu contrarié de lâcher une si belle proie, eut bien envie de garder Jean au poste et de le faire payer pour tous; mais la gentillesse du jeune garçon dissipa cette velléité; de sorte que tandis qu'on emportait à l'hôpital le compère de Jacob Risler, geignant, maugréant et menaçant, Jean reprenait tristement, mais libre, le chemin de l'hôtel meublé de la rue de la Bretonnerie.

C'était pour lui une journée perdue et qui se terminait on ne peut plus mal. Qu'allait-il faire à Orléans, séparé de Hans Meister? sans aucun argent? sans grand espoir de trouver ce Vincent Isnardon que personne ne connaissait? sans nouvelles de Bordelais la Rose, ni de son ami Maurice? Il pouvait, il est vrai, écrire à la baronne du Vergier, qui lui avait offert de l'aider dans ses recherches. Ne valait-il pas mieux, se trouvant si près de Paris, retourner chez son oncle Antoine?

Mais alors son voyage n'aurait eu qu'un médiocre résultat; il se retrouverait en face du placide ouvrier ébéniste dont l'indifférence le révoltait...

Il dut, en rentrant à l'hôtel, faire connaître sa situation, et raconter ce qui était arrivé à son compagnon. Après quoi, il écrivit quelques lettres, à Mauriac, à Clermont-Ferrand, à Paris, remettant au lendemain de prendre un parti.

Le pauvre petit, amené à réfléchir comme un homme, se tenait à la fenêtre de sa chambre; les derniers bruits de la ville, de bonne heure endormie, s'éteignaient l'un après l'autre. On parlait à l'étage inférieur. Une voix ample, sympathique, exposait des théories sur un art quelconque, la musique probablement... et même à n'en plus douter, la musique religieuse, car la voix venait d'entonner un motet. Lorsque le chant cessa, l'auditeur du musicien, son interlocuteur également, approuva chaleureusement :

— Bravo, Modeste! Bravo! C'est que ça y est!

— N'est-ce pas? dit l'autre avec un accent de triomphe.

Jean reconnut alors son vicariant d'Auvergne, Modeste Vidal, à qui il avait quelque obligation. Quelque chose lui dit que ce garçon se trouvait de nouveau sur sa voie pour lui venir en aide une seconde fois. Sans hésiter, le petit Parisien descendit un étage, et frappa à la porte. Le musicien vint ouvrir et Jean lui sauta au cou, l'étreignant avec force.

— Qu'est-ce donc? demanda un homme âgé qui demeurait assis, ne paraissant pas y voir beaucoup. Il portait une grande barbe blanche.

— Monsieur Pascalet, c'est un gentil enfant dont j'ai fait connaissance, près de ce Roc du Merle dont je vous ai parlé; il me tombe du ciel dans les bras...

— Est-il vraiment si gentil? Alors, ami, c'est que ta musique fait descendre les anges du ciel.

Jean expliqua sa présence à Orléans et raconta ce qu'il avait fait depuis sa séparation d'avec Modeste Vidal en vue du château de Fontanges. Comme on le pense bien, l'Allemand ne fut pas oublié.

— C'est assez gai au fond, observa le vieux homme. Si j'étais romancier j'utiliserais ces péripéties... Mais, ajouta-t-il, je ne suis qu'un modeste peintre de mœurs.

Ce fut au tour de Modeste Vidal de prendre la parole. En deux mots, il apprit à Jean comment il avait rencontré à Murat le père de son premier maître de musique — un compositeur de génie, celui-là! tué par la *mal'aria* à Rome. M. Marius Pascalet se trouvait au moment de quitter l'Auvergne pour venir étudier l'Orléanais et la Touraine, très embarrassé par la défection de son secrétaire. Il travaillait à un tableau des provinces de France; « ça n'a pas beaucoup de rapport avec la musique, ajouta Modeste Vidal, mais je me suis mis à sa disposition. J'écris sous sa dictée. Le vénérable père de mon maître bien-aimé a presque perdu la vue en prolongeant outre mesure ses veillées d'étude. Demain, nous allons aux sources du Loiret, une des curiosités naturelles de la France; vous viendrez avec nous, Jean? *Tu* viendras, mon ami? M. Pascalet y consentira si je l'en prie. »

Jean fit quelques objections, tirées de sa situation embarrassée ; mais le musicien ne voulut rien entendre.

M. Pascalet, mis dans la confidence du but des recherches du jeune garçon, le félicita de son énergie, et insista à son tour pour qu'il vînt avec eux. — Tu questionneras sur ton chemin, lui dit-il, le hasard peut te servir...

Le lendemain, de bonne heure, on se trouvait sur la route d'Olivet, en laissant en arrière la Loire et le pont d'Orléans.

M. Pascalet voulut que le trajet fût accompli à pied, afin que ses « jeunes amis » pussent jouir du paysage, qui vaut la peine d'être vu. On croisait les omnibus faisant le service régulier entre le village et le chef-lieu du département. Après avoir dépassé le faubourg Saint-Marceau, ils prirent place dans une petite barque.

Tout le long du Loiret s'échelonnaient d'élégantes villas champêtres: la Petite Pologne, l'Orbellière, le Poutil, qu'aimait Henri IV, Villebourgeon, Petit-Bois, Beauvoir, Bel-Air, la Fontaine dont Le Nôtre a dessiné les jardins, les Vallins, où le duc de Guise, frappé à mort par Poltrot devant Orléans, vint mourir en 1563, enfin la Folie-Gauthier. Le batelier disait les noms de ces résidences. M. Pascalet, ajoutait une particularité historique, un éclaircissement, une date.

Entre deux sites, l'aimable savant parlait avec agrément de choses et d'autres ; il insistait notamment sur certains traits de caractère des habitants du Loiret. Les Orléanais, disait-il, sont d'humeur satirique ; dès le quatorzième siècle, ils s'étaient attiré le surnom de « guépins ». Ils ont eu de nombreux poètes pleins de finesse caustique ou d'un langage franc et hardi. Tels sont les plus célèbres d'entre eux, Guillaume de Loris et Jean de Meung, auteurs du *Roman de la Rose*. Ce ne sont pas les seuls hommes remarquables du département, dit encore M. Pascalet, j'en pourrais nommer d'autres : l'amiral de Coligny, tué à la Saint-Barthélemy ; Étienne Dolet, cet imprimeur brûlé à Paris sur la place Maubert ; le peintre Girodet...

M. Pascalet assura qu'à Orléans les choses du goût et de l'esprit ont conservé leurs grandes entrées dans les salons, et que cette ville est de celles où l'on sait encore causer.

Puis, sans transition, il parla des canaux du département; du canal de jonction de la Loire et de la Seine, dont les deux embranchements se nomment canal d'Orléans et canal du Loing; et de deux autres canaux, celui de Briare qui joint la haute Loire à la Seine par le canal du Loing et un canal latéral à la Loire depuis Digoin jusqu'à Châtillon-sur-Loire et Briare. M. Pascalet s'étendit ensuite sur la fabrication des lainages à Orléans, et toucha un mot des gourmandises que Pithiviers exporte partout : gâteaux d'amandes et pâtés d'alouettes...

Enfin on arriva aux sources du Loiret. Elles jaillissent dans le parc charmant du château de la Source, à environ une lieue et demie d'Orléans. Ces sources sont le Bouillon et l'Abîme. Avant 1672, l'Abîme, à l'eau profonde et bleue, était le seul jet d'une rivière souterraine provenant évidemment d'infiltrations de la Loire; la pression intérieure des eaux, ou toute autre cause ayant crevé le plafond de la galerie supérieure, le Bouillon qui est aujourd'hui la source la plus forte, s'échappa tout à coup. Ces sources se trouvent dans un site fort pittoresque entouré d'arbres élevés, tapissé de gazon, et dans le voisinage d'un joli coteau. Du milieu d'un bassin d'environ quarante-cinq pieds de diamètre, on voit l'eau s'élever rapidement d'une grande profondeur, former à la surface un bouillonnement, et se déverser dans un canal qui traverse le parc et longe le château. Les eaux de l'Abîme et du Bouillon réunies forment le Loiret qui est tout de suite navigable. Après un cours de trois lieues il va se jeter dans la Loire.

M. Pascalet affirma que le Loiret était très poissonneux, qu'on y pêchait des brochets et des barbeaux d'un goût exquis, des brèmes, des tanches, des anguilles, et des ablettes, — ce petit poisson dont l'écaille argentée sert à la fabrication des perles fausses. Cette abondance de poisson, observa-t-il, n'a pas peu contribué à attirer sur les rives de ce joli cours d'eau les guinguettes et autres établissements champêtres où l'on combine les délices d'une matelote arrosée d'un vin du cru, avec des concerts sur l'eau, le soir, à l'illumination des feux de Bengale.

Lorsque Modeste et Jean eurent longuement admiré les sources et le paysage, — le pauvre M. Pascalet voyait surtout avec les yeux du souvenir — on parla du retour, et on reprit le bateau. L'homme de lettres voulut que ses jeunes amis choisissent un restaurant où l'on mangerait une friture. Un chalet suspendait ses balcons de bois découpé au-dessus de l'eau; on descendit là.

La « friture », habilement conservée vivante dans une réserve, fuma promptement sur la table.

A la fin du repas, le maître de l'établissement s'avança, le tablier relevé sur la hanche, en quête d'éloges pour sa friture. C'était un gros homme, court et ventru, qui ne devait pas aimer le vin seulement dans les sauces. Modeste Vidal lui adressa brusquement cette question :

— Ne connaîtriez-vous point par ici, un Vincent Isnardon, ancien soldat?

— Sergent, rectifia Jean.

— Mais si, mais si! fit l'aubergiste. Je ne connais que ça, Isnardon! Son père était fleuriste à la Chapelle-Saint-Mesmin...

— Vous y êtes! s'écria Jean en battant des mains.

— Le père n'a pas pu tenir la location ; il est allé du côté d'Étampes... je crois...

— Et Vincent? demandèrent à la fois Jean et Modeste.

— Vincent? — je vais vous l'indiquer tout de suite. Attendez donc!... Il est régisseur, ou quelque chose d'approchant, dans un grand château de Touraine, — un des plus grands châteaux, un de ces châteaux que les Anglais vont visiter en bandes.

— Mais lequel? fit Jean désappointé.

— C'est qu'il y en a beaucoup de châteaux en Touraine, observa M. Pascalet; il n'y a que de ça!

— Attendez donc, dit l'aubergiste d'un air capable ; et il réfléchissait en frappant son front étroit de sa main grassouillette. Ce n'est toujours pas loin de la Loire.

Jean eut des larmes aux yeux. La déception était si forte!

— Pourquoi pleure-t-il donc ce petit? demanda l'aubergiste. Mes paroles lui font cuire les yeux comme si elles étaient assaisonnées à la moutarde...

— Voyons, Jean, soyons raisonnable, dit à son tour Modeste Vidal. Nous tenons une indication qui n'est certes pas à dédaigner. M. Pascalet part demain pour visiter la Touraine et je vais avec lui, je questionnerai partout...

— Vous m'oublierez! fit Jean découragé. Et puis, que deviendrai-je en vous attendant? Puis-je seulement rester à Orléans?

— Si nous l'emmenions? dit M. Pascalet.

— Je serais une charge pour vous, monsieur, répondit Jean.

— Mais non. As-tu une bonne écriture? une belle écriture d'écolier? Modeste écrit comme un chat... J'ai un arriéré de notes... C'est dit!

Jean très ému ne sut comment remercier.

XV

Les châteaux de la Touraine

C'était affaire entendue; Jean devait accompagner M. Pascalet et Modeste Vidal dans leur excursion en Touraine, en passant bien entendu par le Blaisois. Charmant voyage s'il en fut !

A huit heures 30 du matin, le vieux savant et ceux qu'il se plaisait à appeler ses « secrétaires » quittaient Orléans par le chemin de fer se dirigeant sur le département du Loir-et-Cher, non sans jeter un coup d'œil en passant sur quelques localités intéressantes, — sans oublier Meung, chef-lieu de canton situé sur le ruisseau des Trois-Mauves et relié à la rive gauche de la Loire par un pont suspendu ; on sait que c'est la patrie de Jean de Meung, l'un des auteurs du *Roman de la Rose*.

Les riches campagnes de la Beauce, si proches de la triste Sologne, étaient couvertes de meules de blés de la dernière récolte.

Enfin Beaugency apparut avec sa physionomie de ville du seizième siècle ; car il subsiste encore aujourd'hui à peu près tel qu'il fut rebâti à la suite des guerres de religion ; — avec son curieux pont sur la Loire, comptant vingt-six arches en pierre et en bois, datant de diverses époques ; avec la tour carrée et massive de l'ancien château, soutenue par d'énormes contreforts, improprement appelée Tour de César, ruine gigantesque assez sombre et obscurcie encore par les vols des corbeaux qui l'habitent.

— Il est fâcheux, observa M. Pascalet, que nous ne puissions pas voir d'un peu près les « chats » de Beaugency, ainsi qu'un sobriquet moqueur a qualifié les habitants ; pour moi, je trouve que chat est bien trouvé, car s'ils aiment à se pelotonner au soleil, ils dorment avec un œil ouvert... et vigilant. Le vieux

LE TOUR DE FRANCE D'UN PETIT PARISIEN

Il s'arrêta devant plusieurs maisons anciennes (page 171).

homme de lettres ajouta : J'ai été vraiment touché en apprenant que dans leur ancien cimetière l'inscription qui honore la mort des victimes de décembre 1870, se termine par ces mots :

La France n'est jamais morte :
Elle n'est qu'endormie.

Quelques instants après le train traversait le ruisseau des Mauves, sur un viaduc qui a près de trois cents mètres, puis celui de Travers et entrait dans le Loir-et-Cher.

Un souvenir fut donné en passant au château de Ménars, œuvre de madame de Pompadour, et dont les jardins descendent en terrasse jusqu'à la Loire, offrant de forts beaux points de vue. Peu après, vers dix heures, on entrait en gare de Blois.

— Ici, dit le vieux savant, nous avons le château de Blois...

— Mais, observa Modeste Vidal en s'adressant surtout à Jean, ce n'est certainement pas un de ces châteaux dont voulait parler l'aubergiste des sources du Loiret.

— Sans doute, répliqua M. Pascalet, mais c'est à Blois que nous trouverons des voitures pour Chambord, pour Chaumont, pour Chenonceaux, pour Cheverny. Je compte pourtant visiter le château de Blois, pour compléter quelques informations.

Le petit Parisien sentait sa confiance renaître, il se voyait à Blois comme en un centre d'opérations. Quel bonheur pour lui, si, en parcourant ces belles campagnes du Blaisois et de la Touraine que l'on a appelées le « Jardin de la France », il allait se trouver enfin face à face avec l'homme qui pouvait témoigner de l'innocence de son père et fournir des preuves manifestes de la honteuse conduite de Louis Risler, le sabotier du Niderhoff ! Comme il serait fier aux yeux de tous et surtout de son bon ami Bordelais la Rose, d'avoir mené à bien cette recherche entreprise follement peut-être, mais avec cette confiance qu'il puisait dans son ardent désir de réhabiliter son père ! Toutefois, en voyant combien prendrait de temps toutes les excursions projetées (et encore tous les châteaux ne lui avaient pas été nommés), il demanda à M. Pascalet, d'une voix qui dissimulait mal un certain souci, à quel moment il ferait ces écritures, ces mises au net de notes dont il avait été parlé.

— Après, après, dit en souriant le vénérable M. Pascalet.

— Après ? fit Jean ; quand nous aurons trouvé Vincent Isnardon ?

— Oui, mon enfant.

— C'est qu'alors, objecta timidement le petit Parisien, j'aurai tant de hâte de retourner à Mauriac auprès du pauvre blessé !

Et il pensait aussi, tout en désignant Bordelais la Rose, retrouver auprès de lui, l'autre blessé, Jacob Risler, que l'on pourrait convaincre de fausseté et de manœuvres coupables.

Après le déjeuner dans un restaurant de la ville basse, on monta au châ teau en suivant les indications de l'homme de lettres, dont la vive intelligence et l'esprit présent suppléaient presque à l'affaiblissement de la vue ; c'est ainsi qu'à travers les ruelles tortueuses de la vieille ville il s'arrêta devant plusieurs anciennes maisons sculptées et les restes de quelques hôtels de la Renaissance. On sait que Blois est bâti en amphithéâtre, et dans une situation pittoresque sur une colline escarpée de la rive droite de la Loire, laquelle s'arrondit en un demi-cercle dont les extrémités s'appuient au fleuve ; sur l'une s'élève le château, sur l'autre la cathédrale, bel édifice de la fin du dix-septième siècle, la ville occupant l'espace intermédiaire, avec le pont, au centre, qui met le faubourg de Vienne en communication avec elle.

Quand on fut arrivé, M. Pascalet dit à ses amis :

— Regardez bien, mes enfants, vous qui pouvez tout voir. Cette large façade avec ses trois galeries superposées, c'est l'œuvre de bien des siècles ! Ce château n'a pas toujours eu l'aspect qu'il présente ; il a d'abord été une forteresse féodale, et il n'a plus l'air d'une forteresse, n'est-ce pas ? Il se compose, vous le verrez, de quatre corps disposés autour d'une cour. Le plus ancien, des douzième et treizième siècles, renferme la salle des États ; la chapelle de Saint-Calais et le corps de bâtiment dans lequel s'ouvre la porte principale ont été construits par Louis XII ; la façade nord date de François Ier ; la façade de l'ouest, élevée par Gaston d'Orléans, a eu le premier Mansard pour architecte : c'est la plus régulière assurément, mais elle n'offre pas les curieux détails d'architecture des trois autres façades, bien que celles-ci soient un peu lourdes. — L'aile de François Ier est une des plus belles œuvres de la Renaissance ; la tourelle de l'escalier octogonal, aérien, brodé de festons à jour, où le chef de la dynastie des Valois a mis sa salamandre, est sans conteste une admirable merveille.

Un gardien, avisant des visiteurs, s'était approché. C'était un vieux soldat manchot.

— Vincent Isnardon ? Vous ne le connaissez pas ? lui demanda Jean à demi-voix.

— Cet enfant a raison, dit le bon M. Pascalet, c'est par là que nous aurions dû commencer.

— Isnardon, répéta le gardien, non... non... Il y a bien ici un Vincent, mais il s'appelle Coquardeau.

— Qu'est-ce qu'il fait ? dit l'obstiné Jean, s'attachant à la moindre lueur d'espoir. — Coquardeau rappelait cocarde à l'esprit et cocarde, l'armée. Si c'était un surnom ! — Est-ce un ancien soldat ?

— Jamais de la vie ! répondit l'autre fièrement. Il a une jambe courte d'au moins une aune, et la tête rentrée dans les épaules — il semblait lui reprocher son infirmité, — c'est le lampiste, ajouta-t-il dédaigneusement.

C'était là une première déception pour le petit Parisien ; mais Modeste Vidal le réconforta par quelques paroles d'encouragement, et le vieux savant put reprendre l'historique du château.

Il fit observer que les différences de style qu'il accuse indiquent assez qu'il est l'œuvre de divers siècles. Ce château fondé par les comtes de Blois a été, en effet, agrandi par Louis XI, François Ier, Louis XII, Louis XIII ou plus exactement son frère Gaston d'Orléans, et enfin Louis XIV.

— Sachez bien, dit M. Pascalet, que le château de Blois n'a pris toute son importance qu'en devenant l'apanage des princes de la famille royale; à la fin du quatorzième siècle, le château passa avec le comté de Blois tout entier entre les mains de Louis d'Orléans, frère de Charles VI : il eut ce beau domaine, à la mort de Guy de Châtillon, auquel il l'avait acheté en le payant au moyen de la riche dot que lui avait apportée Valentine de Milan, sa femme. Le comte de Blois s'en était réservé la jouissance sa vie durant; mais au moment de la vente, il reçut comptant deux cent mille couronnes d'or, qui équivaudraient à deux millions quatre cent mille francs de notre monnaie.

— Franchement, c'était pour rien ! observa le musicien.

— Après l'assassinat de son mari par le duc de Bourgogne, reprit l'homme de lettres, Valentine de Milan se retira avec ses enfants au château de Blois. Ce fut ici que des messagers vinrent annoncer au petit-fils de Louis d'Orléans la mort inopinée du roi Charles VIII, qui l'appelait au trône. Celui qui devait être Louis XII, et mériter par la sagesse de son administration le glorieux surnom de Père du peuple, était né au château de Blois. Cette résidence lui plaisait beaucoup.

» La reine Anne de Bretagne y rendit le dernier soupir. François Ier parut souvent à Blois ; ses préférences furent plus tard pour le château de Chambord, mais Henri II et François II, Catherine de Médicis et Henri III rendirent son lustre à Blois, qui vit alors des fêtes éclatantes et de brillants tournois ; les noces du duc d'Alençon avec Marguerite d'Anjou, celles de Henri IV avec Marguerite de Valois.

» Henri III convoqua à Blois les États généraux du royaume. Le duc de Guise, chef du parti de la Ligue, se montra audacieux au point que le roi ne trouva d'autre moyen de se débarrasser de lui qu'en le faisant assassiner. Le lendemain de cette tragédie vit la mort violente du cardinal de Guise. Les corps des deux frères furent brûlés et jetés dans la Loire ; douze jours après la reine Catherine de Médicis, dévorée par une fièvre ardente, expirait dans une chambre qu'on vous montrera. Depuis ces événements lugubres, ajouta M. Pascalet, le château de Blois a servi de prison à Marie de Médicis, mère de Louis XIII; Gaston d'Orléans, frère de ce roi, y fut exilé à son tour. En 1668, je crois, Louis XIV revenant de Chambord donna ici une fête somptueuse. Le château dont la démolition avait été commencée en 1793, fut restauré quelques années plus tard, et reçut Marie-Louise après la capitulation de Paris.

— Mes amis, ajouta M. Pascalet, je vais vous abandonner à un guide et je vous attendrai à cette place. Modeste, prenez note des restaurations qui ont été faites dans ces dernières années, les noms des architectes; le nom de celui qui a dirigé la restauration de l'escalier de François Ier.

— C'est M. Duban, dit le gardien à qui Jean avait adressé la parole.

Le vieux savant s'assit sur un banc de pierre; Modeste et Jean suivirent le gardien.

Une demi-heure après, ils revinrent, ayant parcouru le château un peu au pas de course.

— Qu'avez-vous vu? leur demanda M. Pascalet.

— D'abord la salle des États, répondit Modeste Vidal, elle a quarante mètres de long sur vingt de largeur, a dit notre guide ; elle est divisée en deux parties par une rangée de huit colonnes ; nous avons ensuite admiré le magnifique escalier à jour.

— Et toi Jean, de quoi as-tu été le plus frappé ?

— L'escalier, toujours l'escalier, répondit le petit Parisien. On ne voit rien de semblable au Louvre... Ensuite, l'arrière-cabinet à l'entrée duquel le duc de Guise fut assassiné. On nous a raconté qu'Henri III avait fait apposter des gardes qui frappèrent le duc par derrière au moment où il sortait de la salle du conseil. Renversé, il alla tomber aux pieds du lit du roi en criant : « Mon Dieu ! mon Dieu ! miséricorde ! » Le gardien nous a montré la place qu'il a tachée de son sang.

— Rien n'est moins certain que cette place, selon les historiens modernes, dit M. Pascalet. Et puis ? quoi encore ?

— La chambre à coucher du roi ; les salles des gardes du roi et des gardes de la reine ; le grand salon de la reine, le cabinet de Catherine de Médicis ; la chambre où elle est morte...

— Dont le plafond est charmant, ajouta Modeste Vidal, aux yeux de qui les manifestations de l'art primaient tout.

— L'oratoire de la reine et son cabinet de travail, poursuivit Jean.

— Où il y a de ravissantes boiseries, dit encore le musicien.

— Enfin nous avons vu la tour des Moulins et ses oubliettes ; vous savez, m'sieu, on faisait culbuter les gens tout vivants dans un puits profond, une trappe s'ouvrait, crac !... et on n'entendait plus jamais parler du malheureux.

— Je sais, je sais, dit M. Pascalet en souriant.

Les touristes redescendirent vers la ville, et M. Pascalet eut plus d'une occasion de faire remarquer à ses jeunes amis, qu'à Blois l'art est partout : dans les monuments comme dans les demeures les plus modestes. Le goût y est épuré par la vue de chefs-d'œuvre de la Renaissance, épanouis en une éclatante floraison. Les châteaux, les églises, les vieux hôtels, sont construits avec une pensée, un style, une intention, et sont des livres où, dès l'enfance, chacun épèle la langue du beau. Un simple maçon sait éfiler un toit, espacer des fenêtres, découper un pignon, tracer un cordon sous des poutres, et jusque dans les villages, sur la façade des chaumières, se glisse comme une vague réminiscence des formes inconsciemment étudiés, et se retrouvent les traces du génie d'une merveilleuse époque.

Une ville qui possède, — outre son château, — dans ses environs des joyaux tels que Chambord, Chaumont, Chenonceaux, Cheverny, Amboise, Azay-le-Rideau, Ussé, Langeais, Moncontour, est naturellement ouverte aux initiations artistiques les plus délicates. Si l'on envoyait des élèves s'instruire en Touraine, on formerait des architectes habiles à marier la beauté des lignes aux convenances de la destination, chose assez difficile à réaliser.

— Demain, ajouta M. Pascalet qui s'était complu à développer ces idées, nous irons au château de Chaumont, le plus beau de tous ceux qui sont autour de nous, par le site qu'il occupe. Vous verrez qu'il commande une admirable vue sur la plaine, le fleuve, les bois et les coteaux. Aujourd'hui, nous n'aurons pas trop des heures qui nous restent, pour prendre une idée de la ville et du caractère des gens du pays. Blois doit compter un peu plus de vingt mille habitants ; il y a ici et aux environs quelques fabriques de draps, de cotonnade, d'étoffes de laine et de molleton ; il y a des papeteries et aussi des vinaigreries qui ne le cèdent en rien pour la renommée de leurs produits à celles d'Orléans.

» Laissez-moi vous dire que des princes sont nés à Blois qui ont tenu une moins grande place dans le monde qu'un humble savant du dix-septième siècle, Denis Papin, natif de cette ville, et l'un des premiers inventeurs de la machine à vapeur. Il était fils d'un médecin protestant et médecin lui-même. On raconte qu'un jour de l'eau bouillait devant lui dans un vase couvert, et il remarqua que la vapeur soulevait par moments le couvercle et le laissait retomber dès qu'elle s'était échappée ; ce fut le point de départ de sa découverte. La ville lui a dressé une statue, méritée autant par la grandeur de son invention que par les tribulations d'une vie finie dans la pauvreté. Ses compatriotes lui ont, vous le voyez, rendu justice...

La journée du lendemain se présenta superbe. Après une courte délibération avec Modeste Vidal, M. Pascalet décida que cette journée serait consacrée au château de Chaumont. Ce château est situé à environ quatre lieues au sud-ouest de Blois, sur une colline qui domine la Loire. On trouve à Blois des voitures qui y conduisent. Nos touristes roulèrent bientôt vers Onzain en longeant la rive droite du fleuve. C'est à Onzain que l'on aperçoit, sur la rive gauche de la Loire, le château de Chaumont sous son plus bel aspect. A Escure, un pont suspendu de six travées permet le passage du fleuve.

Le château de Chaumont, entièrement gothique, avec son pont-levis, sa poterne, sa herse, parle vivement à l'imagination des siècles passés.

Le coteau qu'il domine et qui lui a donné son nom est escarpé. M. Pascalet et ses amis le gravirent par un escalier creusé dans le roc, et firent une station sur une petite plate-forme qui sert d'emplacement à l'église du village.

Reconstruit au quinzième siècle par les seigneurs d'Amboise, le château se compose à l'extérieur, du côté de la plaine, de deux corps de logis irréguliers, flanqués d'une très grosse tour à chaque angle, et réunies au pavillon de la voûte d'entrée par deux autres tours pourvues de mâchicoulis ; toutes ces tours sont terminées par des toits en pointes.

M. Pascalet et ses deux « secrétaires » — Jean passant devant — pénétrèrent dans le château, et cette fois, on ne manqua pas de se renseigner tout d'abord sur le sergent « bleu » qu'il importait tant au jeune garçon de découvrir. Le nom de Vincent Isnardon était inconnu au château.

— Patience, mon enfant, dit le vieux savant au petit Parisien, il y en a tant de châteaux dans ce pays ! Notre recherche est à peine commencée.

La cour d'honneur du château se présentait entourée de bâtiments portant tous les caractères de l'architecture française qui précéda immédiatement la Renaissance. Un corps de logis, flanqué de deux tours qui commandaient la Loire, a été démoli il y a un siècle environ ; il est remplacé par une esplanade d'où la vue embrasse un immense et magnifique panorama. A gauche, sont les bâtiments d'habitation ; à droite, la chapelle, percée de plusieurs fenêtres du style flamboyant.

Nos amis visitèrent la grande galerie, les salons, les appartements, garnis du mobilier des aïeux, la salle du conseil royal, d'autres pièces historiques tendues de tapisseries de haute lisse du temps de Charles VIII. On leur montra la chambre de Catherine de Médicis, vaste et sombre pièce située à un étage élevé, où arrivent les gémissements du vent engouffré dans une tour sonore.

Le guide assura que c'est dans cette chambre que l'astrologue Ruggieri fit apparaître, à la reine dans un miroir magique, l'image de ses trois fils qui prophétisèrent tour à tour leurs sinistres destinées.

— Quelles destinées ? demanda Jean au guide.

Celui-ci se déconcerta visiblement, et ne sut trop que répondre. M. Pascalet prit la parole.

— Les trois fils de Catherine, dit-il, furent François II, enlevé très jeune à l'affection de sa jeune épouse Marie Stuart, Charles IX qui mourut peu après la Saint-Barthélemy, et Henri III poignardé par Jacques Clément.

On raconte, poursuivit M. Pascalet, — mais des auteurs sérieux — que Ruggieri conduisit la reine mère devant un miroir magique, sans doute appliqué à la muraille qui fait face à la cheminée, à l'endroit même où nous voyons ce lit à colonnes torses : en sorte que la lumière, — une pâle lumière, d'une après-midi d'octobre, teintée par des vitraux de couleur, ne frappait le miroir que par réfraction. Dans ce miroir, où plutôt à travers ce miroir, la reine vit une salle, et le magicien l'avertit que ceux qui allaient apparaître régneraient autant d'années qu'ils feraient de fois le tour de cette salle.

» D'abord s'avança le jeune roi François II, figure triste et désolée que la reine mère eut à peine le temps d'apercevoir, tant le fantôme fut prompt à s'évanouir.

» Catherine, pâle de terreur, connut ainsi qu'avant une année entière écoulée elle devait voir mourir son fils aîné.

» Aussitôt après, se présenta le futur Charles IX, qui fit treize tours et demi et disparut, laissant sur le cristal comme un nuage sanglant.

» Ensuite le duc d'Anjou, qui devait être Henri III, fit quinze tours avant de s'arrêter.

» Et comme Henri troisième, dit le grave historien Pasquier, eut fait

Il se trouva face à face avec un gardien (page 184).

quinze tours, voilà le roi Henri IV qui entre dans la carrière, gaillard et dispos, qui fit vingt tours entiers, et voulant achever le vingt-unième, il disparut. A la suite, dit encore Pasquier, vint un petit prince de l'âge de huit à neuf ans. C'était Louis XIII, qui fit trente-sept ou trente-huit tours, et après cela toutes choses se rendirent invisibles, parce que la reine mère n'en voulut pas voir davantage.

23º Liv. Le Tour de France. — Librairie illustrée. 23º Liv.

— Ce fut la dernière fois, reprit M. Pascalet lorsqu'il jugea son auditoire suffisamment impressionné, que Catherine de Médicis séjourna à Chaumont. Peu de temps après, elle échangea avec Diane de Poitiers ce château contre celui de Chenonceaux.

Après avoir ainsi parlé, M. Pascalet glissa généreusement dans la main du cicerone, ébahi de tant d'érudition et un peu confus, une pièce blanche, — qu'il n'avait pas tout à fait gagnée.

Mais il prit sa revanche en apprenant à ses visiteurs que madame de Staël vint résider à Chaumont en 1810. Benjamin Constant fut aussi l'hôte du vieux château des seigneurs d'Amboise. Enfin le guide s'étendit longuement sur les importantes restaurations dans le style du seizième siècle dues au comte d'Aramon, mort en 1847, et terminées par le vicomte Walsh, qui a épousé la veuve de ce dernier.

XVI

A Amboise

A l'est de Blois, sur le Cosson, dans un étroit sillon creusé au milieu d'un plateau boisé, s'élève l'immense château de Chambord, que François Ier fit édifier avec splendeur à la place d'une ancienne maison de vénerie.

Ce fut vers cette somptueuse résidence, dont le propriétaire actuel vivait exilé à Froshdorff, que l'historiographe Pascalet entraîna ses amis le jour suivant. Ils avaient pris une voiture à deux chevaux.

Après avoir remonté la Loire sur une levée ombragée de peupliers, jusqu'à Saint-Dié, ils s'éloignèrent brusquement du fleuve pour traverser les vignes chétives et les maigres campagnes de la Sologne, couvertes d'étangs d'eaux stagnantes.

Le domaine de Chambord est complètement enclos par un mur de trente-cinq kilomètres de développement.

Nos touristes avaient pénétré dans cette vaste enceinte par l'une des six portes, à chacune desquelles est un pavillon habité par un garde, lorsque tout d'un coup le château surgit à leurs yeux comme une merveille de féerie, imposante et pleine d'inattendu.

La principale façade du château de Chambord se dressait devant eux sur une étendue de plus de cent cinquante mètres. Du milieu de l'édifice, où s'arrondissait de chaque côté du donjon central une vaste tour, s'élevaient avec profusion des toits aigus percés de larges fenêtres, des lanternes, de hautes cheminées entourant un belvédère surmonté d'un campanile découpé à jour, d'une extrême légèreté et d'une grande richesse de détails. A droite et à gauche de cet ensemble si harmonieux, deux corps de logis allaient rejoindre les opulentes tours d'angles, à toits pointus, terminées par une lanterne ; tours qui se répétaient aux extrémités des constructions constituant la façade opposée du château, qui a la forme d'un carré long.

Jean regardait, émerveillé ; il est certain que Chambord n'a rien d'équivalent ni en France ni en Italie. Mais le jeune garçon avait hâte de trouver à qui parler. Depuis que la voiture avait pénétré dans l'enceinte du domaine, il regrettait qu'on ne se fût pas informé au garde du pavillon d'entrée de cet Isnardon qu'il voulait absolument trouver. Tandis qu'il mesurait de l'œil la hauteur du belvédère, Modeste Vidal avisa un gardien qui s'approchait d'eux. Faisant quelques pas vers lui, il lui dit :

— Nous voudrions visiter le château ; mais auparavant vous pourrez peut-être nous fournir un renseignement... à savoir s'il n'y a pas dans le personnel préposé à sa garde, un ancien sergent nommé Vincent Isnardon.

Le gardien se recueillit un moment et répondit en secouant tristement la tête :

— Le personnel n'est pas nombreux ; le château compte quatre cent quarante pièces, mais elles sont déméublées et ne demandent pas un grand entretien... Au surplus il n'y a personne du nom que vous dites.

Jean survint et n'entendit que ces derniers mots. Il échangea avec le musicien un geste de désappointement.

M. Pascalet mis au courant de la réponse qui avait été faite, conserva son calme et sa confiance.

— Très bien, mon enfant, dit-il à Jean, nous finirons par réussir. A te dire vrai, je n'étais venu à Chambord que pour toi, car je sais que cette résidence, veuve de son maître, est telle que je l'ai vue autrefois. Vous savez, Vidal, continua-t-il, mais Jean ne sait sans doute pas, que le château de Chambord a été arraché aux mains de la bande noire, qui allait morceler ce vaste domaine. Une souscription publique a permis de l'offrir au duc de Bordeaux.

» Auparavant, le château, son parc et toutes les fermes qui en dépendent, avaient été donnés en dotation à la Légion d'honneur, pour y établir une succursale de la maison d'éducation de Saint-Denis, ouverte aux filles des légionnaires. Mais Napoléon Ier racheta le château et les terres, et érigea le tout en principauté de Wagram au profit du maréchal Berthier : c'est la veuve du maréchal qui mit le château en vente avec l'autorisation de Louis XVIII. C'est que, voyez-vous, un pareil cadeau est embarrassant. Il y a bien autour du château des forêts spacieuses, peuplées de cerfs, de chevreuils et de sangliers ; des garennes, de nombreux terriers et de grandes prairies, y fixent le gibier de poil et de plume ; le Cosson qui traverse le parc est poissonneux ; ses bords encombrés de joncs et de roseaux servent de retraite aux oiseaux aquatiques ; mais que peut faire de toute cette abondance un propriétaire qui vit ici dans l'isolement ?

» Le maréchal de Saxe, que Louis XV avait voulu récompenser de ses services en lui faisant don du château de Chambord, s'y serait trouvé bien seul, si le roi n'avait eu la délicate pensée de l'y faire suivre par ses deux régiments de hulans ; on bâtit des casernes à la porte du château, et le maréchal put continuer de mener à Chambord une vie toute militaire. Chaque matin, il faisait manœuvrer ses deux régiments ; les trompettes sonnaient du haut des terrasses du château les différents exercices du jour. Le maréchal donnait des soins particuliers à un haras formé de fougueux chevaux de l'Ukraine, qui vivaient dans le parc dans une demi-liberté.

» Avant Maurice de Saxe — qui mourut à Chambord — le château eut encore un hôte de passage, le roi de Pologne Stanislas Leczinski. Il y demeura huit ans ; c'est-à-dire jusqu'au moment où lui fut confiée la souveraineté viagère de Bar et de Lorraine. C'est le roi Stanislas qui fit combler les fossés qui entouraient le château.

» Il faut remonter ensuite jusqu'à François Iᵉʳ pour surprendre Chambord en pleine vie. C'est ce roi qui l'avait fait construire, préférant les plaines sablonneuses de la Sologne aux collines pittoresques et verdoyantes de la Loire, du Cher, de la Vienne, de l'Indre, de la Creuse, et aux ruisseaux qui arrosent les campagnes fertiles de la Touraine.

— Êtes-vous curieux, mes amis, poursuivit M. Pascalet, de connaître le nom de l'architecte qui a enfanté cette conception si digne de la Renaissance ? Je serai fort embarrassé de vous le dire. Le fait est qu'on l'ignore. On a mis en avant les grands noms du Primatice et de Vignole... Tout bien considéré, il paraîtrait qu'il faut faire honneur de ce chef-d'œuvre à un « maistre maçon » d'Amboise ou de Blois, nommé Pierre Nepveu dit Trinqueau.

— Voilà qui me plaît, dit Modeste Vidal : une gloire nationale de plus.

Jean approuva de la tête — gravement.

Le vieux savant reprit :

— On a plaisanté sur ce surnom de Trinqueau. Eh bien ! quoi ? notre homme aurait-il appartenu à cette bande de joyeux artistes tourangeaux qui s'est perpétuée jusqu'à nos jours, et qui sut toujours apprécier les produits généreux des coteaux de la Loire et du Cher? Si les vins pétillants du Vouvray, de Montlouis ou de Saint-Martin-le-Beau éveillèrent la verve fantaisiste de Trinqueau, rien de mieux. J'engagerais ses détracteurs à faire leur profit de ce qu'il a pu laisser au fond de son verre...

Cette boutade mit les deux « secrétaires » de l'historiographe en belle humeur. M. Pascalet rit avec eux, et leur dit ensuite que ce qu'il y avait de plus curieux à voir à l'intérieur du château, c'était un magnifique escalier en spirale à doubles rangs superposés, et dont la disposition est telle que deux personnes peuvent y monter ensemble sans se rencontrer. Cet escalier s'élève jusqu'au niveau des terrasses. On y accède au rez-de-chaussée par quatre salles des gardes.

Sur ce, M. Pascalet alla s'établir dans la loge du concierge, bien aise d'obtenir quelques informations sur le travail entrepris pour l'amélioration des terres en Sologne par le drainage ; mais il invita Modeste et Jean à aller se faire montrer les diverses parties du château que les touristes visitent...

On revint ensuite à Blois en suivant la même route.

Chemin faisant, l'inépuisable M. Pascalet parla du caractère des habitants du pays, « terre molle, agréable et douce » selon un vers du Tasse, qui lui a assimilé les hommes qu'elle nourrit. Il assura que le paysan du Loir-et-Cher est gai, bon vivant, quelque peu sceptique, très positif, et qu'en aucune circonstance il n'oublie ses intérêts. Et il cita un mot de l'un d'eux qui lors d'une crue de la Loire, posté à la lucarne du grenier de sa maison, accrochait au passage, non sans une certaine satisfaction, les épaves de quelque valeur que le flot dévastateur amenait à sa portée.

— Que voulez-vous, disait-il, puisque ça serait « pardu ! »

M. Pascalet ajouta :

— Ces gens industrieux ont l'œil à tout. Voici un fait à l'appui : Un entrepreneur de travaux projetant d'acheter deux peupliers venus sur un terrain d'alluvion non cadastré, c'était à qui parmi les propriétaires voisins se déclarerait prêt à traiter. Il engagea l'affaire avec trois personnes. C'était trop. Au plus fort de son embarras, le maire vint à son tour revendiquer pour la commune le droit de vendre ces arbres. Enfin un cinquième individu, non moins intéressé mais plus coulant que les autres sur le prix, brusqua le marché et empocha le produit de la vente. En Normandie on eût plaidé. Ici, non. Seulement les quatre premiers vendeurs sont demeurés convaincus qu'ils ont été frustrés.

Au dire de l'historiographe, les occupations exclusivement agricoles, le peu de commerce, l'absence des grandes richesses se réunissent pour entretenir chez le paysan une modération très marquée. Peu soucieux de réformes, il ne désire que le maintien de son état et la tranquillité publique. Cette modération implique une satisfaction que l'aisance seule procure. « N'oubliez pas cependant, mes amis, dit M. Pascalet, que l'est du département appartient à la Sologne, pays pauvre, ingrat et stérile s'il en fut. Au sud des collines bien cultivées qui bordent la Loire, viennent aboutir ces plaines de la Sologne. C'est une campagne unie où les cours d'eau trouvent à peine les pentes nécessaires à leur écoulement, et creusent de tous côtés des étangs et des marécages. Il y a des communes où l'on compte une centaine d'étangs. Presque point de terre végétale à la surface : sur un fond argileux recouvert de sable mêlé de gravier et de cailloux, les pluies de l'hiver séjournent et forment des eaux stagnantes que les chaleurs de l'été font évaporer rapidement; de sorte qu'à l'extrême humidité succède l'extrême sécheresse. L'eau des étangs est de mauvaise qualité, l'air est insalubre; et une population clairsemée, étiolée par la fièvre, conduit des bestiaux dans de maigres pâturages. Comme cultures possibles, le seigle et le sarrasin; ce n'est pas sans peine qu'on y obtient l'orge et l'avoine; le froment est une rare exception. Ce n'est que par le drainage des terres qu'on arrivera à les améliorer. Déjà les Solognots — comme je viens de l'apprendre tantôt — se sont courageusement mis à l'œuvre. Toutefois un dixième du département ne présente que landes et jachères.

» Romorantin sur la Sauldre, dont le nom rappelle un édit de tolérance religieuse du seizième siècle, est l'ancienne capitale de la Sologne. Romorantin vit par ses fabriques d'étoffes et ses filatures; il est heureux que, pour le développement de son industrie, on ait enfin songé à relier cette ville au réseau des chemins de fer.

» Dans les villes, à Blois notamment, la population est d'une grande prévenance; elle a beaucoup de douceur et de civilité, et se montre fort hospitalière; les traditions du bien dire se sont conservées, même dans le peuple, à Blois aussi bien qu'à Vendôme dans le val du Loir, pays agréable et verdoyant. C'est du côté de Vendôme, au château de Couture, qu'est né le prince des poètes du seizième siècle, Ronsard. »

Tels sont les sujets d'entretien qui abrégèrent le retour.

De Blois à Amboise il y a 33 kilomètres. Cette distance fut promptement franchie, le lendemain, grâce au chemin de fer. M. Pascalet voulait connaître la situation nouvelle du vieux palais des seigneurs d'Amboise, restitué à la famille d'Orléans en 1872.

On était passé du Loir-et-Cher dans l'Indre-et-Loire. C'est sur la rive gauche de la Loire, au pied d'un rocher que se dresse Amboise et son château.

M. Pascalet et ses deux « secrétaires » grimpèrent dans l'omnibus de la station. Le faubourg de la rive droite de la Loire, où se trouve la gare, fut bien vite traversé ainsi que les deux bras du fleuve séparés par l'île Saint-Jean : en face du dernier pont, se présenta, avec ses remparts, ses tours, couronnés par la végétation de ses hauts jardins, le château d'Amboise, retranché derrière quelques rangées de très anciennes maisons d'un étage ou deux.

Le vieux savant, un peu fatigué, demanda à ses compagnons un répit de quelques heures : aussi bien avait-il à mettre un peu d'ordre dans des informations recueillies sur la dernière invasion dans le département que l'on venait de quitter, où les pertes et dommages ont été évalués à plus de vingt-cinq millions. On sait que c'est dans le Loir-et-Cher qu'en décembre 1870 se produisit l'effort de l'armée de la Loire, commandée par Chanzy, pour arrêter la marche des armées prussiennes. Les combats de Josnes et de Villarceau précédèrent la savante retraite opérée par ce général.

M. Pascalet s'installa dans un café et se mit à dicter des notes à Modeste Vidal.

— Où est donc Jean ? demanda ce dernier au bout d'un moment.

Jean ? Il s'était esquivé pour aller aux renseignements... Il avait pris le chemin du château...

En arrivant à la porte, il se trouva face à face avec un gardien, — un solide gaillard à la moustache grise, aux cheveux taillés en brosse. Au lieu de sa question habituelle, Jean salua et dit avec aplomb :

— Je voudrais parler à M. Vincent Isnardon.

— C'est moi, répondit le gardien.

— C'est vous ? s'écria le petit Parisien, tout saisi ; vous ? Vincent Isnardon ? sergent « bleu » dans les volontaires des Vosges ? Ce n'est pas possible !

— Mais si ! mais si ! Vous ne vous attendiez donc pas, mon garçon, à me trouver ici ?

— C'est que je vous cherche partout... depuis Orléans. Je suis le fils de Jacob Risler, qui était des vôtres au pont de Fontenoy, et qui a été tué dans un combat d'arrière-garde le lendemain.

Vincent Isnardon rappela ses souvenirs, et dit :

— Cela me revient, mon pauvre enfant... Ah ! tu es le fils de Risler ?

— Mais un autre Risler a été fusillé à Fontenoy comme traître...

— L'émir Abd-el-Kader fut enfermé ici (page 187).

Le visage de l'ancien soldat demeurait impassible.

— C'est un sergent qui a commandé cette exécution, poursuivit Jean très découragé ; vous peut-être, monsieur Isnardon ?

— Mon enfant, tu tiens beaucoup à être fixé sur ce point ?

— L'honneur de mon père et le bonheur de ma vie en dépendent, s'écria le petit Parisien en réunissant ce qui lui restait d'énergie.

— Je me rappelle maintenant cette exécution dans le village, pendant qu'on faisait sauter le pont....

— Cherchez bien... et dites-moi au moins, je vous en conjure, qui a commandé cette exécution... si ce n'est pas vous.

— Attends, mon enfant... C'est le sergent Reculot.

— Reculot? Où le trouverai-je? Parlez vite !

— Il doit être retourné au Havre, à la marine... à sa pêche et à ses sauvetages, mais de Saint-Vaast à Etretat tout le monde connaît Reculot dit le Capitaine.

Jean poussa un soupir.

— Au Havre ! Enfin, ce n'est pas à l'extrémité du monde... Je ne suis pas à bout de forces... J'irai.

Le petit Parisien raconta ensuite longuement à l'ancien soldat quelles recherches il avait faites pour arriver jusqu'à lui, sur les indications d'un volontaire du campement de la Délivrance, Bordelais la Rose.

— L'ex-zouave? Ah ! je le connais bien !

— Il m'aide et m'encourage dans la tâche que j'ai entreprise, dit Jean avec émotion.

— C'est fort bien à lui. Tu le mérites ; car tu m'as l'air d'un brave enfant ! Alors le vieux monsieur dont tu me parles ?...

— Il est en bas dans un café, près du pont, avec un ami... qui est un peu le mien. Nous allons venir tout à l'heure visiter le château, comme nous avons visité déjà plusieurs des plus beaux châteaux de la Touraine.

— Et après?

— Après... J'aurai hâte, vous le comprenez bien, d'aller au Havre, dès que je pourrai honnêtement quitter ce bon M. Pascalet. Il veut nous conduire demain à Chenonceaux ; il a parlé aussi d'Azay-le-Rideau.

— Je lui demanderai qu'il te laisse ici jusqu'à ce soir. Je serais heureux d'avoir toute une journée auprès de moi le fils d'un bon compagnon d'armes. Je te ferai voir à ton aise tout ce qu'il y a de curieux dans le château.

Le petit Parisien, radieux, redescendit en ville et alla retrouver M. Pascalet qu'il mit au courant du bon résultat de son escapade. Maintenant il y avait des indications précises : « Reculot dit le Capitaine, au Havre ! » Une heure après, le vieux savant, qui s'était rendu au château suivi de

Modeste Vidal et de Jean, confiait le jeune garçon à l'ancien soldat, sur les instances réitérées de ce dernier.

Alors Jean, en vrai gamin de Paris, prit son essor à travers cours et jardins. Il se dédommagea d'avoir été astreint pendant bien des jours à une tenue correcte, en la compagnie de l'historiographe. Du haut des tours et des terrasses, il admira les plus beaux points de vue sur les bords de la Loire, s'amusant du va-et-vient de la navigation sur les deux bras du fleuve, regardant les pêcheurs à leur poste — qui lui rappelaient les pêcheurs à la ligne des quais de la Seine, — les blanchisseuses agenouillées dans les galets de la rive, les lourds bateaux débarquant du bois et du charbon...

Au delà, en pleine campagne, c'étaient, dans la large vallée, les maisonnettes entourées d'arbres, les troupeaux, les moissons en meules, et plus loin, dans un lointain vaporeux, les coteaux de Limeray, de Pocé, de Nazelles, de Noizay, dérobant dans leurs replis boisés de nombreuses habitations champêtres. Il grimpa au plus haut des tours, sous les combles du vieil édifice, pour redescendre l'instant d'après jusque sous les fondations du château où s'étendent d'immenses silos voûtés avec soin, appelés « greniers de César » et qui forment quatre étages supreposés, mis en communication par un escalier de cent vingt marches.

Il ne se lassait pas d'admirer ces tours monumentales, exécutées par les ordres de Charles VIII, d'un effet si surprenant, et qui, à l'aide de pentes et de voûtes habilement combinées permettent de conduire une voiture tout en haut, jusque dans la cour intérieure du château.

Lorsque le petit Parisien eut un peu calmé son besoin d'agitation, son nouvel ami le sergent lui montra en détail une chapelle qui est un ravissant produit de l'art gothique, l'ancienne salle des gardes, les appartements abandonnés à Abd-el-Kader et à sa famille.

— L'émir, dit le sergent Isnardon, fut enfermé ici pendant cinq ans. de 1847 à 1852, avec une nombreuse suite.

— C'est pour cela, s'écria Jean, qu'il y a dans les jardins un petit cimetière arabe !

— Justement. Eh ! tu les connais, les jardins !

— J'ai tout vu, tout, tout.

— Non, pas tout.

Et Vincent Isnardon entraîna Jean devant les créneaux.

— Tu as entendu parler de la conjuration d'Amboise, du temps de François II et de Marie Stuart ? Eh bien ! les Huguenots qui menaient la conspiration, pris les armes à la main, furent pendus à ces créneaux ou décapités, et alors ce sont leurs têtes qui y furent accrochées.

Tandis que Jean se donnait du bon temps et de la liberté, M. Pascalet dictait des notes à son principal « secrétaire ». Il entra dans quelques détails sur les restaurations importantes que faisait faire, en ce moment même, M. le comte de Paris, propriétaire actuel du château d'Amboise.

XVII

La famille de sir William

Le lecteur ne sera pas trop surpris d'apprendre que le jour suivant, Jean, comme un simple touriste, se trouvait au bord du Cher, en compagnie de son protecteur, le savant, et du fidèle Vidal, au bout du pont sur lequel est bâti le château de Chenonceaux. M. Pascalet avait tenu absolument à garder encore quelques jours auprès de lui le petit Parisien, malgré l'impatient désir qu'il montrait de recouvrer sa liberté de mouvements.

Jean s'était empressé d'écrire à Bordelais la Rose pour lui faire connaître le résultat de son voyage en Touraine. Il ne voulait, du reste, rien entreprendre sans avoir reçu de Mauriac la réponse de son ami.

Libre d'esprit, il était donc en admiration, ainsi que le musicien Vidal, devant cette maison de plaisance, si élégante et si coquette avec ses pignons, ses tourelles et ses hautes cheminées. Il y a plus : vue de la rive, elle semble suspendue entre le ciel et l'eau comme un mirage qui va s'évanouir. En réalité, elle ne tient au sol que par les piles étroites du pont qui la supporte. Comme on l'a dit, Chenonceaux semble assis sur un rayon de soleil.

Quelles que soient les curiosités que recèle à l'intérieur cette ancienne résidence royale, pleine encore du souvenir de Diane de Poitiers et de Catherine de Médicis, le petit Parisien devinait d'instinct que Chenonceaux, situé au milieu d'un parc admirable, vaut surtout par la place qu'il occupe dans le paysage.

Et il regardait de tous ses yeux.

Soudain, derrière lui, retentit le galop bruyant d'une joyeuse cavalcade ; c'étaient des éclats de rire, des injonctions répétées aux animaux pour les presser ou modérer leur allure, des cris aigus, des appels. Il se retourna, et il reconnut la famille tout entière de sir William Tavistock, montée sur des bidets dociles qui sont les chevaux du pays. Ce fut pour Jean une bien agréable surprise.

Miss Kate, toujours vive, tenait la tête de la troupe, suivie de près par sa sœur Julia. Celle-ci avait pour cavalier son fiancé, le brun Henry Esmond, qui en sa qualité de marin adorait l'équitation ; sir William s'avançait gravement accompagnant sa femme, et leur fils Alfred galopait follement sur le flanc de la cavalcade, soulevant des flots de poussière. Tantôt il courait après sa sœur Kate, dont il excitait la monture jusqu'à ce que la jeune Anglaise se récriât et se fâchât, puis il revenait près de son père qu'il devinait mécontent et grondeur, accomplissant certainement ainsi deux ou trois fois le trajet d'Amboise à Chenonceaux. Deux petits chevaux fermaient la marche, l'un monté par un palefrenier aux gages du loueur, l'autre chargé de paniers de provisions et de manteaux de voyage, témoignages des attentions de lady Tavistock pour les siens.

Miss Kate, la première, reconnut Jean. Elle poussa un cri de joyeuse surprise.

— Oh ! le petit garçon ! fit-elle ; voyez donc le petit garçon ! mon sauveur !...

Elle arrêta son cheval. Jean s'approcha d'elle, et miss Kate lui tendit la main ; elle le secoua avec tant de vigueur que le petit Parisien faillit en perdre pied.

Alfred Tavistock arrivait, non moins ravi que sa sœur de retrouver leur jeune ami du puy de Sancy. Tandis qu'il adressait quelques mots de franche cordialité à Jean, miss Kate sautait légèrement à terre, et, s'avançant vers le jeune garçon, elle le saisit avec force et l'embrassa éperdument sur les deux joues.

La cavalcade entière ayant atteint les bords du Cher s'était arrêtée, et les cavaliers aidaient les dames à descendre de leurs montures. Miss Kate courut vers sa mère, lui dit quelques mots que celle-ci parut approuver, et elle revint vers le petit Parisien à qui chacun faisait fête à sa manière.

M. Pascalet comprenait qu'il s'agissait d'une ovation dont son protégé était l'objet ; auprès de lui, le musicien lui dépeignait les touristes d'outre-Manche.

Miss Kate s'empara de nouveau de Jean, comme s'il lui appartenait, en disant :

— Combien nous avons été ingrats pour ce cher enfant! Nous ne l'avons ni remercié ni récompensé... occupés de cette espèce de fou qui nous suivait... Et pourtant, chers, si je suis au milieu de vous, c'est au courage de ce gros garçon que je le dois.

Jean rougissait. Il rougit bien davantage lorsqu'il s'aperçut que, tout en parlant, miss Kate avec une adresse de pick-pocket venait de glisser dans le gousset de sa blouse et de fixer à une boutonnière, par son porte-mousqueton, la montre qu'elle portait l'instant d'auparavant, — avec sa belle chaîne d'or.

Il eut un éblouissement, lorsque tirant vivement cette montre, elle lui apparut telle qu'elle était : du plus riche métal, et très artistement ciselée.

— Elle m'a toujours semblé un peu grande pour moi, observa miss Kate en souriant. En vérité, c'est une montre d'homme. Vous serez un homme, un jour, mon petit Jean, et un homme courageux et honnête. Ma montre est très bien placée dans votre gousset...

Et miss Kate jouissait de l'embarras de son petit ami.

Jean promena sur l'assistance un regard interrogateur, anxieux, éperdu. Il semblait demander conseil à chacun sur ce qu'il devait faire. Il cherchait surtout à comprendre l'expression du regard de lady Tavistock, doucement fixé sur lui.

Miss Kate devina sa pensée.

— Ma mère, dit-elle, m'a autorisée à vous faire ce petit présent.

— Yes, yes, répétait sir William, tout en tirant de son portefeuille un billet de banque.

Le petit Parisien s'alarma devant ce débordement de générosité.

— Eh bien, vrai! lui dit Modeste Vidal, ils s'y mettent un peu tard, mais ils font bien les choses... J'avais été surpris de l'indigence de leurs remerciements (Jean avait raconté au musicien l'incident tragique du puy de Sancy). Tu peux accepter sans aucune honte, mon cher Jean.

— Mais ce que j'ai fait, objecta le petit Parisien, ce n'était pas avec cette idée, je vous l'assure, monsieur Modeste.

— A qui le dis-tu, mon garçon?

Ce fut au tour de sir William de s'avancer au milieu du cercle que formait sa famille, Jean, M. Pascalet et Modeste Vidal — sans compter le palefrenier qui n'était pas le moins ébaubi, et augurait bien de la rondeur de son pourboire à la fin de la journée.

— Moi aussi, dit l'Anglais, je veux donner vô, ioune petite récompense.

Sur sa demande, son fils lui passa un mince carnet, dans lequel sir William plaça le billet, non sans en avoir avec quelque ostentation laissé reconnaître la valeur : c'était un billet de banque de cinq cents francs — ni plus ni moins.

— Il faudra, dit-il à Jean, en lui remettant le carnet, porter ceci à la caisse d'épargne. Mais je défendai vô de l'augmenter par les mêmes moyens.

— Il courrait trop de risques, le courageux garçon, ajouta Alfred.

— Et puis on a ses jours d'héroïsme, observa Modeste Vidal.

Jean, de plus en plus confus, reçut le carnet d'un air boudeur, et se détournant à demi il essuya quelques larmes d'émotion.

— Oh! il pleure! il pleure, le cher enfant! s'écria miss Kate. Et elle se précipita presque à ses genoux.

Elle et sa sœur s'emparèrent de Jean et le consolèrent avec toutes sortes de charmantes câlineries.

M. Pascalet prit la parole en ces termes :

— Je ne dis rien, mais je devine tout. Soyez remerciés, vous tous, pour le bon exemple de gratitude que vous donnez.

Des conversations particulières s'établirent aussitôt. Au bout d'un moment, il était décidé qu'on allait d'abord visiter ensemble l'ancienne résidence royale, actuellement la propriété de madame Pelouze.

Madame Pelouze a fait gratter les badigeons du dix-huitième siècle, s'efforçant de rendre à Chenonceaux ses airs du temps où Belleforest le décrivait ainsi : « Castel fleuronné, blasonné, flanqué de jolies tourelles, ajusté d'arabesques, orné de cariathides, et tout contourné de balconnades avec enjolivements dorés jusqu'en hault du faiste, ezpavillons et tourillons d'icelluy chasteau, lequel est devenu royal et bien justement. » Dans cette restauration intelligente, les modernes fenêtres vitrées cédaient la place aux étroits vitraux de couleur enchâssés dans le plomb, la galerie construite par Catherine de Médicis sur le pont qui réunit le château à la rive gauche du Cher, reprenait son ancien style.

Nos touristes n'eurent pas longtemps à attendre pour être admis à visiter le château. Un serviteur leur fut adjoint pour leur servir de guide.

Miss Kate s'était emparée de Jean, qui lui donnait le bras. Tous deux se pressaient sur les pas du cicerone qui se mit à détailler d'une voix glapissante les curiosités de l'intérieur.

— Ceci vous représente le vestibule; c'est l'ancienne salle des gardes ; on le devinerait aux vieilles armes qui en font l'ornement.

— Yes, approuvait sir William, très accommodant.

— Messieurs et mesdames, nous entrons dans la salle à manger. Le por-

Miss Kate retint Jean un peu en arrière (page 195).

trait de Diane de Poitiers est attribué au Primatice ; celui de Louis XIII en costume romain est de Carle Véronèse. Admirez, s'il vous plaît, la beauté du plafond.

— Yes, « beautiful », tutafaite beau, dit encore le baronnet.

Le cicérone marchait toujours.

— Ici, on se découvre... si l'on veut : c'est la chapelle. Elle est du seizième siècle. La voûte a des lignes très harmonieuses. Remarquez l'élégance de la tribune.

— Yes, yes, firent plusieurs voix.

— Nous entrons dans le salon de Catherine de Médicis.

— Oh yes ! Catherine, interrompit l'Anglais qui se croyait très en possession de notre histoire.

— Papa, dit miss Kate, laissez parler le monsieur, je vous en prie.

— La belle cheminée qui occupe le panneau, reprit le cicérone, est attribuée au fameux Germain Pilon.

— Pilon ? fit le baronnet.

— C'est un sculpteur de la Renaissance, dit M. Pascalet qui s'amusait beaucoup dans cette société exotique.

— Et voici le boudoir de la reine Catherine, déjà nommée, poursuivit le cicérone, en ouvrant une autre pièce dans laquelle tout le monde se précipita à sa suite : on ne voit pas tous les jours le boudoir d'une reine. Modeste Vidal guidait le vieux savant.

— Ce portrait est celui de cette reine. Au-dessus de la cheminée, contemplez je vous prie, dans ce buste, les traits d'Agnès Sorel. Nous allons entrer dans la bibliothèque de la reine Louise de Lorraine... C'est retirée dans cette salle que la veuve de Henri III passait en méditations le temps qu'elle n'employait pas à visiter les pauvres des environs, qui la connaissaient tous sous le nom de la reine Blanche, parce que dans ce temps-là les reines portaient le deuil en habits blancs.

— Pauvre princesse ! dit lady Tavistock.

— Maintenant nous entrons dans le salon de Diane de Poitiers, duchesse de Valentinois.

Le baronnet s'embrouillait un peu dans nos annales.

— Avant la reine Catherine... ou après ? demanda-t-il.

Le cicérone ne sut que répondre, et il répéta :

— Duchesse de Valentinois.

— Avant Catherine, dit M. Pascalet. Diane installée ici souverainement du vivant de François Ier tenait ce château de la munificence de Henri II, mais Henri mort, Catherine, sa veuve, se fit rendre Chenonceaux et abandonna à la duchesse, Chaumont, qui ne lui plaisait plus...

Jean se rappela les spectres de ses fils que Ruggieri avait fait apparaître aux yeux de la reine mère.

— Et voici la salle du trône, interrompit le cicérone, qui, s'avançant vivement, ouvrit à deux battants la porte d'une vaste pièce ornée de portraits.

Les visiteurs marchaient sur ses talons, avec un grand bruit de pieds traînés. Le cicérone prit une attitude étudiée, attendit que le silence se fît, et toujours de sa voix glapissante il annonça :

— Le portrait de François Ier! C'est une copie du Titien, faite par M. Gérard. — Gérard était encore M. Gérard à Chenonceaux. Messieurs et mesdames, continua le cicérone, nous allons monter au second étage de la galerie que je vous ferai visiter tout à l'heure.

De nouveau un grand bruit se produisit sur les pas du guide. On gravissait des marches; on envahissait une salle longue.

— C'est le théâtre, dit le cicérone, où fut représenté pour la première fois le *Devin du village* de Jean-Jacques.

— Jack? fit le baronnet pris au dépourvu.

Alors s'éleva autour de lui un concert discordant d'explications empressées. Tout le monde parlait en anglais. Lorsque cette sorte de croassement — qui ne manquait pas de douceur dans les bouches féminines — se fut apaisé, M. Pascalet intervint; mais sir William ne voulait rien entendre : il avait compris ; il savait...

— Rousseau, disait-il, yes ; drôle! tutafaite drôle!

— Laissez-moi vous dire, sir, insista le vieux savant, qu'au milieu et jusque vers la fin du siècle dernier l'hospitalité du fermier, général Dupin réunissait à Chenonceaux, dont il s'était rendu acquéreur, les plus illustres représentants de la société littéraire d'alors, Buffon, Mairan, Fontenelle, le comte de Tressan, Mably, l'abbé de Saint-Pierre, Condillac, votre compatriote lord Bolingbroke, Voltaire, et surtout Jean-Jacques Rousseau, qui fit un séjour à Chenonceaux, comme secrétaire de madame Dupin, femme de beaucoup d'esprit.

— Oh yes! faisait l'Anglais, à qui revenaient en foule maintenant ses souvenirs de rhétorique du collège d'Éton.

La salle de théâtre étant suffisamment examinée, on descendit dans la galerie de Catherine de Médicis, édifiée par cette princesse sur le prolongement que donne au château le pont de neuf arches, qui va rejoindre la rive droite du Cher. Justement en ce moment cette galerie encombrée de tableaux était ramenée à son état primitif, sous l'intelligente direction de madame Pelouze.

Cette fois, miss Kate retint Jean un peu en arrière.

— Avez-vous des nouvelles du jeune M. Maurice du Vergier? lui demanda-t-elle en rougissant un peu.

— Je l'ai quitté à Clermont-Ferrand, répondit Jean et il ne m'a pas encore écrit.

— Moi j'ai reçu une bonne lettre de lui... ce matin, de Mont-Dore les Bains.

— Vous êtes bien heureuse, mademoiselle.

— N'est-il pas vrai, qu'il vous a aidé à me retenir au bord du gouffre?

— Certainement! Il a beaucoup fait! C'est grâce à lui aussi que le vertige ne m'a pas gagné.

— C'est ce que je dis à papa, murmura adorablement miss Kate.

— Et cependant vous ne lui avez pas donné votre montre, mademoiselle?

— Non, mais je lui garde une place dans mon cœur, dit ingénument l'aimable enfant. Seulement, j'ai entendu dire à papa qu'il ne consentira jamais à donner une de ses filles à un Français — en eût-il douze à marier !

— C'est sans doute pour avoir le plaisir de vous garder auprès de lui, mademoiselle, dit le petit Parisien simplement. En tout cas votre père sait bien ce qu'il convient de faire pour votre avantage...

Miss Kate rougit, courroucée de cette froide réponse.

— Oh! le méchant garçon, fit-elle en donnant une légère tape sur les doigts de Jean. Il ne comprend rien au « sentimente ».

C'était le premier mot qu'elle prononçait avec de l'accent.

S'apercevant enfin de l'extrême jeunesse de son confident, la charmante Anglaise lui sourit et s'appuya de nouveau sur son bras.

— Je *lui* écrirai demain, dit-elle, notre rencontre à Chenonceaux.

— Vous écrivez souvent à Maurice?

— Tous les jours : mes impressions de voyage.

Jean, très étonné, regarda miss Kate, comme s'il avait mal entendu.

— Vous m'avez suivi de bien près en Touraine, dit-il pour dire quelque chose.

— Nous sommes venus à Tours par Bourges et Vierzon pour visiter les châteaux de la contrée.

— Comme cela se trouve bien !

— Aujourd'hui Chenonceaux, demain Azay-le-Rideau, et nous repartons.

— Et les autres châteaux? Amboise, Chambord, Blois, Chaumont?

— Nous les avons vus ces jours derniers.

— Alors il est surprenant que nous ne nous soyons pas rencontrés plus tôt, mademoiselle. Et, en quittant Tours... est-il indiscret de vous demander le chemin que vous comptez suivre?

— Oh! nullement! Papa nous ramène à La Rochelle, où nous avons laissé notre joli yacht à vapeur. Nous avons fait le charmant projet de remonter les côtes de France jusqu'à...

— Jusqu'au Havre?

— Mieux que cela! Jusques à Calais! Mais pourquoi parliez-vous du Havre?

— C'est, dit Jean, que je ne pense qu'au Havre depuis que je suis sûr d'y entrer en possession des preuves de l'honorabilité de mon père, tué pendant la dernière guerre...

On quittait le château. Jean, en quelques mots, mit la jeune Anglaise au courant du grave motif de ses recherches, et parla de l'assistance que lui avait généreusement donnée M. Pascalet. Elle le plaignit beaucoup et le félicita de son énergie.

Sur la rive du Cher, la famille de sir William Tavistock retrouvait, reposés, les petits chevaux loués pour l'excursion à Chenonceaux. M. Pascalet était venu en voiture. On se sépara donc, mais en se donnant rendez-vous dans la soirée à Amboise.

— Surtout, c'est sans adieu! Ne l'oubliez pas, Jean. En disant cela, j'ai mes raisons!

Ce furent les derniers mots de miss Kate.

Les raisons de miss Kate, le lecteur les devine sans doute: Jean les devinait bien! La jeune fille songeait à obtenir de son père et du vieux savant l'autorisation de garder Jean, et de l'emmener à bord du yacht jusqu'au Havre où le petit Parisien tenait tant à se rendre.

Lorsqu'on se retrouva le soir, à Amboise, la chose fut discutée et accordée. M. Pascalet ayant pris une idée avantageuse de cette famille anglaise, pensait que Jean avait tout à gagner sous sa protection. Jean quittait le bon vieillard et l'ami Vidal avec regret, mais avec l'espoir de les revoir à Paris où l'historiographe comptait se rendre avant la mauvaise saison, le musicien ayant promis de l'y accompagner.

Une combinaison se présentait avant de se séparer: aller tous de compagnie à Azay-le-Rideau. Elle fut agitée; mais M. Pascalet objecta qu'il tenait à visiter, vis-à-vis Amboise, le château de Pocé, important pour le plan de son ouvrage. Pocé est un ancien manoir seigneurial à mâchicoulis dont a pris possession une importante fonderie qui occupe cinq cents ouvriers.

Il fut donc décidé, non sans quelques serrements de cœur, que Jean partirait pour Tours le lendemain à onze heures, avec sir William et sa charmante famille. C'est un trajet d'une heure.

— Cette fois ce sera tout à fait en touriste, dit M. Pascalet à Jean, que tu visiteras Azay-le-Rideau. Fais-en ton profit, mon enfant, car c'est une belle chose.

Le château d'Azay est sur les rives de l'Indre, dans une fraîche vallée, à quelques lieues au sud de Tours. Il se cache derrière de beaux massifs d'arbres. C'est un des plus charmants produits de l'art français au seizième siècle; un véritable joyau, que les gens de goût mettent au-dessus des œuvres les plus estimées de la même époque à cause de l'élégance de ses formes, de la pureté, de la délicatesse et de l'originalité de ses sculptures; c'est la Renaissance en fleurs, semblant surgir d'un lac, comme le palais enchanté d'Armide.

XVIII

Le pilote Vent-Debout.

Un grand fleuve, des campagnes fertiles, d'innombrables plantations d'arbres fruitiers, des collines couvertes de vignes, de belles prairies, de petites villes proprettes bâties d'une belle pierre blanche, c'est ce que Jean avait déjà vu aux environs de Blois, et ce qu'il revit en avançant au cœur de la Touraine, en allant vers Tours, et, le lendemain de son arrivée dans cette ville dans la société de sir William et de sa famille, ce qu'il vit encore dans la visite projetée à Azay-le-Rideau.

A Tours, il fut surtout frappé par l'imposant développement des puissantes levées qui défendent la ville et les campagnes situées au-dessous des eaux montantes, contre les débordements de la Loire. C'est là un rempart élevé contre un ennemi d'autant plus redoutable que sept grandes lignes de chemin de fer viennent unir leurs voies dans la gare de Tours, établie au sud de la ville, à moitié chemin entre la Loire et le Cher; ces deux cours d'eau s'avançant parallèlement, avant de se joindre un peu plus bas, vis-à-vis de la Pile Cinq-Mars.

Pendant que sir William et les siens faisaient leurs derniers préparatifs pour quitter Tours, — où ils ne voulaient pas séjourner, — Jean se mit à parcourir la ville au pas de course, en vrai gamin de Paris, mais s'arrêtant aux bons endroits lorsque sa curiosité était sollicitée par quelque chose de remarquable. C'est ainsi qu'il ne se lassa pas d'admirer la cathédrale de Saint-Gatien, flanquée de deux clochers ciselés comme des joyaux d'orfèvrerie; Saint-Julien qui est, de même que la cathédrale, classé dans les monuments historiques, eut sa bonne part d'attention.

Il demandait au premier passant le nom d'un édifice, sa destination.

— Qu'est-ce donc, ces deux vieilles tours ?

— Ce sont les restes de l'ancienne collégiale de Saint-Martin, où habita Grégoire de Tours, — le plus ancien historien de la France.

Il vit de la sorte la maison de Tristan l'Hermite, ce bourreau familier de Louis XI, l'hôtel Gouin et une partie de l'hôtel Semblançay qui datent de la Renaissance, la belle fontaine pyramidale de la place du grand marché, la statue de René Descartes sur le socle de laquelle il lut *Cogito*, ce qui l'intrigua fort (c'est le premier mot latin de cette pensée du grand philosophe : Je pense, donc je suis). Pour se renseigner, il interpella un écolier.

— Dis donc, toi,... qui n'es pas de Paris, qu'est-ce que c'est que ce Cogito-là, pour qu'il ait sa statue à Tours, comme *nous* allons en élever une à Alexandre Dumas ?

— Tiens, cette idée ! C'est le bonhomme Cogito, pardi ! répondit l'autre.

— Cogito ? Tu dois t'embrouiller. Dis plutôt que tu ne sais pas.

— C'est parce que tu as une montre que tu es si fier ! Veux-tu la jouer aux billes... en cent ?

— Ni en cent, ni en mille. Faudrait-il pas encore que je te l'accroche Tourangeau, veux-tu de la soupe ? — Oui dà ! — Apporte ton écuelle. — Je n'ai plus faim.

Jean avait entendu cette boutade en chemin de fer. Elle n'était pas tombée dans l'oreille d'un sourd.

— Il paraît que vous êtes comme ça ici, reprit-il.

— C'est une vraie montre ? dit le Tourangeau.

— Tout ce qu'il y a de plus chronomètre, répliqua Jean avec orgueil ; et en or encore.

Il la fit admirer à l'écolier, puis reprit sa course.

Il entra sans façon dans le grand établissement typographique de Mame ; il arpenta toutes les promenades, le Mail, les bords de la Loire : il passa les ponts, — deux ponts suspendus, le pont de pierre, l'un des plus beaux de France qui a près de 500 mètres de long jeté entre Tours et son faubourg de Saint-Symphorien. La plus belle rue de la ville y aboutit, continuée au delà, vers le Cher, par une large avenue d'où la vue embrasse l'ensemble de la ville. Il donna un coup d'œil aux îlots boisés, s'étonnant de rencontrer partout des Anglais en très grand nombre : il ignorait que depuis plusieurs générations, des familles anglaises, appréciant les agréments qu'offre la

LE TOUR DE FRANCE D'UN PETIT PARISIEN

— Yes, sir;... je vòlais une chose iounique (page 205).

principale ville de la Touraine et l'égalité du climat, venues souvent en touristes s'y oublient en de longs séjours.

En voyant ces insulaires comme « chez eux », il finit par s'alarmer.

— Si le baronnet allait aussi se plaire à Tours, comme les autres... et ne plus vouloir quitter la Touraine... que deviendrait le voyage au Havre, par mer? ses projets? et aussi — pour tout dire franchement, — le plaisir qu'il se promettait? Il prit si réellement peur qu'il se mit à courir jusqu'à l'*Hôtel du Faisan*, où sir William était descendu.

Comme il arrivait, le baronnet s'entretenait dans le vestibule avec le gérant de l'hôtel.

— Vous voulez déjà nous quitter, milord? lui disait celui-ci affectant d'être fort surpris, et en donnant à l'Anglais des titres capables de le flatter, de le retenir.

— Yes, tutafaite.

— Mais Votre Grâce n'a rien vu? Elle ne connaît rien de cette belle ville...

— Yes, mais je vôdrais parler à un monsieur qui « savait ».

— Si c'est un savant que vous voulez entendre pour vous persuader...

— Yes, un savant, de toutes les bonnes choses du pays.

— Vous ne pouvez mieux rencontrer, milord : mon ami Camuset, de la Société archéologique, se trouve là tout à point dans le « parloir ».

Le gérant de l'hôtel employait ce mot, au lieu de salon, par courtoisie envers sa clientèle anglaise.

Le baronnet fut donc introduit dans le parloir et le gérant appela son ami Camuset, — de la Société archéologique.

— Un Anglais qui ne demande qu'à être retenu parmi nous, lui dit-il à demi-voix.

Jean avait suivi le père de Kate.

M. Camuset, de la Société archéologique, était un fort agréable bossu, sémillant, très coquet, bien que d'âge mûr et grisonnant.

Il s'avança, et le gérant de l'hôtel fit des présentations régulières, très cérémonieuses.

— C'est à bon droit, milord, dit M. Camuset avec un sourire insinuant, que vos compatriotes affectionnent la Touraine. Nous avons tant de choses à leur montrer! Sans sortir de Tours ce sont les débris considérables d'une enceinte gallo-romaine, un amphithéâtre romain découvert en 1853, et dont les restes accusent des dimensions plus grandes que celui de Nîmes. A dix minutes au sud de la ville, ce sont les ruines du palais de Louis XI à Plessis-lès-

Tours. Il y passa les dernières années de sa vie dans la compagnie d'Olivier le Daim son barbier, de Tristan son prompt justicier, de son médecin et de son astrologue; les fenêtres étaient garnies de barres de fer; une garde d'Écossais veillait à l'entour...

— No, no, fit le baronnet; je avais très bien lu Walter Scott.

— Et puis, reprit M. Camuset abandonnant à regret les champs de l'archéologie, Tours n'est pas toute la Touraine. Le département présente encore bien des choses intéressantes! Nous avons au nord Châteaurenault, où se trouvent les plus importantes tanneries de France; les cuirs tannés dans ses fossés servent à fabriquer dans la ville même des quantités considérables de souliers...

— No, no, fit encore le baronnet visiblement distrait; il mâchait dans le vide, semblant chercher des mots réfractaires à toute poursuite.

M. Camuset fut piqué de son peu de succès.

— Nous avons à montrer dans la même direction, dit-il, une colonie pénitentiaire d'enfants coupables, devenue le modèle des établissements du même genre : Mettray; cela ne vous intéresse point, milord?

— Oh no! oh no! ce n'était pas encore cela; cherchez...

— Que je cherche? Eh bien! Si l'on descend le cours de la Loire, c'est alors une suite de châteaux, celui de Luynes; vis-à-vis, mais sur les bords du Cher se trouve la terre de Véretz où résidait Paul-Louis Courier, qui y fut assassiné en 1825; un peu plus bas à l'endroit où le Cher se réunit à la Loire, c'est la Pile de Cinq-Mars, quadrangulaire, construite en briques, et d'une hauteur de trente-deux mètres. Quant à sa destination, — un tombeau de Goths selon moi — je suis en complet désaccord avec plusieurs de mes illustres collègues de la Société archéologique... qui tiennent pour l'origine romaine.

— Eh no! eh no! fit l'Anglais avec un gémissement étouffé.

— Un peu plus bas, continua M. Camuset presque blessé, se trouve le château de Langeais, l'un des types les plus remarquables de l'architecture militaire du quinzième siècle. Préférez-vous, milord, que je vous signale les vignobles de Bourgueil? Les vins rouges qu'ils donnent proviennent de plants de Chambertin, mais le bouquet et la saveur ne sont pas les mêmes. — Non? ce n'est pas ça? Eh bien! rien n'est plus curieux à voir que les villages entiers creusés dans le roc comme à Rochecorbon, à Vernon, à Vouvray, à Loches, à Vilaines, à Montlouis. Parfois les cheminées des habitations sortent du milieu des vignes; le vigneron loge sous sa vigne et la cave est sous le vignoble.

— Amiousant! fit le baronnet. Mais son visage se rembrunit, et il posa la main sur les yeux, absorbé dans sa recherche.

— Voulez-vous que je vous conduise, milord, près de l'endroit où l'Indre se jette dans la Loire? Là se trouve Loches, ville peu considérable, mais extrêmement intéressante par ses édifices du moyen âge qui s'échelonnent sur des pentes. Le château, dont les murailles ont près de deux kilomètres de développement, dresse encore ses deux formidables donjons. Présentement, il sert de prison. On y voit les anciens cachots souterrains, la chambre de supplice où était la cage de torture inventée par le cardinal la Balue, dans laquelle un homme ne pouvait se tenir ni debout ni couché.

Sir William dépité secoua la tête. M. Camuset, lui aussi perdait patience.

— Je vous ai montré successivement, dit-il encore, venant se confondre avec la Loire, le Cher, l'Indre ; unie à la Creuse, la Vienne vient se joindre à la Loire dans l'arrondissement de Chinon. Vous ne connaissez pas Chinon? c'est une des villes historiques de France. Déjà Clovis y avait dressé une grande forteresse. Les rois normands de l'Angleterre en firent leur résidence favorite. Notre roi Charles VII se trouvait à Chinon lorsque Jeanne Darc vint lui offrir le secours de son bras. C'est une ville commerçante, pittoresquement assise sur le flanc d'une colline, entre le triple château qui en occupe le sommet et le quai de la rive droite de la Vienne.

L'Anglais n'écoutait plus. Jean souffrait de voir le peu d'attention que l'étranger prêtait à ces évocations du passé de notre pays.

M. Camuset commençait à s'avouer impuissant de réussir dans sa tâche. Mais le gérant son ami l'encouragea du regard et il reprit:

— C'est aux environs de Chinon qu'est né l'incomparable François Rabelais, l'immortel auteur de *Gargantua*. Et, à ce propos, permettez-moi, milord, de vous faire remarquer, que cette Touraine dont on croit la population endormie a donné à la France trois esprits d'une solide trempe: Rabelais, Descartes et Courier... sans compter Honoré de Balzac !

— Yes, sir ; mais je vôlais... je vôlais, une chose iounique...

— Particulière à Tours?

— Tutafaite particulière.

— J'y suis ! fit M. Camuset reprenant courage. Il s'agit sans doute des trésors de notre bibliothèque? Il est vrai que les manuscrits seuls feraient l'orgueil d'une capitale. C'est là que repose, dans ses feuillets d'or, l'Évangéliaire du huitième siècle, sur lequel les rois de France prêtaient serment; là, on peut admirer un Tite-Live copié en 1470 pour la Balue, les Heures de

Charles V et celles d'Anne de Bretagne, historiées de ravissantes enluminures ; un rarissime monument des débuts de l'imprimerie, notre Bible de Mayence, qui faillit bien en 1870 partir pour l'Allemagne, en garantie du paiement des 500,000 francs imposés à Tours. Mais le conservateur M. Dorange veillait. Dès le mois de septembre il fit transporter à Biarritz les richesses de la bibliothèque et le maire de cette ville mit un navire à sa disposition pour le cas, peu probable, où l'invasion s'étendrait jusque-là. Ils sont coutumiers de sauvetages dans cette famille, ajouta M. Camuset, et le fils de M. Dorange, à la bataille de Sedan, avait sauvé le drapeau français du 2ᵉ zouaves, en le portant un mois enroulé autour de sa poitrine, au milieu des ambulances prussiennes.

Ces dernières paroles allèrent au cœur de Jean dont la sensibilité vibrait toujours dès qu'il s'agissait d'une action méritoire. Il trouvait l'Anglais bien froid.

Le baronnet qui voyait le savant membre de l'Académie archéologique s'éloigner de l'objet qu'il avait en vue, semblait, en effet, désespérer de se faire comprendre.

— No, no, faisait-il découragé.

— Après cela, cher monsieur, dit le bossu dont les petits yeux pétillaient de colère, il ne me reste plus qu'à vous parler des rillettes et des pruneaux de Tours.

— Pruneaux ! Yes ! exclama l'Anglais avec enthousiasme. Pruneaux de Tours ! Tutafaite cela ! Je volais l'adresse du plus excellent confiseur.

— Il fallait donc le dire tout de suite, mon brave insulaire, dit M. Camuset devenu féroce.

— Camuset, intervint le gérant d'un ton suppliant, pas de familiarité blessante avec la clientèle ! Milord, ajouta-t-il en s'adressant au baronnet, si Votre Grâce avait daigné s'expliquer, je me serais fait un devoir de lui fournir ce renseignement il y a un bon quart d'heure.

— Pruneaux, yes, répétait l'Anglais, dans la crainte d'oublier ce mot si longtemps cherché et qui avait mis son esprit à la torture. Il tira un carnet et y fit écrire l'adresse de l'excellent « confiseur », en disant que c'était pour milady...

M. Camuset n'en put supporter davantage. Dédaigneux, la lèvre plissée par un sourire sardonique, levant les épaules autant que le lui permettait sa conformation, il quitta le parloir en poussant un profond soupir. Jean crut même voir briller dans ses yeux une larme de dépit et de honte.

Le petit Parisien se consola de la médiocre impression produite par le baronnet en pensant qu'à bord du yacht on ferait sans doute une formidable consommation de ces pruneaux renommés, et que miss Kate, ainsi que miss Julia, lui en fourreraient plein ses poches.

Le yacht à vapeur ! Jean ramenait tout à ce yacht : le yacht, la mer et puis, un port : le Havre ; Reculot, la preuve matérielle de l'honorabilité de son père recouvrée ! Hors de là, plus rien...

Comme sir William Tavistock sortait pour aller faire ses derniers achats, — sans oublier les fameux pruneaux, comme on le pense bien, — trois lettres arrivaient à l'adresse de Jean Risler. L'une était timbrée de Mauriac ; les deux autres venaient de Mont-Dore-les-Bains. Jean reconnut dans la première l'écriture de son ami.

Bordelais la Rose lui disait que quelques heures avant de tenir sa lettre, il lui était revenu subitement à l'esprit que Reculot devait habiter le littoral normand. Le charpentier approuvait tout ce que Jean avait fait, et l'encourageait à continuer, en utilisant les moyens qui s'offraient à lui, grâce à la protection de « l'English ». La belle montre offerte par miss Kate, et le billet de 500 francs n'étaient pas oubliés. Ces choses réglées, Bordelais la Rose se plaignait d'être encore pour une semaine à l'infirmerie, c'est-à-dire en prison, tandis que Jacob Risler, à peu près guéri, avait été rendu à la liberté.

Je ne sais précisément depuis combien de jours, disait Bordelais la Rose, parce qu'on nous a séparés depuis un matin où, au saut du lit, pour inaugurer notre double convalescence nous nous sommes administrés une tripotée... Sac et giberne ! le coquin est libre tout de même ! Moi, je retournerai à Mérignac, dès qu'on m'ouvrira la porte, ce qui ne peut tarder. »

Le charpentier ajoutait :

« J'ai reçu la visite de « mon canard » et de son aimable fille Victorine. Ce brave père Abel, qui porte encore sur son visage quelques marques de la bataille, n'a pas craint de faire le voyage d'Aurillac pour venir me serrer la main. Il m'a dit qu'on avait vu Jacob Risler à Aurillac pendant quelques heures. Il a procédé au déménagement de ses effets et de ceux de son compagnon. Il paraît que cet Allemand a fini par perdre la confiance de la maison de Strasbourg pour laquelle il faisait des achats dans le Cantal. Sac et giberne ! ce n'est pas trop tôt. Ses patrons se sont aperçus, au désordre de sa correspondance, qu'il déménageait au galop. Personne ne sait ce qu'il est devenu. Naturellement, je me suis dispensé de dire qu'après t'avoir accompagné plutôt de force que de gré, pendant quelques jours, il a échoué à l'hôpital d'Orléans. Qu'il aille se faire pendre où il voudra ! »

Bordelais la Rose ajoutait que la baronne du Vergier lui avait écrit que « son voisin de lit » s'était « exécuté... » ; que « Jean saurait ce que cela voulait dire ».

La longue épître du charpentier se terminait par les plus cordiales protestations d'amitié pour son petit ami. Et Jean fut très content de l'avoir reçue. Il possédait le consentement de Bordelais la Rose, comme il avait eu celui de M. Pascalet.

La lettre de Maurice du Vergier annonçait à Jean son prochain départ pour la Normandie « avec papa et maman ». Quant à la lettre de la baronne, elle avait une réelle importance. Elle contenait deux portraits photographiés, provenant de la restitution de Jacob Risler. Jean reconnut dans la petite fille blonde dont ils reproduisaient les traits, la sœur de Maurice : cette enfant ravie à ses parents. Madame du Vergier suppliait Jean de graver ces images dans sa mémoire et de n'oublier jamais que celui qui lui rendrait sa fille lui rendrait plus que la vie. « Sans que cela y paraisse, ajoutait la mère inconsolable, je ne suis pas de ce monde. Il ne faut pas rire, mon cher petit Jean. »

Jean n'avait pas envie de rire.

Enfin ses lettres étaient arrivées! Dès ce moment toutes ses pensées se portèrent vers ce voyage au Havre, dont les agréments en perspective n'affaiblissaient nullement en lui sa profonde satisfaction de voir se réaliser bientôt le succès de son entreprise.

Dans ces dispositions d'esprit, il quitta Tours le lendemain avec la famille de sir William, sans aucun regret; et ce fut sans curiosité non plus, qu'il vit défiler les villes échelonnées du chef-lieu d'Indre-et-Loire à la Rochelle. Il ne fit qu'une sorte de remarque, c'est qu'il existait encore en Touraine bien d'autres châteaux que ceux qu'il avait visités ou qu'on lui avait signalés : à peine en sortant de Tours, en franchissant le Cher, c'était à gauche le petit château de Condé, et, du côté opposé, le château de la Roche ; quelques kilomètres plus loin le château de Comacre à gauche, le château de Brou à droite : c'était à ne pouvoir les compter. Et encore Jean ne savait pas tout. Il ignorait Richelieu, il ignorait Luynes, la Vallière, Montbazon, Semblançay, Cinq-Mars, Chanteloup, Villandry et nombre d'autres...

Après un peu plus de trois heures de chemin de fer, Jean se trouva à Poitiers avec ses nombreux amis. A Poitiers, on avait quelques heures devant soi avant de prendre la ligne de la Rochelle ; mais le baronnet fut pris sou-

C'était un marin grand et sec (page 212).

dain de douleurs néphrétiques et personne ne se permit de trop s'éloigner. C'est à peine si Jean put vérifier que la ville est bâtie sur le promontoire rocheux qui domine les deux vallées profondes et pittoresques du Clain et de la Boivre.

— Plus tard! murmurait le petit Parisien en apercevant quelques beaux édifices : le palais de justice, ancien palais des comtes de Poitou, la cathédrale, les églises de Sainte-Radegonde et de Notre-Dame-la-Grande; plus tard! Je reviendrai un jour.

On se remit en route. Il faisait encore jour lorsqu'on passa à Niort, et en descendant au buffet, où sir William, un peu remis, donna l'exemple à tous les siens en faisant de larges brèches dans un jambon d'York, Jean aperçut le donjon de l'ancien château composé de deux grosses tours carrées, ainsi que l'admirable flèche qui surmonte la tour de l'église Notre-Dame.

— A quelle heure arriverons-nous à la Rochelle? demandait-il. Et sans attendre la réponse : Fera-t-il encore jour? Pourrons-nous voir le yacht?

La réponse, il la pressentait rien qu'à la façon substantielle dont « goûtait » le baronnet. Il était évident qu'il prenait son repas du soir. On ne devait être à la Rochelle que fort avant dans la soirée. Jean, stimulé par chacun, eût bien suivi l'exemple donné à tous par sir William, si le désir de prendre possession du yacht ne lui eût enlevé tout appétit...

Il n'était pas loin de onze heures lorsque sir William suivi de toute sa famille, augmentée de Jean, entrait à l'*Hôtel de France*, à la Rochelle.

— Est-ce qu'on va dormir? demanda à miss Kate le petit Parisien.

— Certainement! lui répondit celle-ci en souriant.

Jean s'approcha alors d'Henry Esmond et d'Alfred Tavistock.

— Est-ce qu'on va dormir? leur dit-il; comme ça? en arrivant? Moi, d'abord, je n'ai pas sommeil. Si je savais seulement où est le yacht, j'irais le voir... par ce beau clair de lune.

Alfred et Henry se consultèrent :

— Si nous y allions... en fumant un cigare? proposa Alfred. Capitaine, — Henry Esmond possédait le commandement du yacht de plaisance, — pourquoi ne feriez-vous pas une ronde d'officier?

— Ce n'est pas mal pensé, dit Henry; on ne nous sait pas arrivés; cela fera un bon effet pour la discipline. Allons !

— Mais je vais avec vous, messieurs, s'écria Jean; puisque c'est moi qui vous en ai donné l'idée...

Et il s'attacha aux pas des deux jeunes gens.

La ville, vue de nuit, avait une physionomie sévère; plusieurs rues ont conservé leurs « porches » ou galeries latérales à arcades, que l'éclairage, aussi bien que les rayons de la lune, laissaient dans l'obscurité. Ils passèrent devant l'hôtel de ville, édifice gothique, qui, avec les deux tours dont il est flanqué et sa couronne de créneaux et de mâchicoulis leur fit l'effet d'une forteresse. Enfin ils arrivèrent au port où il faisait clair comme en plein jour.

Ils avaient débouché sur un quai; à peu de distance vis-à-vis, un autre quai lui faisait face. Des navires peu nombreux étaient amarrés contre ces deux quais. Du côté de la mer, se trouvait une passe resserrée entre le donjon massif de Saint-Nicolas et la tour de la Chaîne qui lui fait pendant, celle-ci reliée par une courtine à la tour de la Lanterne, qui disparaissait derrière les maisons, mais dont ils apercevaient la pyramide qui la termine. Immédiatement au delà, s'ouvrait l'avant-port, largement éclairé par la lune, avec quelques langues de terre, empiétant çà et là sur la grande mer.

— Et voilà notre yacht! dit Alfred à Jean en lui montrant, près de la tour de la Chaîne, un petit navire de forme très élégante.

— Je l'avais deviné! s'écria Jean radieux.

Les deux futurs beaux-frères et le petit Parisien longèrent le bassin. Entre les maisons et le quai de débarquement, une double rangée d'arbres formait promenade. Henry se rapprocha de l'eau pour passer en revue les navires grands et petits : les barques des maraîchers de l'île de Ré, les bateaux à vapeur qui font un service régulier entre cette île voisine et la Rochelle, des bateaux de pêche bretons apportant des cargaisons de sardines destinées à être converties en conserves alimentaires, un trois-mâts anglais en train de décharger de la houille, un brick espagnol porteur de minerai de fer...

— Tout le monde ne dort pas à bord du yacht, observa le « commandant » Henry.

A l'avant du joli navire, deux silhouettes se dessinèrent sur les eaux argentées. Le fourneau d'une pipe activée par des aspirations répétées, éclairait par des éclats intermittents la figure noire d'un chauffeur et le visage imberbe et blanc d'un jeune mousse.

— Mahurec! cria Henry Esmond.

— C'est bien sûr notre commandant! dit le mousse au chauffeur.

Celui-ci se laissa glisser le long du bord où se trouvait un canot minuscule. Le câble qui servait d'amarre au yacht lui permit, comme la corde d'un bac, d'arriver jusqu'au quai.

— Alors, vous avez assez du plancher des vaches, mon commandant... dit le chauffeur en ôtant son bonnet de laine. J'espère que vous allez bien, ainsi que Milord et...

— Oui, nous voilà tous de retour, mon garçon. Notre pilote?

— Le père Vent-Debout s'est donné la permission de dix heures, répondit Mahurec; mais les onze ont piqué depuis un bon moment.

— De quoi? fit une voix passée depuis le matin au tafia.

Chacun se retourna vers celui qui survenait sans bruit. C'était un marin grand et sec, abordant gaillardement la soixantaine. Il faisait assez clair pour distinguer son visage refrogné aux rides bronzées, où le vent des tempêtes semblait avoir tracé un effet de ressac.

— Dirait-on pas que je louvoie? fit le vieux loup de mer, en faisant passer de la joue droite à la joue gauche une énorme chique; semble-t-il pas que j'ai trop de lest, ou que je balande de bâbord à tribord! vous voilà tous les vergues en l'air, ouvrant vos écubiers, comme si vous n'aviez jamais vu un relicheur qui court des bordées!... D'abord, j'ai défendu de converser avec le personnel de terre, sauf respect.

— Mais, père Vent-Debout, répliqua le chauffeur, ouvrez vous-même vos écubiers, et vous verrez à qui vous parlez.

— Master Vent-Debout, dit Henry Esmond à qui ne déplaisait pas l'allure crânement marine du pilote, ni son langage goudronné, c'est pour demain!

— Ah! mon commandant! mon honorable commandant! s'écria le vieux marin, pardon, excuse! Je veux avaler ma gaffe si je me doutais que c'était vous... Mais aussi vous me sautez à bord comme une lame sourde et vous me tombez par le travers avant d'avoir pu pousser la barre pour la parer. Et puis voilà monsieur Alfred... Le papa Milord va bien?... ainsi que toute la famille? Et celui-là... ajouta-t-il en désignant Jean, est-ce un mousse que vous m'amenez pour aider Barbillon? C'est pas un Parisien, au moins, comme l'autre?

— C'est un Parisien, dit Alfred Tavistock, en riant, mais il n'est pas de l'équipage.

— Très bien, mon officier. Du reste sa boussole me plaît. Ordre du commandant, je suis paré. Ah! qu'il est joli cet amour de navire! C'est espalmé, c'est faraud! et un œil, un caïman d'œil! On partira quand vous voudrez, je puis larguer s'il le faut sur le quart d'heure.

— Non, demain! dit Henry. Nous rentrons à l'hôtel satisfaits de vous avoir retrouvés tous en bonne santé.

— Si vous parlez pour moi, la cloche du bord pique soixante-cinq. On n'en a pas l'air, hein? On est encore rabuché... Mais assez causé. Permettez que je me donne un coup de faubert, afin de pouvoir vous accompagner...

— Non, merci, père Vent-Debout, merci! Vous allez dormir, et nous aussi.

— Pour le moins, commandant, Barbillon pourrait vous piloter avec un falot?

— La lune est magnifique. *Good night!*

Et Henry fit un demi-tour pour s'éloigner.

— Surtout, prenez garde aux avaries, dit encore le vieux marin breton.

— Bonsoir, père Vent-Debout ! lui cria Jean, très heureux des perspectives nouvelles qui s'ouvraient devant lui.

— Bonsoir, mon gars, bonsoir ! Demain la mer sera belle !

XIX

La Tour des Baleines

Entre le donjon Saint-Nicolas et la tour de la Chaîne on pouvait voir passer, le lendemain vers midi, le yacht le *Richard Wallace*, gagnant l'avant-port de la Rochelle. L'installation de la famille du baronnet n'avait pas demandé beaucoup de temps : rien n'était changé aux dispositions précédemment prises pour son logement et celui des domestiques : un cuisinier et une femme de chambre, — le mari et la femme, — Anglais tous deux, demeurés à la Rochelle pendant que sir William et les siens visitaient plusieurs provinces de France. Une très jolie cabine « d'ami » restait disponible : elle fut attribuée à Jean.

Bientôt le yacht se trouva en plein milieu du pertuis d'Antioche. Par ce mot de pertuis, on désigne un détroit entre une île et un continent. Quant au nom d'Antioche, un peu étrange à rencontrer sur les bords de l'Atlantique, il provient d'une ville morte du littoral occidental de l'île de Ré.

Le *Richard Wallace* laissait à sa gauche — disons à bâbord — l'île d'Oléron, et contournait l'île de Ré, qui s'allongeait à tribord, bordée de roches ou « platins » qui, rasés par les flots, prolongent en maints endroits à plusieurs kilomètres les grèves et la base des écueils ; c'est ce qu'on appelle « la côte Sauvage ».

On côtoyait l'île d'aussi près que possible. Sir William voyageait en curieux, et aucun des siens ne semblait atteint du péché d'indifférence : parmi eux, Jean n'était qu'un curieux de plus. Aussi le baronnet en prenant à Calais un vieux marin français pour diriger son yacht, avait-il songé bien moins à la sûreté de la navigation qu'aux informations de toute sorte qu'il tirerait de lui. Il ne pouvait mieux choisir que le père Vent-Debout, un Bas-Breton, un Vrézounec, Biélik Tégonek de son nom presque oublié.

Biélik Tégonek ne faisait point partie des pilotes-lamaneurs, agréés comme tels après avoir rempli certaines conditions déterminées par la loi et subi un examen, gens dont le dur métier ne laisse pas que d'être fort recherché par les marins et les pêcheurs du littoral, et qui sont attachés à un port en nombre strictement limité. Le père Vent-Debout ne pouvait pas s'enorgueillir de faire partie de cette corporation d'hommes dévoués, toujours prêts à partir au premier signal et qui sont l'honneur de notre marine. « Entre tous les pilotes du monde, a dit M. de la Landelle avec une émotion justifiée, ceux du littoral de la France méritent d'être cités pour leur intrépidité, pour leur dévouement et pour leur intégrité à toute épreuve. » Jamais il ne leur arrive, comme aux pilotes américains ou anglais, de marchander leurs secours à des bâtiments en détresse, d'imposer des conditions d'argent à des navigateurs près de périr, et d'hésiter ou de renoncer à leur prêter leur concours si les clauses exorbitantes d'un pareil marché sont repoussées avec indignation. Jamais ils ne spéculent lâchement sur la vie ou la mort de ceux qui les appellent. — Ils montent à bord et se bornent à réclamer le salaire qui leur est dû d'après le tarif. Un sentiment d'honneur, parfois excessif, paraît être leur mobile ; il se retrouve chez le joyeux pilote marseillais, comme chez l'aventureux Gascon ou Basque, chez le pieux lamaneur des côtes de Bretagne, comme chez le « pratique » du littoral de la Manche. »

Biélik Tégonek était tout simplement un ancien capitaine caboteur retiré depuis quelques années avec des économies, mais qui, ayant tout perdu, s'était remis au travail. Tégonek connaissait les côtes de France sur l'Atlantique et la Manche presque aussi bien que les pilotes de profession attachés aux ports de l'Océan. Excellent homme autant que hardi marin, avec l'âge il était devenu loquace.

Ainsi, tandis que sir William et Henry Esmond, ayant à leur côté le petit Parisien, braquaient sur l'île de Ré une puissante lorgnette, que Jean trouvait le moyen de se faire offrir de temps en temps, le père Vent-Debout regardant obstinément en arrière s'appliquait à persuader au baronnet qu'il avait eu grand tort de ne pas descendre le littoral jusqu'au pertuis de Maumusson, — c'est à la pointe sud de l'île d'Oléron, — et même jusqu'à Bordeaux.

— Vous auriez vu la Charente en passant, et Rochefort, sans vous déralinguer le tempérament, histoire seulement de faire quelques lieues dans l'embouchure de la rivière, défendue par les forts de l'île d'Aix, de l'île d'Enet, de l'écueil Boyard, et de l'île Madame. En courant une bordée — à terre, — nous aurions rencontré par là une vraie curiosité maritime, c'est Brouage qui, après avoir été un grand port — le pilote disait vrai — est aujourd'hui un hameau assis en plain plancher des vaches, avec remparts et bastions qui lui servent comme à toi-z-et moi. Ceux de La Rochelle y ont pris quelque peine ; je me suis laissé dire qu'il y a trois siècles, ils vinrent couler vingt gros bâtiments chargés de pierres à l'entrée du chenal. Il n'en fallait pas davantage pour aider la mer à se retirer... Aimez-vous les huîtres, mon milord ?

« Mon milord », arraché enfin à sa contemplation de l'île de Ré par cette interpellation d'un ordre purement gastronomique, se sentit venir l'eau à la bouche et, avec des grimaces gourmandes, il avoua sa prédilection pour les huîtres d'Ostende et celles de Marennes, en ajoutant que ces dernières étaient les meilleures de l'Europe.

— N'est-ce pas ? On en mangerait volontiers une cloyère, affourché à quatre amarres dans une auberge, à l'abri d'une bonne bouteille. Eh bien ! je vous aurais montré Marennes, milord, et un peu plus loin, la Tremblade, où l'on élève aussi les huîtres en grand. C'est très plaisant à voir le bassin où les huîtres sont engraissées ! Figurez-vous, milord, une immensité de champs inondés sur les deux rives de l'estuaire de la Seudre ; des fosses partout, ce qu'on appelle des « claires » ; foi de Dieu ! il y en a peut-être bien cinq mille ! Elles sont assez loin de la mer pour que l'eau de la grande tasse ne se renouvelle que de temps à autre, aux époques des nouvelles lunes et des pleines lunes. Il faut du calme à l'huître en sevrage. Les bancs naturels du voisinage donnent des coquillages supérieurs, mais il en faut plus que cela pour le commerce ; alors on en apporte d'Arcachon, des côtes de la Vendée et de la Bretagne, et de l'île d'Oléron, pour les engraisser ; tremblement de Brest ! on en apporte, je crois, de partout ! Elles arrivent en barques, chargées en vrac. Lorsque le voyage dure plus de huit ou dix jours, — dame ! les huîtres aiment l'eau comme moi un boujaron de sec, — on est obligé de les mettre à la mer, pour les faire boire ; puis on les emballe de nouveau, et d'étape en étape, on les amène ainsi jusqu'à destination.

Le pilote dit ensuite comment, vers le mois de septembre, ces huîtres blanches prennent cette couleur verte qui leur vaut l'accès des meilleures tables. Il toucha un mot des huîtres portugaises, auxquelles on préfère généralement les huîtres plates ; et il raconta une curieuse particularité, c'est

— Il gagne, il gagne, murmurait le vieux marin (page 223).

l'envahissement de nos côtes de l'Atlantique par ces huîtres étrangères. A en croire le père Vent-Debout, il y a dix-huit ou vingt ans, au moment où l'on eut l'idée d'expédier du Portugal en France, à titre d'essai, plusieurs navires chargés d'huîtres, l'un d'eux fit naufrage à l'embouchure de la Gironde, et les huîtres, se retrouvant dans leur élément naturel, se multiplièrent prodigieusement, gagnant de proche en proche au sud et au nord de la Gironde.

Actuellement elles tendent sur les côtes à supplanter l'huître plate, même sur leurs bancs naturels. Ces portugaises savent vivre dans des endroits dont ne s'accommodent pas les autres. Sa connaissance du littoral permit au vieux caboteur d'évaluer la production annuelle des huîtres livrées au commerce par Marennes et la Tremblade à environ trente millions, représentant une valeur de plus de deux millions de francs.

Mais l'attention de sir William s'était reportée sur l'île de Ré. Avec sa lorgnette, il découvrait tous les détails du clocher avec flèche à jour de l'église d'Ars. Le père Vent-Debout pensant avoir suffisamment exprimé ses regrets sur l'itinéraire adopté, et à qui il eût coûté de se taire, se mit à parler de l'île. Si elle est presque absolument dépouillée de grands arbres, il n'en a pas toujours été ainsi ; les maisons de plaisance ont disparu, et avec elles les petits bois, les bosquets d'ornement. Ré est une île de travailleurs, quatre fois plus peuplée que le reste de la France, en proportion de son étendue. Son exploitation de la mer lui donne le poisson en abondance, ses marais salants fournissent un sel très recherché par les pêcheurs de morue qui fréquentent l'Islande et Terre-Neuve, enfin un sol qui semblerait rebelle à l'agriculture, produit néanmoins de l'orge, des fruits excellents, des primeurs même et, en abondance, un vin qui ne serait pas mauvais s'il ne conservait un arrière-goût du « sart » ou varech apporté par la mer, et dont les vignerons se servent pour fumer leurs terres.

À l'endroit le plus étroit, au petit isthme de Martray, l'île n'a guère que soixante-dix mètres de rive à rive : d'un côté viennent se briser les lames de la mer Sauvage, de l'autre s'étendent les eaux plus calmes du golfe environné de salines que l'on appelle la mer du Fief, ou le pertuis breton. Par un gros temps, quand on se trouve sur cette étroite langue de terre, il paraît qu'on sent distinctement le sol trembler entre ces deux mers qui essayent de se joindre.

Le baronnet aperçut dans les terrains unis de l'île, régulièrement disposées comme les tentes d'un camp, des pyramides blanches...

— Qu'est-ce donc ? demanda-t-il tout surpris. Ce ne sont pas des troupes ?

— C'est le sel récolté dans les marais, lui répondit l'ancien caboteur ; on le dresse ainsi en tas.

Le yacht contourna l'île, passant au pied de la tour des Baleines, phare superbe élevé à la pointe nord.

— Ah ô ! cette phare ? fit le baronnet en donnant à sa question l'accent interrogatif.

— C'est la Baleine, tremblement de Brest! répondit Vent-Debout.

La Baleine et Chassiron sont les deux phares principaux des pertuis; les pilotes de ces parages ne jurent que par la Baleine et Chassiron.

Sir William qui, en sa qualité d'Anglais, s'intéressait à la mer et aux rivages plus qu'aux beautés intérieures d'un pays, s'entendit avec Henry Esmond pour que le yacht fût conduit au plus prochain mouillage. Il voulait, disait-il, aller visiter Baleine.

La côte de l'île de Ré est toute déchiquetée. On trouva, non sans quelque peine, un petit havre pour y abriter le yacht; c'était non loin du phare : on pourrait aller à la Tour de la Baleine grâce au léger canot du yacht.

Les ordres donnés pour l'exécution de ce mouvement interrompirent la conversation engagée depuis un bon moment entre Jean et Barbillon le petit mousse.

— C'est ton nom, ça, Barbillon? lui avait demandé Jean.

— Mais non, mais non, avait répondu celui-ci sans se fâcher. C'est le père Vent-Debout qui m'appelle ainsi. Je me nomme Etienne Barbeau, et je suis Parisien tout autant que toi... plus que toi peut-être; car je suis né dans la Cité, et tout le monde sait que c'est là que la capitale a commencé. C'était au temps où Paris s'appelait « Lucrèce », ajouta-t-il en prenant un air capable.

Jean réprima une envie de rire.

— C'est Lutèce que tu veux dire?

Le petit mousse réfléchit un instant et se borna à répliquer :

— Peut-être bien.

La glace étant ainsi rompue, Jean apprit que ce petit mousse — son aîné d'un an et orphelin comme lui, — était venu habiter Rouen, auprès d'une tante acariâtre; que là, pouvant enfin donner libre carrière à ses appétits des choses maritimes : canotage, pêche à la ligne, natation, etc., il s'était vu intimer par la dite tante, l'ordre de s'embarquer comme mousse sur un des bateaux à vapeur qui font le trajet de Rouen à la Bouille. Après trois mois d'apprentissage, Étienne Barbeau ennuyé de la navigation en rivière, trouvant une place sur un caboteur, avait pu faire plusieurs voyages du Havre à Calais. C'est dans ce dernier port que le père Vent-Debout l'avait engagé pour le service du *Richard Wallace*.

— C'est lui, dit encore le mousse, qui de mon nom de Barbeau a fait par moquerie Barbillon, en soutenant qu'en ma qualité de marin d'eau douce je ne valais pas mieux que le fretin de Seine.

— Allons, moussaillon, ici! se mit à crier le pilote, espèce de hale-bouline!

ah! fainéant de brigand, de failli gars! Mousse de malheur! je vas te retourner la basane de bout en bout comme à une anguille de roche.

Le baronnet interrompit cette litanie d'injures, et le père Vent-Debout donna des ordres précis à Mahurec et à Barbillon pour la mise à l'eau du canot du yacht.

Cette opération était à peine accomplie, que miss Julia et miss Kate apparurent en élégant costume de drap brun, taillé comme un habit de cheval, avec moins d'ampleur, moins de longueur surtout qu'une amazone. De jolis petits chapeaux de matelots, enjolivés d'abondants rubans qui flottaient par derrière, étaient posés coquettement sur leurs beaux cheveux blonds. Ce furent elles qui descendirent les premières dans le canot, où le baronnet prit place avec Jean. Mahurec et le mousse se mirent aux avirons ; le père Vent-Debout tenait le gouvernail.

On se dirigea vers le phare. Le canot devait revenir prendre lady Tavistock, son fils et son gendre.

En moins de quarante minutes les touristes, tous débarqués au pied de la Tour des Baleines, avaient gravi les rochers sur lesquels le phare est édifié et étaient reçus fort poliment par les deux gardiens de service en ce moment-là. Une visite procurait une distraction à ces braves gens au milieu de leur travail patient et dévoué, consistant à nettoyer les réflecteurs, à garnir les lampes, à tout préparer enfin pour cette veillée de nuit qui sera peut-être le salut de bien des vaisseaux.

Tout le monde était monté au phare, même le pilote, même Mahurec ; le canot demeurait sous la garde du petit mousse.

Les phares furent un thème pour le père Vent-Debout ; il parla des feux fixes et des feux à éclipse ; il nomma même quelques phares où se font des essais de lumière électrique. Il les connaissait bien tous les phares des côtes de l'Océan, tremblement de Brest! depuis Bayonne, Arcachon, le phare de Cordouan qui éclaire l'entrée de la Gironde, les trois phares de l'embouchure de la Loire, et le phare Saint-Mathieu, près de Brest, les phares du cap Fréhel et de Bréhat, au golfe de Saint-Brieuc, et celui de l'île de Bas, et tous ceux de la Bretagne et de la baie de Saint-Malo. Il mentionna encore parmi les phares principaux, ceux du cap de la Hague, de la pointe de Barfleur, du cap de la Hève, près du Havre, de Dieppe, de Saint-Valéry-en-Caux, du cap Gris-Nez, près de Calais...

— Cela n'a pas toujours été ainsi, milords et... mesdames, acheva de dire le vieux marin. Au commencement de ce siècle, nous n'avions pas vingt phares, tant sur l'Océan que sur la Méditerranée ; à cette heure, nous en allumons plus de deux cent cinquante, — en comptant la Corse et l'Algérie. Maintenant la mer est éclairée le soir comme la rue de...

— De Rivoli ? suggéra le petit Parisien.

— Jamais vue !... comme la rue de Paris, au Havre.

Le père Vent-Debout tenait son auditoire. Il en profita pour désigner à l'attention de tous, au nord, le littoral de la Vendée, parfaitement visible, et à droite, tout au fond du pertuis breton, le golfe de l'Aiguillon.

— Là, dit-il, on fait pour les moules ce qu'à Marennes et à la Tremblade on fait pour les huîtres : on les élève, on les biribichonne, — pour les manger, ou plutôt pour les faire manger aux autres : on en vend pour plus d'un million de francs chaque année. La principale exploitation est aux vases d'Esnandes... On m'avait offert d'y aller travailler : ils me croyaient cloué à terre comme un soldat ou un procureur et, qui plus est, sans un denier. Ils pensaient que je ne pourrais me passer de fumer ma pipe et de boire mon boujaron, sans compter qu'il me faut du pain frais, vu que je n'ai plus de dents. Mais... attrape à courir ! Je serais allé m'enterrer vivant dans la boue, jusqu'aux bossoirs... Que le tremblement de Brest emporte les bouchots ! Vous ne savez pas ce que c'est, mesdames, les bouchots ? Ce sont des rangées de palissades sur lesquelles les moules croissent en grappes : il y en a comme ça, de ces bouchots, sur un espace de quarante kilomètres carrés. Ils sont plantés en triangles, et l'entrée est en pointe arrangée de manière à retenir dans un filet le poisson qui s'était aventuré là dedans. Le cultivateur — car c'est le mot — va faire sa cueillette d'un bouchot à l'autre au moyen d'un acon, ou pousse-pied ; c'est un bachot sur lequel il s'appuie par un genou, tandis que l'autre jambe plongée dans la vase fait office de gaffe et de gouvernail. Me voyez-vous là dedans, mesdemoiselles ?

— On dirait que la mer devient grosse, observa lady Tavistock.

— Rien à craindre pour notre retour, répondit le « capitaine » Esmond.

— En arrière des bouchots, il y a aussi des marais salants, reprit le père Vent-Debout ; ils mériteraient que je vous en dise un petit mot ; mais ceux que nous avons vus en venant, au bas de la Loire, peuvent vous en donner une idée.

— Père Vent-Debout, il faudrait penser à rejoindre le yacht, interrompit Henry Esmond, sur le ton du commandement.

— Je suis à vos ordres, capitaine.

En un moment toute la compagnie eut descendu l'escalier tournant, et se trouva au pied de la Tour des Baleines.

— Eh bien? Et le youyou! s'écria le pilote. — C'est ainsi qu'il désignait le petit canot. — Pas plus de youyou que dans mon écubier! Et ce Barbillon? ce moussaillon d'eau douce? qu'est-il devenu?

Jean descendit rapidement de roc en roc, jusqu'au bord de la mer. Le père Vent-Debout le suivit tout en maugréant, et le rejoignit assez vite au tournant d'une haute roche.

— Le voilà, là-bas, dit Jean, en montrant le léger canot dans l'écume que faisaient les vagues en courant sur les rochers à fleur d'eau.

— Le failli chien! s'écria le pilote. Il va noyer le youyou!

— Comment cela, père Vent-Debout?

— Ne vois-tu pas, mon garçon, qu'il s'est laissé aller sur les platins? sur les brisants? ce gibier de grande vergue!... Il ne s'en tirera pas!

Le mousse aperçut le pilote gesticulant d'un air courroucé. Il réunit ses forces pour donner quelques vigoureux coups d'aviron, capables de l'éloigner des récifs; mais il était épuisé déjà, et il ne réussit pas dans sa tentative.

— Le youyou va se briser, dit le vieux marin, et mon scélérat de Barbillon qui ne sait pas plus nager qu'un galet des grèves n'a plus qu'à poser sa chique.

— Que faut-il faire? demanda Jean.

— Il faut courir après Mahurec, qui devrait être là, avec nous... Mais j'ai bien vu qu'on lui faisait de l'œil à la Baleine pour lui offrir un doigt de sec. — Là! il va sur les roches, il y est...! Là c'est fini! Tout est perdu. Et ce Parisien de malheur avec! Digue daou! aïe!... aïe!... V'lan!... Non, il en réchappe; mais pas pour longtemps.

Barbillon, pris de peur, venait d'abandonner les avirons et, debout, il appelait au secours d'une voix lamentable.

— Courage, Barbillon! lui cria Jean. Attends un peu, et « souque » ferme!

Le mousse se remit à l'aviron, mais il n'en prit qu'un à deux mains, seule manière d'utiliser le peu de forces qui lui revenaient depuis les encouragements de Jean, compris par lui au geste qui les accompagnait. Mais, de la sorte, le canot tournait sur lui-même. Le mousse, éperdu, donnait quelques coups d'aviron d'un bord, et passait l'aviron à l'autre bord pour recommencer la même manœuvre.

— Ils ont un bateau ceux de la Baleine, observa le pilote; mais il est juslement amarré de l'autre côté de la Tour. Si encore Mahurec songeait à le pousser au large !... Mais il arriverait trop tard.

— Père Vent-Debout, fit Jean avec une remarquable expression de résolution, tendez-moi votre chapeau.

— Que veux-tu faire? dit le pilote, qui dans son émotion laissa échapper, en se découvrant, la provision de tabac contenue dans la calotte. Il comprit tout de suite l'intention de Jean, lorsque celui-ci déposa dans le chapeau sa montre et son portefeuille, tandis qu'il se déchaussait tout debout, un pied venant au secours de l'autre. Tout cela fut fait en un rien de temps.

— Tu te dévoues inutilement, mon enfant, dit le vieux marin. Non, je te le défends... Il y aura des avaries...

— Père Vent-Debout, je veux vous montrer que les Parisiens ont aussi du bon, cria Jean en s'élançant dans l'eau.

Jean avait toujours su nager — comme les barbets. La mer ne lui faisait pas peur, même au mois de septembre, malgré le mouvement bruyant qu'elle se donnait autour de lui, en rasant les roches basses qu'elle couvrait soudain avec fracas, pour ruisseler aussitôt en nappes écumantes. Quelques brassées le mirent en vue de sir William et des siens qui demeuraient au pied du phare dans une attente anxieuse. Mahurec était avec eux. Tous poussèrent un cri en apercevant le petit Parisien. Ce cri, celui-ci l'entendit ; il se sentit sous l'œil de ses protecteurs et son énergie s'en accrut.

Barbillon avait vu Jean entrer dans la mer pour venir à son secours, et il faisait des efforts désespérés pour lutter contre les lames perfides de la mer Sauvage ; il comprenait qu'avec les forces de son camarade jointes aux siennes, bien que défaillantes, il allait pouvoir se tirer de la situation dangereuse où venait de le mettre un moment d'oubli : le mousse s'était endormi dans le canot et les vagues avaient emporté la frêle embarcation du côté des brisants.

Le père Vent-Debout assistait plein d'émotion au drame qui se passait sous ses yeux. Il voyait Jean se rapprocher du canot, par de vigoureuses brassées, et l'espoir lui revenait. Il cria au jeune garçon des mots d'encouragement que le vent emporta — le vent et le bruit de la mer. — Il gagne... il gagne, murmurait le vieux marin. Il est à moins d'une demi-encâblure.

Un moment après le pilote vit Jean s'approcher avec précaution du canot qui tournoyait, précaution bien nécessaire à prendre car il pouvait recevoir en pleine poitrine une mortelle atteinte.

Le père Vent-Debout suivait d'un œil ardent la stratégie nautique du peti

Parisien. Il répétait entre ses dents comme si l'autre pouvait l'entendre :
— Hardi, mon gars ! croche-le ! croche-le !

Enfin Jean profita habilement d'un mouvement que fit le canot en venant vers lui ; il s'y cramponna, et sauta dedans avec adresse.

Alors saisissant un des avirons inactifs, il donna l'exemple au pauvre Barbillon à moitié mort de saisissement. Le mousse se remit aussi à l'aviron, et ce qu'il n'avait pas pu faire tout seul ils l'exécutèrent en joignant leurs forces ; ils tournèrent la proue du petit canot vers la haute mer et gagnèrent visiblement le large.

Du haut des rochers, devant l'entrée du phare où se trouvait réunis le baronnet et sa famille, de bruyantes exclamations retentirent, mêlées de battements de mains. Le père Vent-Debout gravit la hauteur, et s'avança vers sir William en tenant à la main le chapeau goudronné — le suroi — où Jean avait déposé son trésor et ses lettres.

— Ça fera un rude gars, milord, lui dit-il ; il risquait sa peau... je n'ai pas pu l'empêcher...

— Aoh ! ce n'était pas la première fois, master Vent-Débô ! s'écria le baronnet.

— Ça se pourrait, fit le vieux marin.

— Je le disais vô ! affirma le baronnet avec un peu d'humeur.

Il eut bien envie de remplacer dans le portefeuille le billet de cinq cents francs par un billet de mille ; mais il se ravisa, non point par avarice, mais bien plutôt par un sentiment de délicatesse — le même sentiment qui l'avait empêché de récompenser le petit Parisien au pic du Sancy.

Si Jean fut fêté, caressé, flatté, lorsqu'il amena le canot au débarcadère du phare, c'est ce qu'on peut imaginer.

— Tu es mon matelot ! lui dit le pilote, en posant sur son épaule une main paternelle. Tu feras un beau garçon tout d'une venue, ajouta-t-il, droit comme un mât de hune, souple comme une drosse de gouvernail.

Puis il tira une gourde de vrai cognac acheté à la Rochelle, et il força Jean à en boire quelques gorgées en lui disant :

— Tu sais, fils, l'eau est froide, et quand on s'est affalé la carcasse durant un demi-quart d'heure dans la mer, un peu de sec ne fait pas de mal.

Barbillon fut, par contre, vertement admonesté par le marin, qui ne parlait de rien moins que de lui envoyer un pare-à-virer ; mais la présence de sir William le contint. Il se borna aux paroles menaçantes :

Sir Willam avait tenu à voir les marais salants (page 231).

— Tâche de t'orienter à ne pas faire d'embardées, lui dit-il, et à ne tomber jamais sous mon écoute !

Une heure après tout le monde se trouvait de nouveau à bord du yacht, et sir William, après s'être concerté avec le père Vent-Debout, décida qu'on s'en irait coucher aux Sables-d'Olonne, sur la côte vendéenne qui se dessinait très nettement en face.

XX

A l'embouchure de la Loire

En suivant le littoral de la France pour venir de Calais à la Rochelle, le *Richard Wallace*, s'était une fois déjà arrêté aux Sables-d'Olonne, admirable plage découpée en croissant, qui attire en été un grand nombre de baigneurs. Le petit port des Sables communique avec Liverpool par un service régulier de bateaux à vapeur, qui viennent y charger des denrées agricoles. Cette localité n'était nouvelle que pour Jean.

Lors de ce premier voyage, sir William avait tout particulièrement visité les côtes de la Vendée. Tout l'y intéressait : la côte coupée de canaux, semée d'étangs, la succession de plages et de dunes qu'elle présente avec quelques petits ports; sa réunion à l'île de Noirmoutier par une longue plage sur laquelle on peut passer à marée basse à l'endroit qu'on appelle le gouas (le gué) et qui offre une véritable chaussée de cinq kilomètres, tracée sur le fond de la mer, permettant de se rendre en voiture de la terre ferme à l'île quand la marée est basse.

Ce passage n'existait pas il y a un siècle; il est dû à une élévation progressive du sol sous-marin.

De même le littoral du Poitou comme de la Saintonge offre de remarquables exemples du comblement d'anciennes baies. Les géologues sont d'accord pour admettre que cette particularité est due à des forces naturelles. Ainsi cette anse d'Aiguillon, aujourd'hui envasée, où l'on « cultive » les moules, était, il y a deux mille ans, un golfe échancrant profondément les terres; la Sèvre Niortaise aux eaux bleues et profondes se jetait dans la mer immédiatement à l'issue de sa vallée formée de collines; on reconnaît, épars au milieu des campagnes, plusieurs anciens îlots formés par alluvion, et portant des traces d'érosion marine à un niveau plus élevé que le niveau de la mer. Près de Saint-Michel en l'Herm, à six kilomètres du rivage, au fond de l'anse de l'Aiguillon, des bancs d'huîtres complètement émergés se trouvent maintenant à dix mètres au-dessus de l'Océan. Ce n'est pas un exemple isolé : au sud des Sables-d'Olonne se trouvent l'ancien port de Talmont où, du temps de Henri IV, de l'artillerie fut expédiée par eau, et la vieille ville épiscopale de Maillezais, près de Fontenay-le-Comte, figurant sous le nom d'île dans les chartes du douzième siècle.

Lors du premier voyage le long de la côte vendéenne, il était arrivé à sir William quelque chose d'assez particulier. Aux Sables, la fantaisie lui prit de s'en aller tout seul par la voie ferrée jusqu'à Napoléon-Vendée : on le débarqua à la Roche-sur-Yon, et il ne voulut jamais comprendre que ce fût la même ville. Il crut qu'on se moquait de lui quand on lui dit que Napoléon Ier avait fait du village de la Roche un chef-lieu de préfecture qui de 1804 à 1814 s'est appelé Napoléon-Vendée, de 1814 à 1848, Bourbon-Vendée, pour reprendre son premier nom de Napoléon-Vendée jusqu'en 1870, et finalement son ancien nom de village.

Le baronnet, persuadé qu'il était victime d'une mystification, réunit des « documents authentiques », très résolu à intenter un procès au chemin de fer par l'office d'un « solicitor » dès qu'il serait de retour en Angleterre.

Nourri de lectures sur la guerre civile qui éclata dans la Vendée à la suite des décrets de 1793, initié aux luttes entre les Blancs et les Bleus, sir William s'était promis de voir au nord et à l'est du département la région des collines granitiques, les bois et les prairies artificielles qui forment le Bocage, avec ses petits enclos et les chemins creux bordés de haies de chênes, d'ormes et de châtaigniers ébranchés; il était attiré aussi dans le sud-est par la Plaine; mais après sa mésaventure il se résigna à n'avoir qu'une idée du Marais, terres alluviales qui bordent la côte au sud et font un pays humide et malsain. Sur ce sol plat on aperçoit de plusieurs lieues la haute flèche de la cathédrale de Luçon, ville mise en communication avec l'anse de l'Aiguillon par un canal navigable.

Au retour du *Richard Wallace* sir William ne fut pas tenté de mieux voir la Vendée qu'à son premier voyage.

A l'aube, le yacht reprit la mer et s'éloigna des Sables. Les dames dormaient encore, mais le baronnet était déjà sur le pont de l'élégant navire.

Jean, qui ne sommeillait que d'un œil, y avait grimpé aussi. Henry et Alfred, ne craignant pas de se dégourdir un peu, aidaient à la manœuvre, Henry Esmond secondant le pilote, Alfred Tavistock venant en aide au machiniste et chauffeur.

Sir William qui avait fait une rafle de journaux aux Sables-d'Olonne — ceux de la Vendée et tous ceux de Paris qu'on pouvait s'y procurer, s'était établi sur le pont à la porte du carré « des officiers », et les parcourait tous l'un après l'autre les rejetant autour de lui sans les replier ; sa tête seule émergeait d'un océan de papier au milieu duquel il semblait se débattre, si bien que Jean eut à plusieurs reprises une bonne envie de crier : Un homme à la mer !

Profitant de l'intérêt que portait le baronnet aux choses de la politique, le petit Parisien s'empara de la plus forte lorgnette et passa en revue le littoral : le havre de la Gachère, Saint-Gilles-sur-Vie d'où sortaient les gros bateaux qui mettent en communication ce bourg maritime avec l'île Dieu ou d'Yeu, située en face à six lieues environ ; l'île de Noirmoutier, à peine séparée de terre.

Dans le milieu de la journée, en dépassant les limites de la Vendée, il vit la baie de Bourgneuf, le village de Pornic où de gracieuses maisons de campagnes se pressent sur les rochers de la côte : les Nantais viennent y passer la saison des bains de mer ; enfin la pointe de Saint-Gildas. La ville de Bourgneuf, abandonnée par la mer, domine des rivages partout plats et vaseux, où les bords des marais se couvrent chaque année d'une riche moisson de fèves et de froment.

Le *Richard Wallace* doubla la pointe de Saint-Gildas pour pénétrer dans l'embouchure de la Loire et remonter le fleuve jusqu'à Nantes. A cet endroit du littoral breton la mer a pénétré profondément dans les terres, échancrant la côte d'une façon capricieuse. Ce ne sont que baies, rades, anses et criques offrant de nombreux refuges aux barques de pêcheurs.

Dans toutes les directions sur la mer, très bleue ce jour-là, et sur laquelle frémissait l'écume blanche de courtes lames, se groupaient et s'éparpillaient, toutes voiles ouvertes, des escadrilles de barques de pêche. C'était un spectacle fort animé. De grands navires voiliers, des bateaux à vapeur sortis de Saint-Nazaire faisaient penser à de lourds oiseaux des mers donnant la chasse à une nuée de goélands. A quelle pêche productive se livraient ces barques ? Sir William avait bien envie de le demander au pilote et le petit Parisien, à la langue mieux déliée, allait risquer une question, lorsque miss Kate et sa sœur, envahissant tumultueusement le pont du yacht, accaparèrent le vieux marin.

— Monsieur Vent-Debout, lui dit miss Kate de sa voix la plus caressante, ces bateaux... quels poissons cherchent-ils?

— Des sardines, mademoiselle. Les pêcheurs du Croisic, de la Turballe, du Poulinguen, de Piriac n'ont pas autre chose à faire depuis le mois de mai jusqu'à la fin d'octobre ou de novembre. Il sort journellement de ces ports, pour cette pêche, plus de deux cents bateaux.

Sir William s'était approché.

— Pourquoi la pêche ne commence-t-elle pas avant le mois de mai? demanda miss Julia.

— Parce que, mademoiselle, c'est au printemps que la sardine arrive chaque année, venant du sud. A partir de ce moment, il n'y a plus à faire la grasse matinée : si tu sèmes de la graine de fainéant, comme dit l'autre, il ne poussera pas des écus de six francs.

— Bien vrai, monsieur Vent-Debout! applaudit miss Kate.

— Sardines nouvelles! sardines de Nantes! se mit à crier le pilote. Les bancs sont quelquefois extrêmement compacts, ajouta-t-il; ils se présentent sur un front de huit à dix mètres de large, avec une longueur à l'avenant. Il n'y a plus d'eau; il n'y a plus que des écailles luisantes et si Bourguignon montre son nez, la mer est d'argent fin.

— Qui que c'est ce Bourguinon-là? demanda Jean.

— Le soleil, pardi! c'est bien facile à comprendre!... Mais après une forte bourrasque, ou même sans dire pourquoi, les bandes disparaissent tout d'un coup pendant plusieurs jours. Alors, les vieux, calez vos boques et laissez courir; il n'y a plus une sardine à frire! Inutile de s'arracher le gréement, autrement parler, la tignasse, soit dit pour vous, mon milord, qui ne comprenez pas le français comme ces demoiselles.

» A la fin de la saison, poursuivit le père Vent-Debout, quand le poisson s'apprête à s'éloigner, il faut aller le relancer jusqu'à sept ou huit lieues, du côté de Belle-Isle. Poussé au large! Attrape à courir!

Le vieux marin ajouta qu'il faut une amorce pour cette pêche, que c'est la rogue, œufs de morue provenant le plus souvent des côtes de Norvège. Mais la rogue coûte bien cher! Pour diminuer la dépense, on se sert aussi de la crevette ou chevrette grise, pilée, qu'on appelle gueldre. Les « chevrettières » vont faire leur pêche dans les marais salants ou le long des petits cours d'eau que la marée creuse sur les plages : vilaine besogne, qui les oblige à marcher des journées pieds nus, avec une lourde charge sur la tête, dans une eau vaseuse, semée de cailloux tranchants comme des rasoirs. Mais ce sont des gaillardes, tremblement de Brest! et souples, et fortes!

— Tout ce monde, hommes et femmes, dit le père Vent-Debout, ne gagne pas gros; un pêcheur au moment du partage n'a guère plus de trois cents francs pour un travail de sept mois. Il est vrai que tant que dure la pêche il y a les pots de vin de la vente : on les boit le soir à l'auberge où chaque pêcheur apporte les sardines auxquelles il a droit. On trinque au refrain des chansons, on chante au bruit des verres qui trinquent; c'est le bon moment de la journée; mais la femme et les enfants sont un peu oubliés tout de même... Vous comprenez ça, milord et mesdemoiselles, et toi aussi, mon petit Jean, moussaillon du bon Dieu !

» Mais il y a des jours de rafale; une fameuse chique couve dans le nord-ouest, ou le sud-ouest va en fusiller une... Cette fois tout le monde ne revient pas; plus d'un avale sa gaffe et va servir de rogue aux sardines... Ça fait compensation.

» L'hiver, ce que le pêcheur peut gagner, eh bien ! ce n'est pas grand chose. Foi de matelot! le pêcheur hors de sa barque est incapable d'aucune besogne. C'est comme le marin à terre : il pourrit ainsi qu'une vieille chaloupe échouée. Dans certaines localités les femmes cultivent un lopin de terre; mais tout le monde ne possède pas gros de terre pour y planter un oignon...

Lorsque le pilote eut fini de parler, le petit Parisien dit au baronnet :

— Je me suis fait une idée des côtes qui avancent dans la mer sur la rive gauche. Est-ce que nous ferons escale, sir, sur les côtes de la rive droite?

— Ce n'est pas mon intention, répondit sir William, mais avec la mer, on ne fait pas toujours ce que l'on veut. En venant nous sommes entrés au Croisic et nous avons vu tout le pays de Guérande.

En descendant le littoral, le yacht s'était arrêté en effet au Croisic, port très fréquenté l'été par les baigneurs; et les touristes anglais avaient visité les principaux marais salants de la région; ceux de Guérande, de Batz, du Croisic, du Poulinguen, de Mesquer, de Saint-Molf et d'Assérac en constatant que l'industrie des sauniers du bas de la Loire est en pleine décadence.

La ville de Guérande, centre commercial de tout ce pays, le domine du haut du coteau sur lequel elle est bâtie. C'est une cité d'aspect féodal encore entourée de remparts élevés, flanqués de tours et percés de quatre portes où se voient la marque des anciens ponts-levis. Des arbres gigantesques la dérobent complètement à la vue ; et, de la plaine, Guérande apparaît comme un nid de verdure.

Les collines environnantes couvertes de vignes et de moissons, contrastent tout à fait avec les bords des marais salants, où les terres sont dépouillées de toute parure végétale. Il ne faudrait pas croire cependant que l'aspect du pays soit triste. De nombreux villages animent le paysage, et la vue est agréablement bornée du côté de l'océan par les monticules verts et les allées d'arbres qui égaient les abords du Croisic et du Pouliguen.

Entre ces deux ports, le *Richard Wallace* avait stoppé devant le petit port de Batz, qui est un coin des plus pittoresques du littoral breton. Le Bourg de Batz, édifié sur un fond de solides rochers, dresse la haute tour de son église et les murailles ruinées d'une ancienne abbaye. Quant à son port, bien que la mer s'y montre terrible dans ses jours de furie, la nature semble avoir voulu y rassembler tous les moyens de défense. Ce sont ici d'énormes rochers de formes capricieuses, se dressant comme les menhirs de la plaine de Carnac, plus loin des roches couchées dans l'eau, comme d'énormes monstres marins aux flancs polis et reluisants, sans cesse lavés par le flot ; ou encore des écueils qui ressemblent à des vagues dont la volute aurait été pétrifiée en un jour de tempête.

Sir William avait tenu à voir de près les marais salants. Ils lui firent l'effet de jardins maraîchers, divisés en carrés, et dont les carrés seraient pleins d'eau, les allées, au lieu de se trouver un peu au-dessus du sol cultivé le dominant de dix à douze centimètres... Ces carrés s'appellent « œillets ». Ils sont remplis par l'eau de la mer, introduite à marée haute et préalablement concentrée pendant quinze ou vingt jours, quelquefois trente dans un bassin ou « vasière » où elle commence à subir un premier degré d'évaporation. Elle est, après cela, conduite dans les « œillets » à travers un système assez compliqué de canaux qu'on nomme « étiers ».

C'est dans l'œillet, où l'eau n'a guère qu'un centimètre de profondeur, que le sel se forme, grâce à l'évaporation produite par le soleil et favorisée par le courant qui circule lentement entre les divers compartiments... Le vent, en renouvelant la surface de l'eau, aide aussi à l'évaporation. Le sel se cristallise à la surface, et forme une légère crème blanche qui exhale une odeur de violette assez prononcée. Ce sel de choix est utilisé pour les conserves alimentaires. Celui qui tombe de lui-même au fond du bassin prend une teinte terreuse, et a moins de valeur ; le paludier — c'est le nom de ces ouvriers des salines, — armé d'une espèce de long râteau ramène le sel sur des espaces ménagés sur les bords de distance en distance. La récolte se fait tous les jours ou tous les deux jours, à partir de la fin du printemps.

Le sel mis en mulons, c'est-à-dire en monceaux semi-sphériques, est recouvert avec la vase provenant des salines, qui se durcit à l'air et forme une croûte impénétrable aux eaux pluviales. Ce sel reste ainsi plusieurs années, attendant des acheteurs, qui deviennent de jour en jour plus rares.

C'est que les chemins de fer et d'autres causes économiques sont venus réagir de la façon la plus désastreuse sur l'industrie des salines dans la région du bas de la Loire et dans tout l'ouest de la France. Les sels de l'Ouest ne peuvent plus soutenir la concurrence avec les autres sels. Dans l'est de la France, le sel provient de sources salifères ou de mines; aujourd'hui on traite à peu près partout les mines de sel comme les sources salées elles-mêmes. Pour cela on remplit d'eau les galeries pratiquées à travers les gisements, et quand cette eau est saturée de sel au degré voulu, on l'amène à la surface, et on la fait passer par des chaudières d'évaporation. Là, le soleil n'est pas un auxiliaire indispensable; la fabrication marche avec le beau temps, comme avec le mauvais temps.

Dans le Midi, au contraire, on utilise le soleil avec la certitude de pouvoir compter sur son action, certitude que n'ont pas les paludiers de l'Ouest. La Méditerranée n'ayant qu'un flux et reflux à peine sensible, c'est à l'aide d'appareils mécaniques qu'on fait monter l'eau de la mer ou celle des étangs de concentration dans les salines disposées en carrés immenses. On n'est nullement forcé d'accélérer l'évaporation par une circulation continuelle. Avec une température toujours chaude, sous un ciel sans nuages, on n'a besoin que de renouveler l'eau de temps en temps, et l'on recueille le sel en une seule fois à la fin de l'été. Comment les produits des salines du bas de la Loire, et en général de l'Ouest, soutiendraient-elles la concurrence contre les sels du Midi, avec un climat brumeux qui rend la production intermittente et laborieuse? Les marais salants de l'Ouest devaient donner de moindres profits.

De là, une vie rendue difficile pour les paludiers. On se tromperait cependant si l'on imaginait des populations besogneuses jusqu'à en être étiolées. Les paludiers sont grands et forts, les femmes très fraîches de teint. Il faut voir courir les paludières au bord des salines, pieds nus, en courts jupons, portant sur leurs têtes de lourds fardeaux...

Le caractère est à l'avenant de l'apparence physique : ces gens sont francs, ouverts, de bonne humeur; fiers, ils cachent leur pauvreté comme ailleurs

Le commerce à dos de mulet n'est plus guère brillant (page 233).

d'autres l'affichent. Certains de ces paludiers qui possèdent un mulet, le chargent de sel qu'ils s'en vont débiter au loin, dans les campagnes. Ce trafic, — la troque — plaisait surtout à ceux de Batz, très entendus aux affaires, mais très droits. Un proverbe de chez eux dit qu'une boule lancée dans les rues du village s'arrêtera toujours devant la porte d'un honnête homme.

Ce commerce à dos de mulet n'est plus guère brillant, et les jeunes gars de Batz, très dédaigneux de la mer autrefois, regardent un peu maintenant du côté de l'Océan pour voir s'il y a place pour eux dans la grande navigation.

Toutes ces choses, Jean très curieux et très questionneur les apprit par sir William, par Alfred Tavistock, et surtout par le père Vent-Debout. Celui-ci avait le don de pouvoir causer sans que la manœuvre en souffrit.

Et c'est ainsi que le yacht était entré dans l'estuaire de la Loire où la navigation se montrait fort active.

XXI

Nantes

En pénétrant dans la Loire, le *Richard Wallace* trouva tout d'abord à sa gauche Saint-Nazaire, simple station de pilotes et de pêcheurs il n'y a guère plus de vingt-cinq ans, devenue un grand port commercial destiné aux navires au long cours.

Cette transformation complète a été rendue possible par la construction de deux très grands bassins à flot pour les navires du commerce, et le prolongement du chemin de fer d'Orléans jusqu'à l'embouchure de la Loire. Ce n'est que dans les dernières années de la Restauration qu'on a commencé la construction d'un môle à Saint-Nazaire. Avant cela, les embarcations du pilotage, les bateaux de pêche, les navires du petit cabotage venaient s'échouer sur un fond vaseux aux bords d'une anse trop ouverte pour être un bon abri. Saint-Nazaire est une ville étrange, formée d'un petit village breton et de nouveaux quartiers régulièrement tracés où se dressent de hautes maisons de style moderne.

Les gros navires qui entraient dans l'estuaire de la Loire en même temps que le *Richard Wallace* venaient de Cardiff chargés de houilles ou apportaient de Norwège des bois de construction. Ceux-là s'arrêtaient à Saint-Nazaire. Les caboteurs remontaient le cours du fleuve, avec le yacht, allant jusqu'à Paimbœuf ou Nantes.

Paimbœuf est le nom francisé de la fameuse Pen-Bo, ou « Tête de bœuf » des Bretons. Ce port a beaucoup perdu de son importance depuis la création de Saint-Nazaire. A Paimbœuf, la Loire a encore près d'une lieue de large, avec l'aspect d'un bras de mer.

Le yacht laissa à sa droite, le Pellerin, qui servait jadis d'avant-port à Nantes, et à sa gauche Couéron, qui possède des fonderies de plomb argentifère. Bientôt après, apparut, à droite, surmontée d'un ciel estompé de noir, l'île d'Indret et son ancien château, réunis à la rive gauche du fleuve par une chaussée. L'île entière semblait n'être qu'une vaste usine d'où s'échappaient par maintes hautes cheminées des tourbillons de fumée. De cette forge cyclopéenne se dégageaient mille bruits confondus et assourdissants, produits par un puissant outillage en pleine activité.

Jean se renseigna auprès de Mahurec, qui avait travaillé à Indret, et apprit que cet établissement métallurgique pour la fabrication des machines à vapeur de la marine militaire appartient à l'État. Il occupe de 1,200 à 1,500 ouvriers. Les ateliers livrent des machines d'une grande perfection de travail; on les transporte par eau à Rochefort, à Lorient, à Brest...

Après les hautes cheminées d'Indret, ce furent de l'autre côté du fleuve, les hautes cheminées du village industriel de la Basse-Indre, où se trouve une très importante usine à laminer le fer.

De nombreuses îles et des bancs de sable obstruaient le cours de la Loire : ces îles et ces bancs changent constamment de forme; mais le père Vent-Debout n'était pas embarrassé pour si peu.

A la gauche du yacht se déroulait la commune industrielle de Chatenay et ses usines métallurgiques; le yacht passa devant les chantiers de construction de la Prairie du Duc, l'une de ces îles qui avec la Prairie de Biesse, l'île Sainte-Anne, la Haute-île, forment en face de Nantes un véritable archipel.

Enfin la métropole de la Loire maritime apparut. Nantes est largement assise sur la rive droite de la Loire, au confluent de l'Erdre et de la Sèvre-Nantaise. Les immenses prairies à l'extrémité desquelles la ville est située, les coteaux couverts de vignes qui les entourent, le vaste fleuve et ses nombreux ponts, les quais ombragés d'arbres, bordés de maisons d'une riche architecture se développant le long de la Loire, en amont de la partie centrale de la ville l'ancien château bâti au dixième siècle par Alain Barbe-Torte, masse de bâtiments irréguliers flanqués de trois grosses tours (il y en a eu quatre, mais l'une d'elles transformée en poudrière a sauté en 1800), la batellerie sur le fleuve, les navires d'un faible tirant d'eau, tout cet ensemble formait un tableau qui séduisit fort sir William et toute sa famille montée sur le pont du yacht pour jouir du coup d'œil de l'arrivée.

Jean, impressionné par ce mouvement commercial dont il n'avait jamais eu idée, saisi d'une bouffée d'orgueil, entreprit d'établir que Nantes est la première ville de France après Paris.

Le père Vent-Debout s'efforça de le ramener au sentiment plus exact des choses.

— Non, non, petit, dit-il, Nantes est après Bordeaux la plus importante des villes de commerce maritime ouvertes sur l'Océan, voilà tout; il ne faut pas exagérer. Nous n'avons guère ici qu'une population de cent mille âmes.

Jean ne se tint pas pour battu : il avait aperçu sur une tablette, dans la salle commune, un guide de la Loire-Inférieure. Il alla le chercher, l'ouvrit et se mit à lire d'une voix qui força l'attention de tous :

« Nantes est le grand entrepôt des denrées coloniales pour tout le bassin de la Loire; elle entretient des relations suivies avec l'Inde, l'Afrique, l'Amérique, la Chine. La houille y entre en franchise d'octroi; elle a de grandes usines métallurgiques, des fonderies de plomb, de fer et de cuivre, des huileries et des savonneries, des ateliers de construction pour les machines agricoles et industrielles, des fabriques d'engrais et nombre de manufactures, des conserves alimentaires — viandes, poissons et légumes. Elle expédie annuellement un million de kilogrammes de petits pois en boîtes... La ville est célèbre par l'édit de tolérance de Henri IV révoqué par Louis XIV... C'est l'une des plus belles villes de France »... Ah! vous voyez, père Vent-Debout!

— Quand je devrais tomber raide comme une barre de cabestan, je n'en démordrai pas! s'écria le vieux marin.

— Nous allons vérifier la chose, dit la jolie miss Kate, pour tout concilier. Papa, conduisez-nous partout, partout, s'il vous plaît... ne serait-ce que pour oublier l'odeur de suie et de peinture du *Richard Wallace*.

Avec moins de vivacité dans l'expression, mais autant d'insistance, lady Tavistock et miss Julia se montrèrent désireuses de quitter le yacht pendant quelques heures.

— Et qui nous servira de guide? demanda le baronnet en cédant de bonne grâce.

— Avec cet Indicateur, dit Jean, je me fais fort de vous montrer tout... ce qui vaut la peine d'être vu.

Sir William sourit d'un air d'incrédulité, faisant voir longtemps une double rangée d'énormes dents blanches.

On partit. Alfred Tavistock et Henry Esmond, dans une tenue fantaisiste de marins, ne prirent pas le temps de se passer au savon; mais ils se tinrent un peu en arrière pour ne pas choquer les dames par le négligé de leur toilette.

Jean, au contraire, s'élançait en avant, parcourant fébrilement son Indicateur.

Ils allèrent ainsi en bande, à travers la ville, en constatant tout de suite que Nantes est généralement bien bâtie, qu'elle est remarquable par la régularité de ses places publiques. Le quai de la Fosse, ombragé de beaux arbres, bordé d'hôtels et de vastes magasins, couvert de navires et de bateaux y offre un agréable coup d'œil.

Ils virent les quais de Chezine et leurs chantiers de construction; ils traversèrent quelqus-uns des dix-huit ponts de la Loire et de l'Erdre, sans oublier le pont de Pirmil, jeté au-dessus du plus large bras de la Loire et comptant seize arches, avec une longueur de plus de deux cent cinquante mètres, ni le pont de la Poissonnerie formé d'une seule arche de soixante pieds d'ouverture, ni les ponts d'Erdre et du Gué-aux-Chèvres qui datent du seizième siècle; ils passèrent dans les îles et les prairies pour revenir sur le cours Saint-Pierre, où se trouvent les statues d'Arthur III et d'Anne de Bretagne, sur le cours Saint-André, orné des statues de Duguesclin et d'Olivier de Clisson, sur les cours ou promenades de Henri IV et du Peuple; ils admirèrent l'île Feydeau et ses maisons monumentales, le quartier Graslin; ils allèrent flâner dans le célèbre passage Pommeraye.

Enfin ils visitèrent la cathédrale, édifice du quinzième siècle, demeurée inachevée.

Dans le transept à la droite du chœur, ils s'arrêtèrent longuement devant une œuvre admirable de la Renaissance; c'est le tombeau élevé par Anne de Bretagne à son père le duc François II, et qui fut exécuté par Michel Columb, artiste de Tours. Il est en marbre blanc avec des assortiments de marbres de diverses couleurs. Sur une table de marbre noir sont couchées deux statues un peu plus grandes que nature, celle du duc et celle de Marguerite de Foix, sa seconde femme. Des carreaux, soutenus par trois anges, supportent leur tête, et à leurs pieds, un lion et un lévrier, symbole du courage et de la fidélité, tiennent entre leurs pattes les armes de Bretagne et de Foix. A chaque angle, se trouvent en grandeur naturelle, les représentations figurées de la Justice, la Sagesse, la Prudence et la Force.

Depuis 1879 ce mausolée a pour pendant le tombeau du général Lamoricière, décoré de quatre belles statues allégoriques, œuvre de Paul Dubois.

L'Indicateur que Jean élevait triomphalement au-dessus de sa tête servait à tout expliquer.

Après la cathédrale, ce fut la Bourse. Elle vaut la peine d'être vue. Sa façade principale — du côté du square — est ornée d'un péristyle de dix colonnes supportant un entablement couronné de figures emblématiques ; la façade donnant sur le Port-au-Vin est plus intéressante peut-être par ses statues de célébrités maritimes : Jean-Bart, Duquesne, Duguay-Trouin, Jacques Cassart, hardi marin que Duguay-Trouin qui se connaissait en bravoure présenta à Louis XIV.

Parmi d'autres célébrités notées par miss Kate pour figurer dans le journal qu'elle continuerait d'envoyer à Maurice du Vergier, Cambronne avait sa statue et le général Bréa un monument élevé à sa mémoire.

Les musées ne furent pas oubliés, ni le jardin botanique.

Dans les rues, sur les places, sur les quais circulaient dans des costumes pittoresques les habitants des campagnes du département, venus à Nantes pour leur plaisir ou pour essayer de réveiller la troque, ce commerce d'échanges tombé presque en désuétude.

Il y avait là des pêcheurs du Croisic, des paludiers de Guérande, des marchands sauniers de Batz, des tourbiers de la Grande-Brière (des Briérons), des paysans des environs de Clisson, du Pallet, de Saint-Fiacre, de Châteaubriand, d'Ancenis, des riverains du lac de Grand-Lieu, l'un des plus grands lacs de la France, ou des bords charmants de l'Eldre qui est à la fois un cours d'eau et une succession de lacs rappelant les fjords de la Scandinavie.

C'étaient des coiffes de femme à bandelettes plissées tombant de chaque côté du visage, des coiffes plates sur le dessus de la tête, avec un fond bouffant et des ailes, de véritables serre-tête de linge avec un fond pointu un peu relevé, tuyautés, des collerettes de linon garnies de dentelle, raides et empesées, des corsages de velours lacés par devant, des tabliers de soie, avec le fichu croisé dans la bavette du tablier, des bas rouges à coins de couleur, des croix d'or et d'argent fixées au cou par un ruban de velours enjolivé d'éclatantes broderies de soie ; et du côté des hommes, des culottes larges et plissées, des gilets ou camisoles doubles ou triples, de couleurs différentes, débordant l'un sur l'autre, des chemises à col rabattu, des chapeaux ronds à larges bords.

Ces paysans de la Loire-Inférieure échangeaient de rares paroles en français avec une prononciation traînante, ou en bas-breton.

— Et ceux-là d'où sont-ils ? dit miss Julia au petit Parisien en lui désignant un jeune homme et une jeune femme très coquettement parés.

— Consultez l'Indicateur, Jean, ajouta le baronnet ironique.

Jean ne parut pas déconcerté pour si peu dans son rôle de cicerone. Il alla tout simplement, avec l'aplomb d'un gamin de Paris, demander à ces jeunes gens le nom de leur village, et revint en courant dire qu'ils arrivaient du Bourg de Batz.

C'étaient deux nouveaux mariés revêtant, à l'occasion de leur noce, ces costumes que l'on ménage ensuite soigneusement de manière à les faire durer toute la vie. Le marié portait une chemisette de drap brun, une collerette de mousseline, une culotte courte bouffante et deux camisoles, l'une blanche, l'autre bleue. Un grand manteau noir recouvrait le tout; mais coquettement et de manière à laisser voir les diverses parties du vêtement. Il était coiffé d'un chapeau à trois cornes avec ganse de velours; enfin sa parure était complétée par des bas blancs brodés et des souliers de daim blanc.

La jeune mariée avait une coiffe brodée et un fichu blanc bordé de dentelle, un corsage et une ceinture en fils d'or, un jupon violet, une robe blanche, un tablier de soie rouge, des bas rouges brodés et des sandales violettes..

Lady Tavistock et ses filles reprirent le chemin du quai où était amarré le yacht, très satisfaites de leur promenade, et rangées à l'avis du petit Parisien, touchant la beauté de la ville. Sir William disait comme elles.

Jean se promettait de triompher de l'entêtement du père Vent-Debout. Mais le pilote bas-breton, que rien n'arrêtait jamais, avait imaginé de prendre le chemin de fer, pour aller visiter des amis qu'il avait entre le Pallet et Clisson. C'était si près de Nantes !... L'occasion, du reste, ne se renouvellerait pas de sitôt; tremblement de Brest! il ne fallait pas la laisser échapper!

Donc, lorsque sir William demanda le pilote, Mahurec et le petit mousse firent semblant de le chercher des yeux sur les quais : il ne devait pas être loin...

— Avec ça que j'irai trahir mon chef de file, pour ce milord Roastbeef! murmura le chauffeur.

Barbillon possédait déjà l'esprit de corps et soutenait son ancien, généreusement — sans se ressouvenir des oreilles arrachées et saignantes, et des rudes bourrades reçues entre les deux épaules.

Le baronnet donna l'ordre de chauffer. Quelques jets de vapeur lâchés avec force, pensait-il, ramèneraient le pilote s'il était dans un cabaret du voisinage...

Vent-Debout entendit jaillir la vapeur et il accourut (page 241).

Cette confiance fut trompée.

Tandis qu'un jet de vapeur s'échappait bruyamment des flancs du joli navire, faisant bouillonner l'eau du fleuve, le père Vent-Debout, tranquillement assis chez les époux Lyphard, buvait leur vin blanc et savourait les sardines frites au beurre, placées sur la table devant lui pour l'engager à avoir soif.

C'était au village de Saint-Georges que demeuraient les Lyphard — à égale distance du Pallet, rempli du souvenir d'Abélard qui y naquit, et de la petite ville de Clisson sur la Sèvre-Nantaise dominée par les ruines démantelées du château de ses anciens seigneurs, achetées au commencement de ce siècle par le sculpteur Lemot pour en faire une pittoresque « fabrique » de sa villa.

La vallée où la Sèvre coule rapide, profonde, sinueuse, présente tour à tour, sur ses flancs escarpés, des masses superbes de verdure, d'âpres accumulations de rocs, d'horribles coulées de blocs granitiques, et de jolies constructions modernes, des jardins habilement décorés... Mais de tout cela, le père Vent Debout n'avait cure. Son souci était de classer, par ordre de mérite, les vins blancs qu'il allait déguster dans les selliers du voisinage.

Ces bonnes gens de Saint-Georges et du Pallet, après avoir ouvert la porte du sellier avec quelque solennité, remplissaient un pichet de vin blanc — c'est un pot de terre de la contenance de deux verres. Le maître de la maison y mouille d'abord ses lèvres, comme pour s'assurer que par sa qualité son vin n'est pas indigne de son visiteur, et il présente le pichet. Ce serait le désobliger que de ne pas le vider tout entier, et le vieux marin eût été désolé de faire de la peine à des gens qui le recevaient si bien. C'étaient pour la plupart des amis du ménage Lyphard, et ils ne manquaient pas de dire :

— Les amis de nos amis sont nos amis !

Profession de foi contre laquelle le père Vent-Debout se gardait bien de s'inscrire en faux.

Le pilote du *Richard Wallace* en était arrivé à ce moment où le vin blanc le plus sec a le goût du petit-lait. Il ne lui en coûtait plus rien de boire par politesse.

Pendant ce temps, le yacht continuait de chauffer et de lâcher sa vapeur avec le plus de bruit possible ; mais à la distance où il se trouvait de Nantes et de ses quais, il était permis au vieux marin de ne pas entendre.

Pourtant, entre deux pichets, il se rappela qu'il y avait quelque part un *Richard Wallace* qui réclamait ses services ; il se sauva, et courut à la poursuite d'un train qui passait. Après un léger somme, il se trouva sur le quai qui traverse Nantes dans toute sa longueur, et qui suit la voie ferrée, séparée seulement par une légère barrière à hauteur d'appui. Cette fois, le père Vent-Debout entendit jaillir la vapeur ; et il accourut, comme s'il venait de se réveiller dans le plus proche cabaret. Il pensait qu'on ne se douterait jamais qu'il y avait des lieues et des lieues dans ses jambes vacillantes.

Après quelques formules d'une politesse obséquieuse, absolument contraire à son naturel, son chapeau goudronné lui tombant des mains, il se trouva dans l'impossibilité de le ramasser et ne chercha pas davantage à persuader sir William, ni à s'excuser.

— Eh bien! oui, dit-il, tandis que le petit Parisien lui remettait son chapeau sur la tête, eh bien, oui, ça y est! Je suis un relicheur qui n'a pas le moindre palan de retenue sur l'article du petit vin blanc; je tangue, c'est vrai, je roule, je talonne; j'ai ma guigue, j'en conviens! je suis bituré, d'accord! Mais je gagerais ma pipe contre une queue de sardine que je suis en état de vous piloter; il n'y a pas d'îlots qui tiennent, ni de bancs de sables! Ce n'est pas quand je suis au vent de ma bouée, que je voudrais, mon milord, envaser votre yacht comme un vieux ponton. Suffit! Avant que Bourguignon s'aille mettre au lit, nous serons en route et il est encore haut dans le ciel. Inutile donc de chanter : Papa! Maman! Commandez milord, et je pousse au large : vous verrez si je connais ma rivière...

XXII

Le littoral de la Bretagne

Le père Vent-Debout montra qu'il connaissait bien *sa* rivière en ramenant le *Richard Wallace* sans avarie d'aucune sorte à l'embouchure de la Loire. Lorsque le yacht se trouva à la hauteur de Saint-Nazaire, la nuit était venue; une belle nuit de la fin d'août toute constellée d'étoiles dans un ciel d'un bleu intense.

Le petit Parisien fut frappé de la beauté du spectacle que présentait le développement des côtes, où des centres d'habitations s'illuminaient pareils à des nébuleuses. Comme des astres de première grandeur, se détachaient çà et là, les lumières de quelques fanaux ou feux de port, et un phare, le Pilier, éclairait la pointe de Noirmoutier et l'entrée de la baie de Bourgneuf. Au loin, sur la mer, erraient comme des étoiles filantes les feux des grands navires, des bateaux à vapeur transatlantiques...

Le baronnet, sur les instances des dames, fit stopper devant Saint-Nazaire. Malgré la beauté de la nuit, lady Tavistock redoutait de prendre le large; mais sir William ne se coucha pas sans avoir donné l'ordre de se remettre en route dès l'aube. De sorte que lorsque Jean monta sur le pont du yacht, il se frotta les yeux, ne reconnaissant plus les côtes du bas de la Loire, et pour cause : le *Richard Wallace*, laissant à gauche Belle-Isle et les petites îles qui lui servent de satellites — Haedic, entouré de récifs, Houat, remarquablement cultivé, — avait doublé la pointe de Piriac et se trouvait à la hauteur de l'embouchure de la Vilaine, devant la presqu'île de Ruis, aux fiers promontoires découpés par les vagues et creusés de grottes profondes. Dans cette région du Morbihan, favorisée d'un climat très doux, les gelées sont inconnues : lauriers-roses, grenadiers, figuiers, myrtes, camélias et aloès y croissent comme en Provence.

Miss Kate et sa sœur suivirent de près le petit Parisien. L'aimable amie de Jean, après quelques informations recueillies auprès de Henry Esmond et du pilote sur la position du navire, et quelques notes prises sur le littoral en vue, disparut avec un petit air imposant et mystérieux qui intrigua Jean au plus haut point.

Henry Esmond s'approcha de sa fiancée.

— Chère amie, lui dit-il, votre charmante sœur a plus de facilités pour tenir son livre de bord, ainsi qu'elle appelle son journal, que vous pour orner votre album de curiosités artistiques ou naturelles... C'est dommage, car elles abondent dans ces régions. Ce seraient — sans sortir du Morbihan — les pierres levées de Carnac, disposées en piliers d'avenues au nombre de plus de cinq cents et qu'on a comptées par milliers avant que les paysans les détruisissent pour en clôturer leurs champs ; ce serait la pyramide de quinze mètres élevée entre Ploermel et Josselin sur la lande de Mi-Voie, où fut livré, au milieu du quatorzième siècle, le fameux « Combat des Trente », entre Beaumanoir assisté de ses chevaliers bretons et Bamborough ayant pour compagnons des Anglais, des Allemands et des Brabançons : vous savez le mot héroïque d'un des guerriers bretons à son chef blessé, qui, dévoré d'une soif ardente demandait à boire : « Bois ton sang, Beaumanoir ! »

» Ce serait le pont suspendu du petit port de la Roche-Bernard, qui franchit la Vilaine bien au-dessus du flot de haute marée et laisse passer sous son tablier, voiles déployées, les grosses barques qui montent vers Redon. Ce serait le « pardon » de Sainte-Anne d'Auray, très pittoresque par sa foule de pèlerins venus de tous les points de la Bretagne dans les costumes de leurs villages. On y compte de trente à quarante costumes assez différents ; il y a des habits à la mode de Louis quatorzième, portés avec bas noirs, souliers à boucles et chapeau à larges bords ; il y a de courtes jupes rouges avec corset entr'ouvert et bavolet blanc qui rappellent le vêtement des paysannes suisses ; on y voit jusqu'à des pâtres couverts du sayon de poil de chèvres. Ce serait...

— Mais il faudrait voir toutes ces choses de près, interrompit miss Julia. Pensez-vous aussi, eût-on des croquis, qu'il fût possible de tenir un crayon d'une main bien sûre à bord de votre yacht, capitaine Henry ?

Henry Esmond, baissant la voix, reprit avec émotion, mais en parlant cette fois en anglais à sa fiancée, comme pour donner plus d'intimité à leur entretien :

— C'est dans un voyage à deux qu'il ferait bon de s'en aller comme ces pèlerins d'Auray à travers toute cette Bretagne, qui a plus d'un lien de parenté avec notre pays. Nous y viendrons, chère Julia, si vous le souhaitez...

— Mais, Henry, répliqua miss Julia en souriant, ne m'avez-vous pas dit la même chose en Auvergne? en Touraine? et même ailleurs? Notre premier voyage à deux durerait bien longtemps... trop longtemps... ne craignez-vous pas?

— Cela fût-il vrai, il ne durerait jamais autant que mon inaltérable amitié pour vous, Julia.

Jean comprit qu'il était de trop... puisqu'on parlait anglais; et il s'en alla lutiner Barbillon, qui n'était pas encore bien persuadé que Paris ne se fût jamais appelé Lucrèce.

Des paroles de Henry Esmond il résultait que miss Kate tenait un livre de bord. Mais ce que ne savaient ni Julia ni son fiancé, c'est que ce livre-journal était destiné au jeune baron du Vergier, son sauveur au Sancy — après Jean.

Or voici ce qu'écrivait la jeune Anglaise en ne se faisant pas faute de puiser dans plusieurs gros volumes de sa bibliothèque de voyage, qu'elle traduisait librement :

— Je puis, sans quitter le yacht, parler de la vieille Armorique, puisqu'en langue celtique ce nom signifie « Pays de la mer ». Baies et criques nombreuses dans ses rivages; la mer bretonne entame violemment les côtes. A l'heure où les grèves se découvrent, abandonnées par l'eau, des roches noirâtres surgissent, alignées sur des veines de granit plus résistant à l'attaque des flots. On dit que les habitants de la Bretagne ont conservé plus d'originalité qu'aucune population de la France... »

Laissons miss Kate à la rédaction de son journal : aussi bien pourra-t-il nous être de quelque secours. Elle aura à faire sa description du Mor-Bihan ou Petite mer qui pénètre profondément dans les terres. Pour nous, qui suivons le petit Parisien dans son voyage, nous nous bornerons à faire remarquer que les îles dont est parsemée cette baie, les unes habitées, les autres stériles et désertes, s'agrandissent par des « béhins, » bancs de vase noirâtre qui, avec le temps, arrivent à souder plusieurs îlots entre eux, ou sont rongées par les eaux vertes aux vagues blanchissantes qui les entourent.

Au fond de la baie, Vannes, bien que située sur un chenal pourvu à peine de quelques mètres d'eau à marée haute, a quelque importance comme ville de commerce maritime.

Le yacht contourna la presqu'île de Quiberon qui ne tient à la terre ferme que par un isthme de dunes, et pénétra dans l'estuaire du Blavet, sur la rive droite duquel est le port militaire de Lorient. Le trajet avait duré six heures. Le restant de la journée fut employé à visiter la ville et les environs.

Ce n'est que le lendemain que le *Richard Wallace* reprit la mer. En avant de l'estuaire se présentait l'île de Groix. On la laissa sur la gauche pour suivre le littoral en longeant successivement la baie de Concarneau, l'anse de Bénodet, la pointe de Penmarch, — rocheuse, granitique, escarpée et battue ce jour-là, par une mer tourmentée — la baie d'Audierne, séparée de la baie de Douarnenez par la pointe ou bec du Raz. Devant cette pointe se détache l'île de Sein. Après la baie de Douarnenez se présenta la presqu'île de Crozon, terminée par le cap de la Chèvre, puis le golfe de l'Iroise échancrant la côte, et au fond duquel est la rade de Brest, vaste bassin communiquant avec la mer par l'étroit passage dit le Goulet. Au nord de la rade se trouve la ville de Brest et son port militaire. Brest était désigné d'avance pour une nouvelle station. Le *Richard Wallace* ne repassa le Goulet que le lendemain, mais de bonne heure; car il s'agissait d'atteindre ce jour-là Paimpol, c'est-à-dire de passer de l'Atlantique dans la Manche et du Finistère dans les Côtes-du-Nord. Il ne fallait pas moins de dix à douze heures avec un temps favorable.

Le yacht doubla donc la pointe de Saint-Mathieu, la pointe de Corsen, qui est la plus occidentale du continent, la pointe du Four. Détachée en avant de la côte, l'île d'Ouessant, avec son phare dont le feu est visible en mer dans un rayon de quarante-quatre kilomètres, forme la tête d'une chaîne de petits îlots séparés de la terre ferme par des passages assez dangereux, le passage du Fromveur ou du Grand-Effroi, le chenal du Four, etc. La côte toujours bordée d'îlots et de récifs granitiques moyennement élevés, se dirigeait au nord jusqu'à la pointe de Bloscon, qui s'avance vers l'île de Batz et abrite le port de Roscoff. Le yacht passa ensuite devant le double enfoncement dans lequel sont plusieurs ports, dont le principal est celui de Morlaix.

La côte rocheuse et granitique était bordée d'écueils et d'îlots : les Sept Iles, l'île de Saint-Gildas, l'île Er, etc; jusqu'au Sillon de Talberg, chaussée naturelle de cailloux qui est la pointe la plus septentrionale de la Bretagne. Sa côte toujours rocheuse et coupée presque à pic, est semée de bancs de sable, mais ces bancs rendent ces parages tout aussi dangereux que les roches. En contournant la pointe du Sillon se présentèrent les îlots de Bréhat, dont le plus au nord, les Héaux de Bréhat, est signalé par un phare, l'un des plus beaux du littoral français. Derrière les îlots de Bréhat se dissimulait l'anse de Paimpol.

Le *Richard Wallace* y entra assez avant dans la journée, après une navigation qui ne laissa pas de fatiguer les dames. Quant à Jean, préoccupé de plus en plus de l'objet de son voyage à mesure qu'il approchait du but, il ne sentait rien, ni fatigue, ni agrément; il ne voyait plus rien. Silencieux, il demeurait dans l'attente de ce qui était pour lui un grand événement. Il s'inquiétait surtout du plus ou moins de possibilité de rencontrer le sergent Reculot au Havre même, ou d'avoir à le chercher sur tout le littoral normand fréquenté par l'ex-franc-tireur: des difficultés de détail qu'il n'avait pas aperçues tout d'abord surgissaient soudain à sa pensée pour l'inquiéter et détruire jusqu'au plaisir que pouvait lui causer les prévenances dont il était l'objet à bord du yacht de la part de chacun.

Lorsque le yacht se remit en marche le lendemain, laissant en arrière les baies de Saint-Brieuc et de Saint-Malo, et prenant sa route au milieu des îles anglo-normandes de la Manche — Jersey à droite, Guernesey et Aurigny à gauche — cet éloignement du littoral laissa Jean à ses préoccupations.

Enfin les côtes de France apparurent de nouveau; le yacht se rapprochait du Cotentin.

Les falaises, les dunes et les rochers alternaient en formant de petits promontoires séparés par de vastes grèves. Le *Richard Wallace* doubla le cap de la Hague, et deux heures après il se trouvait devant le port de Cherbourg, qui est au fond d'une rentrée assez prononcée du littoral, défendue par une digue gigantesque s'étendant entre l'île Pelée et la pointe de Querqueville. Le yacht se mit à l'abri de la jetée.

Le baronnet offrit alors à sa femme et à ses filles de les conduire en ville, au spectacle; mais miss Julia et miss Kate remercièrent leur père de cette attention; il leur en coûtait de faire toilette. A dire vrai, sans éprouver jusqu'à du malaise, elles commençaient à être engourdies un peu par ce voyage de mer. Sir William prit alors d'autres dispositions. Comme lady Tavistock semblait fort priser le divertissement offert, il fut décidé que son fils l'accompagnerait — avec le petit Parisien, qui devenait vraiment si sérieux à mesure qu'on approchait du Havre qu'un peu de distraction lui devenait nécessaire.

Quand le youyou conduit par le pilote et Mahurec se fut éloigné du bord, sir William alla se coucher: ses filles et Henry Esmond rentrèrent au salon commun.

Le paysan passe devant ces pierres en se signant (page 251).

— Tu vas nous lire ton livre de bord, dit miss Julia à sa sœur. Henry Esmond allait se joindre à sa fiancée...

— Oh! je ne me ferai pas prier! s'écria miss Kate. La vive enfant courut vers sa cabine et en ressortit aussitôt rapportant un volumineux cahier. Voilà! fit-elle. Où faut-il commencer?

— Parlez-nous de la Bretagne, — que nous venons de quitter, sans là voir beaucoup... dit miss Julia.

— Il y a des lacunes dans mon journal ; une page blanche pour Nantes, deux pour la mer intérieure du Morbihan ; je veux faire une rédaction soignée... Quiberon ! Je pars de Quiberon.

— Nous écoutons, miss, dit le capitaine Henry.

Miss Kate commença alors sa lecture :

— « A mesure que s'avance notre voyage, le petit Jean s'absorbe de plus en plus dans une seule pensée, celle qui lui tient tant au cœur : faire la lumière sur les derniers actes de son père, justifier son père d'odieuses accusations. Cet aimable enfant demeure réfléchi ; il en perd jusqu'au sourire.

— Mais quel rapport cela avec Quiberon ? exclama Henry.

— Vous l'auriez su : je ne vous le dirai pas. Quiberon, soit ! J'y arrive tout de suite. « Quiberon... C'est plutôt une île, sans aucune issue à marée haute ; les émigrés français en firent la cruelle expérience lors de leur débarquement en 1795 : serrés de près par les troupes républicaines ils durent se jeter à l'eau pour atteindre les canots de la flotte anglaise.

» A l'ouest de la presqu'île de Quiberon se trouvent les neuf îlots de Glénans et l'île de Groix. Notre pilote m'a raconté que du petit port d'Etel, situé en face de Groix, lorsque le moment de la pêche à la sardine est venu, on voit sortir toute la flotille des pêcheurs voguant au milieu du canal entre l'île et la côte, avec le clergé dans les premières barques qui bénit la mer.

» Lorient ; principale ville du Morbihan. C'est un grand port militaire à l'embouchure du Scorff et du Blavet ; le plus considérable de France pour la construction navale. J'ai lu que c'était à l'origine, — au dix-septième siècle — un lieu de débarquement pour les marchandises venant de l'Orient, de l'Inde et de la Chine, et qui appartenait à la célèbre Compagnie des Indes. A la suite de mauvaises affaires elle dut céder son port à l'État. Nous y avons passé la nuit du 22 août, sans quitter le yacht.

— Mais je le sais bien, ma chère Kate, ne put s'empêcher de dire miss Julia.

— Vous le savez, ma sœur ! tout le monde ne le sait pas, riposta miss Kate. Ceci est un journal... « Nous voilà en face du littoral du Finistère. Les régions de la côte donnent des légumes et des fruits qui s'exportent jusqu'en Angleterre, d'où leur nom de Ceinture dorée : leur renommée n'en souffre pas, au contraire. L'élevage des chevaux et des bœufs est la principale richesse du Finistère.

— Cela est vrai, miss, mais qui vous l'a appris ? demanda Henry assez intrigué.

— Mon père. Vous savez qu'il connaît la Bretagne pour l'avoir parcourue autrefois de Tréguier à Vannes. Tenez, c'est d'après lui que j'ai écrit les lignes suivantes ; voyez si elles vous semblent justes :

« Peu de spectacles laissent une plus profonde impression que celui des houles de tempête qui, du large de l'Atlantique, viennent se briser contre les puissants remparts de granit qui bordent le Finistère. Au-dessus des roches baignées par les vapeurs de la mer et l'embrun des vagues pèse un ciel bas et terne. La mer qui a découpé tant de péninsules le long du littoral et creusé tant de baies, couvre de son flux les sables des plages, roule sur les grèves noires des cailloux et les ramène avec des bruits plaintifs et monotones qui affectent l'âme et la remplissent de tristesse.

» Quand reviennent les jours d'apaisement, il reste de ce trouble douloureux une mélancolie que ne dissipent pas entièrement les paysages plus riants de l'intérieur, les landes rougies par la floraison des bruyères, ou dorées par les fleurs de genêts, les chemins sinueux entre les haies vertes, les ruisseaux tranquilles s'échappant des mares à demi cachées sous la végétation, les vieux murs revêtus de lierre, les rangées de pierres grises plantées en bordure le long des terres. Et comme pour donner leur véritable caractère à tous les sites, ces pierres levées, ces pierres alignées que l'on rencontre à tout bout de champ, isolées ou groupées, et qui sont les véritables monuments du pays breton : le paysan passe devant elles en se signant dévotement, soit par peur du mauvais esprit, soit par respect pour le saint, substitué dans la légende chrétienne à quelque héros celte dont les hauts faits sont tombés dans l'oubli...

» Parmi ces pierres énormes, les menhirs ou peulvans, monolithes de forme allongée, sont plantés verticalement dans la terre et s'élèvent de plusieurs mètres au-dessus du sol — on en voit un à Lokmariaker, dans le Morbihan, qui dépasse vingt mètres ; sur le plateau désert de Lanvaux, de vastes espaces sont couverts de menhirs renversés, semblables aux colonnes massives d'un vaste temple. Les cromlechs ou enceintes druidiques, sont composés de menhirs rangés en cercle, en demi-cercle, en ovale ou en carré long : un menhir plus élevé que les autres en occupe ordinairement le centre. Quant aux dolmens, ce sont des autels de sacrifices composés d'une large pierre posée sur plusieurs autres. Il y a enfin des Allées couvertes formées de deux lignes parallèles de pierres brutes recouvertes d'autres pierres. Telle est la Roche aux fées d'Essé (Ille-et-Vilaine) qui a dix-neuf mètres de profondeur ; on en voit aussi à Plucadeuc dans le Morbihan, à Janzé (Ille-et-Vilaine), à Ville-Génoin (Côtes-du-Nord). Belle-Ile et Groix sont aussi parsemées de mégalithes.

» Ces étranges monuments achèvent d'entretenir la superstition. Aux environs d'Auray les paysans vont guérir leurs rhumatismes, en se couchant à la belle étoile sur un autel creusé en forme de coupe, dédié à saint Étienne.

» Sur la côte du Léonais, au nord de Lesneven, la péninsule de Pontusval porte encore le nom de Terre des païens. Ce sont les habitants de cette presqu'île chez qui s'est conservé le plus longtemps le « droit de bris », consistant à considérer comme une aubaine envoyée par le ciel toute épave provenant des naufrages. Pour augmenter les profits on aidait volontiers à la perte des navires. Cette horrible coutume régnait aussi du Bec-du-Raz aux roches de Penmarch, c'est-à-dire d'un bout à l'autre de la baie d'Audierne. Là, on était naufrageur de génération en génération. On dit que ces mêmes gens, très doux aujourd'hui, féroces jadis, durant les nuits d'hiver secouées par l'ouragan attiraient les vaisseaux sur les écueils au moyen de feux promenés sur la côte pour dissimuler les endroits périlleux.

» Ce sont des gens de même race que ceux de la Terre des païens qui ont encore des pratiques d'un autre âge : ils consultent les fontaines et les grands arbres, et le gui sacré est devenu « l'herbe de la croix », sans rien perdre de son prestige. C'est ainsi qu'aux environs de Tréguier, on s'en va la nuit invoquer dans sa chapelle Notre-Dame de la Haine, pour lui demander de faire mourir un rival, un mari trop dur pour sa femme ou un aïeul devenu une charge. Et si, au même lieu, se trouve également la chapelle de Saint-Yves de la Vérité, qui ne vient en aide qu'aux innocents, en l'adjurant de montrer qu'il est demeuré aussi juste que de son vivant, les opprimés, — veuves, orphelins et pauvres gens — comptent bien que leur ennemi périra dans l'année.

— Je n'aurai jamais cru que sir William connût aussi bien la Bretagne, observa malicieusement Henry Esmond, en interrompant la lecture.

— Je me suis aidée aussi de mes livres, repartit miss Kate, en rougissant un peu.

— Vous voulez donc vous faire imprimer, chère sœur? demanda miss Julia.

— Je n'y songe pas; mais je tiens à me faire lire... par quelqu'un.

Ce quelqu'un, on le devine bien, c'était le camarade que Jean s'était fait en Auvergne, Maurice du Vergier.

— Nous voilà punis de notre indiscrétion, observa Henry; jusqu'ici nous pouvions nous croire favorisés...

— Je ne m'étonne plus qu'il s'agisse si souvent du petit Parisien, dit à son tour miss Julia.

XXIII

Le livre de bord de miss Kate

— Faut-il poursuivre la lecture de mon journal? demanda la gracieuse miss Kate, en souriant avec un peu d'effort.

— Oh! certes, nous écoutons toujours, dit Henry. Poursuivez, je vous en prie.

Miss Kate s'assura par un regard de la sincérité de ces paroles, et reprit sa lecture :

— » Si beaucoup d'enfants en France ressemblent au petit Jean, votre camarade...

— Quel Jean? demanda Julia en riant. Jean... Quiberon?

— Le même, répliqua sa sœur, piquée au vif. Aussi passerai-je outre... avec votre permission. Ce qui suit sera mieux de votre goût, sans doute.

— « Entre Pont-Aven et Concarneau, la côte est couverte de blocs énormes que la mer a détachés de la falaise : on en voit dont le volume dépasse cent mètres cubes.

» Le promontoire de Penmarch, ou de la Tête de cheval forme l'angle méridional de cette côte de l'Ouest, qui est la vraie « fin des Terres ». Au delà, s'échancre la baie d'Audierne qui développe régulièrement la courbe de sa grève de sable fin, mais dont les bords sont désolés : on ne voit pas un arbre sur les hauteurs voisines. Au nord, à l'endroit où finit la baie, un promontoire s'avance dans la mer; cette masse granitique énorme s'élève à deux cents pieds au-dessus des plus grosses marées.

» Là, le spectacle des vagues tourbillonnantes est vraiment formidable. La péninsule est attaquée par les flots furieux qui la battent et la mordent. On y sent des trépidations; on y est couvert de l'embrun de la tempête. Dans le cap même s'ouvre un trou, — abîme immense, — l'Enfer de Plogoff, aux parois rougeâtres. La mer vient en heurter le fond avec un grondement pareil à celui du tonnerre; tout navire que la vague y entraîne est mis en pièces.

» A la droite du promontoire est une anse appelée baie des Trépassés, où souvent après la tourmente la mer rejette des débris et des cadavres. Les marins, emportés dans ces parages par les gros temps, croient entendre les plaintes des noyés mêlées aux voies stridentes de la tempête et au grincement des galets froissés contre les rocs.

» Les anciens Bretons entendaient aussi, dans les mêmes lieux, les menaces d'un dieu redoutable, maître des ouragans, que neuf vierges druidesses avaient mission d'apaiser. Ces prêtresses habitaient l'île de Sein, placée en avant du promontoire, auquel elle est jointe par une chaussée dangereuse de roches à fleur d'eau, dite Chaussée de Sein. Cette île reste presque toujours noyée dans la poussière humide des vagues. Les récifs qui l'environnent sont très dangereux pour la navigation; des milliers de bâtiments y ont rencontré leur perte.

» On a donc songé à construire un phare sur l'écueil d'Ar-men, réputé longtemps inaccessible. Ce n'était que trop réel : il a fallu creuser des trous dans des roches presque toujours submergées, pour y enfoncer des crampons de fer destinés à retenir les premières pierres. On ne pouvait travailler que durant le répit accordé par la mer au moment de la nouvelle lune et de la pleine lune. Les jours où il était permis de se mettre à l'œuvre, une brigade d'ouvriers d'un courage éprouvé, saisissaient le pic et la pioche, tandis que des marins veillaient à leur sûreté, prêts à les repêcher lorsque la vague viendrait les enlever et les entraîner sur les aspérités du récif.

» *Quimper.* — Port d'estuaire à la jonction de deux rivières sinueuses...

— C'est donc fini cette baie des Trépassés?... ce phare d'Ar-men? Cela devenait intéressant comme un roman, dit miss Julia qui voulait faire oublier à Kate ses petites méchancetés. Qu'avez-vous à nous dire de Quimper? On s'en moque un peu en France, je crois, de cette ville... Quimper-Corentin!!

— Il n'y a nullement de quoi se moquer, répondit miss Kate. Cette ville ne manque pas d'hommes intelligents... Elle a donné le jour au médecin Laënnec, qui a découvert les lois de l'auscultation.

— C'est égal, passons.

» *Douarnenez.* — Au bord de sa grande baie presque circulaire, ce port a pris dans ces dernières années une véritable importance, grâce à la pêche de la sardine. De la fin de juin au commencement de décembre, il met en mouvement pour cette pêche huit cents bateaux, montés par trois ou quatre mille marins. Cette pêche rapporte annuellement douze millions de francs, environ.

» A cette hauteur de la côte, mais à douze lieues dans les terres, se trouve Carhaix, patrie de la Tour d'Auvergne, qui reçut de Napoléon, premier consul, le titre de Premier grenadier de France. Revenons au litoral.

» *Camaret.* — Servit longtemps d'avant-poste de refuge à la rade de Brest.

— Allons-nous arriver à Brest? fit miss Julia, montrant un peu d'impatience.

— Nous y voilà.

» Brest est le grand arsenal de la France sur l'Océan. Nous l'avons vu, ce port, par un jour brumeux, et il m'a paru triste et sombre, malgré son appareil militaire, ses forts échelonnés des deux côtés du Goulet, large de deux kilomètres, qui sert d'entrée à la rade ; malgré les camps retranchés armés de batteries qui défendent l'entrée de la ville par mer et par terre ; malgré les hautes constructions de son vaste arsenal, sa Corderie, qui est célèbre, ses cales couvertes. C'est peut-être même tout cela qui donne à la ville son air sévère. Brest n'a pourtant plus de bagne.

» En pénétrant dans le port, formé par l'estuaire de la Penfeld, on se trouve soudain dans une rivière sinueuse, entre deux coteaux à pente raide tout couverts d'édifices. Sur les hauteurs de la gauche est Recouvrance, dont les rues apparaissent échelonnées et tortueuses. Mais la rade est magnifique ; quatre cents vaisseaux pourraient y trouver un refuge. C'est là qu'est le vaisseau école des officiers de la marine française.

» De Brest, sortit en 1794 le vaisseau le *Vengeur*. Chargé, avec plusieurs navires de protéger un convoi de vivres, il lutta contre la flotte anglaise, beaucoup plus forte ; après un long combat, les marins du *Vengeur* voyant leur vaisseau désemparé, criblé de boulets et prenant l'eau de toutes parts, aimèrent mieux s'engloutir dans les flots que d'amener pavillon et de se remettre aux mains du vainqueur.

— *Yes!* fit Henry Esmond, assez mécontent de cette exaltation d'une gloire maritime française. Décidément, miss, ajouta-t-il ironiquement, votre journal n'est pas destiné à la publicité... en Angleterre.

— Je vous l'ai dit, se borna à répondre miss Kate.

— Il est écrit pour un Français, observa miss Julia, pour taquiner sa sœur.

Miss Kate, fort poliment, s'inclina d'un air d'aquiescement, et reprit sa lecture :

« Après Brest, se déploient sur le littoral les charmantes plages du Conquet, aimées des baigneurs, et ses prairies où paissent des chevaux de noble race...

» Peu après, le large musoir de Léon se continue par un grand nombre d'îles et d'écueils, que termine à l'ouest l'île d'Ouessant.

» Cette île est entourée presque en entier d'une falaise de roches inabordables. Ses écueils se dessinent en grisailles obscures, battues par de hautes gerbes d'écume blanche. Elle forme un plateau ondulé, couvert de cultures, mais sans un arbre, sans un buisson, qui descend en pente douce vers un petit port de pêche ouvert du côté de la haute mer.

» Les eaux d'Ouessant sont réputées dangereuses. Les marins redoutent les détroits de Fromveur, de la Helle, du Four... Les courants qui se heurtent avec des remous, les écueils, les roches sous-marines, les orages et les brouillards, les brusques sautes de vent, tout concourt à faire de ces parages une des régions les plus périlleuses de l'Océan. Nul marin n'y a doublé les caps « sans peur ou sans malheur ». — Qui voit Groix, voit sa joie, dit un proverbe maritime ; mais un autre proverbe moins rassurant, dit : Qui voit Ouessant, voit son sang!

» En suivant la côte, on monte au nord-est jusqu'à l'estuaire de Saint-Pol de Léon. C'est une ville déchue, mais encore fort intéressante. Sur la falaise, les silhouettes de ses trois vieux clochers semblent plantées comme en un pays désert ; l'un d'eux, « le clocher à jour » des chansons bretonnes, domine les autres ; c'est le magnifique clocher de l'église de Notre-Dame de Creizker, chef-d'œuvre de grâce et de légèreté, classé parmi les monuments historiques. Le littoral, protégé contre l'envahissement des dunes, est l'un des plus fertiles de la Bretagne : le laurier-thym y croît en pleine terre comme en Provence. Le port de la contrée, le petit havre de Roscoff, est devenu célèbre par son énorme figuier, appuyé sur plusieurs troncs et qui forme à lui tout seul un petit bosquet.

» L'estuaire de Saint-Pol de Léon est séparé de celui de Morlaix par des îles, des écueils, des bancs de galets.

» Morlaix est situé au bord d'une rivière où pénètre le flot de la marée. Des navires d'un fort tonnage viennent mouiller jusque devant les magasins et les fabriques établies le long de ses quais. Un étonnant ouvrage d'art est la plus grande curiosité de cette ville ; c'est le viaduc du chemin de fer, har-

Les sauveteurs allaient atteindre le yacht en détresse (page 264).

diment jeté au-dessus des deux collines où les maisons sont disposées en amphithéâtre. En avant de Morlaix, on voit le château du Taureau, bâti durant le seizième siècle sur un rocher isolé, au milieu de la mer, pour défendre la ville contre les Anglais. Il a depuis été changé en prison... »

— Ma rédaction s'arrête à la limite du Finistère, dit miss Kate. Pour les Côtes-du-Nord, l'Ille-et-Vilaine et la Manche, je n'ai encore que des notes...

Henry Esmond félicitait la jeune Anglaise sur le sérieux de ses occupations, lorsqu'on entendit un grand bruit sur le pont. C'était Alfred Tavistock qui ramenait sa mère et le petit Parisien, et qui « rapportait » le père Vent-Debout. Celui-ci, après avoir bu copieusement en compagnie d'anciens camarades, s'était pris de querelle avec de mauvais garçons, avait été rossé, conduit au poste, et finalement délivré sur l'intervention du fils du baronnet.

Quand il se sentit sur le pont du yacht, le vieux marin retrouva subitement toute son énergie. Oubliant ses souffrances, il entreprit une ardente apologie de sa conduite.

— C'était au bal, disait-il. Du côté des dames, il y en avait une à la taille fine comme une flèche d'artimon et cambrée comme la guibre d'une frégate; des cheveux noirs mieux cirés qu'une giberne de la ligne; des yeux... Avez-vous jamais vu le phare d'Ouessant? Il ne brille pas moitié de même. C'était ma danseuse... Très heureux de ma soirée, je m'en allais, ma foi, vent dessus, vent dedans, tout en portant la voile comme pas un vieux de la cale, et je louvoyais au milieu des quadrilles en donnant le signal d'un galop général: Tout le monde sur le pont! Tremblement de Brest! voilà-t-il pas trois malotrus qui viennent me tomber dessus par le travers! Je pique un nez dans la lame, mais en me relevant, non d'un patara! je te vous les ai arrimés de la belle façon! Et maintenant je vais rester ici en panne, mon lieutenant, jusqu'à ce que vous me rendiez votre estime. Faut que le petit Parisien voie bien qu'on respecte un vieux Breton qui a bourlingué sur toutes les mers...

En parlant ainsi le père Vent-Debout se donnait de terribles coups de poing dans le creux de l'estomac.

Il fallut que le jeune Tavistock l'assura de sa plus parfaite considération, et le pria instamment d'aller se coucher.

Quand on fut en mer, le lendemain, de cette belle équipée il ne restait plus même le souvenir. Le père Vent-Debout était à son poste, très sérieux, très attentif : le vent d'aval, comme les marins appellent les vents qui soufflent de la plaine mer vers la terre, arrivait du large avec furie, et les vagues se suivaient de si près, qu'elles faisaient plus pour porter le yacht en avant que le mouvement de propulsion de la roue à hélice du petit bateau à vapeur.

— Combien nous faudra-t-il d'heures pour atteindre le Havre? demanda le baronnet au pilote.

— En temps ordinaire, huit heures, répondit le vieux marin. Mais il vente la peau du diable, et il nous faudra moins de temps... ça se pourrait!...

— Ça se pourrait, monsieur Vent-Debout? dit lady Tavistock intervenant. Faudrait-il craindre de ne pas arriver?

— Je ne dis pas cela, milady. Votre yacht est un brave navire; il a des joues, des hanches et du ventre, et celui qui vous l'a vendu ne vous a pas volé vos argents; mais nous pourrions tout de même recevoir quelque avarie.

— Alors j'aimerais mieux retourner à Cherbourg.

— Ce serait difficile maintenant, milady. Mon avis ce matin était de n'en pas sortir; mais milord après avoir consulté M. Esmond n'a rien voulu entendre. M. Esmond dit qu'il connaît la Manche, avec un air de croire que la Manche est un canal anglais... moi aussi je la connais la Manche! Mais j'ai obéi : A Dieu vat!

— Si l'on suivait de plus près la côte normande? suggéra la femme du baronnet, que l'inquiétude gagnait à mesure qu'augmentait la violence du vent. Nous pourrions au moins nous réfugier dans quelque port. S'il y avait vraiment du danger, master, ne viendrait-on pas à notre secours, avec un de ces bateaux de sauvetage... comme il y en a partout?...

— Partout? non, milady, pas partout; cela viendra plus tard. De ce côté-ci, il y en a à Honfleur, à Barfleur, — en face de nous, — au Becquet : nous venons de passer devant; il y en aura un l'an prochain à Grandcamp. Ils sont beaucoup moins espacés sur le littoral du Finistère. Mais il y a partout des postes de porte-amarres à grande portée et de fusils porte-amarres. Foi de Dieu! milady, il est bon de ne pas trop compter sur ce moyen de parer la coque...

— Pourquoi n'y a-t-il pas davantage de « life-boats »? demanda miss Julia, qui était venue avec sa sœur rejoindre sa mère.

— Parce que... cela coûte cher, mademoiselle. Un canot de sauvetage avec son chariot revient à quinze mille francs; autant coûte la maison-abri et les accessoires, et les ressources de la société de sauvetage ne sont pas inépuisables.

— Et pour manœuvrer ces bateaux? dit à son tour le petit Parisien.

— Pour les manœuvrer, mon garçon? des gens de bonne volonté, toujours parés à faire le sacrifice de leur peau. Plutôt que de dire non, ils aimeraient mieux se faire couler avec la grande ancre en cravate.

Mais la conversation n'était plus soutenable; tout craquait à bord du yacht de plaisance. Un grain arriva du large, et bientôt la mer, la pluie et le vent furent confondus dans la plus horrible tourmente.

Lady Tavistock déclara résolument à son mari qu'elle ne voulait pas tenter d'aller jusqu'au Havre, et le supplia de chercher un port de la côte normande où il fût possible d'entrer. Le baronnet se concerta avec le pilote, et il fut convenu qu'on chercherait un refuge à Barfleur.

Jean, tout pâle, étudiait les progrès de la tempête. Cramponné aux bordages, il regardait par-dessus, et en voyant ce déchaînement des éléments, il se demandait, anxieux, si le *Richard Wallace* se tirerait de cette rude épreuve... Deux grosses larmes se mirent à couler sur ses joues.

— Tu as donc peur, mon gars? lui dit le père Vent-Debout, fort surpris. Je t'avais cru plus courageux... Je m'envasais. Tu crains, je le vois, de poser ta chique? C'est qu'il va falloir en découdre... Ah! tu as peur, mon Parisien!

— Oui, j'ai peur, répondit le jeune garçon, mais je n'ai pas peur de mourir.

Sa peur, — c'était qu'on n'entendît plus parler du *Richard Wallace*, et que le jour de la réhabilitation, pour la mémoire de son père, n'arrivât jamais.

XXIV

A la pointe de Barfleur

A travers la pluie et l'écume des lames emportées par le vent, apparaissait par moments aux yeux des voyageurs du *Richard Wallace* la pointe de Barfleur et, plus distinctement, son phare.

Parfois le vent soufflait en foudre, comme disent les marins, déchirant les nuages noirs et arrêtant pour une minute ou deux la violence de ce grain venu du Nord; alors on pouvait voir la mer, hachée par le vent, briser sur les roches de la côte des vagues énormes.

Le vent soufflait de l'arrière et la mer venait du travers, ce qui occasionnait un très fort roulis; et le yacht fatiguait beaucoup par la succession rapide des coups de tangage. La pluie tombait à torrents, poussée comme une grêle, douloureuse au visage...

Réfugiées au centre du léger navire, sous le panache de fumée que tordait la tempête, lady Tavistock et ses deux filles, pâles, nerveuses, se tenaient avec peine debout. Le baronnet, son fils et Jean secondaient à la manœuvre le petit équipage.

Qui faisait le moins bonne contenance, c'était le couple anglais au service de la famille du baronnet. La femme surtout, mistress Nancy Chillip, toute en larmes, cheveux dénoués, courait d'un bout à l'autre du navire, autant du moins que le lui permettait la force du vent, criant dans sa langue qu'elle ne voulait pas aller plus loin, et qu'elle « donnait » ses huit jours à milady.

— Qu'est-ce donc? que dit-elle? demanda le pilote.

— Elle ne veut pas aller plus loin, répondit le fils du baronnet.

— Alors elle n'a que la ressource de faire un plongeon ici-même!

Quant à John Chillip, il ne s'occupait que de sa femme et s'en allait après elle pour la calmer. En passant devant lady Tavistock, il s'efforçait de réparer la maladresse de Nancy, et priait la femme du baronnet de ne pas tenir compte de paroles dites dans un moment d'égarement...

Comme il y avait un danger réel à demeurer sur le pont, Henry Esmond vint prier lady Tavistock de se retirer avec ses filles dans le salon commun, et il commanda à Nancy de ne pas gêner la manœuvre et de suivre sa maîtresse. Miss Kate voulut entraîner Jean avec elle; mais le jeune garçon résista; il voulait rester avec les hommes; Barbillon se rendait utile, il se rendrait utile aussi.

Le capitaine Esmond avait eu raison de débarrasser le pont : lady Tavistock et ses filles disparaissaient à peine, que le mât de misaine craqua et tomba : personne ne fut atteint. Un moment, après le youyou hissé en portemanteau sur les arcs-boutants extérieurs fut enlevé par une lame.

La tempête était dans toute sa force.

— Si nous manquons Barfleur, dit le père Vent-Debout au capitaine, il nous reste Saint-Vaast protégé par l'île de Tatihou et le promontoire de la Hougue.

— Tâchons de ne pas manquer Barfleur, lui répondit Henry Esmond, qui tenait à satisfaire au désir de lady Tavistock.

Le yacht, ayant peine à suivre sa route, se rapprochait visiblement de la côte. Devant le danger d'y être jeté, le pilote, d'accord avec le capitaine, manœuvra pour essayer de s'en éloigner; mais une lame monstrueuse souleva l'arrière du navire, une autre lame vint l'assaillir par la hanche de bâbord et ce fut un miracle s'il ne coula pas immédiatement. Pendant un moment, une suite de fortes lames se mirent à déferler sur le pont, et l'eau pénétra partout. Bientôt elle gagna les fourneaux...

Mahurec apparut annonçant que les feux étaient éteints. Alors, le mécanicien se mit à la pompe, secondé par Alfred Tavistock, Jean et John Chillip, qui n'ayant encore rien fait que de consoler sa femme se montrait le plus vigoureux à la besogne.

Le baronnet, très sombre, regardait faire, les mains derrière le dos, observant la mer à bâbord et la côte à tribord, — qui semblait marcher vers le navire.

Au bruit de la pompe, mistress Chillip fit de nouveau invasion sur le pont et voyant son mari à l'œuvre, elle jugea la situation désespérée et se mit à pousser des cris de détresse. Elle courut vers son John et s'attacha à lui. Il fallut qu'Henry Esmond donnât l'ordre à Barbillon de la ramener de force auprès de lady Tavistock.

Après la chute du mât de misaine, on ne pouvait songer à utiliser une voile basse pour imprimer une direction au yacht. Soulever ce mât était tout aussi impossible : il gisait sur le pont, avec sa grande voile de forme aurique lacée sur des cornes et enverguée au mât par les cercles mobiles servant à la hisser ou à l'amener. Tout ce bois et toute cette toile, dans laquelle le vent s'engouffrait, constituaient un obstacle et un danger de plus.

Le yacht fuyait donc devant le vent à mâts et à cordes, exposé à chaque instant à être submergé, poussé de plus en plus à la pointe de Barfleur ; c'était visible.

Le travail de la pompe devenait insuffisant, chimérique...

Du rivage, les marins de la brigade de sauvetage qui observaient le yacht, comprirent qu'il était fatalement perdu, qu'il allait se mettre à la côte à l'entrée de Barfleur et s'y défoncer.

Alors, au milieu de la tourmente retentit le cri : « Le canot à la mer ! » Ce cri est répété de proche en proche. Quelques-uns des marins se portent vers le poste-abri qui renferme l'embarcation, tandis que d'autres vont relancer chez eux ceux qui n'ont pas deviné qu'un navire est en perdition.

Deux hommes manquaient à l'appel : il s'en présenta trois de bonne volonté pour compléter l'équipage.

Le canot, tiré de son abri fut amené à la mer sur un chariot à trois roues. La mer était basse, malgré la tempête du large et le port presque à sec ; on dut atteler trois chevaux au chariot pour la mise à l'eau de l'embarcation sur la plage ; cette opération ne prit pas moins d'une demi-heure.

Au moment du « lâchez tout », quand le canot s'ébranla, que le chariot s'en débarrassa, et que cette masse, bateau et hommes, fut précipitée dans la mer, disparaissant sous l'eau pour se relever plus loin, des femmes, des enfants, et parmi eux les enfants des sauveteurs qui allaient risquer leur vie suivaient avec anxiété sur la plage toutes les manœuvres...

Mais la mer repousse le canot. Alors, tous, la ceinture de liège aux flancs, se mettent à l'eau jusqu'à la poitrine pour ramener le canot à la mer. Une lame fuit en le laissant plongé par l'avant dans le sable ; il reste engravé, en butte aux fureurs successives de la vague et du vent. Mais nos sauveteurs n'étaient pas ébranlés pour si peu : de la voix, du geste, ils s'exhortent, s'unissent, s'encouragent et réussissent à relever l'embarcation.

Enfin on domine le flot, chacun saute à bord, s'y installe, borde les avirons; le canot part.

Ce bateau, l'*Othello*, l'une des plus anciennes fondations de la Société centrale de sauvetage, la plus ancienne peut-être (1865), avait près de dix mètres de long sur deux mètres vingt-cinq de large ; il était bordé de douze avirons et pouvait porter trois voiles de petite dimension. Insubmersible par sa construction, grâce aux caisses à air qui le garnissaient intérieurement, pour qu'il pût décharger l'eau embarquée par les lames et ne pas flotter comme un corps mort, six puits verticaux, le traversant de part en part, étaient établis sur le pont, — puits munis d'une soupape qui ne cède qu'à la pression d'en haut et laisse écouler l'eau qui la charge en s'ouvrant.

Malgré tout cela, l'*Othello* n'était pas à l'abri d'une de ces lames de fond qui, tout à coup, peuvent retourner une embarcation. Pour parer à une semblable catastrophe, on lui avait adapté, selon le modèle des bateaux de sauvetage anglais, une fausse quille en fer et des tambours à dos d'âne, à l'avant et à l'arrière, tendant, avec l'aide des caisses à air, à lui faire reprendre son centre de gravité s'il venait à chavirer. Ajoutons que tout autour du bordage se trouvait établi un câble pouvant servir à la fois de marchepied pour embarquer et de soutien contre les lames.

Au moment précis où l'*Othello* réussissait à prendre la mer, le *Richard Wallace* échouait à la pointe de Barfleur.

Le patron du bateau de sauvetage mit donc le cap sur le navire échoué, que couvraient des lames féroces lui emportant à chaque assaut une partie de ses œuvres mortes. Quelques lames encore, et le yacht allait disparaître. On apercevait sur le pont plusieurs personnes allant et venant éperdues...

Grâce à l'énergie des sauveteurs et à l'adresse de leurs efforts, ils allaient atteindre le yacht en détresse, que la mer couvrait presque entièrement. Il s'agissait de disputer au terrible élément quatre femmes, deux enfants et six hommes.

A bord du yacht, le baronnet, les siens et l'équipage du petit navire avaient vu se diriger vers eux le bateau qui sortait de Barfleur.

— Les braves gens! fit le baronnet en essuyant une larme qui ne lui était pas arrachée par l'imminence du danger que couraient sa femme, ses enfants et lui-même.

— Vous voyez, mon père, dit miss Kate ; ils n'hésitent pas à se dévouer pour nous... qui sommes Anglais.

LE TOUR DE FRANCE D'UN PETIT PARISIEN

Agenouillé, Jean pleurait cet inconnu (page 269).

— Oh! mademoiselle, s'écria le père Vent-Debout, les Anglais en font bien autant pour les nôtres sur leurs côtes. C'est un prêté pour un rendu...

L'*Othello* arrivait sur le flanc gauche du yacht naufragé ; se ranger bord à bord était une opération périlleuse, surtout à cause du mât d'artimon tombé sur le pont du yacht et dont l'extrémité qui avait crevé le bordage dépassait d'un mètre, présentant une difficulté inattendue.

Aidés par Henry Esmond, Alfred Tavistock, Mahurec et le pilote, les braves marins firent passer dans le canot lady Tavistock, ses deux filles et leur femme de chambre. Puis ce fut le tour du mari de cette dernière, mais son transbordement s'opéra avec beaucoup de peine. John Chillip finit par tomber à l'eau, fut repêché et rendu évanoui à sa femme qui se jeta sur lui, désespérée comme s'il était mort.

Ce fut, après John Chillip, le tour de Jean. Le jeune garçon voulait céder son tour à sir William, qui refusa, puis à Barbillon, bien que le père Vent-Debout lui répétât : « Les passagers d'abord, l'équipage ensuite ! »

Au moment où le second patron — un des hommes de bonne volonté requis à la dernière minute — s'approchait du bord du yacht, prêt à saisir Jean que le pilote et Mahurec lui présentaient, il fut heurté en pleine poitrine par le bout du mât d'artimon, qui suivait les mouvements désordonnés du navire.

Il tomba à la renverse au milieu des rameurs sans pousser un seul cri.

— Oh! c'est pour moi! s'écria Jean, c'est pour moi que cet homme est peut-être blessé mortellement!

Un autre marin se présenta et enleva le jeune garçon; il le déposa sain et sauf dans le bateau de sauvetage.

A partir de ce moment le petit Parisien ne vit plus rien de la tourmente qui redoublait, ni des efforts inouïs des marins de l'*Othello* pour se saisir des hommes restés à bord du yacht, le pilote Vent-Debout tenant à honneur autant que le capitaine Henry Esmond à quitter le dernier le fragile abri qui les séparaient encore un moment de la mer.

Les yeux du jeune garçon ne pouvaient se détacher du corps du pauvre volontaire, que raidissaient les dernières convulsions...

Le cuisinier Chilipp revenu à lui, réconforté par quelques gouttes d'eau-de-vie, et réchauffé grâce à une vareuse sèche, regardait aussi le corps du marin défunt — mais philosophiquement, et comme quelqu'un qui sent qu'il fait bon vivre...

— Goddam! On ne fait pas d'omelette sans casser des œufs, observa-t-il avec autant d'inconvenance que de sécheresse de cœur.

Jean fut indigné de ce langage. Il s'agenouilla près du mort, aussi près que le permettait le peu de place demeurée libre entre les bancs. Miss Kate pleurait la mort du sauveteur, sa sœur et sa mère aussi. Jean se fit donner la fine batiste trempée de larmes de sa jeune amie et il couvrit le visage bronzé et rigide du défunt, que la mort pâlissait à peine, comme si cet homme courageux, frappé par elle, semblait encore ne pas la redouter.

L'*Othello* bondissait sous le vent et la pluie, passant au travers des lames dans une poussière faite d'écume ; les vêtements des naufragés étaient trempés d'eau ; mais Jean ne s'apercevait de rien ; faisant un retour sur ce voyage, la catastrophe dont il venait d'être le témoin — et la cause — lui paraissait de bien mauvais augure pour sa tentative. Affaissé sur lui-même, il se mit à pleurer à chaudes larmes comme s'il eût perdu un ami. Soudain retentirent les cris de toute une population attirée sur la plage ; il s'y mêlait des battements de mains. Jean comprit que le bateau de sauvetage avait accompli sa tâche, et que le péril de l'heure présente était détourné. Que lui réservait l'avenir ?

Peu à peu la joyeuse manifestation s'éteignit.

— Il en manque un ! cria sur le rivage une mâle voix.

Des yeux avides se portaient vers le canot ; des femmes, des enfants cherchaient un mari, un père. Le compte y était, — au moins pour ceux de Barfleur.

— Qui donc est mort ? demanda une femme.

— Un volontaire, répondirent les marins de l'*Othello*.

— Qui n'était pas de ce pays, ajouta l'un d'eux.

En ce moment, le canot touchait à la plage. Une foule bruyante se précipita pour voir de plus près les naufragés et le sauveteur victime de son dévouement.

— Ce sont des Anglais, disait-on dans les groupes ; avec un équipage français, observaient ceux qui apercevaient le pilote, le mécanicien et le mousse.

— Des touristes alors, dit un gamin ; ça se voyait au yacht de plaisance.

Le petit Parisien leva la tête et vit le canot entouré de toute une population émue et sympathique.

— Mais le mort ? le mort ? qui est-ce ? demandait-on.

— C'est, dit le patron du bateau d'une voix forte et qui couvrit tous les chuchotements un nommé Reculot, du Havre, arrivé d'hier à Barfleur. Un brave, mes amis, et qui a fini par y rester. Je le connaissais à sa valeur.

— Nous aussi, dirent plusieurs voix.

Jean fut pris d'un éblouissement. Ce cadavre... c'était celui de cet homme qu'il était venu chercher de si loin ! Le pauvre enfant se laissa tomber, découragé, sur un banc du canot.

— Ah ! quel plus grand malheur pouvait m'arriver ! murmurait-il anéanti. Et cet homme qui a trouvé la mort en me sauvant la vie... à moi... qui ne suis allé à sa recherche que pour lui fournir cette occasion de s'exposer ! En voilà une rencontre! Et maintenant le carnet? qui me le rendra? la preuve de la loyauté de mon père, l'honneur de mon nom, qui me les rendra!

— Jean! lui dit doucement miss Kate en lui posant une main sur l'épaule; êtes-vous malade, cher enfant?

— Malade, miss? ah! j'aurais dû périr là-bas, tantôt. Tenez, vous voyez bien ce malheureux que nous rapportons? Eh bien, c'est le sergent « bleu » que j'allais chercher au Havre : il est venu au-devant de moi, et au-devant de la mort. Je ne vais plus savoir que faire... je n'ai plus besoin de vivre... je n'ai plus d'avenir, plus de nom, plus d'honneur!!...

— Mon pauvre ami! murmura la jeune Anglaise.

— Votre ami? Vous devriez rougir, déjà, de me connaître, mademoiselle.

— Mais, dit vivement miss Kate en élevant la voix, la preuve que vous cherchez, mon enfant, est-elle anéantie par la mort de ce brave marin?

L'œil de Jean se rouvrit, bien grand; l'espoir lui revenait.

— Si c'était possible! fit-il. Vous avez raison, il y a le domicile du Havre, les papiers du défunt, peut-être une famille... qui comprendrait mon chagrin et ne voudrait pas me laisser dans la peine...

— Venez, Jean, venez, ma fille, dit lady Tavistock qui avait assisté muette à une partie de cet entretien.

La bonne dame entraîna le petit Parisien vers l'hôtellerie où se rendait le baronnet et tout son monde, — tandis que le corps de Reculot était transporté à bras, sur une échelle, recouvert d'une voile de bateau, au poste-abri du canot de sauvetage.

Le lendemain de cette fatale journée toute la population maritime de Barfleur se pressait aux obsèques de l'ancien sergent « bleu », bien connu dans le pays pour le dévouement dont il avait fait preuve en maintes circonstances, et un peu aussi par l'originalité de son caractère : le brave Reculot, petit rentier de l'Etat, et propriétaire d'un joli sloop d'amateur qu'il conduisait lui-même, passait sa vie à l'embouchure de la Seine, sur le littoral du Calvados et de la Manche. Il n'avait quitté la barre de son gouvernail que pour prendre le fusil pendant la guerre, s'était honorablement conduit dans les Vosges, notamment au coup de main du pont de Fontenoy, où le lecteur a fait sa connaissance. Il avait laissé son sloop à Saint-Vaast et se trouvait depuis deux jours à Barfleur, où il était venu à bord de la barque pontée d'un de ses nombreux amis normands.

C'était un digne homme, n'ayant peut-être qu'un défaut : celui de regarder trop souvent avec colère de l'autre côté de la Manche, en montrant le poing aux Anglais, et de confondre dans une haine commune les Germains et les Anglo-Saxons.

Que ces quelques lignes lui servent d'oraison funèbre !

De discours, il n'en fut point prononcé sur sa tombe : donner sa vie pour sauver celle de son prochain semblait une trop belle mort à ces braves marins de notre littoral pour que personne songeât à faire valoir la conduite du volontaire de l'*Othello*. Chacun se borna à asperger d'eau bénite la terre où il reposait, — et tout fut dit. La foule se retira doucement émue...

Mais Jean n'était pas de force à conserver cette impassibilité. Agenouillé devant cette terre fraîchement remuée, il pleurait cet inconnu comme il eût pleuré sur la tombe de son père ; c'est que sa douleur se confondait avec une peine tout aussi douloureuse : l'impossibilité de réhabiliter ce compagnon d'armes du sergent défunt, qui était son père, à lui. Malgré l'espoir un instant ressaisi, grâce aux consolations de miss Kate, Jean revenait à l'idée qu'une fatalité entravait la réussite de son entreprise. C'était insurmontable... Mais jamais il ne pourrait se résigner !

Le père Vent-Debout vint le relever de son abattement.

— Console-toi, mon garçon, lui dit-il ; Reculot ne bourlinguera plus en ce bas monde. Il est mort comme un honnête homme, en faisant son devoir : le voilà ancré dans un fameux refuge, avec le bon Dieu pour capitaine de port.

— Amen ! ajouta le vieux marin donnant avec recueillement une approbation à ses propres paroles.

Il ramena Jean auprès du baronnet.

Sir William Tavistock n'avait rien sauvé du *Richard Wallace*, que son portefeuille — bourré de bank-notes, il faut le dire. Après avoir payé les funérailles du sauveteur et fait un don important à la Société centrale de sauvetage, — qui emploie l'argent qu'elle reçoit en créations nouvelles, — il s'informa de quelques pauvres familles, et lady Tavistock, assistée de ses filles, se fit un devoir de porter à des veuves et à des orphelins les secours d'une charité bien entendue.

Le yacht échoué fut abandonné aux soins d'un contructeur de barques, qui prit à demi l'engagement de le renflouer si la mer redevenait calme bientôt.

Renseignements pris sur le sauveteur décédé, il demeurait à Ingouville, faubourg du Havre, à mi-chemin de Sainte-Adresse. On ne lui connaissait point de parents ; une femme très âgée, — sa nourrice — vivait auprès de lui.

Le petit Parisien avait hâte de vérifier les chances qui lui restaient de mettre la main sur le carnet de Louis Risler, le traître fusillé à Fontenoy. Le baronnet n'avait pas moins de hâte d'atteindre le Havre pour y prendre les dispositions que sa situation nouvelle réclamait.

Deux jours après un brick norvégien, qui avait eu à réparer de graves avaries à Barfleur, devait regagner le port du Havre : le baronnet traita avec le capitaine pour le transport de sa famille et de tout son monde.

Par un temps magnifique, avec un vent favorable qui assurait une prompte traversée, le brick norvégien s'éloigna de Barfleur. C'était un voyage de six à huit heures.

Bientôt, en face du brick, excellent marcheur, entre les hautes falaises de Caux entrevues dans le lointain, et les collines verdoyantes du pays d'Auge, s'ouvrait largement l'embouchure de la Seine, avec le Havre à gauche du navire et, au delà, les côtes du littoral fuyant dans la direction de l'est, dessinées par une suite de caps découpés dans la falaise calcaire du pays de Caux, — escarpes éclatantes de blancheur que les érosions de l'Océan ont taillées dans le plateau crayeux qui s'étend de la vallée de la Seine à la vallée de la Somme. En avant se présentait le cap de la Hève et son double phare à feux électriques, établis sur la falaise à pic ; au second plan le cap d'Antifer dérobant Etretat et ses accidents de paysage maritime vulgarisés par la peinture contemporaine.

Sur la droite du brick, c'est-à-dire sur la rive gauche de la Seine, à son embouchure, se détachait très nettement le petit port de Honfleur, au sommet de la côte arrondie qui forme la baie de Seine, et qui offre d'abord une belle plage de sable interrompue sur divers points par des falaises, des dunes... Du même côté, un peu en arrière, à l'endroit où l'Orne se jette dans la Manche commençait, se dirigeant vers l'ouest, une ceinture de roches basses et dangereuses, telles que les roches de Lion, les îles de Bernières, les Calvados, s'étendant en avant du rivage avec lequel elle fait corps.

Sur cette côte, on apercevait vaguement — en les comptant depuis la Seine — les petites villes de bains de mer telles que Trouville, Villers, Houlgate, Cabourg, les embouchures de la Touques, de la Dives, le petit port d'Ouistreham à l'entrée de l'Orne, Port-en-Bessin et enfin dans l'échancrure qui s'ouvre derrière les roches de Grand-Camp, les embouchures de la Vire et de la Taute, où la présence de nombreuses barques trahissaient l'existence sur ces cours d'eau des petits ports d'Isigny et de Carentan.

La grande ville maritime se rapprochait sensiblement, se développant dans un immense panorama.

C'était le cap de la Hève, dont le front gigantesque surmonté de ses deux phares paraît armé, le jour, de deux cornes de granit, et, la nuit semble ouvrir deux yeux de feu ; c'étaient les coteaux d'Ingouville et de Graville, garnis de frais ombrages au milieu desquels se groupent mille pavillons élégants, d'une architecture capricieuse.

A mesure que le brick avançait l'œil atteignait jusqu'à l'horizon limité vers le nord-est par la citadelle, la plaine de l'Eure, les bassins qui représentent l'aspect commercial du Havre, et où la fumée des usines s'enroule en volutes autour des vergues et des mâts des bâtiments marchands amarrés dans le port. Au centre d'un vaste circuit, le lit de la Seine, large de trois lieues, s'encadrait des collines d'Orcher à droite, et des coteaux d'Harfleur à gauche. Des navires grands et petits pénétraient entre les deux jetées, ou sortaient du port voiles déployées.

> Après Constantinople, il n'est rien de si beau !

a dit Casimir Delavigne de ce merveilleux tableau, si plein d'animation.

Mais nous avons hâte de vérifier les espérances du pauvre Jean, — tout autant que lui. Il n'avait pas perdu beaucoup de temps au débarqué pour se diriger vers Ingouville. Sur une large place, entre la ville et le faubourg, une sorte de fête foraine avait réuni les baraques de toile de plusieurs saltimbanques.

Mais Jean passait sans s'arrêter — ce petit Parisien, si flâneur par habitude et par tempérament ! Il devait lui en coûter... Tout à coup, devant des tréteaux, il suspend sa marche : une toute jeune fille en jupon de gaze rose pailletée, faisait des révérences et envoyait des baisers aux badauds réunis autour de la baraque et assourdis par l'infernale batterie de tambour de la loge contiguë où l'on donnait aussi la parade. Là, sept ou huit hercules en maillot — et parmi eux un nègre — alignaient leurs torses et faisaient saillir leur biceps.

Pourquoi Jean regardait-il avec tant d'attention cette jeune fille ? C'est qu'il trouvait en elle une ressemblance frappante avec les portraits de la fillette enlevée à la baronne du Vergier, une ressemblance très grande aussi avec son ami Maurice. Était-ce effet du hasard ? Son esprit troublé par les derniers événements ne l'égarait-il pas ? Il tira de sa poche les photographies et établit des comparaisons qui justifiaient son impression première.

Le batteur de caisse exécutait à son oreille des flas et des ras si multipliés, si fantastiques que Jean leva les yeux. Quelle ne fut pas sa stupeur en reconnaissant, affublé de la casaque rayée des pitres, Hans Meister! L'Allemand louchait plus fort que jamais, et grimaçait affreusement pour mieux tenir son emploi et amuser le public, ce à quoi il réussissait pleinement.

La représentation allait commencer. Jean s'approcha.

Un monsieur en tenue correcte se montra sur l'estrade, — chapeau noir haut de forme — auquel il porta la main très poliment. C'était M. Marseille *junior* : Jean se trouvait devant la loge des célèbres frères Marseille.

M. Marseille fit son boniment. Il disait beaucoup de choses. Jean retint ceci :

« Mesdames et messieurs, vous allez voir les hercules les plus extraordinaires, les pugilistes les plus adroits, les seuls qui possèdent les traditions de la lutte à main plate : Pierre l'Auvergnat, Laurent de Paris, le Nègre Abdoul, Ratata, le Cuirassier, François et Louis le Bordelais... Ici pas de lutteurs de carton... je les casse impitoyablement aux gages !... »

Puis le maître fit appel aux hommes de bonne volonté qui voudraient s'essayer avec ses lutteurs.

— Allons, zou ! criait-il, en place pour la contredanse. Je jette le gant, qui aura le courage de le relever?

Brutalement, un homme à la carrure puissante fendit la foule, culbutant ceux qui lui faisaient obstacle. Il ramassa le gant, et faillit dans ce mouvement écraser le petit Parisien.

Celui-ci poussa un cri de protestation. L'amateur de lutte se retourna et dit :

— Tiens! c'est toi, Jean? D'où diable sors-tu?

Jean interdit se trouvait en face de Jacob Risler...

— Place! ajouta le colosse, sans attendre de réponse.

Et il gravit les degrés qui conduisaient à l'intérieur de la loge.

Jean ne vit plus rien — ni la jeune fille en rose, ni l'Allemand batteur de tambour. Il courut d'une traite jusqu'à Ingouville, jusqu'à la maison de l'ancien sergent « bleu ».

Il entra. La vieille nourrice se trouvait là, sommeillant sur une grande chaise, devant la fenêtre, d'où l'on voyait la mer étincelante sous le soleil.

— Il est mort! cria Jean sans aucune préparation.

— Hé là! fit la bonne femme. Mon pauvre « enfant !... » Noyé? noyé, ben sûr? J'aurais dû m'en douter...

— Pourquoi, madame? demanda Jean.

LE TOUR DE FRANCE D'UN PETIT PARISIEN

— C'est pour vous que je viens, dit Jean (page 276).

— Parce qu'il est venu ce matin deux hommes, un gros et un grand sec... Ils ont fureté partout... en m'offrant une prise;... pas du côté de l'argent, mais dans les vieux papiers.

— Et ils ont emporté quelque chose?

— Je crois bien que oui, en disant que c'était pour rendre service à Reculot, — un petit carnet de deux sous...

— Un gros homme? très fort?

— Oh! oui...

— Et un grand maigre? bien laid?

— Un maigriot, laid à faire peur...

— C'est Jacob et Hans Meister! murmura le petit Parisien. Il n'en faut pas douter... L'honneur d'un père est perdu... Et moi me voilà sans nom avouable!

Qu'y avait-il de vrai dans la supposition faite par Jean touchant la jeune fille qui ressemblait aux portraits? Comment Jacob Risler et l'Allemand avaient-ils pu se réunir, et soupçonner l'existence de papiers révélateurs entre les mains du vieux marin du Havre?

C'est ce que nous aurons à apprendre à nos lecteurs.

FIN DE LA PREMIÈRE PARTIE

DEUXIÈME PARTIE

SANS NOM

I

Au champ de foire

La véritable fête foraine du Havre est inaugurée le 29 septembre, jour de la Saint-Michel, et dure jusqu'au quatrième dimanche d'octobre. C'est une fête très animée, fréquentée par les grandes troupes de saltimbanques, les cirques cosmopolites et d'importantes loges de funambules qui ont suivi l'itinéraire suivant : Paris, pour la foire au pain d'épice; Caen, le Mans, Nogent-le-Rotrou, Évreux, le 10 août; Elbœuf, le 1er septembre, — la fête dure trois ou quatre dimanches; — enfin le Havre.

La loge où le Lorrain Jacob Risler faisait valoir son talent « d'amateur » en relevant le gant jeté par le fameux Marseille *junior*, et la loge où la petite Emmeline dansait sur la corde en courte jupe rose, avaient brûlé Elbeuf, et se trouvaient au Havre un peu avant le rendez-vous général.

Qui était cette fillette? C'est ce que le petit Parisien se demandait depuis bien des jours.

Jean était devenu l'habitué de l'Illustre théâtre des Fantaisies dramatiques. Il assistait à la représentation de jour et il assistait encore à la représentation du soir. Il savait par cœur les divers boniments de la parade; au besoin, il eût pu secourir en qualité de souffleur les pitres avinés, dont la langue s'épaississait et le cerveau se frappait sous les fumées du vin. Il connaissait tous les exercices de la troupe; il avait même un soupçon de ceux que l'on préparait pour la grande foire de la Saint-Michel; car il ne résistait pas à la tentation de soulever de temps en temps un coin de toile de la loge et d'y appliquer un œil indiscret, — au risque de recevoir un coup de matraque sur la tête.

Du premier jour, il avait appris ce doux et joli nom d'Emmeline; et maintenant la petite danseuse aurait bien voulu connaître le nom de ce garçon désœuvré qui passait ses journées autour des baraques de toile, au lieu d'aller à l'école ou à l'atelier.

Le soir lorsque dans la nappe de lumière projetée par la guirlande de gaz enflammé qui courait sur le devant de la loge, la gentille Emmeline apercevait Jean, elle lui faisait un petit salut de la tête et de la main. Un salut? Non, elle inclinait plusieurs fois la tête familièrement, avec un sourire, ou secouait la main d'une façon amicale. Et quand la petite, croisant ses jambes, se soutenait d'un pied, l'autre appuyé sur les planches par la pointe de son brodequin gris à la semelle blanchie à la craie, il ne lui était pas indifférent de savoir que parmi tous ces visages épanouis, échelonnés par rang de taille qui composaient la foule, — bouches béantes, yeux démesurément ouverts, — elle comptait un admirateur véritable de son talent : ce petit le lui avait dit un soir en passant devant elle :

— C'est pour vous que je viens, mademoiselle Emmeline.

Et ce soir-là, elle avait réussi à danser mieux que d'ordinaire.

Une autre fois, c'est elle qui avait adressé la parole au jeune garçon, —

pendant la parade de la représentation du jour; souvent elle amenait si peu de monde, qu'il fallait la recommencer jusqu'à trois fois.

— Comment vous appelez-vous? lui dit-elle. Et d'un mouvement arrondi, elle fit bouffer ses jupes de gaze et s'agenouilla à demi pour mieux entendre la réponse, — car la grosse caisse, les cymbales et le tambour redoublaient d'énergie en vue de faire monter jusqu'au Champ de foire les marins et les ouvriers du port.

Elle fut même obligée de répéter sa question.

— Comment je m'appelle? dit le petit Parisien, devenu subitement soucieux; je m'appelle Jean.

— Jean? Et puis?

— Jean...

— Tu n'as pas d'autre nom? fit la danseuse étonnée — nuançant d'un tutoiement son dédain inconscient.

— Et vous? demanda à son tour le jeune garçon.

— Moi, Emmeline; mon nom est sur l'affiche. Il est joli; n'est-ce pas?

— Très joli; mais celui de votre mère? de votre père?

— Je ne sais pas, dit la petite questionneuse devenant rose comme sa jupe pailletée.

— Ah! *tu* ne sais pas! répéta Jean, la tutoyant à son tour, sans y mettre de malice. Peut-être ne veux-tu pas le dire?

— Toi, peut-être... tu ne veux pas le dire?

— C'est vrai... je dois l'oublier, mon nom... Il est inutile que d'autres le sachent.

— Je suis née à Paris, voilà tout! reprit la petite fille, non sans quelque orgueil, et comme si cette circonstance rachetait l'absence du nom de famille.

— Si ce n'est que cela, j'en puis dire autant! fit Jean avec un peu d'humeur.

Ce jour-là le petit Parisien n'assista pas à la représentation du soir. Il rentra à Ingouville, chez la mère Adélaïde — la nourrice du pauvre sauveteur. Jean s'était pris pour la vieille Normande d'un attachement filial et il voulait demeurer auprès d'elle aussi longtemps que les circonstances le permettraient. Il ne sortit pas après le souper, et obtint de l'octogénaire la permission d'écrire de nouveau, en son nom, au juge de paix pour dénoncer à ce magistrat la soustraction des papiers audacieusement accomplie par Jacob Risler et son compère. Peut-être cette fois, obtiendrait-on justice. Mais en s'adressant au juge de paix, Jean s'y prenait mal.

Tandis que des voisines obligeantes venaient comme d'ordinaire aider la « grandine » — la grand'mère — à se mettre au lit, Jean recopia de sa plus belle main sur du grand papier la requête dont la bonne femme avait approuvé la rédaction.

Et comme il tenait une plume, Jean se mit à écrire à miss Kate, hôtel Continental, à Paris — puis à son oncle Antoine Blaisot, puis à son ami Bordelais-la-Rose, à Mérignac, — puis à Maurice du Vergier, à Caen; mais en passant sous silence la rencontre d'une petite baladine ayant les traits et l'âge de la sœur du jeune baron; enfin il écrivit à Modeste Vidal, à Paris, — mais un peu au hasard.

Le baronnet n'avait pas séjourné longtemps au Havre avec sa famille. Sa femme et ses filles impressionnées par le drame maritime qui s'était déroulé sous leurs yeux, ne voulaient pas entendre parler de continuer sur le littoral la promenade interrompue par la perte du *Richard Wallace*. Il leur aurait fallu, du reste, attendre plusieurs semaines au Havre que le yacht réparé fût en état de reprendre la mer. Sir William leur procura donc la puissante diversion d'un voyage à Paris…

Jean n'avait pas voulu les y suivre. Il lui semblait que tant qu'il ne perdrait pas de vue Jacob Risler et le compère Hans, tout espoir de rentrer en possession des papiers détournés ne devait pas être abandonné. Il tenait aussi à vérifier l'origine de la petite danseuse de corde afin de n'avoir pas éternellement l'esprit obsédé de la pensée que cette fillette n'était autre que l'enfant volée aux du Vergier. Enfin, il s'ingéniait à consoler la pauvre vieille Normande, la mère Didi, essayant de lui faire oublier la perte qu'elle venait de faire et y réussissant presque par mille attentions délicates.

Le père Vent-Debout et Mahurec gratifiés d'un an de solde, étaient retournés à Calais, où ils avaient des attaches, — l'un des amis, l'autre une famille. Le mousse Barbillon, tout aussi généreusement traité, était allé retrouver sa tante à Rouen, avec la certitude, ayant le gousset garni, d'être fêté et choyé par sa positive parente, — aussi longtemps, du moins, que dureraient les finances.

Ce qui intriguait le plus le petit Parisien, c'était de voir Risler et l'Allemand réunis. Comment cela avait-il pu arriver? et comment, une fois de plus, complices l'un de l'autre, étaient-ils venus chez Reculot pour lui arracher le secret du déshonneur du traître Louis Risler? Il ne le sut que plus tard; mais nous allons le dire tout de suite.

Jacob, dès sa sortie de la prison de Mauriac, avait écrit à la maison de

Strasbourg pour le compte de laquelle Hans Meister faisait des achats dans le Cantal.

MM. Dillenburg et Bohlanden ayant reçu d'Orléans une lettre de leur agent, les informant en termes étranges de son voyage forcé à travers la France et de l'accident qui le retenait sur une chaise longue à l'hôpital général d'Orléans, conclurent à l'insanité d'esprit de Hans Meister et le remercièrent de ses services.

Toutefois Jacob Risler fut par eux renseigné sur la résidence de son ami.

Il se rendit alors en hâte à Orléans, où il servit de bâton au convalescent dès ses premières sorties.

A Orléans même, les deux compagnons — les deux drôles — firent rencontre d'un pitre asthmatique et contrefait, de son nom Mathurin, dit Zéphir, dit Passe-lacet, grand avaleur de coups de pied, dans le haut des jambes et de bourrades dans le dos, tête à claques, à la tignasse jaune faite à point pour économiser une perruque de chanvre. Zéphir entraîna Jacob Risler et l'Allemand avec lui, leur promettant du « travail » dans la loge de Marseille jeune, — qu'il s'en allait rejoindre à Elbeuf — au premier comme hercule « amateur », au second dans la « musique : » Jacob ayant vanté l'énorme talent de son compère pour battre la caisse...

Incorporés, bientôt après, l'un et l'autre dans la troupe de Marseille, selon leurs aptitudes, ils avaient suivi le déplacement de la loge. Ils se trouvaient au Havre depuis une semaine, lorsque le même Mathurin, dit Zéphir, dit Passe-lacet, se fâcha avec Jacob Risler, qui lui avait administré nombre de coups de pied et taloches pour sa satisfaction personnelle, et non pour les besoins de la parade. Ces insultes reçues en petit comité étaient allées au cœur de Passe-lacet, et non content d'appeler Risler, Lorrain, « traître à Dieu et à son prochain » — ce qui est une injure depuis longtemps épuisée et de nul effet — il lui jeta à la figure que les gens de son pays — et de son nom — méritaient d'être fusillés comme des chiens, — et l'étaient : on pouvait s'en informer chez Jean Reculot d'Ingouville, qui avait les Risler dans ses « petits papiers ».

Jacob, tenant en respect le pitre en lui plaçant sous le menton un poing vigoureux, le força à s'expliquer davantage, et apprit que, par le plus grand des hasards, le sauveteur du cap de la Hève, ancien sergent dans les corps francs des Vosges se trouvait être celui-là même qui avait fait passer son frère Louis par les armes. Mathurin, de Sainte-Adresse, qui n'avait pas toujours été pitre, tenait les faits de Reculot : aux heures de la pêche à la ligne au bords des plages, le sergent « bleu » aimait à raconter cette histoire aux familiers qui l'entouraient, façon à lui de soulager sa conscience d'honnête homme des quelques remords que lui procurait le souvenir de l'acte de justice sommaire, accompli par ses ordres dans les rues du village de Fontenoy.

Mis au courant de ces faits, Jacob Risler s'était promis de ne pas quitter le Havre sans avoir rendu visite à l'ancien sergent, et, s'il était possible, sans être entré en possession de ces « petits papiers » dont avait parlé Mathurin. Sur ces entrefaites, la nouvelle arriva au Havre du naufrage du *Richard Wallace* et de la mort du sauveteur. Sur l'heure même, Jacob et Hans se présentèrent au domicile du défunt, et réussirent à s'emparer du carnet du sabotier fusillé et des papiers qu'il contenait, parmi lesquels figurait, on le sait, une liste de détenteurs d'armes, dressée de la main même du dénonciateur.

La pauvre vieille Adélaïde ne savait pas en ce moment que son Jean Reculot venait de périr à la pointe de Barfleur : des voisins chargés de lu apprendre le triste événement, se concertaient pour la préparer à ce deuil.

De tous ces faits, le petit Parisien ne connaissait encore que la soustraction des papiers. Il ne manqua pas de s'informer de la durée de la fête foraine : il avait plusieurs semaines devant lui.

Mais pourquoi le juge de paix n'intervenait-il pas ? se demandait Jean. Il eut enfin le mot de l'énigme : il lui fut donné par le commissaire du quartier d'Ingouville : le juge de paix lui avait passé la réclamation.

Le commissaire envoya chez la vieille Normande son secrétaire, — un ancien ami de Reculot — et la bonne femme confirma sa plainte de vive voix. Jacob Risler et Hans appelés chez le commissaire, nièrent effrontément avoir rien dérobé au domicile du sauveteur...

Ce fut en vain que Jean essaya de démontrer toute l'importance pour lui de la soustraction du petit carnet. Ce n'était pas un vol d'une valeur pouvant se chiffrer... L'affaire en resta là. Ce que voyant, Jean se promit de tenter à son tour de mettre la main sur le carnet révélateur.

Il partagea son temps entre le théâtre des Fantaisies dramatiques où Emmeline dansait sur la corde raide, et la loge du célèbre Marseille. Hans Meister finit par s'étonner de l'assiduité de ce garçon autour de sa caisse et, en y regardant de plus près, il reconnut le « neveu » de son ancien associé, — à qui il avait tant de fois promis un châtiment proportionné à son ressentiment, au mauvais sang que le jeune garçon lui avait fait faire.

LE TOUR DE FRANCE D'UN PETIT PARISIEN

Jean aperçut Jacob et Hans autour d'une table (page 283).

Liv. 36.

Le petit Parisien apprit bientôt où logeaient les deux compères; il les suivit à la fin d'une représentation tout le long de la rue du Débarcadère, qui traverse la ville parallèlement à la Seine. Ils ne s'arrêtèrent qu'au bout de cette rue, au coin du Cours et devant la gare du chemin de fer : Jacob et Hans demeuraient là. Mais ils prenaient leurs repas à la loge même. Jean s'en assura en venant épier à travers la toile, et en écoutant les conversations...

Un soir, vers sept heures, il aperçut Jacob et Hans assis autour d'une table, où avaient pris place des femmes en maillots roses, en tutus verts ou rouges frangés d'or, un caraco d'indienne sur leurs épaules nues, et des gars de solide encolure, — lutteurs et amateurs, — couverts négligemment de quelque vieux paletot; aux pieds, des savates, en attendant de chausser l'escarpin de lutte à collet de fourrure. M. et madame Marseille, en tenue de ville, présidaient avec autorité. Sur la table de bois sans nappe, les grossières assiettes de faïence placées devant tous ces gens de robuste appétit, ne désemplissaient que pour se remplir aussitôt; les verres étaient vidés par grandes lampées. Jacob tenait très bien son rang parmi les convives; Hans également, mais avec une ombre au front, un souci : peut-être l'ennui de ne pouvoir, dans ce milieu, préparer librement son potage favori d'œufs battus délayés dans de l'eau chaude; peut-être encore, de s'entendre appeler Choucroute, sobriquet familier à lui imposé dès la première heure.

Marseille *junior* donnait ses dernières instructions, gourmandant les indolents, stimulant le zèle de chacun.

— Toi, d'abord, le Cuirassier, tu n'as pas fait durer la lutte assez longtemps!... Faut de l'honnêteté au travail... Toi, mon mal blanchi — il s'adressait au nègre Abdoul, — tu y vas trop fort... Je ne veux pas que tu me démolisses mes amateurs!...

» A propos d'amateurs, toi, Jacob, là-bas (c'était Jacob Risler), je ne te paie pas pour aller passer le temps de la parade chez le mastroquet... Quand je jette les gants, il faut que je voie ta main, mon bonhomme... Et toi, l'autre, le petit, quand je m'égosille, faut pas tenir ta langue dans ta poche! Si je te dis : « Tu veux un gant, toi?... T'es trop jeune! » il faut me répondre poliment : « M'sieu Marseille, tâche donc voir d'essayer! » Alors, je dis : « Moi je ne travaille plus, mais j'ai mon nègre! » Tu ripostes : « J'en ferai qu'une bouchée! » Là-dessus, nous rions, et je te jette le gant. Mais faut allumer le public!

L'instant d'après, pendant que Passe-Lacet levait le couvert, Jacob Risler et plusieurs autres « amateurs » s'échappaient par la porte de derrière, le feutre mou sur l'oreille, la cigarette aux lèvres, et allaient se mêler à la foule attirée par les premiers coups de grosse caisse. La parade allait commencer.

Ce soir-là, Jacob sortit deux fois vainqueur de la lutte. Il avait coupé ses moustaches et taillé ses cheveux d'une manière bizarre ; la tenue débraillée d'un marin du commerce remplaçait son habit bourgeois : histoire de dérouter ceux qui auraient trop facilement reconnu « l'amateur » de tous les soirs. Il y réussit au point que Jean lui-même eut besoin de suivre son parent assez avant dans la rue du Débarcadère, pour être tout à fait sûr de son identité : Hans et Jacob se prirent de querelle ; ils disputaient en allemand, et Jean ne connut pas la cause du désaccord...

Le jeune garçon marchait tout songeur. Il cherchait ce moyen d'entrer en possession du carnet soustrait, — quelque moyen audacieux peut-être, mais qui serait honnête quand même, vu l'honorabilité du but et l'indignité des gens à qui il avait affaire. Il ne voulait pas aller se coucher avant d'avoir trouvé... Il lui semblait que ses idées s'activeraient grâce au mouvement...

La soirée était fort belle, éclairée par un croissant de lune, tout juste assez pour laisser leur éclat aux étoiles et leur utilité aux becs de gaz. Jacob et Hans pénétrèrent dans l'hôtel de troisième ordre où Jean les avait déjà vus entrer...

Le petit Parisien tourna le dos au Cours, et descendit vers les bassins de la ville, admirant cette activité commerciale qui fait du Havre un des plus grands ports de la France. Il longea d'un pas fébrile le bassin Vauban, revint sur ses pas et, laissant à sa gauche le bassin de l'Eure, il contourna le bassin de la Barre ; puis remontant au nord par le quai Casimir Delavigne (un illustre enfant du Havre), il suivit le bassin du Commerce, par le quai du même nom, redescendit vers l'avant-port par le quai des Casernes qui borde le vieux bassin, et ne s'arrêta un moment qu'à l'extrémité de l'avant-port, sur la place des Pilotes : un trois-mâts américain sortait à pleines voiles.

Mais le moyen à employer ne se présentait pas à l'esprit rétif du chercheur...

Il s'en retourna perplexe vers les coteaux d'Ingouville, en prenant le boulevard François Ier, qui monte vers le nord...

Il arriva à la maisonnette qu'avait achetée Reculot, et dont l'escalier se trouvait en dehors comme l'escalier d'un chalet suisse, formant galerie et protégé par un auvent, à l'imitation de nombre d'anciennes maisons du Havre, où le bois jouait un plus grand rôle que la brique et la pierre.

Jean apercevait à ses pieds la ville entière, son port, ses bassins, la jetée, les faubourgs; à gauche la Seine remplissait un estuaire immense, avant de se jeter dans la mer; à droite le cap de la Hève; devant lui, la plage, la mer sillonnée de nombreux navires garnis de feux pour éviter les abordages. Ce panorama, il l'avait tous les jours devant les yeux, mais ce soir-là, le petit Parisien fut étrangement impressionné. La ville et ses bassins illuminés présentaient un spectacle féerique. Les deux phares de la Hève jetaient au loin sur les flots les faisceaux de rayons de leurs foyers électriques; le phare d'Honfleur tremblait dans la végétation sombre de la côte de Grâce, comme un ver luisant; le feu de Fatouville faisait jouer ses lueurs alternativement carminées et blanc d'argent; les fanaux réglementaires des steamers, — verts, rouges, blancs, — couraient çà et là comme d'autres lucioles; enfin, la mer donnait, elle aussi, sa note dans ce concert lumineux en laissant bouillonner une écume phosphorescente sous l'étrave des grands navires, dont le gouvernail traçait un sillage de paillettes de feu.

Jean, pour mieux voir, avait monté l'escalier extérieur, conduisant à la chambre qu'il occupait; et il regardait, appuyé à la balustrade de bois... Tout à coup, il fit un mouvement et se frappa le front :

— Enfin, murmura-t-il, j'ai trouvé!

II

La petite Emmeline

La grandine, comme disaient les voisins, mère Didi, ainsi que Jean se plaisait à appeler la vieille nourrice, ne se trouva pas en état de quitter le lit, le lendemain matin. La bonne femme était cruellement éprouvée et plus qu'elle ne voulait le dire, par la perte de son Jean, à elle.

Mais rendre responsable de sa souffrance le pauvre mort lui semblait une injustice; elle préférait en rejeter toute la faute sur ces deux mauvais hommes qui s'étaient introduits dans la maison et avaient, malgré elle, fouillé partout... Elle répétait au petit Parisien qu'ils lui avaient « tourné les sens »; et l'enfant, sans trop y croire, abondait dans les idées de la vieille Normande : de la sorte il entretenait sa sourde rage contre Jacob et Hans.

— Qu'ils m'ont fait de mal! qu'ils m'ont fait de mal! gémissait la bonne femme. J'ai les jambes quasi froides comme la corde du puits de Saint-Éloi!

— Oh! lui répondait Jean, je leur prépare un bon tour!... Et quand j'aurai entre les mains la preuve qu'ils sont venus ici pour vous voler des papiers importants, ils ne pourront plus nier devant M. le commissaire.

— Mais que feras-tu?

— Ce que je ferai? Je m'emparerai du carnet!

— Moi, mon fisset, je voudrais plaider encore une fois... avant de mourir. Je gagnerais bien sûr!

— Laissez-moi faire, ma bonne Didi; nous gagnerons bien sans plaider!

— Ça n'est pas le même plaisir, observa la Normande.

Arriva l'heure où, au Champ de foire, commençaient les représentations de l'après-midi. En écoutant un peu, on pouvait entendre les coups de grosse caisse et de cymbales, et les notes rapides du cornet à piston. Le moment choisi par Jean était venu. Il s'assura que la montre d'or garnissait son gousset, et il vint prendre congé de la vieille paysanne.

— Tu ne devrais pas emporter ta belle montre, lui dit-elle. Tu rentres toujours si tard, que je suis quasiment épeurée à ton sujet.

— Je vais revenir tantôt, ma bonne Didi; mais aujourd'hui plus que jamais j'ai besoin de ma montre. Dans une heure je serai là.

Il descendit d'Ingouville, évitant de traverser le Champ de foire, qu'il laissa sur sa gauche, et il suivit la rue du Débarcadère. Arrivé à l'hôtel où demeuraient son parent et l'Allemand, il détacha sa chaîne de montre de la boutonnière où elle était fixée et la fit glisser dans le gousset où se trouvait la montre. Le cœur lui battait bien fort; il allait jouer une si grosse partie!

Il entra et aperçut l'hôtelier, maître Cadet Paincuit — un gros homme à face apoplectique, le bonnet de coton sur l'oreille, le tablier blanc sur la hanche.

— Je viens, lui dit-il, de la part de M. Jacob Risler, pour prendre sa vieille montre d'argent... qui a besoin d'un raccommodage, d'un rhabillage...

Maître Paincuit jeta sur le jeune garçon un regard soupçonneux; mais il lui trouva un air si honnête qu'il se contenta de dire : — C'est bon, mon gars! suis-moi!

Il monta; Jean le suivait de près.

Au premier, l'hôtelier se retourna :

— As-tu un papier?... quelque chose?... une lettre?...

— M'sieu, je n'ai rien du tout, dit Jean.

On gravit l'escalier du second.

— Pourtant, observa le gros homme, tout essoufflé, il serait bon... Je ne te connais pas, moi... Tu n'es pas même du pays?

— Allez toujours, répliqua Jean avec assurance. Vous verrez qui je suis.

— Bon! fit l'hôtelier. Et en quelques marches il se trouva, mais non sans peine, au troisième étage. Tu comprends bien, n'est-ce pas? que je ne peux pas remettre une montre d'argent, tant vieille soit-elle...

— Une tocante!...

— Va pour une tocante!... sans être sûr que tu ne... te trompes pas de maison.

En disant cela, maître Paincuit ouvrit la chambre occupée par son locataire. Alors Jean tira de sa poche la montre d'or ornée de sa magnifique chaîne ; et, la mettant dans la main de l'hôtelier :

— En voilà une qui a son prix ! fit-il. Je vous la recommande.

— Pourquoi faire ?

— Pour la remettre à M. Jacob Risler... et pas à un autre. Elle lui appartient, et ça vaut bien quatre ou cinq cents francs.

— Fallait donc le dire, mon garçon !

— Quoi donc ?

— Que tu avais une montre en or à échanger contre la vieille montre d'argent, contre la tocante, s'écria l'hôtelier tout à fait rassuré.

— Je n'y pensais plus ! répondit Jean d'un ton délibéré. Et il s'orienta dans la chambre. Voyons ! fit-il, en jetant un coup d'œil circulaire sur les meubles, une malle et une valise placées dans un coin ; M. Jacob m'a dit, je crois, dans le tiroir de la table...

Jean s'assit devant la table et amena à lui le tiroir.

— Regardez-moi ça comme c'est guilloché, dit-il à l'hôtelier qui soupesait et examinait la belle montre d'or.

— Il y a sur la boîte de grandes lettres gravées, observa celui-ci, mais c'est comme des pattes d'araignée ; on n'y comprend rien.

Jean passait en revue le contenu du tiroir : le carnet ne s'y trouvait pas.

— La montre n'est pas là, dit-il. Voyons dans l'armoire !

L'armoire ouverte ne contenait qu'un peu de linge et des vieilles hardes...

— Ah ! fit le jeune garçon, en paraissant se raviser, où ai-je la tête ? c'est de la valise que m'aura parlé M. Jacob... ou de la caisse en bois...

— Alors ça se trouve mal, répondit l'hôtelier suffoqué par l'aveu qu'il lui fallait faire : cette valise et cette caisse appartiennent à l'Allemand qui demeure avec lui... ou plutôt qui demeurait avec lui ; car il vient de quitter l'hôtel il n'y a pas un quart d'heure ! ! !

— L'Allemand... s'écria Jean en pâlissant... de chez Marseille ? Hans Meister ?

— Oui... Il ne voulait plus être appelé Choucroute. C'était son idée à cet Allemand ! Mais il a emporté la valise de M. Jacob, — la montre alors, puisque montre il y a ! et je ne me suis aperçu de tout ce micmac que lorsque Choucroute était hors de vue.

— Quel chemin a-t-il pris ? demanda Jean. Parlez vite !

— Si tu étais venu une heure plus tôt, il aurait, pour sûr, aussi bien emporté la montre d'or, poursuivit l'hôtelier.

LE TOUR DE FRANCE D'UN PETIT PARISIEN

— Ah! qu'ils m'ont fait de mal, gémissait la bonne femme (page 286).

— Dites-moi quel chemin, il a pris, mon brave homme.
— Et la chaîne avec... Je me serais trouvé dans de beaux draps ! Quel chemin mon garçon ? Oh ! sans doute le chemin de fer... en face : c'est si commode ! Je ne dis pas que ce soit un coquin ; mais j'aime mieux que la montre d'or soit de ce côté-ci du Cours, que de l'autre côté, avec lui.
— Rendez-la-moi ! fit Jean avec autorité. Je vais raconter toute la chose

à M. Jacob, et lui rapporter moi-même sa montre : on entre trop facilement dans votre auberge !

— A commencer par toi, tout le premier, mon jeune coq, riposta maître Paincuit, qui rendit la montre sans se faire prier davantage. Ne va pas, au moins, grossir les choses à M. Jacob... puisque cet Allemand est son ami... Ça s'arrangera.

— Pas pour moi, lui cria Jean en dégringolant au plus vite l'escalier.

Mais l'hôtelier, s'il entendit, ne pouvait comprendre.

D'un bond, Jean traversa le Cours et entra dans la gare du chemin de fer.

— Il vient de partir un train ? demanda-t-il au premier facteur qu'il rencontra.

— Où vas-tu ?

— Je ne vais nulle part... je vais partout. Ce train qui est parti tantôt, pour où ?

Le facteur sourit. Jean se démenait comme un diable dans un bénitier.

— Le train omnibus de 2 heures 33 ? Il s'arrête à Harfleur, à Beuzeville, à Bolbec, à Yvetot, à Motteville, à Barentin, à Malaunay, à Rouen...

— A Rouen ?

— Oui, à Rouen ; es-tu renseigné suffisamment ?

— Non, dites encore.

— Oisel, Pont-de-l'Arche, Saint Pierre-du-Vouvray, Vernon...

— Pour aboutir où ? demanda Jean impatienté.

— Mais à Paris ! dit le facteur, non sans quelque solennité.

— Je m'en doutais ! s'écria le jeune garçon. Je suis perdu !

— Perdu ?

— Oui perdu... parce que je suis volé ! Avez-vous pas vu une espèce d'Allemand, grand et sec ?...

— Je l'ai vu tantôt... Maintenant, attrape à courir ! dit le facteur sur qui déteignait le langage goudronné des marins du Havre. Et puis il y a bien d'autres petites gares que je n'ai pas nommées ! Il y a aussi des embranchements, ajouta-t-il ; c'est à n'en plus finir. On va à Fécamp, on va à Saint-Valéry-en Caux, on va à Dieppe, on va à Amiens...

— Assez ! assez ! cria Jean à qui cette énumération créait un véritable supplice.

— Il est considérable le vol ? demanda le facteur.

— Un carnet de deux sous... Vous me regardez tout surpris ? Eh bien ! pour rentrer en possession de ce carnet, je donnerais la montre d'or... que voilà !

Jean s'en revint bien tristement à la maison de Reculot. Il raconta à la vieille Normande sa tentative et son échec imprévu. Le pauvre petit parlait avec des larmes dans la voix :

— Ah ! mère Didi, mère Didi, ça a raté !

— Que vas-tu faire mon fisset ? lui répétait la paysanne, cherchant sincèrement à venir en aide au jeune garçon. Que vas-tu faire ? Vas-tu courir après ce brigand ? Faudrait au moins savoir par où il est passé !

— Oh ! il n'y a rien à faire ! répondit le petit Parisien ; il n'y a rien à faire ! mon dernier espoir s'en va à vau-l'eau.

— Et l'autre ?... l'autre homme, celui dont l'Allemand a pris les malles ?... Qu'est-ce qu'il va dire de ça, lui ?

— Au fait, il faut que j'aille voir !... s'écria Jean.

— Et la soupe qui est cuite ?

— Au retour.

Jean s'échappa et courut au Champ de foire. Autour de la baraque de Marseille *junior* la foule se pressait, comme d'habitude, et au premier rang, Jacob Risler. Mais Jean devina à son air préoccupé que son parent était renseigné sur la fugue de l'Allemand. Maître Paincuit avait dû aussi lui parler de cette montre en or qu'on était venu apporter pour lui, en réclamant une montre en argent : toutes choses faites pour dérouter et intriguer vivement le compère de Hans Meister et lui donner de la tablature.

La scène du gant publiquement relevé fut jouée de la part de Jacob Risler d'une façon assez maussade. Jean demeura fermement convaincu que son parent n'aurait jamais montré autant de mauvaise humeur si l'Allemand ne lui eût enlevé que des hardes de minime valeur. Il n'en fallait plus douter : le hardi compère s'était emparé du carnet de Louis, et cela seul pouvait rendre ainsi Jacob Risler soucieux.

Jacob monta dans la loge de Marseille ; les luttes allaient commencer ; Jean aperçut alors sur le devant de la baraque voisine la jeune Emmeline, un peu délaissée par lui. Il alla vers la petite fille.

Celle-ci venait de le découvrir et lui faisait signe d'approcher.

— Pourquoi viens-tu si tard ? Hier tu n'es pas venu du tout ; je croyais que tu étais malade ou parti.

— Non, j'étais occupé...

— Et chagrin ? ça se voit...

— C'est une mauvaise journée pour moi.

— Mais puisque la journée est finie! dit Emmeline avec un charmant sourire. Pourquoi ne montes-tu pas pour me voir danser? La loge est pleine, les exercices sont commencés; mais on te fera une place...

Une grosse dame bien coiffée, et enveloppée d'un cachemire passé de couleur, s'avança derrière Emmeline pour écouter ce qu'elle disait : c'était la dame assise d'ordinaire à la petite table où, entre deux chandelles, l'on acquittait en gros sous le droit d'entrer. Jean la connaissait de vue, et il la salua. A ce mouvement, Emmeline se retourna un peu effrayée de ce qui allait arriver.

— C'est à ce petit que tu parles? lui demanda la buraliste.

— Oui, répondit-elle, embarrassée et craignant d'être grondée; il est chagrin, et il ne veut pas venir ce soir, — comme les autres soirs.

— C'est vrai, il vient souvent, observa la grosse dame, tout étonnée de n'en pas avoir fait plutôt la remarque.

— Tous les jours, répéta la gentille danseuse.

— Monte donc, mon ami, dit la buraliste, d'une voix mielleuse.

Jean ne se fit pas prier plus longtemps; il monta. Il sortait son porte-monnaie et allait se faufiler sous le rideau qui fermait l'issue de la salle, lorsque la buraliste se rasseyant à sa place, grâce à une savante pirouette, le retint par son vêtement.

— Tu les aimes donc bien les exercices de la corde raide? lui dit-elle.

— Je les aime, quand c'est Emmeline qui danse, répondit Jean très ingénument.

Ce que voyant, la grosse dame pleinement rassurée soulevait déjà un pan du rideau d'indienne pour que Jean pût passer.

— Il y a bien Rosa et la petite Riquiqui, ajouta Jean, mais ce n'est plus la même chose.

— Pourquoi cela?

— Parce que! répondit Jean d'un ton qui semblait mettre un point final à une phrase.

— Parce que? dit la dame rouvrant l'entretien.

— Parce que... je connaissais Emmeline avant de l'avoir vue ici, avant même de savoir son nom. J'avais son portrait dans ma poche... Le sien, — ou c'est tout comme!

— *Vous* devez vous tromper, mon ami. Jamais le portrait de la petite n'a été fait. C'est une photographie?

Jean se vit forcé de montrer les deux portraits photographiés qu'il tenait de la baronne du Vergier. En ce moment Emmeline disparut sous la toile : son tour de danser était venu.

La grosse dame jeta sur les portraits un regard rapide, puis les examina attentivement l'un après l'autre.

— Il y a quelque chose... dit-elle enfin en prenant un air dégagé. Et elle les rendit au jeune garçon. Il y a quelque chose... oui. Mais comment avez-vous eu ces portraits, mon petit ami?

— La mère d'Emmeline... non, je veux dire de la petite fille qui a servi de modèle, me les a confiés.

— C'est une dame... bien?

— Oh! oui, très bien! Une baronne tout à fait chic!

Jean parlait quelquefois comme un faubourien...

— Elle n'habite pas le Havre? demanda la buraliste en se levant brusquement. Pour dissimuler ce mouvement, qui trahissait une vive appréhension, la dame alla soulever le rideau d'indienne comme pour voir où en était la représentation. Elle revint s'asseoir et attendit, impatiente, la réponse à sa question.

— Est-ce qu'Emmeline danse? fit le jeune garçon.

— Elle danse.

— Alors j'entre.

— Un moment!... Vous ne me répondez pas?... Cette baronne?... Elle habite la ville?

— Non, elle demeure à Caen, dit Jean en se glissant dans l'intérieur de la loge. — Calvados, ajouta-t-il en passant la tête pour faire une gaminerie.

Il disparut; mais s'il avait regardé la grosse dame, il aurait remarqué le singulier effet que ces quelques mots produisaient sur son visage : de rouge et bourgeonné, il était devenu livide; ses yeux troublés accusaient une défaillance par le battement des paupières.

Lorsque le petit Parisien sortit de la loge au milieu du flot tumultueux des spectateurs, la grosse dame était remplacée au bureau par un grand vieillard, une façon de père noble, le directeur de l'Illustre théâtre des Fantaisies dramatiques.

La petite Emmeline le saisit au passage :

— Est-ce que tu as été grondé? dit-elle au jeune garçon. Je te demande ça... pour savoir?...

— Moi, grondé? Pas du tout! Qui est cette grosse femme?

— Ici, elle est comme ma mère, répondit l'enfant en rougissant, mais ce n'est pas ma mère. Tout le monde l'appelle madame Emmeline, à cause de moi. Je lui dis maman... parce qu'elle l'exige.

— Tu obéis, comme ça?

— Il le faut bien !...

La petite fut violemment tirée en arrière, et Jean vit que c'était « madame Emmeline » qui l'entraînait. Il revint tout songeur à Ingouville, et après avoir souhaité une bonne nuit à la vieille Didi et s'être assuré qu'elle ne manquait de rien, il monta dans sa chambre et écrivit à Maurice du Vergier.

Il apprenait à son camarade qu'il avait découvert au Havre une petite danseuse de corde ayant plus d'un trait de ressemblance avec l'enfant que ses parents cherchaient partout. Il priait le jeune homme de n'en rien dire ni au baron, ni à la baronne surtout, jusqu'à ce qu'il eût eu le loisir de questionner davantage la petite fille. Après cette petite communication, Jean racontait les incidents de la journée, se lamentant sur la fuite de l'Allemand qui mettait à néant ce qu'il pouvait avoir conservé d'espérance...

Le lendemain, Jean venait de jeter cette lettre à la poste, lorsqu'il fut abordé par un employé du commissariat d'Ingouville; le commissaire engageait Jean Risler à passer à son bureau : il paraît qu'il y avait du nouveau.

Le jeune garçon ne se le fit pas dire deux fois : c'est au pas de course qu'il se rendit à cette invitation. Il y avait du nouveau, en effet : la veille, à Rouen, sur la plainte de plusieurs voyageurs effrayés, un Allemand avait été arrêté dans son voyage comme donnant des signes d'aliénation mentale. On demandait de cette ville des éclaircissements sur ce singulier personnage, et le commissaire d'Ingouville pensait que ce pouvait bien être le batteur de caisse du Champ de foire dont la « nourrice » de Reculot et le petit Parisien prétendaient avoir à se plaindre.

— C'est peut-être bien Hans Meister, dit le jeune garçon; mais comment le savoir?

Le commissaire réfléchissait :

— Tenez ! s'écria Jean, voici mon moyen : je vais partir sur l'heure pour Rouen. Ce n'est ni bien loin ni bien cher; je reviendrai vous dire si ce fou est l'homme dont nous avons à nous plaindre. Si c'est lui, je suis sûr que le carnet et les papiers en question seront trouvés en sa possession.

On ne pouvait rien faire de mieux. Jean partit donc après avoir prévenu la vieille nourrice, et il arriva à Rouen un peu après midi.

Le petit Parisien, avec son adresse ordinaire, sut bientôt que l'Allemand, arrêté la veille à la gare, avait été dirigé dans la soirée même à l'asile de Quatre-Mares, situé à Sotteville, près de Rouen, — à trois kilomètres au sud, en pleine campagne, à proximité de la Seine et de la forêt de Rouvray. Il reprit le chemin de fer et fut en quelques minutes à l'asile des aliénés.

On lui fit voir l'Allemand : c'était bien Hans Meister.

— Où avez-vous mis le carnet que vous avez dérobé?

Ce fut la première parole que lui adressa Jean.

— Priant pardon, répondit le compère de Jacob, *dérobé* qu'est-ce?

— Volé! si vous aimez mieux. Oui, volé chez la vieille Normande d'Ingouville?

— Moi! je n'ai rien volé... J'ai l'honneur. Et d'abord je ne veux pas qu'on m'appelle M. Choucroute.

Il fut impossible de lui tirer un mot d'éclaircissement.

De ses bagages, l'Allemand n'avait conservé que la valise, — la malle de Jacob courant sur Paris. La valise ouverte par les agents de l'autorité, se trouva ne contenir aucune indication de nature à renseigner sur l'identité de de cet étranger privé de raison...

Jean fit connaître à qui de droit ses griefs et on lui permit de réclamer le restant des bagages... On l'informerait... Il demeura jusqu'au lendemain à Sotteville, mais sans faire avancer les choses.

Alors, voyant son homme en lieu sûr, il s'en revint au Havre sans avoir pris de parti décisif : il s'inspirerait des circonstances.

Comme il approchait de la maisonnette d'Ingouville, une voiture stationnait devant la porte. Jean devina la visite de la baronne du Vergier. Il ne se trompait pas. La baronne arrivait de Caen par le chemin le plus direct, — avec son fils... Celui-ci n'avait pu retenir sur ses lèvres l'étonnante confidence contenue dans la lettre de Jean, et la pauvre mère accourait sur l'ombre d'un soupçon. Madame du Vergier et Maurice embrassèrent Jean avec une véritable tendresse, lui apportant toutes sortes d'amitiés du baron du Vergier. La baronne ne s'interrompait par instants que pour s'écrier :

— Conduis-moi, mon cher Jean, conduis-moi, sans retard vers cette enfant! Qui sait? qui sait?... Ah! si tu ne te trompais pas !

Ils prirent la rue conduisant au Champ de foire.

Déjà ils apercevaient la loge d'étoffe rayée des Fantaisies dramatiques, la façade principale tapissée de grandes toiles vigoureusement peintes à l'huile et représentant les premiers sujets de la troupe, au plus fort de leurs exercices. Quand ils furent plus près :

— Tenez, voyez-la en peinture, cette petite Emmeline, dit Jean en désignant une petite fille rouge et joufflue qui dansait sur la corde avec un drapeau tricolore dans chaque main.

La baronne et son fils regardaient d'un œil ardent. La mère poussa un soupir de découragement.

— Je ne la reconnais pas, murmura-t-elle.

— C'est que, voyez-vous, madame, il n'y a guère de ressemblant que la jupe de gaze rose, repartit le jeune garçon.

— Bien vrai, Jean? bien vrai au moins? dit la baronne qui sentait le besoin d'être réconfortée.

Elle gravit d'un pas fébrile les marches de bois ménagées sur le devant de la loge. Maurice et Jean avaient de la peine à la suivre.

Le directeur de la troupe — le père noble — apparut.

— Que demandez-vous? dit-il, avec un peu d'humeur.

— Nous voudrions voir la petite Emmeline, dit la baronne d'une voix tremblante d'émotion.

— Ça tombe mal, fit le père noble en prenant un air très digne; elle a quitté la troupe ce matin — avec sa mère.

LE TOUR DE FRANCE D'UN PETIT PARISIEN

Alors, je t'emmène à Quatre-Mares (page 304).

III

Pauvre mère !

En entendant le directeur de l'Illustre théâtre des Fantaisies dramatiques lui annoncer le départ de la petite danseuse, la baronne du Vergier devint blanche comme un linge ; elle sentit ses jambes fléchir, et pour ne pas tomber, elle dut s'appuyer contre le bureau où l'on payait le prix des places...

Maurice et Jean échangèrent un coup d'œil ; ils comprenaient l'un et l'autre ce qu'avait de significatif cette retraite précipitée, cette disparition soudaine, où l'on ne pouvait voir aucune coïncidence fortuite. Madame du Vergier l'avait compris également.

— C'est bien singulier ! fit-elle. Vous la dites, monsieur, partie avec sa mère ? mais êtes-vous sûr que cette petite fille eût véritablement sa mère auprès d'elle.

— Est-on jamais sûr et certain de quelque chose, madame ?

Telle fut la réponse évasive du vieux funambule.

Mais Jean prit la parole et déclara que mademoiselle Emmeline lui avait avoué que la femme qui la forçait à l'appeler sa mère, n'était pas sa mère.

— Alors, mon petit bonhomme, vous en savez plus que moi, cela est sûr et certain, repartit le père noble en prenant une attitude étudiée. Le lieu lui semblait favorable ; il enflait la voix, il arrondissait le geste par habitude et fermait les yeux à demi, comme à la parade — lorsque le soleil où l'éclat des lumières l'aveuglait, et que les pitres l'appelaient « mon bourgeois ».

La baronne réussit à maîtriser l'indignation qui l'envahissait.

— Je suppose, dit-elle, que vous voudrez bien m'apprendre de quel côté cette enfant a été emmenée ?

— De quel côté ? mais je l'ignore, madame.

— Cela devient de plus en plus mystérieux, observa Maurice. Et je commence à croire, ma mère, que Jean ne s'est pas fait illusion...

— Tout m'assure que le cher garçon ne s'est pas trompé, dit la baronne. Puis s'adressant de nouveau au propriétaire de la loge : Quelqu'un, au moins, parmi les gens que vous avez avec vous, doit savoir de quel côté cette femme, cette voleuse d'enfants, a dirigé sa fuite, — car c'est une fuite et ma fille m'est enlevée une seconde fois. Si vous interrogiez tout ce monde-là ?

— Je le veux bien, madame, mais j'ai lieu de croire que ce sera peine perdue.

— Vous ne trouverez pas mauvais, puisqu'il en est ainsi, dit madame du Vergier, que je fasse appel à qui saura vous délier la langue à vous et aux vôtres. Votre réserve me confirme dans l'idée que cette petite fille est réellement l'enfant qui m'a été dérobée...

— Ah ! madame, tous les jours on vient nous faire des réclamations de ce genre, et pour ne parler que de la petite en question, vous êtes la cinquième depuis deux ans qui venez la réclamer ; cela est sûr et certain.

— Et vous croyez que je me contenterai de cette explication ? s'écria la baronne, hors d'elle-même. Sachez, monsieur, que je vais déposer une plainte au parquet. Ah ! vous ne voulez pas comprendre ce qu'il y a de poignant dans la douleur d'une pauvre femme qui cherche partout l'enfant ravie à son affection ! C'est une peine chaque jour ravivée, cent fois plus cruelle que l'aurait été la mort même de la chère créature. La savoir vivante, mais morte pour moi seule ! Vivante, mais exposée à tous les hasards d'une vie d'aventures et de misère. Ah ! monsieur, si vous savez où elle est, par pitié, dites-le-moi !

Le vieillard fut plus touché de ce désespoir et de ces supplications que des menaces de la baronne. Il parut faiblir et chercher un moyen de concilier des sentiments et des intérêts contraires, et en même temps de dégager sa responsabilité. Il souleva le rideau d'indienne qui interceptait la vue de l'intérieur de la loge, et invita à entrer la baronne et les deux jeunes garçons qui l'accompagnaient. Quand ils furent dans le petit espace vide ménagé entre la scène et les premières banquettes, il appela et demanda des sièges. La baronne et Maurice regardaient avec tristesse cette corde raide qui traversait le petit théâtre dans sa longueur. La baronne porta son mouchoir à ses yeux. Jean devinait les pensées de la pauvre mère et, troublé, il se rappelait combien de fois il avait vu danser sur cette corde, la pauvre petite !

— Voyons, madame, dit le directeur de l'Illustre théâtre en invitant la baronne à s'asseoir, avez-vous réellement la conviction que cette petite Emmeline est l'enfant que vous cherchez ? Pour parler comme vous parlez, encore faudrait-il être sûre et certaine...

— Mon cœur me dit que c'est elle, répondit la baronne sans hésiter.

— Et puis les portraits, madame ? dit Jean ; puisque c'est avec les portraits que je l'ai reconnue...

Madame du Vergier montra les photographies de sa fille.

— Je ne vois pas trop la ressemblance, dit le vieil homme.

La ressemblance existait bien plus en effet, entre le frère et la sœur, que dans ces portraits datant déjà de plusieurs années. Cette remarque dut être faite par le directeur de la troupe qui ne cessait de regarder Maurice. La femme qu'on appelait madame Emmeline ne lui avait jamais fait de confidences entières. Il savait seulement d'une manière positive qu'elle n'était pas la mère de la jolie petite danseuse : toutefois il avait passé outre fort aisément, grâce à des traditions de métier un peu oubliées aujourd'hui mais non tout à fait abandonnées.

— Permettez-moi, madame, de vous demander si vous êtes de cette ville? dit enfin le directeur de l'Illustre théâtre.

La baronne répondit qu'elle arrivait de Caen... où elle habitait...

— Eh bien ! je puis vous certifier que la petite danseuse nous est venue d'Auvergne, sa mère ou prétendue mère, également. Voilà qui est sûr et certain !

— D'Auvergne? s'écria madame du Vergier. Eh bien, voyez : c'est en Auvergne qu'on m'a enlevé mon enfant !

— Comme cela se trouve ! s'écria Jean à son tour.

Le vieux funambule demeurait bouche close ; il se rendait à tant d'évidence. Après une minute de silence il reprit :

— Ce n'est pas moi, madame, qui ai fait son éducation artistique. La petite a été dressée dans la troupe des frères Picard, qui ne fréquente guère que les villes du Midi. La mère, — je dis la mère par habitude, — madame Emmeline, enfin, me l'a amenée l'an dernier à la foire de la barrière du Trône.

Madame du Vergier demanda que ces indications lui fussent précisées, et elle prit des notes sur son carnet.

— Et maintenant, monsieur, dit-elle d'un accent où passait toute son âme, me direz-vous de quel côté je puis diriger mes recherches ?

— Puisqu'il faut vous l'avouer, madame, je ne le sais vraiment pas. Il est sûr et certain que madame Emmeline nous a tous trompés sur le chemin qu'elle prenait... J'ai appris la chose peu après son départ.

— Une preuve de plus ! dit la baronne; elle craignait d'être suivie et rattrapée. Oh ! l'indigne femme ! Mais je mettrai toutes les brigades de gendarmerie à ses trousses. Jean, mon ami, cette petite Emmeline, c'est ma Sylvia... C'est toi qui l'a trouvée...

— Que n'ai-je eu le bonheur de vous la rendre, madame! dit Jean.

Toute l'énergie de madame du Vergier venait de s'éteindre subitement. Incapable d'ajouter un mot, elle se mit à verser d'abondantes larmes. Maurice et Jean la ramenèrent à l'hôtel où elle était descendue. Au moment où Jean allait prendre congé d'elle, la baronne lui dit :

— Jean, nous la retrouverons, et cela grâce à vous, mon enfant.

— Ce sera la dernière satisfaction que j'aurai en ce monde, répondit le petit Parisien.

Et à son tour, tout ému par les larmes qu'il venait de voir couler, il se répandit avec des sanglots dans la voix en lamentations sur son déplorable sort. Orphelin, sans ressources d'aucune sorte, il ne lui était même pas permis de garder pour tout héritage le nom de son père — un nom déshonoré maintenant à tout jamais! — Toutes ses tentatives, tous ses efforts avaient échoué. Il aurait voulu reporter sur son pays cet amour filial, ce dévouement qu'il ne pouvait prodiguer ni à sa mère ni à son père, mais cette consolation même était refusée à qui n'a d'autre nom que celui d'un traître à son pays! La baronne entreprit en vain de consoler le pauvre enfant. A la peine qu'il éprouvait s'ajoutait le vide que lui faisait le départ d'Emmeline; mais de cela, il n'aurait pas osé parler...

Tandis que madame du Vergier, après quelques démarches faites au parquet du Havre, s'en retournait précipitamment à Caen, pour mettre son mari au courant des événements et envoyer, de là, le signalement de la petite Emmeline et de sa prétendue mère à toutes les gendarmeries de France, Jean prenait le chemin de fer pour Rouen, afin d'aller voir à l'asile de Quatre-Mares ce qu'on avait fait de l'Allemand Hans Meister.

Il s'arrêta à la gare de Bouvreuil avec l'intention de descendre du faubourg jusqu'au bord de la Seine : le mousse Barbillon devait encore être chez sa tante Pelloquet, demeurant quai du Mont-Riboudet, en face de l'école de natation de l'île du Petit-Gay. Jean n'avait pas fait deux cents pas qu'il reçut par derrière une taloche amicale : c'était Barbillon qui, l'ayant aperçu, courait après lui.

Les deux garçons — les deux petits Parisiens — s'embrassèrent.

— Tu as donc quitté ta tante? demanda Jean.

— Pas le moins du monde; mais je ne peux point passer mes journées, auprès d'elle, à enfiler ses aiguilles! J'aimerais encore mieux bourlinguer sur toutes les mers, comme dirait le père Vent-Debout.

— Et que fais-tu alors?

— Comme tu vois : je vais et je viens.

— Alors, je t'emmène à Quatre-Mares.

— Tu as donc des fous à Quatre-Mares?

— J'en ai un... qui m'a volé... un Allemand; oui, il m'a volé l'honneur de mon nom et mon repos pour toujours.

Jean mit son camarade au courant de ce qui lui était arrivé depuis leur séparation.

— Mon cher Jean, je suis ton matelot, dit Etienne Barbeau. Seulement comme il est trop tard aujourd'hui pour aller à l'Asile, tu viendras dîner avec moi chez ma tante, et je te montrerai Rouen; demain je t'accompagnerai partout où tu voudras. Dis oui, et je vais te montrer la place où Jeanne Darc a été brûlée, et puis la statue de Corneille et puis... une foule de belles choses.

Jean ne fut pas bien long à donner son consentement : la journée se trouvait réellement très avancée. Jeanne Darc, du reste, pesait autant dans sa décision que le violent désir d'avoir des nouvelles de Hans Meister. Ils entraient en ce moment même sur le boulevard Jeanne Darc.

— Ce n'est pas loin d'ici, lui dit le petit mousse; de l'autre côté du boulevard... Jean ne résista pas davantage.

Ils arrivèrent en un instant devant la tour du donjon, dernier vestige du château que Philippe-Auguste fit bâtir à l'extrémité de la ville opposée à la Seine. Jeanne y fut interrogée et mise en face des instruments de torture. Quant à la tour où l'héroïque Lorraine fut enfermée en arrivant prisonnière à Rouen vers la fin de décembre 1430, les dames Ursulines d'Elbeuf ayant acquis le terrain sur lequel elle s'élevait, en firent démolir les derniers restes en 1809. La tour du donjon que l'on voit actuellement a été conservée et réparée grâce à l'initiative de la commune de Domrémy, et à une souscription nationale, en tête de laquelle la ville de Rouen s'est inscrite pour 25,000 francs.

Jean regarda longuement cette grosse tour ronde, abritée sous un toit conique, où celle qu'il aimait à appeler « sa petite sœur de Lorraine », avait expié dans les larmes son trop ardent amour de la patrie, amour si étrange pour le temps où elle vécut, qu'on y vit de bonne foi une obsession démoniaque.

— D'ici nous allons nous rendre à l'Hôtel-de-Ville, lui dit enfin Barbillon.

Mais Jean voulut être conduit d'abord à l'endroit où Jeanne fut brûlée. C'est la place du Vieux-Marché.

Les deux jeunes garçons, de leur pied le plus leste, arrivèrent promptement à cette place, partagée en deux portions inégales par l'envahissement d'anciennes maisons; sur la plus petite des deux places, qui est aussi la plus rapprochée de l'église Saint-Éloi, les Anglais brûlèrent Jeanne Darc, le 30 mai 1431. A l'endroit même où l'héroïne rendit le dernier soupir, une fontaine a été élevée. Jeanne y est représentée en un costume de femme guerrière dans le style du règne de Louis XV. Mais le petit Parisien ne prit pas garde à cette étrangeté de mauvais goût : son émotion était bien trop sincère et trop profonde. Il cherchait à conserver ineffaçable dans son souvenir l'aspect ancien de cette lugubre place, ce qu'on voit de l'église Saint-Éloi et de l'hôtel du Bourgtheroulde, où une jolie tourelle en encorbellement est suspendue à l'encoignure de la façade méridionale.

Barbillon tenait beaucoup à montrer l'Hôtel-de-Ville « de sa tante ». Il en traîna Jean devant un édifice d'extérieur moderne attenant au transept septentrional de l'église Saint-Ouen, et qui a été le dortoir des religieux de l'abbaye ; la façade principale se compose de deux pavillons parallèles à chacune des extrémités, et au milieu d'un péristyle soutenu par d'élégantes colonnes. Le grand escalier se distingue par la hardiesse de sa coupe ; l'escalier volant du milieu est d'une élégance et d'une légèreté admirables.

En quittant l'Hôtel-de-Ville, ils entrèrent dans l'ancienne église abbatiale de Saint-Ouen, par le grand portail de l'ouest, récemment reconstruit en entier, et qui s'ouvre entre deux tours pyramidales presque aussi élevées que la tour centrale. Jean, qui avait le sentiment du beau, aussi bien que le sentiment de l'honnête, demeura saisi de surprise au milieu de cette nef aérienne dont l'ordonnance, d'une simplicité extrême, allie tant de puissance à tant de grâce.

Cette église, la merveille de Rouen, et aussi l'un des plus parfaits édifices gothiques de l'Europe entière, est surmontée à son centre d'une magnifique tour de soixante-seize mètres de hauteur, dont la partie supérieure de forme octogone, terminée par une couronne ducale, finement travaillée à jour, est flanquée de quatre tourelles qui se rattachent aux angles par de légers arcs-boutants.

A l'extérieur, cette splendide création de l'art gothique est entourée de trois côtés par un beau jardin dont les ombrages et les parterres recouvrent une vaste nécropole et les débris d'un temple romain : là est le centre de la ville actuelle.

Après avoir bien admiré, les deux jeunes garçons descendirent jusqu'au pont de pierre, qui est situé à la pointe occidentale de l'île Lacroix, et forme deux parties, chacune de trois arches. Du terre-plein où s'élève la statue du grand Corneille, œuvre de David d'Angers, ils jouissaient d'une admirable vue sur la ville et ses environs. Rouen leur apparaissait telle qu'elle est : l'une des principales villes de France par son étendue, la beauté de ses monuments, l'importance de sa population, de son industrie et de son commerce ; jadis capitale de la Normandie, elle tient dignement son rang de chef-lieu de département.

A leurs pieds coulait la Seine, beaucoup plus large et plus profonde qu'à Paris. En avant, se déroulaient à droite et à gauche du fleuve de longues suites de très beaux quais ; le port, bordé de constructions modernes ; la promenade du cours Boïeldieu — à droite, — avec la statue de bronze de l'auteur de la *Dame Blanche;* le pont suspendu reliant le faubourg Saint-Sever, qui occupe la rive gauche de la Seine, et au-delà de ce pont toute une flottille de bâtiments marchands, dont les mâts, les agrès et les pavillons se confondaient en un enchevêtrement pittoresque, — barques et trois-mâts, accusant un développement de la navigation fluviale qui a plus que doublé en quelques années, grâce à des travaux d'endiguement. Plus loin encore, l'île du Petit-Gay, et l'île Alexandre ; puis un horizon de collines.

Sur la rive droite du fleuve, ils voyaient s'élever graduellement comme le sol, la vieille cité si longtemps l'objet de la convoitise des Normands, et dont Rollon, leur chef, fit une place d'armes et le centre de ses audacieuses expéditions. Au temps de la démence de Charles VI, Rouen avait soutenu encore un siège de six mois contre Henri V, roi d'Angleterre, ne cédant que vaincue par la famine, mais pour préparer, hélas ! une prison et un bûcher à Jeanne Darc.

Elle s'alignait tout entière en arrière de ses quais, la cité normande, laissant deviner un fouillis de rues tortueuses où les maisons du moyen âge se heurtent du front. Au-dessus des toits surgissaient son immense cathédrale, ses églises gothiques où l'art ogival de la Normandie et de l'Ile-de-France est représenté par de parfaits modèles, ses clochers aériens, ses flèches audacieuses, ses nombreuses tours, et parmi celles-ci les tours Saint-Laurent et Saint-André, restes d'antiques édifices détruits au siècle dernier, la tour carrée de la Grosse-Horloge, de style gothique, où le beffroi, appelé aussi la cloche d'argent et plus communément « le Gros », sonne encore tous les soirs le couvre-feu : c'est une coutume à laquelle tiennent beaucoup de Rouennais. Le « Gros » n'est demeuré silencieux que pendant l'occupation prussienne de 1870-71, et ce fut une grande émotion dans la ville lorsque, le jour de l'évacuation, on entendit de nouveau le son aimé de la vieille cloche. — Des allées ombreuses font une ceinture à la ville.

A la gauche des deux amis se dessinait la place triangulaire de Saint-Sever, plantée d'arbres — entrée du faubourg de ce nom, l'un des plus populeux des six ou sept faubourgs de Rouen.

Quand ils reportèrent leurs regards en arrière, ils virent la Seine divisée d'abord en deux larges bras par l'île Lacroix — coupée de rues — à la pointe de laquelle, nous l'avons dit, se trouvait le terre-plein du pont de pierre ; au-delà, plusieurs îlots verts, piqués de peupliers, ornaient son lit plus qu'ils ne

LE TOUR DE FRANCE D'UN PETIT PARISIEN

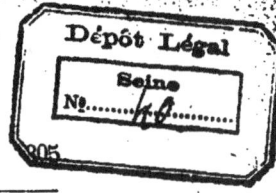

L'Allemand se retourna brusquement (page 311).

l'obstruaient, se prolongeant jusqu'à l'île Brouilly, sur laquelle s'appuie le viaduc du chemin de fer. Puis, se déployant au loin sur la rive gauche du fleuve, dans la direction de Sotteville, c'était une vaste agglomération de fabriques et d'usines — ces fabriques qui produisent pour cent millions de rouenneries dans les bonnes années. Éparpillées dans la plaine, leurs hautes cheminées empanachées de fumée se dressent de toute part au milieu des arbres. En face, de l'autre côté de la Seine, la côte Sainte-Catherine avançait comme un promontoire sa masse crayeuse et escarpée; plus loin encore, la côte de Bon-Secours, enjolivée de sa nouvelle église, dominait de cent cinquante mètres de hauteur la ville et les campagnes environnantes.

Enfin, dans toutes les directions, des chaînes de hautes collines encadraient la riante vallée où le cours de la Seine forme un demi-cercle dont Rouen occupe le milieu.

Quand les deux petits Parisiens eurent amplement rassasié leurs regards de ce panorama d'aspects si variés et si pittoresques, ils longèrent le quai de la rive gauche jusqu'au pont suspendu, passèrent ce pont, et montèrent la rue Grand-Pont jusqu'à la cathédrale.

L'église métropolitaine de Notre-Dame, l'une des plus importantes de la France, se dégage difficilement du milieu des chétives maisons qui se pressent dans les rues étroites qui bordent ses flancs. Sa façade, véritable dentelle de pierres, déploie sur une place trop restreinte, ses trois porches, ses rosaces, ses vitraux. Une tour, la tour Saint-Romain, termine sa façade nord; au midi est une autre tour, la tour de Beurre. La tour Saint-Romain, isolée de trois côtés, renferme les cloches et le mécanisme de l'horloge; l'autre tour doit son nom bizarre aux aumônes recueillies en échange de la permission acccordée de faire usage de beurre en temps de carême : les deux galeries à jour de cette tour, ses quatre hautes fenêtres, sa terrasse et sa bordure de balustres déliés, en font une des plus élégantes constructions du quinzième siècle.

Le portail de la cathédrale serait un modèle du style ogival de la dernière époque dans toute la richesse de son ornementation, si le temps et les hommes n'y avaient exercé d'effroyables ravages : c'est un assemblage étonnant de galeries, de colonnettes, de dais, de pinacles, d'aiguilles, de statues, de bas-reliefs, de feuillage découpés, de fleurons; mais tout cela a été mutilé dans la délicatesse de son exécution par les calvinistes, en 1562, ou rongé par l'humidité du climat.

La tour de pierre qui s'élève au milieu de la croisée des transepts est dominée par une flèche en fonte récemment terminée, la plus haute pointe d'édifice existant dans le monde, car elle n'a pas moins de cent cinquante mètres au-dessus du pavé.

Jean et son camarade pénétrèrent dans la cathédrale pour y voir les tombeaux. Ceux de Rollon, de Guillaume Longue-Épée, de Richard Cœur-de-Lion et de beaucoup de Normands célèbres figurent dans une sorte de musée historique ; l'œuvre statuaire la plus belle est le mausolée de Louis de Brézé, dont on attribue les sculptures à Jean Goujon et à Jean Cousin ; le tombeau des cardinaux d'Amboise, œuvre de Rouland Leroux, « maître maçon » de la cathédrale, est aussi fort remarquable.

Mais il fallait se hâter : Barbillon, en digne neveu de sa tante Pelloquet, tint encore à faire voir à son camarade le palais de justice, que Jean considéra comme l'un des plus beaux monuments de la ville. C'est en effet un bien remarquable produit de l'architecture gothique et de la Renaissance. Le palais de justice se compose d'un bâtiment principal et de deux ailes en retour d'équerre. L'architecture du quinzième siècle n'a rien donné de plus riche ni de plus achevé que l'ornementation de la façade, dont le milieu est occupé par une très jolie tourelle octogonale qui divise cette façade en deux parties. Les piliers angulaires des trumeaux, chargés de dais, de clochetons, de statues, les délicates sculptures des fenêtres, l'élégante balustrade de plomb qui termine le toit, la belle suite d'arcades régnant en forme de galerie sur toute la longueur de l'entablement, multiplient les perfections de cet édifice. Jean et son ami se firent montrer la vaste salle des Procureurs, dont la voûte semblable à la carcasse d'un navire renversé est d'une remarquable hardiesse...

On ne s'étonnera pas que la journée tout entière se fût écoulée dans cette visite, même si rapide, du chef-lieu de la Seine-Inférieure. Barbillon conduisit l'ami Jean chez sa tante où il fut gardé jusqu'au lendemain, dame Pelloquet trouvant que son « neveu ne pouvait que gagner aux bonnes manières » de ce vrai Parisien, pour qui le canotage n'était pas l'idéal suprême.

Les deux jeunes garçons avaient décidé d'aller ensemble à Quatre-Mares. La tante de Barbillon à qui Jean plut, autant peut-être par sa modestie et sa raison précoce que par sa belle montre à chaîne d'or, les laissa partir, invitant son neveu à se régler en tout sur les « bonnes manières » de son camarade.

Les voilà donc en route. Ils se rendirent à l'Asile par le faubourg Saint-Sever. Comme ils approchaient de Quatre-Mares, l'attention de Jean fut attirée par un individu d'étrange allure qui, marchant presque à reculons, comme pour se dérober tout en observant s'il n'était pas suivi, prenait la route de Petit-Couronne, laquelle passe entre la Seine et la forêt de Rouvray, le long du chemin de fer. Il avait jeté sa vareuse sur son épaule gauche.

— Que regardes-tu ? lui dit Barbillon.

— J'ai la tête si pleine de mon Allemand, répondit le petit Parisien, que je crois le voir partout.

— Mais puisqu'il est à l'Asile!

— C'est vrai... enfin, c'est comme ça!

— Est-ce qu'on me laissera entrer à l'Asile? demanda le petit mousse.

— Je voudrais bien voir... du moment que tu es avec moi, dit Jean en cherchant à se grandir.

On les fit entrer dans un parloir pour attendre que le directeur fût visible. Au bout d'un quart d'heure, les deux jeunes garçons perçurent une rumeur qui allait grandissant dans les couloirs, dans les jardins... Qu'était-ce donc? Qu'était-il arrivé? On eût dit que le feu se déclarait dans l'asile des aliénés. Un gardien passant près de la porte ouverte du parloir, leur dit :

— Il s'est ensauvé!

— Qui donc? demanda Jean.

— L'Allemand... On ne le trouve nulle part. Il y en a comme ça qui se cachent... Lui, aura passé par-dessus les murs.

Jean n'écoutait plus : il était sûr maintenant d'avoir rencontré Hans Meister au croisement de la route de Petit-Couronne.

— Viens vite, cria-t-il à Barbillon.

Et tous deux courant follement s'échappèrent de l'asile de la folie.

— Il me faut mon Allemand! criait Jean. Je le rattraperai!... dussé-je traverser la Seine à la nage pour le happer aux oreilles comme un sanglier.

— Comme tu y vas! murmura Barbillon déjà tout essoufflé. C'est que je ne sais pas nager, moi! Et puis que dira ma tante?

— Je te ramènerai à elle pétri « de bonnes manières », répliqua Jean, bien que dans la circonstance il n'eût pas envie de rire de la dame Pelloquet, ni de personne. — Viens toujours!

IV

Sur les grands chemins

Les deux jeunes garçons, tantôt marchant, tantôt courant arrivèrent en moins d'une heure à Petit-Couronne, échevelés, couverts de poussière.

— N'avez-vous pas vu un fou? demanda Jean à un charron à jambe de bois qui se reposait de sa journée devant sa porte, à l'enseigne de Saint-Eloi.

— Un fou! dit celui-ci. J'en vois bien deux! Où courez-vous donc, comme ça, les gars?

— C'est un Allemand...

— Ah! c'est un Allemand que vous cherchez? Un Prussien peut-être? Dame! J'ai bien couru après les Prussiens, moi, — avant d'avoir une jambe de bois, s'entend. — C'était le matin du 4 janvier 71. Ils avaient passé par ici en colonnes, venant de Rouen. Ah! bien plus de vingt mille et même de vingt-cinq mille, avec trois douzaines de canons au moins, marchant serrés, tassés comme les saints de Caillouville, où l'on comptait plus de six cents statues de saints rien que dans la chapelle... Au matin, dans le brouillard, épais ce jour-là comme la vapeur des tenailles rougies plongées dans l'eau, j'avais rejoint, à Château-Robert, les mobiles de l'Ardèche et des Landes: des gaillards qui n'ont pas froid aux yeux, les mobiles de l'Ardèche, tous chasseurs, et qui vous tirent un Prussien mieux qu'un lièvre! Aussi, du haut de la plateforme du vieux donjon, nous leur en avons administré du canon à ces gueux d'Allemands! Le donjon était comme le moyeu d'une roue en feu; les jantes de la roue, également en feu, c'étaient les Prussiens, qui nous bombardaient. Mais plus on en tuait, plus il y en avait. « Il en ressource », que je disais à un camarade, lorsqu'au même moment je reçois au genou un éclat d'obus. Il fallut abandonner le plateau, pas seulement moi, mais les autres. A dix heures les Français manœuvraient au-dessus de la Bouille ; à deux heures et demie tout était fini. Compte fait, nous avions perdu six cents hommes et les Prussiens trois mille.

Jean écoutait, charmé comme toujours, quand on lui rappelait un succès de nos armes, si modeste fût-il ! Il en oubliait presque Hans Meister. Le charron parut ravi de l'effet produit et ajouta gaiement : — Donc, je comprends, mon gars, que tu coures après un Allemand. Si c'est un Prussien, tu lui réclameras ma jambe. Je suis comme une roue à laquelle il manque la moitié de ses raies : il n'y a pas de solidité.

— Oui, je vois... vous avez perdu une jambe... dit Jean. Moi, j'ai bien autre chose à réclamer ! Enfin vous n'avez pas vu l'individu en question ?

— C'est un fou ?

— Échappé de Quatre-Mares.

— Il a pris un bon chemin : il peut suivre la lisière de la forêt, jusqu'à Grand-Couronne, jusqu'à Elbeuf.

— Mais il faudra bien qu'il mange quelque part ? observa Barbillon.

— Dame ! oui, malgré qu'il soit fou !

— Nous sommes ici, adossés à la forêt de Rouvray ? dit Jean. Et sur la rive droite de la Seine ?...

— Sur la rive droite de la Seine se trouve la forêt de Roumare, répondit le charron.

— Y a-t-il quelque pont ?

— Pas un. Mais je te l'ai dit, mon gars, ton Prussien file sur la route de Rouen à Elbeuf, tout le long du chemin de fer. Il aura bientôt, après avoir dépassé Grand-Couronne, la forêt de Rouvray à sa gauche et la forêt de la Londe à sa droite, à son choix, pour cacher sa marche.

Jean réfléchissait. Il sembla prendre un parti.

— C'est bien, dit-il, s'il se laisse voir une seule fois, je le suivrai de loin jusqu'à Elbeuf. Et Jean fit signe à Barbillon de l'accompagner.

— Il y est allé, sans doute, se faire habiller de neuf, cria l'homme à la jambe de bois, qui n'avait pas perdu sa gaieté avec sa jambe.

— Eh bien ! en guise de drap d'Elbeuf, je lui ferai mettre une camisole de force, répliqua le petit Parisien, sans cesser de hâter le pas.

A Grand-Couronne, Jean et Barbillon firent quelques provisions chez le boulanger, — toujours en demandant des nouvelles d'un personnage étranger au pays. Là, rien comme renseignement. Ils se remirent en route.

— S'il était retourné du côté de Rouen? suggéra Barbillon.

— Pour se faire reprendre? Il s'en garderait bien!

Tout à coup Jean, suspendant sa marche, étendit la main pour arrêter son camarade : à cinq ou six cents pas, un homme s'éloignait, faisant de grandes enjambées, balançant les bras ; il venait de quitter le bord de la route où il s'était assis. Jean crut reconnaître le compère de Jacob Risler. Le chemin s'avançait tout droit, à perte de vue, longeant de très près la voie ferrée.

— Ce doit être notre homme, dit Jean. Il faut nous jeter dans la forêt, et marcher à couvert...

C'est ce qu'ils firent, en se tenant aussi près que possible de la route. Bientôt elle s'engagea entre les forêts de Rouvray et de la Londe; elle faisait des courbes qui ne permettaient plus de voir au loin — ni d'être vu. Les deux jeunes garçons sortirent de la forêt et suivirent de nouveau la route. Un voiturier en bourgeron, le bonnet de coton bleu flottant sur l'oreille, conduisait une charrette de bois à brûler à Rouen. Il vint à passer près d'eux.

— Mon brave homme, lui dit Jean, n'avez-vous pas rencontré un étranger à quelque cent pas en avant? Et il dépeignit assez exactement la physionomie et la tournure de Hans Meister.

— Si fait! Je l'ai vu comme je te vois; mais avec moins de plaisir, répondit le voiturier. Il me rappelait quelque chose de désagréable, je ne sais pas quoi, ajouta-t-il en éloignant sa pipe de la bouche.

— Je vais vous dire ce qu'il vous rappelait : les Prussiens dans le pays! fit le petit Parisien.

— Peut-être bien! Ah! peut-être bien! C'est donc un Prussien?

Le voiturier allait arrêter sa charrette ; mais Jean satisfait du renseignement obtenu fit mine de s'éloigner et rompit l'entretien.

— Hâtons le pas! dit-il à l'ami Barbillon.

Celui-ci, tout en marchant, faisait le procès de la tante Pelloquet; mais Jean ne l'écoutait guère. Toutefois le petit mousse qui ne voulait pas subir de nouveau les sévérités de sa tante, et ne tenait plus à naviguer, depuis le naufrage du *Richard Wallace*, ne s'éloignait de Rouen qu'à contre-cœur. Il fallut que Jean lui promît de le ramener en chemin de fer.

Ils parlaient un peu haut, lorsqu'à un détour de la route, ils se trouvèrent soudain à cinquante pas de l'Allemand. Celui-ci se retourna brusquement, les vit, et entra dans la forêt de la Londe.

— Qu'allons-nous faire? demanda Barbillon.

Le cas devenait embarrassant. Pénétrer dans la forêt à la suite d'un homme méchant, et de plus, fou, n'était nullement prudent : le petit Parisien se rappelait les menaces réitérées de Hans Meister, et ne tenait pas à lui fournir l'occasion de les mettre à exécution ; il ne voulait pas davantage attirer à son camarade une mauvaise affaire. Attendre l'Allemand sur la route, à l'endroit où il avait disparu, semblait plus que naïf. Néanmoins, Jean tenta d'utiliser cette apparence de naïveté.

— Arrêtons-nous ici, et attendons un bon moment, dit-il. L'Allemand doit nous guetter. Nous ferons semblant après de retourner sur nos pas, découragés, et nous le devancerons du côté d'Elbeuf, pour l'y voir arriver. Hein? Ce n'est pas mal concerté?

Barbillon était toujours de l'avis de Jean, dont il subissait l'ascendant. — Ils s'arrêtèrent bien en vue ; et Barbillon reprit la suite de ses griefs contre la tante Pelloquet.

Au bout d'un quart d'heure, les deux jeunes garçons faisaient mine de retourner à Rouen. Ils marchèrent un bout de temps sur la route, puis ils entrèrent une fois encore dans la forêt de Rouvray : ils faisaient, cachés par les arbres de cette forêt, le chemin que faisait l'Allemand dans la forêt située de l'autre côté de la route. Mais en approchant d'Orival, Jean et Barbillon durent entrer eux aussi dans la forêt de la Londe : la route d'Elbeuf se rapprochait tout d'un coup de la Seine, qu'ils retrouvaient à cet endroit : on sait qu'elle replie et arrondit ses méandres avec une parfaite régularité depuis les Andelys, et même si l'on veut depuis Paris, jusqu'à son embouchure, elle enveloppait d'une de ses boucles la forêt de Rouvray tout entière.

Jean et son ami déconcertés dans leur plan, — ils ne connaissaient pas le pays — se trouvèrent au bout d'une heure près du village de la Londe ; peu après, la route de Bourgtheroulde à Elbeuf leur barra le passage ; s'engager sur cette route c'est tout ce qu'il leur restait à faire ; mais ce fut avec la presque certitude d'avoir été dépassés par l'Allemand.

Hans Meister, en effet, était arrivé à Elbeuf depuis un bon moment, que Jean et Barbillon, apostés aux environs de cette ville, l'attendaient encore. Ils se décidèrent enfin à abandonner la place : il ne leur restait plus que la ressource de retrouver l'Allemand dans cette ville. L'Allemand, en entrant dans Elbeuf en manches de chemise, avait eu hâte de se couvrir plus décemment et, décrochant le premier paletot de drap — d'Elbeuf ou autre — qu'il vit suspendu à la devanture d'un fripier, il s'en revêtit, paya sans marchander

Un vieux homme fumait sa pipe (page 318).

et roula sous son bras la souquenille gris de fer de l'Asile, avec l'intention de s'en débarrasser le plus tôt possible.

Jean et Barbillon en se renseignant adroitement parvinrent à suivre sa trace, jusqu'à la sortie du fripier. Où était passé ensuite l'Allemand, c'est ce qu'il leur fut impossible de découvrir. Ils arpentèrent la ville dans tous les sens, — la vieille ville mal pavée et mal bâtie, et les rues nouvelles, monotones dans leur régularité. Elbeuf, vaste groupe d'usines où vivent près de quarante mille personnes — en comptant les habitants des faubourgs — offrait peu d'attraits au point de vue artistique, ou même à la simple curiosité des deux jeunes garçons. On sait que les principales fabriques de cette ville sont des manufactures de drap d'où la matière, entrée à l'état brut, sort en étoffes fort estimées, prêtes à être livrées au commerce. Elbeuf reçoit en moyenne, chaque année, des laines de toute provenance pour une valeur de cinquante millions de francs, et les réexpédie sous la forme de beaux et bons draps, avec une plus-value du double. Les fabriques de drap, ne possédant pas toutes un outillage complet, ont donné naissance dans leur voisinage à de vastes établissements où une partie du travail se fait à façon : teintureries, filatures de laine, ateliers de retordage de fils de laine et de manipulations de déchets, sècheries avec ou sans vapeur, maisons d'apprêt, etc.

Au milieu de ce mouvement industriel, Jean se montrait absolument désorienté, incapable de trouver une invention qui le mit sur la piste de l'Allemand. Barbillon ne venait guère à son secours : le petit mousse ne pensait qu'aux admonestations de la tante Pelloquet et voulait s'en retourner à Rouen.

— Je vais lui écrire à ta tante, finit par dire Jean impatienté. D'abord, j'ai besoin de toi... et je te garde.

— Mais de l'argent, pour manger?

— Je changerai un nouveau billet de banque...

Jean était tout entier à sa recherche. Les promenades manquent dans l'intérieur de la ville; elles se bornent aux avenues d'un champ de foire et à la chaussée qui prolonge le pont suspendu d'Elbeuf à Saint-Aubin... Les bords de la Seine et les coteaux voisins pouvaient, il est vrai, fournir aux deux camarades d'agréables buts d'excursions ; mais Jean eût considéré cela comme un gaspillage de temps. Lui et Barbillon tournaient autour des usines et des manufactures en pleine activité, ou, aux heures de sortie, se mêlaient aux ouvriers répandus dans les rues, regagnant les faubourgs. De Hans Meister par la moindre trace.

Elbeuf est traversé par un petit cours d'eau qui alimente un certain nombre de teintureries. C'est surtout vers ces teintureries que se portait l'attention de Jean : il y avait vu entrer plusieurs ouvriers alsaciens ou allemands parfaitement reconnaissables au milieu des ouvriers normands. Il se décida à aller tout seul interroger un à un les portiers de ces établissements industriels. Il apprit enfin qu'un Allemand était venu deux jours auparavant se recommander à plusieurs de ses compatriotes, qui, en se cotisant, n'avaient pu réunir la somme qu'il demandait pour s'en retourner à Strasbourg. Muni par eux de quelques pièces blanches, il s'était dirigé sur leur indication vers Louviers, comptant y trouver des ouvriers plus aisés qui lui viendraient en aide...

Sur cette vague indication, Jean alla retrouver Barbillon et lui annonça qu'on se remettait en route.

— Nous partons pour Rouen? lui dit le neveu de la tante Pelloquet.

— Non pas! nous allons à Louviers. Mais je louerai une voiture; cet affreux coquin de Hans Meister a deux jours d'avance sur nous.

Une heure après, une carriole roulait sur le chemin d'Elbeuf à Louviers, conduite par un gars de la campagne, au regard fixe et perçant, aux cheveux jaunes, coiffé d'un bonnet de coton blanc, vêtu d'un gilet à manches, et chaussé de sabots. Cette carriole contenait, abrités sous sa bâche de toile, Jean et Barbillon. Le temps avait changé depuis le matin. Un vent humide secouait les grands pommiers chargés de fruits rouges qui bordaient la route balayée par des rafales auxquelles la pluie se mêlait par moments. De sa vie, affirmait le jeune paysan, il n'avait vu tomber « l'iau si dru ».

Bientôt le chemin s'engagea dans la forêt de Bond, dite aussi du Pont-de-l'Arche, du nom de la petite ville du Pont-de-l'Arche, qui se trouve à un kilomètre au nord de cette forêt, et au bord de la Seine.

Le vent secouait les arbres d'essences résineuses croissant sur ses limites; il ployait les branches, arrachait et balayait les feuilles. Les beaux massifs de chênes et de hêtres, qui se forment plus au sud, semblaient résister mieux.

La carriole traversait des vallons allant aboutir sur la gauche dans la vallée de l'Eure. Bientôt les champs reparurent au débouché de la forêt.

Le gars — il se nommait Dardouillet — avec qui Jean avait fait prix pour Louviers, soucieux sur l'issue du marché, épiait les deux chétifs voyageurs, son nez busqué constamment tourné vers eux, au risque de laisser faire un faux pas à sa jument. Pour se donner une contenance et cacher ses craintes au sujet du paiement, il parlait des lutins, — des huars — d'un goubelin qui habitait l'écurie et pansait le cheval, d'un veau blanc fantastique qu'il assurait avoir vu un soir; puis ce fut une histoire de serpent sorti d'un œuf de coq; enfin les étoiles filantes portaient malheur... Et ce n'étaient pas là des « potins », ni pour les « lurer » parce qu'il n'avait jamais été « laudonnier » (1), ni de ceux qui se « démentent » (2) des affaires des autres.

(1) Babillard.
(2) Qui se mêlent.

Jean ne prêtait qu'une attention distraite à tout ce bavardage. Il ne pouvait se défendre de regarder partout s'il ne verrait pas son Allemand, sachant pourtant bien qu'il prenait là une peine inutile. Ce n'est qu'à Louviers qu'il pouvait espérer de le rejoindre... Aussi son cœur battit bien fort lorsqu'il aperçut enfin Louviers, que les hautes cheminées cylindriques de ses usines décelaient de loin. La jolie ville, admirablement située dans une belle et riche plaine, entourée de bois et arrosée par l'Eure, s'étendait à ses yeux ravis sur les bords de cette rivière, dont les eaux alimentent un grand nombre d'importantes usines.

Un moment après, grâce à une accalmie, la ville se dessinait nettement ; la partie vieille, bâtie en bois sur la rive gauche de l'Eure, se présentait avec ses trois ou quatre grandes rues parallèles, communiquant entre elles par une quantité de ruelles ; les quartiers neufs, édifiées en briques et en pierres de taille, forçant l'ancienne enceinte, dont il ne reste que quelques vieilles murailles, transportaient au delà, et sur les divers bras de la rivière leurs fabriques et leurs filatures aux façades régulières et presque monumentales ; des boulevards plantés de jeunes arbres formaient autour de la ville une suite de promenades ; enfin, de plus près, Jean put voir les places entourées de grands arbres, les squares et les jardins bordant les rives de l'Eure et les petits ponts jetés sur cette rivière.

On sait que Louviers est une ville fort industrielle ; il y a bien des centaines d'années qu'elle utilise l'eau de sa rivière pour le tissage de la laine et la fabrication des draps. Au quatorzième siècle, Froissart disait déjà en parlant de Louviers que c'était « une des villes de Normandie, où l'on faisait la plus grande planté de draperies », et aussi que c'était « une ville grosse et moult marchande ». La manufacture de draperie de Louviers fut créée en 1681, par arrêt du conseil. Les trois quarts de la population de la ville, qui compte onze mille habitants, remplissent les filatures de laine, les teintureries, les tanneries, les ateliers de construction de machines, et surtout les manufactures de drap, remarquables par le bel ensemble de machines qu'elles possèdent, et connues partout par le bon marché de leurs produits. L'arrondissement renferme un grand nombre d'usines hydrauliques et à vapeur, employées pour la plupart à la filature et au tissage de la laine.

C'est au milieu de cette population industrieuse que Jean entreprit de retrouver Hans Meister.

— Où que nous allons, maintenant, mon bourgeois ? demanda à Jean le gars qui conduisait la carriole.

— A l'Hôtel de ville, répondit Jean au hasard.

— C'est près de la place Porte-de-Rouen : nous y arrivons.

En quelques tours de roues on se trouva, en effet, sur cette place. La pluie avait cessé de tomber. Jean remit au jeune paysan le prix convenu du voyage, et ce fut pour celui-ci un véritable soulagement : sa crainte avait réellement été jusque-là de voir les deux gamins, tout à fait légers de bagages, se laisser glisser de sa carriole par derrière et s'esquiver dans les champs, ou « s'agrioter » dans les bois.

— Voulez-vous pas retourner à Elbeuf... au même prix, men p'tiot monsieur de Paris? dit le Normand au jeune garçon. Son bonnet ôté, il se grattait le derrière de l'oreille pour s'encourager à conclure un nouveau marché avantageux.

— Oh! que non! lui répondit Jean. Puis se ravisant, il demanda : Quand repartez-vous?

— Quand deux heures sonneront à la tinterelle. Sans être souliban (1) je vas tout de même mâquer un morceau... une écuellée de soupe. Dame! je sommes levé depuis la crique du jour.

— Eh bien, il se peut que je vienne vous retrouver avant celte heure, s'il m'est possible de terminer les affaires pour lesquelles je suis venu à Louviers.

Jean entraîna Barbillon du côté des manufactures. Il comptait s'y prendre mieux qu'à Elbeuf. Les deux jeunes garçons pénétrèrent dans la cour d'un grand établissement de construction de machines. Au milieu de la cour, nombre d'ouvriers hissaient sur un chariot massif plusieurs lourdes pièces, destinées à figurer à l'Exposition universelle de Paris qui devait s'ouvrir quelques mois plus tard.

Jean questionna :

— Avez-vous des ouvriers allemands... parmi vous?

Un ouvrier de haute stature, noirci par la forge, se retourna à demi, esquissant un sourire dédaigneux.

— Il n'y a pas de ça, ici, dit-il. Tu te trompes de porte, mon gars.

— Tant pis et tant mieux! fit Jean.

— Quoi, tant mieux?

— Qu'il n'y ait point d'Allemand...

— Et tant pis?

---

(1) Gourmand.

— Que je ne trouve pas... ce que je cherche.

— Un Allemand?

— Qui m'a volé. Je sais qu'il est venu quêter des secours à Louviers...

— Gare! fit l'ouvrier. Et il commanda une manœuvre à ses camarades, relative aux pièces de fer que l'on chargeait.

Jean et Barbillon s'en allèrent. En face, s'ouvrait largement la porte d'une grande teinturerie. Un vieux homme vêtu de droguet, chaussé de sabots, fumait sa pipe sur le seuil qu'il gardait, à côté d'un ruisseau jaune de chrome — qui fumait aussi.

— Pardon, monsieur, lui dit Jean, de ce ton poli à lui familier, des Allemands travaillent-ils dans votre usine?

— Des Allemands? En vérité de Dieu, c'est un brin drôle tout de même! murmura le bonhomme en faisant passer sa pipe de droite à gauche.

— Pourquoi est-ce drôle?

— Parce que hier sur la même heure, à cette place étou... on m'a fait même demande, mon fisset.

— Veine! s'écria Jean. Voilà du nouveau! dit-il à Barbillon.

Le petit mousse ne saisissait pas avec la vivacité de Jean toute l'importance de la réponse faite à son ami.

— Ne comprends-tu pas? reprit Jean. Si quelqu'un est venu hier, ici, en quête d'Allemands, ce ne peut être que Hans Meister. Voilà la piste trouvée! Et se tournant vers le portier : — C'est un grand, qui était à la recherche de ces Allemands?

— Da! oui, fit l'autre. Queuque chose quasiment comme un pétra (1), et un calleux (2).

— Bien maigre, bien laid?

— Oh! que ben oui! et avec un air assatti (3).

— Un affreux louchon?

— Allez! marchez! c'est son image toute récopie.

— Et pourriez-vous me dire, le chemin qu'il a pris? s'écria Jean avec véhémence.

— Eh! da! je n'ai point la berlue dans l'oreille pour que vous brayiez si fort? Il est repassé une heure après avec un air rechigné; il n'avait pas trouvé

---

(1) Homme grossier.
(2) Fainéant.
(3) Egaré.

son affaire, et il prenait son équeurce vers Evreux, même que je lui ai montré son chemin.

Jean remercia et entraîna Barbillon du côté où la carriole avait été laissée. Le jeune paysan, d'une main remontant ses chausses, qui tombaient faute de bretelles, de sa main libre, mettant un peu d'ordre dans sa carriole, s'apprêtait à partir.

— Il ne s'agit pas de ça! lui cria Jean. Nous allons à Evreux.

— Vous savez? C'est deux fois autant loin que d'ici à Elbeuf? La grise a encore un bon pas à faire pour que je soyons arrivés...

— Je paierai ce qu'il faudra. En route!

— Alors montez, mon jeune bourgeois, dit Dardouillet.

Et voilà la jument trottant à plein collier vers le chef-lieu du département. La route côtoya d'abord la rive gauche de l'Eure, puis elle s'éloigna peu à peu de ce cours d'eau pour passer par une succession de côtes boisées d'ormes, de chênes, de charmes, de bouleaux, de trembles, d'aliziers, de châtaigniers... Dans les vallons se rencontraient le frêne, l'aune, le saule, le marronnier et le peuplier. Ils entrèrent enfin dans la jolie vallée de l'Iton, et remontèrent pendant un quart de lieue le bord de cette rivière, ayant en face d'eux Evreux, entourée de belles prairies et dominée par des hauteurs boisées.

L'Iton se partageait en trois bras pour baigner les différents quartiers de la ville. Au-dessus du groupe pittoresque des maisons d'un aspect clair et riant, se dressaient la cathédrale, avec ses deux tours inégales et sa flèche centrale ajourée de la lanterne au faîte, l'église de l'abbaye de Saint-Taurin, la tour octogonale du beffroi de l'ancien hôtel de ville, les bâtiments de l'archevêché et quelques autres édifices.

— Mais, observa Jean, lorsqu'on fut un peu plus près, je ne vois pas ce qui a attiré ici Hans Meister; Evreux n'est pas ce qu'on peut appeler une ville industrielle... Comment mon Allemand a-t-il pu espérer d'y trouver des compatriotes?

Le pauvre garçon devint tout soucieux; les difficultés de son entreprise allaient toujours croissant, et plus rien ne l'assurait de la réussite.

V

Un nouvel exploit de Hans Meister.

Hans Meister ne s'était rendu à Evreux que pour y prendre le chemin de fer de Bernay. Ayant fait à pied le trajet de Louviers à Evreux, il n'était arrivé dans cette dernière ville que fort avant dans la soirée. Personne ne l'avait vu, et lorsque Jean s'informa d'un Allemand, tout à la fois grotesque et effrayant de passage dans la ville, on ne sut de qui il voulait parler.

Alors le petit Parisien courut à la gare. Là, en raison du petit nombre de voyageurs qui descendent de wagon ou y montent, on avait remarqué l'énigmatique étranger. Il avait pris un train de nuit allant vers l'ouest; pour où? c'est ce qu'on ne put dire.

Jean se concerta avec Barbillon, et ils décidèrent de partir sur l'heure pour la première station, qui était Conches, sauf à pousser jusqu'à Beaumont-le-Roger, Bernay, Lisieux et même plus loin, à Caen, où ils trouveraient dans le baron du Vergier un auxiliaire utile.

— Il faut, répétait Jean, que je mette la main sur cet homme abominable!

Il était 4 heures 37 de l'après-midi lorsqu'ils montèrent en wagon. Le train sortit de la station, dominée à sa gauche par des coteaux boisés, limitant au nord la forêt d'Evreux. La voie ferrée remontait la vallée de l'Iton, où fumaient plusieurs usines, entre autres une grande fabrique de papier; là, se développaient aussi les vastes bâtiments d'un asile d'aliénés. Bientôt, à droite, se montra Bérengeville, avec son petit château en briques sur un mamelon. Puis l'Iton fut franchi à peu de distance de la Bonneville, village près duquel se voient encore quelques restes de l'abbaye de la Noë, fondée par l'impératrice Mathilde, fille d'Henri Ier roi d'Angleterre et femme d'Henri II

Il appuya une main sur la bouche de sa victime (page 328).

empereur d'Allemagne. Après avoir dépassé plusieurs forges et hauts fourneaux, auxquels la vallée fournit à la fois le combustible et le minerai, la voie ferrée traversa de nouveau l'Iton, dont les eaux formaient plusieurs cascades, arrosant de grandes et belles prairies où paissaient des troupeaux de bœufs.

Peu après, du même côté, se montra Glisolles, son église surmontée d'un clocher aigu, et son château moderne, bel édifice de briques encadrées de pierres blanches, situé sur le flanc d'une colline, et entouré d'un parc où de belles eaux circulent à travers des bouquets de pins.

Après avoir longé sur la gauche un bois de sapins jeté sur les pentes d'un coteau, la voie traversa le bois de Fresne ; le Rouloir fut franchi sur un élégant viaduc. En ce moment, Conches, la flèche élancée de son église, et son vieux donjon se profilant sur l'azur du ciel, se laissèrent à peine entrevoir : la voie ferrée s'enfonça dans un tunnel creusé dans les flancs de la colline qui porte cette petite ville.

Il n'était guère plus de cinq heures, lorsque Jean et son camarade descendirent à la station de Conches. Une large avenue s'ouvrant à droite de la station montait vers la ville. Mais fallait-il aller si haut pour avoir des nouvelles de Hans Meister? Jean questionna les employés : il n'était descendu à Conches que des gens de la localité.

Les choses se compliquaient. Jean paraissait consterné.

— A quelle heure le prochain train pour... Bernay? demanda-t-il.

— A sept heures, sept.

Les deux jeunes garçons avaient deux heures devant eux. Ils montèrent enfin vers la ville. L'avenue qui y conduisait aboutit à un plateau, borné à gauche par les premières maisons, à droite par un bois, et planté d'arbres magnifiques sous lesquels sont creusés des bassins servant de lavoirs publics.

Par désœuvrement, ils visitèrent l'église de Sainte-Foy, qui mérite certainement d'être vue, car elle est classée parmi les monuments historiques. Non loin de cette église, passant sous une arcade voûtée, ils allèrent de la principale rue de la ville aux ruines du donjon. Les restes de cette forteresse du onzième siècle sont conservés soigneusement par la municipalité, qui les a achetés pour la somme de 18,000 francs, les a fait restaurer, et consacre annuellement une somme assez forte à leur entretien. Ces vieilles murailles rappellent aux bourgeois de Conches l'importance militaire de leur ville tant de fois prise et reprise par Philippe Auguste, le duc de Lancastre, Duguesclin, Henri V d'Angleterre, Charles VII, les Ligueurs et bien d'autres !

Les fossés du donjon ont été utilisés pour l'établissement d'un promenoir et d'un jardin public.

Un chemin circulaire, bordé de haies vives, et soutenu par des murs flanqués de quatre ou cinq tourelles, monte jusqu'à mi-hauteur du donjon, grosse tour ronde ; du sommet, on découvre une très belle vue sur la vallée du Rouloir, le viaduc du chemin de fer... Des lilas ont pris racine dans l'épaisseur des ruines, dont des lierres vigoureux et des plantes grimpantes couvrent les murs extérieurs.

Les deux jeunes garçons firent un léger repas dans un restaurant et redescendirent à la gare. A sept heures et quelques minutes ils partaient pour Bernay.

La voie, encaissée dans une profonde tranchée, laissait à gauche la forêt de Conches et à droite le vaste parc au milieu duquel se trouve le château de Calais. Le train franchit ensuite la Rille, et descendit jusqu'à Beaumont-le-Roger la riante vallée où coule cette rivière. A la forêt de Conches avait succédé la forêt de Beaumont.

Pendant les chaleurs de l'été les eaux de la Rille se perdent sous terre au moulin de la Chapelle, pour reparaître sept kilomètres plus loin, près de Grosley, au lieu dit la Fontaine-Roger, ou la Fontaine-Enragée.

La nuit arrivait lorsque les deux jeunes garçons soucieux l'un et l'autre à cause de Hans Meister et de la tante Pelloquet, passèrent devant Beaumont-le-Roger, vaguement entrevu au delà de la Rille, assis au milieu de belles prairies et abrité au nord par une chaîne de collines boisées. Sur une élévation se dressait l'église de Beaumont, dont une tour carrée percée de grandes ouvertures dans le style flamboyant, ornement du portail principal, se détachait en noir sur une ciel gris.

Après, au confluent de la Rille et de la Charentonne, se montra aux lumières Serquigny. De nombreuses usines où le travail du jour venait de cesser couvraient les bords de la Charentonne...

A gauche de la voix ferrée se prolongeait la forêt de Beaumont, puis le bois du Chouquet, et à droite les châteaux de Courcelles et de Menneval brillamment éclairés dans ces premiers jours d'ouverture de la chasse et de large hospitalité. De nombreuses maisons de campagne s'éparpillaient, illuminées, sur les flancs des coteaux boisés qui dominent au nord la vallée de la Charentonne.

Enfin Bernay apparut dans la vallée, adossé à un coteau et perdu dans les vapeurs du soir, que perçaient encore les clochers de ses deux églises...

Il était près de huit heures et demie lorsque Jean et Barbillon se trouvèrent dans les rues sombres de la vieille ville normande, presque toutes bordées de porches en bois vermoulus, et où les antiques constructions abondaient.

La population ouvrière venait de quitter les filatures de coton, les manufactures de toiles et de rubans de fil et de coton, les filatures de laine, les minoteries, les moulins à huile, les tanneries, les papeteries, les scieries mécaniques, les fonderies de fonte, les ferronneries, les verreries, et les autres établissements industriels qui donnent la vie au pays. Y avait-il des Allemands parmi ces ouvriers qui prenaient le frais, groupés sur les petites places, allumaient une pipe, ou couraient se coucher? C'était peu probable... Telle fut pour Jean l'impression décourageante du premier coup d'œil. Mais alors pourquoi s'obstinait-il à vouloir trouver Hans Meister à Bernay? Le pauvre garçon n'en savait plus rien et perdait réellement la tête. Il soupirait profondément, et il avoua enfin à son compagnon qu'il désespérait de mettre jamais la main sur l'Allemand détesté.

— Eh bien! fit l'autre, retournons à Rouen par le plus court chemin. Il n'est peut-être pas trop tard pour apaiser ma tante... Nous aurions pu nous renseigner à la gare, ajouta-t-il, d'un ton de regret.

— C'est pourtant vrai! dit Jean. Et pour réparer sa maladresse il voulut tout de suite prendre le chemin de la station.

Là, aux questions qu'il fit on répondit qu'aucun personnage répondant au signalement donné, n'était descendu des trains de la journée.

— Mais c'est un voleur! répétait Jean pour mettre les gens dans ses intérêts. Un voleur, je vous dis, et j'aimerais mieux qu'il m'eût dérobé ma montre...

Au mot de voleur, on faisait cercle autour des jeunes garçons : où pouvait donc être passé ce voleur?

Un homme d'équipe de la gare de Serquigny, arrivé par le même train que Jean et Barbillon, affirma qu'un Allemand, taillé sur le modèle décrit, était descendu à Serquigny, un « chanteau » de pain sous le bras, tout exprès semblait-il comme pour s'y prendre de querelle avec un chacun. « Il ne voulait entendre à rien ni à personne. » Traité par le chef de gare de foinillard (1), d'aversat (2) et d'espion, il avait repoussé, ces injures — dont il ne comprenait sans doute que la dernière — prétendant avoir sauvé la vie au fils d'un riche meunier de la Commanderie, près du Neubourg, pendant la guerre, dans les ambulances prussiennes; et affirmant qu'il se faisait fort d'être bien accueilli par cet homme, chez qui il se rendait. L'Allemand ajoutait qu'il avait longtemps cherché cette Commanderie; mais, que maintenant il savait de quel côté se diriger.

(1) Rôdeur.
(2) Fou, possédé du diable.

Et il avait pris la voiture du Neubourg.

Jean dut s'estimer fort heureux d'être ainsi renseigné sur les agissements de son Allemand. Il reprit courage.

Rien de plus exact que ce qu'avait dit Hans Meister : il pensait trouver assistance chez le meunier au fils de qui il avait rendu quelques services, au temps où il remplissait de très humbles fonctions dans les ambulances de l'armée d'invasion. Le compère de Jacob comptait que la somme nécessaire pour retourner en Allemagne ne lui serait pas refusée...

Jean n'avait pas à hésiter. Il devait se mettre à la poursuite de l'Allemand. Forcé de passer la nuit à Bernay, il remit au lendemain à la première heure, le retour à Serquigny, pour y prendre la voiture du Neubourg.

Tout cela fut exécuté rigoureusement.

Le lendemain, à midi, Jean et son camarade arrivaient au Neubourg. De là, ils allèrent à pied à la Commanderie : c'est un village situé à trois quarts de lieue, dans la riche plaine bien cultivée qui environne le Neubourg. Les champs de blé moissonnés laissaient voir partout le sol hérissé de chaume, et chaque pièce de terre marquait ses limites par de hautes meules de gerbes dorées.

Jean et Barbillon arrivèrent à la Commanderie, remarquable par la mare verdâtre qui occupe le centre du village et le beau clos de pommiers joint à la maison d'école. Le meunier, ce devait-être le père Quévilly, leur dit-on ; mais il n'était plus riche; des spéculations malheureuses sur les grains l'avaient ruiné, et il vivait retiré, non loin de là au Bec-Hellouin, près de Brionne. Ces renseignements, obtenus des premiers paysans à qui Jean s'adressa, lui firent comprendre pourquoi il ne rencontrait pas Hans Meister. L'Allemand avait paru la veille à la Commanderie et s'était dirigé immédiatement vers le Bec. On dit à Jean qu'il boitait.

Sans perdre une heure, Jean essaya de le rattraper, entraînant encore une fois de vive force son ami Barbillon. Ils prirent par la route de Fontaine-la-Soret, et suivirent un bout de temps le chemin bordé de peupliers qui mène de Paris à Cherbourg. Là, se trouvaient de belles prairies, s'étendant aux pieds des coteaux boisés. De grandes vaches rousses plongeaient leur mufle avec volupté dans les herbes humides.

Ils quittèrent la route nationale et, remontant au nord, ils se dirigeaient vers Brionne, lorsque à leur grande surprise, une cavalcade formée de jeunes chevaux arriva derrière eux. Les plus fougueux étaient montés par des cavaliers de la remonte qui les maîtrisaient non sans quelque peine. Jean et Barbillon, invités familièrement à se mettre en selle sur des poulins menés en laisse, ne se le firent pas dire deux fois. Ces chevaux appartenaient au dépôt de remonte du Bec. En moins d'un quart d'heure la cavalcade atteignit Brionne et la traversa.

C'est une jolie petite ville de 4,000 habitants, dans la vallée de la Rille. A l'est, sur une hauteur, deux énormes pans de vieilles murailles semblent là pour attester l'existence d'une ancienne forteresse féodale qui, longtemps, a protégé le pays.

De Brionne au Bec l'ardente troupe de jeunes chevaux ne mit guère plus de quarante minutes, en suivant la route de Brionne à Pont-Audemer.

Ils étaient arrivés.

Ce petit village du Bec-Hellouin, bâti au pied d'une montagne, est baigné par l'étroit ruisseau du Bec. C'est une localité célèbre par son antique abbaye de bénédictins, fondée au commencement du onzième siècle, et qui porta longtemps le titre de chef d'ordre. Il s'y était formé sous la direction de Lanfranc, qui devint archevêque de Cantorbéry, une école d'où sortirent saint Anselme, Robert du Mont, le pape Alexandre II, Yves de Chartres et une foule d'évêques et d'abbés. Les plus nobles familles de France et d'Angleterre y envoyaient leurs enfants qui, avant de devenir ennemis, vivaient en condisciples.

Les bâtiments de l'abbaye après avoir servi à loger un haras, au dix-septième siècle, sont actuellement occupés par un dépôt de remonte pour l'armée. Non loin de l'endroit où fut l'église abbatiale, une haute tour isolée se dresse au-dessus des anciennes constructions de l'abbaye. Elle a été restaurée aux frais de l'Etat.

Jean et Barbillon, dont cette course à cheval avait fouetté le sang, se rendirent pleins d'entrain chez l'ancien meunier : l'Allemand ne s'était pas encore présenté à lui ! Jean, heureux de l'avoir enfin devancé, expliqua au père Quévilly ce qui l'amenait au Bec, et combien il avait à se plaindre de Hans Meister. Le bonhomme Quévilly — un vieux homme à qui des cheveux blancs tombant sur les épaules donnaient un air vénérable : un saint, attablé devant un pot de cidre — parut s'intéresser vivement au jeune garçon, et lui promit d'empêcher l'Allemand de s'éloigner avant qu'il eût accordé toutes les satisfactions exigibles. Il ne nia pas que son dernier fils, Sénateur, blessé dans les batailles livrées autour de Metz et fait prisonnier, n'eût eu à se louer du personnel d'une ambulance prussienne ; mais ce n'était pas une raison pour s'aveugler sur les procédés d'un aventurier capable de molester un orphelin.

— Qu'il vienne : il sera bien reçu, dit-il, pour lui apprendre à aller « drait » devant lui.

— Vère ! s'écria la mère Quévilly en train de plier du linge qui sentait bon l'iris ; rien que d'entendre dire tout ça, j'en suis tout ensangmêlée !

Sur les assurances qu'il recevait, Jean alla prévenir le maire. Cela fait, il ne restait plus qu'à se mettre à la recherche du garde champêtre Pitoiset, commission dont Jean se chargea volontiers.

Quelques minutes plus tard, suivi de Barbillon, il côtoyait la lisière du bois du Mont-Mal, où il devait, selon les indications du maire, rencontrer le garde champêtre. Les deux jeunes garçons s'entretenaient de l'abbaye du Bec, et Barbillon, qui avait polissonné aux alentours de Rouen, assurait avec raison, que les restes de l'abbaye de Jumièges — à quelques lieues au nord du Bec, et dans l'une de ces presqu'îles que forme la Seine grâce à ses méandres — offrait des ruines bien autrement pittoresques : les deux tours de la façade de son église, la tour du milieu, les arceaux, les piliers sculptés... Tout cela vu du bord du fleuve. C'est à la suite d'une partie de canot faite à Jumièges avec de joyeux camarades, que la tante Pelloquet, se fâchant pour tout de bon, avait décidé que son neveu le canotier serait mousse et tâterait de l'eau salée.

Comme Barbillon s'étendait selon son habitude sur le chapitre du caractère revêche de la tante Pelloquet, un homme de mauvaise mine surgit tout à coup de derrière les arbres du bois, armé d'un épais bâton fraîchement coupé. Jean poussa une exclamation de surprise et de frayeur en reconnaissant Hans Meister, et devina à son air farouche qu'il méditait de sinistres desseins.

— J'ai l'honneur ! fit l'Allemand pour entrer en matière. Ah ! Tarteiffle ! l'occasion est bonne, ajouta-t-il ; et il y a trop longtemps que ça dure ! Chacun son tour !

C'est en vain que Jean recula de quelques pas. L'Allemand, de sa large main nerveuse, le saisit par le collet de sa blouse et le souleva, tout en tenant à distance Barbillon qu'il menaçait de son bâton.

Jean se mit à crier et à lancer des coups de pied dans les jambes de son agresseur.

Barbillon réussit à saisir le bâton et essayait de l'arracher à l'Allemand ; mais celui-ci jeta au loin avec violence le pauvre enfant qu'il tenait suspendu. Jean tout étourdi tomba entre deux jeunes arbres qui s'écartèrent sous son poids pour reprendre leur position en le retenant captif par le bras et l'épaule gauches. L'Allemand, se sentant maître de lui, tourna sa fureur contre Barbillon. Il le frappa de son bâton sur les bras, et voyant que le camarade de Jean se baissait pour ramasser une grosse pierre pointue, il lui asséna sur la tête un violent coup de son bâton.

Barbillon s'affaissa sur ses genoux sans proférer une parole, il ferma les yeux ; un filet de sang suinta de son front ouvert.

— A nous deux maintenant ! fit l'Allemand en s'avançant vers le petit Parisien. Sa physionomie révélait des intentions atroces. Il leva haut son terrible gourdin et il allait, bien sûr, commettre un meurtre, lorsque ses yeux louches aperçurent à quelques pas de sa victime, sur la mousse, la montre d'or avec sa chaîne, présent de miss Kate : elle s'était décrochée lorsqu'il avait secoué Jean.

Soudain, en homme qui appartient à une race positive, Hans Meister, retint le coup, mortel peut-être, qu'il allait donner.

Il se précipita sur la montre pour s'en emparer, et la prit. Il la regarda une seconde d'un œil ébloui, puis la glissa dans la poche de son paletot.

Jean suivait les mouvements de l'Allemand. Le premier saisissement passé, il put enfin appeler à l'aide, criant au voleur ! et à l'assassin !

Hans Meister regardait sur la route devant lui et derrière, et ne voyant venir personne au secours des jeunes garçons, il ricanait affreusement. Il tenait enfin sa vengeance, et de plus, largement, les moyens de s'en retourner dans son pays.

Il mit un pied sur la poitrine de Jean pour le faire taire.

— Sacrament ! jura-t-il en hésitant encore à le broyer sous son pied. Malheur, s'il dit un mot de plus !

Le pauvre enfant tout pâle, n'avait plus qu'un râle dans le gosier.

L'Allemand, roulant ses yeux louches, semblait réfléchir. A quoi ? sous ses semelles usées, il venait de sentir un portefeuille, et il devinait d'instinct que là, sans doute, se trouvaient les ressources qui permettaient au petit Parisien de s'attacher à lui et de le tourmenter depuis plusieurs semaines. Alors se penchant, il appuya rudement une main sur la bouche de sa victime.

Jean mordit au sang cette main cruelle.

L'Allemand, de plus en plus farouche entr'ouvrit la blouse du jeune garçon, malgré les efforts de Jean pour l'écarter et se défendre ; il se saisit du portefeuille et, se relevant d'un bond, il joua des jambes, et rentra dans le bois, où bientôt il disparut...

— Jean ! soupira une voix mourante.

C'était Barbillon qui revenait à lui.

Qui vous a arrangés comme çà, mes éfans (page 330).

— Mon pauvre Barbillon! fit Jean sans pouvoir remuer.
— Au secours! Je n'y vois plus; mon sang me coule sur le visage...
C'était vrai. Jean faisant un effort violent réussit à se tourner du côté où gisait son camarade.
— Eh bien! ton Allemand! murmura celui-ci. Tu le voyais déjà entre les mains du garde champêtre... Il nous a rossés... Je suis mort... et toi? si j'al-

lais trépasser, tu connais la maison de ma tante? Rappelle-toi : quai du Mont-Riboudet... Oh! si tante Pelloquet passait par ici et me trouvait dans cet état!... Cette fois, elle m'enverrait au pôle nord, dans les glaces...

— Tu te sens donc capable d'aller encore quelque part?

— Dame! je ne sais pas trop; j'ai un trou au front à y mettre le doigt. Attends, je vais aller te montrer ça... si j'en ai la force... Non, viens plutôt, toi.

— Impossible de bouger, mon vieux. J'ai le bras pris comme dans un étau. Il n'y a que toi pour me dégager...

— Tu n'as que ça?

— Oh! je crierais si j'avais moins de courage... si tu savais ce que j'endure! mais viens vite à mon secours. S'il allait revenir, il nous tuerait pour tout de bon, cette fois...

Barbillon se souleva enfin et se traîna jusqu'à son camarade.

— Il m'a tout pris, lui dit Jean à demi-voix comme s'il craignait en se plaignant de voir revenir l'Allemand.

— Quoi, tout? demanda Barbillon.

— Ma montre.... mon argent.

— Comment ferons-nous pour manger?

— Ah! je vois que tu n'es pas mort... S'il te reste des forces, dit Jean d'une voix suppliante, écarte un de ces arbres qui me broient... Encore! encore un effort!... Me voilà! s'écria-t-il en se remettant sur pied. Oui, ce misérable Allemand m'a volé! Comment ne nous a-t-il pas tués?

— S'il allait revenir pour nous achever?

— C'est ce que je te disais tantôt; c'est bien là ma grande peur.

Ils entendirent dans le bois un grand bruit de pas et de branches brisées, et tous deux pâlirent.

— Sauvons-nous, Jean! cria Barbillon.

Jean apercevant le garde champêtre retint son camarade.

— Eh là! fit maître Pitoiset; comme vous v'là effabis (1), les gars! Et celui-là, avec son atout à la face, et du sang! il est quasiment matrassé. C'est-y Dieu possible! Oh! mais je vas verbaliser... Qui qui vous a arrangés comme ça, mes éfans? Queuque mauvais rôdeur ben sûr? Contez-moi ça de fil en aiguille, et je « balierai » le pays du gueux qui a fait le coup. Toi, c'est la tête qu'est rompue, dit-il en s'adressant à Barbillon, et toi petiot? demanda-t-il à Jean...

(1) Pâles, défaillants

Jean posa sa main sur son estomac, où le pied de l'Allemand avait laissé une douleur sourde.

— Toi, c'est à la caillette qu'on t'a campé un atout...

» Oh! comme je vas verbaliser, annuit!

— Si nous avions un peu d'eau pour boire? dit Jean.

— Pour me laver la figure? ajouta Barbillon.

— Y a ben la mare de l'iau nette, près de la bijude (1) au cantonnier, mais c'est quasiment à un quart de lieue. Faut dévaler au Bec ou au Bec : je m'entends ben : au riolet ou au village.

— Mais je ne peux pas faire un pas, dit Barbillon en gémissant.

— Alors, je vas quéri de l'iau, dit obligeamment le brave Pitoiset.

— Non, non, restez! s'écria Barbillon. L'autre n'aurait qu'à revenir avec son bâton.

— Nous disons donc un bâton? une trique quoi! c'est pour mon procès-verbal. Ephrem, le ptiot à la mère Crétu m'écrira ça. Une trique... Apreux?

— Après, fit Barbillon, je sens que je m'envais faute de secours.

Et il se laissa tomber, plutôt qu'il ne s'assit sur une grosse pierre moussue.

— Je vais aller en courant jusqu'au village, dit Jean.

En ce moment le roulement d'une voiture légère attira l'attention de tous.

— C'est le cabriolet au docteur Ducosté, dit le garde-champêtre. C'est comme si que t'étions guari mon p'tiot.

(1) Masure de paille à murs d'argile.

VI

A travers la Normandie

Le cabriolet qui s'avançait traîné rapidement par deux jolis poneys brun-roux était conduit par le docteur lui-même, qui venait de Brionne et s'en allait au Bec faire ses visites. En voyant les deux jeunes garçons, défaits et souillés de poussière, Barbillon tout saignant, le docteur arrêta son attelage, et sauta vivement à terre.

C'était un homme jeune, de taille moyenne, bien portant, haut en couleur, rond de manières. Doux et ferme à la fois, un peu brusque même, comme il convient avec une clientèle villageoise, son abord lui gagnait tout de suite la confiance de ses malades. Il alla droit à Barbillon.

— Vous n'êtes pas du pays, mon garçon, lui dit-il ; comment vous trouvez vous dans cet état, sur cette route? Vous ne vous êtes pas battu avec votre camarade? non? Voyons votre front.

— C'est un Allemand, dit Jean, qui nous a arrangés de cette façon. De plus, il m'a pris ma montre et mon argent.

— Un Allemand? Pitoiset, allez donc me chercher un peu d'eau pour laver cette blessure...

— Avec plaisir, monsieur Ducosté, répondit le garde champêtre en s'éloignant.

— Un Allemand que nous avons suivi depuis Rouen, un méchant homme avec qui j'ai eu déjà plusieurs démêlés.

— Donc, assassinat et vol : hé, hé! c'est une grosse affaire!

Tandis que le docteur essuyait le front du blessé avec un peu de charpie qu'il était allé prendre dans le coffre de sa voiture, Jean lui raconta ce qui s'était passé. Le jeune garçon regardait toujours non sans effroi, du côté où Hans Meister avait disparu à sa vue.

— Il pourrait bien revenir, monsieur le docteur.

— Qu'il revienne, dit le docteur Ducosté ; je ne serais pas fâché de pouvoir donner son signalement...

Le garde champêtre rapporta de l'eau dans sa gourde, — dont il avait dû certainement ingurgiter le contenu alcoolique avant d'y mettre le liquide aqueux. Cela, joint à la course, il était fort rouge, passablement ému et parlait de verbaliser avec une animation qui força le docteur à le prier de se taire.

— Ce ne sera rien, dit M. Ducosté en achevant le pansement de Barbillon. Vous avez besoin tous les deux d'un peu de repos. Je vais vous conduire au Bec, et puisque déjà vous avez fait connaissance avec le père Quévilly...

— C'est un bien brave homme, observa Jean.

— Il vous aidera à sortir de ce mauvais pas.

— Mais vous n'abandonnerez pas mon blessé, monsieur le docteur!

— Soyez tranquille, mon garçon, vous me verrez demain...

Barbillon, à moitié guéri par les encouragements de l'homme de l'art, fut hissé dans le cabriolet et installé le plus commodément qu'il fut possible. Jean s'assit à côté du docteur, qui toucha ses poneys.

En le voyant s'éloigner le garde champêtre promit au docteur de lui communiquer son procès-verbal. Il n'y manquerait pas, « ne l'ayez mie en doutance ».

Le père Quévilly et sa ménagère poussèrent de hauts cris en voyant ramener par le docteur les deux jeunes garçons dont ils avaient pris chaudement les intérêts.

L'ancien meunier eut un soupçon.

— Il n'est pas encore venu, votre Allemand, dit-il à Jean.

— Et il ne viendra pas! lui répondit celui-ci. C'est ce scélérat qui nous a mis comme vous voyez.

— J'en étais sûr! fit le père Quévilly.

On dressa un lit à Barbillon et on le fit coucher. La mère Quévilly retint les prescriptions du docteur et promit de les exécuter sans rien oublier...

Lorsque, le docteur parti, le garde champêtre se présenta pour obtenir de Jean un supplément d'informations indispensables pour verbaliser, le petit Parisien précisa ses griefs : l'Allemand lui avait dérobé, outre sa montre, trois billets de banque de cent francs. Il ne restait plus à Jean qu'une soixantaine de francs dans son porte-monnaie. Placé dans la poche de son pantalon, cet argent avait échappé à la cupidité de Hans Meister.

Jean fit deux parts égales de cette petite somme; il en donna une au blessé et déclara qu'il se sentait en état de se remettre en route sur l'heure même. Il avait son idée.

— Tu retournes à Rouen? lui demanda Barbillon, bouleversé en songeant que la tante Pelloquet mise au courant des événements allait se fâcher sans retour.

— A Rouen, non, dit Jean. J'ai tout juste assez d'argent pour me rendre à Caen chez la baronne du Vergier, sûr d'avance qu'elle viendra à notre secours. Le baron aussi voudra m'aider à faire arrêter Hans Meister avant qu'il ait atteint la frontière : car il est à peu près certain que cet argent qu'il cherchait partout, c'était pour retourner dans son pays. Maintenant, il a plus qu'il ne lui faut en portefeuille — et l'agrément de savoir l'heure, afin de ne pas manquer le train... Affreuse canaille, va!

Jean voulait partir tout de suite.

Du Bec à la plus voisine station du chemin de fer, qui est à Pont-Authou, il y a un trajet de vingt-cinq minutes. Pitoiset insista pour accompagner le petit Parisien. Il avait raison de craindre sur les chemins une nouvelle rencontre de l'Allemand, qui pouvait très bien s'être dirigé, lui aussi, vers la même gare. Jean y consentit; mais la mère Quévilly, intervenant, fit remarquer que la journée était trop avancée et que, du reste, un repos d'une nuit n'était pas de trop après une telle journée... Jean dut céder.

Le garde champêtre renouvela son offre avec la même insistance pour le lendemain matin, et il fut convenu qu'il viendrait chercher Jean pour l'heure du premier train.

Le lendemain donc, Jean se trouvait prêt à partir dès six heures du matin. Sans attendre la visite du docteur, il alla prendre le train à Pont-Authou et repassa par Brionne, Serquigny et Bernay.

Huit heures et demie sonnaient au moment où le train, après avoir quitté la station de cette dernière ville, s'engageait dans un court tunnel, au sortir duquel Jean aperçut quantité de jolies maisons de campagne. A droite et à gauche de la voie, se présentaient des villages échelonnés comme par ordre d'importance, en commençant par les plus humbles. C'était Caorches, Saint-Martin-du-Tilleul, Plainville, Saint-Victor-de-Chrétienville, Saint-Mards-de-Fresnes, Saint-Germain-la-Campagne. Puis la voie ferrée passa du département de l'Eure dans celui du Calvados, descendant un vallon qui devint peu à peu une belle vallée de prairies et de vergers, animée par de nombreuses usines. C'est ainsi que le petit Parisien arriva à Lisieux.

Tout affligé qu'il fût à la suite de tant d'événements pénibles, bien faits pour l'accabler, Jean ne se désintéressait nullement de la vie et du bonheur des autres. Humble et pauvre plus que jamais, il avait l'orgueil de la fortune de tous. Il ne cessait de remarquer combien la Normandie est belle et riche. A Lisieux, de la gare, il fut tout réjoui de voir les nombreux établissements industriels qui se pressent autour de la ville : fabriques de draps, de toiles cretonnes, filatures de coton, tanneries... Au fond d'une vallée baignée par deux rivières (la Touques et l'Orbiquet) la ville élevait les deux belles tours de son église Saint-Pierre, le clocher d'ardoise de l'église Saint-Jacques et, plus près de la gare, le petit dôme moderne de l'église du couvent des Carmélites.

Comme Jean demandait les noms de ces édifices, un jeune Normand, grand garçon à la barbe blonde, bien peignée, aux yeux gris bleu voilés par un pince-nez, à la tenue irréprochable, assis sur la même banquette que Jean et qui avait décliné sa qualité d'instituteur primaire, prit la parole, persuadé de trouver dans le petit voyageur un auditeur attentif.

— Vous ne connaissez pas la Normandie? demanda-t-il, devinant la réponse qui lui serait faite.

— Pas beaucoup, dit Jean. J'ai pourtant vu le Havre, Rouen, Elbeuf, Evreux, Conches, le Neubourg, Brionne, mais très rapidement, et avec des préoccupations...

— C'est en détail qu'il faut la visiter : elle en vaut la peine, dit le jeune homme blond; et il ajouta :

« La Normandie, avec un rendement d'impôts qui constituerait le budget des recettes de bien des royaumes, est en état de nourrir une population plus dense que la moyenne du reste de la France. Des cinq départements dont elle est composée, celui de la Seine-Inférieure est le plus riche et le plus peuplé. Notre belle province est au premier rang par le nombre de bras qu'elle occupe, par les richesses de son agriculture, et les productions de son industrie.

» Les céréales que rendent son sol pourvoient et bien au-delà aux besoins de la consommation locale. Le pays de Caux et le pays de Bray sont riches en blé, avoine, colza, seigle, orge et chanvre; la récolte du cidre y est excellente; de vastes fermes exploitent les terres labourables du plateau du pays de Caux; les herbages du pays de Bray nourrissent des troupeaux de vaches dont le lait donne un beurre et un fromage très estimés. Le Vexin normand et la campagne du Neubourg, ont des grains d'une qualité supérieure ; le Lieuvain est renommé pour ses herbages ; il en est de même du pays d'Auge, grâce à son sol humide et bas : depuis le pays d'Hyesme jusqu'à Pont-l'Évêque, les herbages sont d'une beauté sans pareille ; le Cotentin foisonne en blés et autres grains ; le territoire de Bayeux fournit le meilleur pain du monde ; la campagne de Caen est célèbre par ses orges et ses avoines et quelquefois pour ses petits seigles.

» Les industries agricoles donnent des produits recherchés au loin. Des millions de kilogrammes de beurre sont achetés sur les marchés d'Isigny, de Trévière et de Bayeux, et expédiés sous le nom de beurre d'Isigny, à Paris, en Angleterre, et en d'autres pays étrangers. Le Calvados fournit actuellement aux Anglais des œufs pour quinze ou vingt millions de francs. A Neufchâtel on fait d'excellents fromages ; à Gournay on fait du beurre. A Gournay le samedi, à Neufchâtel le mardi, des milliers de paysans viennent vendre les produits de leurs fermes ; jusqu'à quarante mille kilogrammes de beurre, de sept à huit cent mille œufs, et des vaches ! et des veaux ! et de la volaille !

» De magnifiques troupeaux de bêtes à cornes répandent partout la richesse. On ne saurait parler de bœufs français sans citer ceux du Cotentin. Le Calvados a des moutons, des porcs, des chèvres. Dans les prairies du littoral de la Seine-Inférieure, autrefois inondées par la mer, — les *prés salés*, — vivent des moutons dont la chair est fort délicate. Enfin les pâturages de la Normandie nourrissent de sept à huit cent mille têtes de bétail, représentant un rendement annuel de près de cent millions.

» L'élève du cheval permet aussi de réaliser des profits considérables. On le fait en grand dans ce qu'on appelle la plaine de Caen. Cette belle race de chevaux normands est fort appréciée pour la cavalerie. Le gouvernement entretient un haras à Saint-Lô, qui est, avec celui de Tarbes dans les Hautes-Pyrénées, l'un des plus importants de la France. Je dois vous citer aussi dans l'Orne, le célèbre haras du Pin, et même le haras de Dangu, près des Andelys, appartenant au comte de Lagrange et d'où sont sortis à la suite de Gladiateur tant de chevaux de grand luxe. L'arrondissement de Bernay s'occupe beaucoup aussi de chevaux. Le 4 avril, commence à Bernay la Foire fleurie, très fréquentée, où durant huit jours, il se vend quantité de chevaux et de poulains. Les foires où les chevaux sont le principal élément commercial ne se comptent plus en Normandie, tant elles sont nombreuses ! Il y en a jusqu'à douze et quinze par mois.

LE TOUR DE FRANCE D'UN PETIT PARISIEN 337

Maurice reconnut le petit Parisien (page 339).

» Et puis, parlez-moi des bocages du Roumois, de ses vergers opulents, parlez-moi du cidre du Lieuvain qui, pendant six mois, au dire des vrais connaisseurs, peut se préférer à bien des vins français! et du cidre du Cotentin! et de celui des environs d'Avranches!

» La Normandie produit toutes sortes d'arbres, voire des sapins et des cèdres; en fait d'arbres fruitiers, on y trouve des amandiers, des cerisiers, des noyers, des châtaigniers, des pruniers, des pêchers, et surtout des pommiers et des poiriers; — les pommiers! les vendanges normandes! Avez-vous jamais vu, mon ami, des bannerées de pommes mûres, déposées en tas sur des draps blancs étendus à terre à la porte du pressoir?

» Quoi encore? se demanda l'enthousiaste Normand, pour reprendre haleine.

» Dans les nombreuses rivières du pays, poursuivit-il, on pêche le barbeau, la carpe, la truite, la perche, le goujon, l'anguille, l'écrevisse, — le saumon et l'alose remontent la Seine et la Rille...

» Dans les forêts, dans les bois d'Eu, d'Arques, de Lyons, de Bray, d'Évreux, de Breteuil, de Beaumont-le-Roger, d'Harcourt, d'Argentan, de la Lande-Pourrie, de Cerisy, on chasse le chevreuil, le cerf, le sanglier, le faisan, la perdrix, la caille, la bécasse, le canard sauvage, le râle de genêt. Il y a des meutes superbes. Il faut voir une battue aux sangliers dans la forêt de Conches, ou une chasse au cerf dans les bois de la Vellière, avec la meute du comte de Courval : une quarantaine de grands chiens blancs tachetés largement d'un fauve jaunâtre... Je puis vous en parler savamment : le piqueur de M. de Courval est mon frère Élie...

» Et si je voulais vous entretenir de l'industrie de la Normandie et du bien-être qu'elle entretient dans les populations... je n'en finirais plus; vous ne m'écouteriez pas jusqu'au bout. Ici, tout le monde travaille, les riches et les pauvres; l'industrie n'est pas seulement dans les villes, elle est dans les campagnes. Après la journée faite aux champs, femmes et filles, et jeunes gars utilisent les soirées. Telle gente bergère de Rugles ou des environs de l'Aigle fabrique des clous ou des épingles quand elle a remisé ses bêtes.

» Jadis, la Normandie était couverte de forteresses, maintenant il y a peu de villages, peu de hameaux qui ne possèdent quelques établissements industriels. »

L'instituteur primaire ne s'était interrompu dans son tableau de la prospérité normande que pour nommer les localités que l'on traversait, les villes et les bourgades en vue : Mézidon, Moult, Argences... Il dit aussi quelques mots du beau domaine du Val-Richer situé près de Lisieux, à six kilomètres au nord du chemin de fer. M. Guizot et M. de Witt, son gendre, y ont transformé en un beau château les restes d'une abbaye. Près de Canon, l'enthousiaste Normand signala également le parc et le château de M. Élie de Beaumont.

— Je suis instituteur à Courteilles, finit-il par dire à Jean. Si jamais vous passez par là, venez me voir. Et il donna une vigoureuse poignée de main à son complaisant auditeur.

Le Laizon et la Muance étaient franchis; au sortir d'une tranchée, le train descendit la vallée de l'Orne et l'on découvrit enfin Caen et le faubourg de Vaucelles. Jean était arrivé.

Il se rendit immédiatement au domicile de la famille du Vergier. A la sortie de la gare, la rue des Abattoirs conduit sur le quai; il la prit, et, tournant à gauche, il se trouva en quelques pas à la place Dauphine. Au milieu de cette place s'ouvrait la rue Saint-Jean, la principale artère de la ville; c'est dans cette rue, près de l'hôtel de la Bourse, que se trouvait la demeure du baron du Vergier.

Comme Jean arrivait devant cette maison, Maurice allait y entrer. Il reconnut le petit Parisien et l'étreignit dans ses bras, en lui donnant une vigoureuse accolade.

Au bruit qu'ils firent en pénétrant dans la maison, la baronne accourut.

— J'ai reconnu la voix de Jean! s'écria-t-elle. Venez-vous m'apporter quelque bonne nouvelle, mon enfant?

— Hélas! non, madame. Je comprends déjà que votre chagrin est toujours le même... De mon côté, je n'ai que des ennuis à vous apprendre.

— Oui, aucune démarche n'a abouti; j'en deviendrai folle! Mais mon pauvre garçon que vous arrive-t-il donc?

En parlant ainsi la baronne introduisit Jean dans un petit salon.

Le petit Parisien fit le récit de ses déceptions et arriva promptement à l'agression dont il venait d'être victime.

— Comme vous parlez vite! Vous tronquez les faits : on dirait que vous êtes pressé...

— Oui, madame, pressé d'intéresser M. le baron, votre mari, à ma mésaventure, et le prier de faire tout son possible pour qu'on arrête le voleur.

— Il y a quelques semaines, si je n'avais craint de compromettre votre parent Risler et de vous causer de la peine, je l'aurais fait arrêter...

— Oh! madame, que c'eût été une bonne chose! Combien cet étranger m'a fait de mal — un mal irréparable peut-être, je ne parle pas de l'argent, vous me comprenez bien — depuis le jour, où, ayant à vous plaindre de lui, vous l'avez laissé libre!

Maurice avait écouté le récit et la plainte du petit Parisien.

— Et c'est votre camarade Barbillon qui a reçu les plus mauvais coups? dit-il.

— Il a été presque assommé, dit Jean. Ah! s'écria le pauvre garçon, si en échange de ma montre et de mes billets de banque, cet homme m'avait rendu ce carnet qui fournirait la preuve de l'honorabilité de mon père ! Je lui aurais pardonné même ses brutalités...

Jean avoua ensuite à la baronne que, totalement dépourvu de ressources, il était venu vers elle, pour réclamer son assistance, en son nom et au nom de son ami.

— Je serai très heureuse, dit madame du Vergier, de pouvoir enfin faire quelque chose pour vous, Jean. J'en aurais presque des obligations à votre Allemand, tant vous avez mis d'obstination à toujours me refuser!... Mais allons d'abord conter votre affaire au baron.

Le baron du Vergier, mis au fait des événements du bois du Mont-Mal, abandonna la rédaction d'une monographie sur la maison du poète Segrais, à Caen; il prit sa canne et son chapeau, — heureux peut-être d'avoir quelque chose d'utile et d'urgent à faire — et s'en alla déposer une plainte en règle, et donner le signalement du voleur, pour que le télégraphe le transmît au loin.

Maurice avait hâte de s'emparer de Jean. Il fut convenu avec sa mère que le petit Parisien demeurerait trois jours à Caen, et qu'il s'en retournerait ensuite par le chemin le plus direct chez son oncle Blaisot, à Paris. La baronne exigea qu'il en fût ainsi, ne voulant pas laisser plus longtemps le jeune garçon aux hasards d'une vie quelque peu aventureuse...

— Mais Barbillon? objecta Jean.

Madame du Vergier se chargea d'aller elle-même au Bec. Elle irait le voir dès le lendemain et prendrait les mesures nécessaires pour qu'il rentrât à Rouen. « Lui auprès de sa tante, vous, Jean, auprès de votre oncle. Ah! si tous les enfants pouvaient retrouver aussi sûrement leur famille ! »

— Vous avez fait l'impossible, mon cher enfant, ajouta-t-elle pour mener à bien votre louable entreprise. Vous n'avez pas réussi, pensez-vous ; vous vous trompez, mon enfant. Ceux qui vous ont vu agir ont pensé qu'un tel fils devait être digne d'un père honnête. Vous avez gagné l'estime et l'amitié de bien des gens. Que cela vous suffise pour le moment. Et maintenant, Maurice, je vous abandonne votre ami, je veux dire, je vous le confie. Tâchez de lui faire oublier un moment ses ennuis.

Le fils de la baronne ne trouva rien de mieux pour y parvenir que de faire à Jean ses confidences d'amoureux transi.

— Mais je sais, je sais tout, dit le Parisien ; ce que miss Kate ne m'a pas appris, je l'ai deviné. Ce journal qu'elle tenait...

— Suis-je assez infortuné! s'écria Maurice d'une voix dolente. Hélas! il a été perdu dans le naufrage du *Richard Wallace*.

— La fille du baronnet vous a donc écrit depuis la perte du yacht?

— Si elle m'a écrit! Eh! serais-je encore de ce monde!

Jean regardait Maurice avec de grands yeux étonnés.

— C'est comme cela, mon ami; on aime ou l'on n'aime pas; moi j'aime miss Kate à l'adoration...

Jean réfléchit un peu, et pensa qu'en effet on pouvait aimer jusqu'à l'adoration. Lui-même n'avait-il pas voué un culte, au plus profond de son cœur, à cette petite Emmeline, à peine entrevue? Le regret de l'avoir connue pour la perdre aussitôt ne donnait-il pas de l'intensité à tous ses autres chagrins?

— Oui, oui, je comprends, murmura-t-il.

— Mon amour, reprit Maurice, est un amour malheureux. Sir William Tavistock ne veut pas d'un Français pour gendre.

— Miss Kate me l'a dit.

— Elle connaît si bien l'entêtement du baronnet! s'écria Maurice. Et voilà ce qui fait mon désespoir. Oh! père aveugle! Il me semble pourtant, ajouta-t-il avec une plaisante fatuité, que pour un Français, on n'est pas plus mal tourné que son autre gendre Henry?

Le fait est que Maurice du Vergier était un très gracieux jeune homme. « Garçons de Caen, filles de Bayeux », dit un proverbe normand. Maurice ne faisait pas mentir le proverbe.

VII

Une page d'histoire

Si les Normands ont conquis l'Angleterre...

Ce lambeau de couplet, intercalé pour Thérésa dans la *Chatte Blanche* de Clairville, hantait la mémoire du petit Parisien, — paroles et air entendus au tournant d'une rue et devenus ineffaçables.

A cette heure, Jean les fredonnait irrévérencieusement, et bien malgré lui, devant la dalle noire qui recouvre les restes de Guillaume le Conquérant, dans l'église Saint-Étienne de Caen.

Comment ce puissant roi Guillaume se trouve-t-il là? Qui était donc ce Normand si hardi, si belliqueux, capable de mener si rondement une telle entreprise que la conquête de l'Angleterre? Jean ne regrettait pas d'être venu à Caen pour en avoir la révélation. La sépulture du grand politique, il la connaissait; Maurice lui apprit la surprenante histoire du fameux duc de Normandie.

Au sud de Caen, à trente kilomètres de cette ville, Falaise située sur une espèce de promontoire entre deux éminences, « semblable à un vaisseau amarré au milieu des rochers et des bois », a dû vraisemblablement son nom aux accidents du sol sur lequel elle s'élève. On ne saurait imaginer un pays d'un aspect plus inattendu dans sa variété, pêle-mêle pittoresque de pâturages, de jardins et de vergers, de bruyères, de futaies et de taillis, d'étangs et de manoirs. Au pied de la ville coule la rivière d'Ante, affluent de la Dive. Des ruines féodales s'élèvent à la pointe la plus escarpée de la vieille ville — noires murailles, tourelles, voûtes de pierres, souterrains. — C'est en ce vieux donjon aux épaisses murailles disposées en un carré long, où les remparts de l'ouest et du midi sont flanqués de hautes tours, que naquit le Normand qui devait mener avec succès ses vassaux à la conquête de la Grande-Bretagne.

Tout est étrange dans la vie du Conquérant. Il eut pour père Robert, duc de Normandie, assez mystérieux personnage pour devenir légendaire de son vivant, et mériter son surnom de « Diable » ; et sa mère était Arlette, la blonde fille d'un pelletier, la plus fraîche et la plus jolie parmi les jeunes citadines de Falaise.

A sept ans, par la mort de Robert le Diable, Guillaume devenait duc de Normandie.

« Ce fut, a-t-on dit, au milieu de gens de guerre, en parcourant ces rochers escarpés d'une nature si abrupte et si sauvage qui environnaient son berceau, que grandit l'enfant, qu'il apprit à braver les dangers et acquit ce caractère audacieux et entreprenant qui fit sa gloire, le rendit le premier homme de son siècle et immortalisa son nom... »

» Depuis tantôt un grand siècle, les Normands s'étaient établis dans l'ancien royaume de Neustrie ; sous le règne de ces habiles ducs de Normandie, la riche province était devenue la rivale heureuse du royaume de France. Affermis sur ce trône par leur prudence, heureux et fiers de commander aux plus braves soldats du monde, les ducs de Normandie avaient agrandi, au delà de toute mesure, cette autorité si bien commencée. Du dixième au onzième siècle, vous retrouvez en tout lieu et en toute occasion nouvelle, l'influence normande : l'Italie leur appartient pour une bonne part, l'Allemagne et la Flandre sont intéressées, par des alliances, au règne de ces conquérants ; le Bas Empire a tremblé devant ces guerriers redoutables ; bientôt quand l'Angleterre sera conquise, vous verrez le Danemarck et la Suède, la Norwège et l'Espagne, l'Écosse et l'Irlande, dominés par l'autorité de ce vassal-roi, devant qui la France s'incline avec crainte.

» Cette idée de la Grande-Bretagne à conquérir, avait fait battre le cœur de tous les ducs de Normandie, à commencer par Rollon lui-même. C'était là, pour nous servir d'une admirable expression de M. de Lamartine. « La dot que chacun d'eux apportait à la fortune de son duché... »

» Déjà à seize ans, le fils d'Arlette annonçait le grand politique et l'habile capitaine qui devait réaliser les rêves de sa maison. Sa taille haute et fière, son noble visage, son esprit pénétrant et vif, sa colère subite et terrible, ses longues rancunes, sa prévoyance, son courage, sa patience dans les temps difficiles, n'avaient pas échappé aux moins clairvoyants. Qui lui résistait, était brisé ; qui lui était ami, pouvait se fier à ses promesses. Entouré de vassaux trop puissants pour rester obéissants à leur seigneur, il châtia les plus fiers, il bannit les moins dociles, enseignant aux uns et aux autres l'obéissance et le respect. C'était sa maxime favorite que « les Normands veulent être gouvernés ; donnez-leur un maître habile, ils sont invincibles ; lâchez le frein, ils se perdent les uns les autres dans mille séditions... (1) »

Une occasion se présenta de réunir à sa couronne ducale la couronne royale d'Angleterre.

« Depuis de longues années Guillaume se préparait à cette expédition glorieuse. Les bourgeois, qui l'aimaient, ouvrirent leurs bourses à leur prince. Les gentilshommes avaient foi en la fortune de leur seigneur, ils l'aidèrent de leur épée et de leur fortune. — Les mères elles-mêmes se hâtaient de donner leurs enfants, car, leur disait-on, il s'agissait d'une guerre catholique ! tant déjà les Anglais avaient contre eux le pape et les foudres du Vatican ! Guillaume se conduit à la façon d'un homme qui veut être roi à tout prix : le comte du Maine lui résiste ; il donne à dîner au comte, le lendemain le comte était mort, et le Maine appartenait à Guillaume. La Flandre qui fut si longtemps l'ennemie naturelle de la Normandie, Guillaume l'apaise par son mariage avec Mathilde, sa cousine, la fille du comte de Flandre. Les Angevins et les Bretons pouvaient et devaient lui faire obstacle, Guillaume entretient la guerre civile dans l'Anjou et dans la Bretagne. En même temps, il faisait publier à son de trompe, que tout homme sachant tenir une épée ou une lance, sera le bienvenu autour de sa bannière.

» A cet appel, répondent tous les aventuriers de l'Europe occidentale ; ils arrivaient en foule, du Maine et de l'Anjou, du Poitou et de la Bretagne, de la France, de l'Aquitaine et de la Bourgogne. Chacun avant le départ pose ses conditions, et Guillaume les accepte. — A toi de la terre, à toi de l'argent, toi tu seras gentilhomme, toi tu épouseras quelque riche héritière saxonne : plus d'un soldat de fortune demandait à être évêque et Guillaume répondait de l'évêché.

» Les hommes, les navires, les armes, les vivres arrivèrent en six mois. Ceci fait, le duc Guillaume s'en fut prendre congé du roi de France son seigneur suzerain, le priant de l'aider à conquérir l'Angleterre : « Après quoi, sire, je vous promets de vous en faire hommage comme si je la tenais de vous ! »

» Mais le roi de France et les barons ses conseillers, trouvaient que le duc

---

(1) Jules Janin : *La Normandie*.

— Tout, murmura le pauvre garçon, tout m'accable (page 352).

de Normandie était déjà un vassal plus puissant que son seigneur, sans qu'on l'aidât à prendre l'Angleterre, et ce fut aussi l'opinion du comte de Flandre, son beau-père; mais tant pis pour la couronne de France, qui va perdre un illustre vasselage! Guillaume peut se passer maintenant de tout secours. Si son armée n'était pas redoutable par le nombre, elle était vaillante et bien choisie. Soldats robustes et prêts à tout, âmes énergiques, corps de fer, l'esprit aussi vigoureux que le bras.

» Avant son départ, Guillaume avait tout prévu ; il avait appelé à son aide tous les hommes du Vexin, du Roumois, du Lieuvain ; il avait battu Guy de Bourgogne, il avait battu l'armée française au Val-des-Dunes, et peu s'en fallut que le roi de France ne fût tué par un chevalier cottentinois nommé Guillesen ; il avait mis à la raison le jeune Geoffroy Martel, duc d'Anjou, et Guillaume, comte d'Eu... La Bourgogne, l'Anjou, le Poitou, l'Auvergne, la Bretagne et l'Aquitaine s'étaient liguées, mais en vain, contre le Normand ; Guillaume avait jeté contre cette coalition ses meilleurs capitaines : Raoul, comte d'Eu, Pierre de Gournay, Gautier Giffort, Roger de Mortemer. L'habile Normand avait poussé le soin jusqu'à placer sur le siège épiscopal de Rouen, un homme à sa dévotion, l'évêque Maurille ; enfin, dans un dernir effort des Angevins et des Français, contre Guillaume, Angevins et Français sont brisés sur les bords de la Dives. Et maintenant Guillaume peut partir (1). »

De son château de Falaise, il assigna Dives comme rendez-vous à ces capitaines, à ces barons, dont les noms ont été conservés, et sont inscrits en lettres d'or dans l'église même de Dives.

C'est aussi dans le port de Dives qu'eut lieu l'embarquement de l'armée de Guillaume, nombreuse et aguerrie, pourvue de machines de guerre et d'engins terribles ; armée forte de soixante-sept mille hommes d'armes et de deux cent mille valets, ouvriers et pourvoyeurs.

Aujourd'hui, il y a des siècles que la dynastie normande a cessé de régner en Angleterre. De tels changements se sont opérés à l'embouchure de la Dives, que la mer s'est retirée à près de deux kilomètres et que de vastes prairies occupent l'emplacement de l'ancien port, où trouvèrent place les six ou huit cents vaisseaux de Guillaume, présents des prélats normands et des grands vassaux de Normandie.

Et que sont devenus les restes du Conquérant? Il y a en Angleterre des lieux célèbres consacrés aux sépultures royales. Pourquoi n'y voit-on pas au premier rang le tombeau de Guillaume? C'est qu'une fois mort, il fut bien plutôt traité comme le fils d'Arlette et le petit-fils du pelletier de Falaise que comme le rejeton d'une suite de ducs de Normandie. Et cependant son fils régnait en Angleterre. Les restes de Guillaume le Conquérant plusieurs fois profanées au cours des guerres civiles, gisent au milieu du sanctuaire de l'église

(1) Jules Janin, ouvrage cité.

Saint-Étienne, de Caen sous une dalle de marbre noir, — nous l'avons dit.

« Les funérailles du Conquérant furent signalées par de tristes incidents. Déjà à Rouen, ses gens l'avaient volé, après sa mort, et s'étaient enfuis laissant le cadavre à nu sur le plancher. La pitié d'un vieux serviteur l'avait recueilli et transporté à Caen. Là, au moment où le clergé se préparait à le déposer dans le caveau funéraire de Saint-Étienne, une voix s'éleva de la foule et poussa le cri de *Haro!* « Ce terrain est à moi, s'écria Asselin, fils d'Arthur ; c'était l'emplacement de la maison de mon père ; l'homme pour lequel vous priez me l'a pris de force pour y bâtir son église. (Guillaume avait fait bâtir l'église Saint-Étienne ou de l'abbaye aux Hommes, la destinant à recevoir sa dépouille mortelle.) Je n'ai point vendu ma terre, je ne l'ai point engagée ; je ne l'ai point forfaite ; je ne l'ai point donnée ; elle est de mon droit, je la réclame. Au nom de Dieu, je défends que le corps du ravisseur y soit placé, et qu'on le couvre de ma glèbe. » La protestation de cet homme suspendit la cérémonie : une enquête faite immédiatement, constata la vérité de ses paroles ; les évêques et les barons présents achetèrent soixante sous les quelques pieds de terre où allait reposer le conquérant de l'Angleterre. Le corps du roi était dans un cercueil, revêtu de ses habits royaux. Lorsqu'on voulut le placer dans la fosse, qui avait été enduite de maçonnerie, elle se trouva trop étroite ; il fallut forcer le cadavre et il creva. On brûla des parfums et de l'encens en abondance, mais ce fut inutile ; le peuple se dispersa avec dégoût, et les prêtres, eux-mêmes, précipitant la cérémonie désertèrent bientôt l'église (1087) (1). »

Voilà les choses inconnues que le petit Parisien apprenait dans la conversation instructive de Maurice et dans les livres que son ami plaçait ouverts sous ses yeux ; — le tout entremêlé de ses lamentations sur l'entêtement de sir Tavistock à ne vouloir admettre aucun Français, fût-il Normand et apparenté aux familles de la Conquête — à l'honneur d'être son gendre.

Jean recueillait les plaintes du jeune homme, — mais toujours il retournait à cette dalle noire de l'église Saint-Étienne qui l'avait impressionné par son humilité... Il finissait par la bien connaître cette église Saint-Étienne, dont la nef du onzième et du douzième siècle le frappait d'admiration, grâce à son caractère de grandiose simplicité. Le portail est d'un style sévère. En revanche, il trouvait les tours fort belles. Une grosse tour décapitée qui avait jadis 124 mètres de hauteur, s'élève au point d'intersection de la nef et des

---

(1) Chéruel : *Villes de France.*

transepts. Quatre clochetons en forme de pyramide accompagnent l'abside.

Trois autres grandes églises de Caen sont classées parmi les monuments historiques : l'église de la Trinité, — avec trois tours carrées, l'une au centre, les deux autres, de chaque côté d'un portail roman, — l'église Saint-Pierre, située au milieu de la ville, et dont la tour est terminée par une flèche, belle entre les plus belles flèches, l'église Saint-Jean, spécimen de style ogival de la dernière époque; en outre, la petite église de Notre-Dame ou Saint-Sauveur, monument du style ogival flamboyant qui est un modèle d'ornementation. Jean guidé par Maurice les visita l'une après l'autre.

Le château fondé par Guillaume le Conquérant au nord de la ville, ou plutôt l'enceinte du château est aussi une des curiosités de Caen.

Maurice du Vergier voulait montrer à son ami le musée de peinture, la bibliothèque, qui ont leur importance, l'hôtel d'Ecoville, magnifique édifice occupé par la Bourse et le tribunal de Commerce; les bâtiments de l'Université dont la façade principale est décorée des statues en bronze de Malherbe, par Dantan aîné, et de Laplace, par Barre, — le poète Malherbe est né à Caen et le grand géomètre Laplace, à Beaumont-en-Auge; — mais Jean avait besoin de mouvement. Dans la situation d'esprit où il se trouvait depuis qu'il se voyait contraint de renoncer à ses plus chères espérances, il préférait arpenter d'un pas fébrile les promenades de la ville, fort belles, du reste, les Cours, qui de trois côtés encadrent de grands arbres — ormes ou platanes — une magnifique prairie qui sert de champ de courses; les boulevards, les quais, la place de la préfecture, ombragée de peupliers et de tilleuls, celle du collège bordée de marronniers d'Inde; les promenades parallèles qui longent l'Orne, plantées d'ormes sur quatre rangs.

Quand il pouvait s'échapper un moment, c'était pour parcourir les vieilles rues de la ville, si étroites, si remplies de mouvement et de vie entre leurs maisons mal alignées rangées dans un désordre pittoresque, plein d'imprévu. Ces rues capricieusement montent ou descendent, se courbent à droite ou à gauche; les constructions qui les bordent sont festonnées de toits aigus où grincent des girouettes armoriées, historiées de pignons saillants, creusées de petites niches dévotes dans les murs, avec des balcons et d'élégantes tourelles en surplomb; et arborent dans leurs combles des haillons multicolores, c'est le passé vieilli, mais encore vivace. Le passé parle, le présent vit et s'affirme dans les arcades massives, les frontons sculptés, les encadrements de pierres aux croisées gothiques, les vieilles ferrures reluisant aux grandes portes de chêne, les clochers finement travaillés qui se découpent sur le ciel, les tours croulantes rongées de lierre, peut-être même quelque antique muraille romaine. Au-dessus de tout cela les pigeons développent leurs vols circulaires, et viennent s'abattre en troupes le long des gouttières.

Aux générations anciennes ont succédé un peuple nouveau : de curieuses têtes de jeunes filles oisives, se penchent au-dessus des balcons, ou au milieu de la verdure et des fleurs des fenêtres; sur le seuil des maisons où l'on travaille, le plus léger vent soulève les longs fils blancs flottant sur les genoux des dentellières, et secouent les barbes de leurs bonnets.

Il préférait par-dessus tout grimper sur les hautes collines qui enclosent la ville et la plaine pour juger de là de l'aspect général de Caen.

L'admirable flèche de Saint-Pierre avec ses dentelures et ses trèfles à jour, la tour de Saint-Sauveur et de Saint-Nicolas; les deux flèches de Saint-Étienne; la tour de Saint-Jean, la masse du vieux château, privé de son donjon et de ses créneaux, le chemin de fer, le canal de Caen à la mer, le cours de l'Orne où les voiles des navires apparaissaient dans la campagne au milieu de la verdure des arbres; la forêt de Cinglais, dans le lointain, et les horizons bleus du Bocage normand, tel est le tableau et les perspectives de la cité principale du Calvados et de la Basse-Normandie.

Ce fut d'une oreille distraite que le petit Parisien entendit aussi tout ce que Maurice et le baron, pendant les repas, lui apprirent sur leur département. A les en croire le Calvados était le département où il y a le plus d'aveugles, le plus de fous, le plus de vieillards, le plus de vieilles filles, le plus de veuves qui ne se remarient pas. Le Calvados occupait aussi le premier rang pour la longévité relative en France, la durée moyenne de la vie y étant de près de quarante-six ans.

Par contre, nul accroissement dans la population, bien que ce soit un pays de culture et un de ceux où l'industrie agricole s'est le plus rapidement perfectionnée.

L'industrie proprement dite ne chômait pas non plus, comme en témoignaient les filatures et tissages de coton de Condé-sur-Noireau, de Clécy et d'Orbec; les filatures de lin, dont la plus importante est celle d'Orival, à Lisieux; la fabrication des draps fins de Lisieux, des molletons, des flanelles, des couvertures dites « thibaudes »; les blondes et dentelles de Bayeux et de Caen; les diverses papeteries, bonneteries, huileries, tanneries répandues un peu partout. Enfin d'importantes stations de pêche étaient établies sur le littoral à Grand-Camp, à Arromanches, à Asnelles, à Bernières, à Saint-Aubin, à Langrune, à Luc, à Villerville-Trouville; Courseulles à l'embouchure de la

Seulles, et Ouistreham à l'embouchure de l'Orne, possédaient de riches parcs d'huîtres.

Un fromage faisait-il son apparition au dessert? C'était un camembert ou un livarot, ou un mignot, présenté avec orgueil comme un produit du terroir. Puis, venait le tour du cidre. On vantait celui du pays d'Auge et celui du Bessin. Jean pensait à son enthousiaste instituteur primaire rencontré en wagon, et donnait à entendre qu'il savait... qu'il savait un peu... Et même il plaçait un mot montrant qu'en effet la Normandie commençait à lui être passablement connue.

Selon sa promesse, madame du Vergier était partie pour le Bec-Hellouin, le lendemain de l'arrivée de Jean, et elle était revenue dans la même journée, rapportant de bonnes nouvelles du blessé; il devait dans deux jours partir pour Rouen, et la baronne l'avait généreusement mis en état de faire le voyage dans de bonnes conditions. Femme active, remuante même, c'est-à-dire redoutant le repos, la baronne avait hâte maintenant de voir Jean prendre le chemin de Paris, — non pas que le jeune garçon fût de trop dans sa maison : elle l'aimait beaucoup; mais elle le voulait auprès de son oncle et non par monts et par vaux.

Un autre motif intéressé, mais des plus honorables, activait encore cette vivacité naturelle de la baronne, qu'elle encourageait et excitait chez les autres : on parlait beaucoup de l'Exposition universelle de Paris, qui allait s'ouvrir dans quelques mois ; elle avait l'espoir qu'à ce rendez-vous de tant de gens, la petite Emmeline serait conduite par l'odieuse femme qui exploitait son inexpérience, et que Jean, dans ses flâneries la découvrirait peut-être, comme au Havre, sur des tréteaux de funambules. Elle entretenait Jean de ses idées, se recommandait à lui, et lui faisait prendre l'engagement de ne pas oublier un moment cette douleur de mère éplorée qui remplissait sa vie tout entière.

Jean promit — et partit, bien affligé de rentrer à Paris sans avoir réussi à rien. Toute la famille le conduisit au chemin de fer. La baronne l'assura qu'après son fils — et sa fille! — il était l'enfant qu'elle aimait le plus au monde. Le baron promit de poursuivre les démarches relatives au vol commis par Hans Meister, démarches restées sans résultat. Maurice s'engagea à tenir son jeune ami au courant de ses tentatives auprès du barbare père de miss Kate, et le baiser d'adieu fut donné.

C'était par une belle matinée de septembre. Madame du Vergier avait mis Jean en deuxième classe, dans un train direct partant de Caen à 8 heures 53.

Jean repassa par Frenouville, Moult et Argences, Mézidon, Mesnil-Mauger, Lisieux, Saint-Mards-de-Fresne; puis il se retrouva à Bernay, à Serquigny, à Beaumont-le-Roger, Romilly, Conches, la Bonneville, ces dernières localités vaguement aperçues par lui quelques jours auparavant au moment où la nuit venait. A midi, il passait à Evreux, et se rappelait comment il y était venu de Louviers dans la carriole du défiant Dardouillet.

Il jeta un dernier regard sur Évreux et la vallée de l'Iton. Un moment après, le train s'engageait dans le tunnel de Martainville, et débouchait dans le parc du château du même nom. Un peu plus loin, des deux côtés de la voie, s'ouvraient des vallons ayant la forme de vastes amphithéâtres demi-circulaires; on touchait à Boisset-les-Prévanches et son château aux toits d'ardoise et aux tourelles pointues. Près de Mérey, où un château en ruine est entouré d'un parc dont les murs sont flanqués de tours, on franchit l'Eure. Jean vit encore plusieurs autres châteaux, celui de Lorey, celui de Neuilly; puis ce fut, à Bueil, le tour des moulins et des usines alimentés par l'Eure; Bueil est sur la rive droite de cette rivière.

La voie pénétrait dans le département d'Eure-et-Loir, et les châteaux se multipliaient, — châteaux du dix-huitième siècle comme celui de Primard, châteaux du seizième comme celui de Gilles. A une heure, il passait devant Mantes-la-Jolie, ville pour ainsi dire moderne, sortie des ruines accumulées par les guerres dont elle eut à souffrir. Mantes c'était pour Jean la banlieue de Paris.

Paris! il y arrivait une heure après, sans oser relever la tête, envisageant l'avenir avec effroi. Comme il se sentait seul dans la grande ville! enveloppé dans la réprobation qui atteignait son père! impuissant à souffleter de leur mensonge les plus vils des calomniateurs! réduit à cacher son nom et à dévorer un outrage immérité!

Avec l'élan d'un voyageur qui revient de Bordeaux par le Havre et Caen, après avoir fait naufrage à Barfleur, il se rendit à pied jusqu'au faubourg, chez l'oncle Blaisot.

— Te voilà enfin! s'écria l'ébéniste. Il semble que tu as grandi. Mais tu as l'air tout.... drôle : on dirait que tu sais la nouvelle...

— Quelle nouvelle? murmura Jean en pâlissant.

— Tu ne le sais donc pas... que ta sœur est morte?

— Morte? Pauline?

— Oui, morte des mauvais traitements de cette Allemande... Tu n'as donc pas vu M. Modeste Vidal?

— Mais non, mon oncle, j'arrive...

— Il est très bien ce musicien dont tu as fait la connaissance et que tu m'as envoyé... Eh bien ! c'est lui qui est allé au Niderhoff éclaircir la chose. Il te racontera tout ça... Moi, je ne pouvais pas bouger d'ici... Tu comprends? la commande avant tout!

Au milieu de sa douleur, Jean ne put s'empêcher de remarquer que son oncle, lui aussi, était « tout drôle ». Il se tenait très droit et parlait du nez. Jean flaira dans l'atelier une odeur d'alcool : son oncle avait toujours beaucoup bu, sans dépasser toutefois une certaine limite... Cette limite semblait franchie sans retour...

— Tout! murmura le pauvre garçon, tout m'accable !

Mais la douleur de la perte de sa sœur prit le dessus sur ses autres chagrins.

— Vrai ! Je me faisais vieux, dit son oncle, de ne pas te voir revenir. Tu sais bien que je ne veux pas me remarier, et que tu es ma seule consolation?

Et il essuya une larme, qui roulait dans ses yeux aux paupières rougies.

Jean trouva l'oncle Blaisot beaucoup trop expansif, beaucoup trop sensible.

LE TOUR DE FRANCE D'UN PETIT PARISIEN

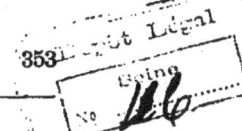

L'oncle Blaisot allait faire l'éloge de Jean dans les cabarets (page 356).

VIII

L'Exposition universelle de Paris

M. Pascalet et Modeste Vidal, arrivés à Paris, vers la fin d'août, mettaient en ordre les matériaux recueillis pour le *Tableau de la France* auquel travaillait le vieux savant.

Dans une visite à l'oncle Blaisot faite à la prière du petit Parisien, Modeste Vidal apprit que la petite sœur de Jean se trouvait dans un état désespéré. L'ébéniste venait d'en être informé par une lettre venue du Niderhoff, écrite par un habitant du village, et qui avait le caractère d'une véritable dénonciation. Mal adressée, elle avait couru dans tout le faubourg Saint-Antoine avant de trouver l'ébéniste.

Lorsque le musicien en put prendre connaissance, elle était vieille de plusieurs jours.

Le mystérieux de l'information, la nécessité peut-être de voler au secours de la petite Pauline, inspirèrent à Vidal la bonne pensée d'offrir à l'oncle Blaisot d'aller au Niderhoff pour tirer les choses au clair, et aviser.

Il partit. C'est en Alsace-Lorraine qu'il se rendait, c'est-à-dire en Allemagne sans sortir de France. Le cœur troublé depuis le moment où il avait passé la nouvelle frontière, il arrive au Niderhoff, et apprend du même coup la mort de la sœur de Jean et l'arrestation de la femme de Jacob Risler.

Cette mégère, accusée par la rumeur publique d'avoir martyrisé la fillette par un atroce système de persécutions, avait été conduite à la prison de Sarrebourg.

Modeste Vidal apprit comment l'Allemande, à peu près délaissée par son mari, avait tourné sa colère contre l'enfant qui lui était confiée. Elle frappait Pauline, elle la privait de nourriture, et lui imposait des tâches au-dessus de ses forces; elle la séquestrait, enfin, pour que la fillette ne pût se plaindre aux gens du dehors : mais on savait au Niderhoff ce qui se passait d'odieux dans la maison de Jacob Risler. Les cris de Pauline maintes fois entendus, l'embarras des réponses de Grédel quand on lui demandait des nouvelles de la petite, son affectation à rappeler les prétendus crimes du père afin de détourner de la pauvrette toute sympathie, tout cela dénonçait la méchanceté de l'Allemande. On ne la croyait point lorsqu'elle déclarait avoir affaire à une créature incorrigible qu'il faudrait briser.

Et pourtant elle l'avait brisée en effet... La misérable comptait bien qu'en Alsace-Lorraine la justice avait deux poids et deux mesures, et qu'une Allemande de Mayence n'était pas pour être traitée comme une simple paysanne du Niderhoff.

Mais la femme du Risler que l'on connaît, semblait avoir fait un faux calcul ; on la gardait en prison et, contre toute attente, elle ne s'en tirerait pas aisément. Sa qualité d'Allemande ne pouvait la désigner à l'indulgence des nouveaux magistrats ; car il s'agissait d'un crime puni dans tous les pays.

Voilà les choses que Modeste Vidal apprit au Niderhoff. Il les fit connaître à Jean lorsque le pauvre garçon, tout en pleurs, accourut chez lui en quittant son oncle.

Grédel en prison, Jacob absent, et l'on ne savait où, la petite Pauline morte, la maison du Niderhoff vide enfin de tous ses hôtes, il parut à l'artiste que le moment était venu de faire valoir les droits de Jean Risler à l'héritage de son père. Il en avait parlé dès son retour à l'oncle Blaisot, et l'ébéniste, secouant un moment sa torpeur et son indifférence, s'était déclaré prêt à faire le nécessaire; Vidal en parla aussi à Jean; mais il rencontra cette fois une résistance inattendue. Vendre la maison du Niderhoff! la vendre à un Allemand, sans doute? car il n'y avait plus qu'eux pour acquérir en Lorraine, depuis l'éclaircissement de la population française : jamais! Ce serait pour lui, céder la place à l'étranger, approuver l'annexion; ce serait faire croire qu'il désespérait de l'avenir... C'est pour le coup que cette maison serait la maison des « traîtres!... » Jean, avec une fermeté bien rare et bien louable chez un garçon de son âge, pria Modeste Vidal de ne point revenir sur ce sujet.

— Mais tu n'as pas le sou vaillant! objecta le musicien.

— Je ferai comme les autres... je travaillerai. D'ailleurs, le prix de vente de la maison de mon père ne me permettrait guère, je pense, de vivre en grand seigneur. Un peu plus, un peu moins, qu'importe! En agissant ainsi, je crois bien faire.

— Et tu fais bien, en effet, ne put s'empêcher de dire l'artiste, vaincu par cette généreuse opiniâtreté.

Jean se remit en rapport avec Bordelais la Rose. L'ex-zouave, rentré à Mérignac, y attendait dans une vive impatience doublée d'un rhumatisme, le résultat de la tentative de son protégé. Ce fut pour lui une pénible déception d'apprendre l'insuccès final... Son ennui s'augmentait de toute l'irritation que lui causait la dernière manifestation de Hans Meister.

— Si jamais il me tombe sous la main, écrivait-il à Jean, sac et giberne! tu n'as rien à craindre pour le verre de ta montre : je choisirai une autre place... sauf à l'étrangler ensuite.

Le petit Parisien avait écrit aussi à sir William Tavistock et à miss Kate. Le baronnet habitait Londres avec sa famille. Jean s'était bien gardé de raconter le vol dont il avait été victime dans le bois de Mont-Mal; il aurait craint de solliciter de la jeune Anglaise et de son père le renouvellement de leur acte de générosité...

Enfin, une correspondance suivie s'échangeait entre Paris et Caen. La baronne du Vergier ne marchandait à Jean ni ses bons conseils, ni ses offres de service. Par Maurice, le petit Parisien connaissait les dispositions favorables de miss Kate : la jeune fille travaillait à vaincre l'obstination, ou plutôt le préjugé de son père.

L'hiver arriva. Jean pour ne pas demeurer oisif faisait des copies pour M. Pascalet — que Modeste Vidal avait décidément abandonné pour reprendre ses tournées artistiques. L'oncle Blaisot aurait voulu que Jean l'aidât dans sa profession, devînt son apprenti; mais l'ébénisterie ne semblait nullement du goût de Jean.

Avec son imagination mise en éveil par ce premier voyage en zigzag à travers la France, il pensait s'accommoder mal du travail de l'atelier.

Pour le remercier de ses services, M. Pascalet lui donnait des leçons, et de temps en temps le gratifiait d'une petite somme. Jean la rapportait joyeusement à son oncle pour lui bien prouver qu'il ne vivait pas en paresseux.

Ces jours-là, l'oncle Blaisot très content d'un tel neveu, allait faire son éloge dans trois ou quatre cabarets du voisinage, et ne rentrait au logis qu'après avoir triomphé de tous les doutes, — le verre en main.

Au printemps, Paris, soudainement, prit un air de fête qu'il ne connaissait plus quand venait la saison du renouveau; c'est qu'on n'était pas encore bien loin de l'année terrible! La France avait été atteinte au cœur, et Paris est le cœur de la France. Mais il fallait oublier, il fallait faire accueil aux nations, l'Exposition universelle allait s'ouvrir, Paris n'appartenait plus seulement à la France ; il devenait sans conteste, du moins pour un temps, la capitale du monde civilisé, — et même du monde barbare.

M. Pascalet ayant obtenu la permission de visiter les travaux d'installation du palais de l'Exposition et de ses annexes, s'y faisait conduire tous les jours par le petit Parisien, ravi d'être l'objet du choix du vieux savant.

C'est ainsi que Jean vit avant beaucoup d'autres, les curiosités « invisibles » : les difficultés vaincues pour la prise de possession du Champ-de-Mars, redevenu depuis la précédente Exposition une arène bouleversée, qu'il fallut excaver, canaliser de nouveau, couvrir de terre végétale et de gravier, d'arbustes et d'édifices.

Cela ne suffisait pas. De l'autre côté de la Seine, il fallait conquérir le Trocadéro, régulariser ce monticule inégal, consolider le sous-sol évidé par des carrières, y faire monter l'eau à profusion, y élever un palais au milieu de jardins superbes.

On possédait ainsi deux palais, l'un de pierre, l'autre de fonte et de verre; l'un bâti à demeure, l'autre provisoire. A eux deux, ces palais constituaient dans Paris toute une seconde ville. Une armée d'ouvriers travaillaient le jour et la nuit — à la lumière électrique — à cette création gigantesque. On voyait bien là, se disait Jean avec orgueil, que la France n'a point abdiqué...

Bientôt, du milieu des échafaudages, des palans et engins de toute sorte, se dégagèrent sur une vaste étendue les immenses constructions et, ce qui plaisait le plus aux regards de Jean, les édifices de couleur locale de la rue des Nations, défilé architectural, alignement comparatif de goûts et de styles divers, trompe-l'œil de l'effet le plus pittoresque.

Quoi de plus amusant pour le petit Parisien que toutes ces façades librement juxtaposées : façades anglaises, au nombre de cinq : habitation de ville, castel princier, murailles gothiques d'un Parlement ou d'une Université, cottage ; — façades des États-Unis, de Suède et Norvège, d'Italie, du Japon, — une porte à grandes poutres largement équarries, abritée sous un auvent — façades chinoise, espagnole, autrichienne, russe, suisse.

Les Belges avaient élevé un véritable palais, exposant à la fois un chef-d'œuvre de l'art flamand et les matériaux belges, avec une dépense de 600,000 francs au moins ; les Grecs montraient une maison athénienne du temps de Périclès ; l'Amérique du Sud et du Centre offraient un charmant balcon vitré, en saillie sur un portique à trois arcades ; puis c'était la Perse, Siam, Tunis et le Maroc associés pour une façade unique, où chacun de ces pays était représenté par un pan de l'édifice : une autre association réunissait le Luxembourg, le Val d'Andorre, Saint-Marin et Monaco. Et puis quoi enfin ? les façades des Pays-Bas, du Portugal, du Danemark...

Rien encore dans les galeries des beaux-arts, où les toiles de choix venues de l'étranger et les œuvres rétrospectives des peintres français attendaient, pour être découvertes, jusqu'à la dernière heure. Bien des tableaux même n'étaient pas encore mis en place.

Mais ce qui ravissait Jean, c'était de voir un groupe d'ouvriers déballant quelque grande pièce nouvellement arrivée. Toujours, il entraînait M. Pascalet de ce côté. Le moment viendrait bientôt de comparer les produits de l'industrie nationale. D'autres fois, Jean examinait un rangement dans les vitrines.

Et c'étaient de beaux livres, de belles reliures, des chromolithographies, des cartes murales, des instruments de précision ; les pianos de Nancy, dont la partie supérieure est en laque avec peintures, rivalisaient avec ceux des facteurs parisiens; les pendules, les bronzes artistiques, les meubles de prix s'étalaient avec profusion; puis, venait le tour des merveilles de la céramique, de la cristallerie, où figuraient avec honneur Baccarat, Clichy, Sèvres, Saint-Gobain — cette dernière exposait une glace d'une admirable pureté n'ayant pas moins de 6 mètres 66 de hauteur.

L'horlogerie venait de Besançon : le Doubs produit par an 500,000 ébauches de montre; les tapisseries et les tentures venaient d'Aubusson, de Tours, de Roubaix; les grandes broderies sur tulle, de Tarare; les impressions de tissus portaient la marque des fabriques de Rouen, des Vosges, d'Armentières, de Valenciennes, de Lille; Lyon remplissait presque à lui tout seul le palais de la soierie : on verrait là des étoffes de soie brodée de M. Schultz, du prix de quatre cents francs le mètre, des draps de soie de M. Bonnet valant cinq cents francs le mètre.

Puis c'était la dentelle — les belles dentelles fabriquées en Normandie, à Bayeux, à Caen, — Jean avait vu les dentellières à l'œuvre, — ou dans le Nord ou à Mirecourt, qui est le centre de la fabrique des Vosges, ou à Chantilly, ou en Auvergne, ou dans le Limousin. C'étaient les dentelles d'ameublement fabriquées en Franche-Comté, les dentelles au fuseau du Puy...

Le hasard conduisait les pas de Jean, M. Pascalet se laissait mener n'importe où, pourvu que le jeune garçon, son « secrétaire » plus que jamais, le renseignât sur ce qu'il ne voyait qu'imparfaitement. Et après les belles choses admirées, c'étaient les étonnements que produisaient les puissantes choses, les machines sorties des grandes usines de France.

Vint le moment de l'ouverture de l'Exposition. Le baron du Vergier fut des premiers à amener sa famille, et, bien qu'ils connussent Paris, Jean leur fut un guide très utile, grâce aux visites faites aux galeries du Champ-de-Mars pendant les derniers mois des travaux. Jean savait bien des particularités que les journaux n'avaient pas encore divulguées, par exemple que l'établissement de la grande cascade qui « jouait » devant le palais du Trocadéro, n'avait pas coûté moins d'un million, autant l'élargissement du pont d'Iéna. On avait dépensé cent cinquante mille francs rien que pour le plancher en bois de la galerie des machines, deux millions pour la canalisation des eaux, etc., etc.

Par son entrain, la vivacité de son esprit, Jean retrouvé dans son milieu le plus favorable, réalisait le type le plus parfait du gamin de Paris. *Homunculo*, dit le poète : Jean était bien le « petit homme » décrit par Victor Hugo — avec tout le développement vicieux en moins. Toutefois son animation, sa gaieté même étaient de commande. Parisien, il se croyait obligé de faire gracieusement les honneurs de Paris ; au fond, il demeurait inconsolable, dissimulait son chagrin ; le moment ne viendrait que trop tôt de reprendre sa peine !

On n'eut aucune nouvelle d'Emmeline.

Après avoir promené les du Vergier, il promena sir William Tavistock et sa charmante famille. Miss Kate, grandement déçue, arrivait huit jours après le départ de Maurice du Vergier. Elle avait compté sur un hasard plus favorable, Jean aidant. Jean n'y mit peut-être pas toute l'intelligence désirable, et la jeune Anglaise le bouda tout le temps — ne daignant pas même lui demander une seule fois quelle heure il était à sa belle montre, — parti pris qui sauvait au petit Parisien la contrariété d'avoir à faire des aveux humiliants.

Jean était superbe lorsque, ayant fait monter ses insulaires à la terrasse de la rotonde centrale du palais du Trocadéro, il leur découvrait de là Paris tout entier.

Placé au milieu du demi-cercle que formaient derrière lui le baronnet, lady Tavistock, miss Kate et miss Julia, Alfred Tavistock et Henry Esmond, il attendait que le gazouillement des deux sœurs eût cessé, et, du geste, coupant court aux exclamations des mâles de la famille, il désignait à tous les silhouettes des monuments de la grande ville, depuis l'École militaire en face d'eux, au fond du Champ-de-Mars, occupé par les galeries de l'Exposition — autour desquelles fourmillait une foule bariolée venue des quatre coins du monde — jusqu'à l'arc de l'Étoile, à gauche, en passant par la coupole des Invalides, celle du Panthéon, les tours de Saint-Sulpice, les clochers gothiques de Sainte-Clotilde, la flèche de la Sainte-Chapelle, Notre-Dame, la tour Saint-Jacques, le Louvre, les Tuileries ; tout au fond, les hauteurs qui vont du Père-Lachaise aux buttes Montmartre.

Et, à travers ce fouillis de palais somptueux, de riches hôtels et d'humbles toits, la Seine franchissant un à un les ponts de la vieille cité et coulant enfin plus largement entre les massifs de verdure du jardin des Tuileries, les allées des Champs-Élysées, et les quinconces des Invalides. Des bateaux à vapeur, amenant des visiteurs à l'Exposition, produisaient une animation inusitée sur le fleuve en fête, où les cloches d'appel s'agitaient aux débarcadères...

— Yes ! approuvait sir William, très satisfait. Yes, tutafaite beau !

Jean montrait ensuite du côté opposé le viaduc d'Auteuil, et au delà, les collines boisées de Meudon et de Bellevue. Et les exclamations, les commentaires reprenaient de plus belle entre les trois Anglais qui se montraient la place occupée naguère sur ces hauteurs par les canons Krupp du siège...

Jean reçut toutes sortes de politesses de la part du baronnet et des siens.

Eux partis, ce fut le tour de Bordelais la Rose. Sac et giberne! il n'y avait pas de rhumatismes qui tinssent quand il s'agissait de voir l'Exposition universelle de Paris et par surcroît son cher petit Jean!

Au milieu de cette fièvre générale d'exhibition, Jean n'avait pas osé montrer ni à ses amis de Caen, ni à ses amis de Londres, l'oncle Blaisot. Il se hasarda à lui présenter l'ex-zouave, espérant que celui-ci prendrait pour un enthousiasme de bon aloi les exagérations de langage dans lesquelles tombait l'ébéniste, à propos de l'Exposition, lorsqu'il avait bu, — et c'était souvent. Il parut à Jean que son ami Bordelais la Rose se faisait une médiocre idée de l'oncle Blaisot...

L'ancien compagnon du Devoir, l'ex-zouave, avait horreur des excès qui dégradent l'ouvrier. Sans ménagement pour la susceptibilité de l'ébéniste, à ses amplifications banales, il répondait :

— Oui, c'est très beau Paris, c'est très beau l'Exposition, — la glorification du travail, comme vous dites, mon vieux. Le pont de la Concorde est fait avec les pierres de la Bastille... Grâce à l'égalité des droits civiques conquise, la dignité pour tous... C'est encore plus beau. Mais, sac et giberne! c'est à l'heure de son avènement que le peuple abdique!... Vive la France!... et à bas les alcoolisés! — Allons boire un coup tout de même, ajoutait l'ex-zouave en voyant une stupéfaction douloureuse empreinte sur le visage de l'oncle Blaisot.

Mais Jean comprenait, et il en aimait davantage Bordelais la Rose.

LE TOUR DE FRANCE D'UN PETIT PARISIEN

Les consolations de l'oncle Blaisot ne réussissaient guère auprès de Jean (page 365).

IX

Cydalise

L'Exposition ferma ses portes; Paris, tout à coup envahi par les Français venus des quatre coins du pays, et les étrangers venus des cinq parties du monde, vit ce flot débordant s'écouler peu à peu; Paris reprit son ancienne physionomie; chacun se remit au travail, mais un peu fatigué, comme au lendemain d'une fête...

Jean travaillait, lui aussi. M. Pascalet l'avait placé chez un libraire du quai des Grands-Augustins, qui éditait principalement de ces livres de mince fabrication qui forment le principal lot de la balle du colporteur... Il travaillait et il grandissait; mais il ne parvenait pas à surmonter son chagrin. Cet enfant ne riait jamais. Tout lui rappelait ce qu'il appelait sa « déchéance ». Il avait exigé que le vieux savant, en le présentant à la librairie du quai des Grands-Augustins, se bornât à lui donner le nom de Jean; et comme cela produisait un certain étonnement, le jeune garçon pour dissiper toute interprétation fâcheuse, déclara qu'il était volontairement sans nom de famille, et qu'il en serait ainsi jusqu'à ce qu'il eût lavé le nom de son père d'une odieuse imputation. Il lui en coûtait d'agir de la sorte, mais ce devait être pour lui un stimulant de plus...

Un stimulant! Tout ce qu'il était possible de faire, Jean ne l'avait-il pas fait? Son dernier espoir, hélas! s'était évanoui avec Hans Meister, — sa montre et son argent en plus. On ne sut rien du chemin pris par l'Allemand. Quant à la malle de ce toqué malhonnête, revenue à Quatre-Mares, il se trouva qu'elle ne contenait pas le carnet si énergiquement convoité par le petit Parisien...

Elle n'avait pas donné d'elle une haute idée, cette gendarmerie mise aux trousses du compère de Jacob ; et pas davantage dans sa recherche de la petite Emmeline, dont on ne put découvrir aucune trace.

Hans Meister en s'emparant de ces papiers qu'il importait à Jacob de posséder ou de détruire, devait avoir songé à exercer dans la maison de Jacob et de Grédel Risler une autorité absolue ; mais en passant par le Niderhoff les calculs de l'Allemand avaient dû être déconcertés par l'emprisonnement de la digne femme de son compère... Qu'était devenu ce fou dangereux ? Peut-être, à cette heure, la montre d'or de miss Kate faisait le plus bel ornement d'un cabanon, dans quelque Asile d'outre-Rhin, où Hans Meister occupait ses loisirs à essayer la solidité des barreaux de fer de sa fenêtre.

Cet Allemand de malheur ! Jean ne pouvait détourner sa pensée de lui. Éveillé, il le voyait partout à ses côtés ; il le voyait marcher dans son ombre ; la nuit Hans devenait la principale figure de ses cauchemars. Cependant, faut-il l'avouer ? Jean se réfugiait parfois dans la société de ce désagréable compagnon, pour échapper à une autre obsession d'un caractère tout différent, mais plus redoutable encore ; c'était l'image chérie et regrettée de la douce Emmeline, obstinément présente à la pensée du jeune garçon dès que Hans Meister ne l'occupait plus tyranniquement.

Les mois, les saisons s'écoulaient, et Jean comprenait enfin que sa peine insurmontable était faite de deux chagrins : de n'avoir pas réussi à restituer au nom de son père le modeste éclat dont il était digne, — et d'aimer Emmeline au point d'être jaloux de la tendresse de la mère affligée pour la pauvre enfant ravie...

De temps en temps la baronne du Vergier ou Maurice écrivaient à Jean. La baronne ne cessait d'exhaler sa douleur ; elle donnait cent formes à sa plainte toujours renouvelée ; s'étendait sur les grâces que devait avoir la petite en grandissant ; priait Jean de bien lui dire, de lui répéter l'impression qu'elle lui avait faite ; elle sollicitait de sa plume un portrait ressemblant comme une photographie.

Dans ses réponses, Jean se faisait violence pour dissimuler son humeur inquiète. Il pensait souvent qu'avec plus de retenue dans ses paroles, la mère prétendue de la petite danseuse ne se serait pas effrayée et enfuie avec la jeune fille. Et il s'en voulait. En s'y prenant mieux, se disait-il, il serait peut-être parvenu à éclaircir le mystère de la première existence de la pauvre petite. Avec davantage de prudence de sa part, la baronne aurait pu apparaître en temps opportun, se ressaisir de son enfant. Mais alors une pensée mauvaise venait troubler le jeune garçon : il voyait Emmeline perdue pour lui de toutes les manières, soit rendue à sa famille, soit exploitée par cette affreuse femme qu'elle appelait sa mère. Et quelque affliction que lui montrât la baronne dans ses lettres, il ne pouvait se résoudre à décider, dans son égoïsme naissant et sous l'influence de ses déceptions successives, laquelle des deux manières de perdre Emmeline était la moins cruelle pour lui.

Sur ses entrefaites, l'oncle Blaisot fut informé du décès de Grédel Risler. La malheureuse était morte en prison...

— C'est maintenant, dit l'ébéniste à son neveu en lui annonçant cette nouvelle, c'est maintenant que ton parent Risler va pouvoir épouser une riche héritière; peut-être la demoiselle d'Aurillac, si elle est toujours à marier! Un ancien sergent, chevalier de la Légion d'honneur, peut prétendre haut... Ayant opté, il aurait même la faculté de choisir en France et en Allemagne. Voilà pour lui une belle occasion d'achever de faire peau neuve! Tu auras beau t'agiter, mon garçon, ajouta-t-il avec un ricanement qui faisait mal à Jean, Jacob Risler recevra une perception, quand il la demandera en récompense de ses bons services. S'il y a eu un traître dans la famille — de ton côté — ce n'est pas sa faute à ce brave soldat! A présent, vois-tu c'est coulé en bronze. A ta place je n'essayerais même plus de revenir sur le passé. C'est comme ça; eh bien! il faut en prendre ton parti. Il y a des innocents qui montent sur l'échafaud... ça se voit! C'est bien autre chose! On ne t'a pas coupé la tête... c'est-à-dire...

— Oui, oui, mon oncle, je vous comprends, dit Jean, tandis que l'ébéniste pour éclaircir ses idées, se versait le fond d'une bouteille de quelque chose, placée à sa portée.

Ce ne sont pas les exhortations avinées de l'oncle Blaisot qui pouvaient modifier la manière d'être du petit Parisien. Les consolations du frère de sa mère ne réussissaient guère auprès de Jean. Le jeune garçon se sentait de plus en plus isolé; il devenait triste à en être malade. Il n'avait pas eu d'enfance; il semblait menacé de n'avoir point d'adolescence. Muri, prématurément pour les soucis de la vie, et affaibli par un trop prompt développement de certaines facultés, il paraissait ne devoir jamais être en état de supporter virilement, de secouer même avec l'énergie désirée, les contrariétés, les injustices avec lesquelles on se trouve aux prises.

Cependant il s'acquittait bien de son emploi. Son « patron » en le voyant taciturne, absorbé, mais ne se laissant jamais distraire par aucune futilité, augurait avantageusement de l'avenir du jeune garçon.

Jean atteignait sa quinzième année lorsque le libraire-éditeur chez qui il travaillait songea à l'envoyer dresser un étalage de livres de très bas prix, à la grande foire de Lille, qui commence le 1er septembre et dure cinq semaines. Cela devait, selon ce respectable commerçant, former le jeune commis aux affaires, et le distraire de ses idées noires. Jean n'avait pas à refuser; et c'est ainsi qu'un beau matin de septembre, il se trouva installé au cœur de la Flandre française, dans une étroite baraque de planches, sous les arbres de la promenade où se tient la foire.

C'était la première fois que Jean, pris au sérieux et traité en jeune homme, assumait une réelle responsabilité. Aussi était-il tout entier à son étalage.

Il ne criait pas comme les camelots parisiens : — Voyez la vente! mais grâce à un véritable talent d'observation, il découvrait promptement le livre que cherchait tel ouvrier filateur courbé devant son étalage, avec un front ridé, l'air songeur, une grosse tête encadrée dans de longs et rares cheveux gris de fer; et il présentait des biographies d'inventeurs célèbres, des Richard Lenoir, des Oberkampf, des Philippe de Girard, des Jacquard, des Denis Papin; il se doutait de ce qui convenait à tel ou tel groupe d'ouvriers, échappés en blouses noires ou en gilets tricotés, de ces fabriques, de ces manufactures dont les mille cheminées s'alignent dans les rues larges et droites de Lille, — filatures de lin, de laine, de coton, fabriques de flanelle, de toiles, de batiste, de tulle, de dentelles. Il ne lui avait pas fallu longtemps pour distinguer l'ouvrier des blanchisseries de toiles, de l'ouvrier des raffineries de sucre, des fabriques d'alcool ou de produits chimiques. Il devinait ce qui pouvait plaire à l'un ou à l'autre; à celui-ci pour s'instruire dans sa profession, à celui-là pour se divertir de ses rebutants travaux d'usine.

Le petit Parisien, grandi, fort et vigoureux malgré la pâleur de son teint, avait cette mine éveillée qui caractérise le Parisien entre tous les enfants de France; non que le Parisien ait plus d'esprit, ni plus de jugement; mais il a incontestablement parmi les plus fiers gamins de notre pays « un air » qui lui est avantageux. Quelques jeunes garçons de l'âge de Jean, raisonnables, doux, toujours souriants fréquentaient sa boutique; c'est-à-dire qu'ils enjambaient sans cérémonie l'étalage, ou poussaient la porte de côté formée de deux planches, et ils s'installaient à tour de rôle sur le tabouret de bois, meuble unique de céans.

Grâce à eux, Jean s'essayait à parler le patois flamand à la clientèle villageoise. Une fermière des environs de Tourcoing — parapluie rouge sous le bras, gants trop larges et trop longs — réclamait-elle un joli livre pour son

« p'tit quinquin » ? un des nouveaux amis de Jean expliquait vite le mot : Quinquin, diminutif de Kind, signifiait enfant, enfantelet. Il paraît que le petit quinquin ne faisait que braire pour avoir un livre ; braire, à la rigueur cela se comprenait... La bonne femme avait dit au p'tit quinquin pour « l'amicloter » : « J' t'acat'rai le jour de l'ducasse un porichinelle, avec un turlututu » ; mais le p'tit quinquin voulait un livre : Il n'y a que des « canchons qui le rendront bénache ». — Chansons, bien-aise, traduisaient les obligeants garçons. C'était fort gracieux de leur part... Et la vente marchait.

Cela faisait prendre patience à Jean, l'empêchait de se languir dans cette ville si nouvelle pour lui. Aussi, ne quittait-il son étalage qu'assez tard, le soir, pour se rendre au modeste hôtel de la rue Esquermoise, où son patron l'avait logé.

La fête n'était pas finie partout : les chevaux de bois tournaient encore au son de l'orgue déroulé à grands tours de bras ; des fusées lancées à la carabine allaient chercher le volatile suspendu au bout d'un mât, à côté d'une lanterne ; dans les loges et les cirques les fanfares éclataient, crevant la toile, des coups de fusil annonçaient le dénouement des pantomimes militaires, et, par instants, dominant le brouhaha, rugissaient les lions de Bidel. Le fait est que l'heure de vendre des livres était passée depuis longtemps que, du côté où l'on s'amusait, la gaieté s'animait encore avant de s'éteindre.

Mais Jean se souciait fort peu de tout ce qui n'était pas son petit commerce ; non qu'il fût pris tout d'un coup de cet amour des affaires qui ne va pas sans l'amour du lucre ; mais les saltimbanques de Lille lui rappelaient les saltimbanques du Havre ; les larmes lui venaient aux yeux ; il pensait à la petite Emmeline, et plus la fête était bruyante, plus il se sentait seul et désolé.

Son indifférence du reste s'étendait à tout. Au bout de quinze jours, il ne connaissait guère de Lille que les innombrables moulins à vent — on les compte par centaines — éparpillés dans la plaine autour de la place forte, comme un bataillon de tirailleurs, — comparaison qui n'a rien de risqué puisque Don Quichotte prenait des moulins à vent pour des géants armés. Et encore, à quel moment Jean avait-il découvert ces moulins, beaucoup plus nombreux jadis, et qui servent à la trituration du colza ? En arrivant à Lille : son attention avait été attirée par tant de moulins, à droite et à gauche de la voie... Depuis, il semblait n'avoir plus rien vu.

Il se faisait pourtant une idée générale de l'importante ville, entourée en certains endroits d'une triple enceinte de remparts, et fortifiée d'une citadelle au nord-ouest — coup d'essai et chef-d'œuvre de Vauban ; remparts et citadelle qui en font une place de guerre de premier ordre ; il n'ignorait pas que c'est la Deule qui traverse Lille, et que cette rivière s'y divisant en un grand nombre de bras, y forme deux canaux principaux...

Il avait vaguement aperçu le très bizarre beffroi, véritable pain de sucre, surmonté d'une tulipe épanouie, du centre de laquelle s'élance la flèche aiguë d'un clocher. Par hasard, enfin, il avait été amené à voir le quartier des Étaques, très assaini, mais où l'on comptait naguère un millier de familles grouillant dans des caves humides dont un peu de paille constitue tout le mobilier.

Un soir qu'il avait tendu un peu plus tôt que de coutume la toile formant la devanture de sa boutique foraine, il alla promener son ennui devant les grandes loges enguirlandées de bec de gaz. Les deuxièmes représentations de la soirée allaient commencer partout.

Tout à coup, son œil est attiré vers une parade, où deux jeunes filles de dix à douze ans exécutaient avec beaucoup de grâce une danse espagnole ; la plus grande, vêtue d'un costume d'homme : veste de drap brun ornée de rangées de boutons dorés, culotte courte, bas de soie, sur la tête la « baretta » avec houppe sur le côté, les cheveux tordus dans une résille ; l'autre jeune fille en « manola », avec la robe de soie jaune et volants de dentelles noires. Elle faisait claquer ses castagnettes avec des mouvements arrondis, admirés déjà ailleurs par Jean. Le pauvre garçon soupira en pensant à Emmeline et, par respect pour ce souvenir adoré, il s'avança vers la loge avec un véritable recueillement, tandis que la foule accourait et se pressait pour admirer les baladines. La manola, très blonde, secouait une rose dans ses cheveux.

— Mais c'est elle ! s'écria Jean ; c'est elle ! c'est Emmeline !

— Non, Cydalise, dit à son oreille un grand sec qui lui fit faire un mouvement comme s'il eût reconnu Hans Meister.

Et son cœur battant bien fort, derrière les pirouttes des deux danseuses, son œil alla chercher au « bureau », la fameuse « mère » pour vérifier, éperdu, s'il n'était pas le jouet d'une ressemblance.

Assis au bureau, un homme à forte carrure ressemblait si fort à Jacob Risler, que Jean se crut décidément sous l'empire d'une hallucination. Si au moins, les jeunes filles s'arrêtaient un instant !... si les cuivres suspendaient leur fandango enragé ! Ils n'étaient donc pas à bout de souffle ces musiciens ? les danseuses ne se lasseraient donc pas ? Jean se fit un abat-jour de sa main

LE TOUR DE FRANCE D'UN PETIT PARISIEN

Quentin attira dans la brasserie le géant tyrolien (page 372).

contre la lumière éblouissante du gaz qui l'aveuglait. Et il ouvrait démesurément les yeux.

En ce moment une femme puissante envahit et occupa majestueusement les tréteaux, horriblement laide avec sa couronne de fleurs pâles, ses bas roses, sa jupe courte pailletée, son buste en maillot couleur de chair : une ogresse qui cherche à se rendre avenante. Jean reconnut la « mère » ! Maintenant il n'y avait plus à s'y tromper : Emmeline ou Cydalise, c'était bien la charmante enfant, objet de tant de regrets, de tant de larmes silencieuses...

L'ogresse, d'un geste magistral avait fait taire la musique et cesser la danse ; et elle parlait d'une voix enrouée ; elle débitait le boniment, tandis que les deux jeunes filles soutenaient assez hardiment les regards de la foule. Et Jean, qui ne percevait rien qu'un bourdonnement confus tant son saisissement était grand, entendait cependant passer dans l'éloge exagéré de toute la troupe ce nom de Cydalise qu'il savait depuis quelques minutes seulement. On lui a changé son nom, pensa-t-il, mais Cydalise n'a rien ôté à la grâce d'Emmeline.

Soudain, les yeux de la jolie danseuse s'arrêtèrent sur le plus fervent de ses admirateurs. À n'en pas douter, la jeune fille venait de reconnaître Jean. Elle pâlit et rougit, visiblement décontenancée ; puis elle détourna la tête et, faisant un effort, elle sourit à son danseur espagnol. Mais Jean se fit petit et se glissa parmi les groupes, assuré de n'être point trahi par celle qui faisait semblant de ne pas l'avoir vu. Qui sait ce qui avait suivi les événements du Havre, après cette maladresse de montrer à madame Emmeline — devenue peut-être madame Cydalise — les photographies de la fillette ; et en s'oubliant jusqu'à faire apparaître comme une menace la baronne du Vergier ? Qui sait combien la pauvre jeune fille avait dû souffrir dans cette fuite précipitée !

Et Jean qui regardait Emmeline de loin, perdu dans la foule, se demandait comment on avait pu la soustraire aux investigations de la police.

Quand il fut un peu revenu de son trouble, son étonnement se partagea entre la petite danseuse et Jacob Risler : il y avait, certes, de quoi être fort surpris de les retrouver ainsi tous les deux à la fois ! Et cette grosse femme, cette « mère » indigne, revenue sur l'eau d'une façon si inattendue, en tutu rose et avec une couronne de fleurs sur la tête ! Comment pouvait-elle se trouver, elle troisième, dans une association si étrange de personnes aussi disparates ?

Que d'énigmes poignantes ! que de sujets de douloureuses réflexions !

Au milieu de tant d'incertitudes, une seule chose se présentait très nettement à la pensée de Jean : sa ferme résolution de ne rien faire savoir de ce qu'il venait de découvrir à madame du Vergier. Plus tard, il verrait !... Mais il ne voulait pas qu'on vînt lui enlever Emmeline, Cydalise ou Sylvia, à peine retrouvée, ni que la jeune fille disparût de nouveau aux regards de tous, et cette fois peut-être pour toujours ! Il n'écrirait donc pas à Caen, c'était sûr, — et il ne se montrerait point.

Et pour être certain de n'être point vu, il n'attendit pas la fin des spectacles pour déserter le champ de foire : il aviserait à un moyen de se renseigner.

Ce moyen, il le trouva le lendemain au moment où il venait de renouveler de la façon la plus séduisante à l'œil les collections de ses livres populaires. Jean pensait qu'il pouvait être aperçu dans sa boutique par Jacob Risler, ou la grosse dame, et même, pourquoi pas ? par Emmeline ; et il se dissimulait le mieux possible derrière un rideau de journaux illustrés ; regardant s'avancer de loin les promeneurs qui se dirigeaient de son côté. Il prenait à cet effet ses dernières dispositions, lorsqu'il vit arriver un de ces jeunes gens de la ville qui l'avaient pris en amitié.

C'était le fils d'un riche brasseur, qui inaugurait son entrée dans la vie par une flânerie non interrompue, — ainsi le désirait sa mère ; et le fils traduisait la volonté maternelle par ce proverbe flamand : Travailler est le lot des imbéciles.

Grand et fluet, voûté presque, bien qu'il n'eût pas vingt ans, Quentin Werchave disait de lui-même, en riant, qu'il n'était pas un Flamand, mais un Flandrin ! Et ce jeu de mots le réjouissait fort. Il n'y avait pas son pareil pour congédier et tenir tête, au besoin, derrière l'étalage de Jean, à quelque désœuvré bien décidé à ne rien acheter et feuilletant l'un après l'autre tous les livres avec autant de sans façon que dans un cabinet de lecture.

— Bonjour, min p'tit pouchin ! min gros rojin (mon petit poussin, mon gros raisin) s'écria-t-il en pénétrant en deux doubles par la petite porte de la boutique — ou du kiosque, si l'on préfère un mot plus moderne.

Jean lui serra la main et le fit asseoir.

— Vous avez l'air soucieux ce matin, observa le Flamand. Tu sais, je ne m'inquiète point de ce qui ne me regarde pas : Fou est celui qui se brûle à la marmite d'un autre ; cependant quand il s'agit de vous...

— Vous avez deviné juste, mon cher Werchave, répondit Jean, j'ai une préoccupation qui m'absorbe.

— Eh bien ! Expliquez-vous en librement avec moi. Il y a un proverbe qui dit : Le sage va consulter le fou et rencontre la vérité.

— Soit ! dit Jean. Et il raconta au fils du brasseur comment il avait cru découvrir, au Havre, une fillette enlevée à sa famille, ce qui s'en était suivi, et la réapparition de cette même fillette, grandie et embellie, dans une baraque de saltimbanques, en compagnie d'une sorte d'ogresse et d'un certain Risler qui... On devine tout ce que Jean put dire. Il avoua qu'il voudrait bien savoir dans quelle situation respective vivaient les deux personnes en question et l'enfant; d'où ils venaient, et surtout où ils comptaient aller en quittant Lille... Mais il craignait de se montrer.

— Eh bien! dit l'obligeant Flamand je m'informerai... Mais savez-vous ce que je pense? c'est que vous êtes en train de vous brasser à vous-même de la bière amère...

— C'est fort possible, murmura Jean. Et il rougit de se sentir si bien deviné. Que voulez-vous, dit-il, je sens que mon existence tout entière est attachée à la vie de cette enfant.

— Ce Risler dont vous me parlez et cette sylphide de cent kilos, ils me semblent les mauvais génies de cette petite, vilaines gens et complices sans doute : Deux sacs mouillés ne se sèchent pas l'un l'autre.

Jen soupira.

— Je vous recommande, dit-il, d'être prudent avec Jacob. C'est un homme dangereux.

— Laissez-moi faire. Je comprends que ce n'est pas un chat à empoigner sans gant. Il y a des petits chiens qui savent bien s'y prendre pour manger dans le même plat que les grands sans se faire mordre! Je tâcherai de tirer mon os du jeu.

Quentin fit ce qu'il avait promis. Il attira dans la brasserie paternelle un géant tyrolien, qui faisait partie de la troupe où Risler remplissait l'emploi de régisseur et de caissier ; et il sut par le géant, apanagé d'une langue proportionnée à sa longue personne, que la petite Cydalise venait de passer près de trois ans en Belgique et en Hollande. C'est à Bruxelles que sa mère l'avait fait admettre, ainsi qu'elle-même au nombre des artistes de la troupe où on les voyait. Risler faisait déjà partie de cette troupe depuis... depuis dix-huit ou vingt mois : au fait, c'est lui qui avait forcé le géant à abandonner sa figure et son costume de géant patagon pour ceux de géant tyrolien, rôle évidemment plus gai, orné de la-laitou et de ma-la-la-ga-outou multipliés autant que variés. Et puis le chapeau tromblon grandissait l'homme et l'avantageait. Selon lui, Jacob Risler n'était pas un malhabile régisseur. Il se proposait de conduire la troupe Sartorius à Valenciennes, où la foire durait trois dimanches; de là on irait à Dunkerque pour la fête qui ouvre le 1er janvier; on visiterait Calais et on se trouverait à Saint-Omer pour la mi-carême.

— Est-ce bien tout ce que vous vouliez savoir? demanda Quentin Werchave en rapportant minutieusement toutes ces choses à son petit ami le libraire, à son « p'tit pouchin ».

— C'est à merveille! s'écria Jean en battant des mains à l'idée des vastes perspectives qui s'ouvraient devant lui.

— Bon! fit Quentin, vous n'êtes pas encore en selle et vous galopez déjà!

Ces mots firent à Jean l'effet d'une douche d'eau glacée. Où prenait-il en effet, cette liberté dont il avait besoin pour suivre la jolie danseuse? A quel moment écrirait-il à la baronne, à cette mère inconsolable dont la vie n'était qu'une lamentation? Pourrait-il se dispenser de la renseigner de nouveau? (décidément Jean aigri, attristé et irrité, devenait mauvais.) Comment parviendrait-il à ne point perdre de vue Emmeline — ou Cydalise — sans se montrer jamais? sans effaroucher la femme qui l'exploitait? Comment aussi se déroberait-il longtemps encore à Jacob Risler? Bien des choses difficiles à réaliser — ou à ne point faire.

X

A travers les Flandres

Confiné dans sa modeste boutique, aux planches mal jointes, où il vivait dans la crainte d'être découvert par Risler ou par la dame à la couronne; douloureusement affecté de voir si près de celle qu'il aimait le plus au monde, l'homme qu'il avait le plus le droit de haïr — avec une mégère pour trait d'union entre l'être chéri et l'être abhorré; tourmenté par sa conscience alarmée, lui représentant comme coupable sa conduite à l'égard de la famille du Vergier, — Jean dépérissait visiblement.

C'est en vain que l'ami Quentin Werchave s'efforçait de lui remonter le moral, l'engageait à se résigner, à accepter cette monstrueuse association, due au hasard peut-être, et dont s'offusquait si fort le jeune garçon. Il fallait, disait le flegmatique Flamand, savoir accepter son rôle, sa part, en toutes circonstances, enclume souffrir comme une enclume, marteau frapper comme un marteau; ce qui était devait être : du reste, il est trop tard pour combler le puits quand le veau s'y est noyé. A quoi cela servait-il de regarder autour de soi, la tête inclinée, comme si l'on cherchait des épingles à terre? ou de se courber comme si l'on portait sur son dos la bêche qui doit creuser votre fosse?

Mais tous ces aphorismes de la sagesse flamande produisaient peu d'effet sur le jeune garçon. Loin de chercher à secouer sa peine, il s'en nourrissait pour ainsi dire, allant au-devant des occasions de l'augmenter.

Le soir, quand l'endroit de la foire où s'épanouissaient ses petits livres de toutes couleurs était devenu désert, Jean s'esquivait du côté des saltimbanques, plein de mouvement de lumière et de bruit; il se hasardait à regarder de loin la petite danseuse, et il lui semblait que ce ne serait jamais autrement — de loin — qu'il pourrait la suivre dans la vie. S'il faisait imprudemment un pas vers elle, n'était-il pas sûr de la perdre aussitôt?

Alors le pauvre garçon se désolait. Tous ses chagrins se renouvelaient, âpres et cuisants comme à la première heure; et maintenant il s'abandonnait à croire qu'une fatalité s'attachait à lui. Où un autre aurait réussi aisément, — dans cette entreprise de réhabilitation, — lui n'était parvenu à rien, si ce n'est d'attirer une mauvaise affaire à Bordelais la Rose à Salers, d'occasionner la mort du sauveteur du Havre, de faire assommer par Hans Meister son ami Barbillon. Il s'était intéressé à une petite danseuse, et aussitôt la persécution avait atteint l'enfant. Et qui sait quelle influence ses revendications obstinées auprès de Jacob avaient pu exercer sur le malheureux sort de sa sœur Pauline?

Tandis que Jean indifférent aux séductions de la fête foraine s'abandonnait à ces fâcheuses réflexions, celle que tout le monde appelait Cydalise se mettait en coquetterie réglée avec la foule; mais de ces baisers envoyés au bon public Lillois pour le remercier de ses applaudissements à la fin des entrechats et des pirouettes, Jean ne pouvait même prendre sa part, car il n'applaudissait pas. A la distance où il se tenait, il demeurait un inconnu. Quel supplice pour ce gentil garçon si expansif, si cordial! Ah! mieux vaudrait, croyait-il, se faire une raison, comme le voulait Quentin, ne plus jamais songer à cette petite fille... Mais comme ce serait difficile! Autant s'imposer l'obligation d'oublier Risler. Toutes les fois qu'il penserait à ce parent dont il avait tant à se plaindre, le souvenir de la chère baladine ne s'imposerait-il pas?

Renoncer à Emmeline... alors, la rendre à sa mère? Oh! non! oh! non! Là, sur ces tréteaux, à côté de l'oncle Risler — Jacob Risler redevenait l'oncle! — tout indigne qu'il fût, la petite faisait en quelque sorte partie de sa famille à lui, humble et déconsidérée, tandis que dans la maison de la rue Saint-Jean, à Caen, Emmeline ou plutôt Sylvia retrouvée par les siens, grandissait comme une demoiselle riche et noble, perdue pour lui, perdue, perdue... Que fallait-il faire? quel parti prendre? A quoi se résoudre?

Ce qu'il fallait faire? Il fallait agir honnêtement sans se préoccuper du reste. « Fais ce que dois, advienne que pourra! » Cette simple morale échappait à Jean, si bon, si loyal jusque-là! si accessible à tous les sentiments honorables! Un grand trouble devait s'être emparé de son esprit.

Au bout d'une quinzaine, Quentin Werchave voyant Jean de plus en plus sombre et maladif, l'engagea vivement à profiter d'une occasion superbe de se distraire de tous ses ennuis, fondés ou chimériques : il était attendu chez divers parents à l'occasion des « ducasses » : il emmènerait Jean avec lui.

Les ducasses flamandes, identiques aux kermesses belges, sont des réunions populaires dont une franche et extraordinaire gaieté fait tous les frais. On y danse beaucoup, on y boit davantage, on y rit énormément. Ces fêtes durent au moins trois jours, parfois plus d'une semaine. Or, il allait y avoir plusieurs ducasses dans les arrondissements de la Flandre française d'Hazebrouck et de Dunkerque. Quentin choisissait chaque année ce moment de l'automne pour renouveler connaissance avec sa nombreuse parenté des villes et des campagnes. Voilà ce que Jean apprit de lui en l'entendant développer son offre avec une chaleur vraiment amicale. Jean ne demandait pas mieux que de s'étourdir, de s'arracher à lui-même et surtout de laisser les choses suivre leur cours... Il ne résista pas beaucoup :

— Mais la boutique? la foire ne finissait qu'à la fin de la première semaine d'octobre?

Quentin avait tout prévu; il se trouvait en mesure de répondre victorieusement à toutes les objections que Jean pourrait faire. La boutique? Jean allait écrire à son patron tout de suite, qu'étant souffrant, il avait besoin d'un peu de campagne avant de rentrer à Paris. Cette lettre serait portée par un ami de Quentin qui partait le même jour pour la grande ville; il exposerait les faits et gagnerait la cause.

— Mais il faudra alors fermer la boutique avant les derniers jours de la foire? dit encore Jean.

— Pas du tout! Le petit Stoven viendra la tenir. C'est lui qui s'amusera!

Jean céda, écrivit, fit tout ce que Quentin voulut, et même mit d'avance le jeune Stoven au courant de ce qu'il devait savoir pour le remplacer pendant une dizaine de jours. Le surlendemain la réponse arriva de Paris telle que Jean et Quentin la pouvaient désirer, et quelques heures après les deux jeunes gens étaient sur les voies rapides... Emmeline, les du Vergier, Risler, l'ogresse, bonsoir à tout le monde! Il n'en pouvait plus!...

Dans le département du Nord où la population est beaucoup plus nombreuse, plus dense, que dans toutes les autres parties de la France, si ce n'est Paris, les villes sont reliées entre elles par des faubourgs industriels, des usines qui s'échelonnent le long des anciennes routes; mais les chemins de fer, grâce à leurs courbes, ouvrent des perspectives sur les campagnes.

Jean se trouva introduit auprès de l'oncle Sockeel (page 381).

Ces campagnes de Lille dont le sol glaiseux, humide, froid ne donnerait à de médiocres cultivateurs que de médiocres produits sont les mieux cultivées qu'il se puisse voir, les mieux percées de routes et de canaux. Un accroissement excessif de la population a amené la transformation des champs en de véritables jardins. Les anciennes libertés dont jouissait le pays dans un temps où la glèbe était partout opprimée, ont pu contribuer aussi dans une large mesure à produire cet état florissant de la culture des terres.

Jean et Quentin passèrent en vue d'Armentières, ville de 12,000 habitants située sur la Lys qui y forme un petit port intérieur, utilisé pour les industries locales : fabrique de grosses toiles écrues, principalement pour chemises et guêtres de soldats, tissage important de toiles de toute espèce, impression sur étoffes, et encore fabrique de tulle, teinturerie, sucrerie...

La Lys fut franchie.

A son tour fut laissé en arrière, Hazebrouck, petite sous-préfecture, ville de filatures, bien bâtie, proprette, mais triste, — triste quand la ducasse ne l'allume pas. Jean ne vit guère que l'élégante flèche de son église, qui mesure quatre-vingt mètres de hauteur.

Maintenant ils couraient sur Cassel à travers des pâturages où les fermes apparaissaient entourées de grands ormes. Ces arbres, à qui le sol flamand convient à merveille, y acquièrent un superbe développement. Plantés souvent en larges avenues au milieu des prairies, ils semblent appartenir à un parc séculaire et conduire à un château. Le château n'est qu'une ferme cachée dans la verdure, parce que les châteaux et même les grandes habitations sont rares dans cette partie de la Flandre.

Il était facile à Jean de croire aux affirmations de son ami, assurant qu'il y a en France peu de campagnes aussi bien cultivées que celles de l'arrondissement d'Hazebrouck.

Les cultures variaient peu ; les champs labourables et les prés se partageaient la presque totalité du sol donnant en abondance les céréales, la betterave à sucre, les graines oléagineuses, le lin, le tabac qui couvre des espaces étendus et le houblon. Ces houblonnières, hérissées de longues perches de sapin autour desquelles grimpe et s'enroule la précieuse plante, à des hauteurs de quatre ou cinq mètres, sont d'un effet pittoresque. Leur verdure assez épaisse forme parfois des bosquets ou des pyramides de feuillage. Le houblon est d'un rapport avantageux. Une houblonnière donne de bonnes récoltes pendant sept ou huit ans, et peut durer jusqu'à douze ans, établie dans une terre qu'on a laissé reposer ; la seconde et la troisième année sont les plus productives. Quentin apprit à Jean qu'un hectare d'une houblonnière en plein rapport peut rendre jusqu'à huit mille francs par an. C'est très beau, ajouta-t-il, mais il faut compter aussi par hectare, cinq mille francs de frais de culture et d'entretien.

— Pour les céréales, les cultures industrielles, les légumes, les racines, aussi bien que pour l'élève des chevaux et du bétail et les produits de la basse-cour, les Flamands — ainsi que leurs voisins les Picards — ont une incontestable supériorité. Non seulement les récoltes du pays suffisent à la consommation locale, mais elles contribuent à l'approvisionnement de Londres. Des ports de Gravelines, de Calais et de Boulogne, sont expédiés, et parfois directement par les paysans eux-mêmes devenus armateurs, des cargaisons d'œufs, de poulets, de fromages.

L'attention des deux amis se portait sur toutes ces choses, lorsque Cassel apparut juché sur sa haute colline, — on pourrait dire sur sa montagne. Et c'était un riant tableau au milieu de tous ces pays plats que Jean avait vus en allant à Lille et en venant de cette ville — plaines de Picardie, plaines d'Artois, plaines de Flandre, monotones malgré leur somptuosité agricole. La station de Cassel est à quatre kilomètres de la ville. Jean et Quentin, qui n'avaient à eux deux qu'une légère valise, mirent une demi-heure pour gravir à pied les rampes qui conduisent à la ville. Les voitures qui s'élèvent sur les flancs de la montagne doivent suivre une route plus longue parce qu'elle décrit plusieurs lacets.

Cassel est célèbre dans l'histoire par trois batailles livrées sous ses murs par trois Philippe de France. — En 1070, Philippe Ier y fut battu; en 1318, Philippe de Valois, victorieux, saccagea la ville; en 1677, sous Louis XIV, Philippe d'Orléans y remporta une victoire sur le prince d'Orange. On voit au musée de Versailles un grand tableau de Van der Meulen, représentation de cette dernière bataille. Les Hollandais couvrent la plaine, de riches seigneurs à cheval de la suite du duc d'Orléans occupent le premier plan; dans le lointain se dessine la montagne de Cassel — avec ses moulins, devenus historiques.

Quentin conduisait Jean chez un oncle où ils devaient prendre le fils aîné de la maison, un garçon de leur âge, pour se rendre tous les trois à la ducasse de Bambecque près de Wormhoudt, pays perdu sur la frontière belge.

— Attention! fit-il lorsqu'ils eurent atteint le plateau. L'oncle Sockeel est n excellent homme, mais la tante n'est pas aussi facile à vivre! Une fois chez eux, c'en est fait de notre liberté; si nous voulons voir quelque chose, mon oncle ne dira rien, mais comme dans un vaudeville très gai du Palais-Royal, ma tante, ne sera pas contente! Allons d'abord jouir du point de vue.

— Hé, hé! fit Jean, nous allons donc mentir un peu?

— Qui dit la vérité, riposta le Flamand, nulle part n'est hébergé.

Le point de vue se trouvait sur la haute terrasse, emplacement de l'ancien *Castellum* romain qui a donné son nom à Cassel ; au Castellum succéda une forteresse féodale. Quentin, muni d'une courte mais excellente lunette, conduisit tout de suite Jean de ce côté.

Bien que la terrasse de Cassel ne soit qu'à cent cinquante-sept mètres au-dessus du niveau de la mer, grâce au pays plat qui s'étend à de grandes distances autour de la ville, nos deux jeunes touristes promenèrent leur lunette sur des horizons sans limites. Le temps était clair, et Quentin put compter et désigner à son ami une trentaine de villes et une centaine de villages, soit en France soit en Belgique, sans compter les phares, la tour de Dunkerque, etc. Les dunes du littoral laissaient voir çà et là, à travers leurs brèches, les eaux bleues de la mer du Nord. Quentin jura par saint Bavon qu'à certains jours on apercevait, du point où ils se trouvaient, la rade de Douvres et les clochers de Bruges.

Au milieu de la plaine immense, Cassel et sa colline formaient une véritable oasis, un coin de terre privilégié. Non seulement le panorama se déroulait splendide, mais un air vivifiant et embaumé montait des nids de verdure des alentours, et des frais pâturages bordés de grands arbres. Dans cette plaine, des fermes riantes et de jolis villages aux maisonnettes de brique se détachaient nettement sur le fond sombre de la verdure ; on eût dit un immense jardin anglais tracé avec une confusion volontaire. Mais dans ce dédale sillonné de chemins et d'allées, se détachaient quatre longues avenues droites, se perdant à l'horizon. C'étaient des voies romaines devenues successivement routes royales, impériales, nationales, aboutissant à Saint-Omer, à Dunkerque ; se dirigeant vers Lille ou vers la Belgique.

Quand ils eurent amplement tout regardé, Quentin avoua qu'il n'était que temps de se rendre chez les Sockeel.

Il y songeait maintenant : on comparerait leur arrivée avec le passage des trains... Holà ! mon oncle ne dira rien, mais c'est ma tante qui ne sera pas contente !

Alors ils tournèrent leurs regards vers la ville. Cassel, petite ville de 4,300 habitants est la cité flamande dans tout son éclat, — un éclat relevé par une propreté extrême. Les rues larges sont garnies de maisons à un étage.

Quentin entraînait son camarade vers la grande place, où logeaient ses parents, tout en face de l'auberge renommé du « Sauvage ». Là se trouvait l'ancien hôtel de ville, aujourd'hui prétoire du juge de paix, dépôt d'archives. C'est un édifice de la Renaissance, percé au rez-de-chaussée de longues baies en ogive et au premier étage de croisées plus petites. Il est classé parmi les monuments historiques. Au-dessus de la porte, Quentin montra à Jean une sorte de tribune armoriée, et le petit balcon d'où les arrêts se lisaient aux bourgeois de la bonne ville. Plus loin, la mairie actuelle est installée dans l'hôtel de la Noble Cour, jadis siège de la cour féodale de Cassel, du magistrat de la châtellenie et des États de la Flandre maritime. Ces édifices et encore quelques vieilles maisons, vestiges de l'occupation espagnole, portant la marque de l'architecture des conquérants, — des pignons historiés et de larges fenêtres aux balcons saillants, — ont assurément beaucoup de caractère.

Le jeune Martial Sockeel se montra sur le seuil de l'habitation paternelle, et fit un geste calme, mais très amical, en apercevant Quentin et l'ami annoncé par lettre. Martial était un grand et gros garçon approchant de la vingtième année.

— Tu sais? Je vous préviens, dit Quentin à Jean tandis que Martial s'avançait vers eux, les mains ouvertes, je vous préviens qu'il est un peu sauvage. Ils sont tous comme ça à Cassel, et casaniers, attachés à leur sol, à leur ville. Des montagnards, quoi! Mais le régiment le dégourdira... Et en attendant, la ducasse de Bambecque va le réveiller d'une année de sommeil.

Il y eut des poignées de main échangées, et Jean se trouva introduit auprès de l'oncle Sockeel, grand aussi, et gros, et pesant même, indolent peut-être, et auprès de « ma tante », qui avait dû être belle et blanche.

L'accueil fut cordial. Jean, à la suite de ses tournées en France, commençait à pouvoir établir des comparaisons; il opposa cette famille à celle de ces Auvergnats dont il avait fait la connaissance à Aurillac, et il lui parut que les Flamands sont lents, peu communicatifs, mais simples, bons, de mœurs douces; qu'ils se piquent aisément, mais oublient aussitôt le sujet de contrariété qu'on leur a donné; cette lenteur dans leur démarche, dans leur langage, dans leurs mouvements était loin de lui déplaire; elle s'alliait à un calme allant jusqu'à la sérénité; elle ne les empêchait, certes, nullement d'être laborieux — comme on pouvait le voir rien qu'en traversant leur province. Grâce à de l'esprit naturel, et à un véritable bon sens les dispensant d'avoir l'imagination vive, ils semblaient prêts à se consoler de tout, peut-être parce qu'il pourrait leur arriver pis. Il sut bientôt à l'énoncé des qualités des dames de Cassel, fait avec complaisance par « tante » Sockeel que ces Flamandes sont patriotes, instruites, jolies, — ce qui ne gâte rien — gaies et excellentes ménagères.

L'heure du repas arriva, et Jean observa encore que si les Flamands sont sobres dans leur domestique, ainsi qu'on l'affirme, ils aiment la bonne chère en compagnie. Au dîner, on but une bière où l'amertume du houblon dominait, et que Jean déclara — à part lui — le plus désagréable des breuvages. Tel n'était point l'avis de la famille Sockeel, ni de l'ami Quentin : les uns et les autres le prouvèrent copieusement.

Dans la conversation Jean se risqua à traiter de patois la langue parlée dans la Flandre française. Le petit bourgeois de Cassel ne dit rien ; mais c'est « ma tante » qui ne fut pas contente ! Elle releva vertement le mot : Ça, ça ! Le flamand était une véritable langue et non un patois ! Elle ajouta que dans les arrondissements de Lille, de Douai, de Cambrai et d'Avesnes, l'idiome populaire est un français vicié par une mauvaise prononciation ; mais que les deux arrondissements d'Hazebrouck et de Dunkerque appartiennent presque en entier à la langue flamande. Les « flamingants » comme on dit, y dominent, excepté dans les villes, — à Dunkerque, à Gravelines, à Bergues, à Hazebrouck, — ici — dans ces deux arrondissements la campagne est restée *vlaemsch*. Là, la langue flamande, est toujours la langue usuelle. Toutefois il est interdit aux notaires d'écrire leurs actes en flamand, et comme un grand nombre de paysans ignorent absolument le français, les officiers ministériels sont souvent fort embarrassés pour se faire comprendre de leurs clients.

— Les curés, poursuivit la dame, se considèrent comme obligés de prêcher en flamand dans les villes et dans les villages. Mais combien de temps encore notre vieux langage sera-t-il en honneur?

— Ah! fit le père avec un léger soupir, le respect s'en va à mesure que les enfants apprennent le français à l'école; lorsqu'ils rentrent à la maison, ils se croient autorisés à bafouer père et mère, à qui le beau langage n'est pas accessible. L'orgueil, le dédain des anciens s'en mêle ; plus tard, nos gars ne pensent plus qu'à quitter le village. Voyez-vous, tout cela n'est pas bon, certainement! Et le magister devrait se borner à enseigner à lire le flamand comme le français, à écrire, à compter : cela nous suffirait bien!

Quentin voulut protester ; mais l'oncle Sockeel lui ferma la bouche.

— Toi, tu as le vent bon, tu flânes tant que tu veux, tu culottes des pipes, tu vides des chopes, tu avales de bons morceaux, tu peux dire que ton pain est tombé dans le miel : tais-toi!

— Eh bien donc! protesta le Lillois; chacun, en ce monde n'est-il pas tenu de faire du bien au fils de son père ? Ce qu'on trouve, il faut le ramasser, je vous dis.

Comme cela avait été convenu, le lendemain vit partir de Cassel Quentin Werchave, Martial Sockeel et Jean ; les deux premiers très gais, commençant la ducasse dès les premiers tours de roues du wagon, s'allongeant des tapes, se faisant des niches, — le pauvre Jean, très absorbé, pas en train de rire, humilié de s'appeler Jean tout uniment, et presque décidé à arborer comme un défi à tout le monde ce nom de Risler caché par lui pour n'être montré de nouveau que lavé de tout reproche. Cependant il n'osait pas encore, malgré le mauvais esprit qui l'envahissait. Sans nom, sans famille, sans patrimoine d'aucune sorte, sans instruction, sans métier, vide d'idées et de croyances, n'ayant plus foi en lui ni en personne, il se sentait jeté dans la vie à travers tous les hasards. Comment eût-il pu être gai ?

— Dites donc, Jean, finit par dire Quentin, ce n'est pas à rire que vous gagnerez des cors aux pieds !

Quentin et son cousin se culbutaient, se poussaient depuis une heure lorsque le train s'arrêta à la gare d'Esquelbecq, où l'on devait prendre la correspondance pour Wormhoudt. Il n'était que temps de descendre de wagon : les jeux de mains tournaient aux coups, les plaisanteries tournaient à l'aigre, Quentin était même près de se fâcher.

— Jouez avec un âne, dit-il à l'adresse de son cousin, il vous sangle le visage de sa queue.

XI

La ducasse de Bambecque

Nos lecteurs ont-ils jamais visité une ferme flamande? Cela mérite d'être vu en détail. Celle que nous allons leur montrer a gardé de l'ancienne destination de ses bâtiments le nom de petit château. Elle est jointe par une superbe allée d'ormes à l'une des extrémités d'un joli village, formé de maisons basses et trapues, ayant des façades bien lavées au lait de chaux, où des pièces de bois, dont on peut suivre les lignes divisent la maçonnerie en compartiments inégaux. Entre ces compartiments, de petites fenêtres à carreaux s'ouvrent sur des jardinets bordés de buis, où s'épanouissent, en ce commencement d'octobre, des dahlias multicolores et des chrysanthèmes.

Au milieu de l'agglomération rurale s'élève l'église, dans un espace laissé libre, mais qui est, hélas! un cimetière.

Le modeste château devenu métairie est entouré d'une large ceinture d'eau courante, — et parfois débordante.

Dans cette île qu'un pont — jadis, sans doute, un pont-levis — met en communication avec la ferme, verger sur le devant, potager sur le derrière, est édifiée la maison d'habitation, simple mais d'apparence confortable égayée de hautes fenêtres.

On passe le pont, et l'on se trouve au centre des bâtiments de la ferme, disposés en carré; en face, les étables pour les vaches, les écuries des chevaux; à droite, la bergerie des moutons et les hangars où sont les charrettes à ridelles, timon ou brancards en l'air, les tombereaux crottés de glaise, les herses, les charrues et les autres instruments agricoles; à gauche les granges et les remises; tout cela est spacieux et semble parfaitement tenu.

L'oncle Coudeville entra (page 389).

Au delà de ces bâtiments de la ferme et plus près des champs se cachent les voûtes à porc.

Il s'agit d'une installation à pleine étoffe pour laquelle la pierre ni le bois n'ont été marchandés et qui s'anime d'un peuple de bêtes, — grands chevaux de gros trait qui partent pour le labour, belles vaches laitières — cent peut-être — cornues, le mufle haut, roulant des yeux glauques, moutons à superbe encolure, culbutés par les chiens de berger au poil dru qui obéissent à un geste de commandement, courent après eux en aboyant, les prennent en écharpe, les poursuivent et les rassemblent en troupeaux pour être menés du côté des pâturages, tandis que sont parqués dans les prairies voisines les jeunes veaux et les poulains gambadants. Çà et là gloussent les oies, cancanent les dindes, s'égosillent les coqs, roucoulent les pigeons; les vaches meuglent, les brebis bêlent, les chevaux hennissent. Toute cette gent de poil et de plume, bondit, rue, saute à travers les litières, les flaques de purin, dans le brouillard chaud des fumiers sortis des étables et des écuries, et que l'on charge à la fourche dans les charrettes qui doivent les transporter au milieu des terres.

A tout seigneur tout honneur! Voici d'abord le maître de la ferme, qui règne souverainement dans ce petit domaine d'où le régime parlementaire est exclu. Il commande, et tout le monde obéit. C'est un homme bien découplé, vigoureux, brun avec des yeux très clairs tirant sur le bleu pâle des faïences, marchant d'un pas égal et cadencé. Il donne ses ordres brièvement, distribuant à chacun sa tâche, ne consultant aucun de ses subordonnés, parce qu'il sait mieux que n'importe qui, ce qui doit être fait pour la bonne gestion de sa ferme. Il y a pensé la nuit dans les heures d'insomnie ; ce n'est pas pour rien qu'il se présente toujours avec un air réfléchi et absorbé. Si vous le rencontrez dans la matinée, sans vous regarder il vous souhaitera le bonjour d'un ton sec. On peut dire qu'il ne connaît personne avant l'heure du dîner. Mais vienne le soir, après le repas; alors, rayonnant et affectueux, il redevient père de famille. Hospitalier, il cause avec plaisir: ses manières sont avenantes ; il a abandonné le ton du commandement, la parole brusque qu'il se croit obligé de prendre pour diriger ses légions d'ouvriers et de domestiques. Dans la tiédeur du milieu familial, près des jeunes têtes blondes et brunes dont les lourdes nattes s'allument aux reflets des lampes, son front se déride, ses sourcils se détendent, et comme un homme qui se réveille, il met une grâce souriante à caresser ses enfants.

Les filles de la maison, les servantes vont et viennent dans l'habitation et au dehors. Les unes lavent le plancher à grande eau et font reluire les meubles avec une ardeur digne de louange. Chaque jour on en fait autant. D'autres servantes s'occupent des animaux ; la grande et forte Marie — le cheval de trait comme l'appelle le maître, — emporte dans d'énormes seaux les pommes de terre pétries avec du son et du lait de beurre, destinées au repas de l'élément porcin de la ferme ; d'autres enfin préparent le repas du soir, coupent le pain, étalent le beurre sur de larges tartines.

A l'intérieur de l'habitation tout ce monde circule sous l'œil vigilant de la maîtresse de la maison, très bonne, très douce.

Le soir venu, la famille et les serviteurs se réuniront dans la salle commune où se fait la cuisine des maîtres sur un large poêle de fonte, brillant comme du vieil argent, placé dans l'âtre profond de la cheminée à manteau qui a chauffé jadis la grande salle du château. Le repas va être servi. Sur la table ronde des maîtres, fume une soupe grasse et odorante. A quelques pas, la longue table des gens de la ferme est chargée de la marmite remplie d'une certaine soupe dont ceux-ci ne sauraient se passer : une soupe au petit lait et à la farine, avec des pommes douces coupées en tranches et du pain. Pour boisson une décoction tiède de réglisse de bois, préparation répandue en Flandre. Le dimanche on y ajoute une chope de bière.

Et sous la lampe, s'illuminent de satisfaction les faces hâlées de ces rudes travailleurs aux mains calleuses et gercées...

Après le repas, les filles de la maison aident les servantes à enlever le couvert. Les tables sont vigoureusement écurées, tout est remis « à place, » tandis que les chats rôdent en quête de rogatons. Puis le bruit des sabots décroît et s'éloigne du côté où, dans les profondeurs de la cuisine basse, se prépare la nourriture des bestiaux et se fait la cuisson du pain.

Le fermier allume sa pipe pour jouir d'un moment de tranquillité bien gagnée, moment fort court du reste, car il lui faut commencer sa ronde du soir — l'œil du maître, savez-vous? Mais il n'y a pas à plaisanter; il doit vraiment donner un coup d'œil à tout, de même que pour les champs le pied du maître rend la terre meilleure, comme l'affirme le proverbe. Pendant ce temps, la maîtresse du logis s'empare d'un travail de raccommodage. Souvent elle se lève pour donner un ordre, surveiller l'achèvement d'une tâche. Les filles se groupent autour d'elle, tricotant ou lisant.

Elles sont instruites ces demoiselles, et gentilles, et bien élevées, et jamais on ne les prendrait pour des fermières, selon les idées généralement acceptées sur les filles nées aux champs. Ces grâces naturelles qu'elles possèdent, cette culture intellectuelle développée en même temps que cette vigueur du corps que donne un travail manuel parfois assez rude, constituent une particularité curieuse qui réclamerait à elle seule le voyage en Flandre.

— Cornélie ! crie le père avant le jour.

A cet appel sonore, presque sévère, qui retentit dans l'escalier, la belle jeune fille — c'est l'aînée — ne se le fait pas dire deux fois ; elle s'habille lestement, la journée va commencer par les soins à donner au bétail.

Mademoiselle Cornélie va traire les vaches ; mademoiselle Cornélie se gante néanmoins étroitement et ses mains sont fort belles. Explique qui voudra ces impossibilités !

L'existence d'un fermier flamand entouré des siens, famille et serviteurs, dégage un charme grave et quelque chose de la solennité des mœurs patriarcales. Tout est régulier dans sa maison : les résolutions y sont prises par le chef avec une sagesse extrême et obéies respectueusement. Ce respect devient une soumission touchante lorsque le père décide par exemple, que son fils aîné étudiera dans les villes voisines pour devenir médecin, et que son second fils, muni d'une instruction suffisante et formé par des conseils d'expérience, prendra plus tard la direction de la ferme.

Voilà dans quel milieu se trouva Jean le soir même du jour où il avait quitté Cassel en compagnie de Quentin et de Martial.

La ducasse de Bambecque allait commencer et déjà la maison de l'excellent M. Matringhem s'animait d'heure en heure davantage par l'arrivée joyeuse et bruyante de tous les membres de la famille, à qui l'on avait dit en se séparant d'eux à la fin de la dernière fête :

— A la prochaine ducasse !

Les voitures apparaissaient bondées à déborder ; et c'étaient alors des embrassements sans fin, des poignées de mains échangées, des caresses qui claquaient sur les joues fraîches des enfants. Puis tout ce monde se répandait dans les larges pièces préparées pour la parenté et les hôtes qu'elle amènerait ; — des chambres vastes à loger dans chacune d'elles, deux ou trois ménages parisiens, — avec des plafonds coupés de travées d'un chêne foncé et meublées de grandes armoires reluisantes de propreté. Ces hautes armoires s'ouvraient débordantes de linge, les garde-robes pleines de vêtements annonçaient l'aisance, les lits étaient entourés de rideaux fraîchement blanchis et dressés avec des draps empesés, et tellement raides que Jean, une fois couché, se crut entre deux grandes feuilles de papier glacé et satiné : ainsi le veut la coutume.

Au village, les cloches sonnaient à pleine volée pour annoncer la fête. Elles ne cessèrent que lorsque le couvre-feu leur imposa silence. Quelque gais fredons parvenant jusqu'à la ferme disaient assez que la ducasse était en réalité déjà commencée.

Autour de la table principale de joyeux visages rayonnaient. Il y avait des minois roses, des mentons ronds, de fraîches bouches épanouies, avec des rires, une mutinerie enjouée et jeune. La bonne humeur de tous, se communiquait enfin au petit Parisien, qui en oubliait un moment ses soucis.

Tout à coup, une voix forte venue du côté du pont fit entendre une chanson de circonstance.

— C'est l'oncle Coudeville! crièrent les convives radieux. Quentin criait plus fort que les autres en reconnaissant cette voix familière.

La chanson disait :

> Quich qui veut venir avec mi,
> A l'ducasse, à l'ducasse;
> Quich qui veut venir avec mi,
> A l'ducasse de min pays?
> — A l'ducasse de min pays?

L'oncle Coudeville entra, un grand, brun, futur boute-en-train de la fête, le chapeau à haute forme vacillant sur la tête, la redingote taillée à larges ciseaux. Il reprit :

> I mangera des tartes à prunes,
> A l'ducasse, à l'ducasse;
> I mangera des tartes à prunes...

Le reste — quelque gauloiserie — se perdit dans une explosion de fous rires...

Le lendemain amena son repas traditionnel. La table couverte d'une nappe empesée, était dressée cette fois dans le grand salon, percé de six fenêtres tendues de beaux rideaux de mousseline, et dont les murailles sont enduites d'une claire peinture verte; moins solide, elle aurait ployé sous les énormes quartiers de viande. Au milieu, la tête de veau de rigueur. Le maître de la maison coupait les gigots, et détachait de larges tranches des délicieux jambons fumés préparés à la ferme; les femmes de la famille l'aidaient à faire passer les portions jusqu'au bout de la table. Puis cette première tâche remplie, le fermier procéda à la dégustation du vin, que les convives humaient lentement en renversant leur torse — pour en apprécier le bouquet.

Du salon, on apercevait par l'entre-bâillement des portes les cuisinières affairées, tandis que de la salle à manger, où les valets et les servantes occupaient leur table accoutumée, arrivaient des éclats de voix. Ce jour-là, les domestiques voient servir sur leur table de copieux morceaux de rôti détachés des plats de la table des maîtres, d'énormes tranches de jambon; la bière remplace la tisane de réglisse, comme la soupe grasse a remplacé le brouet national de petit-lait et de tranches de pommes. Au dessert, des bouteilles de bon vin circulent parmi eux, sans oublier le cognac avec le café. Il y a là de quoi donner de l'élasticité aux jambes les plus raidies par le labeur quotidien, et c'est une excellente préparation aux danses qui doivent occuper le reste de la journée.

Au dehors, de joyeux carillons remplissaient l'air de leurs vibrations ; et déjà les cornets à piston de l'orchestre villageois déroulaient des airs de valse ou faisaient sautiller une polka.

C'était vraiment une belle journée d'octobre.

Après le rôti, Jean, en sa qualité d'hôte, eut l'honneur de confectionner la salade. Très fier d'être traité en homme, il l'assaisonnait à la mode de Paris ; mais il dut sur les réclamations de l'assistance, ajouter au vinaigre un demi-verre de vin de Bordeaux : la salade n'en fut pas plus mauvaise, — au contraire.

Cependant au village une rumeur s'élevait ; des propos s'échangeaient sur le seuil des portes ; chacun questionnait et personne ne semblait prêt à donner la raison d'être dans le pays d'un personnage énigmatique absolument inconnu, sans parenté avouable, et qui semblait fourvoyé au milieu de la ducasse.

Cet intrus, bien planté sur ses deux pieds, avait un air rebarbatif et bonasse tout à la fois, une trogne enluminée ; un regard provocateur. On l'eut dit capable de vider sa bourse pour régaler le premier venu, mais d'humeur, aussi, à vaincre à coups de poing toute résistance opposée à ses politesses.

A la faible distance de Dunkerque et de Calais où se trouve Bambecque, on n'est pas, au village, sans avoir une idée de la tenue d'un marin. Il fut donc décidé, après quelques commentaires égarés et paroles perdues, que l'étranger devait être un marin venu à la ducasse en quête de distractions orageuses, — un vrai trouble-fête...

C'était bien un marin, en effet, un vieux loup de mer, attiré à Bambecque, non par la célébrité de sa modeste ducasse, mais par le désir d'y retrouver une ancienne connaissance, une demoiselle avec laquelle il avait beaucoup dansé à une ducasse datant peut-être bien d'une trentaine d'années, et de qui il avait obtenu la main, à la suite de pressantes instances. Il venait, enfin, convaincu, mais fort perplexe, réclamer l'exécution de cette promesse arrachée entre deux quadrilles, si toutefois la belle était encore de ce monde. On ne peut pas toujours naviguer, et le vieux beau parfumé au goudron pensait qu'un fin très enviable était de s'échouer dans le mariage, — de s'arrimer dans le conjungo, de jeter l'ancre sur un fond de prévenances et de petites douceurs.

Il s'était renseigné sur l'objet de son idolâtrie du temps jadis, et malheusement il avait appris que la timide enfant d'alors, peu confiante dans la fixité des idées de son danseur, avait arrangé autrement sa vie. A l'heure présente, elle était mère et grand'mère... Ô déception !

— Grand'mère ! s'était écrié le vieux loup de mer. Comme ça vieillit vite le beau sexe : je suis encore un jeune homme, moi, et Annette est grand'mère ! C'est bien fait ! Fallait donc qu'elle me reste fidèle !

C'était pour lui un crève-cœur. Mais il jura de se dédommager amplement. Les mâles de Bambecque n'avaient qu'à bien se tenir ! Il se sentait des fourmillements dans les bras et des démangeaisons dans les mains ; le tout mitigé, il est vrai, par une furieuse envie de se dégourdir les jambes à la danse. Si la bière était bonne, tout pouvait encore s'arranger : ils sont solides, après tout ces Flamands, pensait-il ; mais ça ne vaut pas un vrai Breton !

L'orchestre à l'œuvre disait assez de quel côté on dansait ; sans cela personne à coup sûr n'eût enseigné à l'étranger le chemin du bal. Mais le cornet à piston ? mais les clarinettes ? mais les cymbales ? Ah ! que de traîtres !

Le « vrai Breton » se dirigea donc vers l'endroit où la gaieté avait établi ses assises. Au-dessus des tables d'un rez-de-chaussée, où l'on buvait force vin chaud et de la bière aigrelette, grondait comme un roulement de tonnerre, le piétinement de quatre ou cinq douzaines de couples de danseurs, sautant sur place, faute d'espace et un peu par goût ; de leurs talons, broyant le parquet.

En « vrai Breton », le marin voulut faire une entrée à effet dans le bal. Il ne trouva rien de mieux que de grimper à un arbre assez rapproché de la salle où se serraient les danseurs ; et, s'aidant de quelques fortes branches, de sauter par une fenêtre ouverte.

Ce tour d'adresse accompli, il traversa sur ses mains, — les pieds en l'air — la salle de bal, où les danseuses n'étaient pas encore revenues de leur surprise mêlée d'effroi. Puis, il reprit pied, releva la tête, et jeta un regard narquois sur l'assemblée.

— Regardez-moi bien et mieux que ça, dit-il d'une voix enrouée et gouailleuse, pleine de menaces pour la tranquillité publique. Regardez-moi bien, et vous aurez vu un crâne, un soigné, un caïman, un requin, une peau tannée, un flambart comme disent les Parisiens. Ai-je l'air d'avoir une balle à être né dans un baril de goudron ? Non, n'est-ce pas ?

Les hommes murmuraient; les femmes essayaient de les calmer, voulaient éviter un éclat, et souriaient, faisant semblant de trouver plaisante l'intrusion de cet original... L'orchestre avait suspendu la polka commencée pour donner un répit aux danseurs et faciliter l'expulsion de ce gêneur qui ne criait pas gare dessous!

Le « vrai Breton » profita de l'accalmie pour élever la voix, tandis que l'on faisait cercle autour de lui, — plusieurs cherchant l'endroit vulnérable.

— Et savez-vous, reprit-il, pourquoi je me trouve ici, au milieu de vous? J'y suis venu chercher Annette pour la conduire devant M. le maire. Annette qui? Annette quoi? Je ne sais plus bien... C'était dans le temps... J'étais pour lors un joli garçon et qui n'avait point de verrues sur la guibre. C'est fidèle les filles en Flandre! Elle m'attendait ma promise, ah! ben ouiche! Je t'en fiche! rasibus! partie au large! Il n'est pas question de se flanquer à la nage pour la rattraper, vu qu'elle a contracté dans les règles, à preuve qu'elle est grand'mère. Elle a épousé qui? quoi? un terrien, soit dit sans vous offenser. Cours après, attrape à jouer des jambes! Bon pour une fois; elles ne m'y reprendront plus les jeunesses de votre village! attrape à recommencer! — Mais il n'y a donc pas un tabouret pour s'asseoir dans votre cambuse? Tonnerre de Brest! pas un coin où vider une bouteille de n'importe quoi?... histoire de se refaire le tempérament? Je préférerais, nonobstant avis contraire, quelque chose qui me chatouillerait le cœur comme du velours... Garçon! un grog américain! garçon!... ou je démolis tout!

Un cultivateur des environs — pantalon de velours, blouse neuve couleur de la fleur bleue du lin — venu à Bambecque à l'occasion de la ducasse, moins calme que les autres, prit la mouche. Il n'en pouvait supporter davantage.

— Ch'est en bas la buvette, fit-il en se contenant pour ne pas éclater.

— De quoi?

— Ch'est en bas, tu sais?

— Une façon de me mettre à la porte, on dirait?

Le Flamand ouvrait de larges mains nerveuses, faisant penser à des étaux.

— Fais pas le farrau! dit-il! Fais pas le p'tit milord!

— Un vrai Breton n'est pas pour subir un affront, poursuivit le marin.

— T'a l'heure, min garchon, tu sais, vous allez braire!

— Serais-tu pas le gendre à Annette? son frère ou son mari? Tonnerre de Brest! Viens donc par là-bas, dans la ruelle, derrière un mur; je me fais fort de te désosser en deux temps, trois mouvements. Si tu as du cœur, c'est le moment d'en découdre.

Les deux champions tombèrent sur la toile (page 394).

Le Flamand devenait blême.

— Tu ferais bien de te rappajé, (1) dit-il.

— Ah! tu caponnes! si je t'envoyais un pare-à-virer histoire de t'apprendre la manœuvre? Oui, c'est à toi que je parle, conscrit de deux jours, marchand de mauvaise musique, maître Gros-Bec!

(1) Apaiser.

Pour le coup, le cultivateur ne se contint plus. Il saisit le marin à la gorge, et sans paraître prendre garde aux vigoureux horions que celui-ci lui décochait, il l'entraîna vers une fenêtre avec l'intention de lui faire prendre le chemin suivi par lui pour s'introduire dans la salle de bal.

Mais le Breton le saisissant à son tour, lui donna si adroitement un croc en jambe qu'ils passèrent tous les deux à la fois par la fenêtre — et tombèrent.

Ce fut un grand cri dans la foule qui remplissait la rue du village, — des groupes de valets de ferme, des guirlandes de jeunes filles, des flopées d'enfants.

Par bonheur, sous la fenêtre même, une forte toile abritait l'étalage d'une marchande de jouets et de sucres d'orge. Les deux champions tombèrent sur cette toile et la crevèrent. En sentant s'affaisser sur son dos sa tente par trop surchargée, la marchande ambulante s'esquiva en criant :

— Min pain n'épice! min chuc! min chirop! ché fariboles! N'en v'là une fiête!

Les deux hommes s'étaient redressés, un peu étourdis, et s'attaquaient avec fureur. Le pied du cultivateur se prit dans la corde de la tente, et il alla rouler à quelques pas entraînant son adversaire. Par terre, les deux combattants redoublaient de colère aveugle. Les coups continuaient à tomber drus. On faisait cercle autour d'eux, et comme le Flamand semblait perdre l'avantage qu'il avait eu d'abord, deux ou trois de ses amis firent mine d'intervenir.

Ils allaient faire un mauvais parti à ce marin querelleur, lorsque Jean arriva avec Quentin, Martial et le fils aîné du fermier Matringhem. Il reconnut — avec quelle surprise! — dans l'un de ces hommes qui se rouaient de coups, roulant l'un sur l'autre, le pilote du *Richard-Wallace*.

— Eh! père Vent-Debout! cria-t-il.

— Présent! fit le vieux marin.

Devant le jeune garçon, on s'écarta. Son intervention fut comme le signal d'une trêve qui permit aux deux adversaires de se relever.

— Comment c'est donc toi, mon petit Parisien! s'écria le Breton. Arrive ici! A nous deux, nous allons leur apprendre à vivre à ces tas de mirliflores. Je suis Breton! ajouta-t-il. Ces mots sonnèrent comme une fanfare belliqueuse, avec l'accent d'une déclaration de guerre. Et sa poitrine mise à nu dans la lutte résonna sous les coups de poing qu'il se donnait en manière de défi.

Quentin Werchave intervint à son tour.

— Monsieur Vent-Debout, fit-il...

— Un monsieur comme moi, interrompit le marin, et un pékin comme toi, ça fait...

Il allait dire quelque énormité. Mais Jean lui ferma la bouche

— C'est mon ami, lui dit-il.

— Pardon, excuse! fit aussitôt le Breton, subitement radouci, et, il tendit à Werchave une main que celui-ci serra avec force.

— Messieurs, dit le petit Parisien en s'adressant aux fermiers et aux valets réunis autour d'eux, il ne faut pas irriter ce brave marin; c'est un honnête homme; pas méchant du tout...

— Tout ça c'est à cause d'Annette, murmura le père Vent-Debout en renouant sa cravate.

— Je le connais, je réponds de lui, dit Jean à haute voix et comme s'il prenait le père Vent-Debout sous sa protection.

— Si tu le connais, min garchon, lui dit le cultivateur qui s'était battu, dis-y qui quitte son air mache (1). Ch'est vrai, i vint se donner en pestac (2). Ché Flamands i se fâchent bin quind i se fâchent, et ché gendarmes ch'est pas payé pour attraper des muches !

(1) Méchant.
(2) Spectacle.

XII

Aux mines d'Anzin

Jean réussit à persuader à l'original Breton d'aller prendre à Wormhoudt la diligence pour la plus prochaine station de chemin de fer. Ce fut toutefois en lui promettant d'aller le voir à Calais, sans beaucoup tarder. Le Flamand demeuré maître du terrain, reçut une ovation bien méritée. Un peu meurtri et bleui, un œil poché et les lèvres enflées, sa blouse neuve déchirée et même ses culottes de velours, il dût en racontant en vingt endroits les phases de la lutte, vider bien des fois les chopes de la victoire.

Ce fut l'épisode héroïque de la première journée de la ducasse.

Le soir venu, on put croire, à la vivacité des altercations éclatant de divers côtés, que le pilote Vent-Debout était retourné pour réclamer son reste; mais ce n'était là que débats sans voies de fait entre voisins et amis passablement échauffés, c'est-à-dire les intermèdes obligés des longs et copieux repas de la fête villageoise.

Le lendemain et le surlendemain virent la même animation, les mêmes jeux, les mêmes danses, les mêmes festins. La fête devait durer jusqu'au dimanche suivant; mais vu le peu de temps dont pouvaient disposer Jean et son ami Quentin, il leur fut permis, ainsi qu'à Martial Sockeel, de prendre congé... Les deux cousins voulaient mener le petit Parisien à Bergues, chez une très vieille dame qui était leur grand'tante, et l'on devait partir le mercredi matin de bonne heure.

Jean fut réveillé ce matin-là par un mouvement inusité qui mettait la maison en émoi. Il sut bientôt que ce jour était fixé pour le départ d'un vieux serviteur de la famille, le père Martin qui pendant plus de cinquante années avait vécu sous ce toit béni. Le pauvre vieux, à qui étaient confiés la garde et le soin de la bergerie, se sentant incapable de s'acquitter plus longtemps de sa tâche en homme soigneux et honnête, voulait s'en aller. Et il s'en allait, le cœur brisé, mais aussi avec la conviction qu'il remplissait un devoir; rien n'avait pu le retenir, aucune bonne parole des maîtres, aucune promesse de lui laisser achever sa vieillesse dans cette maison, à la prospérité de laquelle il avait travaillé de toutes ses forces, tant qu'il avait eu des forces.

Il est vrai que le père Martin en s'éloignant n'allait pas à l'aventure. Marié à une femme qui habitait un village à vingt lieues de là, il retournait enfin auprès d'elle, cette fois pour ne plus la quitter. Et puis il reviendrait en visiteur ; il reviendrait souvent voir si ses maîtres continuaient d'être heureux, et si ses moutons — ou du moins le troupeau — avait réellement gagné à changer de mains, comme il l'espérait.

Le père Martin ému jusqu'aux larmes parcourait la maison. On entendait sa voix dans l'escalier. C'étaient des adieux navrés comme on en adresse aux morts, mais c'est lui, dont la vie écoulée arrivait à son terme, qui disait cet adieu aux vivants, aux jeunes.

Le vieux berger avait vu naître la maîtresse de la maison, et tous ces enfants qu'il quittait; bambins, il les avait portés dans ses bras avec cette tendresse acquise à rapporter soigneusement des pâturages, les agneaux nouveau-nés ; il les avait vus grandir, les garçons devenir forts et hardis, les filles belles et respectueuses, les uns et les autres se marier, augmenter la famille de nouveaux rejetons, et il se répandait en gémissements; son affliction trahissait sa volonté; mais sa faiblesse n'allait pas jusqu'à accepter cette offre faite de si grand cœur : — Restez ici, père Martin, vous aurez toujours votre place auprès de nous, à notre foyer, nous vous soignerons... Non, non, ce n'était pas possible, ces choses-là ne se font pas. Mieux valait dire adieu à tous, adieu tout de suite puisqu'il avait encore la volonté de partir. — Adieu mon petit Paul! adieu mon Albert! adieu ma Cornélie! adieu ma Noémie! adieu ma Berthe! adieu mes beaux enfants! adieu ma chère et bonne maîtresse! adieu mon maître!

Il entra dans la chambre où Jean était couché. Il voulait serrer la main au petit monsieur de Paris. Il s'approcha du lit d'un pas vacillant et Jean vit trembler cette tête respectable, toute blanche de cheveux descendant jusqu'aux épaules. Le petit Parisien plaisait beaucoup au père Martin parce qu'il lui rappelait Paris, visité par lui lors de l'Exposition universelle de 1855 au

Palais de l'Industrie : c'était là le point lumineux de la vie du bonhomme : Paris ! Aussi après les premiers mots dits à l'occasion de son départ, cessant de soupirer, et essuyant ses yeux d'un revers de main, il releva fièrement la tête et sa haute taille, et dit :

— C'est beau Paris, tu sais ?

Il parlait avec un sentiment d'orgueil bien touchant, ce vieillard dont l'existence tout entière s'était écoulée humblement dans une région extrême de la France et qui n'a pas toujours été française...

Le plaisir de pouvoir parler une fois encore de son Paris consola un peu le père Martin... Quand le jour parut — une matinée noyée dans les brumes d'octobre—le vieux berger avait quitté la ferme, conduit en breack par le fils aîné de la maison.

Quelques heures après Jean et les deux cousins, après de cordiaux adieux, roulaient en « diligence » sur la route d'Esquelbecq où, aussitôt arrivés, ils prirent le chemin de fer pour Bergues.

Cette ville, située à deux lieues de Dunkerque, où aboutit la voix ferrée, est également placée au point de jonction du canal de la Colme avec deux autres canaux se dirigeant vers Dunkerque et vers Furnes. Ceinte de remparts, elle est protégée par trois forts.

Nos voyageurs aperçurent tout d'abord le beffroi, orgueil des Berguenards, dont ils sont aussi fiers que des savantes fortifications de Vauban. C'est en effet un monument curieux et pittoresque du seizième siècle, ayant retenu quelque chose du style espagnol, soumis lui-même à l'influence de l'architecture des Maures, une haute tour carrée, chargée sur chacune de ses façades d'un double rang d'ogives aveugles superposées, flanquée dans sa partie supérieure de quatre tourelles polygonales, et terminée par un lanterne d'où s'échappe à toutes les heures le carillon cher aux villes flamandes.

Quentin et Martial conduisirent Jean à leur grand'tante ; puis après cette visite toute de politesse, comme ils avaient refusé par discrétion, vu l'âge avancé de leur parente, une invitation à dîner, ils allèrent prendre leur repas dans le meilleur restaurant de l'endroit. Pour faire la digestion d'un solide dîner flamand rien de mieux ne s'offrait comme de voir les curiosités de la ville.

Ils se mirent donc en mouvement pour visiter l'hôtel de ville et le musée, de construction nouvelle, édifiés exactement sur les plans d'un hôtel du seizième siècle, qui s'élevait au même endroit; l'église Saint-Martin, fort belle, datant de 1500 environ; son trésor, qui renferme la châsse de saint

Winoc et vingt-quatre petits tableaux sur cuivre de Robert Van Ouke, vraiment merveilleux; puis les ruines de l'ancienne abbaye de Saint-Winoc et dont une chapelle atteste encore la magnificence. L'abbaye a été détruite en 1793 : voilà ce qu'enseigne aux touristes ce qui reste de la tour Blanche et de la tour Bleue. Il fut un temps où le prince-abbé de Bergues conviait en ce lieu toute la noblesse des environs et les hauts bourgeois de la cité flamande, et l'on menait un grand train de vie à l'abbaye bénédictine...

Le soir, on repartit pour Lille. Martial avait la permission d'accompagner à Lille et même plus loin son cousin Quentin. Il ne se fit pas faute d'en user. Une trêve était intervenue, les jeux de mains supprimés d'un commun accord, et une paix fraternelle régnait entre les trois jeunes gens.

A leur arrivée à Lille, les trois amis se rendirent au champ de foire. L'étalage de librairie était toujours à la même place, la toile baissée. De loin, de très loin, Jean constata la présence sur les tréteaux de mademoiselle Cydalise, et, prétextant quelque fatigue, il abandonna ses amis, très en train, disposés à tout voir, et rentra — se cacher — dans le petit hôtel où il logeait. Il ne voulait pas rester à Lille. Aussi était-il question de visiter, pendant les derniers jours de la fête, Roubaix et Tourcoing, Valenciennes, puis les mines d'Anzin. De retour à Lille, Jean réunirait les livres non vendus et rentrerait à Paris — avec bien d'autres projets...

On se mit en route le lendemain, mais pas avant d'avoir visité le musée Wicar, installé au deuxième étage de l'hôtel de ville, et qui est la curiosité artistique de Lille, son plus précieux trésor. Légué à sa ville natale par J. B. Wicar, mort à Rome en 1834, il renferme une collection de dessins de maîtres italiens : deux cents dessins de Michel-Ange, soixante-huit de Raphaël, des dessins du Titien, de Léonard de Vinci... en tout plus de quatorze cents pièces.

Enfin voilà notre trio en chemin de fer.

En sortant de Lille, on laisse à droite la ligne de Paris, puis à gauche la ligne de Calais. Plus loin la voie franchit sur un viaduc le canal de Roubaix à la Deule. A peine a-t-on quitté Lille et déjà dès la première et la seconde station du chemin de fer qui mène à Courtray (en Belgique) on rencontre ces deux villes considérables, Roubaix et Tourcoing, qui par l'accroissement de leur population ouvrière et l'absence de remparts, tendent à se rejoindre grâce à leur extension et à leurs faubourgs.

Roubaix existait comme cité industrielle au quinzième siècle, mais en 1800 c'était encore une petite ville de 8,700 habitants; Tourcoing n'était guère plus peuplé. Ces deux villes se sont développées comme par enchantement à onze et treize kilomètres du chef-lieu, et comptent aujourd'hui parmi les centres les plus industrieux de notre pays. La population de Roubaix a dépassé 90,000 âmes, et celle de Tourcoing est de 50,000 habitants. Il n'y a pas beaucoup de villes de France, qui soient aussi peuplées.

Roubaix — comme Reims — est l'une des plus importantes fabriques de France, pour les tissus de laine. La ville industrielle d'Angleterre avec laquelle elle rivalise pour la production d'étoffes du même genre est Bradford. Si elle est inférieure à la ville anglaise par la puissance du matériel, elle lui est supérieure par le choix des dessins et la finesse qu'elle peut donner aux fils. C'est par plusieurs centaines qu'on y compte les fabricants de tissus. Roubaix mélange admirablement la laine, la soie, le coton et le fil; elle crée, pour les gilets et les pantalons, des étoffes dites de « fantaisie », qu'on ne surpasse nulle part, et qui se distinguent, outre leurs qualités, par un bon marché réel; elle suit de près les changements de la mode; avec les mêmes nuances, elle renouvelle sans cesse les dessins de ses tissus; elle fait chaque année pour un chiffre considérable d'affaires.

Tourcoing est comme l'annexe, la succursale de Roubaix; c'est là que sont les peigneries et les filatures dont Roubaix tire les fils qu'elle met en œuvre; Tourcoing exerce l'industrie du lainage depuis le treizième siècle. Après des commencements modestes, elle est devenue pour la laine, le marché le plus important du nord de la France. Il entre chaque semaine à Roubaix, six cents tonnes de laines brutes, dont une moitié alimente les manufactures de tissus; le surplus est livré en fils. Cette laine vient surtout d'Angleterre — d'Australie — et de Hollande; car il faut de très belles laines pour les tissus de Roubaix.

On utilise pour la fabrication des molletons, la fabrication des tapis de moquettes et des étoffes pour ameublement, les laines provenant des déchets du peignage, et les laines courtes de la toison. Les tissus en fil de lin entrent aussi, pour une bonne part, dans l'énorme production de cette ville. Le chiffre annuel des affaires de ces deux villes ensemble dépasse certainement trois cent cinquante millons !

Particularité remarquable : Roubaix et Tourcoing ne sont que de simples chefs-lieux de canton.

Voilà ce qui fut révélé au petit Parisien, dans la visite successive de ces deux villes douées d'une si grande vitalité. Trois kilomètres les séparent. Leurs environs n'offrent rien de pittoresque; leurs monuments ne comptent

Les ouvriers quittaient le travail (page 403).

pas; les rues de Roubaix sont larges, propres voilà tout, Tourcoing est une bonne cité flamande. La merveille ici, c'est l'industrie qui l'a créée !

Quentin Werchave, tout frivole qu'il fût, aimait son pays et en particulier — ce qui n'est pas un défaut — son département. Il sut faire valoir aux yeux de Jean et de Martial la puissante activité de ces deux incomparables villes.

Lorsqu'on eut assez admiré, on s'en revint coucher à Lille.

Le lendemain, on repartit dans une autre direction ; cette fois pour Valenciennes. L'objet véritable du voyage était une visite aux mines d'Anzin.

Valenciennes, place forte de première classe est un chef-lieu d'arrondissement. Elle a une citadelle, peu ou point de monuments. On y voit toutefois, dans un jardin public, la statue de Froissart : chose remarquable, le département du Nord peut revendiquer nos plus anciens historiens : Jean Froissart, Philippe de Commynes, et Enguerrand de Monstrelet lui appartiennent. Valenciennes vient aussi d'ériger en l'honneur de Watteau une des dernières œuvres de Carpeaux — aussi l'un de ses enfants.

L'Escaut, plusieurs canaux et chemins de fer mettent Valenciennes en communication facile avec Lille, Tournay, Mons, Condé, Cambrai... Paris et Bruxelles. Ville d'usines, on y fabrique surtout des batistes et des linons. Le commerce de Valenciennes porte sur le charbon de terre, objet d'un énorme trafic, le bois, le sucre de betterave, les blés, les graines, et sur les produits de son industrie. Le travail de la dentelle qui a fait longtemps la renommée de cette ville a presque entièrement cessé, et s'est transporté à Bailleul. Ces belles dentelles faites au fuseau ont gardé leur nom de valenciennes et sont toujours très recherchées pour la beauté et la finesse de leur exécution ; elles valent jusqu'à cent francs le mètre.

Le bourg d'Anzin est aux portes de Valenciennes. Les célèbres mines de houille que le sol recèle dans cette région, fournissent par leur exploitation la cinquième partie de la production nationale, formée de deux cent soixante-huit mines exploitées, réparties dans trente-sept départements, et donnant annuellement quarante-six millions de quintaux métriques.

Autour des puits de ces mines du Nord se sont formées des agglomérations d'ouvriers, la plupart entre la Scarpe et l'Escaut : Anzin, Raismes, Hasnon, Fresnes, Odomez, et Vieux-Condé, — non loin de la place forte de Condé. Des bassins ont été creusés à Denain, qui est à cheval sur l'Escaut, à Condé, Saint-Saulve et autres localités riveraines du fleuve; des canaux et des chemins de fer sillonnent le pays dans tous les sens ; sous terre même, des voies ferrées à traction de vapeur mettent en communication des galeries distantes entre elles. Dans cet espace et sur des points choisis, la Compagnie a ouvert trente puits d'extraction que desservent trente-quatre machines à vapeur ayant une force de 1,700 chevaux; il sort chaque année de ces puits les meilleures qualités de combustible minéral que renferme notre sol, la houille grasse ou « charbon de forge » et de « maréchal », contenant beaucoup de bitume, avantageusement employée pour le travail du fer, les houilles à coke et à gaz, enfin les houilles demi-grasses, dures ou maigres, avec mélange d'anthracite préférables pour le chauffage des maisons et pour cuire les briques, la chaux, le plâtre, etc. Pour étancher et assainir les galeries d'où s'extraient ces richesses souterraines, il a fallu mener de front d'autres travaux : contre les inondations, les machines d'épuisement ; contre les gaz méphitiques les puits d'aérage ; contre les éboulements, les boisages et les remblais.

La zone houillère, dont les bassins du Nord et du Pas-de-Calais font partie, est recouverte par des terrains secondaires qui sont de plus en plus puissants à mesure qu'on s'avance vers l'ouest. Ces terrains ont sous le territoire d'Anzin, de Denain, d'Aniche et des autres points du groupe des environs de Valenciennes, une épaisseur de quatre-vingts à cent mètres; mais cette épaisseur dépasse cent cinquante mètres en plusieurs endroits du Pas-de-Calais.

Quentin conduisit Jean et Martial aux puits même, à l'heure où les ouvriers quittaient le travail. Les ouvriers sortaient des entrailles de la terre, de la nuit, et se trouvaient au dehors avec la nuit tombante, — mais une nuit qu'éclairait çà et là des fours à coke, qui lançaient dans l'air mille flammèches brillantes : les feux des fourneaux en activité jaillissent de divers côtés comme de la surface du sol, avec l'illusion d'une illumination. Toutes ces lueurs se réfiétaient dans la fumée condensée dans l'air comme une coupole. Étrange spectacle que celui de cette exploitation formidable ! Mais par cette soirée humide d'octobre l'impression était peu favorable...

— Hé, hé ! fit Jean, ce n'est pas déjà si gai en cette saison, ce genre de travail ! Et comment sortent-ils de ... là-dedans? (Il n'osait pas dire toute sa pensée) Y a-t-il des échelles ?...

— Il y en avait autrefois, répondit Quentin, où plutôt d'interminables escaliers, tellement à pic qu'ils donnaient le vertige aux hommes et les exténuaient. Les ouvriers devenaient asthmatiques. Ça, ça ! à quarante ans il leur fallait cesser certains travaux fatigants qu'aujourd'hui ils peuvent faire encore jusqu'à cinquante ans. On a employé des bennes ou cages contenant les mineurs, pour la descente comme pour la montée. Mais la rupture du câble dans ces deux opérations était une cause permanente d'accidents. Mieux vaut un carreau cassé que la maison perdue ! On s'y résignait comme à une des fatalités de la profession : il y en a bien d'autres ! Tout le monde ne peut avoir au ciel une bonne étoile !

» Mais voilà qu'une invention, — une invention utile celle-là — a fait disparaître ces terribles risques. On m'a dit que l'honneur en revient à un maître menuisier d'Anzin, un nommé Fontaine. Voici en quoi elle consiste : la benne, ou cage, n'avait pour point d'appui que le câble et le billot sur lequel le câble s'enroule. Il s'agissait de lui ménager un autre point d'appui en cas d'accident. Pour cela on a muni le puits de guides, c'est-à-dire d'un double chemin vertical, le long duquel glissent les cages dans lesquelles entrent les mineurs. Le câble se brise-t-il ? à l'instant un ressort placé au-dessus de la cage, et que la tension du câble comprimait se détend. Il commande une double griffe de l'acier le plus résistant, le mieux trempé ; cette griffe, sorte de grappin, entre instantanément dans le bois des guides avant même qu'un commencement de descente ait pu avoir lieu, et la cage reste suspendue avec sa charge : l'engin de sauvetage s'est si bien logé dans le bois, qu'on a tout le temps nécessaire pour dégager les travailleurs exposés. Il n'est pas d'exemple que ces parachutes aient manqué à ce qu'on attendait de leur emploi, et chaque jour on les perfectionne. On a obtenu ainsi un moyen de transport offrant une sécurité presque absolue. »

Dans un paysage assez triste, les chemins étaient tout noirs d'une houille broyée par les pieds de milliers de mineurs. Jean s'étonnait de voir tant d'ouvriers, — une fourmilière humaine en un endroit relativement désert un quart d'heure auparavant.

— La Compagnie en emploie plus de dix mille ! lui dit son ami Quentin. Il y a les ouvriers qui travaillent à la veine, ceux qui travaillent à l'abatage, et aux galeries, au rocher, au herchage ou transport, et bien d'autres...

— Combien peuvent-ils gagner ? demanda Martial.

— C'est suivant leurs forces et leur habileté ; ça varie entre 2 fr. 25 centimes par jour et 3 francs. Dans le nombre sont comprises quelques femmes et des jeunes filles ; mais celles-ci ne descendent pas dans les puits. Leur salaire varie entre 50 centimes par jour et 1 fr. 25.

— Que font-elles alors, si elles ne descendent pas ? demandèrent en même temps Jean et le cousin de Quentin.

— Elles sont employées soit à des triages, soit à des chargements ou déchargements de bateaux ; des jeunes garçons sont également occupés à des travaux de fond ou de jour à raison de 85 centimes, 1,25 et 1,50, suivant leur âge et leur force.

Quentin conduisit ses amis dans un cabaret ou une cantine, où les mineurs se pressaient, altérés et affamés, autour des tables. Ils étaient là le front moite, les joues et le menton noirs de poussière ; ça leur donnait un air de famille. Bientôt un bruit d'active mastication se fit entendre. Nos voyageurs s'assirent au milieu d'eux et prirent un acompte sur le repas du soir.

Quelques-uns de ces ouvriers ne demandaient pas mieux que de causer; ceux-là pour le plaisir de faire valoir leurs mines, devant des étrangers, de faire briller la Compagnie, un ou deux pour se soulager le cœur.

Dans cette conversation, Jean et ses compagnons apprirent combien d'améliorations successives s'étaient introduites dans l'exploitation des houillères d'Anzin. Chaque détail correspondait à une date dans les annales de la science. Ainsi, la première machine d'épuisement montée sur le continent fut construite à Anzin en 1732 et appliquée aux fossés de Fresnes; ainsi, la première machine d'extraction connue en France est celle que l'on voit encore à la fosse de Vivier, et qui remonte à 1802 ; pour les eaux comme pour le charbon, on n'avait jusque-là employé que des manèges mus par des chevaux. Pour l'aérage des galeries, on se contentait des courants d'air dus au hasard des fouilles, sans chercher à diriger ces courants d'air, ni à en accroître l'énergie ; encore moins suppléait-on par une ventilation artificielle à un aérage insuffisant. Aussi les accidents se succédaient-ils en jonchant le sol de victimes.

C'était, au dire d'un ouvrier, le feu occasionné par les explosions de la poudre à mine, et les incendies qui prennent quelquefois naissance par la décomposition du menu charbon. Ce feu-là s'alimente et se propage avec une terrifiante intensité. Pour arrêter sa marche, le mineur doit fermer les galeries avec des murs d'argile, travail héroïque à accomplir en face d'un foyer incandescent, portant la température jusqu'à 60 degrés !

C'était l'eau, au dire d'un autre ouvrier, — les inondations souterraines, lorsque des infiltrations accumulées depuis des siècles au fond des mines forment des lacs, des amas que retiennent des « batardeaux, » façonnés en ciment et en argile, ou des « serrements » en bois, qui ne résistent pas toujours à une forte pression ; ou encore une inondation venue du dehors, comme celle qui amena dans le Gard, il y a une douzaine d'années, les eaux de la Cèse débordée dans les houillères de Lalle.

C'étaient encore, selon un mineur d'âge mûr, les éboulis mal combattus par des boisages fragiles ou seulement quelques piliers de charbon réservés pour soutien, et dont l'art des mines n'a eu raison que par de solides remblais.

— C'était surtout le terrible feu grisou ! s'écria un ardent jeune homme à la parole vibrante. Et il expliqua comment un gaz exterminateur, par des éclats projetés dans toutes les directions, répand la mort parmi les mineurs.

La formidable détonation aveugle et brûle les uns, lance au loin les autres; elle les tord, les broie, les écrase; elle les asphyxie par ses gaz délétères; le puits est transformé en un volcan qui vomit dans l'air des pierres arrachées aux murailles, des débris de charpentes, les bennes et les câbles. Ceux qui survivent à ces horribles catastrophes, enfermés vivants dans un tombeau n'ont qu'un faible espoir de revoir la lumière du jour, si ardemment que se soient mis à l'œuvre leurs camarades, pour tenter d'arracher à la mort des corps à moitié carbonisés, ou émaciés, réduits à l'état de squelette, couverts de plaies, rongés par la gangrène... La lampe de Davy, dont la lumière enfermée dans un rouleau de toile métallique empêche le gaz extérieur de s'enflammer, n'a pas encore conjuré tous les dangers d'explosion.

Jean et ses amis purent encore se faire une idée de l'organisation de cette vaste exploitation des mines d'Anzin. Il fut question des puits d'aérage, presque nuls au début, au nombre de dix-sept aujourd'hui, et munis d'une énergie telle que chacun d'eux peut extraire douze mètres cubes d'air par seconde. L'épuisement des eaux du fond se fait par neuf puits au moyen de machines d'une force totale de 700 chevaux. Partout la grandeur des moyens étonne. S'agit-il de la conversion du charbon en coke par la combustion de la houille en « vase clos? » C'est un débouché indirect, mais qui tend à devenir de jour en jour plus considérable? Anzin peut mettre en ligne sept cents fours qui produisent 700,000 kilos de coke par jour, dans de bonnes conditions. D'autres opérations donnent une dénaturation analogue. Les menus charbons, résidus de triages successifs, ont le double inconvénient d'avoir une valeur moindre que les autres charbons marchands, et d'être en même temps d'un emploi et d'un transport plus difficiles. On en a tiré bon parti pour la fabrication des agglomérés. La poussière et le menu charbon, mélangés de brai liquide, passent par d'ingénieuses machines qui les transforment en briquettes d'un volume égal et d'un arrimage facile.

La façon dont la Compagnie pourvoit aux besoins de ses ouvriers, les fondations économiques créées pour leur venir en aide, dans le présent, en faisant bâtir pour eux des maisons dont ils peuvent assez aisément devenir propriétaires; dans l'avenir, en prévision de la vieillesse; dans leurs maladies, dans les accidents du travail et même les chômages; tout cela fut exposé avec beaucoup de franchise et un sentiment de reconnaissance.

Il s'agit d'une population de 16,000 personnes, directement ou indirectement salariées ou assistées par la Compagnie d'Anzin : les mineurs, ceux que l'on nomme les hommes du fond, 9,000 environ, — les journaliers et artisans distribués dans les chantiers et les ateliers établis au jour, 2,000, — ceux qu'occupent les charrois et les magasins, 1,100, — les employés, 300, — les pensionnaires en retraite, 1,000, — les enfants admis gratuitement à l'école, 2,700, — autant d'existences qui dépendent de la Compagnie, puisent dans sa caisse, ont leur part des recettes qu'elle fait. Qu'un accident arrive, il faut au passif annuel ajouter des charges imprévues.

Pendant la guerre de 1870-71, et après la guerre, le travail ne s'est pas ralenti, même quand les débouchés étaient fermés. Deux levées de soldats et les appels successifs de mobiles avaient éclairci les rangs de ses ouvriers ; le grand débouché de Paris était fermé à ses convois ; Anzin n'en a pas moins maintenue ce travail, seule ressource de tant de familles. Pendant bien des mois, le charbon a encombré ses fosses, comblé ses gares, couvert les bords des canaux. Eh bien ! avec ses larges réserves, la Compagnie a suffi à tout.

Jean demanda à qui appartenaient ces mines, et apprit que leur propriété est divisée en vingt « sous » d'une valeur totale de cinquante-huit millions ; ces vingt sous se subdivisent en deux cent quatre-vingt-huit « deniers » de deux cent mille francs environ. Jolis deniers !

Sur cette question, un des ouvriers qui avait déjà exprimé son mécontentement sur divers points, prit la parole, à demi-voix, regardant au plafond de la salle comme pour y lire ce qu'il exposa en ces termes :

— Je me suis laissé dire que sous la première (la première République) les propriétaires d'alors émigrèrent ; pas tous, mais un bon nombre. L'État saisit leurs parts et les vendit, sur le pied de cinq millions pour la totalité. L'adjudication eut lieu dans un moment où les assignats étaient en dépréciation, et le paiement quand les assignats étaient à zéro. De sorte que de plusieurs des propriétaires actuels, on peut dire que s'ils sont riches, c'est que... c'est que...

L'ouvrier s'irritait visiblement. Quentin voulut le calmer.

— C'est que, dit-il, leurs pères se sont levés de bon matin... De même, vous en voyez qui possèdent un grand nez... C'est qu'ils sont arrivés dès l'aube à la foire aux nez. Et puis vous savez le proverbe : Le bonheur vole ; celui qui l'attrape le tient bien !

XIII

Jean vaincu

Jean, un peu calmé par le mouvement qu'il s'était donné en Flandre grâce à l'insistance de l'ami Quentin, avait repris le chemin de Paris, ne rapportant de la foire de Lille que bien peu de livres non vendus. Aussi le libraire qui l'employait, content de ses services, lui promit-il de confier à ses soins une opération du même genre, mais plus importante, lors des fêtes de l'année suivante.

Cette promesse fut accueillie par le petit Parisien avec une gratitude limitée. On parlait d'une année ? qui sait ce qui arriverait dans le cours de cette année ? Ah ! qu'il serait loin sans doute de la librairie du quai des Grands-Augustins ! C'en était fait ; il ne pouvait plus vivre ainsi. Il sentait de semaine en semaine son découragement lui revenir.

L'hiver parisien, pluvieux cette année-là, le trouvait bien triste, bien abattu... Quels itinéraires lugubres, ces retours de chaque soir à la maison de l'oncle Blaisot, dans le faubourg Saint-Antoine, en prenant par des quais et des ponts noyés dans la brume froide ! Toujours l'ouvrier ébéniste avait oublié de s'occuper du dîner, et c'est Jean qui en réunissait les éléments chez les petits restaurateurs du voisinage. A la dernière bouchée l'oncle Blaisot s'endormait, et Jean préférait encore se trouver en tête-à-tête avec ce ronfleur émérite que de jouir de sa conversation idiote d'alcoolisé.

Il semblait au pauvre garçon que toute l'animation, toute la vie fussent réfugiées en un seul endroit du monde : la région du Nord qu'il venait de quitter, emportant dans ses oreilles les cris de joie, les chansons, les détonations, les fanfares de la fête ; et ses yeux demeuraient éblouis par la profusion

Un homme sortit en culbutant le petit Parisien (page 416).

des lumières, les costumes voyants, galonnés d'or et d'argent des funambules, les torses à pleins maillots des hercules, les pitres enfarinés, les somnambules, les géants et les nains, les bêtes fauves hurlant et secouant les barreaux de leurs cages, toutes les bizarreries, toutes les étrangetés, toutes les monstruosités, et dominant cela comme en une apothéose, l'image radieuse et pure d'Emmeline...

D'après les indications fournies à Quentin Werchave par le géant tyrolien, Jean comptait que la troupe où Risler et madame Cydalise tenaient une si grande place avait dû aller passer à Valenciennes les trois semaines qu'y dure la fête. D'ordinaire après Valenciennes, les grandes troupes se divisent; les unes passent en Belgique, les autres se donnent rendez-vous à Dunkerque pour le premier janvier. Risler et son patron, le bonhomme Sartorius, avaient opté d'avance pour cette ville. Jean se promit d'aller les y rejoindre. Pourquoi faire ? Il verrait...

Il se garda de parler de ses projets à M. Pascalet, qu'il allait voir quelquefois. Il n'en dit rien non plus à l'oncle Blaisot. Mais il fit des confidences à son ami Bordelais la Rose, toujours retenu à Mérignac. Dans ses lettres, il lui avoua que sachant maintenant où trouver Jacob Risler, il se sentait pris d'une grande envie de faire la paix avec son parent. Peut-être l'amènerait-il par la douceur à reconnaître que son père, injustement accusé, ne méritait nullement cette réprobation qui s'attachait à son souvenir dans le lieu où il avait vécu. Peut-être Jacob Risler, veuf d'une méchante femme, séparé du compère Hans qui avait exercé sur lui une si funeste influence, voyant son petit-cousin grandir, devenir un homme, se départirait-il enfin de son système de dénigrement. Il n'était pas jusqu'à ce ruban rouge, fort avantageux à exhiber lorsqu'il s'agissait de capter la confiance des commerçants du Cantal, qui ne devenait inutile au milieu d'un monde vivant un peu en marge de la société...

Bordelais encouragea assez cette manière de voir de son jeune ami. Certainement, selon lui, ce coquin d'Allemand n'oserait plus se montrer, pas plus que la Grédel ne reviendrait de l'autre monde. Sac et giberne ! il ne fallait peut-être pas regretter la disparition de ce voleur, pas trop payée par la perte d'une montre d'or et de quelques billets de banque. L'ex-zouave se déclara prêt à mettre à la disposition de Jean une centaine de francs et même davantage, si au prix d'une nouvelle tentative il devait réussir à ce qu'il avait tant à cœur : le bon renom de son père ! Jean accepta les subsides offerts, et après avoir pris congé de son patron, — très convenablement, — il se trouva le 31 décembre, vers le soir, dans les rues bruyantes et animées de Dunkerque, où le carnaval allait donner la main à la ducasse.

Du haut des airs, ô surprise ! descendait sur la ville un concert d'harmonie : le fameux carillon du vieux beffroi, par la sonnerie de ses cloches et de ses clochettes annonçait la fête. C'était un pot pourri de tous les airs à la mode, des chansons populaires, et des réminiscences d'opérettes, sur un ton aigu, brodés sur un fond large et grave. Ce carillon, orgueil de la ville, un temps délaissé, rétabli en 1853, charme d'heure en heure les oreilles des bons Dunkerquois. Le samedi et le dimanche de véritables artistes prennent possession de son clavier.

Le gaz s'allumait partout; les rues s'animaient; et comme on est loin à Dunkerque, d'avoir renoncé au carnaval et que déguisements et mascarades y semblent une utile protestation contre le dédain des vieux us, des groupes en costumes bariolés, taillés par le caprice et assemblés par la fantaisie, se croisaient en sens divers, se dirigeant vers les endroits où l'on devait, par la danse, finir joyeusement l'année. Ceux qui ne dansaient plus, — le goût de la danse est très vif, très répandu dans la ville maritime — ceux-là se grisaient et exhalaient par les rues en sons gutturaux d'anciens refrains flamands. Des marins de toutes les nations se montraient disposés, comme toujours à suivre le branle.

Dans le lointain, la ducasse qui commençait le lendemain et devait durer trois ou quatre semaines, donnait aussi par anticipation ses premiers coups de cymbale et de grosse caisse.

Jean respira plus librement. Il retrouvait enfin l'atmosphère qui convenait à ses poumons. Une dernière fois, il pensa encore à la baronne du Vergier — que son imagination lui représentait assise, triste et songeuse, au coin de sa cheminée — et il se promit bien de n'y plus penser.

Il chercha le beffroi d'où s'égrenaient dans le brouillard de gais fredons, et il se trouva au pied d'une très grosse tour carrée vieille de plusieurs siècles, séparée par la largeur d'une rue de la colonnade qui sert de portail à l'église gothique de Saint-Éloi, — colonnade, disons-le en passant, bizarrement rapportée à cet édifice, et qui est une reproduction de la colonnade et du fronton du Panthéon de Rome : un auvent en bois élevé par une municipalité vigilante garantit les gens contre les fragments qui se détachent incessamment des pierres par trop friables qui, au siècle dernier, ont servi à l'édification de cette façade.

Le beffroi trouvé et toisé du regard, Jean courut du côté où s'établissait la fête. Il passa par des rues Jean-Bart, des places Jean-Bart, longea des canaux Jean-Bart, avisa un hôtel Jean-Bart où il se promit de venir demander une chambre, un restaurant Jean-Bart, un café Jean-Bart. Le proverbe : Nul n'est prophète en son pays, ment à Dunkerque. Il est impossible d'ignorer que le petit marin qui fit ses premières armes et son apprentissage sous le Hollandais Ruyter, — cet excellent maître qu'il devait battre un jour, — est le fils de la cité maritime, glorieusement revendiqué par elle. Jean se heurta contre une statue : Jean Bart, bien sûr ! Jean Bart sauva plusieurs fois Dunkerque ; sa ville natale lui devait bien une statue. C'est en 1845 que fut élevée sur la grande place, l'œuvre — passablement critiquée — de David d'Angers.

Arrivé au champ de foire, Jean se glissa derrière les loges des saltimbanques, essayant de reconnaître celle qu'occupait la troupe dont faisait partie mademoiselle Cydalise. Ce n'était pas chose facile, surtout dans la demi-obscurité produite par les loges, et il allait y renoncer, essayant de se dégager d'un enchevêtrement de ces voitures dans lesquelles les saltimbanques passent une partie de leur vie nomade, lorsqu'il aperçut assis sur la plate-forme à balustrade ménagée à l'avant d'une de ces voitures, un grand corps plié en deux, les genoux venant très haut atteindre le menton.

— Si c'était le géant tyrolien ? se dit-il. Ce doit être lui ; mais oui, c'est lui !

Le géant tyrolien fumait une courte pipe, comme un simple mortel.

— Si je reprenais l'entretien commencé à Lille entre Sa Grandeur et l'ami Quentin ? se dit encore Jean. Il doit y avoir une suite intéressante à connaître...

Jean approcha avec précaution de l'homme énorme.

— M'sieu, fit-il, en retrouvant les subtiles intonations du gamin de Paris, c'est bien vrai que vous êtes un géant ?

— Saperlipopète ! ce n'est que trop vrai !

— Ça vous incommode, alors ?

— Oui, pour m'étendre à mon aise dans un lit... en travers de cette voiture. C'est à la lettre !

— Je comprends ça, fit le petit Parisien, d'un ton compatissant, excellent pour entrer en matière.

— Ça me gêne aussi pour le manger et le boire.

— Est-ce que les bras sont trop courts... pour arriver à la bouche ?

— Ce n'est point cela, l'ami bêta ! C'est que j'ai toujours faim, et toujours soif... avec un si grand corps à sustenter, saperlipopète !

— Soif ? Eh bien, et les brasseries donc ? et les cafés qui sont en face ?

— Un géant ne peut pas se montrer dans tous les lieux publics sans compromettre la recette...

— Ça c'est vrai ; je l'oubliais ; autrement je vous aurais invité à venir rafraîchir votre grande personne à la brasserie voisine.

— De plus, à Dunkerque, je suis plus gêné que n'importe où ?

— Vous vous sentiriez plus à l'aise si vous étiez dans les montagnes du Tyrol?

— Assurément, car je suis né à Dunkerque, — impasse Jean-Bart. C'est à la lettre. On me reconnaîtrait donc bien vite, et le truc serait débiné.

— Ah! je commence à comprendre, dit Jean qui cherchait diplomatiquement un moyen de pénétrer dans la familiarité du pseudo-tyrolien. Dans tous les cas, ne soyez pas gêné vis-à-vis de moi, qui viens de Paris. Mais, insinua-t-il en paraissant se raviser, si je faisais apporter ici — sur la plate-forme de cette voiture — une canette et deux verres?

— J'y consens volontiers, malgré la fraîcheur de la soirée; même je préférerais un verre et deux canettes, — et même des doubles canettes: Je suis de force à tout boire...

— Je veux me donner le plaisir de vérifier la chose, dit Jean affectant l'incrédulité. Attendez-moi un moment...

— Sous l'orme? cria le géant, au jeune garçon qui s'éloignait.

— Avec ça! fit Jean réellement alarmé du peu de confiance qu'on lui montrait. Pas de bêtise, au moins! attendez-moi.

Le géant tyrolien passablement intrigué sur les suites de cette invitation si prompte, fut agréablement surpris en entendant bientôt le tintement des canettes et des verres, et en voyant déboucher au milieu de l'encombrement des voitures cet aimable Parisien, si poli, escorté d'un garçon de brasserie qui s'avançait chargé d'une bière mousseuse. Il aspira fortement sa pipe pour les éclairer dans leur marche, et recommanda de prendre garde aux nombreux piquets plantés en terre.

— Attention au liquide! ajouta-t-il.

Les doubles canettes — les moos — furent posées sur la plate-forme et le géant emplit les verres sans répandre une goutte: il avait l'œil fait à l'obscurité.

— A votre santé, mon ami! dit-il en vidant d'un trait la première chope. Cela me donnera du velouté pour chanter tantôt ma tyrolienne... la-la-itou! la-la-itou! C'est notre première... salle comble... cela fera bien!

— Vous allez donc me quitter tout de suite? dit Jean alarmé.

— Pas avant d'avoir vidé les canettes, répondit le géant, sans souci aucun des convenances.

Jean se préparait à questionner, mais le géant ne lui en laissa pas le loisir.

— Je suis sûr, dit-il, mon petit ami, que vous êtes venu à la ducasse de Dunkerque pour vous dégourdir un peu?

— Hum! fit Jean qui eut été embarrassé pour protester.

— Eh bien, c'est une fameuse idée! reprit le géant. Il n'y a pas comme ici pour s'amuser! Par ses ducasses, Dunkerque prime toutes les villes de la Flandre. C'est à qui inventera les décorations les plus riches pour parer les rues; il s'établit même des luttes de rues à rues, et leurs habitants rivalisent pour arriver à des effets d'originalité surprenants. La municipalité délivre une médaille à la rue la mieux ornée : c'est à la lettre!

Tout en parlant le géant vidait chope sur chope. Il se dépêchait. Jean voulut ramener la conversation sur le sujet qui l'intéressait.

— Je bois vite, dit le géant, parce que j'entends madame Cydalise qui fait son boniment sur le devant de la loge. On y va! fit-il un peu effrayé.

Et saisissant la seconde canette, demeurée entière, il la porta à sa bouche et la vida d'un trait.

Il poussa un ouf! énergique et de véritable soulagement; puis tout en secouant les cendres de sa pipe, il fit observer à Jean que, fort heureusement, il n'avait, pour être en état de paraître dans son emploi, qu'à échanger sa casquette à visière contre le chapeau tyrolien. Jean remarqua alors que, sous son paletot, le géant était costumé. Il le vit pénétrer en deux enjambées dans la voiture et en ressortir portant à la main son chapeau pointu orné d'une plume d'aigle. Le géant n'avait pas mauvais air. Sa physionomie était caractérisée par un très grand nez extrêmement mince, la mâchoire inférieure proéminente, un front étroit, haut, des cheveux rares et une barbe à peu près absente.

— Alors c'est mademoiselle Cydalise qui vous fait peur? lui demanda Jean, qui tenait à faire ses frais.

— Mademoiselle Cydalise? un agneau!... C'est la mère dont on entend la voix : écoutez :

— ... « Le célèbre géant tyrolien, » vociférait une voix criarde.

— C'est moi...

— ... « telle qu'il l'a chantée devant plusieurs têtes couronnées... »

— C'est ma chanson. Adieu, et merci pour votre politesse.

— Au revoir! lui dit Jean, trop payé maintenant par ces seuls mots : « mademoiselle Cydalise... un agneau! »

— Si vous voulez que je vous fasse entrer... à l'œil? fit le buveur reconnaissant.

A cette proposition Jean recula de surprise et d'effarement.

— A l'œil? c'est tentant tout de même! dit-il. Mais pas aujourd'hui, demain...

— Au revoir, alors!

— Et puis qui rapporterait les canettes?

— C'est juste! Eh bien, à demain! Un bon conseil, en attendant : vous devriez rester à Dunkerque jusqu'aux jours gras, mon garçon; vous verriez comme les mascarades sont bien ordonnées. Ah! il y a de quoi rire, allez!... c'est une folie, un délire universel. La ville entière marche sur les mains. Et s'il y a un instant de répit, c'est pour voir défiler de brillants cortèges, des cavalcades, des chars, des bandes de musiciens, des monstres, des groupes bouffons et grotesques avec bannières déployées, des bateaux tout enguirlandés et qui semblent marcher à l'aviron au-dessus de l'océan des têtes que forme la foule. Jean Bart est au gouvernail, naturellement, avec son chapeau à grandes plumes de chef d'escadre. C'est à la lettre! Et puis, dans ces défilés, tout entre en danse, le ciel et la terre, les quatre parties du monde, le paradis, l'enfer, les géants populaires, les « Pirlala, » et le « Grand Reuse. » Tant que cela dure, le carillon du beffroi secoue ses clochettes, devenues, ma foi! les grelots de la folie. Ah! que de bruit! que de joie!...

— Est-ce que vous y serez encore aux jours gras? demanda Jean feignant d'ignorer l'itinéraire adopté par la troupe ambulante.

— Non, nous avons à visiter Calais et à nous trouver pour la mi-carême à Saint-Omer. Ce sera la fin de notre tournée d'hiver.

— Ça me plairait, cette vie-là! hasarda Jean.

— Tiens! pourquoi pas?... quand on aime la bière comme nous deux, on peut bien devenir camarades. Voulez-vous que je vous présente à M. Jacob ou à madame Cydalise : c'est tout comme, vu qu'ils vont se marier avant de quitter Dunkerque.

— Se marier? Jacob Risler et la mère de Cydalise?

— C'est à la lettre — de faire part, ajouta en riant le géant heureux de saisir ce calembourg à la volée. Gare la casse!... les canettes...

Jean eut quelque peine à revenir de son étonnement. Puis il ramassa les canettes et les verres et, oubliant Jacob et sa grosse future, il répétait : « Un agneau! Mademoiselle Cydalise, un agneau! »

Puis il se sentit pris d'une envie irrésistible d'aller regarder à travers les planches et la toile, à l'endroit où le géant avait disparu à ses yeux, par une petite porte très adroitement dissimulée. Il colla son oreille aux parois, et pour ne pas avoir l'air d'un malfaiteur, il heurtait l'une contre l'autre avec bruit les deux grandes canettes et faisait danser les chopes. Tout à coup cette petite porte s'ouvrit, énergiquement poussée, et un homme de forte carrure sortit en culbutant le petit Parisien. Sous le choc et la surprise Jean lâcha toute sa cristallerie qui alla se briser par terre avec un grand bruit.

Jean avait reconnu Jacob Risler.

— Ah ! fit celui-ci quelque peu étonné. Pleines ou vides les canettes ?

— Vides, murmura Jean.

Mais la voix du Parisien, si voilée qu'elle fût avait frappé l'oreille de Jacob. Il revint sur ses pas pour questionner.

— Qui donc, dit-il a bu tout ça ! Mon géant pour sûr ? Mais c'est bien toi, Jean ? Garçon de café à cette heure ?

— Oui, c'est bien moi, « mon oncle », balbutia Jean. Je ne suis pas garçon de café ; j'avais offert une politesse à votre géant tyrolien... pour avoir de vos nouvelles.

— Avec de bonnes intentions, fit Jacob Risler en élevant la voix d'une façon menaçante, ou avec de mauvaises intentions ?

Dans cette demi-obscurité, en cet endroit presque désert, Jean eut l'impression d'effroi ressentie déjà par lui dans la forêt du Falgoux. Mais il pensa au « petit agneau » et se fit doux tant qu'il put.

— Oh ! mon oncle, fit-il hypocritement, avec de bonnes intentions !... Je ne voudrais pas vous faire de peine, maintenant... Voyez-vous, j'ai la mémoire courte quand on me fâche...

— Ta sœur Pauline est morte, dit Risler en changeant de ton, mais avec brusquerie.

— Je le sais, dit Jean.

— Ta tante Grédel est morte.

— Je le sais...

— Et je vais me remarier.

— Je le sais.

— Bon ! tu sais tout. Avec qui es-tu à Dunkerque ?

— J'y suis seul... en promenade.

— En amateur... Ah ! très bien !... Si tu y es encore dans trois semaines, je t'inviterai à ma noce. Cela te ferait-il plaisir ?... Comme garçon d'honneur ?

Tout en parlant, Jacob Risler repoussait du pied les débris des canettes ; il entreprit de les écarter afin que personne ne se blessât, de sorte que Jean put peser la réponse qu'il allait faire.

C'était un spectacle des plus émouvants (page 420).

Jean se voyait déjà comme « le fils de la Maison », dans cette troupe ambulante. Alors, il regarda autour de lui avec stupeur, avec effroi, ces voitures luisantes de peinture, ces baraques de planches et de toile au milieu desquelles il allait peut-être s'engager à vivre. Que Risler s'adoucît réellement, qu'il s'humanisât, et il devenait, lui, Jean si intransigeant sur les choses de l'honneur, le familier de toute cette bohème, courant le monde avec ces nomades, adoptant pour parents attitrés un fourbe et une voleuse d'enfants qui brûlaient de mettre en commun leurs fautes et leur destinée ; ayant pour compagnons les camarades de ce faux tyrolien qui se faisait goulûment offrir des chopes ; les autres, qui sait ? ne valant pas mieux sans doute. Il est vrai qu'au-dessus de tout et de tous planait la rayonnante image de Cydalise, — il ne disait plus Emmeline. S'il voulait, il verrait toujours la charmante enfant — cet « agneau » — il la suivrait partout, il respirerait l'air qu'elle respirait, il la protégerait au besoin... Quelles perspectives plus séduisantes ? Il se sentit vaincu par une force irrésistible.

— Eh bien ? fit Risler revenant vers lui.

— Je ne demande pas mieux, mon oncle, dit-il. Cependant, il me semble...

— Quoi ?

— Que je ne puis vous faire honneur, si vous ne me présentez à tous comme un garçon honnête...

— Ça va sans dire !

— Fils d'un honnête homme...

— Je te vois venir.

— Mais réfléchissez un instant, mon oncle, je vous en supplie ! Tel que vous m'avez fait par vos... paroles, vous et votre femme, je ne suis ni un neveu, ni un cousin avouable...

— Nous verrons ça... nous arrangerons ça... D'abord c'est la faute de Grédel.

— Dieu merci ! vous n'avez plus auprès de vous ce vilain Allemand... Vous devez savoir ce que valent ses conseils ?...

— Ah ! le filou !

— Je ne vous cache pas, mon oncle, que je suis venu à Dunkerque tout exprès pour faire ma paix avec vous.

— Ah bah !

— Rien n'est plus vrai ! Mais aussi avec l'espoir de vous trouver moins injuste envers moi, envers mon père...

— Tu es venu à Dunkerque pour ça ?

— Oui, mon oncle ; je savais que vous y séjourneriez après Valenciennes, et Lille... Pour faire reconnaître à mon père les mérites qu'il a eus, j'irais au bout du monde.

— Alors, tu as une tête dure ?

— Je suis obstiné, je m'en flatte ; mais pour le bien.

— Nous nous entendrons... Attends-moi là, je reviens à l'instant ; tu entreras avec moi dans la baraque...

— Je n'en ferai rien, mon oncle, du moins, ce soir. Figurez-vous que madame Cydalise a eu peur au Havre, de se voir enlever, à cause de moi, la petite Emmeline... mademoiselle Cydalise...

— Comment c'était toi ?

— Et je ne voudrais pas la mettre en fuite de nouveau.

— Ah ! mais non ! Pas de bêtise !... Et mon mariage ? Et tous mes projets ? Tu ne vas pas jaser, au moins ? Si je savais ça, vois-tu, je t'étranglerais tout de suite !

Tandis que Jacob Risler parlait sa voix s'assombrissait. Il dit les derniers mots avec une fureur concentrée qui fit frémir Jean.

— Entends-tu ? ajouta-t-il. Et il abattit une lourde main sur l'épaule du pauvre garçon et le secoua brutalement. Jean, qui décidément n'était plus le même, eut peur de nouveau.

— Ne craignez rien, s'empressa-t-il de dire. J'ai eu moi-même trop de peine de voir s'éloigner cette jeune fille pour que je recommence.

— Ah ! fit l'oncle, surpris et ironique.

— Vous voyez qu'il faut que vous prépariez madame Cydalise à me voir.

XIV

A Dunkerque.

Dunkerque est une de nos jolies villes de France, bien bâtie, riche et fort animée. C'est un grand centre de commerce, indispensable à la région du Nord, pour expédier ses produits et recevoir les matières premières dont elle a besoin pour son industrie. On fait rapidement fortune à Dunkerque, et les négociants y dépensent rondement l'argent qu'ils gagnent. Cela se voit rien qu'à l'aspect de la ville. Un grand nombre d'Anglais sillonnent ses rues ; il y en a moins toutefois qu'à Boulogne-sur-mer, où ils sont comme chez eux.

Le port et la rade de Dunkerque sont célèbres. La rade est la meilleure de tout un littoral dangereux, et cela grâce à l'abri que présentent les bancs de sable situés au large, grâce aussi aux phares et aux feux flottants, aux balises qui indiquent les contours et les deux passes.

Le port incessamment disputé à l'invasion des sables de la mer par des systèmes d'écluses, de digues, de bassins de chasses, de bassins à flot est plein de mouvement. Des paquebots en sortent chaque jour à destination de Londres, de Rotterdam, de Saint-Pétesbourg, du Havre, de Bordeaux...

A certains moments de l'année, l'animation ordinaire du port augmente encore ; il en est ainsi vers la fin de l'été, lorsque les bateaux armés pour la pêche à la morue reviennent de Terre-Neuve par petites flottilles. Dès qu'on les signale en vue, les familles des pêcheurs accourent pour assister au débarquement des leurs. C'est un spectacle des plus émouvants. Hélas ! ils ne reviennent pas tous ; mais les braves gens qui ont le bonheur de se trouver sains et saufs au milieu de ceux qu'ils ont quittés, se montrent si heureux de rapporter un pécule amassé au prix de rudes labeurs et de tant de dangers ! La part de ces marins varie de mille à quinze cents francs.

Détruit complètement à la suite du traité d'Utrecht, le port de Dunkerque ne fut tiré de son anéantissement que par les travaux gigantesques entrepris au commencement du siècle. Cette restauration ne s'est achevée qu'en 1845 ; mais les navires d'un fort tirant d'eau ne trouvaient pas accès dans les bassins. Depuis 1860 seulement, trois bassins à flot reçoivent des navires de 1,000 tonneaux. Ce n'était pas encore suffisant, et l'on dut songer à entreprendre une série de travaux, avec une dépense évaluée à cinquante millions, pour avoir un quatrième bassin à flot, porter de trois à cinq le nombre des écluses de chasse, établir des darses, prolonger les quais, élargir et rendre plus profond le chenal.

Jean, bien qu'il connût l'animation de Nantes et du bas de la Loire, fut frappé du grand mouvement de ce port de Dunkerque, placé à l'extrême nord de la France et presque à la frontière. Le long des quais s'alignaient sur plusieurs rangs et battant pavillons de toutes couleurs, les fins voiliers venus d'Amérique et d'Australie, et les robustes coques des bâtiments des ports du nord de l'Europe, à la forte carrure rebondie, capable de résister au besoin à la pression des glaces. Des chalands, des canots remplissaient le peu d'espace laissé libre entre eux. Le vent et la marée froissaient et faisaient craquer les navires trop rapprochés l'un de l'autre.

Mâts et vergues semblaient se mêler, s'enchevêtrer dans une confusion extrême, rendue en apparence inextricable par un lacis embrouillé de cordages. Les vapeurs en partance rejetaient par leur cheminée une fumée noire. Ceux qui démarraient laissaient derrière eux un bouillonnement d'eau remuée par une hélice invisible.

Les quais apparaissaient encombrés par de prodigieux entassements de marchandises apportées de toutes les parties du monde, et dont les odeurs âcres, rances, nauséabondes, parfois un parfum épicé, trahissaient la nature et l'origine. Les grues pirouettant sur elles-mêmes, allaient plonger leurs multiples chaînes dans les flancs des navires, pour en tirer de lourds fardeaux, déposés à terre méthodiquement. Les barriques se rangeaient auprès des barriques, les caisses, les sacs, les ballots énormes s'empilaient, les céréales remuées à la pelle s'amoncelaient sur de larges toiles, les cuirs, les peaux de bêtes s'entassaient, dépouilles raidies des grands troupeaux de l'Amérique du

Sud, les cornes de buffles, les ossements de diverses provenances se dressaient en pyramides, les bois de construction s'élevaient comme d'immenses bûchers; et de même les merrains, les bordages de sapin gras, les billes de bois des îles pour l'ébénisterie.

Et c'étaient plus loin des déchargements de guano et de nitrate de soude réclamés par les besoins agricoles de nos départements du nord, un échange de charbons de terre français et de charbon de terre anglais; toutes les marchandises de l'importation, sel, vins, etc; le plomb envoyé par l'Espagne et le Portugal, les soufres de Sicile, les bois de mâture de la Suède et de la Norvège, tandis que l'on chargeait en même temps des huiles, des graines de colza, des tourteaux, du lin et ce qui s'exporte quotidiennement en légumes, en fruits, en beurre à destination de l'Angleterre. Pour l'Angleterre aussi ces cargaisons de viande sur pied, bêlant, meuglant, et que l'on poussait vers les chalands et les transports.

Les matelots en vareuses, coiffés du chapeau de toile cirée ou du bonnet plat à houppe, bronzés, couturés, se dandinant, les pieds largement posés à terre, se mêlaient sans se confondre; le Hollandais court et trapu, l'Espagnol et l'Italien nerveux et susceptibles, le Portugais alerte, le Norvégien calme et silencieux, l'Anglais flegmatique et gai, roux de poil, le Russe bon enfant et rêveur; et de même les idiomes gutturaux du Nord se croisaient, demeurant distincts, avec les langues musicales du midi.

Quelques-uns de ces matelots procédaient au chargement ou au déchargement des navires dont ils formaient l'équipage; d'autres fatigués d'une longue navigation s'entraînaient du côté des tavernes du quartier de la citadelle, et abandonnaient la tâche complémentaire aux gens du port : tout un peuple de portefaix circulant lentement, le dos ployé sous la charge, la tête couverte d'une sorte de capuchon de toile goudronnée, ou d'un bourrelet en couronne, les mains appuyées aux hanches dans des attitudes de cariatides soudain douées de vie et de force.

Les lourds camions s'avançaient jusqu'à la limite extrême des quais, attelés de chevaux grands et vigoureux pour recevoir des caisses ou des ballots. Les haquets chargeaient les tonneaux ; les brouettes même avaient leur emploi, et des hommes de peine les poussaient sur d'étroites planches joignant les navires aux chalands où l'on versait leur contenu.

Sur les chantiers de radoub, dans les bassins mis à sec, les bâtiments réfugiés dans le port avec des avaries, étançonnés aux parois des bassins, étaient réparés par des nuées d'ouvriers qui les attaquaient de toute part : charpentiers, calfats, blindeurs, peintres, cordiers se distribuaient la coque, le pont, la mâture...

C'est toujours un beau spectacle que celui de l'activité humaine, et Jean, impressionné par ce tableau d'une ville maritime où converge le travail de tant de gens dans les deux mondes, se surprit honteux de son désœuvrement, bien qu'il n'eût quitté que depuis peu de jours la librairie du quai des Grands-Augustins. Il se rendit en toute hâte, et comme pour ne plus rien voir, à l'endroit où il devait rencontrer Jacob Risler, redevenu « l'oncle » Jacob.

Lorsqu'ils s'étaient séparés la veille, Jacob Risler, toutes réflexions faites, avait « défendu » à Jean de se montrer à madame Cydalise avant le mariage.

— Mais si je dois être garçon d'honneur? avait objecté Jean.

— Eh bien! ce n'est pas une difficulté ça; on en trouvera un autre de garçon d'honneur!

— Ah! parfaitement!

— Tu vas me comprendre, avait dit Risler se reprenant. Je ne me dédis pas de ce que j'ai promis. Mais je ne veux pas que madame Cydalise prenne peur et se sauve avec la petite. Sais-tu comment elle l'appelle cette petite?

— Comment le saurais-je?

— Tu savais tout, tantôt! Eh bien, à moi, lorsque nous rions honnêtement, elle la désigne ainsi : ma dot. C'est sa dot! Et de fait, elle dit vrai, car sans la gentillesse de cette enfant et le relief qu'elle donne à la troupe, jamais je n'aurais épousé sa mère, ou soi-disant telle; malgré que celle-ci possède de son côté quelques économies. — Mais ce n'est pas le moment de causer, avait ajouté Jacob Risler, rompant l'entretien. Trouve-toi demain au pied de la tour du Leughenaer, j'y serai, — et il fera jour.

Jean se rendait donc à l'entrée du chenal où se trouve la tour du Leughenaer qui éclaire cette entrée d'un feu fixe de quatrième ordre, établi à son sommet, et qui porte en outre deux cadrans illuminés la nuit. Cette tour, située à l'est du port, domine des constructions du siècle dernier où sont installés les services de la douane, la chambre de commerce, le bureau central d'octroi.

En approchant de la tour, Jean aperçut Jacob, — et il faisait jour comme avait dit « l'oncle » — et Jean allait pouvoir étudier sur la physionomie du promis de madame Cydalise quelle dose de sincérité comportaient ses paroles.

— Eh bien! te voilà, grand gamin! Sapré vaurien! commença par dire Jacob Risler sur un ton jovial. Tu me fais croquer le marmot, tandis que tu flânes en oubliant ton parent, Parisien doublé de Lorrain ! Il est entendu, ajouta-t-il, que je te trouverai toujours sur mon chemin... Si c'était au village, au Niderhoff, cela se comprendrait ; mais la France est pourtant assez grande... Enfin, c'est comme ça ; seulement il faut que ce soit pour mon bien et pour le tien, — ou sinon !...

— Mon oncle, répondit Jean, je suis on ne peut mieux disposé à entrer dans vos vues. Apprenez-moi ce que je dois faire pour vous contenter et je m'empresserai de combler vos désirs. Permettez-moi d'ajouter que ce n'est point par pur désintéressement. La raison qui me fait réclamer en faveur de mon père est trop honorable, pour que je me cache de l'invoquer comme stimulant.

— En voilà un discours ! Pour des paroles inutiles, ce sont des paroles inutiles. Ce qui est arrivé est arrivé ; je n'y puis rien changer. Tu n'es pas responsable des fautes de ton père, après tout !

Le rouge monta au visage de Jean.

— Vous parliez hier au soir d'une façon plus encourageante, dit-il.

— S'il y a quelque chose à faire, eh bien ! je le ferai ; je ne demande pas mieux. Mais il faudra que tu t'y prêtes.

— Je suis à vos ordres, mon oncle.

— Nous verrons bien ! Donc c'est entendu : tu ne te montreras pas avant mon mariage.

— Ah ! vous êtes fixé sur ce point ?

— Résolument.

— Et après ?

— Après, c'est autre chose. Nous adoptons la petite en nous épousant ; je deviens le maître, et je n'aurai plus à craindre de voir manquer tous mes calculs. Les parents de Cydalise... sont-ils riches ?

— Oui, ils sont très riches.

— Très riches ?

— Peut-être pas très riches, mais fort à leur aise.

— Et... sont-ils gens à faire un sacrifice pour rentrer en possession de leur enfant ? — toujours à supposer que ce soit leur enfant. Y a-t-il des parents dans l'entourage, capables de réunir entre eux tous quelques centaines de billets de mille ?

Jean devina l'intention de Jacob Risler : rendre Cydalise à sa famille en faisant un marché avantageux.

— Tu me regardes comme si tu ne comprenais pas ce que je dis.

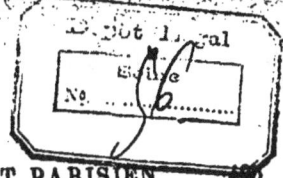

Il demanda à Jean s'il avait déjeuné (page 432).

— Je ne vous comprends que trop ! s'écria Jean.

— Vraiment ! que trop ! s'écria Risler à son tour. Ça te contrarie ? ça te déroute ? Voyez-vous l'honnête garçon qui se formalise lorsque son oncle veut faire une action méritoire : restituer leur bien à papa et à maman ? Tiens ! tu me fais bouillir le sang !

Et l'ex-hercule « amateur », dans un mouvement de colère, rompit brusquement sur son genou l'épais gourdin qu'il tenait, comme pour se délivrer de la tentation de s'en servir.

Il en jeta les deux morceaux au loin, et reprit avec force :

— J'entends que tu me dises le nom de ces braves gens ! Je sais déjà que la mère est baronne et que l'on demeure à Caen. Madame Cydalise me l'a confié. Pour connaître le nom je n'aurai qu'à m'adresser à la police qui a fait chercher la fillette il y a trois ans, — la police et la gendarmerie; mais ça me gêne la gendarmerie; je ne tiens pas à la mettre dans mon jeu. Enfin, s'il le faut, en m'y prenant adroitement, j'arriverai tout de même à mes fins. Je n'ai vraiment qu'à aller moi-même à Caen, ou y envoyer quelqu'un de sûr : tout le monde doit y connaître l'histoire de l'enfant volé. Te voilà maté, hein ? Et par l'oncle Jacob encore !

Jean semblait atterré.

— Pourquoi voulez-vous vous débarrasser de Cydalise ? dit-il avec des sanglots dans la voix.

— Pourquoi ? répéta Risler qui observait le jeune garçon et étudiait l'altération de ses traits.

— Je n'ai pas voulu apprendre à la baronne que sa fille était avec vous. J'ai pourtant bien combattu avant de me décider à ne rien révéler !

Risler prit un air bonasse. Il craignait d'en avoir trop dit et de donner à Jean la tentation de faire échouer ses fructueuses combinaisons, en avertissant les parents de la jeune fille.

— C'est que vois-tu, mon Jean, fit-il avec une bonhomie bien jouée, c'est embarrassant une fille quand elle est grande. Maintenant ce n'est rien. Mais vois-la en âge d'être mariée ! Est-ce que c'est moi, qui ne suis pas son père, qui peux m'occuper de lui trouver un mari, un brave garçon... Mets-toi à ma place ? C'est une responsabilité ça... lourde... lourde... très lourde.

— Écoutez, mon oncle, ne précipitez rien, dit Jean. Et il avait un air suppliant. Laissez aller les choses...

— Du reste, reprit le madré Jacob, j'ai aussi d'autres projets. Notre directeur, le bonhomme Sartorius, se fait vraiment trop vieux; je lui ferai une pension et il ira chauffer ses douleurs au soleil, quelque part. Je donnerai de l'agrandissement à la baraque; j'en veux faire un véritable théâtre à l'instar de ceux de Paris; on y jouera Geneviève de Brabant avec le traître Golo; je vois tout ça en idée, bien que je ne sois qu'un paysan du Niderhoff, un sabotier... Il me faudra des acteurs, un machiniste, un souffleur, — je veux un souffleur d'abord, — des violons à l'orchestre... Il pourrait bien y avoir place pour toi...

— Je ne dis pas non, mon oncle.

— Il me faudra des décors... As-tu quelques dispositions pour la peinture? pour la musique?

— Peut-être bien mon oncle.

— As-tu de la mémoire? Acteur, cela s'apprend...

— Je pourrais tenter la chose, mon oncle.

— Et je me dis que Cydalise devenue une grande et belle fille, ayant grandi et embelli en même temps que mon théâtre, j'aurais vraiment peu de chance si je ne lui trouvais pas autour de moi, dans ma troupe même, un bon mari qui m'aiderait à soutenir la prospérité de l'établissement.

— Oh! certainement, mon oncle! fit Jean.

Le pauvre garçon tomba si bien dans le piège grossier qui lui était tendu, que Jacob Risler se mit à rire bruyamment, d'un rire grossier : il lui riait au nez, sans plus se gêner.

Jean l'observait, ne voulant pas croire toutefois qu'il était joué.

— Vois-tu, je m'en réjouis déjà, dit Risler. C'est très gai de réussir!... Et puis l'idée de me voir une nouvelle famille, de te savoir auprès de moi, ça m'épanouit d'aise. Tu ne sais pas combien je suis content de t'avoir retrouvé!

— Vraiment?

— Oui, et tu vas quitter Dunkerque... pour que je n'aie pas à me repentir du bon accueil que je t'ai fait.

— Vous voulez que je m'en aille? Où cela?

— Où tu voudras... jusqu'après la noce : c'est plus sûr pour madame Cydalise.

Jean, de trop bonne composition maintenant qu'il ne s'appartenait plus, se rappela la promesse faite par lui à Vent-Debout.

— J'ai une invitation pour Calais, dit-il.

— Pour Calais! C'est à merveille, puisque notre troupe s'y rend en quittant Dunkerque : tu pourrais aller nous y attendre? Tu vas donc partir. Lorsque tu me retrouveras, je serais marié et un peu le papa de cette petite fée de Cydalise qui t'a ensorcelé, je le devine. Pars... et tu verras que je suis un bon oncle. Est-ce dit?

— C'est dit, mon oncle, repartit Jean ; je quitterai Dunkerque aujourd'hui même.

— Surtout, tu ne viendras pas te planter, te montrer devant la loge!

— Puisqu'il ne faut pas que madame Cydalise me voie.

— Tu es garçon d'esprit.

Sur ce, Jacob Risler administra une forte taloche au pauvre Jean, et lui tourna le dos.

Jean, soucieux et triste, le regarda s'éloigner; puis avec la mobilité du jeune âge, il se dirigea aussi avant que possible du côté de la mer, en quête d'une distraction quelconque, et obsédé par cette idée que Cydalise, — ou Emmeline ou Sylvia, — serait malgré tout rendue à sa famille, et que de toutes les manières elle serait perdue pour lui, qui par sa conduite s'exposait à devenir le complice de Jacob Risler, — chose odieuse!

Alors avec un air ahuri, — égaré, — il se mit à arpenter l'estacade de l'est qui, avec une seconde estacade parallèle, forme le chenal. Sur cette jetée, large de deux mètres, et dont le plancher est fait de poutrelles trop espacées, Jean rencontra quelques promeneurs. A son extrémité, l'estacade se terminait par une plate-forme avec des bancs. Mais Jean revint sur ses pas.

Dès qu'il put prendre un bateau, il traversa le chenal, et il se trouva aux environs des forts et de l'immense bassin des chasses.

— Qu'est-ce que c'est que ces forts? demanda-t-il à un douanier.

— A gauche du bassin des chasses, dit le douanier, loquace comme les gens qui demeurent souvent de longues heures sans parler, c'est le fort Risban, à droite de ce bassin c'est le fort Revers.

— Qu'est-ce qu'on y fait donc dans votre bassin? Pourquoi dit-on bassin de la chasse?

— Non pas de la chasse, mais bassin des chasses. C'est un bassin creusé pour recevoir à la marée haute les eaux de la mer. Elles sont retenues au moyen d'écluses et lâchées à marée basse pour balayer les sables amoncelés à l'entrée du chenal, qui sans cela, feraient un barrage élevé, et fermeraient le port.

— Ah! très bien; je commence à comprendre. Les sables sont un vrai danger, ma foi!

— Et ils en mangent des millions! reprit le douanier. Tout le littoral de l'arrondissement est occupé par ces dunes. Dunkerque cela veut dire en flamand Église des dunes, — *Dune Kerke*. Vous ne saviez pas ça? Ces dunes sont les unes mobiles, les autres arrêtées à l'aide de plantes d'une certaine sorte, choisies pour cela, il faut le croire.

— Je vois ça, fit Jean.

— Il a fallu aussi élever une digue depuis la ville jusqu'à Mardick pour protéger les terres contre les grandes marées.

— C'est bien du travail !

— Malgré tous ces inconvénients, Dunkerque est une place forte de premier ordre. Les fortifications sont construites presque entièrement en sable, ce qui je suppose n'est pas bien fameux, mais au besoin il serait facile de noyer le pays jusqu'à Bergues, sous un mètre et demi d'eau; et voilà une vraie force.

— Allons, tout est pour le mieux...

— Excepté le métier que je fais.

— Douanier?

— C'est un vilain métier, ennuyeux pour un ancien soldat très actif...

— Chacun se plaint de son métier.

— Quel est le vôtre?

— Libraire, dit Jean à tout hasard. Je l'ai été du moins; mais je vais m'y remettre... je crois. Vous n'aimeriez pas mieux... saltimbanque?

— Ah! certes non !

— Au fait! ni moi non plus!

XV

Une ancienne connaissance.

— As-tu déjeuné, Jacquot?
— Oui, oui, oui!

Ce court dialogue avait lieu entre un marin de notre connaissance et un superbe perroquet gris et rouge, l'aîné de la famille du vieux loup de mer; un chat noir éborgné en était le Benjamin.

Ce chat, que son maître appelait l'Amiral, trônait dans cet intérieur tout maritime, allant de la table à la grande caisse qui, avec quelques escabeaux, constituaient le principal du mobilier. Il eut sans doute préféré le lit; mais c'était un hamac suspendu au plafond et descendu seulement le soir. Comme pendant à cette couche, faite pour rappeler la vie de bord, un chef-d'œuvre de patience ornait ledit plafond, — un modèle de frégate en bois, en liège, avec ses mâts, ses voiles et ses cordages, sorti des mains patientes du marin. Dans un coin, un fourneau de fonte, avec des « cocottes » de fonte imbibées de graisse et, par-dessous, un amas croulant de charbon de terre, rappelait la primitive installation culinaire à laquelle préside tout maître-coq; la cheminée, — la véritable cheminée de cette salle basse, ne semblait là que pour recevoir sur sa tablette plusieurs grands coquillages, un quart de cercle et quelques bouteilles de spiritueux, et offrir sur son manteau des enluminures d'une médiocre valeur artistique, représentant l'héroïsme du *Vengeur*, le naufrage de *la Méduse*, un portrait de Duguay-Trouin, et Jean Bart à la cour avec cette légende : « Moi, sire le roi, je suis votre matelot à mort ! »

On n'allumait jamais de feu dans cette cheminée, dont le foyer demeurait encombré de toutes sortes d'objets : un tonneau en vidange sur son chevalet, des cordes roulées, une hache, un sac de pommes de terre, un chaudron, une livre de chandelles des douze proprement suspendues en paquet par leurs mèches, des brosses et un pot de cirage, etc.

La muraille faisant face à la cheminée était occupée par un rayon de sapin, où était la bibliothèque du marin, — quelques almanachs et recueils de chansons — se mêlaient agréablement avec une boîte à cigares, un porte-montre, un encrier, un paquet d'allumettes, une pelotte avec aiguilles et dé, de vieux morceaux de drap soigneusement roulés... Au-dessous, plusieurs pipes étaient disposées sur des crochets. Ça et là, à des clous, quelques vieux chapeaux, une vareuse, un pantalon de toile cirée...

Du reste, l'indication de quelques soins au milieu de ce désordre, découlant d'un vif désir de tout « arrimer » à sa place avec l'ordre qui règne à bord d'un navire bien commandé.

Il était facile aussi de reconnaître que chaque matin le propriétaire du local « lavait le pont » avec la régularité apportée à sa propre toilette.

Le perroquet gris et rouge fut gratifié d'une noix, — bien qu'il avouât avoir déjeuné.

En ce moment on frappa à la porte.

Le maître de céans se leva et alla ouvrir.

— Foi de Dieu ! s'écria-t-il, c'est mon petit Parisien !

C'était Jean, en effet, qui remplissait la promesse faite au père Vent-Debout. Il entra, léger de bagage.

— Veine! fit-il; cette fois c'est bien votre porte, mon brave Vent-Debout.

Et il sauta au cou du vieux marin, dont le visage basané s'épanouit de satisfaction.

— C'est être de parole ! dit-il.

— Je vous l'avais bien promis, de venir.

— Il n'est pas facile, mon garçon de s'orienter dans le Courgain, pas vrai ? C'est un vieux quartier de Calais abandonné aux marins et aux pêcheurs, l'emplacement d'un ancien bastion, comme tu as pu voir par le fossé qui nous sépare de la ville et qui est à sec à marée basse, ainsi que par l'enceinte percée de meurtrières.

— En voilà des ruelles ! fit Jean. Il y a des endroits où l'on pourrait se mettre à la nage... si on n'était pas dégoûté.

— C'est les femmes, ces satanées commères qui laissent couler l'eau de leurs lessives, s'écria le pilote. Une vraie mer, quoi! avec des amas de cendres formant des îlots couverts de forêts de poireaux, de flambes de carottes et de trognons de choux. Mais enfin te voilà tout de même. Je te présente Jacquot et l'Amiral.

Sous la main caressante de son maître, l'Amiral fit le gros dos. Quant à Jacquot, il demanda à Jean s'il avait déjeuné.

— Cet oiseau a plus de politesse que moi, qui ne t'ai rien offert encore... pas même une chaise. Assieds-toi là, près de la table, et conte-moi de fil en aiguille si tu t'es bien amusé aux ducasses flamandes.

En parlant ainsi le père Vent-Debout rinçait des verres dans un coin affecté à la cuisine. Il les posa sur la table où se trouvait déjà une bouteille de rhum, et vint prendre place à côté de Jean.

Lorsque le petit Parisien eut satisfait à la première curiosité du vieux marin, celui-ci s'informa avec intérêt des occupations du jeune garçon.

— Je compte vendre des livres, dit Jean. C'est arrêté dans mon esprit. Je vais demander à Paris qu'on m'envoie une balle et je la porterai de village en village.

— Tiens! quelle idée! fit le père Vent-Debout.

— Tout le monde ne peut pas naviguer, répliqua Jean.

— C'est dommage! dit le marin. Tu aurais fait un beau gabier de misaine. Mais quelle heure est-il à ta belle montre?, ajouta-t-il malicieusement en ne voyant pas briller le moindre bout de chaîne à la boutonnière du gilet.

Jean dut raconter toutes ses mésaventures depuis le naufrage du *Richard-Wallace*, et fut amené même à remonter beaucoup plus loin. Cela devint vite l'histoire de toute sa vie d'enfant et d'adolescent, avec les déceptions et les espérances. Le père Vent-Debout saluait au passage, de quelque « failli chien! » les noms de ceux dont Jean avait à se plaindre. A eux deux, ils maudirent énergiquement Hans Meister en sa double qualité de fripon et d'Allemand. Jacob Risler fut également traité selon ses mérites, — mais avec certaines réserves de la part de Jean. Barbillon apparut un instant comme comparse et victime.

— Ah! ce moussaillon de malheur! ne put s'empêcher de dire l'ex-pilote du yacht.

Enfin, l'intéressante Cydalise eut aussi sa place en ce récit; son portrait sortit d'une bouche admirative, qui sut toutefois garder le silence sur la situation exceptionnelle de cette jeune fille, — enfant volée dont la famille était connue.

Tandis que Jean parlait, Vent-Debout appuyait son poing crispé sur la table. Lorsque le petit Parisien eut achevé de soulager son cœur, le vieux

Vent-Debout et Jean sur la jetée (page 436).

marin voulant lui donner quelque bon conseil, se versa une deuxième rasade et l'approcha de sa bouche en disant :

— Ça vous caresse la basane ! c'est du vrai tafia, au moins ! du nanan des caïmans des Kaïmacans. On ferait le voyage de la Jamaïque rien que pour en flairer l'arome. A ta santé, mon petit !... Vrai, vois-tu, il faut te méfier de ton oncle et t'éloigner de lui le plus possible. Il ne ferait pas bon de filer ton nœud sous son écoute.

— Mais Cydalise! puis-je l'abandonner?

— C'est juste, il y a la demoiselle. Si elle est la moitié de ce que tu dis, espalmée, gréée, sans défaut par bâbord ni tribord... eh bien, il faut aller vendre tes livres d'un autre côté.

Jean baissa la tête, un peu humilié de n'être pas mieux compris et nullement encouragé dans sa folie.

— Tu as faim, peut-être? lui dit le vieux marin avec une sollicitude toute maternelle et se méprenant sur la cause de son abattement. Attends un moment, mon petit! le temps de me donner un coup de faubert et nous allons nous affourcher chez la mère Cloquemain pour y manger une morue aux pommes de terre dont tu te lécheras les doigts. Au dessert, je te retiens pour te montrer la ville. Ça me connait, le pavé de Calais!

Une heure après, le père Vent-Debout et son jeune ami rassasiés, sortaient du cabaret de la mère Cloquemain. Alors le vieux marin entreprit de promener son hôte à travers les curiosités de la ville principale du Calaisis.

Calais, grand port de mer sur la Manche, est aussi une place forte de premier ordre. C'est une ville double : Calais, la ville fortifiée, bâtie sur le bord de la mer, et Saint-Pierre, la ville industrielle, bien plus importante comme population, qui aligne ses rues tirées au cordeau, entre le canal de la Rivière-Neuve et le canal de Saint-Omer. Séparé de la ville forte par les allées d'un parc, Saint-Pierre attend l'achèvement de l'agrandissement de l'étroite enceinte. Les deux communes forment un total de trente mille habitants environ, dont un bon nombre d'Anglais à Saint-Pierre-lès-Calais, où l'industrie du tulle, importée d'Angleterre en 1819, compte encore parmi ceux qui la dirigent des manufacturiers anglais employant des ouvriers de leur pays.

La partie de l'ancien Calais la plus voisine de la mer, est le Courgain, d'où s'échappait Jean, piloté par Vent-Debout. Ce quartier est entre le port d'échouage à l'ouest, la ligne du chemin de fer qui l'enveloppe au sud et à l'est, et les anciennes fortifications.

Vent-Debout conduisit tout d'abord le petit Parisien du côté où de récents travaux ont ouvert un bassin à flot, dont la surface égale celle de la moitié de la ville proprement dite. Une digue, nouvelle aussi, protège des terrains gagnés sur la mer; un très vaste bassin des chasses, creusé dans les sables de l'est, vient au secours du bassin de même genre régnant au nord de la ville, pour aider à un refoulement continuel des sables hors du chenal. Jean connaissait maintenant la destination de ces bassins des chasses, et le vieux marin fut très étonné de le trouver si savant sur la constitution de ces ports toujours ensablés du Pas de Calais et de la mer du Nord.

On alla passer sous les canons du fort Risban, qui défend le chenal et le port d'échouage ; puis Jean voulut visiter la citadelle. Située à l'ouest de la ville dont elle est séparée par une esplanade, elle a été élevée il y a trois siècles avec les matériaux provenant de la démolition de l'ancien château et des maisons avoisinantes. Ce fut aussitôt après que les Anglais en possession de Calais, considéré par eux pendant deux cent dix ans comme une tête de pont sur le territoire français, furent expulsés du Calaisis.

— Il leur fallait ce pied-à-terre ! observa le père Vent-Debout, avec ironie.

Sur ce, le vieux marin entreprit de raconter à Jean dans son langage goudronné, l'histoire des six bourgeois de Calais et, parmi eux, Eustache de Saint-Pierre, se rendant courageusement, la tête et les pieds nus, la corde au cou, les clefs de la ville en main, au camp du roi d'Angleterre Edouard III, qui après avoir promis de les pendre leur fit grâce, cédant à la reine en pleurs. Mais le père Vent-Debout essaya vainement d'expliquer comment, à la suite de cette circonstance, la ville fut délivrée des Anglais, par ces six vertueux citoyens en chemise : c'est qu'il confondait cet honorable épisode du fameux siège de 1346, qui livra la ville épuisée par la famine à la discrétion du vainqueur, avec la vive surprise de la place tentée sous Henri II, par le duc de Guise, le 1er janvier 1558, et qui fut couronnée de plein succès.

De la citadelle, le vieux marin et Jean allèrent faire une promenade au parc. Il fut convenu que le lendemain ils pousseraient plus avant de ce côté-là, histoire d'arpenter les rues droites de Saint-Pierre-lès-Calais et d'y entendre battre les dix-huit cents métiers de la fabrication du tulle de soie et de celle plus importante encore du tulle de coton qui produisent ensemble annuellement pour une valeur de cinquante millions. Il y avait aussi à voir par-là des filatures de lin, des fabriques de divers tissus, des scieries à vapeur, des ateliers de construction : on reviendrait donc.

Le père Vent-Debout avait suivi un peu jusque-là, la fantaisie du petit Parisien. Il tint à prendre la direction du restant de la promenade, comme sachant bien mieux ce qu'il importait de voir. On rentra donc en ville en traversant le canal de navigation, et l'on alla par les rues les plus directes vers le port d'échouage et l'ancien bassin à flot. L'ex-pilote du *Richard-Wallace* expliqua à son jeune compagnon comment le port, autrefois excellent, avait perdu une partie de ses avantages par suite des ensablements, et comment d'importants travaux l'ont ensuite amélioré depuis un demi-siècle. Le chenal, compris entre deux superbes jetées, n'a pas moins de cent mètres de largeur. Des navires de fort tonnage peuvent pénétrer dans le bassin à flot; aussi le tonnage avait-il doublé dans les dix dernières années, et Jean put voir là, réduit d'importance toutefois, ce vertigineux mouvement des bassins de Dunkerque.

A Calais, le commerce d'importation porte principalement sur les houilles, les fontes et les laines de la Grande-Bretagne, les bois de sapin du nord de l'Europe, les céréales et les bois d'Amérique; sur des toiles, des cotons filés, des peaux brutes, des cuirs, des sels de diverses provenances. L'exportation consiste en chevaux du Boulonnais, carrosserie, vins de Champagne, spiritueux, tulle de soie et de coton, « articles de Paris, » vannerie, brosserie, chiffons et, spécialement pour l'Angleterre, légumes, œufs et volailles.

Sur les choses de la marine le père Vent-Debout, malgré ses allures, avait une véritable compétence. Il apprit à Jean que Calais, qui fait le grand et le petit cabotage, envoie ses marins à la pêche du hareng et du maquereau, et aussi à celle de la morue.

Ils avancèrent sur les jetées, et le vieux marin fit remarquer à son compagnon que par les temps clairs on distingue de là les côtes d'Angleterre et le château de Douvres.

Deux cent mille voiles franchissent annuellement le Pas de Calais, véritable grande route maritime et passent en vue de ce littoral. Le port de Calais, situé à l'est des caps Gris-Nez et Blanc-Nez qui l'abritent durant les coups de vent d'ouest et de sud-ouest, si violents dans la Manche, offre un refuge assuré aux navires battus par la tempête; il est accessible en tout temps, et son entrée n'est environnée d'aucun écueil.

Le port est signalé la nuit par le feu fixe rouge d'un phare octogonal situé à l'extrémité de la jetée de l'ouest, et par un autre feu fixe sur l'autre jetée.

Calais étant le port français le plus rapproché des côtes de l'Angleterre — il est à 28 kilomètres de Douvres — partage avec Boulogne le monopole presque exclusif du transport des voyageurs passant du continent aux îles britanniques et *vice versâ*. Dieppe, le Havre et Dunkerque ensemble se partagent le sixième de la totalité des voyageurs qui traversent le détroit, le plus grand nombre prenant par Calais et Boulogne. Cela tient, surtout pour Calais, à la profondeur de l'entrée du chenal qui permet aux bateaux et aux trains de chemin de fer de partir à heures fixes et de correspondre quelle que soit l'heure de la marée, de l'une à l'autre rive. Les bateaux à vapeur vont et viennent incessamment, même pendant les gros temps.

En revenant vers la ville, Vent-Debout fit remarquer à Jean, sur le port, près de la Porte de la Mer, un modeste monument élevé en l'honneur des généreux marins Gavet et Mareschal, morts en sauvant des naufragés, en 1791. Jean se découvrit avec respect, et le vieux loup de mer, un peu surpris, n'hésita pas à l'imiter.

Une rue les conduisit à la place d'Armes. Comme ils y arrivaient, Jean vit venir au-devant de lui, l'ayant reconnu déjà, un jeune homme fort élégant au visage épanoui, qui lui sauta au cou et le serra dans ses bras.

— Comment c'est vous, Jean!

— C'est vous, Maurice!

Le père Vent-Debout mit le chapeau de toile cirée à la main, et après une présentation du pilote du *Richard-Wallace* dont Jean ne se tira pas trop mal, le marin déclara qu'il allait acheter du tabac, pas loin, et promit de les retrouver au bout de la place d'armes : c'était pour les laisser libres un moment...

Jean ne paraissait nullement rassuré. La présence de Maurice du Vergier si près de la ville où se trouvait la jeune fille cherchée partout, l'étonnait et l'inquiétait.

— Vous, ici? finit-il par dire.

— Vous y êtes bien, mon cher Jean! Mais vous ne serez plus surpris de mon passage à Calais lorsque vous saurez que je me rends en Angleterre...

— En Angleterre?

Jean respira.

— Oui, à Twickenham, — c'est près de Londres ; — je suis invité au mariage de miss Julia avec sir Henry Esmond, que vous connaissez... Le baronnet m'a écrit une lettre fort aimable, ma foi! et je ne puis m'empêcher de voir dans tout cela la main de l'adorable miss Kate.

— Toujours fervent?

— De plus en plus! C'est un culte, c'est un délire, c'est une folie, c'est... Enfin c'est ainsi! Et je pars pour Douvres par le bateau de une heure du matin, plus exactement une heure un quart. Je suis arrivé il y a quelques heures et j'aurais pu partir tout de suite ; mais je voulais voir Calais. Je ne pensais pas à vous, naturellement. Maintenant je me félicite d'être passé par ici et non par Dieppe comme j'en avais eu l'intention. La traversée du détroit par Calais est, du reste, la plus belle est la plus courte : une heure et demie. C'est la voie que prennent les grands de ce monde! Marie Stuart est partie d'ici pour retourner en Écosse après la mort de François II.

— Ah! fit le petit Parisien.

— Il est vrai qu'il n'y avait pas alors de paquebots... Vous ne savez rien de ma pauvre sœur?

— Rien, dit Jean d'une voix rauque.

— Vous ne me demandez pas des nouvelles de ma mère?...

— Excusez-moi; je suis encore tout abasourdi de cette rencontre inattendue.

— N'est-ce pas? c'est un peu comme moi... La baronne est de plus en plus affligée. Elle n'est pas comme mon père, qui trouve quelque distraction dans ses études archéologiques. Je crains vraiment pour la santé de ma mère!... Si je pouvais me marier jeune, l'entourer d'une famille nouvelle, peut-être oublierait-elle, — peut-être! Mais je n'en suis pas encore là! C'est bien du temps à souffrir pour elle. Pauvre mère! si bonne, si dévouée! Vous savez comme elle vous aime, Jean?

Jean, troublé jusqu'au fond de l'âme eut des larmes plein les yeux. Maurice s'en aperçut et dit en changeant de ton :

— Mais pourquoi vais-je vous attrister, mon cher Jean? Ne pensons qu'à l'heureux hasard qui nous réunit. Je dis hasard, peut-être aurez-vous de bonnes raisons à me donner pour me persuader le contraire. Vous me conterez cela en dînant avec moi tout à l'heure. Votre ami le pilote ne sera pas de trop...

En ce moment, à la clarté des becs de gaz qu'on allumait tout autour de la place d'Armes, ils virent s'avancer vers eux le père Vent-Debout. Il fut invité cordialement par Maurice du Vergier, mais il remercia par discrétion et promit d'aller chercher Jean à la gare maritime à l'heure du départ du bateau. Il n'était pas fâché, dit-il, de pouvoir prendre quelques dispositions pour mettre son humble logis en état de recevoir son jeune hôte pour cette nuit et les jours suivants.

Lorsque le fils du baron eut suffisamment insisté, il demanda au vieux marin, s'il serait facile de retrouver, pour y dîner, l'hôtel Dessin, rendu célèbre par le *Voyage sentimental* de Sterne...

— J'ai quelque idée de la chose, répondit le père Vent-Debout. Mais le vrai de la difficulté c'est que cet hôtel est devenu un musée.

— Qu'à cela ne tienne! fit Maurice; nous trouverons ailleurs.

XVI

Le porte balle

Jean se tint bravement promesse : dès le lendemain, il demanda à Paris un ballot de livres pour le colportage. Maurice du Vergier à qui il s'était ouvert de son projet, sans toutefois lui dire ce qui le déterminait à prendre ce parti, l'avait encouragé et s'était mis à sa disposition le cas échéant. Et le dernier mot de Maurice, après les adieux de Jean et du pilote — qui était venu les rejoindre au quai d'embarquement — fut de souhaiter bon courage à son jeune ami.

— Surtout, lui cria-t-il, appuyez du côté de Caen, dans vos tournées...

Maurice emportait en Angleterre des compliments de Jean pour le baronnet et sa famille, particulièrement pour miss Kate : mais il avait refusé de prendre l'engagement absolu de garder le silence sur la mésaventure du bois de Mont-Mal, c'est-à-dire, sur la soustraction à main armé de la belle montre d'or et des billets de banque, présents de la jeune Anglaise et de son père.

Huit jours après, un énorme ballot de livres arriva au Courgain. Jean commençait à connaître suffisamment Calais et les environs de la ville, campagne à peine ondulée tirant son principal charme des grands arbres qui s'y développent.

Jean avait parcouru aussi les sables des dunes, que le vent poussait autrefois devant lui, et il comprit comment on avait réussi, grâce à des plantations d'oyats ou joncs maritimes, à empêcher ces monticules de cheminer.

Par désœuvrement, Jean allait chaque jour assister à l'arrivée et au départ des bateaux à vapeur qui établissent entre Calais et Douvres un service dont la régularité fait penser à un bac de voyageurs mettant en communication les deux rives d'un grand fleuve. Le père Vent-Debout apprit à Jean que c'est entre ces deux points du littoral français et du littoral anglais — Douvres et Calais — qu'eurent lieu, en 1850, les premiers essais de télégraphie sous-marine : on ne pensait pas alors, aux câbles transatlantiques, — moins encore aux téléphones.

Le jeune Parisien s'était familiarisé avec les édifices remarquables de Calais : la paroisse de Notre-Dame de Bon-Secours, dont la flèche pyramidale s'aperçoit de loin en mer : une citerne publique adossée au nord de cette église lui donne un faux air de forteresse; l'hôtel de ville, sur la place d'Armes et son beffroi, dont le carillon est l'un des plus anciens de la Flandre française, et, en arrière de l'hôtel de ville, la vieille tour du guet, massive et carrée, surmontée d'une tourelle également carrée, et qui a servi de phare jusqu'en 1848 ; enfin l'ancien palais du duc de Guise, qui fut d'abord le Pilori ou l'Étape, édifié par Édouard III, où les marchands anglais venaient s'approvisionner de laine. La porte d'entrée de cet édifice est flanquée de deux tourelles octogonales. Henri II fit présent de cette somptueuse demeure au libérateur de Calais, François de Guise; mais le fils du duc la céda à la ville, et l'ancienne Étape devint l'hôtel du Gouverneur.

Donc, le ballot était arrivé; un énorme ballot, nous l'avons dit, et qui fit sensation au Courgain.

— Non d'un foc ! s'écria le père Vent-Debout, jamais tu ne pourras porter ça, mon garçon !

— J'en chargerai tout ce que je pourrai sur mon dos, la moitié, le quart, dit Jean sans s'effrayer. Vous me garderez le reste...

— Eh bien ! que fait donc ce paresseux de Barbillon, à Rouen ? Qu'on me larde, si ce n'est rien qui vaille ? Si tu te faisais aider par ce moussaillon ? Il te faudrait un âne, vois-tu. Barbillon ce serait pour toi une compagnie... sur les grands chemins ?

— C'est une idée ! Mais qui sait ce qu'il est devenu depuis trois ans ? Et puis, il faut que je tâte du métier avant de me donner le luxe d'un associé. C'est un essai à faire...

Quel déballage ! Des almanachs et des romans, tous les Robinsons possibles, des encyclopédies pour les propriétaires campagnards, des manuels de métiers, des chansons pour les minces bourses, de petits traités pour le peuple, des catéchismes politiques et l'art d'élever des lapins et de s'en faire 3,000 livres de rente...

LE TOUR DE FRANCE D'UN PETIT PARISIEN

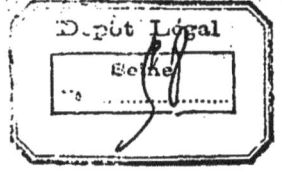

Où comptes-tu aller, demanda le vieux marin (page 443).

Liv. 56.

Le perroquet poussait un cri d'émerveillement à chaque exclamation de son maître. Le chat noir prenait des dispositions stratégiques à travers les ruelles que formaient les piles de livres déposées par terre sur les papiers de l'emballage.

Jean s'approcha de la muraille pour aller y étudier une carte du Pas-de-Calais. Le pilote la décrocha et la plaça sur la table.

— De quel côté vas-tu tourner ta guibre? Où comptes-tu aller? demanda le vieux marin.

— Où je vais aller? Je n'en sais trop rien, mais pas dans les grandes villes. Ce n'est ni à Arras, ni à Montreuil, ni à Béthune, ni à Boulogne, ni à Saint-Pol, ni à Bapaume, ni à Guinegatte...

— Ni à Saint-Omer! ajouta le père Vent-Debout.

— Ni à Saint-Omer! dit Jean qui ne nommait pas cette ville, justement parce qu'il n'oubliait point que de Calais, Cydalise et Jacob devaient s'y rendre.

Il continuait d'examiner la carte. Le père Vent-Debout arpentait à la marinière son logement. Il s'arrêta et ouvrit un avis :

— Moi, à ta place, je prendrais le chemin de fer, et puisque tu as devant toi toute la France, je filerais mon nœud par Boulogne, Hesdigneul, Étaples...

— Mais vous n'y pensez pas, monsieur Tégonec!

— Je ne veux pas que tu m'appelles monsieur.

— Le chemin de fer, père Vent-Debout!

— Oui, ou bien encore par Saint-Omer, Hazebrouck, Béthune...

— Mais c'est à pied qu'il faut que j'aille? la balle sur le dos, entendez-vous? Je monterai en wagon lorsque j'aurai tout vendu.

— Faudra pas que tu aies les jambes en pantenne, alors, je veux dire croisées et paralysées.

— Ah, certes non!

— A pied! ça me chavire! Alors je ne m'en mêle plus. Je vois que je suis mauvais pilote hors du littoral. Et cependant... non! Mon garçon, c'est toi qui n'y entends rien! Tu peux aller de Calais à Boulogne pour trois francs. Il y a — et le père Vent-Debout comptait sur ses doigts — : une, deux, trois, quatre stations intermédiaires. Tu descends à chacune d'elles et le cap en route! Tu explores les villages des alentours par une belle brise de travers. Foi de Dieu! Ça allège joliment la balle!

— Je puis essayer comme cela! dit Jean à demi convaincu.

Le père Vent-Debout dut réussir à le convaincre tout à fait, car le lendemain dans la matinée — une matinée assez froide — on eût pu voir le courageux garçon sortant de la gare de Caffiers — une assez grosse balle de livres sur le dos.

— Où suis-je? murmura-t-il, pris d'un trouble soudain. Est-ce bien moi?

Puis, se remettant un peu, il questionna des oisifs qui venaient vers la station comme vers un centre d'activité, une gare aux nouvelles; et il sut qu'à cinq kilomètres se trouvaient les houillères de Fiennes, peu visitées par les marchands ambulants, où ce ne serait pas sans profit qu'il étalerait aux yeux des ouvriers mineurs, les séductions renfermées dans son panier carré recouvert d'une toile cirée. Désireux de tenter la fortune dès son premier pas, il ouvrit sa balle à la gare même et ce fut avec succès : un vieux monsieur décoré, salué par tous du titre de capitaine, lui acheta un exemplaire de la centième édition de l' « Art d'accommoder les restes ».

— C'est un beau et bon livre, lui fit observer Jean, puisqu'il a atteint ce chiffre élevé d'éditions...

Le capitaine lui demanda d'un air narquois s'il pensait se moquer de lui; et devinant la naïveté du colporteur, il ajouta :

— A ce compte, ce livre serait le premier du siècle... Nous sommes perdus si les libraires se mettent à compter par millions, comme les tuiliers. Sachez, jeune homme, que je n'achète ce livre que pour faire enrager ma cuisinière.

Timidement, une jeune fille s'approcha et, sans marchander, choisit une « Clé des songes ». Un garde-champêtre très affairé, fit emplette d'un « Parfait secrétaire » : il cherchait, dit-il, un modèle pour verbaliser dans les formes contre les chiens « divaguant » sur la voie publique...

Quand toute sa clientèle fut servie, il sembla à Jean, au moment où il rechargeait sa balle sur ses épaules qu'elle était sensiblement plus légère, tant cet heureux début lui donnait des forces! Il alla à Fiennes et fit recette. Alors il poussa dans la direction de Guines, chef-lieu de canton de quatre à cinq mille habitants. En traversant la forêt de Guines, il fut très surpris de rencontrer une petite pyramide en marbre, érigée, disait l'inscription, à l'endroit même où l'aéronaute Blanchard et l'Anglais Gefferies prirent terre le 7 janvier 1785, après avoir traversé le détroit.

Dans la même journée, il put reprendre le chemin de fer et aller coucher à Marquise, où une population ouvrière groupée autour de forges et hauts fourneaux importants, lui permettait d'entrevoir un débit assuré; ce qui se réalisa, en effet.

Le lendemain Jean se dirigea pédestrement vers Ambleteuse, petit port de mer à l'embouchure du Slack, à neuf kilomètres de Marquise. Il vendit quelques almanachs aux pêcheurs.

Le jour suivant, il atteignit par la voie ferrée la station de Wimille et se dirigea vers ce village situé assez loin de la gare. Dans le cimetière, on lui montra la sépulture des aéronautes Pilâtre du Rozier et Romain qui périrent bien malheureusement, le 15 juin 1785 — six mois après la tentative couronnée de succès de Blanchard et Gefferies. Ce fut par suite de l'incendie de leur montgolfière, au moment où ils allaient commencer la traversée du détroit. Un obélisque marque la place où ils tombèrent dans la garenne de Wimereux. Ainsi, Jean voyait à deux jours d'intervalle deux monuments consacrés à une même entreprise ayant donné les résultats les plus opposés.

Jean ne séjourna qu'un jour à Boulogne-sur-mer. Cette ville de 45,000 habitants lui parut occuper une situation pittoresque, au débouché de la vallée de la Liane, et au milieu d'un bassin formé de plusieurs étages de collines. Il vit sur une hauteur et dominant la ville et la rade, la colonne de la Grande Armée élevée en souvenir de l'expédition en Angleterre conçue et préparée par Napoléon Ier, ou, plus exactement, pour rappeler la distribution des décorations de la Légion d'honneur au camp de Boulogne, le 16 août 1804.

Dans l'arrondissement, il eut occasion de visiter les tourbières de Saint-Tricat, la bergerie nationale de Tingry le vieux château à pont-levis de Rety.

C'est par Montreuil et Saint-Pol qu'il atteignit Arras, chef-lieu du département, — place forte, située au milieu d'une vaste plaine et divisée en deux parties par un ravin où coule le Crinchon. Jean put constater qu'Arras est un très important marché aux grains, et un centre de fabrication et de raffinerie de sucre et de betterave, d'huile d'œillettes et de colza, de fonderies, de fabriques de poteries et de pipes... Il donna un moment d'attention à l'église Saint-Waast, seule partie existante de la célèbre abbaye de ce nom, au beffroi gothique de l'hôtel de ville et, hors de la ville, à la citadelle construite par Vauban.

D'Arras il se rendit à Bapaume où, des ruines de l'ancien donjon, il jouit d'une belle vue sur les plaines de l'Artois et de la Picardie. Mais ce qui l'intéressa par-dessus tout, ce fut le champ de bataille où le 5 janvier 1871, le général Faidherbe, commandant l'armée du Nord, infligea une défaite aux Allemands.

Il parcourut les campagnes de Lens, ville célèbre par la victoire que Condé y remporta sur les Espagnols en 1648, et il passa par Béthune sur la Blanche, au point de jonction du canal d'Aire à la Bassée, non sans jeter un coup d'œil sur le beffroi de cette ville, l'un des plus remarquables du nord de la France, et qui est classé parmi les monuments historiques : c'est une tour carrée du quatorzième siècle, terminée par une galerie crénelée, flanquée de guérites en encorbellement. Lillers en Artois lui offrit le puits artésien de son couvent des Chartreux, le plus ancien que l'on connaisse en France (1126) et, aux environs de cette ville, les mines de houilles de Ferfay et les mines d'Auchy-au-Bois. Aire-sur-la-Lys se montra à lui ceinte de son rempart bastionné et entourée de jardins et de prairies.

Au bout d'une dizaine de jours, Jean avait dû prier le père Vent-Debout de lui expédier le restant de son ballot en deux paquets, l'un à Montreuil-sur-Mer, l'autre à Arras où, selon ses calculs, il devait se trouver vers le 5 février. Son petit commerce marchait bien, malgré la mauvaise saison, car si les routes étaient souvent rendues difficiles par les neiges, d'autre part les veillées d'hiver engageaient à lire, — et l'on achetait des livres.

Jean avait promis au vieux marin de retourner à Calais, et c'est à Calais aussi qu'il avait pris rendez-vous avec Jacob Risler; mais il sut résister à la tentation d'aller y retrouver la petite danseuse, tentation bien vive parfois, lorsque se trouvant près d'un chemin de fer, il pensait à la facilité avec laquelle la distance qui le séparait d'elle pouvait être franchie.

Désireux de s'éloigner de Calais, il demanda à Paris qu'on lui adressât à Amiens son second ballot de livres et brochures. Et il se rendit dans cette ville, où il arrivait au milieu de février, ayant réalisé en un mois un premier bénéfice de cent quatre-vingts francs, ce qui lui parut superbe. Grâce à cet argent il s'était nourri et logé; il avait payé ses places en wagon, en voitures de correspondance, acceptant au surplus sans hésitation, l'offre à lui souvent faite de grimper dans une carriole qui suivait le même chemin, — et il lui restait des économies, un petit pécule qu'il comptait bien augmenter par son industrie.

Le voilà donc en pleine Picardie, ancien champ de bataille où nos armées eurent souvent à lutter contre les Flamands, les Bourguignons, les Anglais. C'est une province bien arrosée et bien cultivée, où l'on récolte en abondance le blé, le seigle, l'orge, l'avoine, le lin, le chanvre, la pomme de terre; où la culture des betteraves est d'une production égale à celle du Nord et du Pas-de-Calais; les graines à faire de l'huile y viennent bien, les houblonnières y sont d'un bon rapport, et les pommes y donnent un excellent cidre.

Les Picards sont d'une taille avantageuse, francs et loyaux, mais obstinés, un peu brusques ; honnêtes, laborieux, pleins d'ordre et d'économie, — et avec cela hospitaliers, comme Jean put en juger bien des fois.

Le département de la Somme, agricole, industriel et maritime, comprend diverses régions de la Picardie : au nord le Ponthieu et le Marquenterre, ce dernier pays autrefois couvert par les eaux de la Manche est devenu le sol le plus fécond de toute la Picardie ; entre la baie de Somme et la Bresle, se trouve le Vimeu, à l'est le Vermandois, au sud-est le Santerre, pays extrêmement fertile aussi. Le sol de ce département présente une suite de vastes plaines, unies à perte de vue, parfois légèrement tourmentées. Du fond des vallons qui coupent les plaines, le terrain s'élève par étages, et monte en gradins mollement ondulés. Point de montagnes ; les plus hautes collines ne dépassent pas cent cinquante ou deux cents mètres. Le cours d'eau principal est la Somme, qui traverse ce département dans toute sa longueur et le divise en deux parties. Les autres rivières sont l'Authie et la Bresle.

Les côtes, nues et arides, bordées de monticules de sable que les vents soulèvent et déplacent, sont basses presque partout. C'est à vingt kilomètres au sud de l'embouchure de la Somme que la côte s'élève et présente à la mer une muraille de falaises calcaires qui se prolongent au sud sur tout le littoral normand, du pays de Caux au cap de la Hève ; falaises qui sont pour les habitants du plateau comme un précipice jusqu'au bord duquel s'étendent les cultures : aucune ondulation de terrain n'avertit de leur voisinage ; tout à coup le sol manque sous les pieds, l'abîme s'ouvre et cet abîme c'est l'Océan.

Bien que la Somme ne soit pas ce qu'on appelle un département « éleveur » on y trouve néanmoins des chevaux dits picards, des bêtes à cornes, des moutons de races perfectionnées, des porcs, et une très nombreuse volaille. Aux environs de son chef-lieu, on exploite les tourbières les plus considérables de France. Quatre mille ouvriers sont occupés à l'extraction de la tourbe, dans un département qui n'a point de houillères comme l'Artois et la Flandre.

Jean visita successivement ce qu'on appelait autrefois « les villes de la Somme, » les places de Péronne, Corbie, Amiens, Abbeville, et les autres villes situées sur cette rivière dont elles défendaient le passage. Ces « villes de la Somme » comprenaient même quelques petites forteresses peu distantes de son cours, telles que Montdidier, Roye, Doullens, Saint-Riquier. Durant les quinzième et seizième siècles, lors des guerres contre l'Angleterre, puis contre la maison de Bourgogne et ensuite contre les Espagnols, ces villes, enjeu de tant d'ambitions rivales, furent tour à tour pillées, dévastées, saccagées, démantelées et parfois incendiées. On sait comment les villes de la Somme cédées par Louis XI à Charles-le-Téméraire, moyennant deux cent mille écus d'or, avec faculté de rachat, furent reprises par le rusé souverain, grâce à l'intrigue ou à la force. D'horribles dévastations, notamment l'incendie et le pillage de la ville de Nesles, marquèrent les représailles exercées par le duc de Bourgogne. Une partie des habitants de Nesles s'étaient réfugiés dans l'église Notre-Dame; la soldatesque les y suivit, et alors eut lieu une affreuse tuerie qui joncha de cadavres les dalles de l'église. On montra à Jean cette église Notre-Dame. Nesles a été la ville principale d'un marquisat considéré comme le premier, le plus beau et le plus ancien de France; dix-huit cents fiefs en dépendaient.

Libre de ses mouvements, Jean put s'intéresser à ce que chaque ville, chaque château, chaque localité renfermait de particulièrement remarquable.

A Amiens, — la merveilleuse cathédrale, la plus grande de France, regardée comme le plus parfait modèle de l'architecture ogivale tant par sa façade, ses deux tours quadrangulaires, ses trois porches, sa rosace, ses nombreuses statues, que par la hauteur de sa nef. A en croire un dicton populaire, la nef d'Amiens, le chœur de Beauvais, le portail de Reims et la flèche de Chartres formeraient par leur réunion une cathédrale incomparablement belle.

A Péronne, — les fortifications et leurs fossés remplis d'eau, ainsi que ce qui reste de l'ancien château : la tour où Charles-le-Simple mourut de faim au fond d'un cachot, et où fut retenu prisonnier Louis XI, pris au piège par Charles-le-Téméraire.

A Doullens, — la citadelle, prison d'État.

Puis, la formidable tour ronde du château de Ham, aux épaisses murailles; le beffroi de Saint-Riquier, ville qui eut cent tours dont il reste à peine quelques vestiges, mais qui possède intacte une charmante église gothique du quinzième siècle, — le plus bel édifice du département après la cathédrale d'Amiens; la tour du château de Folleville, haute de cent pieds et que l'on aperçoit de loin comme un phare; les vieux remparts de Montdidier, capitale du Santerre, où naquit Parmentier, qui mit un zèle si tenace à introduire la pomme de terre en France; les grands et beaux arbres de la forêt de Crécy, aux environs de laquelle Philippe VI, poursuivant le roi d'Angleterre Édouard III, l'attaqua dans de si mauvaises conditions qu'il fut défait et perdit trente mille hommes et l'élite de sa noblesse; les portes flanquées de tours énormes qui sont tout ce qui reste du fameux château de Picquigny; les curieuses pétrifications du souterrain de la ville industrielle d'Albert. — an-

Ce fut entre eux une reconnaissance bien cordiale (page 449).

ciennement Ancre, et qui fut la seigneurie du célèbre Concini, maréchal d'Ancre, avant de passer aux mains d'Albert de Luynes...

Jean se trouvait à Ham, et se demandait par quelle voie il se rendrait à Saint-Quentin, lorsqu'il vit sortir de la gare son excellent ami Modeste Vidal. Ce fut entre eux une reconnaissance bien cordiale. Après le premier moment de surprise et l'étonnement du musicien devant la transformation du jeune

Parisien en porte balle, Jean fit part à ce dernier de ses impressions de voyage à travers la Flandre, l'Artois et la Picardie. Il lui parla sans colère de son parent Jacob; mais sur la petite Cydalise il se tut, comme toujours, sachant parfaitement combien il agissait mal envers la famille de cette pauvre enfant.

Il parut à l'artiste que la vie active menée par Jean lui faisait surmonter un peu ce noir chagrin qui le minait naguère; mais en causant, en allant au fond des choses, Modeste Vidal trouva son jeune ami dans les mêmes dispositions d'esprit qu'au lendemain de la perte de ses espérances. Il demeurait « sans nom, » se faisant inscrire partout en ne donnant que son prénom de Jean, et de même pour la réception de ses ballots de livres. Le musicien comprit que le moment n'était pas encore venu de voir Jean plus raisonnable, — apaisé.

— Alors tu voulais aller à Saint-Quentin? lui dit-il?

— Je vais là comme j'irais ailleurs.

— S'il en est ainsi, je t'emmène à Laon avec moi, par le chemin de fer.

Jean accepta — mais avec trop d'indifférence suivant le généreux artiste qui chercha un moyen de stimuler son énergie.

— Tu as vu de grandes villes et de curieuses choses, lui dit-il; mais en faisant des zigzags à travers ces pays-ci, — où j'aurais pu te rencontrer plus tôt — j'ai fait une découverte; j'ai presque constaté un miracle; aussi bien s'agit-il d'une sainte et héroïque fille...

— Qui donc?

— Jeanne, la libératrice d'Orléans, prisonnière devant Compiègne, martyrisée à Rouen. Je te raconterais volontiers cela... si je ne te connaissais tant et tant d'ennuis!...

— Oh! vous vous trompez, si vous me croyez indifférent... surtout quand il s'agit de ma petite sœur de Lorraine.

— Vrai? Eh bien! alors, je vais te dire ce que j'ai appris dans un village perdu de la Picardie.

XVII

Picardie et Ardennes

— A la frontière de la Picardie et du Cambrésis, dit Modeste Vidal, se trouve, au milieu des bois, le village de Beaurevoir. En ce lieu s'élevait au quinzième siècle, un château dont il ne reste que le souvenir. Il appartenait à Jean de Luxembourg, comte de Ligny, entre les mains de qui était tombée Jeanne Darc, après que, devant Compiègne, abandonnée des siens et peut-être trahie, elle fut faite prisonnière. Jean de Luxembourg l'enferma d'abord au château de Beaulieu, d'où l'énergique Lorraine essaya de s'échapper; puis il la fit conduire au château de Beaurevoir, qu'il habitait lui-même. Là, Jeanne rencontra un accueil compatissant de la part de la comtesse sa femme et de la tante, d'autres disent la sœur du comte Jean. Elles adoucirent la captivité de l'héroïne et usèrent de leur influence pour détourner le seigneur de Beaurevoir de mettre à exécution son projet de vendre aux Anglais cette fille sublime, qu'ils redoutaient plus qu'une armée bien commandée.

» Les deux nobles femmes, poursuivit le musicien, pensaient avoir réussi, — en y prenant beaucoup de peine, — à persuader le comte Jean de ne pas commettre un acte capable de le déshonorer à tout jamais. La captive du farouche seigneur était enfermée depuis trois mois à Beaurevoir, vivant dans la crainte d'être livrée, lorsqu'elle apprit à quelle extrémité se trouvait Compiègne assiégée par les Bourguignons, auxiliaires des Anglais. La ville prise, on menaçait d'en passer les habitants au fil de l'épée, sauf les enfants au-dessous de sept ans.

— Quelle horreur! fit le jeune Parisien.

— Jeanne, reprit son ami, si peu rassurée sur son propre sort, n'hésita pas à faire une tentative désespérée pour aller au secours de cette ville qui, déjà, lui coûtait la perte de sa liberté ; elle sauta du sommet d'une tour ayant au moins soixante pieds de hauteur, en s'aidant de lanières... Mais ces lanières peu résistantes, taillées peut-être dans des draps de lit, se rompirent, et la la pauvre jeune fille fit une chute terrible. Jeanne ne cherchait pas la mort, comme on lui en fit un crime, lors de son procès, mais elle risquait sa vie.

» Précipitée de si haut, elle tomba sur le sol sans se faire beaucoup de mal. N'est-ce pas une chose miraculeuse et qui donne à penser ? Toutefois, on la trouva évanouie. Jeanne revenue à elle, la mémoire lui faisait complètement défaut ; elle ne savait pas ce qui était arrivé, comment il se faisait qu'elle fût blessée ; elle resta deux ou trois jours sans pouvoir rien manger ni boire ; mais les « voix » qu'elle croyait entendre parfois, — ces voix qui lui avaient ordonné d'aller au secours du roi de France — tout en la blâmant de son imprudence, lui promirent une guérison prompte et assurée. Ces mêmes voix l'assuraient aussi que Compiègne serait secourue avant la Saint-Martin d'hiver.

» Comme Jeanne ne faisait aucunement mystère de ses révélations, la colère de son geôlier s'en augmentait. Cette colère devint de la fureur lorsque Compiègne malgré l'intervention très active de Jean de Luxembourg, vit accourir à sa délivrance les Français du maréchal de Boussac et de Poton de Xaintrailles, et échappa aux Bourguignons qui la considérait déjà comme à eux, — ainsi Jeanne l'avait prédit.

» Le seigneur de Beaurevoir résolut alors de hâter l'exécution du marché qui livrait sa prisonnière aux Anglais : cette compensation leur était bien due, après l'échec devant Compiègne ! Du reste, ceux-ci, soldaient l'infamie du comte selon un tarif honnête : seize mille francs lui furent comptés ; ils représenteraient bien cent soixante mille francs de notre monnaie.

— Le misérable ! murmura Jean, que ce récit fait simplement mettait hors de lui.

— J'ai recueilli ces faits à Beaurevoir même, ajouta Modeste Vidal. Je les crois peu connus ; M. Pascalet me dira ça.

Modeste Vidal se trompait. Cette évasion si dangereuse est racontée par la plupart des historiens de Jeanne Darc. Seulement les bonnes gens de Beaurevoir y ajoutaient avec quelques détails particuliers une interprétation miraculeuse. Disons encore que Jeanne d'abord conduite à Arras, fut transférée au château du Crotoy sur la Somme, et que c'est de là qu'elle partit pour Rouen, non par mer, comme on l'a avancé quelquefois, mais par la route de terre.

Tout en parlant, le musicien avait conduit son jeune ami dans un café faisant face à la gare. Ils s'étaient assis sans que le récit de cette anecdote en fut interrompu.

— C'est un curieux pays que la Picardie, observa Modeste Vidal, heureux du succès obtenu auprès de Jean, qui certainement, à ce moment, ne pensait plus qu'à plaindre Jeanne et à maudire les Anglais. Et quelle industrie! Amiens, qui au seizième siècle fabriquait des draps d'or et de soie, sert d'entrepôt au travail de presque tout le département, où les filatures, les ateliers pour le tissage des étoffes de laine, de coton, de chanvre, de lin ont pris un développement considérable. On fabrique à Amiens de très beaux velours de coton qui trouvent leur principal débit dans le midi de la France et en Espagne, et des velours d'Utrecht pour meubles. On y fait aussi des tapis de moquette. On apprécie chez nous et à l'étranger les pannes, les peluches, les frises, les satins pour chaussures qui sortent des manufactures de cette ville, — qui a aussi des manufactures de dentelles, des manufactures de produits chimiques, des teintureries, des tanneries, des brasseries, des fabriques d'huile.

» Le peignage et le filage de la laine occupent la plus grande partie de la population, dans les communes rurales des arrondissements d'Amiens et d'Abbeville. Un filage plus grossier s'exécute dans les environs de Péronne et de Montdidier, à Albert, à Villers-Bretonneux pour la fabrication au métier des bas et des autres objets de tricot, qu'on expédie à Paris, ou qu'on rend à a Normandie qui en a fourni la matière première. Rosière est l'un des centres de cette fabrication de la bonneterie dite du Santerre dont les produits atteignent annuellement une valeur de vingt-cinq millons de francs.

» Je ne veux pas oublier, ajouta le musicien, les fameux pâtés de canards d'Amiens, provenant de la chasse aux canards sauvages dans les marais qui avoisinent Péronne. Ces pâtés rivalisent avec les pâtés d'esturgeon d'Abbeville.

» Je viens de nommer Abbeville. Cette ville est assez près de a mer pour que les navires de commerce remontant la Somme, y apportent des bois du Nord, du sel, des ardoises, des vins et viennent y chercher des grains que le département produit avec un excédent considérable sur sa consommation. L'arrondissement de cette ville est renommé pour sa serrurerie dite de Picardie, destinée aux habitations: balustrades de balcons, rampes d'escaliers, espagnolettes de croisées, et surtout serrures et cadenas. Cinq mille ouvriers y sont occupés; par la division du travail et un outillage très perfectionné, les fabricants sont parvenus à faire de grandes réductions sur les prix de tous ces articles. Une douzaine de cadenas leur revient à quatre-vingt-dix centimes et une douzaine de serrures, à trois francs. Le coffre de ces serrures est fait d'un seul morceau de tôle et d'un seul coup de balancier.

Modeste Vidal parla aussi à Jean du port de Saint-Valery-sur-Somme, où l'on construit des navires, et où l'on fabrique des câbles et des cordages. C'est de ce port, dit-il, que partirent nombre de vaisseaux armés par Guillaume pour la conquête de l'Angleterre, mais non pas toute la flotte, comme voudraient le faire croire les gens de l'endroit.

— Vous êtes dans le vrai, mon cher Modeste, répondit Jean; c'est en Normandie, c'est dans le port de Dives, pas bien loin de Falaise et de Caen, où je suis allé, que Guillaume le Conquérant réunit ses navires et ses soldats.

— L'activité industrielle du département, observa l'artiste, ne détruit pas l'activité intellectuelle : Gresset est né à Amiens, je crois, ainsi que Voiture; Millevoye à Abbeville. Ces noms-là ne te sont pas tout à fait étrangers ? Le général Foy, orateur autant qu'homme d'épée, était de Ham.

» Et maintenant parlons un peu de nous, ajouta Modeste Vidal, en trempant ses lèvres dans le verre de bière placé devant lui. Tu voulais aller à Saint-Quentin?... Est-ce par curiosité? Ce n'est pas une curiosité déplacée : la ville est la plus importante et la plus riche du département de l'Aisne, avec une population de 48,000 habitants qui tend à s'accroître d'une manière très sensible, grâce sans doute aux industries locales, la raffinerie, la fabrication des tulles, des gazes, des linon, toile et bazin. Est-tu satisfait par le peu que je t'en dis?

— Je voulais voir l'endroit où l'on s'est battu en 1870, objecta Jean, mais sans trop de force.

— Tu es amateur de ces choses là ! ça te remue, ça t'émoustille.

— Je l'avoue : ça me fait vivre; dans ces occasions-là, je pense à mon père avec orgueil, à ce brave soldat des anciennes armées, mort en faisant son devoir de soldat lorsque les vieilles troupes eurent été anéanties. Tout cela m'impressionne... mais sans me décourager; au contraire !

— Tu es un brave garçon ; il y a longtemps que je le sais, dit l'artiste. Eh bien, sache donc, puisque je t'emmène avec moi à Laon, — et peut être plus loin, — que le département de l'Aisne fut un des premiers envahis par les Allemands. Soissons, qui est l'une de nos villes le plus fréquemment éprouvées par les malheurs de la guerre, ce qu'elle doit peut-être à sa position dans un vallon, fut bombardée et dut capituler aussitôt ; Laon surprise, fut occupée le 5 septembre. Mais Saint-Quentin, résista victorieusement avec sa seule garde nationale à l'attaque du 8 octobre, et le 19 janvier suivant, dans une sanglante bataille livrée sous ses murs, l'armée du Nord commandée par le général Faidherbe disputa la victoire aux forces trois fois supérieures du général prussien Von Gœben. Tu en verrais bien d'autre si... je voulais.

— Où cela?

— Je ne suis pas sûr de vouloir... A Saint-Quentin, tu aurais certainement été charmé de parcourir de belles promenades, de suivre des rues bien tracées et bordées de maisons qui respirent l'aisance. L'église est sur une jolie place, au milieu de laquelle a été érigée la statue d'un célèbre peintre de pastels du temps de Louis XV, Latour, et l'hôtel de ville, monument historique s'il vous plaît! n'est nullement à dédaigner, avec sa galerie ouverte du rez-de-chaussée supportant un étage éclairé par neuf fenêtres ogivales délicatement et plaisamment sculptées, le tout surmonté de trois frontons triangulaires percés de rosaces. Cet édifice qui doit être du quatorzième ou du quinzième siècle, occupe le plus beau côté de la grande Place, où se trouve aussi le théâtre et la haute tour où se tient jour et nuit un guetteur chargé de donner l'alarme lorsqu'un incendie menace la riche cité.

— Saint-Quentin, dit Jean n'est pas le chef-lieu du département? Non? c'est Laon, n'est-ce pas?

— C'est Laon, bien qu'avec une population qui ne dépasse pas 13,000 habitants. Curieuse ville, du reste, par sa position au sommet d'une montagne isolée au milieu d'une vaste plaine! On monte jusqu'à la porte de la ville par un escalier de près de trois cents marches, avec paliers inclinés. Le maréchal Serrurier a sa statue à Laon sur la principale place de la ville, — comme La Fontaine a la sienne, à Château-Thierry au bout du pont construit sur la Marne. Tu verras Laon, mais d'en bas...

— Je croyais que vous vouliez m'y conduire?

— Nous y passerons... mais nous ne gravirons pas les trois cents marches. Je vais te dire, ami Jean : je flâne un peu maintenant, mes moyens me le permettent...

— J'avais toujours pensé que votre belle musique vous rendrait riche.

— Oui, fit Modeste en soupirant, c'est un bel art! mais un oncle m'est venu 'ant soit peu en aide, en mourant à propos et en faisant de moi son unique héritier... Voilà ! Il a plu dans mon écuelle, comme on dit.

— C'est donc cela!

— Quoi, c'est cela?

— Je vous trouvais un air... calé, une tournure d'aplomb que vous n'aviez pas autrefois...

— C'est que, vois-tu, mon petit, il n'y a rien de tel pour lester un homme comme le gousset garni — et pour contre-poids, bien entendu, une bonne conscience. Par suite donc de ces circonstances, me trouvant en état de te faire une gracieuseté, j'ai envie... Voyons, regrettes-tu encore quelque chose par ici? La manufacture de glaces de Saint-Gobain? le château de Coucy restauré?

> Je ne suis roy ni duc, prince ni comte aussi,
> Je suis le sire de Coucy.

» Voyons, parle !

— Oh! oui, j'aurais voulu voir, chemin faisant la manufacture...

— De Saint-Gobain? Ce n'est pas si aisé que cela! Il faut pour être admis à la visiter, de hautes recommandations. Qu'il te suffise de savoir qu'à sa fondation, elle n'avait pas le droit, cette manufacture si hardie actuellement, de faire des glaces de plus de soixante pouces de long sur quarante. Aujourd'hui elle coule plus de deux cent mille mètres carrés de glaces par an; et quelles dimensions quand elle veut ! Quant au château de Coucy, nous n'en passerons pas loin; nous le laisserons sur notre gauche, au sommet de sa colline escarpée, un peu après Laon. Il y a là assurément de magnifiques débris. Les gens experts estiment que c'est la plus belle construction militaire qui existe en Europe. La grosse tour a près de trois cents pieds de hauteur. C'est une merveille de solidité. Mazarin craignant d'y voir se réfugier les derniers Frondeurs, ordonna de la détruire. Mais la vaillante tour résista à toutes les explosions de mines; elle resta debout avec une balafre qui la sillonne de haut en bas. Le château de Coucy appartient à l'État, qui y a fait exécuter sous la direction d'un très habile architecte, M. Viollet-le-Duc, de grands travaux de déblayement et de consolidation.

— Eh bien! dit Jean, je me contenterai de ce que vous m'apprenez et je verrai le château de Coucy en imagination. Mais vous parliez tantôt de certaine gracieuseté... N'avez-vous pas changé d'idée?

— Non, au contraire, mon cher Jean, je m'y accoutume. Ce projet me plaît de minute en minute davantage.

— Quel projet?

— Mon projet... Seulement j'y mettrai une condition : tu laisseras ta balle...

Ils se découvrirent avec émotion (page 463).

— Ici? Il me faudra revenir, alors?
— Où comptais-tu trouver un ballot frais, bondé des plus exquises nouveautés?
— A Saint-Omer. J'ai écrit pour qu'on me l'adresse là... parce que je suis sûr de m'y rendre vers la mi-carême : je m'y suis engagé envers « l'oncle »

Jacob, que je ménage tant que je peux. Je me défendais malgré cela d'aller à Saint-Omer ; mais toutes réflexions faites...

Naturellement, Jean ne disait rien de mademoiselle Cydalise...

— Soit! fit Modeste Vidal. Alors, adresse à Saint-Omer aussi, le contenu actuel de ta balle, et déclare-moi que tu es prêt à me suivre n'importe où !

Jean donna une franche poignée de main à l'aimable artiste : c'était son consentement.

— Très bien ! fit celui-ci, nous allons déjeuner, ici même, et aussitôt après nous partons.

— Et où me conduisez-vous?

— Tu le verras. Pour commencer à Reims, par Laon.

— Si j'allais rencontrer Hans Meister!

— A l'endroit où je te mène, il y a longtemps que les chacals de son espèce ont accompli leur besogne...

Ces paroles n'en apprenaient pas davantage à Jean. On déjeuna. Il était une heure lorsque les deux amis montèrent en wagon dans un train venant d'Amiens. A trois heures, ils passèrent en gare de Laon, à quatre heures cinquante, ils arrivaient à Reims, avec quelques minutes de retard.

Cette ville célèbre, et de beaucoup la plus populeuse de la Marne, se trouve au centre d'une plaine en forme de cirque. Le canal de l'Aisne à la Marne lui sert de voie de communication pour son commerce, et remplace les nombreuses voies romaines qui ont été pour Reims la raison de son important développement. En souvenir de la conversion et du baptême de Clovis, Reims était devenue la ville du sacre, et depuis Philippe-Auguste, les rois de France, jusqu'à Charles X, vinrent s'y faire couronner, — à l'exception de Henri IV, sacré à Chartres. C'est le siège d'un archevêché depuis la fin du troisième siècle. Ses archevêques portaient le titre de primats de la Gaule-Belgique; au douzième siècle, ils furent créés ducs et premiers pairs ecclésiastiques de France.

Reims est une ville d'industrie. On s'y occupe plus encore qu'à Épernay, — ville dont elle n'est séparée que par la forêt et les vignobles de la « montagne de Reims » — et plus qu'à Châlons aussi de la préparation et de l'expédition des vins de Champagne. Ce trafic y représente annuellement un chiffre d'opérations de trente à quarante millions.

Reims est également l'un des grands centres de l'industrie des étoffes de laine pure ou mêlée à la soie et au coton, flanelle, drap, casimir, châles, tissus mérinos, mousselines laine, nouveautés dont les produits sont connus dans le commerce sous la désignation d'articles de Reims. Ses fabriques de tissus, filatures et tissages de laines groupent dans leurs ateliers plus de dix mille ouvriers, et consomment de quarante à cinquante millions en matières premières. Récemment encore, la fabrication rémoise dépendait de Suresnes et de Puteaux pour les teintures ; mais de très importantes teintureries, où l'on obtient toutes les variétés de couleurs, se sont établies dans le voisinage de Reims. En outre, l'industrie du verre et celle du sucre de betterave ont pris à Reims un réel développement. Ne mentionnons les biscuits que pour mémoire... Tout cela suffit bien pour assurer à Reims une place au premier rang parmi les grandes cités industrielles de France.

C'est dans cette ville que Modeste Vidal et Jean arrivèrent. Un tramway les conduisit vers la cathédrale.

La nuit venait, et c'est dans l'insuffisante lumière des becs de gaz placés en avant de sa façade qu'ils aperçurent la splendide basilique. Trois arcades en ogive en composent le portail, qui contient par centaines des statues de toutes grandeurs. La rose du portail est d'une grande magnificence. Les deux tours carrées, sont formées d'arcades, de piliers, de chapiteaux, de pyramides à jour et en découpures, — avec trente-cinq colossales statues d'évêques qui se tiennent tout autour des hauts chapiteaux — sans avoir le vertige.

— Nous reviendrons voir tout cela demain, dit le musicien. Maintenant nous allons dîner, et après nous irons... au théâtre ! N'oublions pas que nous sommes rentiers.

Ils retournèrent sur leurs pas et, quittant la place du parvis, ils se retrouvèrent entre le palais de justice et le Grand-théâtre. Les environs étaient pleins de restaurants et d'hôtels...

Le lendemain, de bonne heure, on eut pu voir, familiers et bons camarades, le musicien et son compagnon, fouillant d'un œil avide les sculptures fantaisistes et pieuses des arcades de la cathédrale. Modeste fit remarquer à Jean que les tours, qui devraient s'élever d'après le plan primitif à cent vingt mètres, n'atteignent qu'aux deux tiers de cette hauteur. Ils pénétrèrent à l'intérieur, et virent des vitraux du treizième siècle d'une rare beauté ; parmi les tableaux une toile attribuée au Titien, une Nativité du Tintoret, un Lavement des pieds par Muziano ; et puis une belle collection d'anciennes tapisseries ; enfin ils visitèrent le trésor, renfermant de précieux ouvrages d'orfèvrerie.

— Mais nous ne faisons que passer à Reims, finit par dire Modeste Vidal ; nous n'avons donc que peu de temps à donner à la ville.

Ils s'en allèrent par les rues et les places, — rues larges, places régulières et ornées de beaux édifices et d'hôtels particuliers : l'église Saint-Remi, la plus ancienne de Reims, le palais archiépiscopal, l'hôtel de ville, un des plus magnifiques édifices du genre, l'hôtel de Joyeuse, l'hôtel de Chevreuse, la maison des Musiciens, l'hôtellerie de « l'Ane Rayé » contiguë à la maison Rouge. Sur la façade de cette dernière maison, ils purent lire : « L'an 1429, au sacre de Charles VII, dans cette hôtellerie nommée alors l'*Ane rayé*, le père et la mère de Jeanne Darc ont été logés et défrayés par le conseil de la ville » ; et de même, sur la maison dite le « Long-Vêtu, » rue de Cérès : « Jean-Baptiste Colbert, ministre d'État sous Louis XIV, est né dans cette maison le 29 août 1619 ». Sur la place Drouet d'Erlon, belle avenue plantée d'arbres, ils virent la statue en bronze du maréchal de ce nom. Un omnibus les ramena à la gare par la rue Thiers.

A midi et demi un train les emportait vers le nord-est, vers la Belgique.

— Mais où allons-nous donc? demanda Jean. Et, se rappelant son entretien avec son ami, il pensait au champ de bataille de Waterloo, — mais sans oser le dire.

— Où nous allons ? fit Modeste Vidal. Il me semble que nous traversons un plateau peu fertile et passablement monotone de la Champagne.

» Faut-il mettre les points sur les *i*? Nous sommes sur la limite de la Champagne pouilleuse; nous laissons à notre droite l'embranchement pour Mourmelon... Tiens ! te voilà renseigné : écoute, on crie Bazancourt !... Maintenant nous traversons la Suippe. Voilà un village ; on doit y exploiter la craie à en juger par l'état des environs. Bon ! nous entrons dans un tunnel. Il n'est pas trop long... Nous franchissons le canal des Ardennes et du même coup l'Aisne. Quelle est cette petite ville sur le versant d'une colline? On dirait que...

— C'est Rethel, dit une bonne femme de la campagne, pensant venir au secours du voyageur.

— Ah! merci! Nous disons Rethel. Je croyais que c'était une ville fortifiée Rethel? Elle a dû l'être... Il me semble aussi que sous ses murs, Turenne et les Espagnols ont été défaits par les troupes de Mazarin?

— Sais point ! fit la bonne femme devenue très attentive.

— Je me suis laissé dire, reprit l'artiste facétieux, que quelques années plus tard les Espagnols ayant réussi à s'emparer de Rethel, Turenne, redevenu fidèle à la bonne cause, les en chassa à la grande satisfaction de Mazarin.

— Maza... Mathu... C'est i pas ou n'oum qu'avo deu s'afan et que l'pe jaun d'sé deu s'afan s'a né allé din in païs étranger, où y guernouia tou s'bin?

— Qui ça, cet « oum », Mazarin ?

— Oui,... Mathurin.

En voyant poindre ce quiproquo burlesque, Modeste Vidal se mit à rire à s'en tordre les côtes ; — c'est au point que Jean en fut pour tout de bon déridé. La bonne femme se croyant mystifiée détourna la tête et regarda les champs du côté opposé. C'est ainsi qu'on arriva à Amagne. Bientôt après, la voie s'engagea — tantôt dans des tranchées, tantôt sur des remblais — à travers une région appelée les Quatre-Vallées, renommée pour l'abondance et la qualité des fruits de ses vergers. Peu après, le train pénétra dans une profonde tranchée pour gagner la vallée de la Vence, où commencent les forêts de l'Ardenne.

Un quart d'heure plus tard se présentait sur la droite de la voie, dans une charmante situation au sommet d'une haute colline, le château de Saint-Marceau, datant du dix-septième siècle ; et un peu plus loin, l'importante poudrerie de Saint-Ponce. On approchait de la Meuse, et de Mézières et de Charleville.

Mézières est le chef-lieu des Ardennes. C'est une ville qui n'a cependant guère plus de six mille habitants. Bâtie sur le penchant d'une colline, la Meuse la traverse deux fois. Charleville touche à Mézières. C'est une jolie ville sur la rive gauche de la Meuse, — autrefois place forte — qui possède des communications faciles avec Paris par l'Aisne, l'Oise et la Seine.

Modeste Vidal disait à Jean combien est pittoresque la vallée de la Meuse dans la partie qui descend de Charleville à Givet (qui monte au nord, à la frontière). La voie ferrée longe la grande rivière entre des hauteurs couvertes de belles forêts, au milieu desquelles se dressent des rochers superbes. Sur ce tracé du chemin de fer, les ouvrages d'art abondent : des ponts sur la Meuse, des tunnels, des tranchées taillées dans le roc vif... et au bout du voyage, Givet avec sa citadelle juchée sur une colline rocailleuse, se dressant en pleins nuages, semblant défier l'assaut.

La parole de l'artiste était ardente, et faisait oublier la pluie froide qui commençait à fouetter les vitres du wagon, par une triste après-midi d'hiver ; tandis que des brouillards roulaient sur la Meuse, et noyaient les forêts épaisses jetées sur les collines...

Tout à coup, le train s'arrêta dans une gare.

— Sedan ! cria-t-on le long de la voie.

Jean sentit tout son sang affluer au cœur ; et il devint blanc comme un linge. Il comprenait quelle surprise Modeste Vidal lui avait réservée.

XVIII

Souvenirs d'un ambulancier

— Sedan !

Ce nom retentissait encore aux oreilles de Jean comme un glas funèbre, lorsqu'il sortit de la gare, en compagnie de Modeste Vidal. Ah ! c'était donc là cette surprise qu'il lui ménageait ! Il s'en effrayait presque. Le froid le secouait, et peut-être aussi une émotion involontaire.

La pluie continuait de tomber.

Ils suivirent une avenue. Laissant sur la rive gauche le faubourg de la plaine de Torcy, un pont les conduisit vers l'ancienne place forte, entrevue à travers les ondées, — avec ses glacis inutiles, ce qui reste de ses vieux remparts devenus une défense illusoire et décevante contre l'artillerie moderne ; avec son « château » couronnant une élévation au nord, citadelle impuissante. Tout autour, — à trois mille mètres, à cinq mille mètres — un double cercle de collines, le premier resserré sur Sedan, placé là comme au fond d'un entonnoir, le second cercle, formé d'une suite presque ininterrompue de bois, de hauteurs s'élevant par degrés, amphithéâtre immense aux étages superposés comme en un vaste cirque, dominant tout, le cours de la Meuse, la ville, le plateau de Sedan, fermant toutes les issues et tous les passages. Au delà, occupant tout le nord, la forêt des Ardennes, rideau tiré à la frontière entre la France et la Belgique.

Ils avaient sous les yeux le champ de bataille du 1er septembre 1870, borné au sud par Bazeilles, — à trois kilomètres — où la lutte s'était engagée la veille de ce mémorable jour.

Lorsqu'ils furent enfermés dans leur chambre d'hôtel, un peu séchés et réchauffés devant un bon feu, Modeste Vidal commanda qu'on lui apportât une carte...

— Du menu?

— Mais non!! de la bataille... une grande carte.

On la leur procura. Alors, avides, sous la lampe, ils se penchèrent sur la carte dépliée sur une table.

L'ami de Jean, suivant de son doigt un tracé circulaire, lui montra les endroits, désormais célèbres, arrosés du sang des armées des deux plus fortes nations militaires du monde : au sud les hauteurs de Remilly, longeant la rive gauche de la Meuse en face de Bazeilles et où les Bavarois avaient établi leur artillerie, Bazeilles, la Moncelle, le bois Chevalier et Daigny, Givonne, le fond de Givonne et la route de Liège, Illy et son Calvaire, Fleigneux, et, en passant du nord à l'ouest pour redescendre, Saint-Menges, Floing, la boucle de la Meuse formant la presqu'île d'Iges, où furent retenus nos soldats prisonniers, Donchéry, Frénois, le bois de la Marfé, — avec Sedan au centre de ce vaste cercle, que coupe la Meuse de son cours sinueux, suivi parallèlement sur plusieurs kilomètres par le chemin de fer.

— Demain, dit Modeste Vidal, nous irons à Bazeilles ; c'est là qu'on s'est battu le plus longtemps, et peut-être qu'on s'est le mieux battu. Les Bavarois savent ce que leur a coûté la possession de cette bourgade ; les ruines qui subsistent encore marquent assez l'exaspération d'une soldatesque si rudement maltraitée que, dans sa fureur, elle s'en prend à tout : aux maisons qu'elle brûle, aux habitants qu'elle fusille — après le combat.

Le temps demeurait mauvais, froid et pluvieux, mais cela ne les arrêta pas le lendemain.

En sortant de Sedan par la route de Montmédy, ils se trouvèrent tout de suite à Balan, village de 1,500 habitants qui est une sorte de faubourg de la place forte. A droite et à gauche de la route, ils voyaient de modestes croix de bois, surmontées pour la plupart de petits drapeaux tricolores. Ces croix marquent l'emplacement des fosses creusées pour les vaillants morts de la journée de Sedan. Devant les premières ils se découvrirent avec émotion; puis, ils se familiarisèrent avec le spectacle de ces tombes qui perpétuent pendant quelques années le souvenir des sanglantes batailles, faisant de l'histoire avec des croix de bois.

Il pleuvait très fort au moment où ils pénétrèrent dans Bazeilles, gros bourg formé jadis de coquettes maisons de brique et qui eut tant à souffrir des horreurs de la guerre de 1870 ! Dans les rues, ils virent encore bien des maisons en ruine, bien des pans de murs noirs encore du feu qui les avait calcinés : il semblait que la pluie qui les lavait achevât de les éteindre. Ces pierres et ces briques brûlées au pétrole, témoignaient de l'exécution impitoyable d'un code de la guerre dont la rédaction est moderne, nouvelle si l'on veut, et, par surcroît germanique, mais que de tout temps les nations barbares connurent et appliquèrent.

Dans cette malheureuse bourgade, près de quarante personnes, et parmi elles des vieillards, des femmes et des enfants périrent massacrés au milieu du combat, asphyxiées dans les incendies allumés par les obus, ou fusillées le lendemain de la grande bataille. Ce n'est pas tout. Le pétrole vint activer l'incendie commencé le 31 août et continué le 1ᵉʳ septembre : trois cent soixante-trois maisons furent livrées aux flammes; la plupart ont été rebâties; un assez grand nombre, édifiées sur un plateau uniforme, ont été reconstruites avec des ressources fournies par la Souscription nationale du « Sou aux chaumières ».

A l'entrée du village, la première maison à gauche, qui est l'estaminet Bourgerie, a pris cette enseigne : « A la dernière cartouche ». Elle porte des traces encore bien visibles de la lutte. On a ouvert au rez-de-chaussée de cette maison un « musée » composé de débris d'armes ramassés sur le champ de bataille : sabres rougis et ébréchés, casques troués, gibernes et ceinturons appartenant à cent uniformes divers.

Ils visitèrent pieusement ces panoplies, ne manquant pas en sortant de déposer leur offrande dans un tronc placé là. Au premier étage, le « musée » s'agrandit d'une chambre, une simple chambre de paysans; mais c'est celle où le peintre Alphonse de Neuville a placé la scène des « Dernières cartouches ». Les murs effrités de balles, le bahut près de la fenêtre que l'on connaît, l'alcove où agonise un soldat dans le célèbre tableau, ont été, depuis 1870, laissés par les propriétaires dans l'état où ils se trouvaient.

De cette maison, à la place principale, il n'y a pas loin : ils s'y rendirent pour y voir le monument élevé pour honorer la mémoire des vaillants Français tués dans les journées du 31 août et du 1ᵉʳ septembre. C'est un large piédestal, décoré de quatre frontons, avec couronnes d'immortelles et branches de chêne et de laurier. Au-dessus, se dresse une pyramide sur laquelle se détachent un bouclier et une palme. Outre les inscriptions qui dédient ce modeste monument aux défenseurs de notre sol, ils purent lire sur l'une des faces latérales les noms glorieux des cinq officiers supérieurs, des huit capitaines, et dix-neuf lieutenants et sous-lieutenants de l'infanterie de marine,

L'artillerie tonnait jusqu'au delà de Givonne (page 468).

tués à Bazeilles, et sur l'autre face, la liste lamentable de vingt-sept habitants du village, victimes de leur courage — qui n'a pas trouvé assez d'imitateurs !

Un brave homme avait suivi les deux jeunes touristes, et leur recueillement le pénétrait de satisfaction. Tant de visiteurs venaient tourner distraitement autour de cette pyramide ! — des Anglais surtout; et s'en allaient précipitamment, se marchant sur les talons pour « tout voir... »

— Messieurs, leur dit-il, vous avez mal choisi votre temps... si vous êtes venus pour visiter le champ de bataille.

— C'est vrai ! fit l'artiste ; mais, je crois, ajouta-t-il en consultant Jean du regard, que notre visite à Bazeilles et un coup d'œil jeté sur les collines qui enferment Sedan, nous suffiront pour comprendre la rencontre des deux armées...

— N'est-ce pas? Il est clair qu'une armée qui occupait toutes les hauteurs, et faisait avancer deux cent quarante mille hommes contre quatre-vingt mille, harassés, n'ayant ni vivres, ni munitions, c'est-à-dire trois contre un, une armée qui était en mesure de mettre en batterie cinq cents canons et qui en possédait bien davantage, ne pouvait que vaincre ; et que l'autre armée, quelque invincible résistance qu'elle opposât, ne pouvait que lui faire payer cher sa victoire. Et il en a été ainsi. L'honneur est sauf du côté des plus faibles, du côté du petit nombre, et ceux qui ont parlé de honte après la capitulation ne savaient pas ce qu'ils disaient. Faites-moi l'amitié, messieurs, de venir un moment vous reposer chez moi — et vous réchauffer. En buvant un verre de cidre, je vous donnerai une idée de ce qui s'est passé dans notre Bazeilles, — dont nous sommes fiers à juste titre.

Ce bon patriote, vieux garçon d'une quarantaine d'années, grand, sec, hâlé, avec une figure militaire, une forte moustache, des yeux expressifs, était propriétaire associé d'une fabrique de drap située entre Sedan et Balan. Il avait fait le coup de feu à Bazeilles, le 31 août et le 1er septembre ; mais il ne s'en vantait pas trop. Il aimait mieux rappeler que l'ambulance de l'infanterie de marine, établie pendant les deux jours de combat dans le grand château de M. Matharel de Fiennes, — tout en haut du pays, — l'avait requis comme auxiliaire au plus chaud de l'action.

— J'étais bien placé pour tout voir, ici, dit-il à ses hôtes tout en les conduisant à sa maison. Entre deux paquets de cartouches, j'aidais à ramasser les blessés ; mais à mon dernier voyage, comme je rapportais à l'ambulance un jeune officier mourant, mes nouveaux camarades insistèrent pour que je prisse le brassard d'ambulancier ; ils voulaient, disaient-ils, me préserver d'être collé à la muraille. Ils avaient raison, et j'acceptai avec reconnaissance.

On arriva à la maison de l'ancien ambulancier. Il fit asseoir les deux jeunes gens auprès d'un bon feu, et pria sa sœur de tirer un pot de cidre — du meilleur.

— Voyez-vous, dit-il, le bourg fut défendu principalement par l'infanterie de marine, qui est devenue mon régiment préféré : aucune arme ne les jalousera ! Il fallut d'abord enlever Bazeilles aux Bavarois, qui pensaient s'établir ici comme chez eux. Ils se trouvaient en force à Remilly, de l'autre côté de la rivière, et avaient passé la Meuse sur le pont du chemin de fer. Le 12ᵉ corps d'armée, placé sous les ordres du général Lebrun, après être resté toute la nuit du 30 sur les hauteurs de Mouzon pour couvrir les mouvements des autres corps qui se concentraient sur la Meuse, vers Sédan, s'était mis en marche le 31 août, avant le jour. Il arriva par Douzy, cotoyant la rive droite de la Meuse, suivi de très près par les forces supérieures de l'ennemi. C'était par une journée splendidement belle — une journée, hélas ! sans lendemain pour plus d'un !

» Les Bavarois furent délogés de Bazeilles vers six heures du soir. Mais tout allait être à recommencer. Le commandant Lambert, attaché comme sous-chef d'état-major à la division d'infanterie de marine, composée de quatre régiments, général de Vassoignes, fut chargé de mettre Bazeilles en état de défense, et s'en occupa très activement. La nuit était venue ; mais l'obscurité n'était pas complète de ce côté-ci de la Meuse ; déjà quelques maisons brûlaient, et les lueurs de l'incendie éclairaient les mouvements des troupes qui occupaient militairement Bazeilles. Peuh ! ce n'était là qu'un détail sans grande importance. La chose réellement fâcheuse c'est qu'on n'eût pas été en mesure, après la retraite des Bavarois, de faire sauter le pont du chemin de fer par où ils pouvaient faire un retour offensif.

» Les Bavarois nous l'avons su depuis ; — tout se sait, n'est-ce pas ? — travaillaient en silence à disposer dix-huit batteries sur les pentes de la rive gauche. Espéraient-ils nous surprendre ? Peuh ! nous nous doutions bien qu'ils étaient là ! Ils ne répondaient même pas aux coups de fusil tirés par nos sentinelles avancées. Vers minuit, on put croire qu'ils allaient prendre l'offensive. Aux avant-postes on entendait de plus en plus distinctement le bruit des pas des hommes, le cliquetis des armes, le roulement des voitures et même les commandements, bien qu'ils fussent faits à voix basse. Toutefois dans l'obscurité de la nuit, on ne pouvait apercevoir les ponts de bateaux que l'ennemi construisait en amont et en aval de Bazeilles, et sur lesquels s'effectua bientôt après le passage de ses troupes.

» Nos braves soldats de l'infanterie de marine tombaient de fatigue ; ils dormaient debout. Il leur fallut pourtant construire des barricades pour fermer les rues, et se préparer à recevoir l'attaque.

» Vers quatre heures du matin, les Bavarois de Von der Tann se présent tèrent en force du côté de la route de Mouzon. Ils trouvèrent devant eux la brigade de l'infanterie de marine du général Martin des Pallières. Les tirailleurs engagèrent la fusillade dans un rare jour, obscurci encore par les brouillards s'élevant de la Meuse : c'était la bataille de Sedan qui commençait !

» A sept heures, l'artillerie tonnait sur toute la ligne, depuis Remilly jusqu'au delà de Givonne, et le feu de la mousqueterie atteignait sa plus grande intensité. C'est à ce moment-là que le maréchal de Mac-Mahon, accouru près de la Moncelle, au point le plus vivement attaqué, fut atteint d'un éclat d'obus qui le blessa aux reins et enleva la croupe de son cheval. Ramené à Sedan, il rencontra l'empereur qui venait se montrer sur le champ de bataille : vous savez qu'il s'était démis du commandement de l'armée de Châlons... Les Bavarois étaient soutenus par cette vive attaque sur la Moncelle, où se trouvait la gauche du 12ᵉ corps. Là, c'étaient les Saxons qui venaient se heurter contre la division Grandchamp et la division Lacretelle.

» A Bazeilles, les tirailleurs ennemis réussirent à s'emparer d'une maison de la Grande rue et, de là, ils faisaient feu à bout portant sur ceux de nos soldats qui essayaient de passer. Le commandant Lambert, que je suivais de près, fit établir dans une autre maison, située en face, quelques-uns de ses hommes, qui éteignirent le feu des Bavarois ; puis, la porte de leur maison enfoncée, les cinq ou six survivants furent faits prisonniers.

» Cet obstacle enlevé, je vis une centaine de soldats entraînés vers le centre du bourg, charger le plus bravement du monde *à la fourchette*, sous une grêle de balles et refouler les Bavarois qui commençaient à remonter la Grande rue. Trois compagnies d'infanterie de marine vinrent soutenir leurs camarades. La lutte devint alors plus vive, si c'est possible. On se fusillait de très près. Nos pertes furent énormes, mais les Bavarois moins agiles que nos soldats payaient encore plus cher chaque léger succès.

» Ils s'étaient enfin emparés de l'église et des premières maisons du bourg, et ils s'étendaient de plus en plus vers l'ouest — la partie avoisinant la Meuse ; — ils envahissaient les jardins, et menaçaient de prendre les nôtres à revers. La Grande rue était tellement sillonnée de projectiles qu'on eût juré voir sur le sol les traces d'un rateau...

» Une forte colonne d'infanterie de marine commandée par le chef de bataillon Pasquet de la Broue s'engagea au pas de course dans cette principale artère de Bazeilles, sous les yeux du général Reboul — un solide au feu, celui-là, de la trempe de Ducrot : le général de Vassoignes, chargé lui-même par le chef du 12ᵉ corps de la direction de la défense de Bazeilles, avait confié au général Reboul le commandement supérieur des troupes dans Bazeilles et autour du bourg.

» Dès les premiers pas, le chef de bataillon de la Broue tomba frappé d'une balle. Le capitaine Bourchet, qui le remplaçait dans le commandement de la colonne, conduisit ses hommes au pas de course jusque sur la place. Peuh! les Bavarois n'attendirent pas le choc et déguerpirent, laissant un grand nombre des leurs sur le terrain. Cette charge à la baïonnette nous coûta une cinquantaine d'hommes tués ou blessés. Nouveaux voyages à l'ambulance, qui déjà regorgeait... On ne savait plus où mettre les blessés qu'on apportait. Le combat s'étendait jusqu'au parc de Montvillé, qui est à l'entrée de la vallée de la Givonne. Très supérieurs en nombre, les Bavarois attaquaient avec fureur. Ils s'étaient vus obligés d'appeler successivement toutes leurs forces du 1ᵉʳ corps, puis une division du 2ᵉ corps, ce qui leur permit à la fin de se présenter de toutes parts en masses compactes, au milieu desquelles le feu de la mousqueterie faisait d'effrayants ravages. Ils étaient fauchés par grappes, et dans leurs rangs serrés, les morts demeuraient debout. Peuh! quand il le faut, les Allemands ne ménagent pas leurs soldats. En 1870, ils en avaient beaucoup à sacrifier, et il leur suffisait que la campagne leur fût favorable.

» C'est alors que commença dans le village à demi incendié par les obus de l'ennemi une guerre de rues des plus meurtrières : bien plus de morts que de blessés! On se fusillait à bout portant. Nos soldats qui n'avaient pas la ressource des corps d'armée inépuisables de l'ennemi, se barricadèrent dans les rues, dans les enclos et les maisons. Les Bavarois devaient prendre une à une chaque maison du bourg, enlever de même une à une les barricades de chaque rue. L'artillerie ennemie établie sur les hauteurs de la Marfée et de Wadelincourt, au delà de la Meuse prêtait aux Bavarois un appui considérable. Elle ne pouvait tirer sur Bazeilles sans s'exposer à atteindre les Allemands mêlés aux Français ; mais elle distinguait nettement les réserves du 12ᵉ corps, et c'est là que ses coups frappaient.

» Jusque vers onze heures, le combat se soutint des deux parts avec une ardeur opiniâtre et des alternatives diverses. L'avantage demeurait en définitive à nos soldats, que les Bavarois ne pouvaient parvenir à faire reculer. Dans l'ardeur de la lutte, l'infanterie de marine ne semblait pas s'être aperçu du mouvement de retraite de l'armée vers le nord.

» Le commandant Lambert, qui avait été blessé au pied dans la Grande rue, pour continuer la résistance, se retira avec une centaine d'hommes ralliés sur son chemin, dans une maison isolée située au point culminant de Bazeilles. Il avait avec lui les capitaines Aubert, Bourgey, Picard, Delaury et les lieutenants Escoubé et Saint-Félix. Grâce surtout à l'activité du capitaine Aubert, la maison fut rapidement mise en état de défense ; ce brave officier, prenant un fusil, se plaça ensuite à l'une des fenêtres, et exerça aux dépens des Bavarois, sa merveilleuse adresse.

Malgré les pertes considérables qu'il éprouvait, l'ennemi avançait toujours, enveloppant cette maison. Au bout de deux heures, ce refuge fut complètement cerné par le 15ᵉ régiment bavarois. La maison se trouvait dans le plus piteux état ; les portes étaient percées à jour, les fenêtres brisées, la moitié de la toiture enlevée par un obus qui avait blessé plusieurs hommes. Mais la lutte continuait toujours avec acharnement. Elle ne cessa qu'avec les munitions. Cette poignée de braves durent alors songer à se rendre — si c'était possible — car leurs ennemis exaspérés par les pertes subies, poussaient des cris de mort qui ne permettaient d'attendre aucun quartier.

» Les soldats ne s'y trompaient point : décidés à vendre chèrement leurs vies, ils voulaient sortir à la baïonnette. Le commandant Lambert les arrêta en leur disant qu'il allait se montrer le premier : ils devraient régler leur conduite sur la façon dont il serait accueilli. Au moment où le commandant franchit la porte, il eut sur la poitrine vingt baïonnettes, et il eut été massacré si un capitaine bavarois ne se fut précipité courageusement pour lui faire un rempart de son corps, au risque d'être lui-même tué par ses propres soldats, tellement aveuglés par la colère qu'ils se trouvaient hors d'état de rien entendre. Ce fut certainement à l'intervention de ce loyal ennemi que le commandant, ses officiers et les soldats survivants durent la vie.

» Dans une autre maison, l'intrépide capitaine Bourchet faisait une défense non moins héroïque, non moins désespérée. Dans une autre maison, encore, le lieutenant Valrin du 4ᵉ régiment, soutenait l'assaut furieux d'une soldatesque irritée à l'excès de la résistance qui lui était opposée. Quand il n'eut plus une seule cartouche il se décida à se rendre, avec le sous-lieutenant Chevalier et seize hommes. Mais ces braves soldats ne rencontrèrent aucune générosité. On les fusilla comme des malfaiteurs.

» Cette exécution fut connue par un sapeur qui, mis en rang avec ses camarades pour être passé par les armes, eut la chance de ne pas être atteint, et revint en rampant vers les nôtres... qui tirèrent d'abord sur lui : il en réchappa encore !

» Le maréchal, vous le savez, avait été blessé au commencement de l'action. Il donna le commandement au général Ducrot, qui demeurait, lui, fermement convaincu que la seule chance de salut pour l'armée était une prompte retraite sur Mézières. Divers mouvements en ce sens commençaient à s'opérer, lorsque le général de Wimpffen, arrivé la veille d'Algérie, fit savoir qu'il était porteur d'un écrit du ministre de la guerre l'investissant du commandement en chef, au cas qu'il arrivât malheur au duc de Magenta. Or, Wimpffen pour entrer autant que possible dans les vues du ministre, même dans l'extrémité où l'on se trouvait, voulait diriger l'armée du côté de l'est, du côté de Metz et de Bazaine. Bazeilles qu'on pouvait abandonner en suivant le plan de Ducrot, devenait une position importante, à conserver à tout prix, si le plan de Wimpffen obtenait la préférence. Les choses en étaient là, lorsque l'armée du prince royal de Prusse, dont seuls les deux corps Bavarois avaient passé la Meuse, — ou plus exactement le 1er corps et une partie du 2e — prononça, sur la rive gauche de cette rivière, le mouvement tournant qui devait fermer à l'armée de Châlons toute possibilité de retraite sur Mézières.

» La bataille était perdue.

» La résistance devait faiblir dans Bazeilles, livré à toutes les horreurs de la guerre, et qui bientôt n'allait plus être qu'un amas de ruines fumantes.

» L'infanterie de marine, sur 10,000 hommes engagés en eut, dans ces deux journées, près de 4,000 tués ou blessés. Quant il fallut reculer, elle combattit jusqu'aux murs de Sedan.

L'ex-ambulancier s'arrêta — comme s'il avait tout dit.

Modeste Vidal et Jean l'écoutaient, et lorsqu'il suspendit sa parole ils éprouvèrent un serrement de cœur : ils comprenaient ce que signifiait cette lacune intentionnelle dans le récit : l'armée détruite, tourbillonnant sur elle-même, subissant l'attraction de cette place de guerre sous laquelle elle se trouvait, et s'y précipitant tous rangs, toutes armes confondus, cavaliers, fantassins, artilleurs pêle-mêle ; puis la capitulation, et les soldats prisonniers, sans pain, dans le camp de la Misère...

Le brave homme qui suivait leurs réflexions douloureuses se fit violence pour retrouver ses souvenirs, et reprit :

— Une ambulance de la société internationale, demeurée à Mouzon pour le pansement des blessés, s'était dirigée vers Sedan, dès les premières lueurs du jour, le vendredi 2 septembre. Dans une sorte d'omnibus avaient pris place le docteur Pomier, un publiciste distingué, M. Charles Habeneck, en qualité d'infirmier major, l'abbé Domenech, qui a visité et décrit le Texas et l'Irlande, un dessinateur de très grand talent, M. Lançon, et deux autres infirmiers. C'était bien peu de monde en présence de tant de souffrances à soulager!

» M. Habeneck a consigné dans un petit livre, plein d'une émotion patriotique, les impressions de ce voyage vers un lieu où tout indiquait une immense catastrophe. La plus épouvantable déroute s'accusait partout : les chemins et les champs encombrés de caissons et de voitures éventrés et brisés par les boulets ; des soldats morts, des chevaux blessés hennissant pour appeler du secours et laissant retomber leur tête pour expirer, même des moutons, des chiens tués ; des malles d'officiers mises au pillage et leurs papiers jonchant le sol. De temps en temps, ils croisaient quelque détachement ennemi ou plusieurs de ses voitures du train.

» Au petit Remilly, ils se trouvèrent au milieu d'un grand nombre de Bavarois, reconnaissables de loin à leurs casques à chenille noire. Il y avait là, dans une grange, de nombreux blessés laissés sans aucun secours. Quand ils furent un peu plus loin une fumée noire montait lentement vers le ciel devant eux : c'était Bazeilles.

» La plaine où ils s'engagèrent avait été tellement foulée aux pieds par les hommes et les chevaux que le sol en était devenu ferme et battu comme celui d'une route. Ils avancent et font la rencontre d'une colonne de prisonniers français, quelques soldats avec un officier ; puis, les menottes aux mains, des paysans et parmi eux des vieillards et des femmes que l'on allait fusiller, parce que les habitants du village avaient pris part à la lutte... On s'était emparé surtout des vieillards et des femmes : les hommes et l'élément jeune de la population s'étaient retirés avec les soldats du côté de Sedan lorsque le combat était devenu impossible.

Au chemin de fer, deux locomotives abandonnées demeuraient sur la voie. Devant la station de Bazeilles détruite et ravagée, les Bavarois pillaient des wagons à marchandises remplis de pains de sucre. Un officier Bavarois voyant un prêtre parmi le personnel de l'ambulance s'approcha et raconta en pleurant ces deux jours de bataille dans lesquels les Bavarois avaient tant souffert! Et il supplia l'aumônier de consentir à dire les dernières prières pour les officiers morts qu'on allait enterrer; parmi eux, il avait deux frères. L'abbé Domeneck ne pouvait refuser... Déjà une musique retentissait jouant la marche de la *Symphonie héroïque* de Beethoven (très méthodiques ces Allemands! et prévoyants !) c'était le convoi funèbre des officiers morts qui s'avançait.

LE TOUR DE FRANCE D'UN PETIT PARISIEN

.A la porte de ce cabaret se dressait un monceau de cadavres (page 474).

» Peu après, grâce à mon brassard d'ambulancier il me fut permis de me joindre à l'ambulance de MM. Pomier et Habeneck, dont le personnel était par trop insuffisant. Je les rejoignis comme ils allaient pénétrer dans Bazeilles. Ils traversaient un champ jonché de débris de cartouches de mitrailleuses. Au delà sur la colline, des morts partout...

» Bazeilles brûlait. Ses jolies maisons étaient incendiées au pétrole, l'une après l'autre, — sauf celles à qui les obus avaient mis le feu comme pour fournir d'avance au général Von der Tann une raison plausible à faire valoir. Leurs toits enfoncés, leurs volets brisés et arrachés de leurs gonds, leurs portes jetées bas, leurs fenêtres brisées et obstruées par des matelas, disaient l'ardeur de la lutte, l'opiniâtreté de la résistance.

» A chaque pas nous nous heurtions aux cadavres de quelques soldats de ces beaux régiments de l'infanterie de marine, sur lesquels chaque chef dirigeant — Mac-Mahon, Ducrot et Wimpffen — avait compté pour faire pivoter l'armée entière soit vers l'est, soit vers le nord. En certains endroits, la fumée était si épaisse que c'est à peine si l'on apercevait de près les murailles croulantes des maisons sur lesquelles les Bavarois exerçaient leur rage.

» Nous montâmes jusqu'au grand château où l'infanterie de marine avait eu son ambulance.

» Les Bavarois l'occupaient maintenant. Les nôtres y avaient laissé quelques blessés, dont l'état grave ne permettait pas le transport. Dans un bassin ornant la pelouse, et dans une fosse creusée à la hâte, les vainqueurs enterraient les morts, — les leurs et les nôtres.

» A un petit carrefour où viennent se croiser les routes de Balan et Sedan, de Bazeilles et de la Moncelle, se trouve un petit cabaret avec cette enseigne « A la petite Californie ». A la porte de ce cabaret se dressait un monceau de cadavres à côté de trois pièces de canon abandonnées. Je suivis ces messieurs de l'ambulance dans la salle basse; nous y comptâmes les corps de vingt-sept de nos braves soldats. Près de la maison, dans un petit potager planté de choux, les morts et les blessés gisaient si pressés et tellement défigurés que l'on confondait les têtes des hommes avec les têtes de choux : M. Habeneck a noté dans son livre cette étrange et navrante impression.

» Dans l'embarras où se trouvaient le docteur Pomier et M. Habeneck pour installer une ambulance, un officier Bavarois leur conseilla de s'établir dans une fabrique de drap contiguë au château de la Ramaurerie. Nous y allâmes. La société de secours aux blessés prussiens occupait déjà les bâtiments de cette fabrique. Ils ramassaient activement leurs blessés et aussi les Français. Nous vîmes là, placés devant la façade du château, sur des civières, de malheureux soldats blessés très grièvement : il était absolument impossible de rien tenter pour les secourir ; et ils attendaient la mort... Triste fin pour ceux des nôtres qui voyaient approcher le dernier moment les yeux fixés sur ce sol de la patrie arrosé de leur sang, répandu pour le défendre ! Fin bien plus triste encore pour ces soldats étrangers, victimes d'une politique haineuse, venus d'outre-Rhin pour achever contre ce mur un rêve de gloire et de domination !

» La société de Saint-Jean consentit à nous abandonner la fabrique, et l'on se mit en mouvement pour s'organiser. En allant à la recherche d'aides, nous entendîmes tout à coup un immense hourrah s'échapper de trois cent mille poitrines ; et presque aussitôt les musiques militaires éclatèrent de tous côtés en fanfares joyeuses. Il y en avait une près de nous qui jouait l'air d'Offenbach : « C'est moi qui suis la reine ».

» Qu'était-ce donc?

— Messieurs, nous dit un officier prussien, l'empereur Napoléon vient de remettre son épée au roi. L'armée française est prisonnière.

. . . .

Nouveau temps d'arrêt dans la narration, nouveau silence pénible. Et toujours chaque récit aboutissait à la capitulation...

— Enfin, puisqu'ils avaient tous fait largement leur devoir! conclut le bourgeois de Bazeilles avec un soupir. Messieurs, buvons un coup en l'honneur des braves !

Il remplit les verres, et il éleva le sien — simple hommage d'un honnête homme — qui, lui aussi, avait fait son devoir.

— Vous pouvez, reprit-il d'un ton plus libre, par le château de Montvillé, la Moncelle et Daigny remonter la vallée de la Givonne jusqu'à Givonne, et pousser même jusqu'à Illy ; puis, de là, revenir à Sedan par le bois de la Garenne. Il ne vous faut guère que quatre ou cinq heures, et vous aurez visité la partie la plus intéressante du champ de bataille de Sedan sur la rive droite de la Meuse.

— Ce que je voudrais voir, dit Jean, c'est l'endroit où la cavalerie a exécuté ces charges désespérées qui arrachèrent ce cri au roi de Prusse : Oh ! les braves gens !

— Pour cela, il faudrait monter au nord de Sedan, vers le Calvaire d'Illy. C'est du plateau que Ducrot lança la division de cavalerie Margueritte et des fractions des divisions Bonnemain et Fénelon, qui débouchèrent rapidement d'une dépression de terrain où elles étaient massées entre le bois de la Garenne et Floing, pour se rabattre ensuite sur l'ennemi qui défilait au nord, achevant son mouvement tournant. Le général Margueritte fut blessé mortellement en s'avançant pour reconnaître le terrain. Aussitôt le général de

Galiffet prit le commandement des deux brigades. Le général crie : Au galop pour charger! Les clairons sonnent la charge, tous les officiers répètent : Chargez !

» Nos cavaliers se lancent avec impétuosité contre l'ennemi ; les balles, les obus, la mitraille ne peuvent ralentir leur élan. Courbés sur l'encolure de leurs chevaux, la tête droite, les yeux fixes, les éperons dans les flancs, les rênes courtes, revolver et sabre au poing, ils partent, ils se heurtent aux colonnes prussiennes ; ils ne sabrent pas, ils pointent. Ils culbutent la première ligne ; mais ils vont se briser sur la seconde. Le feu terrible des bataillons prussiens met le désordre dans les escadrons ; broyés, ils viennent se replier derrière l'infanterie de Pellé et de Lheriller pour se reformer et s'élancer de nouveau...

» Mais cette infanterie, démoralisée par la puissance formidable de l'artillerie ennemie, n'a plus son ardeur ni sa solidité. Ducrot ne réussit pas à la reporter en avant. Alors il demande un nouvel effort aux chasseurs et aux hussards de Galiffet. Trois fois les charges sont recommencées, la dernière avec des lambeaux d'escadrons qui ne peuvent arrêter qu'un moment la marche en avant de l'ennemi. Nos cavaliers sèment la terre de leurs morts et de leurs blessés, laissant dans la mêlée le général Tillard, le colonel Cliquot du 1er chasseurs d'Afrique, les lieutenants-colonels de Gantès et de Linières tués, le lieutenant-colonel Ramond, grièvement blessé, vingt-deux officier du 1er hussards, tués ou blessés ; charges héroïques, mais impuissantes qu arrachèrent au roi Guillaume, placé de l'autre côté de la Meuse, sur les hauteurs de Frénois, d'où il apercevait distinctement cette partie du champ d bataille, un cri d'admiration, et peut-être de regret, en voyant s'accomplir c sacrifice de tant d'existences.

» Des soldats qui savent aussi bravement payer de leur personne, peuver succomber sans honte. Les chasseurs d'Afrique et les hussards des valeureuses charges de Sedan, n'ont pas acquis en cette journée des titres moin glorieux à notre estime que les cuirassiers de Reischoffen.

» Encore une fois, mes amis, honneur aux braves ! »

XIX

Lorraine et Champagne

Deux jours après, un train s'éloignant de Sedan vers les plaines de la Champagne et l'Argonne emportait Modeste Vidal et son jeune ami. Jean avait voulu voir de près certains endroits plus douloureusement intéressants de cette bataille de deux jours, et l'artiste s'y était prêté de très grand cœur. Seulement alors, l'artiste s'aperçut qu'il n'avait pas réussi dans l'objet de son voyage : procurer une puissante distraction au jeune garçon. Jean demeurait grave, réfléchi, disposé bien plus à s'attrister qu'à s'épanouir. Ce que voyant, Vidal lui dit :

— Je voulais te ramener où je t'ai rencontré : à Ham ; mais je ne suis pas content de toi, — ni de moi. Te voilà plus absorbé que jamais ! C'est un peu ma faute et je suis sous des impressions peu gaies... Eh bien ! pour retourner en Picardie, nous prendrons par le plus long, et cela nous distraira un peu.

Et Jean ne faisant aucune opposition à un projet charmant au fond, ils étaient montés en wagon, tandis que Modeste Vidal indiquait comme contraste avec les souvenirs réveillés par Sedan, la naissance de Turenne dans cette ville, son enfance écoulée dans un château près de Bazeilles. Une autre petite ville forte du pays, Rocroy, avait vu Condé remporter sa première et sa plus mémorable victoire ; enfin le département des Ardennes pouvait, disait l'artiste, revendiquer également comme sien le général Chanzy, le héros de Josnes, de Patay, le véritable homme de guerre révélé par les événements de 1870.

— Quant à l'industrie de Sedan, poursuivit-il, il y aurait aussi beaucoup à dire si l'on s'y arrêtait. La métallurgie est la principale richesse du département. Après cette industrie vient celle des draps. Cette industrie-là est célèbre. C'est le maréchal Fabert qui attira à Sedan des ouvriers pour la fabrication des draps fins dont la Hollande et la Flandre semblaient seules avoir le secret.

Colbert encouragea les premiers établissements. Ces draps de Sedan sont des draps fins, de très beaux tissus de fantaisie. Les filatures de laine et les ateliers de tissage occupent, tant dans cette ville que dans l'arrondissement, dix à douze mille personnes.

De temps en temps, nos touristes traversaient une gare : c'était Mouzon avant de quitter les Ardennes, c'était dans la Meuse, Stenay, Dun... L'artiste faisait quelque remarque instructive. Après Dun, il apprit à Jean qu'à quinze kilomètres à droite de la voie se trouvait Varennes-en-Argonne, où Louis XVI fut arrêté dans sa fuite hors de France.

On était entré dans le département de la Meuse. La première station importante qui se présenta fut celle de Verdun, ancienne et forte ville de la Lorraine que Jean ne connaissait guère que par ses dragées renommées, dont elle ne fabrique pas moins de quatre-vingt mille kilos par an, à destination de Paris et de l'étranger. Ce qu'il ne savait pas, c'est que cette ancienne capitale du Verdunois a été prise, pillée ou brûlée comme jamais peut-être nulle autre ville en France : — par les soldats de Louis le Germanique, par les Normands, par le comte Boson, par les Hongrois, par Louis d'Outre-Mer et bientôt après par Othon le Grand, par le roi Lothaire qui la rendit à l'empire germanique, par Gozalon, duc de Lothier, puis par son fils Godefroi, par Raoul III, comte de Vermandois, par le duc de Guise, etc., etc. Le 30 août 1792 les Prussiens se présentèrent devant Verdun qui capitula le 27 septembre. Le commandant de la place, Baurepaire, refusant de signer la capitulation, se tua, dit-on, ou fut tué par ceux qui ne voulaient pas prolonger plus longtemps la résistance. Les Prussiens à leur tour rendirent cette place forte à la première sommation qui leur fut faite au mois d'octobre suivant.

Le territoire de Verdun, avec ceux de Metz et de Toul, a formé ce que l'on appelait le pays des Trois-Évêchés.

Ils passèrent par Commercy, petite ville de 4,000 âmes sur la rive gauche de la Meuse près d'une forêt qui porte son nom. Si Verdun était avantageusement placé dans l'estime de Jean par ses dragées, Commercy ne l'était pas moins, grâce à ses madeleines.

Les vallées fertiles de la Lorraine, les montagnes couvertes de pâturages et de forêts, les coteaux plantés de vignes se succédaient procurant à Jean une douce émotion. Il ne pouvait oublier que, né à Paris et Parisien par la famille de sa mère, son père était Lorrain. Autour de lui, on nommait déjà des localités dont il avait conservé le souvenir : Toul, Liverdun, Frouard, où près de là s'unissent entre de belles collines boisées la Meurthe et la Moselle. Le train quittant le département de la Meuse pour entrer dans celui de la Meurthe, s'engagea dans le tunnel de Foug, sous le village de ce nom dominé par les ruines d'un château ; puis le train franchit la Moselle sur un pont ; quel pont ? celui de Fontenoy où son père le valeureux soldat, s'était trouvé, faisant partie du corps de volontaires des Vosges qui surprit un poste de Prussiens, dans le hardi coup de main du 21 janvier 1871 ; le lendemain, au retour de cette audacieuse expédition, son père avait été tué dans un combat d'arrière-garde.

Ils s'arrêtèrent à Nancy, l'ancienne capitale de la Lorraine, chef-lieu du nouveau département de Meurthe-et-Moselle, créé en conséquence du traité de Francfort.

Avec une population de 65,000 habitants, elle est, depuis la perte de Strasbourg, de Mulhouse et de Metz la plus importante ville de la frontière de l'Est. Sa population s'est accrue de plus de quinze mille âmes après la cession de l'Alsace-Lorraine. Des manufacturiers appartenant aux provinces annexées, ont transporté à Nancy leurs industries; il y est venu de Metz et de Sarreguemines, des fabriques de bonneterie, de flanelle, de chaussures, de limes; une fabrique de bascules de Saverne, une fabrique de chapeaux de paille de Sarre-Union, la grande imprimerie Berger-Levrault de Strasbourg... Aussi la ville a-t-elle dû s'agrandir d'un cinquième en étendue ; de toutes parts s'élèvent des constructions nouvelles, usines, établissements publics, maisons d'habitation ; l'ancien faubourg Saint-Pierre a été englobé dans la ville sous le nom de rue de Strasbourg. Nancy voit également son importance s'accroître grâce aux nombreuses lignes de chemins de fer qui viennent se souder, dans ses environs immédiats, à la voie principale.

Bien qu'ayant conservé tout un quartier de rues étroites et tortueuses, — ce qu'on appelle la « ville vieille » — Nancy est une cité moderne, datant presque en entier du dix-septième et du dix-huitième siècle. Elle doit à ses rues larges et régulières, à plusieurs belles places ornées de statues, de fontaines monumentales, un aspect grandiose. Nancy ville d'industrie et de commerce a gardé néanmoins un grand air dans tous les quartiers bâtis par l'ex-roi de Pologne Stanislas. Au centre de la ville, quand on se trouve sur la place Stanislas, auprès de la statue de ce prince, avec la splendide façade de l'hôtel de ville à sa gauche, en face de soi le théâtre, derrière soi l'évêché et la rue Sainte-Catherine sur laquelle se rangent de magnifiques casernes, et s'ouvre le jardin botanique; si, de là, on se dirige à droite vers l'arc de triomphe d'ordre corinthien, décoré des statues colossales de Cérès, de Minerve, d'Hercule et de Mars, et que l'on gagne la place de la Carrière, on ressent cette impression de grandeur qu'imposent les capitales.

Cette place de la Carrière, est elle-même décorée d'une colonade qui aboutit à l'ancien hôtel du Gouvernement. Au milieu, est une promenade entourée d'un parapet surmonté d'urnes et de statues, et ornée de jolies fontaines aux quatre angles; sur les côtés s'élèvent la bourse et le palais de justice. C'est la plus élégante des places de Nancy; son nom lui vient de ce qu'elle a servi autrefois d'arène aux chevaux.

Il y a bien d'autres statues à Nancy! celle de M. Thiers, à la sortie de la gare, celle du roi de Pologne déjà mentionnée, celles de René d'Anjou, du général Drouot, de Jacques Callot l'éminent artiste, de Mathieu de Dombasle, le célèbre agronome. La reconnaissance a érigé les trois premières. Les autres statues sont un hommage rendu à des hommes qui par leur naissance ont illustré la cité lorraine : il en est d'autres encore : l'auteur dramatique Palissot, les sculpteurs Drouin et Clodion, le dessinateur Grandville, la tragédienne Raucourt, les peintres Bellangé et Isabey.

Les faubourgs de la ville se prolongent au loin sur les routes, et au milieu de terrains en partie marécageux que l'on a dû assainir à grands frais.

Quelques-uns des monuments de Nancy renferment de précieux trésors. Ainsi, dans l'ancien palais ducal, dont on admire la porte sculptée ou « porterie », se trouve une salle dite galerie des Cerfs, réservée jadis aux séances des États, qui contient le musée historique lorrain. Le palais ducal est lui-même une des curiosités de la ville. Le musée y a été ouvert en 1862; au mois de juillet 1871 un effroyable incendie détruisit une partie du palais; l'empereur d'Autriche envoya immédiatement cent mille francs pour la restauration d'une demeure de ses ancêtres que peu d'années auparavant il était venu visiter. Quant aux galeries du musée historique, elles sont riches en monuments de l'antiquité romaine et gauloise, ainsi qu'en tableaux et en portraits de princes lorrains, médailles, monnaies, armures, faïences... On y voit la fameuse tapisserie trouvée après la bataille de Nancy, dans la tente de Charles le Téméraire, tué dans cette journée.

Comme le palais ducal, c'est également dans la ville vieille que l'on admire

Partout des émigrants affluant vers la France (page 482).

l'église des Cordeliers. Dans la nef et dans la Chapelle Ronde qui y est jointe, sont érigés les tombeaux de plusieurs ducs de Lorraine, de princes et de princesses de leur famille et de Jacques Callot, dont le mausolée figure là au même titre que celui de Shakespeare à Westminster. Quelques-uns de ces monuments funéraires, surtout celui de Philippe de Gueldres, seconde femme de René II, sont d'une très grande beauté.

Nancy est aussi une ville d'université ; déjà dotée avant la guerre de plusieurs facultés, elle a reçu de Strasbourg divers grands établissements d'instruction publique : son ambition est de devenir l'intermédiaire scientifique entre les autres villes de France et l'Allemagne. Pour occuper cette situation exceptionnelle, elle a déjà les ressources que lui donne sa bibliothèque publique comptant 40,000 volumes, ses archives départementales, ses collections, ses musées, son jardin botanique, son cabinet d'histoire naturelle. De sorte que l'on peut dire que la guerre franco-allemande a donné à Nancy une place enviable dans le domaine des lettres, des sciences, des arts, comme dans celui de l'industrie. Le proverbe se réalise une fois de plus : A quelque chose malheur est bon ; — hélas !

A Nancy, Jean se trouvait à une douzaine de lieues du Niderhoff, — où était la maison paternelle ; mais sur une terre devenue allemande. Là, également, était la tombe de sa pauvre petite sœur ; oubliée ? non ; laissée comme un gage plutôt, — un gage qu'on viendrait un jour réclamer, avec nombre d'autres. Dans ces campagnes, dans ces défilés marquant les dernières ramifications des Vosges, quelque part aussi, une fosse s'était ouverte pour recevoir son père, le volontaire de Fontenoy, et se refermer, ignorée... Que d'impressions troublantes ! L'adolescent revoyait dans le passé cet exode de toute une population abandonnant le sol natal pour conserver le nom de Français. Ces braves gens renonçaient à leur foyers, à leurs propriétés, à leur bien-être, aux lieux où ils avaient le droit de vivre et de mourir ; ils optaient pour la misère peut-être, et les hasards de la vie errante, mais ils rapportaient leur cœur à la patrie commune, — leur cœur pour l'aimer plus tendrement que jamais, leur poitrine pour la défendre lorsque l'heure serait venue.

Aux derniers jours de septembre 1872, Jean avait vu les chemins de fer encombrés de fugitifs ayant refusé d'accepter les conséquences du traité de Francfort ; — il était lui-même au nombre de ceux qui reculaient devant l'invasion : sa grand'mère ne voulait pas être la grand'mère d'un Allemand ; et elle l'emportait au loin, abandonnant tout le reste... Partout des émigrants affluant vers la France : sur les routes, le long des sentiers des montagnes, dans les gares des chemins de fer. Les jeunes gens fuyaient devant la conscription prussienne. Et il y avait des séparations douloureuses à tout bout de champ, au carrefour des chemins, aux portières des wagons...

De pauvres ménages de paysans emmenaient sur leurs grandes voitures à échelles, au pas lent de leurs chevaux de labour, la maisonnée entière : les enfants, l'aïeule, le chat, l'oiselet dans sa cage, et tout ce qui pouvait se transporter du mobilier et de l'outillage de la ferme. Ceux-là, le soir venu campaient dans les villages. A quelques-uns il suffisait d'une brouette pour dérober leur avoir à la convoitise de l'étranger. Jean avait vu des vieillards, des infirmes ayant quitté leur asile, leurs hospices pour ne rien devoir à la charité des ennemis du nom français.

Où allaient-ils tous ? — En France. Ils allaient en France parce que la frontière avait reculé, comme recule le flot de la marée ; ils reviendraient lorsque le flot montant les ramènerait... De temps en temps les plus jeunes, les plus hardis, les plus confiants dans l'avenir acclamaient la France. Et c'était comme un cri de ralliement autour du drapeau... Souvenirs d'enfance inoubliables pour Jean !

De Nancy, les deux amis poursuivirent leur excursion par Mirecourt, pour faire une pointe avancée dans les Vosges, à travers ses fraîches vallées, et ses collines aux formes arrondies.

Les populations, à ce moment de l'hiver qui tirait à sa fin, se montraient occupées à faire de la boissellerie, des sabots, des souliers de pacotille, des couteaux communs, des clous, des pointes dites de Paris, des violons et autres instruments de musique... L'activité est plus grande que jamais depuis que les Vosges restées françaises se sont peuplées d'Alsaciens, et ont reçu dans leurs vallées agrestes les industries réfugiées.

Et Jean voyait avec plaisir les hommes de cette forte race, à laquelle il appartenait aussi — tout Parisien qu'il fût ! industrieux, réfléchis, ordonnés — et braves. Placées aux frontières, les populations de la Lorraine ont donné à notre pays nombre de gens de guerre, maréchaux de France et généraux. Est-il besoin de rappeler que Jeanne Darc était Lorraine ?

A Mirecourt, où bifurquent les lignes de Nancy, Épinal, Neufchâteau, Langres et Chalindrey, ils prirent la voie ferrée de Neufchâteau, comme s'ils abandonnaient brusquement les Vosges : Mirecourt n'avait rien qui pût les arrêter : même industrie que dans les campagnes environnantes ; en fait d'instruments de musique, violons, orgues, pianos et toutes les serinettes possibles. En plus, le travail de la dentelle et des broderies.

Neufchâteau, au confluent de la Meuse et du Mouzon, ne présentait, non plus, rien de bien remarquable, — malgré ses deux églises gothiques entrevues, et son pont sur les deux bras de la Meuse.

Ils couraient sur Bar-le-Duc, passant du département des Vosges dans celui de la Meuse.

Bar-le-Duc, ancienne capitale du Barrois est situé en partie sur les hauteurs qui dominent la rive gauche de l'Ornain. Sa population est de près de 20,000 habitants. Divisée en ville basse et ville haute, on n'arrive à la seconde que par des chemins assez fatigants. Eglises dans les deux parties de la ville, débris du château fortifié de Bar, embryon de musée. C'est dans la ville basse que se concentre le commerce. Les coteaux qui entourent Bar-le-Duc donnent des vins excellents, qui constituent l'une des principales branches de ce commerce. Les autres consistent en planches de sapins des Vosges, planches de chêne, eaux-de-vie, bière, huiles et confitures blanches et rouges de groseilles et de framboises très estimées.

L'industrie y est assez active; on y compte plusieurs imprimeries; des manufactures de corsets sans coutures, des filatures de coton, des fabriques de bonneterie, rouennerie, siamoises, dentelles blondes, mouchoirs et calicots. Une mention spéciale est due aux ateliers de peinture sur verre de M. Champigneulles, ancienne maison Maréchal, de Metz.

Modeste Vidal faisait suivre à son jeune ami un itinéraire qui, pour les ramener de Sedan à Ham, serpentait à travers la Lorraine, la Champagne et la Picardie. Cet itinéraire avait le défaut de laisser de côté bien des villes intéressantes. S'ils avaient encore à voir Vitry, Châlons-sur-Marne, Arcis-sur-Aube, Troyes, Epernay, Soissons, d'autre part, ils s'étaient détournés de Lunéville dans la Meurthe, d'Epinal dans les Vosges, de Chaumont et Langres dans la Haute-Marne; et ils devaient éviter dans l'Aube Bar-sur-Aube, Bar-sur-Seine et Nogent. On ne voyage pas en chemin de fer comme à pied; les trains vous entraînent dans leurs courbes; mais ce que l'artiste voulait faire voir à Jean, les campagnes surtout, il les lui montrait amplement, malgré les imperfections de l'itinéraire.

Les voilà donc en pleine Champagne!

Cette ancienne province était divisée en Haute-Champagne, comprenant le Rémois, le Perthois, le Rethelois; en Basse-Champagne, formée de la Champagne proprement dite, du Vallage, du Bassigny, du Sénonais; et en Brie champenoise. Elle forme aujourd'hui quatre départements : Ardennes, Aube, Marne, Haute-Marne, plus des parties de la Meuse, de Seine-et-Marne et de l'Yonne. La Champagne est arrosée dans sa partie septentrionale, par la Marne et traversée dans la même région, par le canal de la Marne au Rhin.

On a donné le nom de Champagne pouilleuse à la contrée située à l'ouest de Vitry-le-François. Elle est ainsi appelée à cause de ses terres arides, de ses roches pulvérulentes, de son gazon court et rare, blanchâtre, du triste aspect de sa culture, de la laideur de ses cabanes et de la pauvreté de sa population.

Le sol crayeux y est recouvert de quelques centimètres seulement de terre végétale; les plaines y sont occupées par de maigres pâturages et des sapinières. Avec le temps ces sapinières semblent destinées à donner de la valeur à ces terres. Çà et là s'étendent de véritables steppes : telle est la grande plaine où a été établi le camp de Châlons. Un vieux dicton prétend que dans la Champagne pouilleuse, l'arpent de terre, quand il s'y trouve un lièvre, vaut tout juste deux francs.

Les moutons sont la seule richesse de cette région si peu favorisée. Notons cependant que lorsque le sol crayeux est mélangé avec la marne, il devient productif; il est facile à travailler et absorbe promptement les eaux pluviales.

Le minerai de fer abonde en Champagne et a donné naissance à de nombreuses usines métallurgiques. Par un étrange concours de phénomènes météorologiques, les nuages se montrent relativement clairsemés au-dessus des campagnes de cette province.

La Champagne fut réunie à la France par le mariage de Jeanne, petite-fille de Thibaut IV, dit le Chansonnier, laquelle épousa en 1284 Philippe le Bel.

Vidal et Jean s'arrêtèrent à Vitry, ville assez importante par son commerce, ce qu'elle doit aux vallées nombreuses qui viennent y aboutir. Dans sa plaine se réunissent toutes les rivières supérieures du bassin. C'est à Vitry-le-François que se détache de la Marne et de son canal latéral, l'importante voie navigable de la Marne au Rhin, dont les cent quatre-vingts écluses rachètent une hauteur de 480 mètres.

A quatre kilomètres au nord-est de la ville actuelle se trouve Vitry-le-Brûlé, incendié au douzième siècle à la suite de sanglants démêlés entre le roi de France, Louis le Jeune, et Thibaut IV, comte de Champagne, au sujet d'une parente du comte répudiée par Raoul de Vermandois. La ville de Vitry fut bientôt envahie : la population entière périt par le fer des soldats, sous les décombres des maisons incendiées. Treize cents personnes trouvèrent la mort dans une église où elles s'étaient réfugiées et que l'armée royale livra aux flammes. Cependant le roi ne tarda pas à être accablé de remords; il fit appel à Bernard, abbé de Clairvaux, qui ne trouva rien de mieux pour réconcilier les deux princes, que de les déterminer à se croiser ensemble pour la Terre-Sainte. Louis VII promit de réparer le désastre de Vitry. Rebâtie, la ville fut de nouveau incendiée par Charles-Quint. François Iᵉʳ la fit reconstruire en lui donnant son nom, à l'endroit qu'elle occupe aujourd'hui.

Nos touristes virent aussi Châlons-sur-Marne, ville ouverte d'environ 17,000 âmes, située au milieu de vastes prairies sur deux petites rivières et sur la Marne qui la traversait autrefois et la longe aujourd'hui. Beaucoup de ses maisons sont construites en bois et en craie. Hors de la ville se trouve la belle promenade du Jard ombragée par deux mille ormes magnifiques : c'est sur son emplacement que saint Bernard prêcha la seconde croisade.

A la cathédrale de Châlons, édifice du treizième siècle, on a accolé sous le règne de Louis XV, une façade dans le style grec, lourde et disgracieuse, et dont il fallut, en 1821, détruire les deux clochers pour prévenir quelque accident grave. Les flèches élevées depuis cette époque ont une réputation un peu surfaite de légèreté et d'élégance. Le maître-autel, un des plus beaux de France a été exécuté sur les dessins de Mansard : six colonnes de marbre supportent le baldaquin.

L'école des Arts et Métiers de Châlons, créée par Chaptal est ouverte depuis 1806. Elle reçoit trois cents élèves. Ces jeunes gens sont préparés à exercer les fonctions de contremaîtres dans des fabriques, usines et manufactures.

Le commerce de Châlons est très actif grâce au canal de navigation qui traverse la ville, aux douze routes et aux cinq chemins de fer qui viennent y converger. Ce commerce porte sur les vins, les grains, les huiles, les laines et les lainages; les futailles pour les vins de Reims et d'Epernay, et la tannerie, tiennent une bonne place dans l'industrie locale.

A quelques lieues de la ville, vers le nord, entre les villages de la Cheppe et de Cuperly, les antiquaires placent le camp d'Attila, désigné aussi dans les anciennes chartes sous le nom de Vieux-Châlons. C'est dans ces « champs Catalauniens » que vint se briser la puissance des Huns, défaits par Aétius. Plus au nord encore, s'étend le vaste camp d'instruction militaire, célèbre dans les fastes du dernier empire. Il est entouré par Saint-Hilaire-le-Grand, Jonchéry, Cuperly, Vadenay, Louvency et les deux Mourmelon.

Le plus remarquable édifice de la contrée est en dehors des murs de Châlons, à huit kilomètres au nord-est. C'est Notre-Dame de l'Épine, sanctuaire de pèlerinage au quinzième siècle, dans le style ogival fleuri. Le grand portail de Notre-Dame de l'Épine est admirable de finesse et d'élégance.

Après Châlons et ses environs visités avec soin — surtout le camp — ce fut Arcis sur la rive gauche de l'Aube, rivière sur laquelle il possède un pont de pierre. C'est un entrepôt de la boissellerie des Vosges et d'un commerce de grains pour Paris. Les fabriques de bonneterie y sont nombreuses.

Arcis-sur-Aube est demeuré célèbre par la bataille qui s'y livra en 1814, le 20 et le 21 mars. La ville servit de base pour assurer la retraite de l'armée par le passage de l'Aube. Ces deux journées de combat nous coûtèrent

2,500 hommes; l'ennemi en perdit plus de 4,000; mais il en avait beaucoup à perdre puisque nous avions devant nous l'Europe en armes, coalisée. Toutefois Napoléon réussit dans son objectif : entraîner l'ennemi à sa suite vers Saint-Dizier. Il y battait les Russes le 26 mars. En ce moment-là, Blücher poussait une pointe sur Paris où rien n'était organisé pour la résistance. Lorsque l'empereur reçut la nouvelle de cet audacieux mouvement, il accourut pour défendre la capitale; mais il était trop tard!

Arcis-sur-Aube, Champaubert, Montmirail, Brienne, Vauchamp en Brie, Saint-Dizier, toute cette campagne de France qui eut la Champagne pour principal théâtre, est, de l'aveu des stratégistes, la plus étonnante campagne de Napoléon. A la dernière extrémité, pour défendre l'empire croulant, il retrouva les meilleures inspirations de son génie, ses plus audacieuses conceptions d'autrefois. Il dut des triomphes inespérés à des prodiges de tactique. Mais que d'événements pressés! A chaque jour sa bataille! Les villes prises par les alliés et reprises sur eux, étaient écrasées comme Brienne, comme Méry-sur-Seine, comme Bar-sur-Aube, sous le feu de l'artillerie. Napoléon défendait pied à pied le territoire, mais l'heure de sa chute allait sonner...

XX

Sylvia

Jean et Vidal passèrent une journée entière à Troyes, la seule grande ville du département de l'Aube. L'ancienne capitale de la Champagne, le chef-lieu actuel du département méritait bien cette part d'attention. Bâtie sur la rive gauche de la Seine, au milieu d'une plaine coupée par des ruisseaux et des marais boisés, Troyes présente une population de plus de 38,000 habitants, population industrieuse, remarquable par son goût du travail, ses aptitudes commerciales, une intelligence fort nette de ses intérêts s'alliant très bien avec un grand fonds de bonté et de douceur de caractère.

Les Champenois ont de très sérieuses qualités et un esprit qui ne le cède en finesse aux habitants d'aucune autre province. Le proverbe : Quatre-vingt-dix-neuf moutons et un Champenois font cent bêtes a dû être formulé en Champagne même, par quelque esprit chagrin, — à moins qu'il n'ait rapport à une mesure fiscale que l'on fait remonter au temps de la conquête romaine et qui atteignait les troupeaux de cent bêtes : pour s'y dérober, les cultivateurs formaient leurs troupeaux par fractions de moins de cent têtes de bétail, si bien que César informé de la ruse aurait décidé que le berger comptait, — ce qui ne manquait point d'esprit. Rendons à César l'honneur qui lui est dû, mais rendons aussi justice aux Champenois; parmi eux on compte des hommes tels que nos historiens Villehardouin et Joinville, le peintre Mignard, le sculpteur Girardon, la Fontaine, Colbert, Turenne et Macdonald, le baron Thénard, l'un des premiers chimistes de ce siècle, le poète Boursault, le conventionnel Danton, Mabillon, Royer-Collard, Chaix-d'Est-Ange et bien d'autres.

Les caves pour les vins de Champagne (page 493).

Les deux amis virent au milieu de rues assez régulières, de très anciennes maisons à charpentes de bois apparentes; ces maisons en bois disparaissent à mesure que les rues sombres et étroites s'élargissent. Du milieu de ces vieilles constructions, se détachent quelques hôtels remarquables, celui de Vauluisant ou des Mesgrigny avec son curieux pavillon à tourelles, l'hôtel des Ursins, des Chapelaines, etc. Du vieux château des puissants comtes de Champagne, il ne reste qu'une porte, datant du onzième siècle.

Les constructions modernes sont d'un bel aspect, le Mail, notamment, est entouré de maisons architecturales. Les monuments, les édifices ne manquent pas non plus, entre autres plusieurs églises, et au premier rang la cathédrale de Saint-Pierre et Saint-Paul, œuvre de quatre siècles, classée à bon droit parmi nos monuments historiques, est l'une des plus belles églises de France — avec son portail occidental flanqué de deux tours, sa grande rosace, les magnifiques vitraux historiques qui éclairent ses cinq nefs, ou plus exactement sa nef accompagnée de quatre collatéraux et de deux rangs de chapelles. Cet édifice présente toutes les phases de l'art ogival depuis le treizième siècle jusqu'à la Renaissance.

L'ancienne collégiale de Saint-Urbain, peut soutenir la comparaison avec la Sainte-Chapelle de Paris : c'est dire sa valeur artistique.

Il y avait à voir la belle façade de l'hôtel de ville, due à Mansart, la remarquable grille de l'hôtel-Dieu, le Musée, la bibliothèque publique, l'une des plus riches bibliothèques départementales et possédant deux mille cinq cents manuscrits.

Troyes, capitale d'une des provinces les plus considérables de l'ancienne France sur laquelle régnait l'un des grands vassaux de la couronne, devait perdre de son importance par la réunion de la Champagne à la France. Le moyen âge a été pour elle une époque de splendeur. Grâce aux dérivations de la Seine entreprises par les comtes Henri Ier et Thibault IV, Troyes était devenue un grand centre industriel; ses foires étaient célèbres, comme du reste toutes les foires de la même province, si nombreuses qu'on disait proverbialement : « Il ne sait pas toutes les foires de la Champagne. » Il y avait à Provins celle de mai, à Troyes, celle de Saint-Jean, à Reims, celle de Saint-Remi, etc. On s'y rendait de loin, même d'Egypte et de Syrie; on y venait surtout d'Italie, de Provence et des Flandres. Le crédit des négociants de Troyes était si bien établi qu'ils se trouvaient en état de fournir caution pour les rois de France lors de l'exécution de traités avec les princes étrangers. Aussi sa population avait-elle atteint dès le treizième siècle le chiffre de cinquante mille âmes, ce qui est prodigieux pour le temps. Sous le règne de Henri IV, la population de Troyes avait augmenté encore, grâce à la vitalité de son industrie. Vers le milieu du dix-septième siècle, on comptait dans cette ville deux mille métiers de draperie et seize cents de tisseranderie, et de plus, quatre cent cinquante tanneries, corroieries, mégisseries, de plus encore deux cents maîtres teinturiers.

Guerres civiles et de religion, translation des foires à Reims et à Lyon, révocation de l'édit de Nantes précipitèrent la décadence ; si bien que, lors de la Révolution la population de la vieille capitale était tombée à quinze mille âmes.

Elle s'est relevée en suivant de près le mouvement de l'industrie moderne, et elle est devenue un centre industriel fort actif. Le tissage qui était à la fin du dernier siècle sa grande spécialité, fut à peu près abandonné et remplacé par la bonneterie dont l'extension s'est augmentée sans ralentissement. Actuellement les objets de bonneterie en laine et en coton alimentent presque toute l'exportation de Troyes. Ce travail, qui tient le premier rang chez nous, se fait moins dans des ateliers qu'au milieu des familles, soit dans la ville, soit aux environs, notamment dans la Forêt d'Othe dont Aix-en-Othe est le chef-lieu.

Dix ou douze mille ouvriers sont employés aux pièces faites au métier, à l'aiguille ou à la navette. L'Amérique du Nord achète surtout des bas et des chaussettes en coton ; l'Amérique du Sud des lainages et des bas de fantaisie pour les enfants ; la Suisse offre un débouché pour les gros tricots de laine.

On peut évaluer à trente-cinq millions la production annuelle de cette industrie. Toutefois il y a encore à Troyes des fabriques de drap qui ne manquent pas d'une certaine importance. On y compte aussi des fabriques et manufactures d'où sortent des produits variés : toiles, cotonnades, cuirs, instruments de labourage, blanc de Troyes (blanc d'Espagne), etc. Sa charcuterie est renommée à bon droit, et Troyes comme Paris a sa foire aux jambons.

En grandissant, Jean s'intéressait davantage au passé de notre pays. Il questionnait, lisait les inscriptions, écoutait mieux, observait et comparait ; il ne négligeait enfin aucune occasion de fortifier par l'instruction son ardent patriotisme. C'est ainsi qu'il apprit à Troyes que la reine Isabeau de Bavière, pendant la démence de Charles VII, signa dans cette ville le traité honteux qui livrait la France aux Anglais ; que neuf ans plus tard, Troyes fut assiégée par Jeanne Darc et replacée par elle sous l'autorité de Charles VII ; que sous le règne de François 1er, cette ville fut livrée aux flammes par une armée de Charles-Quint ; enfin que c'est à Troyes que se forma le noyau de la Ligue, si fameuse dans l'histoire agitée de la fin du seizième siècle.

Aux deux points extrêmes du département de l'Aube, à l'est et à l'ouest se trouvent deux localités curieuses à plus d'un titre. Près du cours de l'Aube et d'une belle forêt, c'est le monastère de Clairvaux, devenu une prison ; à l'occident, c'est le Paraclet, dont il ne reste que le souvenir. — Clairvaux, la célèbre abbaye bénédictine fut fondée au douzième siècle par saint Bernard, alors moine de Cîteaux, et qui se montra plus tard l'adversaire redoutable d'Abailard. Bernard était venu à Clairvaux suivi de douze religieux : à sa mort l'abbaye en comptait sept cents.

Transformée en maison centrale de détention, la vieille abbaye retient sous les verroux trois mille prisonniers environ, qui ne demeurent pas inactifs dans ce département dont l'industrie fait la richesse. Ils fabriquent du drap, du mérinos, des tissus de soie, des couvertures de laine et de coton, sous la surveillance d'un nombreux personnel de gardiens, soutenus par une garnison de deux cents soldats. Un certain nombre de détenus sont même employés — depuis 1862 — à des travaux extérieurs agricoles ou industriels.

Abailard, afin de se dérober aux persécutions dont il était l'objet, et de pouvoir continuer son enseignement, avait cherché un refuge, s'était créé une retraite aux environs de Nogent-sur-Marne. Peu après, Héloïse et les religieuses d'Argenteuil vinrent s'établir au Paraclet : c'était un oratoire fondé par Abailard près d'un petit village appelé Saint-Aubin et qui devint une abbaye considérable. Au Paraclet fut inhumé Abailard.

Étant à Troyes, Modeste Vidal conduisit Jean à Clairvaux, qui valait la peine d'être vu : par le chemin de fer c'était une promenade. Puis, reprenant leur voyage à travers la Champagne, ils visitèrent Épernay et ses caves, — ces fameuses caves où se préparent les vins mousseux. Épernay, l'un des centres du commerce des vins de Champagne, est situé dans la vallée de la Marne et sur la rive gauche de ce cours d'eau. Des vignobles l'entourent ; en face, de l'autre côté de la Marne, se montre le bourg d'Aï, qui fournit les premiers crus dits « de la rivière ».

La richesse de cette ville de 13,000 habitants réside dans ses vins. Ce sont les millions de leur rendement annuel qui lui ont permis de bâtir de magnifiques demeures comme celles du faubourg de la Folie, entourées de jardins et de terrasses, où sur un coteau se dresse un élégant château Renaissance appartenant à la famille Perrier, et non loin de là, les petits palais des Moët, des Pipre, des Chaullon...

Ils se trouvaient au milieu de la grande région des vins de Champagne.

Autour d'Épernay et de Reims s'élèvent les coteaux célèbres, aux terrains crayeux et calcaires, qui donnent les meilleurs vins blancs et vins rouges. A ces coteaux, il convient d'ajouter ceux d'Avize qui s'étendent au sud jusqu'aux vignobles de Vertus. Les vins blancs les plus estimés se récoltent à droite de la Marne, de Mareuil jusqu'à Cumières. Ce sont ceux qui donnent les vins mousseux du plus haut prix.

Les vins blancs de premier ordre sont ceux de Sillery, sur le revers septentrional des coteaux de la Marne qui prennent le nom de « montagne de Reims ». Ce sont des vins d'une couleur d'ambre, spiritueux, secs et d'un bouquet délicieux; quelques gourmets les placent au-dessus de tous. Ceux d'Aï et Mareuil, au nord-est d'Épernay, sont fins, d'un bouquet agréable, mais moins stomachiques que les précédents; le cru d'Hautvillers est estimé à l'égal du cru d'Aï; en très bon rang aussi les vins de Dizy, d'Épernay et de Pierry. Les vins blancs de second ordre sont les vins de Cramant, d'Avize, d'Ogne et du Mesnil, tous fins, doux, légers et agréables.

Il faut mettre aussi à une bonne place certains vins rouges appelés également « vins de montagne » et notamment ceux de Bouzy, de Verzy, de Verzenay, de Mailly, de Saint-Basle et de Thierry, qui ont une belle couleur, beaucoup de finesse, de corps, d'esprit et un bouquet excellent.

Tous ces vins viennent se ranger dans d'immenses caves, véritables usines creusées dans un sol crayeux, qui présentent de longues galeries éclairées au gaz, et qui ont souvent jusqu'à trois étages. On y descend par de larges escaliers. A Châlons, les galeries d'une certaine cave de vins de Champagne n'ont pas moins de dix kilomètres de développement. Dans toutes ces caves, les bouteilles sont rangées avec soin et classées par *treilles*, c'est-à-dire par crus. Malheureusement pour ce vin qui fermente, la *casse* est énorme; elle peut réduire d'un tiers le rendement.

On fait des bouteilles à Épernay, et des bouchons et des machines pour le travail du vin; à Sainte-Menehould, ville voisine bien connue par certaine recette culinaire, on fait aussi des bouteilles pour les mêmes vins avec la solidité voulue.

Les grands centres du commerce des vins de Champagne sont Reims, Épernay, Châlons-sur-Marne et Avize. De ces divers points, ces vins mousseux sont expédiés dans le monde entier : en Chine, en Perse, dans l'Océanie, la Malaisie... En Sibérie l'on a coutume de dire : C'est la France qui produit le vin de Champagne, mais c'est la Sibérie qui le boit : entendons-nous : la Sibérie des propriétaires des mines d'or, lesquels ne se refusent rien. La Russie, les États-Unis, les Indes et l'Angleterre sont de fort bons débouchés.

En quittant Épernay, Modeste Vidal et Jean se retrouvèrent à Reims qu'ils avaient vu déjà en allant à Sedan. Ils ne s'y arrêtèrent pas; seulement le musicien fit, cette fois, remarquer à son compagnon de voyage que Reims est par excellence la ville des lainages : laines cardées, laines peignées, flanelles de toute sorte, mérinos. Cette industrie crée un mouvement d'affaires qui se chiffre annuellement par soixante-dix ou quatre-vingts millions : à peu près ce que rapportent les vins de Champagne. En somme, riche province! Ce fut le mot dont ils saluèrent la Champagne en lui disant adieu.

Ils franchirent le canal de l'Aisne à la Marne, puis la Vesle, dont ils suivirent la vallée passant par Muizon, Jonchery, Fismes, Braisne, Ciry-Sermoise, et enfin Soissons : trajet d'une heure et demie.

Soissons, ville de la haute Picardie, capitale du Soissonnais et siège d'un comté, aujourd'hui chef-lieu de sous-préfecture du département de l'Aisne, est située dans un vallon agréable et fertile, sur la rive gauche de l'Aisne ; cette place de guerre de troisième ordre est généralement bien percée et bien bâtie. Au moment de la dissolution de l'empire romain, elle devint la capitale d'un petit royaume qui, lors de l'invasion de Clovis, était régi par Syagrius. Après la mort de Clovis, Soissons fut la capitale de l'un des quatre royaumes entre lesquels se partagèrent ses Etats. La constitution de la monarchie française, devait faire déchoir la fière cité du rang occupé jadis par elle. — Il s'est tenu à Soissons douze conciles.

En 1814, Soissons fut prise et reprise quatre fois par les alliés et les Français. Le dernier siège dura un mois. Les troupes alliées bombardèrent la ville et la forcèrent à capituler. En 1870, Soissons dut encore céder devant la force et se voir occupée par l'ennemi.

De Soissons nos deux touristes revinrent vers Ham en passant par Laon : c'est à Ham que Modeste Vidal et Jean s'étaient rencontrés, et l'artiste tenait essentiellement à « remettre » son jeune ami à l'endroit même où il l'avait « pris ».

La séparation fut des plus cordiales. On fit des projets pour l'avenir et Jean partit pour Saint-Omer.

Il y arriva dans la soirée et se dirigea sans hésitation du côté où trônait la fête, dont il percevait les bruits. Au-dessus de sa tête les nuages s'éclairaient des reflets de l'illumination, et la brise lui apportait les odeurs de la pâtisserie cuite en plein air. Il se trouva bientôt entre une double haie de petits marchands forains, confiseurs, bijoutiers en doublé, parfumeurs, merciers et couteliers, débitants de macarons, de pains d'épices, de galette toute chaude, de gâteaux aux raisins de Corinthe, diseuses de bonne aventure et tireuses de cartes, — appelant les chalands avec de grands éclats de voix, des petites cloches mises en branle, des batteries de tambour, même allongeant la main pour les retenir au passage. L'un d'eux criait que son onguent pour les cors était de force à faire sortir d'une porte de chêne un clou long de trois pouces.

Plus avant, s'élevait un tapage assourdissant fait de toutes sortes de bruits : détonations de pistolets et de carabines, orgues en pleine activité autour des chevaux de bois, quilles abattues pour gagner le lapin blanc, et les excitations des teneurs de jeux : « qu'abât, qu'abât, qu'abât la quille! » ronflement des toupies hollandaises, grincement des roues de fortune aux loteries à deux sous le paquet de fiches, et, du côté du public, une mêlée, une bousculade, et des chansons exécutées au mirliton, des cris de joie, des rires, des appels. Plus loin encore, les saltimbanques débordant sur les tréteaux des loges luttaient de verve et d'entrain pour attirer à eux la foule, et faisaient des appels désespérés à l'éloquence de la clarinette, de la grosse caisse et des cymbales.

Tout entier à son vif désir de revoir Cydalise, Jean ne se laissait distraire par rien. Il regardait du côté des baraques, et, malgré les tourbillons de fumée noire et grasse s'élevant des cuisines, il n'eut pas de peine à reconnaître dans la troisième loge à droite, la loge Sartorius, que régissait Risler.

En ce moment même, l'oncle Risler prenant le rôle d'aboyeur, arpentait les tréteaux de la parade, le long d'une rangée de lampions fumants; et il frappait dans ses mains, en criant : « Suivez, suivez, suivez le monde! on va commencer! » Il y avait pourtant plus d'un bon quart d'heure que la représentation était en train; mais Risler n'avait jamais dit une vérité. La loge ne devait pas être pleine, la recette maigre... et il aboyait..

Tout en marchant, Jacob appliquait de vigoureux coups de houssine sur les deux grandes toiles suspendues de chaque côté de l'entrée. L'une montrait un éléphant gigantesque, mais bizarre au point que des paris s'engageaient souvent à savoir où était sa trompe, où était sa queue. Lorsque la houssine fouettait la toile, la peinture frémissait et l'éléphant semblait prendre vie. L'autre toile représentait un énorme gorille, enlevant une jeune femme aux cheveux dénoués; son mari, en uniforme de général anglais, suivait par derrière, impuissant à la secourir, résigné, les mains dans les poches, mais la consternation peinte sur un visage encadré de favoris du plus beau roux.

Jean attendit au coin de la plate-forme que le régisseur vînt vers lui, et il réussit à attirer son attention.

— Te voilà donc enfin, mauvais gueux! lui cria Risler en l'apercevant. Pourquoi n'es-tu pas venu à Calais?... puisque je t'avais dit que tu m'y trouverais... marié à Dunkerque?... Tu m'as causé de bien grandes inquiétudes, tu peux t'en vanter !

Jacob Risler disait cette fois presque toute la vérité. Oh ! oui, il avait bien craint que son « neveu » ne trahît le secret de la naissance de la petite danseuse !

— Vous êtes donc remarié pour de bon, mon oncle? lui dit Jean.

— Pour de bon! Je t'ai donné une fière tante, et qui a son prix... qui a son mérite — aussi sûr qu'elle a son poids, ajouta-t-il en riant d'un gros rire.

— Une tante! c'est pourtant vrai... et une cousine aussi, alors?

— Et une cousine! Tu as certainement vagabondé, pendant que je travaillais dans l'intérêt de la famille... faisant peut-être quelque mauvais coup... et tu viens vers ton oncle, vers l'oncle refuge?

— Je n'ai fait aucun mauvais coup, et je n'ai nullement vagabondé, je puis vous l'assurer, mon oncle; je vends des livres.

— Des livres! Est-ce que c'est un métier ça!

— Ce n'est pas un métier, mais un commerce honnête, un bon commerce, un peu fatigant lorsque la balle est pleine.

— Ah! voilà! Fatigant... parce que tu le veux bien! Enfin, je vois que tu en as assez?

— Je n'ai pas dit cela...

L'oncle Risler pour mieux converser, s'était assis à l'extrémité de la plateforme, les jambes pendantes, ses genoux à la hauteur du visage de Jean. Il se retourna, et cria du côté où étaient l'escalier et l'entrée de la loge :

— Suivez, suivez le monde!... puis revenant à son parent : Vois-tu, Jean, il ne dépend que de toi de vivre avec plus d'agrément.

— Comment cela, mon oncle?

— Regarde : chez nous, on est toujours en fête ! Cela ne te tente point?

— Mais, franchement, que ferais-je avec vous?

— Tu tiendrais la comptabilité, tu changerais les gros sous en argent chez les entrepreneurs qui paient leurs ouvriers en monnaie de cuivre, tu ferais certains achats, tu solderais les factures, tu copierais les rôles, tu les ferais répéter, tu les soufflerais de derrière le manteau d'Arlequin, tu allumerais la rampe au dedans et les lampions au dehors, tu poserais les affiches en ville... derrière la vitre des marchands de vins, en leur offrant des billets de faveur, tu distribuerais des prospectus dans la foule, pendant les représentations de jour... Bien d'autres choses encore !...

— Vous avez donc songé à tout cela?

Deux hommes jouaient aux cartes (page 500).

— Oui, j'y ai songé,... par pure bonté d'âme, par compassion pour toi. Et puis, au bout de tes services, il y aurait une récompense... une brillante récompense... Tu te doutes bien de ce que je veux dire?...

Certes oui, Jean s'en doutait; il avait rougi comme une cerise.

— Je te donnerai en mariage *ma* Cydalise: ça fera une belle fille! Le père Sartorius veut s'en aller mourir dans une maison de retraite pour les vieillards; je lui ferai une pension — et nous mettrions sur les affiches Jacob Risler et neveu. Voilà j'ose dire, des choses avantageuses, ou Saint-Omer n'est pas une place forte. Es-tu des nôtres? Dis oui, et je te présente tout à l'heure à la chère tante, et je te fais embrasser ta cousine... sinon, le mieux que tu puisses faire est de déguerpir le plus tôt possible, de t'en aller aussi loin que tu pourras, de t'ôter pour toujours de ma vue... Mais tu as trop d'esprit, étant un Risler, pour ne pas comprendre que je te parle dans ton intérêt.

Jean allait répondre, et peut-être refuser toutes les belles offres à lui faites pour le tenter, lorsque le géant tyrolien passa la tête par une lucarne ménagée à son intention à gauche de l'entrée de la loge, où il ne se montrait jamais qu'en buste. Voyant Risler occupé, le colosse se mit à crier à son tour : « Suivez le monde! on lève le rideau à l'instant! »

Mais les bons badauds de la ville, alignés devant la loge, ménagers de leur argent de poche, se gardaient bien de gravir les marches : ils ne voulaient pas arriver au milieu d'un spectacle, tandis qu'ils pouvaient s'en régaler dans son entier au même prix une heure plus tard. Et ils attendaient patiemment.

— Eh bien! mon Jean, es-tu décidé? dit brusquement Risler. C'est à prendre ou à laisser; mais on ne fait pas poser un oncle... un oncle comme moi.

Jamais Jacob Risler ne s'était donné autant de peine pour convaincre personne, — pas même madame Cydalise, lorsqu'il aspirait à la faveur d'obtenir sa main.

Il sentait si bien qu'il n'aurait aucune tranquillité tant que Jean pourrait d'un mot faire crouler ce projet longtemps caressé et laborieusement mûri de rendre la petite danseuse à sa famille, moyennant finance! Il lui fallait absolument séduire son jeune parent, et l'empêcher de nuire, en attendant de le faire servir à la réussite de ses combinaisons. Les combinaisons conçues par Risler, il les avait fortifiées de tout ce qu'un esprit rusé peut suggérer, et le mariage dont il flattait l'aimable garçon, n'était pas un simple leurre.

On va le comprendre : dans une opération aussi délicate que celle de restituer une jeune fille à ses parents en formant une entreprise sur leur bourse, il y avait à craindre un refus des conditions imposées, des poursuites même; la famille de la petite danseuse, avec un peu de fermeté pouvait garder son argent et se faire rendre Cydalise; une simple maladresse de la part des intermédiaires, était capable de tout gâter et de le faire jeter lui, Risler, en prison, ainsi que sa majestueuse épouse. Mais Cydalise devenue la femme de Jean, ses parents étaient tenus à des ménagements excessifs. Il leur fallait renoncer à leur enfant ou la prendre telle qu'ils la retrouvaient, avec une nouvelle famille par surcroît. Il y aurait pour Risler moins d'argent à gagner, tout d'abord, mais comme compensation, des égards, de la considération à recueillir : le rêve de Risler avait toujours été de finir dans les grandeurs ; et il s'accommoderait fort bien d'une existence qui s'écoulerait dans une belle ville de Normandie, auprès de sa « fille », et, sans doute, une partie de l'année dans les châteaux du voisinage : la vie de châtelain lui souriait assez...

Tout cela cependant ne devait être considéré par lui que comme pis aller, parce que Jean était bien jeune et bien jeune aussi la fillette. Il lui faudrait attendre trop d'années avant de pouvoir les marier ; et ces années il les passerait dans les transes, craignant toujours de voir lever le soleil du lendemain, — c'est une manière de parler — derrière les épais barreaux d'une fenêtre de prison ; ces années-là compteraient double pour lui, ses cheveux blanchiraient, sa santé et sa force, il les perdrait... Et si papa et maman mouraient..., ne fut-ce que pour lui faire une niche? déconcerter ses plans? Ce ne sont pas les héritiers qui s'empresseraient de reconnaître la demoiselle ! Risler ignorait l'existence de Maurice ; du reste, la connaissant, il eut prêté au frère de la jeune fille des sentiments analogues à ses sentiments personnels, c'est-à-dire exempts de toute délicatesse.

Enfin, se disait-il, il fallait tout de même réserver Jean pour l'avenir, mais surtout se faire de lui un auxiliaire utile dans le présent. Jacob Rissler pensant y réussir dans cette nouvelle rencontre avec son jeune parent, sauta par terre, donna une tape amicale sur l'épaule du gentil garçon, lui tira les oreilles en affirmant qu'il était un heureux garnement, et il l'entraîna vers l'entrée des artistes.

Jean se trouva tout d'un coup dans l'obscurité, au milieu de cet enchevêtrement de voitures peintes en jaune et en vert — maisonnettes roulantes — de fourgons et de chariots où il s'était aventuré déjà à Dunkerque, non sans quelque crainte, lorsqu'il offrait des canettes de bière au géant tyrolien...

Jacob ouvrit une petite porte et poussa Jean derrière les toiles de fond de la scène, dans un réduit à peine éclairé par une lampe suspendue, — foyer de comédiens nomades encombré de caisses, où, sur les bancs, sur de vieilles chaises boiteuses traînaient des vêtements de femme, des oripeaux de couleurs voyantes et des accessoires pour la scène : casques de carton, sabres de bois, piques de fer-blanc; une couronne de papier doré, luisait entre une cage habitée par un serin de coton jaune, et un perroquet empaillé juché sur son perchoir. Çà et là s'ouvrait quelque malle laissée en désordre; des matelas roulés servant à dresser sur la scène après les représentations des lits de camp pour les hommes, s'empilaient à côté de l'entrée des artistes.

Dans les angles, des recoins fermés de rideaux de cotonnade à carreaux ou à grands ramages, servaient de loges aux jeunes actrices; mais les serviettes étendues sur des ficelles à côté de bas roses qui séchaient, les brosses roulant sur le parquet avec les chaussures, de petites glaces maintenues inclinées au-dessus des caisses bourrées des bagages de la troupe indiquaient, par les houppes à poudre de riz abandonnées hors de leur boîte, les pots de blanc de céruse et de fard rouge, les bouchons brûlés pour accuser les sourcils, un fourneau portatif avec ses fers à friser, que là s'étaient achevées les toilettes féminines. — Un poêle de fonte allumé combattait le froid de l'extérieur, pénétrant à travers les planches et les toiles.

Deux hommes en justaucorps, coiffés de toques empanachées jouaient aux cartes, — un tabouret leur servant de table, — en attendant de se montrer de nouveau en public, tandis qu'une jeune femme vêtue en page semblait repasser son rôle, et qu'une autre essayait sur un espace libre de deux mètres carrés l'effet d'une robe traînante et d'un manteau de cour.

L'éclairage de la salle pénétrait par nappes entre les coulisses, aux endroits où des planches posées sur des tonneaux, des baquets, des bancs improvisaient des escaliers rendant la scène accessible — côté « cour » et côté « jardin ». La voix des acteurs qui jouaient en ce moment arrivait par ricochet, amoindrie, mais assez distincte pour que Jean reconnût la voix de Cydalise — ce qui le troubla plus que toutes les perspectives que son oncle lui avait ouvertes. Les trois violons et la basse de l'orchestre accompagnaient d'un trémolo un récitatif ému, scandé non sans art par la pauvre enfant.

Tout à coup, une porte s'ouvrit dans une coulisse, et Cydalise portant avec une certaine désinvolture un très joli costume polonais s'élança hors de la scène. Jean n'eut qu'un pas à faire pour la recevoir dans ses bras.

— Donne-lui un gros baiser, dit Risler, puisqu'elle est ta cousine.

— Eh quoi ! c'est vous Jean ! s'écria la sœur de Maurice, surprise et un peu effrayée.

— C'est Jean Risler, en effet, reprit Jacob, le fils de mon bon cousin.

Jean éperdu et chancelant déposa un baiser timide sur le front de la jeune fille.

— Je sais votre nom, enfin! lui dit-elle à demi-voix.

— Oubliez-le, je vous en prie, murmura Jean.

— Comment le pourrais-je, puisque c'est maintenant le mien?

— C'est vrai! nous étions l'un et l'autre sans nom... et maintenant un même nom nous unit...

— Eh bien, la glace est-elle rompue? la connaissance est-elle faite? dit Jacob. Pas encore? Soit! Je vous laisse tous les deux vous expliquer. Cydalise, écoutez bien ceci : j'offre à Jean, qui est errant comme un chien perdu, ou à peu près, de venir avec nous : prouvez-lui que j'ai raison, et qu'il a tout à y gagner.

Jacob Risler gagna par un couloir la grande entrée de la loge.

Alors Jean et la gentille baladine reculant d'un pas s'examinèrent rapidement, mais avec une attention extrême; leurs yeux se rencontrèrent et leurs regards se fixèrent, avides, cherchant la réponse à des questions qu'ils n'auraient pas osé faire. Cydalise la première baissa les yeux — satisfaite et confuse.

Elle trouvait Jean grandi avec un visage qui n'avait pas perdu tous les traits de l'enfance, mais où perçait une gravité réfléchie; sa taille grêle autrefois, semblait bien prise; l'expression de son regard était franche et loyale, avec une nuance de tristesse. Jean devait être un ami sûr...

Quant à Cydalise, elle parut à Jean plus charmante que jamais dans son costume polonais, composé d'une tunique et d'une courte jupe de drap bleu, avec galons et brandebourgs noirs, d'une toque plate carrée d'où s'échappaient ses boucles soyeuses et blondes, enfin de hautes bottines fourrées. Sa beauté réunissait en effet, tout ce qu'il y a d'aimable et de gracieux dans une toute jeune fille, relevé d'une pointe de hardiesse naïve qui attirait la confiance. On devinait aisément que son ingénuité n'avait subi aucune altération dans cette vie aventureuse, au milieu de camarades de hasard. Toute parole grossière eut pu frapper son oreillle sans altérer la candeur de son âme; et glisser sur son esprit comme l'écume des vagues glisse sur l'aile d'un oiseau des mers sans laisser de trace sur son plumage.

La gentille baladine avait une de ces physionomies qui inspirent l'intérêt. Elle dissimulait sa tristesse derrière un sourire, mais Jean comprit bien qu'elle n'était pas heureuse; — peut-être même, possédant, comme il le croyait, le secret de sa naissance, pensait-il que la fille de la baronne du Vergier devait plus souffrir encore qu'elle ne souffrait réellement...

— Je vous ai vu à Lille, lui dit Cydalise.

— C'est là que je vous ai retrouvée, murmura Jean.

Le tutoiement était supprimé.

— Oui, reprit le jeune garçon, je vous ai retrouvée avec bonheur, et j'ai tout fait depuis pour ne pas vous revoir.

— Mais pourquoi cela?

— Parce que j'avais été trop malheureux après votre fuite du Havre, et que je craignais de vous causer de nouveaux ennuis, de nouveaux chagrins...

— Jean vous ne me dites pas toute la vérité... Mais d'abord, pourquoi de nouveaux chagrins? Étiez-vous réellement pour quelque chose... dans ce départ précipité du Havre, à la suite duquel j'ai été retenue à l'étranger pendant plusieurs années? Je vous dirai, que je m'en suis toujours un peu doutée...

— Eh bien! je l'avoue, en effet, mademoiselle, j'y étais pour quelque chose... certaines paroles imprudentes dites à... votre mère adoptive...

— Chut! fit la jeune fille en posant deux doigts sur la bouche de Jean. Et elle l'entraîna dans le coin le plus retiré de la loge. J'ai fait, dit-elle, plusieurs découvertes depuis nos conversations d'autrefois, sitôt interrompues... J'ai trouvé dans les effets de maman Risler — elle portait encore alors le nom de madame Cydalise — une robe d'enfant couverte de dentelles, ainsi qu'un collier de corail chargé d'un petit médaillon avec des lettres gravées...

— Quelles lettres? demanda Jean, avide de mettre fin à ses derniers doutes.

— Une S et un V. Ce vêtement et cette parure ont tout d'un coup réveillé dans ma mémoire des souvenirs endormis depuis longtemps! Je me suis rappelée ma première enfance, très différente de celle que j'ai menée depuis; une belle dame, — une mère, la mienne, — m'apprenait une prière, le soir, tandis que les pieds nus sur ses genoux, je m'attaquais en vrai lutin à l'édifice de sa chevelure; elle me berçait pour m'endormir d'une chanson dont l'air m'est revenu aussi. Je suis sûre, Jean, que j'ai quelque part des parents qui me pleurent, qui m'appellent, qui me cherchent. Ah! comme c'est douloureux à penser! Depuis le jour de cette découverte, je n'ai plus eu un moment de calme. Qu'avez-vous bien pu dire, au Havre, à maman Risler pour l'effrayer tant? Si je le savais, peut-être ce serait pour moi un trait de lumière de plus.

... Tandis que la jeune fille faisait ses confidences, Jean avait pâli. Il ne pouvait plus douter maintenant que Cydalise fut une autre que Sylvia. Ce doute, qui lui avait permis d'étouffer tant de fois les reproches de sa conscience, il ne lui serait plus possible de l'invoquer désormais. Il savait aussi sûrement que Jacob Risler et sa digne femme que Cydalise avait été volée. Mais il savait aussi que s'il parlait, Cydalise était perdue pour lui... En se taisant, il se faisait le complice de gens abominables, il est vrai; mais il s'imposait dans la nouvelle famille de la jeune baladine; et déjà l'oncle Risler, par ses promesses engageait l'avenir. Jean se rendait bien compte que Cydalise n'avait pas de pire ennemi que lui, et il se sentait capable cependant de donner sa vie pour elle! Quel sentiment paralysait donc sa volonté de bien faire? Il l'ignorait. Comme il gardait un silence embarrassé, l'intéressante enfant lui dit d'une voix suppliante :

— Voyez bien Jean en quoi vous pourriez m'aider à découvrir ce qu'il m'importe tant de connaître.

Jean soupira pour se délivrer de son oppression.

— Je n'ai jamais cru, dit-il, que vous fussiez la fille de cette femme qui a fini par vous adopter. Mais quand je l'ai entretenue de vous, je ne lui ai rien dit qui dût lui faire supposer que je connaissais vos parents. Étant coupable, elle s'est effrayée, voilà les choses...

Ainsi Jean persistait dans son odieux système.

— J'attendais plus de vous, dit la jeune fille. Pourquoi? je n'en sais rien; c'est d'instinct. J'ai tant besoin d'une protection! Et tantôt, en vous revoyant près de moi, en vous retrouvant tout à coup, je me suis sentie plus forte. Ne me dites pas que je me trompe! ne m'abandonnez pas à mon sort!... Figurez-vous que depuis que je soupçonne ma mère adoptive de m'avoir enlevée à l'amour de ma véritable mère, je suis prise de folles envies d'aller tout dire à un magistrat, de réclamer l'appui de la justice; mais je suis retenue toujours...

— Et par quoi?

— Vous me le demandez! Par la crainte de dénoncer une malheureuse, qui m'a élevée, soignée avec tendresse, une tendresse intéressée sans doute, mais enfin une femme à laquelle je me suis malgré moi attachée et dont je ne voudrais pas causer la perte.

— C'est généreux, observa Jean très touché de ce langage; mais il ajouta aussitôt : Et peut-être est-ce, en effet, la seule manière raisonnable d'agir. Ce ne sont ni les juges de paix, ni la municipalité de Saint-Omer qui vous ramèneraient à vos parents, — s'ils sont encore de ce monde! Vous vous trouveriez donc bien seule, bien isolée... Que deviendriez-vous?

— Vous le voyez : ce n'est point par la violence que je peux changer ma situation. Un jour j'adressais à maman Risler une supplication ardente pour essayer de l'apitoyer sur moi ; je l'implorai les larmes aux yeux pour qu'elle me dît si j'avais quelque part en ce monde une mère... une famille...

— Eh bien ?

— Elle n'eut point de pitié... Elle me répondit en me donnant un soufflet ; et elle ajouta : Pleure maintenant, ce sera pour quelque chose.

— Pauvre Sylvia ! fit Jean. Et il saisit les deux mains qui lui étaient tendues.

— Comment m'appelez-vous ?

— Ah ! je ne sais plus ! s'écria le jeune garçon fort troublé. Je voulais dire Emmeline ou Cydalise... ma tête se perd !

La petite baladine sourit.

— J'ai tant de noms, dit-elle... sans compter ceux de mes rôles.

— On demande Stella ! cria une forte voix. En scène ! en scène ! mademoiselle, ajouta une puissante dame, quand elle eut découvert l'héroïne du drame que l'on jouait, s'entretenant avec un étranger.

Cydalise serra les mains de Jean, et lui dit avec expression :

— Au revoir, Jean ! N'oubliez pas que je compte sur vous ! Ecoutez votre oncle... Croyez-le... pour l'amour de moi !

Jean en voyant s'avancer la femme de Risler fit un pas vers l'entrée des artistes et se tint immobile, caché par une coulisse, la main sur le verrou de la petite porte. Il hésitait sur un parti à prendre, lorsqu'il aperçut son oncle marchant derrière la grosse dame.

— Où est donc ce coquin de Jean ? demandait-il très haut. Je vais te le présenter m'amour.

Jean s'effraya de cette présentation redoutable... et il s'esquiva.

Un petit vacher, couché près de ses bêtes, chantait (page 510).

XXI

A cœur fort poids léger

Jean s'était donc esquivé de la loge Sartorius; mais il comprit vite que Jacob Risler malgré tous ses torts avait le droit de se formaliser et qu'une réponse à ses propositions lui était due. Difficile à éviter cette corvée de la présentation ! Et puis Cydalise, ses derniers mots en le quittant, cette prière qu'elle lui avait adressée de ne pas l'abandonner; s'il se tenait éloigné d'elle, la pauvre enfant ne se croirait-elle pas oubliée? Il retourna donc à la loge, dès le lendemain matin, se préparant à donner une raison quelconque de sa retraite précipitée de la veille. Il y trouva Jacob, qui le reçut plus que brusquement, par un énergique : — Eh bien ?

— Je ne suis pas tout à fait décidé, mon oncle, dit Jean ; mais ce que vous m'avez offert me tente. Laissez-moi réfléchir un peu — et achever la vente de ma balle de livres.

— Comme tu voudras, mon enfant ! comme tu voudras ! fit Risler visiblement irrité.

Une pesante dame apparut, faisant crier les marches d'un escalier de bois. Depuis longtemps elle était privée de ses grâces juvéniles ; mais chaque année lui apportait en échange le poids de la dignité, — poids qui devenait terriblement oppressif, surtout dans les foires d'été, où elle jouait plusieurs fois de suite chaque jour, faisait la parade, et recevait même à la porte le prix d'entrée.

— M'amour, lui dit l'oncle de Jean avec beaucoup de respect, tu as devant les yeux le mauvais garnement dont le ciel m'a affligé.

— Mon oncle ! s'écria Jean sur le ton de la protestation, et décidé à rompre un entretien si mal commencé.

La majestueuse madame Risler intervint :

— Laissez-le dire, mon petit ; il n'est pas aimable tous les jours votre oncle. Heureusement que nous sommes deux pour lui résister : Cydalise et moi, et il ne dépendra que de vous...

— M'amour...

— Taisez-vous ! Et il ne dépendra que de vous, mon petit, que nous soyons trois. Je sais où vous en êtes vis-à-vis de votre oncle, et me voilà bien tranquille... *Motus!* Si vous venez avec nous, mon petit, je serai pour vous une mère. Je vous recevrai à bras ouverts ; je vous presserai sur mon cœur... enfin tout ce qu'il y a de plus maternel, quoi !

— Eh bien, en attendant, embrasse-le, suggéra Risler, un peu honteux que Jean eût vu sur quel ton sa femme le prenait vis-à-vis de lui.

— Oh ! avec plaisir ! fit la grosse maman.

Jean, fort embarrassé de son personnage, profita de la bonne volonté qu'on lui montrait et sauta au cou de madame Risler avec une pantomime de circonstance. Malgré tout, le baiser fut donné de mauvaise grâce, et froidement reçu. Après un moment de cette douteuse expansion :

— Où allez-vous en quittant Saint-Omer? demanda Jean à Risler.

Ce fut sa femme qui répondit :

— Nous devons aller à Paris, à la barrière de la Nation pour la foire au pain d'épices; de là à Versailles où nous serons le 1er mai ; la fête dure deux dimanches.

— Mais m'amour !...

— Me laisseras-tu parler, monsieur Risler ? Nous serons à Chartres vers la fin de mai ; de là...

— Mais, enfin, ce garçon ne t'en demande pas tant ! s'écria Jacob Risler impatienté. Il n'est pas encore des nôtres ! (Cela signifiait : Il n'est pas encore notre allié, notre complice).

Madame Risler comprit enfin que son mari pouvait avoir raison ; mais elle avait trop d'élan, elle poursuivit donc en s'arrêtant le plus tôt qu'elle put le faire :

— Au Mans, à Angers, où nous serons à la Fête-Dieu...

— M'amour ! fit Risler avec l'accent du reproche et quelque chose de désespéré, de suppliant dans la voix.

— Et puis après? lui répondit la grosse dame, très vexée malgré tout d'être obligée de se taire sur l'injonction de son mari. Et un soupir d'éléphant souleva sa forte poitrine.

Jean retint ces noms de villes et ces dates : ce furent les paroles les plus importantes de l'entrevue. La conversation s'égara un peu sur divers sujets de médiocre intérêt pour lui, et il se retira au moment précis où son « oncle », pour plus de sûreté, allait le mettre à la porte. Il fut entendu qu'on se retrouverait à Versailles : Jean ayant l'entière liberté de ses mouvements, se proposait de visiter le Beauvoisis et le Valois pendant que les grandes troupes, poursuivant leur itinéraire, séjourneraient à Paris.

— Alors, c'est chose convenue, mon petit, lui dit madame Risler au moment où il la quittait : vous nous rejoindrez à Versailles!

Jean prit le chemin de fer pour Beauvais, sans avoir pu se décider à revoir Cydalise : il craignait de trop s'engager vis-à-vis d'elle; d'autre part, la perspective de vivre, même peu de temps dans ce milieu vulgaire et rebutant à peine entrevu, lui causait une véritable terreur. Plus irrésolu que jamais, il se persuada toutefois qu'il devait à l'intéressante baladine de ne pas s'éloigner trop d'elle, et il comptait bien que, soit par Risler, soit par sa femme, la jeune fille saurait qu'on devait bientôt se retrouver. Ah! s'il avait la force de faire son devoir jusqu'au bout! d'apprendre à la baronne tout ce qu'il savait! comme cela vaudrait bien mieux que toutes ces hésitations coupables, intéressées! Mais cette force, il ne l'avait pas, il ne la sentait pas en lui.

Pendant plusieurs semaines, il parcourut donc les campagnes de l'Oise, qui présentent l'aspect assez monotone d'un plateau légèrement ondulé occupé à l'est et au sud par des forêts, dont celles de Compiègne, de Chantilly, et de Hallate sont les plus importantes. Les hauteurs appelées montagnes dans le pays, n'y sont autre chose que de modestes collines.

Jean vit Beauvais, sur le Thérain, ville de 18,000 habitants, dont la plupart des maisons sont en bois et en argile — quelques-unes avec des ornements et des sculptures, — mais où tous les vieux édifices sont classés et conservés comme monuments historiques : la cathédrale inachevée, dont le chœur a été longtemps cité comme le plus beau de France, l'église Saint-Étienne, bâtie du onzième siècle au seizième, l'église de la Basse-Œuvre, construction du sixième siècle, l'un des plus anciens et des plus curieux édifices de notre pays, le palais de justice, enfin. Parmi quelques établissements industriels importants que possède Beauvais, figure au premier rang la manufacture de tapis, genre des Gobelins, fondée par Colbert. Les étoffes de Beauvais ont aussi une réputation dans le commerce.

Beauvais est la patrie de Jeanne Hachette. A la tête des femmes de Beauvais, elle défendit la cité du haut de ses murailles contre les Bourguignons de Charles le Téméraire. Une belle statue, œuvre de Dubray, lui a été élevée par ses concitoyens reconnaissants. Le drapeau qu'elle arracha des mains d'un soldat ennemi déjà parvenu sur la muraille, est montré à l'hôtel de ville, comme un glorieux trophée : chaque année les jeunes filles le portent dans la procession de l'Assaut, où les femmes, en souvenir de la glorieuse part qu'elles prirent à la défense de Beauvais, ont le pas sur les hommes.

Dans les campagnes environnantes Jean vit plusieurs localités : Crèvecœur, Breteuil, Granvilliers : — Crèvecœur qui possède un vieux château à tourelles au milieu d'un parc ceint de hautes murailles, Breteuil, ville autrefois fortifiée, Granvilliers, joli bourg assis dans une vaste plaine et, dans le voisinage de Granvilliers, le château de Damerancourt, construction bizarre qui a sept étages sur quatre façades, avec tours d'angles de cent pieds de haut.

Il visita aussi un grand nombre de petites villes et de villages Noailles, Méru, Chaumont, Songeons, Marseille-le-Petit, Formerie, etc.

Dans un autre arrondissement, il vit Clermont, bâti sur une colline abrupte dont une petite rivière, la Brêche, baigne le pied. Le donjon de l'ancien château des comtes de Clermont et plusieurs corps de bâtiments étagés tout autour, sont occupés par une maison centrale de détention pour femmes. Le nom de cette ville réveille le souvenir de la Jacquerie : Jacques Bonhomme, ou plutôt Guillaume Caillet, que les paysans en armes avaient choisi pour chef était des environs de Clermont.

Au nord-est du département, Jean passa par Noyon. Cette petite ville de 7 à 8,000 habitants, située au pied et sur le penchant d'une colline, près de la belle vallée de Chauny, est bien bâtie, elle a des rues aérées, des fontaines ; elle est traversée par la petite rivière de Vorse et entourée de jolis jardins. On y montra à l'humble colporteur une ancienne maison, dite maison de Calvin, et qui passe à tort pour avoir vu naître le chef de la seconde branche du protestantisme. Toutefois, il est exact que le célèbre réformateur est né à Noyon.

Au sud, il vit Creil sur la rive gauche de l'Oise, relié à la rive droite par un pont dont le milieu repose sur une petite île, autrefois défendue par un château fort dont il ne reste que quelques vestiges, non loin des ruines de l'ancienne église canoniale de Saint-Evremont. Cette ville est le point de raccordement de plusieurs lignes de chemins de fer. Creil, qui fait un grand commerce de grains, de farine et de bestiaux, possède dans les coteaux pittoresques qui avoisinent l'Oise, des carrières de pierres très dures. Mais ce qui a créé la fortune du pays, c'est la grande manufacture de faïence, façon anglaise, dont les bâtiments sont au bord de la rivière.

Enfin Jean pénétra dans le Valois, cette très ancienne et très petite province de France, que Gérard de Nerval a si bien comprise et décrite ; qu'il a surprise pour ainsi dire, dans sa vie endormie et réveillée dans son passé. Le Valois, limité au nord par le Soissonnais, au midi par la Brie, au levant par la Champagne, au couchant par le Beauvoisis occupe le coin oriental du département de l'Oise.

Il faisait partie du domaine de Hugues Capet. On y rencontre des rochers de grès sombres, monuments druidiques qui surgissent du milieu des bruyères ; une route romaine y porte le nom de chaussée de Brunehaut. Et certainement, dans ses vieux édifices, dans le caractère de ses habitants, leur manière de vivre simple et régulière, on peut ressaisir quelques traces, plus effacées ailleurs, de la vieille France ; on a l'impression des siècles écoulés...

Jean ne pouvait percevoir cette impression ; mais il demeurait frappé de certaines particularités locales. Devant les chaumières, dont les vignes et les roses grimpantes s'essayaient déjà à festonner les murs, des fileuses matinales coiffées de mouchoirs rouges, travaillaient réunies. Le soir, des fillettes dansaient en rond sur l'herbe courte en chantant d'anciens airs transmis par leurs aïeules, avec des paroles d'un français très pur : Jean s'étonnait de ce vieux pays de Valois, où, pendant plus de mille ans a battu le cœur de la France.

Une fois, il entendit une chanson psalmodiée par un petit vacher couché près de ses bêtes. Elle était bourrée de noms qui ne figurent guère sur nos almanachs ; et il retint ce couplet :

> Il y avait dedans le pré
> Sept belles filles à marier.
> Y avait Uline,
> Y avait Ubine,
> Y avait Ulot,
> Umelot,
> Suzette et Ardelot.
> Y avait la belle Suzenne!

Ce dernier vers était dit sur un ton creux, — du fond de l'estomac.

Jean se demanda si le jeune garçon ne faisait pas allusion aux sept vaches blondes qu'il gardait « dedans » le pré, plutôt qu'à sept belles filles à marier.

Le pauvre petit colporteur s'en allait tout songeur par les chemins bordés de pommiers à tête ronde, gagné par la mélancolie de ces campagnes trouées çà et là d'étangs, qui épanouissaient leur végétation aquatique sous le soleil d'avril ; l'instant d'après, il se sentait attristé par la solitude des forêts, et s'il soupirait c'était moins pour reprendre haleine sous le poids de sa balle, que pour soulager son cœur.

Il eut ainsi à visiter Crépy, la capitale minuscule du comté et qui n'a guère plus de 3,000 habitants ; puis de là sa route passa par Morienval et Pierrefonds, Compiègne, Verberie, Pont-Sainte-Maxence, Senlis, Ermenonville, Chantilly, Nanteuil-le-Haudoin, Thury, la Ferté-Milon ; même il voulut faire une pointe dans l'Aisne, pour ne pas dédaigner Villers-Cotterets qui appartient aussi à l'ancien Valois : après cela c'était peut-être tout bonnement pour pouvoir se vanter plus tard d'avoir vu la ville où est né Alexandre Dumas.

Ce qui l'intéressa surtout, ce fut Compiègne, avec son château à proximité d'une belle forêt qui s'étend tout autour de la ville, enserrant au milieu de ses arbres centenaires plusieurs villages et hameaux. La ville valait également un coup d'œil : dans une sortie contre les Bourguignons qui en assiégeaient les remparts, Jeanne Darc tomba entre les mains de ses ennemis.

Ce fut aussi Pierrefonds, dont le château fort a été, sous le deuxième empire, relevé de ses ruines par l'architecte Viollet-le-Duc. Cet édifice, assis sur le sommet d'une éminence escarpée, forme un quadrilatère irrégulier. Il présente sur chaque front trois grosses tours de défense à mâchicoulis.

Ce fut encore Chantilly, qui possède des manufactures et une fabrique de dentelles noires et *blondes*. De l'ancien château de Condé, il ne reste plus que d'immenses écuries ; un château plus petit, bâti non loin de l'autre a survécu à la tempête révolutionnaire.

Senlis, au milieu des bois, au bord de son petit ruisseau — la Nonette — n'eut d'autre importance à ses yeux que comme grand marché de grains et de farines.

Jean passa moins rapidement qu'en certaines localités à Pont-Sainte-Maxence, qui possède un pont de trois arches sur l'Oise ; et de même au bourg industriel de Verberie, célèbre par ses sauteriaux ; à Ermenonville, illustré par le séjour de Jean-Jacques Rousseau. Il admira les beautés pittoresques du domaine où ce philosophe trouva son dernier asile. Le parc dessiné en jardin anglais offre une réunion de sites, de ruines modernes, de légers édifices à colonnes, œuvre de jardiniers paysagistes, que l'on dirait inspirée par les tableaux de Poussin. Rousseau fut inhumé dans l'île des Peupliers, où son tombeau se voit encore. En 1794, ses restes reçurent les honneurs du Panthéon ; mais l'ombre du grand écrivain semble avoir protégé la résidence qui l'avait accueilli : en 1815, le commandant des troupes alliées exempta Ermenonville de toute contribution de guerre, et les Cosaques n'y commirent aucune déprédation.

Nous venons de dire que Verberie doit sa célébrité à ses « sauteriaux ». Ceci demande une explication. Jadis des jeunes gens de ce bourg, se distinguaient dans le jeu des sauteriaux, appelé aussi des tombereaux. Ils se laissaient rouler du haut en bas d'une colline pour amuser les assistants. L'adresse consistait à préserver habilement sa tête en l'enveloppant des bras et des jambes. Cela fut expliqué à Jean. On lui dit qu'aujourd'hui la jeunesse de Verberie est plus grave — ou moins adroite.

Toutes ces tournées prirent du temps. Lorsque Jean, passant par Pontoise, Meulan et Mantes, rejoignit à Versailles Risler et sa troupe, on était dans la première quinzaine de mai.

Il survint à l'improviste au beau milieu d'une représentation. La majestueuse madame Risler occupait la scène. Vêtue d'une robe très courte étincelante de paillettes, et coiffée d'un turban rouge chargé d'un panache de cinq plumes d'autruche, elle tenait d'une main un grand sabre de cavalerie et de l'autre main un bouclier de ferblanc, toute disposée à la reprise d'un combat à outrance soutenu par elle contre le géant tyrolien.

Son partenaire lui faisait dignement vis-à-vis. Les lames se croisèrent de nouveau, et c'était chose merveilleuse, eu égard à l'embonpoint de la dame, de voir avec quelle agilité elle parait les coups, faisait les double-huit, les trois passes à gauche, et recevait sur son bouclier les formidables décharges du colossal tyrolien, coiffé de son chapeau à plume d'aigle.

Jean retrouva son oncle très préoccupé, très soucieux, vieilli même : il s'ennuyait de son neveu, ce cher oncle ! Il sentait si bien que son sort dépendait du caprice de ce garçon qu'il s'était plu à irriter ! Sa femme, si peureuse au Havre, si prompte à s'enfuir, trop rassurée peut-être maintenant, montra plus de confiance dans le jeune Parisien ; elle comptait énormément sur l'influence de Cydalise sur lui. La gentille baladine revit Jean avec une grande joie. Comme elle pouvait entrer dans les vues de ses parents adoptifs sans renoncer à ses vues particulières, elle montra à Jean beaucoup d'amitié et en retour obtint de lui la promesse qu'il ne s'éloignerait pas beaucoup, qu'on le verrait souvent, — en attendant qu'il se décidât tout à fait à suivre la troupe et à en faire partie. — Jean ne nous négligez pas trop, ajouta enfin le géant tyrolien, qui semblait avoir pris la jeune fille sous sa protection ; lorsque vous n'êtes pas là, Cydalise est triste comme un oiseau malade. C'est à la lettre.

Par suite des arrangements pris, Jean revint plusieurs fois à Paris s'aboucher avec le libraire qui lui garnissait sa balle ; et il dirigea ses tournées de manière à ne jamais se trouver à plus de quelques lieues de Versailles. Il put se rendre cinq fois en douze jours dans cette ville. Un lien, une chaîne invisible le retenait. Pauvre Jean ! les anneaux de cette chaîne étaient faits des fibres mêmes de son cœur.

Tout le temps qu'il ne passait pas auprès de la petite baladine, flanquée des deux tentateurs mâle et femelle qui, le sentant faiblir, redoublaient d'efforts pour l'attirer à eux, Jean le consacrait à son modeste commerce dans cette banlieue de Paris, faite de palais, de châteaux et de villas. Il lui en coûtait un peu de se retrouver, non plus en promeneur du dimanche, mais en gagne-petit, dans les parages de ces résidences royales — Versailles, Saint-Germain, Marly, Saint-Cloud, Meudon, les unes pleines encore de leur gran-

Les ardoisières d'Angers (page 517).

deur passée, les autres ruinées comme tant de choses en France, — ruinées comme ses espérances à lui, le pauvre orphelin molesté, qui comprenait que la vie n'allait lui être supportable qu'au prix du sacrifice de sa franchise et de sa loyauté.

D'un château à l'autre dans les environs de Paris, règne une ceinture de villages aristocratiques, reliés entre eux par de somptueuses habitations de plaisance. A Rueil, dominé par le Mont-Valérien, Jean vit la Malmaison, dont Joséphine Beauharnais fit l'acquisition dans les premières années de son mariage avec le général Bonaparte; c'est à la Malmaison que Joséphine se retira après son divorce. Napoléon déchu du trône, passa dans cette résidence les derniers jours qu'il vécût en France.

Jean vit Chatou, le Vésinet, et son ancien parc percé de rues, le Pecq qui s'étend au pied du coteau sur lequel se dresse Saint-Germain, et qui peut être considéré comme le faubourg avancé de cette ville. C'est au Pecq que s'arrêtait à son établissement la voie ferrée de Paris à Saint-Germain, alors qu'on n'osait pas croire à la possibilité de franchir par les chemins de fer des rampes rapides.

Saint-Germain, son château et sa forêt étaient bien connus de Jean lorsqu'il y revint. Il appréciait les rues larges, bien pavées, les places spacieuses, les maisons bien bâties de la jolie petite ville, devenue une retraite affectionnée par les bourgeois des environs, et même ceux de Paris, depuis que la cour n'existant plus, a cessé d'y retenir la noblesse.

Tout aussi familier lui était ce château de Saint-Germain édifié par Louis VI, reconstruit et augmenté à diverses époques, notamment sous Henri IV, sous Louis XIII et Louis XIV. Pris par les Anglais au temps de Charles VI, le château de Saint-Germain fut offert en don, par Louis XI, à son médecin Coictier, qui ne le garda que jusqu'à la mort du roi Henri II, Charles IX et Louis XIV naquirent dans ces murs sévères, aux façades sans ornement, qui virent mourir Louis XIII, et le roi détrôné d'Angleterre Jacques II, ainsi que sa femme. — Les États généraux de 1561 se tinrent au château de Saint-Germain. Lorsqu'Anne d'Autriche obligée de s'éloigner de Paris par les troubles de la Fronde, se retira dans ce château avec le jeune Louis XIV et la cour, elle le trouva si peu meublé, qu'il fallut apporter trois lits et répandre de la paille dans les chambres pour que la reine, son fils et leur suite pussent y coucher.

La fameuse terrasse de Saint-Germain, ombragée de grands arbres, et d'où la vue s'étend au loin sur les replis du fleuve, les campagnes qu'il traverse et, à l'horizon, sur les édifices les plus élevés de Paris, est limitée du côté de la ville par un ancien pavillon de chasse qu'avait fait construire Henri IV.

La forêt qui sert de parc au château, est, on le sait, l'une des plus belles forêts de France; on l'a réunie à la forêt de Marly. Autrefois, on y chassait le sanglier; on y trouve encore des cerfs, des daims et surtout des chevreuils; mais les sangliers, ont disparu. L'ensemble de toutes les routes, de tous les chemins de traverse dont cette forêt est percée présente un développement de près de quatre cents lieues. A l'ouest, la forêt domine au bord de la Seine le le bourg de Maisons-Laffite, célèbre par son château, l'un des chefs-d'œuvre de Mansart; et le fleuve en achevant sa courbe laisse à sa gauche Poissy, situé également sur la lisière de la forêt, avec un pont aux arches inégales datant de Louis IX, et portant encore un vieux moulin, dit de la reine Blanche.

Versailles, où Jean revenait toujours, n'est en réalité, comme on l'a dit que le plus grand et le plus somptueux faubourg de Paris. Au point de vue militaire, Versailles est compris dans la ceinture de forts qui défendent la capitale. Abordée tantôt par les chemins de fer, tantôt par les anciennes routes, cette ville paraissait à Jean de plus en plus imposante, mais aussi bien froide, et pour tout dire, ayant un véritable air d'indigence, que dissimulent mal ces grandes avenues où s'alignent des hôtels, et qui aboutisent toutes au palais de Louis XIV, comme si la ville avait été bâtie pour servir d'annexe à la royale demeure. Cette manière de voir n'avait rien d'erroné. A Versailles, la ville et le palais c'est tout un. L'histoire de Versailles c'est aussi l'histoire de son château.

Ce château édifié par Louis XIII sur les ruines d'un moulin, fut reconstruit à grands frais par Louis XIV sur les dessins d'Hardouin-Mansart; Lenôtre traça les jardins, le peintre Lebrun demeura chargé de la décoration intérieure. L'établissement, à Marly, d'une machine élévatoire fournit l'eau des bassins. Depuis, cette machine a été remplacée par une pompe à feu.

Ce palais grandiose devint pour toute l'Europe, au dix-septième siècle, le modèle des résidences royales et princières, surtout en Allemagne où tout souverain, si pauvre qu'il fût, voulut avoir une demeure de même style avec terrasses, escaliers extérieurs, boulingrins, jets d'eau et le reste.

Vers la fin du règne de Louis XIV, le grand Trianon devint une dépendance importante du château. C'est au palais de Versailles que Louis XVI fit l'ouverture des États généraux de 1789, devenus Assemblée nationale au lendemain de la réunion des députés du Tiers dans la salle du jeu de Paume. Tout le monde sait, et Jean le savait aussi, comment le 6 octobre de cette même année, la population parisienne alla chercher à Versailles Louis XVI, la reine et le Dauphin pour les amener à Paris. Depuis, le palais de Versailles demeura inhabité par les souverains.

Il était réservé au roi Louis-Philippe de transformer le palais de Louis XIV en un musée historique consacré à toutes les gloires nationales. Dans des galeries sans nombre vinrent se ranger à profusion les grandes pages d'histoire, les portraits, les bustes et les statues, des reproductions des vieux châteaux de France, des marines, et parmi celles-ci quelques-unes de nos victoires navales. Lorsque Jean revit Versailles il n'y avait guère plus d'un an que le gouvernement et les Chambres étaient rentrés à Paris.

La ville de Versailles a vu naître Hoche, à qui elle a élevé un monument sur une de ses places. Elle est aussi la patrie du sculpteur Houdon, du poète dramatique Ducis, du maréchal Berthier, de l'abbé de l'Épée, fondateur de l'institution des sourds et muets. Louis XV, Louis XVI et Louis XVIII sont nés au château.

De Versailles, Jean se rendait un jour à Saint-Cloud ; il gravissait la pente de la colline bordant la Seine sur laquelle la petite ville est bâtie ; il revoyait les ruines du château, brûlé pendant la guerre par les Prussiens, qui ont aussi mis le feu aux maisons de la ville ; il arpentait le beau parc, admirait les bassins et les cascades. A l'un des coins de ce parc, la nouvelle manufacture de Sèvres a établi ses ateliers et son musée céramique.

Un autre jour, Jean se dirigeait vers Meudon, dont Rabelais fut curé. Il trouvait le château, dont il n'est resté que les quatre murs après le siège de Paris, en voie d'être transformé en observatoire d'astronomie physique. De tant de splendeurs, il ne reste que la haute terrasse, d'où la vue embrasse Paris, le cours de la Seine et les bois environnants.

Un autre jour, Jean parcourait Ville-d'Avray, Bougival, Louveciennes, Marly devenus des lieux de villégiature pour les Parisiens ; ou encore il s'en allait à Rambouillet, attiré par le château et la forêt. Ce château de Rambouillet, assemblage de bâtiments irréguliers surmontés d'une énorme tour gothique avec créneaux et mâchicoulis, appartint à la famille d'Angennes. François Ier y mourut, et Charles X y signa son abdication, puis il partit de là pour l'exil.

Une fois, Jean poussa jusqu'à Montmorency pour voir, à l'extrémité de la forêt, l'Ermitage, humble maisonnette qu'habita Jean-Jacques Rousseau et où Grétry est mort en 1813. Le philosophe de Genève quitta l'Ermitage pour Mont-Louis, qui du haut de l'éminence où se trouve Montmorency, domine toute la vallée.

Il faut bien dire que Jean, occupé de son petit commerce et n'allant point d'un pas libre, ne voyait les choses qu'à demi ; il geignait parfois lorsque la balle ne s'allégeait pas vite ; mais sans perdre courage. A cœur fort, poids léger, murmurait-il, et quant aux belles choses à peine entrevues il se promettait de revenir...

Vers la fin de mai, la loge de Risler s'était transportée à Chartres. Jean l'avait suivie, en passant quatre jours confondu avec les artistes du petit théâtre, vivant de la vie des comédiens nomades, cajolé par tous, mais souffrant de voir Cydalise dans la familiarité de ses compagnons, blessé de la vulgarité de madame Risler et des façons grossières et brutales de « l'oncle ». Jean nota par écrit les impressions de ce voyage à pied, fécond en incidents comiques.

De Chartres, Risler conduisit sa troupe à Orléans où elle devait se trouver le 1er juin. Jean battit les environs de Chartres; il alla ensuite au Mans, de là à Angers, où rendez-vous était assigné pour la Fête-Dieu.

Le petit colporteur fut exact : il devança même de deux jours les funambules. Dans son impatience, suspendant son trafic, il rôdait autour de la ville, ne manquant pas de se rendre à l'heure des trains, à la gare du chemin de fer où devait arriver Cydalise. Le reste du temps, il le tuait en flâneries. Il fut entraîné tout d'abord vers les célèbres ardoisières d'Angers, à laquelle sont attachés plus de quatre mille ouvriers, et dont l'exploitation annuelle donne cent cinquante millions d'ardoises.

Revenu vers la ville, Jean marqua bientôt sa préférence pour l'esplanade du Bout-du-Monde, d'où ses regards s'étendaient sur Angers, assis sur un coteau que baigne la Maine, et qui apparaît de là divisée en trois parties par la rivière : la ville proprement dite, la cité, couvrant une petite île, et la Doutre. Près de l'esplanade du Bout-du-Monde, sur un mamelon séparé de la colline par des fossés profonds, Jean voyait se dresser le château d'Angers, vaste parallélogramme enceint de hautes murailles défendues par dix-huit grosses tours : il est bâti en schiste ardoisier, avec des rubans de pierres blanches tranchant vivement sur le fond sombre. La forteresse élevée par Louis IX est devenue une caserne, un arsenal et une poudrière.

Jean avait parcouru la ville dans tous les sens ; tout vu, tout visité — en vrai Parisien, curieux et pressé : la cathédrale, fort belle, dont le portail est surmonté de trois tours, le palais épiscopal attenant à la cathédrale, toutes les églises et chapelles, très nombreuses : on en compte près de vingt, et plusieurs sont classées parmi nos monuments historiques. Il avait vu l'hôpital Saint-Jean, converti en musée d'archéologie, les maisons à façades sculptées des quinzième et seizième siècles, le « logis Barrault, » où l'on a établi la bibliothèque publique et le musée David, les ponts, les boulevards, le jardin de la préfecture, le Mail et son jardin, le monument du roi René, enfin la statue de David d'Angers, œuvre très remarquable de Louis Noël.

Le grand artiste angevin, qui a ajouté par la sûreté et la hardiesse de son ciseau à la gloire de tant de célébrités, l'honnête homme qui disait : « J'ai du marbre et du bronze pour le génie, la vertu et le courage; je n'en ai pas pas pour les tyrans », le statuaire infatigable qui a enrichi notre pays d'innombrables chefs-d'œuvre, — Bonchamps, le grand Condé, Ambroise Paré, Fénelon, le général Foy, Béranger, Washington, La Fayette, Gutenberg, Talma, Gœthe, Pierre Corneille, pour ne citer que quelques noms, — méritait de rencontrer un émule digne de lui, qui fixât pour l'immortalité les traits de son mâle et franc visage. Dans ce bronze inspiré, Louis Noël a représenté David drapé dans un manteau qui laisse libre le haut de son corps, la forte carrure de ses épaules. Le maître s'appuye sur son marteau, et tient de la main gauche une statuette offrant des couronnes aux plus dignes. Louis Noël a symbolisé de la sorte le génie de son modèle, et rappelé par cette allégorie la France accueillant nos gloires, comme on la voit dans le fronton du Panthéon dû au ciseau du grand artiste national.

Dans cette attitude, David d'Angers médite peut-être un de ces axiomes qui faisaient de lui un penseur audacieux et quelque peu frondeur, aimé de Victor Hugo, de Cousin, de Mérimée, de Sainte-Beuve. Voilà bien le laborieux artiste, qui pouvait non sans orgueil se rappeler le temps où il travaillait à raison de vingt sous par jour aux corniches du Louvre et aux ornements de l'arc du Carrousel!

Jean les connaissait ces rudes débuts; il avait trouvé dans les livres de sa balle la vie du célèbre statuaire; il l'avait lue avec avidité; et il demeura longtemps absorbé devant cette figure si expressive de David d'Angers, comme s'il pensait trouver dans sa contemplation un enseignement pour sa propre vie.

XXII

Une vieille connaissance

Enfin la troupe dirigée par Risler arriva à Angers, et comme Jean connaissait déjà la ville dans toutes ses parties, lorsqu'il se présenta à la gare pour saluer son oncle, embrasser sa tante et « sa cousine », il fut chargé immédiatement par la plantureuse dame de loger les comédiens dans quelque hôtellerie à proximité du champ de foire : Jacob Risler avait décidément renoncé à son matériel roulant; il ne voulait plus voyager qu'en chemin de fer et, à l'avenir, lui et tout son monde coucheraient sous un toit. Jean se tira bien de la tâche qui lui était confiée, et le géant tyrolien, qui au fond était un brave homme, ne l'appela plus que le maréchal des logis.

Jean revit donc Cydalise. La jeune fille s'était fait une grande joie de le retrouver; elle s'habituait à compter sur lui, sur son amitié. Elle se sentait sous sa protection, — une protection qui la suivait partout; et elle reprenait courage; elle supportait plus aisément les anxiétés de sa situation. La gentille baladine prenait pour l'effet d'une invincible timidité l'absence d'abandon, les hésitations réfléchies du jeune homme. Si elle se faisait familière, si elle traitait Jean comme un frère, celui-ci aussitôt devenait plus cérémonieux, plus réservé, plus froid.

Toutefois le petit colporteur un peu fatigué par ses dernières tournées, un peu amolli par la perspective d'un charmant repos de plusieurs semaines, passées dans l'entourage de Cydalise, consentit à faire l'essai de cette vie qu'on le sollicitait d'adopter. Jacob Risler et sa femme crurent l'avoir accaparé pour toujours; Cydalise vit en lui un champion qui tôt ou tard se dévouerait à ses intérêts.

Jean quitta sa petite chambre d'hôtel et vint loger auprès de son oncle. Il prenait ses repas avec la troupe ; il déjeunait dans la salle basse de l'hôtellerie où il avait installé les comédiens ambulants ; le repas du soir se faisait sous la tente de toile, au champ de foire et, pour ainsi dire, dans les coulisses. Le jeune parent de Risler remplissait les cent emplois utiles énumérés par Jacob lors de la rencontre à Dunkerque.

Malgré tout, les forces du jeune homme ne revenaient pas, ni sa franche et bonne humeur, perdue depuis le jour où il lui avait fallu renoncer à son nom, après s'être en vain efforcé de lui rendre son honorabilité. Il ne retrouvait pas davantage son entrain d'enfant de Paris : plus il voyait Cydalise, plus il s'effrayait d'être là à cause d'elle, ne pouvant oublier un instant que c'était lui qui la retenait dans cette vie de hasard qui ne devait pas être la sienne.

Par l'effet d'un singulier trouble de son imagination, Jean voyait parfois la jeune fille dans les contrastes d'une double existence : l'une humiliée, précaire, aventureuse dont il était témoin, l'autre fastueuse et pleine de considération. Dans un même moment, il la voyait sur la plate-forme de la loge, pâle et rougissante à la fois, pirouettant et faisant des grâces en face d'une houle de têtes humaines, sous l'éclat du cordon de becs de gaz, assourdie par le vacarme des cuivres, du tambour et de la grosse caisse, secouée par le gong des dompteurs d'en face, troublée par des décharges d'armes à feu et des explosions de pétards, attristée par le rugissement des lions des ménageries ; et il la voyait en même temps dans le salon du calme hôtel de sa famille, à Caen, auprès de sa mère enfin consolée, soit assise à son piano, soit feuilletant des livres à gravures, sous la lampe ; le baron venait la baiser au front avant de s'enfermer dans son cabinet de travail ; Maurice applaudissait le talent de musicienne de sa sœur, ou se penchait avec elle sur les beaux livres... Et Jean se disait qu'il suffirait d'un mot de lui pour faire que ce rêve de bonheur succédât pour la pauvre enfant à l'horrible cauchemar qui semblait être son existence, s'il était vrai qu'elle eût été dérobée à ses parents et qu'elle n'en doutât plus.

La troupe de Risler poursuivit son itinéraire ; elle devait se trouver à Saintes au commencement de juillet, puis à Rochefort, pour, de là, aller à Angoulême où, le 15 août, s'ouvre une fête très suivie. Généralement, les grandes troupes continuent leur tournée en passant par Périgueux où le 1er septembre commence une foire, à cette occasion ont lieu des courses ; après Périgueux, elles se rendent à Agen pour la foire du Pain ; à Toulouse pour la dernière

LE TOUR DE FRANCE D'UN PETIT PARISIEN

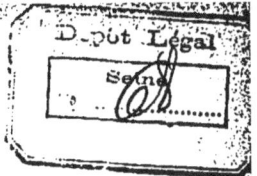

Quelle surprise pour l'excellent homme (page 527).

Liv. 66.

semaine de septembre ; finalement, elles se trouvent à Bordeaux vers le 15 octobre.

Jean traversa en wagon les départements de Maine-et-Loire, des Deux-Sèvres et de la Charente-Inférieure. Il passa par la Pointe, au confluent de la Maine et de la Loire, par les Forges, hameau où se trouvent les ruines du château de la Roche-aux-Moines, par la Poissonnière ; il passa en vue de Chalonnes, séparé de la station par cinq bras de la Loire ; il passa par la Jumellière, par Chemillé, dont l'église possède un clocher qui est l'un des plus beaux types de l'art romano-byzantin que possède l'Anjou ; par Trémentines, où se trouvent un galgal et un peulven dit Pierrefiche du Parchambault.

Il passa par Cholet sur la Maine, chef-lieu d'arrondissement de 13 à 14,000 habitants dominé par l'ancienne terrasse du château détruit par les Vendéens. Le rayon industriel de cette ville s'étend sur plus de cent communes et occupe près de soixante mille ouvriers. On fabrique à Cholet des batistes, des siamoises, des calicots et surtout des mouchoirs, de la flanelle et des droguets. Son commerce porte, en outre, sur les ardoises, les bois de charpente, les grains, les chevaux, les bestiaux, les engrais...

Après Cholet, se présenta sur la route suivie, Maulevrier où, dans la cour du château, une pyramide a été élevée à la mémoire du chef vendéen Stofflet qui avait été garde-chasse du comte de Colbert-Maulevrier ; après, ce fut Bressuire, petite ville de quelque 3,000 habitants sur une colline bordant l'Ire, avec une église qui est un monument historique et les restes imposants d'un ancien château.

Puis, Jean se trouva à Niort, qu'il avait traversé quelques années auparavant en venant de Tours, emmené par la famille de sir William, et pour s'embarquer à La Rochelle sur le *Richard-Wallace*. Que tout cela était déjà loin !...

Il vit mieux que la première fois le chef-lieu du département des Deux-Sèvres. La troupe que Jean suivait maintenant, s'arrêta à Niort pour y souper et y coucher ; et le lendemain, avant qu'on se remît en route, le jeune Parisien avait exploré les bords de la Sèvre-Niortaise, traversé la belle place de la Brèche, vu les églises, le donjon de l'ancien château : deux grosses tours carrées dont la plus ancienne date du douzième siècle. Il avait arpenté les promenades des environs : le parc de Chantemerle, la Gagouette, les rives du Lambon, les prairies de Belle-Isle et de Galuchet. Sans considérer comme définitive sa situation présente, Jean en acceptait momentanément les bénéfices : plus de balle sur le dos : et il s'en allait d'un pas léger... il fallait voir !

On montra au touriste l'hôtel de Candie, ancienne prison où naquit Françoise d'Aubigné, devenue marquise de Maintenon : son père y fut un temps détenu sous l'accusation de faux monnayage.

De Niort, la troupe poursuivit sa route, — toujours en chemin de fer — par Aigrefeuille, par Rochefort, troisième port militaire de France formé par la Charente et où Risler devait ramener ses compagnons après Saintes ; par Tonnay-Charente; par Taillebourg, célèbre par la défense de son pont par Louis IX, qui tint tête presque seul à des assaillants sans nombre; et elle arriva à Saintes à la fin de l'après-midi. C'était dans cette ville qu'elle devait donner ses représentations funambulesques.

Saintes est une ville de 12,000 habitants bâtie sur le flanc d'un coteau baigné par la Charente, qu'Henri IV appelait « le plus beau ruisseau du royaume » et qui arrose, en effet, un pays riche en pâturages et en blé. — Saintes qui fut la cité des « Santones » avant la domination romaine a conservé de nombreux monuments antiques, un arc de triomphe d'ordre corinthien élevé en l'an 21 ou 31 à Germanicus, à Tibère et à Drusus. Cet arc à deux portes est assis sur un solide massif de maçonnerie dans le lit de la Charente, et ce massif a dû servir de pile à un pont. Il y a aussi à Saintes les débris d'un amphithéâtre qui pouvait contenir vingt mille spectateurs, un hypogée défiguré par des constructions modernes auxquelles il est accolé; quelques restes du Capitole, englobés dans les bâtiments de l'hôpital. L'église Saint-Eutrope et la cathédrale sont deux monuments historiques. Saint-Eutrope, édifice du douzième siècle a une tour carrée du quinzième siècle, surmontée d'une flèche de quarante mètres; la cathédrale a aussi une tour mais beaucoup plus haute (72 mètres). Sur l'une des places de la ville a été élevée la statue de Bernard de Palissy : le célèbre potier né dans l'Agenois, après avoir beaucoup voyagé vint s'établir à Saintes, et c'est là qu'il réalisa au prix de bien des labeurs la création de ses émaux. A Saintes, Louis IX battit encore les Anglais.

Dès son arrivée à Saintes, une idée germa dans l'esprit de Jean : elle ne devait pas être abandonnée. Il se trouvait très près de Bordeaux et de Mérignac; de plus il tenait en réserve les cent francs prêtés par Bordelais la Rose : quelle meilleure occasion d'aller embrasser son vieil ami et lui rapporter son argent? Le difficile était d'obtenir de Jacob Risler la permission de s'absenter. Jean ne pouvait lui avouer sans le mécontenter qu'il se rendait auprès de l'ancien zouave devenu son protecteur et son conseiller, et qui à Saler lui avait tenu tête. On se rappelle que Bordelais la Rose et Risler s'étaien attaqués avec une telle violence qu'ils avaient dû garder le lit l'un et l'autre pendant plusieurs semaines à l'infirmerie de la prison de Mauriac...

Ne pouvant nommer Bordelais la Rose, Jean prétexta d'un recouvrement nécessitant des explications verbales, à faire à Bordeaux, pour le compte de la maison de librairie pour laquelle il avait travaillé pendant plusieurs mois. Il ne lui fallait du reste qu'un jour ou deux... Risler dut donner son consentement et Jean se prépara à partir.

Comme autrefois, Cydalise se montra alarmée; mais Jean lui avoua le véritable motif de son voyage, et elle reprit confiance.

Voilà Jean redevenu maître de lui-même, n'ayant plus ni balle à traîner, ni personne à obéir et à contenter. Il passa par Beillant, Jonzac, Saint-Mariens, Coutras, Libourne. Parti de Saintes à 8 heures 45, il arrivait à Bordeaux vers 2 heures de l'après-midi.

Tout à l'idée de revoir bientôt son meilleur ami, ces diverses localités furent pour lui comme inaperçues. Jonzac est pourtant — comme Cognac et Jarnac — un des centres d'entrepôts des eaux-de-vie et des grandes distilleries des Charentes. On sait combien les eaux-de-vie de Cognac sont renommées. Dans la Charente, l'Aunis et la Saintonge, le vin est transformé en eaux-de-vie, et l'extension de la culture de la vigne a déboisé presque tout ce pays. Coutras est de son côté célèbre par la victoire complète qu'y remporta Henri IV, alors roi de Navarre, à la tête des Huguenots, sur l'armée de Henri III, commandée par le duc de Joyeuse, qui fut tué dans la bataille. Libourne au confluent de l'Isle et de la Dordogne, possède un véritable port, capable de recevoir des bâtiments de 300 tonneaux. Il s'y construit de petits navires, et Libourne exporte au loin les vins de la vallée de la Dordogne et de l'Entre-deux-Mers, des blés et des farines. La navigation y a lieu presque exclusivement avec l'Angleterre, la Norvège et la Suède. Libourne est enfin un petit Bordeaux.

Toutefois Bordeaux força le jeune Parisien à ouvrir les yeux. Quand on arrive dans cette grande et belle ville par le chemin de fer de Paris, on l'aperçoit s'étendant au milieu d'une vaste plaine sur la rive gauche de la Garonne, qui décrit une courbe de plus d'une lieue de développement. La partie orientale est occupée par la ville même; sur la partie occidentale s'élève le faubourg des Chartrons. On traverse le pont du chemin de fer, construit en fonte: mais en aval de ce pont se trouve le fameux pont de Bordeaux, édifié de 1808 à 1821, et qui se compose de dix-sept arches en pierres et en briques. Sa longueur est de 486 mètres. Il est donc plus long que le pont de Dresde sur l'Elbe, plus long que le pont de Tours, plus long que le pont de Waterloo à Londres ; c'est enfin un des plus beaux ponts du monde. Il a coûté six millions et demi.

La vue, que de ce pont l'on découvre sur la Garonne et ses deux rives, est bien faite pour flatter et retenir les regards. C'est un grandiose panorama aux chaudes couleurs avivées par l'ardente lumière des soleils du Midi. La puissante ville se dessine en demi-lune derrière une forêt de mâts. Dépassés par les hauts clochers, s'alignent les maisons et les beaux édifices qui font une bordure architecturale aux quais. D'une extrémité à l'autre des deux extrémités de la courbe, — de la gare maritime au quai de Bacalan, — la vue s'arrête sur les importants chantiers de constructions navales, la corderie, l'arc de triomphe de la porte Saint-Julien, l'hôtel des douanes et la Bourse qui semblent décorer l'ancienne place Royale ; sur la place des Quinconces, espace laissé libre par la démolition du vieux château Trompette ; sur les belles maisons du quai des Chartrons habitées par le haut commerce, enfin sur l'ancien moulin de Bacalan, devenu une fabrique de poteries. La rive droite de la Garonne voit croître et s'agrandir le faubourg de la Bastide.

Le flux et le reflux de la mer se font sentir sensiblement sur le fleuve, où le mouvement de la navigation est des plus animés. Le port de Bordeaux peut contenir douze cents navires. Il est en relations suivies avec l'Angleterre les Antilles, l'Amérique espagnole et les colonies françaises ; navires à voiles et bateaux à vapeur exportent les vins et les spiritueux de la région — où l'anisette tient un bon rang, — des tissus, des cuirs ouvrés, des papiers, des soies, des porcelaines ; et ils introduisent dans notre pays les produits coloniaux, les fers, étain, cuivre et plomb, les viandes et poissons salés, les houilles anglaises, etc...

Du haut du magnifique pont, Jean voyait tout ce transit se développant librement le long de quais vastes et sans parapets, avançant dans l'eau des jetées en bois pour faciliter le débarquement des gros navires. Aux arrière plans de la ville se traînaient les fumées des fonderies, des fabriques de savon, des distilleries d'eaux-de-vie, des raffineries de sucre, des manufactures de faïence et de porcelaine...

Lorsqu'il pénétra dans les rues de la ville, aux maisons élevées, — avec de hautes fenêtres — et qu'il se trouva en contact avec cette active population de 200,000 habitants, dont les femmes du peuple aiment à se coiffer d'un madras de couleur éclatante posé très en arrière et qui laisse échapper quelques boucles de cheveux sur la nuque. Jean éprouva une deuxième surprise :

le théâtre, ce chef-d'œuvre de l'architecte Louis. Il est entièrement isolé et occupe l'un des côtés d'une belle place. Sa façade principale est formée de deux colonnes corinthiennes, auxquelles correspondent douze statues colossales décorant la balustrade qui en couronne la frise. Ce beau théâtre peut contenir quatre mille spectateurs.

Sans s'arrêter aux autres monuments et édifices, Jean monta dans une petite voiture qui faisait un service entre Bordeaux et Mérignac, et trois quarts d'heure après il tombait dans les bras de Bordelais la Rose.

Quelle surprise pour l'excellent homme! quelle joie de revoir si grandi son petit ami le Parisien!

Bordelais la Rose se faisait vieux et les rhumatismes gagnés dans les tranchées au siège de Sébastopol lui rendaient la vie dure, sac et giberne! mais il retrouva soudain toute sa vigueur.

— Demain? Tu comptes t'en retourner demain? Et tu crois que je vais te laisser partir comme cela? Pour aller faire guignole à Saintes? Ah! tu es venu pour me rapporter mes cents francs! Ils te pesaient peut-être? Il fallait changer les cinq louis en un billet de banque... tu aurais eu le cœur plus léger... Ah! ça, mais tu oublies, malheureux, que j'ai été sur le point de t'adopter après la guerre? Si je ne l'ai pas fait, sac et giberne! c'est que tu avais un oncle à Paris... A propos, a-t-il trouvé le fond de sa bouteille, cet oncle Blaisot? Non? Toujours vivant?... et trinquant?... Ça te profite au moins ce mauvais exemple... c'est toujours quelque chose!

« Tu es venu par Libourne? ajouta le Gascon; mais tu n'as pas vu les curiosités du pays? Saint-Émilion, par exemple : voilà qui est curieux! Tu n'en connais que les bons vins, bien sûr, comme neveu du père Blaisot; il faudrait voir la ville dans son ravin et sur le penchant de deux collines. Il y a là d'immenses carrières sous le sol, des habitations creusées dans le roc, des ruines, des vieilles murailles, des tours, le château du Roi — je ne sais plus quel roi de France. Et, sac et giberne! puisque nous parlons des vins de Saint-Émilion, qui sont les meilleurs vins des Côtes, il y a bien d'autres vins dans le département! Ah! nous en avons des grands crus, et fameux malgré le phylloxéra! C'est le Château-Margaux, le Château-Laffite, le Château-Latour, dans le Médoc, et encore les crus moins estimés de Paulliac, Saint-Estèphe, Saint-Julien, mais qui apparaissent honorablement au rôti sur les grandes tables; nous avons dans le Bordelais, — où nous sommes — le Château-de-Haut-Brion qui rivalise avec les premiers crus du Médoc; nous avons les crus de Graves, ceux des plaines ou *palus* qui sont de l'autre côté de la Garonne, et ceux de l'Entre-deux-Mers : c'est le nom qu'on donne aux vignobles situés entre la Garonne et la Dordogne.

» Et le Sauterne donc, et le Barsac, parmi les vins blancs! Sac et giberne! Il fallait venir, mon garçon, dans la saison des huîtres; je t'en aurais fait boire du Sauterne... Mais je t'en ferai goûter tout de même; c'est encore celui qui me réussit le mieux pour mes rhumatismes. Je ne te parle pas du Château-Yquem : celui-là c'est l'extravagance du parfait, c'est l'idéal, c'est le sublime! Ils n'en ont point à lui comparer les Allemands du Rhin! Mais il est trop cher pour ma bourse. Sache donc qu'il se vend jusqu'à dix-mille francs le tonneau de 900 litres. On aurait une vigne pour ce prix.

» Il faut aller visiter les *chais* du quai des Chartrons pour se faire une idée de la richesse de nos vins pour le pays. Il y a là des celliers qui renferment jusqu'à cent mille tonneaux. Tu as traversé Bordeaux, mais tu n'as rien vu...

— J'ai vu le pont, j'ai vu les quais, j'ai vu le théâtre, dit Jean.

— Tu as vu le pont, tu as vu les quais, tu as vu le théâtre... je te dis que tu n'as rien vu, sac et giberne! Tu ne sais rien de Bordeaux... C'est que nous avons des hommes, nous autres, à pouvoir citer! poursuivit l'aimable Gascon, nous les remuons à la pelle, les grands hommes! Bordeaux c'est le pays des conventionnels Gensonné, Roger-Ducos et Boyer-Fonfrède. Tu ne connais pas Boyer-Fonfrède? Il était jeune, beau, riche, charitable, aimant... Il est mort sur l'échafaud de la révolution avec Gensonné, Guadet, Ducos et Grangeneuve qui sont du département : les Girondins, mon bon! Sac et giberne! comme vous êtes ignorants vous autres, à Paris! A Bordeaux, nous avons eu aussi des hommes d'État, et nous en aurons encore : c'est Lainé, c'est Peyronnet, c'est M. de Martignac, c'est M. Dufaure! Le défenseur de Louis XVI... Aide-moi donc! Aï! Chose!... De Sèze!

— Eh bien?

— Bordeaux l'a vu naître, mon garçon. Et le chanteur Garat? le fameux Garat, avec sa cravate empesée et sa guitare... Tu ne connais peut-être pas Garat?

— Non, avoua timidement Jean qui regrettait fort de ne pas s'être donné avant de venir, une teinture des illustrations bordelaises.

— Eh bien! le chanteur Garat, c'est Bordeaux qui lui a donné le jour! Et Berquin, l'ami des enfants?... Et je ne te dis rien de ceux qui sont vivants : Paris en regorge.

Jean remarqua alors pour la première fois depuis qu'il le connaissait, que son ami, pénétré de l'amour de son pays en parlait avec cette exagération

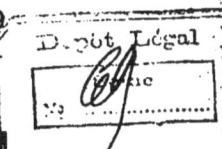

— C'est bien Hans! (page 536).

quelque peu vaniteuse qui caractérise les excellents habitants des régions voisines de la Garonne.

— Tu ne partiras pas d'ici, reprit Bordelais la Rose sans que je t'aie fait voir... tout ce qu'il y a à voir... ou tout au moins sans que j'aie corrigé ton ignorance. Ainsi en remontant la Garonne, et au bord d'une petite rivière, il y a le château de la Brède, c'est le château de Montesquieu...

— L'auteur de *Grandeur et décadence des Romains*? (Jean avait eu ce livre dans sa balle).

— Des Romains?... Un grand philosophe, une forte tête... tout ce que je sais. Enfin je vois que tu te dégèles... Eh bien! j'y suis allé dans le temps. Je me sens encore la force de t'y conduire. Le château est entouré d'une double fossé d'eau vive. Tu verras. Il y a sa chambre, avec son lit, son fauteuil. De la fenêtre, qui s'ouvre au midi, on a la vue sur des prairies... magnifiques!!

» Ça, c'est en remontant la Garonne. En redescendant, pas loin, c'est le château de Blaye, vis-à-vis d'un fort que nous appelons le Pâté, bâti en pleine rivière. Et si l'on pouvait pousser jusqu'à l'embouchure de la Gironde, le phare de Cordouan, quel beau phare!

» Et en face de Bordeaux, mon garçon, dans l'arrondissement, il y a, figure-toi, sur la Dordogne, à Saint-André-de-Cubzac, un pont suspendu... admirable!! Avec les cinquante-huit arches construites sur les rives et les levées de terre qui le raccordent à la route, il a une longueur de plus de 1,500 mètres. Sous son tablier, des vaisseaux peuvent passer à pleines voiles Hein? qu'en dis-tu? D'abord je te garde quinze jours : sac et giberne! il faut que je te dégrossisse.

— Quinze jours! que dirait l'oncle Risler?

— Sac et giberne! ne l'appelle pas ton oncle devant moi, au moins!... Je porte encore ses marques... mais il doit porter les miennes. Avoue plutôt que tu crains les sermons de la tante?

— Oh! non, mon cher Bordelais la Rose!

— Alors, mettons que c'est pour la petite demoiselle... et n'en parlons plus.

— Si, parlons-en au contraire, dit Jean d'un ton nuancé d'une certaine gravité.

Et, avec une franchise dont il ne se croyait pas capable, il exposa à son ami sa situation vis-à-vis de Cydalise, espérant obtenir de lui quelque sage conseil. Jean ne dit pas tout d'abord que la petite baladine devait être, selon toute probabilité, la fille de cette baronne du Vergier venue dans la prison de Mauriac pour visiter l'ancien zouave blessé dans sa lutte avec Jacob. Il ne parla que d'un soupçon; et il raconta néanmoins les incidents du Havre, la disparition de la fillette pendant plusieurs années; il ne cacha pas même qu'il en avait éprouvé une grande peine, un profond chagrin...

Bordelais la Rose, devenu très attentif, démêla les véritables sentiments du petit Parisien, et ce qui le retenait de s'ouvrir à la mère éplorée, de ses suppositions si hasardées qu'elles pussent être.

— Je voulais te garder par égoïsme, dit-il, maintenant je veux te garder pour toi-même, pour te laisser le temps de réfléchir, — loin des coups de grosse caisse, loin de la demoiselle et des promesses du Risler : c'est un faux bonhomme celui-là !

Bordelais la Rose s'étendit longuement sur le devoir tracé à son jeune ami et il réussit à convaincre Jean.

— Écris, d'ici, à la baronne... et que tout s'éclaircisse... au lieu d'aller te mettre à la remorque de ces saltimbanques. Il ne lui manquait plus que ça à ton pierrot d'oncle, de se faire paillasse pour aller donner la parade d'une ville à l'autre ! Si jamais je te voyais... Oh ! je te renierais pour mon petit Jean ! Tu m'entends ? Je te renierais, si je te voyais avec eux !

Jean promit d'écrire ; puis le lendemain, il donna à son ami de bonnes raisons pour différer : en réclamant leur fille les parents de Cydalise feraient punir Risler et sa femme : il voulait éviter une catastrophe qui ressemblerait de sa part à une trahison. De Saintes, la troupe devait remonter à Rochefort : il verrait comment il s'y prendrait pour mettre en présence la jeune fille et quelqu'un de sa famille, en épargnant surtout à Risler la honte d'une poursuite.

— C'est peut-être par paresse que tu renvoies d'écrire à une autre fois ? observa Bordelais la Rose.

— Oh ! pas du tout, mon bon ami ! Et tenez je vais tout de suite écrire quelques lettres dont je pourrai recevoir la réponse ici même, puisque vous voulez me garder...

— Au moins huit jours pleins.

Jean écrivit à Jacob Risler et prétexta d'une indisposition pour ne pas retourner immédiatement à Saintes. Il écrivit à Modeste Vidal, à Paris — un peu au hasard. Il écrivit à Quentin Werchave, à Lille.

Les jours s'écoulaient calmes auprès de l'ancien zouave devenu comme on le sait propriétaire grâce à un héritage. La maison d'habitation placée au sommet d'une légère ondulation de terrain plantée de vigne, ne gardait pas beaucoup de fraîcheur pendant la journée; mais les soirées étaient délicieuses. Sans le phylloxéra ce serait un paradis, aimait à dire Bordelais la Rose.

Le logis était tenu par une bonne vieille dame, cousine de l'ex-zouave et qui dès la première heure avait pris Jean en amitié et s'ingéniait à lui procurer toutes sortes de douceurs et de distractions.

Il y avait quatre jours que Jean vivait à Mérignac de cette vie paisible, lorsqu'une lettre arriva de Lille ; elle était de Werchave.

Le jeune Flamand apprenait à son ami qu'ayant été conduit pour affaires au charbonnage de Lourches, près de Valenciennes, il avait cru reconnaître, dans un personnage burlesque et déplaisant rencontré à l'auberge, cet Allemand dont Jean avait si fort à se plaindre. « Il louchait tant qu'il pouvait et avait la mine peu réjouie d'un chien à qui on a frotté le museau avec de la moutarde », disait Quentin, et son signalement, ajoutait-il, répondait si bien au gredin décrit par son ami, qu'il ne doutait déjà plus, lorsque le susdit personnage burlesque et déplaisant s'était mis à préparer son brouet favori d'œufs délayés dans de l'eau chaude. La lettre se terminait ainsi : « Votre voleur est employé au travail de fond d'une fosse de Lourches, — c'est une manière de palefrenier. Que faut-il faire ? et que ferez-vous ? Vous êtes, mon cher ami, tantôt trop sage, tantôt trop fou, jamais comme il faudrait ; mais, comme dit le proverbe : Bon sens tard venu est aussi sagesse. Soyez raisonnable et venez vite ».

Cette communication produisit sur Jean l'effet d'une commotion électrique.

— Ah ! oui, c'est ce qu'il faut faire ! s'écria-t-il ; c'est tout indiqué ! Et après avoir mis Bordelais la Rose au courant de tout ce qu'il venait d'apprendre :

— Je vais partir, mon bon ami, lui dit-il. Je vais partir tout de suite. Je vais prendre Hans Meister au fond de sa fosse comme une souris dans une trappe, — car je ne peux pas douter que ce soit lui. Je lui fais grâce de ma montre et de mon argent ; mais il faudra bien qu'il me rende les preuves de l'honneur de mon père, qu'il me rende mon nom — ou je l'étrangle ! Oh ! si je pouvais réussir… comme je me sentirais du courage pour des choses qui me trouvent hésitant et faible !

— Tu pourrais dire déloyal et sans pitié, observa le Gascon, toujours plein de droiture.

— Bordelais la Rose, la baronne aura sa fille si elle lui appartient…

Jean n'était pas sincère ; il ne voulait que gagner du temps.

— Mais, allons au plus pressé, ajouta-t-il.

XXIII

La catastrophe de Lourches

Jean s'en était allé à Lille par le plus court chemin. Bordelais la Rose voulut qu'il reprît les cent francs rendus quelques jours auparavant — et cent autres francs dont il pouvait avoir besoin. En traversant Paris, Jean ne s'y arrêta pas. Il arriva à Lille le 28 juillet.

Werchave l'attendait. Après l'avoir embrassé :

— Où est Lourches ? lui demanda Jean.

— C'est près de Valenciennes, plus près encore d'Anzin, où nous sommes allés, il y a quelques mois.

— Je voudrais y être déjà, — au fond du charbonnage...

— Ce soir, il est trop tard ; mais nous partirons demain à la première heure... Ce hibou a trouvé un bon endroit où il n'a pas besoin de lunettes pour y voir.

— Nous allons le prendre ! s'écria Jean.

— Moment ! fit Werchave : de la main à la bouche la bouillie tombe à terre...

Les vo'là le lendemain matin roulant vers Valenciennes. A Orchies, ils abandonnèrent la voie directe de Valenciennes et, prenant à droite, ils passèrent entre Aniche et Anzin, croisant la voie ferrée qui va de l'une à l'autre de ces localités : la première station fut celle de Lourches. Jean avait questionné son ami amplement, et il savait tout ce qui pouvait l'intéresser, entre autres choses que « l'homme » était employé à la fosse Saint-Mathieu. Quentin lui avait dit qu'on leur permettrait de descendre. Sans prendre le temps de déjeuner, dès neuf heures du matin, Jean et son ami se dirigèrent vers la fosse désignée.

L'ouverture d'un puits de mine, bordée d'un treillage de fortes solives, — chemin du travail pour un grand nombre et de la fortune pour quelques-uns — est abritée d'ordinaire par une construction légère, mais haute et vaste, avec de grandes parties vitrées. C'est là que sont installés les appareils moteurs, les câbles, la roue colossale, servant à mettre en mouvement la benne qui descend et remonte les ouvriers, et qui amène le charbon à fleur de terre.

La vapeur siffle, les fourneaux ronflent, rouages et pistons sont en jeu ; les wagonnets roulent sur les rails. Tous ces bruits se confondent avec le froissement des chaînes destinées à la manœuvre de la benne ou la vibration des cordes d'aloès plus solides encore que les chaînes, et ayant le même emploi.

Non loin de là, fonctionnent bruyamment de puissantes machines qui appellent l'air et le refoulent jusqu'au fond de la fosse pour y maintenir une atmosphère respirable.

Les pompes d'épuisement alimentent de leurs eaux bourbeuses un ruisseau qui s'en va se perdre dans les champs...

Une poudre noire envahit tout ; noir est le sol environnant la grande bâtisse de briques, noirs les sentiers qui conduisent aux amas réguliers de houille dont certains morceaux taillés à vive arête, jettent des scintillements d'escarboucles ; le pied y pulvérise partout des débris de charbon ; noir également le ciel obscurci par la fumée ; noirs les mineurs, hommes, femmes, jeunes filles, garçonnets, — gens humbles sous leur pauvre tenue de travail, un peu affaissés, portant la marque d'une existence qui a été celle de plusieurs générations parmi leurs ascendants — ce qui n'empêche pas les filles rieuses de montrer de belles dents, et, sous le hâle du charbonnage, des yeux pleins d'éclat. Chez nous, les femmes, on l'a déjà vu ne sont pas occupées au travail de fond, comme en Belgique ou ailleurs.

Tout en faisant nombre de remarques, Jean avait pris place dans la benne à côté de Quentin et d'un ami de Quentin, — un tout jeune homme, fils d'un mineur, devenu par son application commis aux écritures. Il devait leur servir de guide. Se trouvaient là également, prêts à descendre, plusieurs porions ou contre maîtres et quelques mineurs de la « coupe de jour, » qui s'en allaient rejoindre « le trait » ou l'escouade dont ils faisaient partie. Armés de leurs pics, ils s'étaient accroupis. La cloche sonna, un fracas de fer retentit sous le vaste toit de la houillère, et la benne suspendue au-dessus du vide, toute ruisselante des eaux suintant le long des parois du puits, après quelques vagues mouvements, s'engouffra dans le trou, d'où sortaient des émanations tièdes, une haleine, — quelque chose rappelant la respiration d'un monstre. La descente s'opérait avec une vitesse vertigineuse ; mais Jean et Quentin n'en avaient guère conscience : il leur semblait dans l'obscurité où ils se trouvaient, ne pas changer de place ; ils ne percevaient qu'une faible trépidation. Seulement, quand ils se communiquaient leurs impressions, la parole s'enfuyait tout de suite lointaine, la voix prenant des sons argentins.

Le bruit, le mouvement qui se faisait autour d'eux, mille étoiles errantes, faibles lueurs des lampes entrevues dans des boyaux souterrains, — des sortes de tunnels, — une atmosphère lourde et chaude, tout leur apprit leur arrivée au fond de la mine.

— Sapristi-minette ! fit l'ami de Quentin, je vois luire jusque dans l'obscurité vos yeux étonnés.

— On ne descend pas tous les jours à huit ou neuf cents pieds sous terre, observa Quentin Werchave.

— Où sont les écuries ? demanda Jean.

— Il est pressé « pour une fois » ton ami, chuchota le commis aux écritures. Nous y allons aux écuries, « viens avec » ajouta-t-il.

— C'est qu'il a acquis un élan de deux cents lieues ! répondit Quentin.

On marcha vers les écuries.

Jean commençait à s'habituer à l'absence du jour et aux lumières. Saisissant spectacle que celui de cette exploitation souterraine ! On entendait le bruit sec du tranchant des pics, et l'écroulement des pans de houille que les mineurs arrachaient avec des crocs ; c'était comme une rumeur de pioches maniées, des roues de fer en mouvement, d'ébrouement de chevaux, de roches roulées ; rumeur martelée par la masse des charpentiers, coupée de coups de sifflets et d'ordres donnés, et mêlée de colloques en un français passablement altéré.

Tout un monde de mineurs se croisait comme en une fourmilière... Piqueurs qui abattent le charbon, hercheurs ou yercheurs qui le chargent sur les berlines, rouleurs qui le voiturent jusqu'au puits, haveurs qui pratiquent dans la roche des coupures parallèles à la couche, boiseurs qui étançonnent les galeries, tous gens nullement sombres sous le noir de leur peau, actifs, insouciants, montrant enfin par leur attitude combien le sort des ouvriers des charbonnages s'est amélioré en France depuis une dizaine d'années, et grâce à l'abandon des procédés grossiers et barbares de l'ancienne exploitation. Le temps n'est plus où les yercheurs à moitié nus et ruisselants de moiteur s'en allaient à plat ventre, la lampe aux dents dans d'étroits boyaux pour charger la houille. Chantonnant parfois, mais graves toujours, parlant peu, leur vie à tous semble horriblement triste à ceux qui les surprennent à cette œuvre d'où le soleil est absent. Mais rentrés chez eux, le soir, ces rudes travailleurs redeviennent expansifs, presque gais et, fils de mineurs, ne songent pas à faire autre chose de leurs enfants que des mineurs.

Les ouvriers étaient munis de ces lampes dont Davy a inventé le modèle : formées d'un tube de toile métallique qui enveloppe la flamme, cette toile refroidit suffisamment les gaz combustibles qui la traversent pour que leur inflammation ne puisse avoir lieu. Des lampes de divers genres étaient aussi accrochées aux wagonnets qui glissaient sur des rails, vides ou chargés de houille. A d'autres wagons des chevaux étaient attelés.

Tout à coup, une véritable canonnade fit retentir l'air et ébranla la mine dans ses fondements; elle partait des chantiers où l'on allumait la poudre des trous de sonde. Une fumée épaisse déboucha bientôt de plusieurs galeries.

Mais cette fumée n'empêcha pas Jean de sentir une odeur de paille humide et de fourrage s'échappant d'un couloir et trahissant le voisinage des écuries. Jean s'engagea aussitôt dans ce couloir, sûr de ne pas se tromper, marchant vite sur la fine glu de charbon, — poussière noire qui empoissait un sol glissant troué par le sabot des chevaux.

Sous une grande voûte — comme en une caverne de contrebandiers, — où des lueurs vacillantes et blafardes se dégageaient des lampes électriques, des chevaux alignés devant des rateliers arrachaient des brindilles d'herbes sèches, ou sommeillaient. Pauvres animaux! leurs yeux, petits, fermés, s'étaient déshabitués de voir. On les plaindrait si tout l'intérêt, toute la compassion n'allait d'abord aux mineurs.

Un homme était là — grand et sec — une fourche à la main, occupé à relever la litière des chevaux. Jean marcha droit sur lui, et dit à haute voix :

— C'est bien Hans !

Mais Quentin et le guide officieux ne pouvaient l'entendre; ils étaient fort en arrière...

En s'entendant nommer, l'homme à la fourche essaya par un puissant effort de volonté de faire converger vers un seul point les regards de ses

On remonta deux morts (page 544).

yeux louches. A son tour il reconnut Jean, et un mouvement à peine saisissable décela sa première pensée : recevoir son visiteur au bout de sa fourche. Une autre idée lui vint aussitôt, il faut l'avouer : il laissa tomber la fourche et disparut, sans dire comme il en avait l'habitude : J'ai l'honneur!

Mais Jean entendait son pas; il n'hésita point; il suivit l'Allemand, dirigeant sa marche sur la sienne. Hans Meister escalada des masses croulantes de houille : Jean les escalada après lui. L'Allemand s'arrêta : Jean s'arrêta aussi ; à droite, à gauche s'ouvraient des galeries au bout desquelles scintillaient les lampes des travailleurs, et où retentissaient les coups réguliers des pics et des écrasements de blocs abattus.

L'Allemand devait être aux écoutes; s'il louchait, il avait en revanche l'oreille fine. Avec précaution il se glissa au plus noir du cheminement souterrain; les tailles tantôt droites, tantôt faisant des coudes, montaient ou descendaient, se perdaient comme en un labyrinthe. Il n'était pas aisé de le suivre dans sa fuite, sous une température lourde, dans une atmosphère humide qu'envahissaient par places des bouffées d'air glacial refoulées par les pompes.

— Ah! le misérable! murmura Jean découragé et haletant; il va m'échapper!

Si encore Jean avait pu revenir sur ses pas, retrouver Quentin et le commis, attendre Hans Meister au puits de sortie! mais il lui était moins difficile encore de continuer sa poursuite. A son tour, il avança avec précaution, espérant n'être pas entendu. Abandonnant ses chaussures, il se mit à suivre des mains les parois inégales de la galerie, se heurtant, se blessant presque aux poutrelles saillantes des « toitures ». Après quelques secondes, il s'arrêtait pour écouter; ou encore il écoutait parce qu'il n'entendait plus rien... plus rien que les gouttelettes filtrant à travers la roche noire et s'écrasant avec un léger bruit sur le sol...

Puis, tout d'un coup, la marche du fuyard reprit mieux marquée, comme s'il renonçait à la dissimuler. Bien plus! il semblait se rapprocher. Pour le coup Jean eut peur. Il se rappela le Hans Meister de la forêt du Falgoux et du bois du Mont-Mal. Retenant le souffle, il se blottit dans une excavation, et un instant après, l'Allemand passa près de lui, les bras écartés, le frôlant, — le cherchant sans doute dans l'ombre, pour lui faire un mauvais parti, se débarrasser de lui, dans cet endroit si bien fait pour les meurtres ignorés.

Jean ne se trompait pas : telle était bien la résolution exaspérée du détestable compère de Jacob : le sanglier faisait face au chasseur et courait sur lui.

N'ayant pas rencontré « le chasseur », Hans s'arrêta, et tirant de sa poche un briquet, il se mit à le battre. Jean voyait les étincelles s'échapper du silex. Très effrayé, il profita du bruit que faisait le batteur de briquet pour s'éloigner. De loin, il le vit revenir sur ses pas vers l'endroit où il pensait que

Jean devait être : il avait allumé un rat-de-cave, et cherchait partout, projetant des ombres fantastiques.

Un léger bruit qu'il entendit le porta à pénétrer dans une galerie transversale abandonnée. Il s'y engagea avec précaution, abritant d'une main son luminaire contre les courants d'air; et ce fut un soulagement pour Jean de le voir s'éloigner. Mais bientôt le pauvre garçon se sentit pris de la crainte de se trouver perdu dans ce dédale inextricable formé de boyaux étroits, bas de voûte, accidentés de trous de mine. Se courbant en deux, se dissimulant derrière chaque inégalité des parois raboteuses, il se glissa à la suite de Hans Meister, espérant ainsi arriver jusqu'à un endroit où des mineurs pourraient prendre sa défense.

Mais l'Allemand marchait maintenant d'un pas hésitant ; il s'était perdu dans les galeries, ne reconnaissait plus son chemin. Mieux valait encore le suivre que de demeurer dans l'obscurité. C'est ce que fit Jean, tremblant d'émotion, suffoqué par des émanations, craignant par-dessus tout de perdre la piste de ce scélérat, aussi méchant que fou, qui lui faisait bien plus de mal encore qu'il n'avait cru lui en faire.

Jean se trouva bientôt à l'extrémité d'une sorte d'excavation provenant de tailles anciennes; les veines en avaient été fouillées dans tous les sens. Il voyait Hans Meister à l'ouvetrure de cette sorte de carrière noire, séparé de lui par les aspérités d'un sol qui s'exfoliait sous les pieds, quelques roches dures contournées par le pic des mineurs, une double rangée de troncs de bouleaux étayant la voûte basse, fendillée. Sur sa droite la houille s'effondrant sous ses talons et le pied lui manquant, il faillit glisser dans une eau stagnante accumulée dans un fond.

Jean se demandait avec appréhension si le clapotement de cette eau réveillée par lui de son sommeil, n'allait pas faire retourner l'Allemand, lorsqu'une lueur passa devant ses yeux, éclairant avec une intensité fulgurante le lieu bouleversé où il se trouvait au fond de la terre. Il recula vivement et porta les mains à ses yeux comme pour les préserver de cette flamme, et il fut secoué par une terrible commotion, renversé et couvert de débris.

Mais aussitôt, au loin, un roulement sourd gronda comme un écho grandissant, et soudain retentit une détonation formidable, suivie d'un bruit d'écroulement : le plus épouvantable fracas de blocs de houille lancés contre les parois des galeries, de pierres arrachées aux murailles de soutènement, de charpentes projetées avec force; un volcan s'était allumé dans la mine : le grisou, trombe de feu qui arrache, qui broie, qui tord, qui disloque les dessous du globe ; le grisou, épouvante du mineur, éclair sinistre de la faux de la Mort, qui moissonne par centaines les existences.

Des cris de douleur et d'effroi, des appels à l'aide, formidablement répercutés par les échos souterrains, se croisaient, multipliés, avec tous les bruits ; on entendait des interpellations se détachant d'une confusion de paroles où dominait ce mot crié : le grisou ! le grisou ! le grisou !

Des gaz délétères commençaient à se répandre partout et venaient suffoquer Jean qui se sentait près de défaillir dans la haute température produite par l'explosion. Des quartiers de roche ébranlés çà et là s'écroulaient bruyamment, ajoutant des effets de terreur au péril trop réel couru par le pauvre garçon. Dans un boyau voisin, des amas d'eau avaient rompu leurs « serrements » de bois et s'écoulaient avec un bruit de cataracte.

Jean ébloui encore par l'éclair qui l'avait aveuglé, l'ouïe affectée de bruissements d'épouvante, réussit à s'agenouiller, et se penchant avidement, il chercha un peu d'air respirable à la surface du sol, et se ramassa pour échapper à la brûlante chaleur de l'atmosphère ; puis il essaya de regarder du côté où il avait aperçu Hans Meister pour la dernière fois ; mais il ne voyait rien : l'obscurité se trouvait doublée pour lui par une accumulation d'énormes débris de houille.

Il étendit les mains, et reconnut qu'il se trouvait enfermé vivant dans une sorte de cavité contre laquelle l'explosion l'avait rejeté. Il supposa, non sans vraisemblance, que l'Allemand avec son luminaire imprudemment promené dans les galeries avait déterminé cette redoutable explosion, cause sans doute de bien des malheurs !

Un grand remuement se faisait au fond de la fosse Saint-Mathieu dans des directions diverses et Jean entendit encore des voix lamentables répéter ce cri terrifiant : le grisou !

On semblait fuir dans la crainte d'une nouvelle explosion, et plus réellement pour échapper aux effets de l'asphyxie par les gaz répandus. Jean réclama du secours désespérément ; mais personne ne parut prêter attention à ses appels.

Alors deux pensées poignantes vinrent ajouter à ses tortures : c'est que Hans Meister lui échappait encore une fois et pour toujours, — et c'est qu'il allait mourir là, dans ce trou noir, lugubre tombeau, sans qu'on sût jamais ce qu'il était devenu, et qu'en mourant il emportait le secret de la naissance de la fille de la baronne.

Ah ! quel trouble pour lui ! Quelle angoisse ! Il se mit de nouveau à crier de toutes ses forces; mais rien ne lui donna à espérer qu'il eût été entendu.

C'en était fait du sort de la pauvre Cydalise ! Que de regrets pour Jean à son heure dernière ! Que de remords venaient empoisonner ses derniers moments ! S'il avait obéi à ses bons mouvements ! s'il n'avait pas différé ce que Bordelais la Rose lui commandait de faire ! Une réflexion se plaçait ici : Bordelais la Rose en savait-il assez sur cette jeune fille pour pouvoir la rendre à ses parents ? Hélas ! non... Jacob Risler pouvait seul... mais quoi ? tenter de conclure un marché, — et encore plus tard, quand il ne serait plus temps peut-être, lorsque la baronne serait morte tuée par le chagrin... Quelle chose abominable que ce fût par sa faute, à lui ! Ah ! malheureux qu'il était ! Et il avait voulu faire rendre à son père son honneur dérobé et se réclamer de cet honneur... Il avait renoncé à son nom, honteux de le porter, et il ajoutait encore à la réprobation imméritée de ce nom. Il allait mourir... il serait là... au plus profond de la terre, on ne le verrait plus... et Cydalise croirait avoir été abandonnée par lui; et il n'emporterait pas même l'estime de Bordelais la Rose, qui ne saurait que penser en n'entendant plus parler de son petit ami Jean.

Le pauvre garçon se mit à fondre en larmes. Mais tout à coup relevant la tête : — Pourquoi Quentin Werchave ne le ferait-il pas chercher ? Quentin était-il encore vivant ? Toutes ces voûtes noires ne s'étaient-elles pas écrasées sur ceux qui s'aventuraient si loin du soleil ?

Mais si Quentin vivait, il ne pourrait pas le laisser mourir ainsi, enterré avant d'être mort; non, ce n'était pas possible ! Ce n'était pas possible ! Un faible espoir lui revint. Et puis, pourquoi ne travaillerait-il pas lui-même à sa délivrance ? Il essaya : il avait devant lui un enchevêtrement inextricable de troncs d'ormeaux, de planches, de pierres et de blocs de houille; mais tout cela ne montait pas jusqu'à la voûte basse; il devait y avoir des vides dans le haut, par où arrivaient jusqu'à lui ces émanations méphitiques qui le fatiguaient, cette chaleur, cet air brûlant qui lui dévorait la poitrine, le bruit des eaux échappées de leurs digues. Il essaya de tenter l'escalade. La cheville du pied droit était gonflée comme par une entorse. Un danger inaperçu lui fût alors révélé : le sol glissant et fortement incliné, aboutissait, sur sa gauche, à ce ténébreux récipient d'eaux pluviales amassées là, goutte à à goutte pendant des années, vaguement entrevu l'instant d'auparavant, et dans lequel un faux mouvement pouvait le précipiter.

Il s'assit, épuisé dès ses premières tentatives, tant son angoisse était grande. Il s'efforça néanmoins de réunir froidement toute sa résolution pour faire face à la situation. Ce qui l'empêchait de trouver des forces... il le sentait bien : c'était toujours ces mêmes pensées torturantes : Hans Meister gardant avec lui, — peut-être enseveli avec lui dans la catastrophe — la réhabilitation du nom paternel; Cydalise à la merci de Risler.

Ah! s'il sortait vivant de ce tombeau comme il réparerait vite ses torts envers la pauvre jeune fille! Plus rien, aucune considération ne l'arrêterait. Oh! comme il se fit cette promesse! et avec quels serments!

Il lui parut après avoir pris cet engagement vis-à-vis de lui-même qu'il était plus fort, mieux préparé à toute lutte dans l'avenir. Encore fallait-il qu'il lui fût donné de remplir son devoir...

Une grande heure s'écoula.

Enfin les vapeurs accumulées dans la partie de la fosse où Jean se trouvait bloqué, s'éclaircirent, et le garçon, respirant plus librement, songea plus résolument à sauver sa vie — puisque personne ne venait à son secours. Un manche de pic lui était tombé sous la main dès le premier moment. Il s'en saisit et le mania comme un levier pour renverser un à un les obstacles accumulés devant lui. Au bout d'un temps d'une longueur difficile à apprécier, il put enfin franchir la clôture qui l'enfermait...

Il se hasarda à tâtons dans les galeries, marchant avec précaution, évitant de tomber dans quelque trou.

Il y avait un moment — court peut-être, peut-être long — qu'il avançait ainsi, lorsqu'il se trouva devant l'une des entrées des écuries. Il hésita au moment de pénétrer en cet endroit, craignant d'y retrouver Hans Meister. Il est vrai que Jean avait gardé à tout hasard le manche de pic : il s'en était servi pour s'aider à marcher ; il pouvait lui être plus utile encore pour repousser une attaque.

Après un court examen, il vit qu'aucun homme n'était resté auprès des chevaux. Les lampes électriques continuaient de fonctionner, donnant la pâle lueur d'un mince croissant de lune. C'en était assez cependant pour que Jean pût se diriger.

Il alla vers un recoin où quelques planches formaient un abri pour les palefreniers. Là, son regard tomba droit sur une valise qu'il reconnut avec émotion pour appartenir à l'Allemand.

— Là dedans est peut-être le carnet de Louis Risler, se dit-il.

Sans balancer, il souleva la valise et la chargea sur ses épaules ; — non qu'il eût l'intention de l'emporter : il voulait la remettre aux agents du directeur de l'exploitation, se réservant de formuler ensuite sa plainte contre le palefrenier coupable d'avoir dérobé des papiers chez Reculot, — et de bien d'autres méfaits encore.

Le difficile était de trouver à qui parler; mais à peine hors des écuries, il entendit une rumeur grandissante et se dirigea du côté où elle venait. C'étaient les mineurs qui travaillaient au sauvetage de leurs compagnons. Sur ce point, la température semblait surchauffée, l'asphyxie était contenue dans chaque bouffée d'air vicié...

En vrai enfant de Paris, Jean fit des prodiges, louvoyant avec assez d'habileté pour rencontrer par ci par là un peu d'air à respirer. C'est ainsi qu'il parvint jusqu'au lieu principal de la catastrophe.

Quentin Werchave et le commis aux écritures se trouvaient là, très occupés à dégager les victimes du feu grisou. Jean remit la valise de l'Allemand à l'ami de Quentin, en lui recommandant de ne point s'en dessaisir.

Les porions donnaient des ordres pour le transport de deux blessés, méconnaissables sous leurs brûlures et les atteintes des blocs de houille projetés par l'explosion.

C'était un spectacle affreux.

Le sauvetage avait été organisé à la hâte et non sans peine, les parois de la fosse n° 1 étant en partie écroulées.

En approchant du lieu du sinistre, les lampes s'éteignaient : mauvais signe. La ventilation devenait impuissante; les sauveteurs n'hésitaient pas cependant, ne reculaient pas; mais ils sentaient l'asphyxie les envahir, et ils détournaient la tête pour reprendre haleine et s'élancer de nouveau. Ils avançaient, interrogeant les murs noirs, sondant le sol d'un regard terrifié, appelant, s'attendant à chaque pas à se heurter contre un cadavre. Les boîtes de secours les suivaient de près.

Jean ne put apprécier le temps que dura cette recherche... Lorsqu'il fut lui-même hissé hors de la fosse, ainsi que son ami Quentin, il vit qu'une ambulance avait été établie à l'entrée du puits.

Le premier moment de stupeur passé, le personnel du charbonnage s'était empressé, secondé par les habitants accourus de tous côtés. Quelques porions descendus dans la fosse par le puits aux échelles, remontèrent peu après avec les premiers blessés. Mais il fallut de nombreuses heures pour amener à la surface du jour les malheureuses victimes de la catastrophe. Le grisou avait éclaté à dix heures du matin, à six heures du soir on remontait les derniers mineurs atteints par le gaz enflammé ou par des éclats.

Tout autour des bâtiments du puits se pressait une foule de femmes, d'enfants, de vieux parents, affolés, consternés, se répandant en larmes et en lamentations, ou tenus en suspens par la plus terrible anxiété.

On remonta deux morts et l'on opéra le sauvetage d'une dizaine de blessés qui furent transportés dans les maisons les plus proches. Les médecins de Lourches et des environs, et parmi eux le docteur Dertelle, maire de la commune, se prodiguèrent auprès des blessés. Mais l'état de plusieurs de ces pauvres mineurs laissait peu d'espoir de les arracher à la mort.

Le parquet de Valenciennes arriva dans l'après-midi et commença une enquête. Les renseignements réunis établirent qu'une quarantaine d'ouvriers travaillaient dans une galerie et s'apprêtaient à faire sauter une mine, lorsque la flamme de la mèche s'était trouvée en contact avec une couche de grisou. On nota que l'explosion avait eu lieu en plusieurs endroits presque simultanément. Mais rien n'enleva de l'idée à Jean que la véritable cause de la catastrophe devait être attribuée à la témérité de Hans Meister, sans doute victime de son imprudence — bien qu'il ne figurât ni parmi les morts, ni parmi les blessés.

Deux mineurs avaient été tués sur le coup. Jean prit leurs noms : François Jacob et Alcide Dewailly. Le premier marié, laissait deux enfants; le second habitait Rœulx, et il était le seul soutien de très vieux parents. Un autre mineur mourut dans la journée; enfin deux mineurs encore, Alfred Filanier et Émile Dufresne semblaient très profondément atteints par les brûlures. Le dernier surtout laissait peu d'espoir de guérison.

Dans une maison où trois blessés avaient été apportés, Jean qui s'était rendu utile fut invité à prendre quelque repos. Il demanda une feuille de papier, et comme s'il n'avait plus qu'une heure à vivre ainsi que l'infortuné qui râlait à côté de lui, il traça rapidement les lignes suivantes :

« *A Madame la baronne du Vergier.*

» C'est un malheureux qui vous écrit, madame. Il se fait horreur, et certainement il n'est même plus digne de votre pitié... Je sors du gouffre de la fosse Saint-Mathieu. Le grisou m'a épargné, et il m'est permis de tenir les engagements pris envers moi-même à l'heure du péril. Je me hâte, comme si une nouvelle catastrophe allait paralyser ma main. Votre fille existe, madame la baronne; il n'en faut plus douter... Et je le sais depuis des mois! et je n'ignorais pas que vous mouriez lentement de douleur. Oh! revenez à la vie, si

— Pourquoi pleurez-vous, ma mère, puisque je suis là (page 548).

vous ne voulez pas que le désespoir me tue ! Emmeline, Cydalise, Sylvia, votre fille, enfin... elle est en ce moment à Saintes. La charmante et douce créature ramenée en Belgique, — car c'était bien elle au Havre! — fait partie de la troupe dirigée par un homme que vous deviez rencontrer une seconde fois dans votre vie : mon parent Jacob Risler ; oui, celui-là même qui s'était amusé à vous étrangler en wagon près de Figeac, et que par intérêt pour moi vous n'avez pas voulu dénoncer.

» J'ai bien mal reconnu cet intérêt, madame. Je confesse ma faute les larmes aux yeux, pénétré du repentir le plus sincère ; et je ne retrouverai ma tranquillité perdue, que lorsque j'aurai la certitude que vous avez auprès de vous l'enfant si longtemps pleurée, et que vous aviez bien raison, madame, de tant regretter. »

FIN DE LA DEUXIÈME PARTIE

TROISIÈME PARTIE

LA LUTTE POUR LA VIE

I

La mère et la fille

L'hôtel du baron du Vergier, rue Saint-Jean à Caen, est une ancienne construction formée de trois corps de logis d'architecture italienne, disposés autour d'une cour carrée ; le principal de ces corps de logis, est remarquable par la beauté des sculptures et des ornements de sa façade. C'était la partie de l'hôtel réellement habitée.

Au rez-de-chaussée, élevé de quelques marches, se trouvaient le grand salon, la salle à manger, plus une salle haute de plafond, transformée par le baron en un *hall*, genre anglais, avec une serre dans un coin, difficilement contenue, et menaçant d'envahir par l'exubérance de ses plantes exotiques un plus grand espace; au milieu, un billard; un cheval de bois et un trapèze dans un autre coin, pour les éléments de la gymnastique; un orgue à tuyaux faisant vis-à-vis à une très grande cheminée du seizième siècle, ornée d'une superbe glace de Venise; aux murs, quelques vieilles toiles flamandes et hollandaises; des tapisseries de Beauvais remplissant divers panneaux; un panneau occupé par une bibliothèque de style Renaissance; çà et là, sur des étagères, s'étalait tout le bibelot d'un archéologue, — moins certaines pièces encombrantes et lourdes alignées le long des soubassements : bustes sans nez, torses sans tête, bas-reliefs rabotés par les siècles; quelques armes hors d'usage, telles que larges épées à deux mains, casques et boucliers du moyen âge, fusils aux massives crosses incrustées, pistolets et sabres orientaux, se groupaient en panoplies. Plusieurs tapis épais, des portières, et de lourds rideaux masquant les hautes fenêtres, — sauf celles où les palmiers, les magnolias, les suspensions de verdure tamisaient la lumière — achevaient de donner une apparence de confort à cette vaste salle, où tout décelait l'opulence et la vie faite de loisirs des maîtres de la demeure.

Cette pièce méritait la préférence que lui donnait toute la famille; mais c'est là aussi, au coin de l'antique cheminée de marbre rouge, que la baronne avait vu s'écouler dans l'amertume de sa douleur tant d'années qui eussent dû être des années de félicité et de bonheur domestique; c'était là, enfin, que Sylvia était venue prendre la place qui lui appartenait.

Pauvre et charmante enfant! Timide, effarée presque, elle se tenait bien près de sa mère, serrée contre elle, comme si elle craignait de lui être enlevée encore une fois; et sa mère la couvait du regard, avec de grosses larmes dans les yeux. La jeune fille voyait couler ces larmes, se troublait et murmurait :

— Pourquoi pleurez-vous, ô ma mère, puisque je suis là!

— Ah! disait la baronne, ce sont des larmes de bonheur; mon cœur déborde de plénitude! Ma Sylvia! Mon enfant! Je rêvais parfois de toi; je te pressais sur ma poitrine comme à présent, puis tout s'évanouissait, et ma joie d'un moment s'échappait dans un sanglot... Si j'étais encore le jouet d'un rêve? Oh! non! n'est-ce pas? Dis-moi bien que cela ne se peut plus! que tu es bien à moi, et pour toujours, pour toujours...

Et la baronne était secouée par un rire nerveux, spasmodique, douloureux même, et qui ne s'épuisait qu'en amenant de nouvelles larmes sous ses longs cils bruns.

— Tiens, mon enfant, je deviens folle, je crois! disait-elle en embrassant convulsivement sa fille.

A côté de l'aquarium de Maurice, Sylvia avait établi une volière de petits oiselets des Iles : avant le retour de la jeune fille, la baronne ne s'occupait guère que de ses fleurs et de ses arbustes, et encore y trouvait-elle des motifs de comparaisons et des sujets de regrets. Oui, elles venaient bien ses plantes, soignées par une main maternelle... Dérision! Et son enfant, la fleur de son âme, végétait loin d'elle... Alors, elle voulait tout laisser mourir, et mourir elle-même après. Maurice s'appliquait à consoler sa mère dans la mesure de ses forces, et donnait une goutte d'eau aux fleurs altérées. Maintenant tout reprenait vie, fraîcheur, santé dans le hall; et les oiseaux de Sylvia, lorsqu'ils l'entendaient près de la baronne faire d'une voix flûtée le récit souvent renouvelé de sa vie aventureuse, se mettaient à pépier et à siffler avec un crescendo auquel il fallait bruyamment imposer silence.

Un jour, madame du Vergier disait à sa fille, en lui montrant les petits oiseaux au plumage de feu, et en souriant :

— Te voilà prisonnière, — en cage — comme eux! Ne regrettes-tu pas quelquefois ta liberté d'autrefois?

— Oh! non, madame, jamais! répondit Sylvia en souriant à son tour.

— Bien vrai? Mais pourquoi ne pas se défaire de ce mot « madame » qui sonne si mal à mon oreille.

— J'essayerai, maman ; mais c'est difficile... Songez donc!

— Cela viendra tout seul. Vois-tu, au fond, je n'en suis pas fâchée... Moi aussi, il faut que je m'habitue à devenir la plus heureuse des mères après en avoir été la plus malheureuse. Et dire que ce coquin de Jean m'a laissée aller jusqu'aux limites du plus profond désespoir! et qu'il savait qui tu étais... Oh! c'est impardonnable!

— O madame!... ô ma mère! Je vous en supplie, tenez moins rigueur à ce pauvre garçon! J'avoue qu'il semble avoir mal agi, très mal agi... Mais pouvons-nous savoir sous quelle influence?... Peut-être avait-il lieu de craindre son oncle, qui est un homme rude, allez, et même brutal. Peut-être, malgré tout, avait-il un doute... il voulait l'éclaircir avant de vous donner de nouvelles espérances...

— Ah! oui! c'est surtout depuis que j'ai cru te retrouver au Havre que ma douleur de mère désolée s'est exaspérée. Jamais je n'avais autant souffert que depuis ce moment-là...

— Vous voyez que le neveu de M. Jacob Risler n'avait pas tout à fait tort. Il faut donc l'excuser, maman, de n'avoir pas eu plus de hardiesse et de décision; il faut l'excuser en faveur de ce qu'il a fait lorsqu'il a cru l'heure venue. Quelle lettre touchante il vous a écrite! Comme elle trahit un... bon naturel...

La baronne observait attentivement Sylvia.

— N'importe! dit-elle; je le déteste, je le hais!

— Je ne veux pas que vous le haïssiez! répondit vivement la jeune fille. Excusez ma hardiesse, chère mère; je voulais dire que je vous demandais avec prière de pardonner à mon pauvre ami Jean!... Grâce à lui, à ses encouragements, à sa présence même invisible, je puis dire aussi, grâce à sa protection, j'ai pu supporter les plus pénibles temps de mon exil loin de cette maison bénie... Et il n'aurait pour récompense que votre haine! Voyez-vous, ce serait cruel.

— Il ne faut voir là, ma fille, qu'un moment d'humeur... que je regrette; je ne puis haïr Jean, c'est impossible. Je ne saurais oublier que je l'ai rencontré tout enfant par un hasard que je dois appeler providentiel. Ma sympathie alla à lui, tout d'abord, comme si j'avais possédé la secrète intuition que cet enfant dût occuper une si large place dans ma vie, remplir un rôle si important... Va, je ne le déteste pas, quelque mal qu'il ait pu me faire : je l'aime, ma fille, plus que tu ne l'aimes!

Sylvia devint rouge et balbutia ces mots d'une voix à peine intelligible :

— Je n'ai pas dit que je l'aimais... L'ai-je dit, chère maman?

— Enfin, tu lui es reconnaissante?... Et moi aussi; crois-le bien, ma belle enfant.

Quelques minutes après cet entretien, — qui avait laissé Sylvia un peu troublée et sa mère toute songeuse — Maurice pénétra bruyamment dans le hall. Il courut à sa mère qu'il embrassa, tout en prenant les mains de sa sœur; puis il embrassa sa sœur en serrant les mains de sa mère, à ce point que la baronne s'écria :

— Eh mon Dieu! quelle expansion, mon fils! qu'avons-nous donc à apprendre à *sa* mère?

— Elle va arriver! murmura Maurice.

— Qui, elle? fit madame du Vergier.

— Mais, miss Kate, sans aucun doute, dit Sylvia finement.

— Je remercie ma sœur pour sa pénétration, dit Maurice enflant la voix; cela prouve que son amitié...

— Cela prouve, interrompit la baronne, que tu l'as prise pour confidente... en me délaissant quelque peu pour cet emploi... ce dont je commence, du reste, à être jalouse...

— Apprenez donc, ma mère, que la charmante fille du baronnet m'annonce sa visite — chez nous, est-ce assez inespéré! — pour aujourd'hui, dans quelques heures. J'ai là sa lettre, ajouta l'enthousiaste jeune homme en mettant la main sur sa poitrine.

Madame du Vergier et Sylvia aperçurent alors une grande lettre mal cachée, à dessein, dans le gilet de Maurice.

— Mais c'est une véritable surprise! fit la baronne passablement intriguée. Ainsi, elle arrive... comme cela... sans préparation? sans s'être annoncée? sans savoir seulement si nous sommes à Caen? Vient-elle de loin?

— D'Angleterre, de Londres, et plus précisément de Twickenham... dit Maurice avec la joie dans le regard, la parole ardente, le geste désordonné. O bonheur extrême! ajouta-t-il : un peu plus, il eut chanté ces mots sur l'air du *Châlet*. Sir William Tavistock, son père...

— Est-ce qu'il vient aussi, cet original? dit vivement la baronne.

— Non pas! Il court les champs... Et c'est ce qui me réjouit. Il n'a jamais eu la tête bien solide, puisqu'il ne voulait pas d'un Français pour gendre, — pas même d'un Normand...

— Eh bien? fit la baronne se montrant alarmée.

— Eh bien! Il a perdu l'esprit à la fin. Le baronnet supprimé comme obstacle, avec les sentiments que je connais à l'adorable miss Kate et l'accueil bienveillant que m'a toujours fait lady Tavistock, je suis sûr de voir couronner mes feux, et...

— Mais quel égoïsme insupportable! s'écria madame du Vergier. A-t-on jamais vu raisonner si froidement et prendre si cruellement son parti du malheur des gens?

— Aimeriez-vous mieux, madame la baronne, me voir perdre à moi-même la raison?

— Mais vous l'avez perdue la raison, mon fils! vous l'avez perdue depuis bien des mois; je suis fâchée de vous le dire.

— Que nenni ! Vous auriez dû m'appeler Guillaume, et non pas Maurice.

— Guillaume ! Voyez-vous ! le beau Guillaume, peut-être ?

— Non, Guillaume le Conquérant. A mes yeux miss Kate personnifie, idéalise l'Angleterre...

— Vous êtes fou, vous dis-je ! Et le baron, votre père, a eu le grand tort de flatter vos lubies. Donc ce pauvre sir William bât la campagne ?

— Vous ne sauriez mieux dire, maman ; il est en France, on ne sait où. C'est ce qui fait la désolation de sa famille...

— Et ce qui vous cause une si grande joie ?

— Dame ! C'était comme un duel. Je sentais mon cerveau se troubler... Je préfère que ce soit lui qui entre en ébullition !...

— Taisez-vous ! c'est insupportable, et l'on voit bien que je vous ai trop gâté. Je serai plus ferme à l'avenir ; c'est pour Sylvia que je réserverai mes faiblesses, et vous aurez en moi une mère beaucoup moins indulgente que par le passé... Comptez-y !

— Ta, ta, ta ! chère maman, vous ne voulez pas la mort de votre fils ?

— Et c'est par cette lettre de miss Kate que vous avez appris toutes ces choses ? demanda la baronne, abandonnant sa feinte sévérité.

— C'est par cette lettre, répondit son fils, qui posa de nouveau avec émotion une main sur son gilet.

La baronne sollicitant de plus amples explications, Maurice lui fit une traduction libre de la missive de la jeune miss. Il résultait de cette lettre que le baronnet avait quitté les siens depuis plusieurs jours, brusquement, sans motif plausible. On venait d'apprendre qu'il avait passé le détroit et qu'il se trouvait en France. Sir Henry Esmond, son gendre s'apprêtait à aller à sa recherche. Miss Kate l'accompagnait ; mais pour lui laisser la liberté de ses mouvements elle se rendrait directement à Caen, comptant demander au baron du Vergier d'user de ses relations et de son influence pour lui venir en aide.

— C'est une excellente fille, dit la baronne, et je me plais à croire que vous saurez lui cacher la satisfaction que le chagrin de sa famille à l'heur de vous procurer.

Cette fois Maurice se tint pour battu. Ramené à ses véritables sentiments, qui étaient bons, il promit à sa mère de se montrer sérieux ; mais, comme pour se dédommager d'une réelle contrainte, il fit fête à Sylvia de la compagne qu'elle allait avoir.

— Tope là, fit Méloir en avançant la main (page 560).

— Tu verras, chère sœur, tu verras, lui dit-il, si l'on peut être plus gentille que la fille du baronnet.

— Qu'il est galant pour sa sœur, ce garçon ! observa la baronne.

— Comme Anglaise ! comme Anglaise ! reprit Maurice en corrigeant son affirmation.

Deux heures plus tard, miss Kate arrivait en effet à l'hôtel de la rue Saint-Jean, où elle était reçue d'une façon vraiment cordiale.

Mais avant de poursuivre ce récit, il nous faut revenir un peu en arrière, et dire comment Sylvia avait été arrachée des mains des gens audacieux qui, après l'avoir exploitée elle-même durant son enfance et son adolescence, se préparaient à exploiter sa situation de famille.

La baronne du Vergier avait eu une crise nerveuse en ouvrant la lettre de Jean, écrite de Lourches — ce que le pauvre garçon appelait sa confession. Lorsqu'elle fut un peu remise de son saisissement, sans perdre une minute, elle partit pour Saintes, accompagnée par le baron. Elle arriva dans cette ville au moment où la troupe de Risler allait la quitter pour se rendre à Rochefort, où déjà le matériel, les bagages, les effets mêmes des acteurs venaient d'être expédiés.

Ce ne fut pas au champ de foire et sur les tréteaux que le baron et sa femme surprirent leur fille et ses ravisseurs; ils les trouvèrent attablés avec toute la troupe dans une hôtellerie, achevant de dîner et prêts à boire le coup de l'étrier. Cydalise — Sylvia — était assise à côté de Jacob qui, grâce à sa rudesse, faisait régner la décence autour de la jeune fille.

La baronne, devançant son mari de quelques pas, apparut sur le seuil de la salle, et son air tragique produisit une telle impression que tout le monde se leva soudain, devinant qu'il allait se passer quelque chose d'extraordinaire... En ce moment le baron rejoignait sa femme.

Sans hésitation aucune, Sylvia s'élança vers sa mère, et s'arrêta au moment de l'embrasser.

Mais la baronne, comme si elle ne la voyait pas, promenait des regards effrayants d'égarement sur tous ces gens interdits, les arrêtant imperceptiblement davantage sur les jeunes filles de l'assistance; puis lorsqu'elle se fût assurée que personne ne se dérobait, elle ramena son attention sur la pauvre enfant qui se tenait tremblante à deux pas d'elle, confuse, baissant les yeux, où roulaient de grosses larmes.

Madame du Vergier interdite, s'émerveillait devant cette belle jeune fille blonde qui était peut-être sa fille. Le baron prit par la main la petite baladine et lui fit faire un mouvement qui la plaça en pleine lumière. Les regards de la fille et de la mère se croisèrent, chargés d'interrogations, de doute, d'espérance, — d'une crainte que l'on garde encore, d'une joie à laquelle on résiste.

Soudain Cydalise, à qui la réflexion revenait, plongea la main dans son sein et en retira le collier, le petit médaillon, les dentelles — qui ne la quittaient plus.

En les reconnaissant, la baronne poussa un cri dans lequel tout son amour de mère fit explosion. Et elle ouvrit les bras. Cydalise — qui n'était plus Cydalise, mais Sylvia — s'y précipita défaillante.

Et il fallut que le baron soutînt la mère et l'enfant écrasées par l'émotion. Il leur prodigua de tendres paroles pour apaiser leur trouble, et les embrassa avec force l'une et l'autre.

— Après Dieu, dit-il, c'est au petit Jean que nous devons le bonheur qui nous est donné...

Mais il changea tout à coup de visage : l'idée de gratitude réveillait aussi en lui le désir de châtier ; et s'avançant de quelques pas :

— Où est Jacob Risler? dit-il d'une voix tremblante de colère; où est sa femme ?

Prudemment, dès l'apparition de la baronne, madame Risler s'était esquivée par une porte de derrière. Loin de chercher à la retenir, son mari l'avait suivie. Parmi les dix ou douze personnes à qui le baron s'adressait, aucune ne répondit à sa question ; de sorte qu'il dut la répéter, tout en cherchant à reconnaître qui pouvait être le directeur de la troupe. Seul, le géant tyrolien avait une mine suffisamment avantageuse ; mais, par principe, il demeurait assis, affaissé sur lui-même, et autant que possible effacé.

Un garçon sec, émacié, noir de peau, vif, tout en cheveux et ayant l'allure d'un paysan breton, s'approcha du baron.

— Faut pas mentir, dit-il ; je ne suis que le gazier, moi, mais aussi vrai comme mon baptême, je peux vous assurer que M. Jacob n'est pas là ; madame Jacob n'est pas là non plus, sûr et vrai, sans avoir besoin de les visager un à un.

— Va me chercher ces coquins et amène-les moi de gré ou de force, commanda M. du Vergier.

— De force? c'est que le patron est fort comme un chêne et vert comme genêt. Donnerez-vous ben quéque chose pour ça? je vas vous les amener menant.

Le Breton sortit par la porte qui avait servi à la retraite du couple craintif. Il fut un bon moment avant de reparaître.

M. du Vergier était revenu auprès de sa femme et de Sylvia, qui se tenaient sur le seuil de la salle basse. Des groupes de curieux se formaient non loin d'eux dans la rue, et déjà circulait une histoire d'enfant volé par des saltimbanques et retrouvé par ses parents — des princes !

Lorsque le Breton se montra de nouveau, il était tout seul. Il affirma avoir parcouru toutes les chambres de l'auberge sans rencontrer nulle part le patron ni la patronne.

— Je ne suis brin fautif, dit-il ; il a filé le failli merle, et elle avec. Sarpegoy ! quand on se lave les mains, c'est qu'on les a pas propres, tout de même.

— Eh bien ! je vais y aller, moi ! s'écria le baron. Ah ! les gueux ! Ils font bien de se cacher, car j'ai l'intention de les livrer à la justice. Ce scélérat de Risler ! Je vais le traiter d'abord selon ses mérites...

— Oh ! monsieur ! fit Sylvia suppliante.

— Et sa digne moitié ne sera pas épargnée !

Sylvia s'enhardissant, avança une main effilée pour fermer la bouche à son père.

— Si je vous priais, dit-elle, de ne mettre à exécution aucune de vos menaces, me refuseriez-vous la première grâce que je vous demanderais ?...

— Comment voulez-vous, Sylvia, qu'on laisse de pareils misérables impunis ?

— Quelque légitime que soit votre ressentiment, monsieur, daignez ne pas oublier que je ne puis voir traiter comme des malfaiteurs, sans en éprouver une peine réelle, des gens qui, il y a un moment encore, m'appelaient leur fille.

— Et vous traitaient-ils comme telle ? demanda madame du Vergier, c'est-à-dire avec tout le respect que des parents peuvent avoir pour une jeune fille de votre âge ?

— Oui, madame, répondit Sylvia en levant vers la baronne des yeux pleins de franchise et d'innocence ; oui, madame, et je puis l'affirmer à leur louange. Ne gâtez pas, je vous en conjure, par trop de rigueur envers ces... malheureux, la douceur des premières heures de notre réunion.

La baronne fit un signe à son mari et lui dit quelques mots à voix basse. M. du Vergier parut céder.

En ce moment l'hôtelier s'approcha, le bonnet blanc à la main, visiblement ahuri par tout le bruit et le mouvement qui se produisaient chez lui.

— Dérobez-nous à la curiosité de tout ce monde, achevait de dire la mère de Sylvia au baron.

Celui-ci se borna à demander au maître de céans une chambre ou deux dans son hôtellerie ; et un instant après, les du Vergier y étaient installés, —

non sans que la gentille baladine — qui ne l'était plus — ne fût allée serrer la main au brave géant, et dire adieu au Breton et à plusieurs de ses compagnes. Alors, dans cette intimité nouvelle, les larmes, comme une rosée bienfaisante, recommencèrent à couler et, cette fois, sans contrainte. Le baron parla à Sylvia de Maurice à qui elle ressemblait tant. La mère sollicita et reçut les confidences de la jeune fille. On nomma Jean. On s'étonna de sa conduite. Il fut blâmé et loué tour à tour par les mêmes bouches, qui déraisonnaient dans l'excès de la joie commune. Laissons à leurs effusions ces honnêtes parents et l'enfant qui leur était rendue...

Jean, dès que la population de Lourches fut un peu remise de son émoi, fit rechercher Hans Meister, en le désignant par tous les moyens capables de le faire reconnaître. Malgré les indications fournies par le jeune Parisien sur ce qui s'était passé dans la fosse Saint-Mathieu, un peu avant l'explosion du grisou, on ne put trouver aucune trace de l'Allemand. Jean se plaignit à qui de droit du vol et des violences du bois du Mont-Mal; il parla aussi des papiers, si précieux pour lui, dérobés au sauveteur d'Ingouville. Dans l'inventaire de ce que contenait la valise du palefrenier absent ou mort, figurait le carnet du Risler (Louis) fusillé à Fontenoy-sur-Moselle. Promesse fut faite à Jean de le mettre dans un délai voulu en possession de cet important document, ou de lui en délivrer copie.

Ainsi Jean avait enfin réussi dans la chose qu'il tenait le plus à cœur de réaliser! Encore quelques jours, et il pourrait prouver à tous que son père avait été indignement confondu avec un traître, un vil espion. Et maintenant l'orphelin ne serait plus réduit à cacher un nom déshonoré! Personne ne pourrait lui contester que le brave soldat de l'armée d'Italie, tombé le lendemain du coup de main de Fontenoy, ne fût son père! La vie s'ouvrait devant lui avec des aspects nouveaux; la lumière du soleil lui semblait plus intense, l'air qu'il respirait plus pur, son cœur battait plus vite et un sang plus chaud circulait dans tout son être. Comme il se glorifiait du résultat obtenu! C'était sa première œuvre, son premier combat; mais il se sentait plein de confiance dans l'avenir. Par le travail il forcerait la destinée.

Un point noir seulement dans tout ce ciel si bleu : la perte de la petite baladine de la troupe Risler — et neveu... Mais qu'était cette perte au prix de la tranquillité de sa conscience? qu'était-elle comparée à la certitude d'avoir fait son devoir, sans plus aucune honteuse restriction? d'avoir assuré le bonheur de la fille de la baronne? d'avoir rendu à la vie la baronne elle-même? Il marchait droit devant lui; il pouvait lever le front; il aurait l'estime des honnêtes gens, et par-dessus tout l'estime de Bordelais la Rose.

Huit jours après la catastrophe, Jean se sépara à Lille de son ami Werchave qu'il remercia du plus profond de son cœur. Il avait hâte de mettre Bordelais la Rose au courant des événements et de sa conduite. Il prit le chemin de fer de Lille à Paris et de Paris à Bordeaux. Mais il était dit que ce programme recevrait une importante modification.

Comme Jean passait par Tours vers sept heures et demie du soir, il descendit au buffet de la gare, et là, il fit la rencontre d'un de ses compagnons de la loge Risler : ce gars breton à qui le baron du Vergier s'était adressé à l'hôtellerie de Saintes.

Ce garçon lui apprit comment un beau monsieur et sa femme étaient venus s'emparer de mademoiselle Cydalise, à la barbe du patron et de la patronne.

— Et puis? demanda Jean avide de tout savoir.

— M. Jacob et sa femme... Ah dame! ah dame!... rien qu'en voyant père et mère ils avaient dévalé sans dire bonsoir; on ne les a plus vus, saperjeu!

— Et puis après?

— Et que nous sommes restés avec pas gros d'argent que nous venions de recevoir, mais sans notre butin, qui marchait sur Rochefort, n'ayant plus quant à moi que le pouillement que je porte..., et même qu'il nous a fallu payer le dernier souper... et l'écot de ce gros essoufflé-là et de sa femme... qui vaudrait cher au prix où était le lard à la foire passée.

— Et puis après? après?

— Et puis après, comme un chacun ne connaissait que sa route, conséquemment on s'est égaillés un peu partout. Moi, me v'là frais comme la rose et je vas à Paris.

— A Paris? Et pour faire quoi?

— Je n'en sais rien en tout.

— Pourquoi ne retournes-tu pas à Landerneau?

— Parce que le vieux m'arrocherait...

— Il ne faut pas aller à Paris, Méloir, il faut retourner dans ton pays; ton affaire est oubliée; ton beau-père ne te dira rien.

— Rien! Faudrait alors une gent de Paris comme vous, un avocat renâré pour retirer mon épille du jeu, et faire entendre à Vivette pourquoi que j'ai été obligé de flauper ligérament sur son autre amoureux, vu que c'est assez d'un promis, qui est moi.

Pour l'intelligence de ce dialogue, il faut savoir que Méloir s'était battu avec un rival; qu'il avait eu le malheur de le rosser plus qu'il n'est permis, et du coup, s'était fermé le cœur de Vivette, aux yeux verts glauques, sa promise; son beau-père, à lui, profitant de la circonstance pour l'éloigner de sa mère et le chasser de la maison, — absolument comme s'il prenait intérêt à son rival, ou mieux, qu'il agît par pur esprit de justice.

Jean réfléchit un moment à ce que venait de lui dire le Breton.

— C'est donc un homme méchant ton beau-père? demanda-t-il à Méloir.

— C'est pas un homme, c'est un tailleur. Un proverbe de chez nous, dit comme ça qu'il faut neuf tailleurs pour faire un homme.

— Et cette Vivette, elle est donc bien gentille qu'on s'assomme pour ses beaux yeux.

— Si elle est gentille! Oh! Seigneur Dieu du ciel! Je le crois ben. Une rousse qu'allumerait le soleil ponant. C'est la vérité vraie, je ne mens point.

Jean sourit.

— C'est que, dit-il enfin, j'ai affaire près de Bordeaux.

— Bon! allez à vos affaires, moi, je vas tirer du côté de Paris.

— Comme cela? à pied?

— A pied. On ne gagnait par gros d'argent blanc à la loge de votre oncle, vrai; et le vieux chat-huant de pivert n'avait donné qu'un acompte sur la seconde quinzaine de juillet. Faut de l'économie, allez, à un gars comme moi pour joindre les deux bouts. Et encore que ma meilleure paire de souliers a filé sur Rochefort dans les bagages : de bons souliers presque neufs... moi qui craignais de marcher d'avec! Personne ne vous a donc jamais rendu service, que vous ne voulez pas m'obliger de votre assistance?

— Si ce n'était pas si loin, Landerneau!...

— Avec le chemin de fer? Ça me coûte, allez, de dépenser mes derniers sous ; mais je le ferai bien pour vous, au lieu d'aller à pied... si vous payez votre place, comme de juste ; car vous ne voudriez pas être une charge pour un pauvre gars comme moi.

Méloir finit par décider Jean. Il faut dire que le Breton y mit une obstination sans égale : il ne voulut rien entendre. Cependant Jean perdait plus de la moitié du prix payé par lui pour le trajet de Paris à Bordeaux et, en se dirigeant vers la Bretagne, il s'éloignait encore et s'engageait dans de nouvelles dépenses. Néanmoins, il se laissa toucher : ce pauvre gars de Landerneau lui semblait si aventuré sur le chemin de Paris! Et puis Jean lui avait quelques obligations. Toujours, il l'avait trouvé empressé et respectueux pour Cydalise

« parce qu'elle possédait des yeux pareils à ceux de Vivette. » L'accompagner serait une bonne action, et Jean prenait goût à bien faire.

Pour tout dire, et ne pas montrer Jean meilleur qu'il n'était, l'idée de pénétrer au fond de cette mystérieuse Bretagne dont il n'avait guère vu que le littoral, ne fut pas sans influence sur sa décision. Jean avait pris l'habitude de promener sa curiosité errante. Cela pourrait peut-être lui nuire plus tard; en attendant, cette disposition d'humeur, acquise dans ses recherches, devait largement contribuer à augmenter l'instruction tout élémentaire reçue par lui dans les écoles de Paris. Il donna donc son consentement.

— Tope là! fit Méloir radieux en avançant la main, et païen qui s'en dédit; Et il ajouta aussitôt : Respect de vous, j'ai le gosier sec comme si j'aurais chanté au pupitre trois heures durant de vêprée : il y a une auberge à une huchée d'ici...

— Allons-y! répondit gaiement notre ami Jean.

Et c'est ainsi que Jean après avoir couché à Tours, en repartit le lendemain matin un peu après six heures, en compagnie de l'ex-gazier de la défunte loge Risler.

LE TOUR DE FRANCE D'UN PETIT PARISIEN

Ils ne perdirent point de vue la brochette de poulets (page 567).

II

Maine et Bretagne

On ne va pas comme on veut de Tours à Landerneau quand un Breton vous accompagne. Il y a deux voies pour s'y rendre, l'une par Angers

Nantes, Redon, Vannes, Lorient, Quimper et Châteaulin ; l'autre par le Mans, Laval, Rennes et Saint-Brieuc. De là, possibilité à discussion, et pour Méloir une occasion toute naturelle de faire montre de son entêtement. Le gars de Landerneau voulait prendre la voie la moins coûteuse : celle de Nantes et du littoral ; Jean qui connaissait un peu cette partie de la Basse-Bretagne, donnait la préférence à l'autre voie. La différence des prix n'était guère sensible ; quelque chose comme trois francs quarante-cinq centimes.

Et grâce à cette direction-là, Jean, en curieux qui tient à s'instruire, traverserait la Haute-Bretagne avant de pénétrer dans la région du littoral.

Malheureusement, Méloir n'était nullement prêt à céder.

— Dé sûr et de vrai, vous voulez me ruiner ! s'écriait-il avec force, comme s'il se fût agi d'un grave préjudice à lui occasionné. Vous qu'êtes de Paris, vous en avez de cet argent mignon à dépenser ! Ah dame ! Tout un quelqu'un ne peut point être riche, et chacun connaît midi à sa porte. Vous étiez le neveu de votre oncle, et vous avez la bride belle ; moi je n'étais que le gazier, le père aux chandelles.

Jean avait une furieuse envie de l'envoyer promener et de poursuivre son voyage vers Bordeaux ; mais il sentait le ridicule de reprendre sa promesse — l'odieux même qu'il y avait à le faire, après avoir bercé d'une si grande espérance le pauvre Méloir. Il donnait donc toutes sortes de bonnes raisons.

— Mais trois livres cinquante, moins un sou !... Ça me ferait trop deuil ! Le premier écolomisé est le premier gagné. Un camouflet fait vingt-huit chopines, voyez-vous !

— Enfin, ce n'est pas la mort d'un homme !

— Comme vous y allez ! Trois livres cinquante, moins un sou ! Misère de malheur !

— C'est que je voudrais voir le Mans et Rennes, en passant.

— Par alors, c'est y pour moi que vous venez à Landerneau ou pour vous amuser en route ? Faut pas mentir !

— C'est pour toi, Méloir... c'est surtout pour toi.

— Eh bien ! Je ne connais que ça : trois livres neuf sous de différence. Je me reprocherais toute ma vie, ces trois livres et neuf sous ; v'là comme nous sommes à Landerneau... des gars à trois poils ; on ne leur ferait pas accroire que les nues sont des piaux de viaux.

Jean exaspéré, eut enfin une illumination subite : il venait de trouver un moyen de couper court à toutes ces difficultés interminables.

— On peut s'entendre, dit-il ; je paierai le surplus de ta place.

— Vous y v'là en plein : c'est ben honnête, fit le Breton, mais sans montrer d'enthousiasme : il regrettait peut-être cet accommodement, et cherchait un arrangement plus avantageux encore.

Un autre débat surgit alors, qui avait une bien autre importance ! Jean, non seulement tenait à prendre par la Sarthe, la Mayenne, l'Ille-et-Vilaine et les Côtes-du-Nord ; mais encore il voulait s'arrêter quelques moments dans les principales villes échelonnées le long de la voie ferrée. Ce désir pouvait augmenter sensiblement la dépense. Il prit donc tout entière cette dépense à sa charge : Méloir avait rencontré, il faut l'avouer, dans le Parisien, un avocat zélé, qui, au rebours des autres avocats, dénouait sa bourse en faveur de son client.

Pour simplifier tout compte, le Breton s'empressa de remettre à son jeune protecteur le montant de ses frais de voyage, calculés comme il l'entendait ; cela fait, il ne se montra plus aussi pressé d'arriver, ne demandant pas mieux que de se laisser conduire — et héberger, aussi longtemps que Jean le voudrait : il avait besoin de s'accoutumer un peu à l'idée d'affronter la colère de son beau-père le tailleur de Landerneau, et les regards chargés de reproches de son aimable promise, la rousse Vivette.

— Il y a donc que vous êtes un cœur, dit Méloir tout à fait rassuré sur le chapitre de la dépense ; quel mignon voyage on fera nous deux, avec tout l'esprit qu'on a, moi et vous. Hohé là, houp !...

Les voilà donc enfin en route. De Tours au Mans, le trajet est de trois heures. Partis par le premier train, ils arrivaient au chef-lieu de la Sarthe vers neuf heures et demie du matin. Ils avaient passé en vue de plusieurs localités, dont la seule qui puisse être signalée à la curiosité des touristes est Château-du-Loir, petite ville de 3,000 et quelques centaines d'habitants, située sur un coteau, au confluent de l'Ive et du Loir.

Le tracé du chemin de fer est à égale distance de Saint-Calais à droite et de la Flèche à gauche, deux chefs-lieux d'arrondissement à soixante kilomètres l'un de l'autre ; et comme le Mans occupe un point central de la Sarthe, Jean avait pu se faire quelque idée de l'aspect général du département. C'est surtout un pays agricole, divisé en petites fermes appelées « closeries » ou « bordages », dont on devine que les tenanciers ne disposent pas de grands capitaux. Les plaines bien arrosées, et fertiles près des rivières, sont creusées de vallées profondes avec des étangs, et sillonnées de collines peu élevées, que se partagent les cultures de légumes et du maïs, les prairies de trèfle et de luzerne, les vignes et les anciennes forêts réduites aux proportions de bois; des landes incultes couvertes de sable, des bruyères trop vastes encore, tendent à diminuer en nombre et en étendue, grâce au progrès du travail dans les campagnes.

Le trèfle, cultivé de préférence dans la Sarthe, s'accommode très bien d'un climat tour à tour humide et sec; le chanvre rouit à point dans les eaux courantes; peu de vignes, mais des fruits à cidre et d'excellentes châtaignes. Comme industries agricoles, l'élève en grand des volailles et la production de chevaux dits percherons, parce que le Perche, seul endroit où ils viennent bien, tire du Maine et du Vendômois les jeunes poulains, qui grandissent et se développent dans ses prés.

Cette première impression avait besoin d'être corrigée; et elle le fut par quelques mots échangés entre les compagnons de voyage de Jean. Il en résultait pour lui des notions plus complètes. C'est ainsi qu'il apprit que toutes les eaux du pays descendaient à la Loire, soit par la Sarthe dont le cours serpente à l'ouest du département dans une région presque montagneuse, soit par le Loir qui, au sud, met en communication plusieurs villes et bourgades: la Chartre, où quelques habitations sont creusées dans la roche, Château-du-Loir, habité en grande partie par des sabotiers, des carriers et des tanneurs, le Lude où se dresse un lourd donjon flanqué de massives tours rondes à machicoulis, et la Flèche.

Il sut de même que l'arrondissement de Mamers, dans la partie septentrionale du département, présente de nombreux sites pittoresques dus aux contreforts du massif des Coëvrons, et aux forêts qui en couvrent les pentes; de vieux châteaux y surplombent les hauteurs escarpées... Dans ce même arrondissement, Bonnétable possède encore de beaux restes d'une ancienne forêt et Fresnay-le-Vicomte s'y montre assis sur les deux bords de la Sarthe, aux pieds d'une forteresse croulante.

Jean apprit encore que dans l'ouest, Sablé est une très jolie petite ville, un peu au-dessus de l'endroit où l'Erve et la Vaige se jettent dans la Sarthe. Elle a un beau pont de marbre noir tiré des carrières voisines. Non loin d'un magnifique château bâti par Mansart pour un frère de Colbert et qui s'élève à pic sur le cours de la Sarthe, on voit les ruines considérables d'une forteresse du moyen âge. A trois kilomètres de Sablé se trouve, sur une colline près de la Sarthe, la célèbre abbaye des bénédictins de Solesmes, dont l'église, monument historique du treizième siècle, contient de très belles sculptures, une magnifique Mise au sépulcre comprenant huit personnages en terre cuite, un très beau Calvaire, et quantité de statues : ces « saints de

Solesmes » et les autres œuvres d'art de l'ancienne basilique présentent un ensemble rare, et méritent la célébrité dont ils jouissent : on les a attribués tantôt à Germain Pilon, tantôt à des artistes italiens ou allemands.

Quand ils furent en vue du Mans, annoncé de loin par la cathédrale de Saint-Julien, élevée sur un plateau qui domine toutes les constructions modernes de la ville, Méloir murmura à l'oreille de Jean :

— Serait-ce pas que vous voudriez vous payer une poularde du Mans et m'en faire manger une aile ou deux, avec quelques bolées de cidre, qui vous aurait décidé à prendre le chemin le plus long? Un gentil gars de Paris qui a du quoi dans le gousset, c'est pas un gars comme moi qui l'empêcherai de faire à son idée.

Jean sourit.

— Est-ce que l'air du matin t'ouvre l'appétit, Méloir? Au fait, j'ai si souvent entendu parler de ces belles bêtes! Ce serait une occasion de faire connaissance...

Une voix grave s'éleva dans le compartiment — une voix presque solennelle. Elle partait d'un coin où s'était établi un personnage chauve, mais haut cravaté de soie noire, correctement rasé et de solide prestance : quelque chose comme un cousin germain de feu M. Prudhomme, d'hilarante mémoire.

— Qui parle de poulardes du Mans? disait la voix. Apprenez, mes amis, que les poulardes du Mans sont engraissées à la Flèche, de même que les jambons de Bayonne viennent de Mont-de-Marsan, et de même que Cette voit fabriquer le vin exquis que nous dégustons sous le nom de vin de Madère. Les poulardes que nous honorons présentement de notre attention, sont élevées dans une quinzaine de communes de l'arrondissement de la Flèche. Et, sans être membre de la société protectrice des animaux, il est permis de faire remarquer que les dites poulardes, déclarées succulentes après leur mort, lorsqu'elles se présentent à nous sur un lit de cresson, sont soumises durant six semaines à un traitement, j'ose le dire, des plus cruels, dont la claustration absolue, s'il est permis de s'exprimer ainsi à l'égard d'humbles volatiles, n'est pas la moindre rigueur. On les engraisse avec une pâte formée de farines d'orge et de sarrasin délayées dans du lait. Procédé barbare et qui mérite d'être flétri! Mais allez faire entendre cela à un disciple de Brillat-Savarin qui a payé trente francs la poularde dont il vous régale!

— Qué qui dit donc ce vieux-là? c'est comme un loriot qui dégoise des psaumes, marmotta Méloir, et qué qu'ça nous fait à nous!

— Quoi qu'il en soit, mes jeunes amis, reprit le personnage grave, la

Flèche est frustrée par le Mans d'une gloire qui lui appartient et qui n'est pas peu de chose : poulardes, chapons et oies sont expédiés par centaines de mille sur les marchés de Paris. Vous me direz que la Flèche, dans son riant vallon qu'agrémente le Loir, peut revendiquer à bon titre son Prytanée, école militaire ouverte à un certain nombre de fils d'officiers morts sur le champ de bataille ou ayant bien mérité de la patrie par leurs services. Ils sont là cinq cents environ qui reçoivent une éducation soignée. Ah! c'est un bel établissement et qui se compose de cinq corps de bâtiments entourés d'un parc magnifique. — Tout cela à propos de poulardes... mon discours s'est anobli...

Jean pour remercier l'obligeant voyageur mit la casquette à la main et salua. Méloir était en train de s'endormir lourdement ; Jean le secoua, et le Breton croyant se réveiller à la fin d'un sermon de son curé, fit avec vivacité le signe de la croix. Mais il reconnut aussitôt sa méprise :

— Je ne suis brin fautif. Mais c'est égal, dit-il pour ramener Jean à des idées gastronomiques, Flèche ou Mans nous sommes tout de même dans le pays des poulardes grasses : et je me suis laissé dire par un Dolois, né natif de Dol, qu'en avait goûté un petit, que c'était au Mans pour les poules et les coqs, comme pour les oies à Bécherel et les piquots à Dinan.

— Eh bien! nous en mangerons une! finit par dire Jean.

— Le cœur m'en cause, ma foi dame, oui! conclut Méloir en manière d'acquiescement.

La ville moderne du Mans est descendue peu à peu de la crête d'un étroit monticule où les Gallo-Romains avaient établi leur cité, aux murs d'enceinte de briques rouges et de grès ; elle s'est éloignée du sommet de la colline pour se déverser sur ses pentes et s'étendre même dans la plaine. Une ville commerçante a remplacé le refuge fortifié. Le Mans a pris possession des rives au milieu desquelles serpentent les eaux fraîches et lentes de la Sarthe. Il a même bâti dans le lit de la rivière de nombreux moulins, dont quelques-uns disloqués par les années, rongés et moisis par l'eau, encadrés par une puissante verdure, ont un aspect fort pittoresque.

Suivant le cours de la Sarthe, le Mans s'est avancé au sud presque jusqu'au vieux pont de Pontlieu sur l'Huisne, qui vient se jeter dans la Sarthe, en amont de la ville. Quelques arches rompues de ce pont perpétuent le triste souvenir de nos guerres civiles. C'est à cette limite du Mans du côté du sud-ouest, que le 10 décembre 1793, se présenta l'armée vendéenne, conduite par la Rochejaquelein. L'artillerie républicaine défendit le passage du pont, sans toutefois pouvoir arrêter des forces très supérieures. Les Vendéens s'avancèrent en vainqueurs vers la ville ; mais quelques jours après Marceau et Westermann arrivèrent, et une terrible bataille s'engagea. Les rues mêmes du Mans furent ensanglantées. Les restes de l'armée vendéenne rejetés vers l'ouest demeurèrent réduits à l'inaction. — Une autre bataille, désastreuse pour nos armes, fut perdue devant le Mans, le 11 janvier 1871 par le général Chanzy, qui avait fait de cette ville le centre de ses opérations.

Mais où sont passés Jean et Méloir ? Sans être doué d'une profonde perspicacité, on devine bien qu'ils se trouvent attablés dans la plus proche auberge de la gare. En effet, ils ne perdent point de vue la brochette de poulets qui tourne devant un feu clair, au fond de la salle basse, et ils ont jeté leur dévolu sur le plus gros, tout en se partageant une énorme omelette au lard. Un pot de cidre les sépare, ou pour mieux dire leur sert de trait d'union ; car un verre ne s'emplit ni ne se vide sans l'autre ; et l'on touche chaque fois avec des politesses, et en faisant des souhaits pour que le trop entreprenant Flohic, l'amoureux battu et peut-être non corrigé, soit guéri de ses blessures, pour que le père Yvon Troadec renonce à intervenir avec si peu d'impartialité, et que Vivette n'hésite pas une minute de plus à se déclarer pour le fidèle Méloir, vainqueur mais repentant.

Une salade suivit de près le poulet rôti et Méloir trouva que décidément son compagnon avait bien de l'esprit — et de la bonté.

Le régime de l'auberge n'était pas pour lui déplaire. Il y pensait, et fut amené à traduire ainsi tout haut une de ses réflexions :

— Voilà ce que c'est, je ne mens point... Si c'était que vous voudriez aller tout seul à Landerneau ? J'attendrais ici à l'auberge, pour savoir si ça chauffe toujours là-bas, et si Vivette m'en veut encore d'avoir cabossé ce quart d'homme de Flohic...

— Aller seul à Landerneau ! Ah ! pour ça non, par exemple, s'écria Jean en devenant tout rouge. Non, non... Nous allons remonter en wagon, et tous les deux : nous ferons notre digestion en route.

Jean dut mettre le Breton en mouvement. Ce ne fut pas sans peine. Somme toute, déjeuner au Mans, souper à Laval convenait assez à l'ex-gazier, ou pour mieux dire, au moucheur de chandelles de l'ancienne loge Risler.

Les deux jeunes gens avaient devant eux jusqu'à quatre heures et demie de l'après-midi. Ce temps, le petit Parisien l'employa à visiter ce qu'il y avait d'intéressant à voir au Mans : la cathédrale, qui présente des spécimens de tous les styles qui se sont succédé durant plusieurs siècles, du moyen âge à la Renaissance; Notre-Dame-de-la-Couture, Notre-Dame-du-Pré (ces trois églises sont classées parmi nos monuments historiques), la préfecture, qui occupe l'ancienne abbaye de la Couture, ainsi que la bibliothèque et le Musée, l'hôtel du Grabatoir, ancienne et belle construction, plusieurs maisons particulières, entre autres celle de Scarron, sur la place Saint-Michel, les trois ponts de pierre, le pont suspendu, la belle promenade des Jacobins, avec ses allées en amphithéâtre reliées entre elles par des escaliers, et celle du Greffier, sur la rive gauche de la Sarthe, dotée d'une riante perspective; enfin un peulven druidique de plus de quatre mètres de hauteur, curieusement conservé tout contre un des murs de la cathédrale, comme un fruste jalon marquant le cheminement des religions à travers les âges.

Il faisait très chaud en ces premiers jours d'août, et Jean, qui maintenant commençait à savoir un peu mieux l'histoire de notre pays, se rappela que ce fût par une température semblable que Charles VI, traversant en armes la grande forêt du Mans sous un soleil ardent, dans une partie sablonneuse, eut un transport au cerveau qui fut le début de trente années de démence, et l'origine de tant de malheurs pour la France!

Incommodé par la poussière et la chaleur, il cheminait à cheval à travers la forêt lorsque tout à coup sortit de derrière un arbre, un homme de grande taille, aux regards égarés, la tête et les jambes nues, à peine couvert d'une mauvaise souquenille. Il barra le chemin au roi, en lui criant de rebrousser chemin, parce qu'il était trahi. Les hommes d'armes de la suite du roi réussirent à écarter cet insensé, mais Charles VI avait été effrayé par cette apparition. Un moment après, il entrait en fureur, et, tirant son épée, ne connaissant plus personne, il frappa et blessa plusieurs seigneurs. Il fallut s'emparer de lui, le lier et le coucher dans une voiture à bœufs...

Et où allait ainsi le roi de France? Il allait guerroyer contre le duc de Bretagne et marchait vers Sablé, dont le seigneur, Pierre de Craon, après avoir assailli et presque assassiné le connétable de Clisson, — l'un des capitaines de Charles VI — avait trouvé refuge et protection auprès du puissant duc.

Le moment vint enfin pour Jean et son compagnon de monter en wagon. En sortant du Mans, la voie franchit la Sarthe et le canal qui lui est latéral, et comme on laissait à droite la ligne de Caen par Alençon et Mézidon, Jean pensa aux du Vergier, qu'il se représenta dans leur hôtel de la rue Saint-Jean; à Sylvia surtout, que peut-être il ne verrait jamais plus; et il éprouva un serrement de cœur.

Jean se trouva face à face avec un petit bossu de bonne mine (page 571).

Quelques minutes après, un peu plus loin que Sillé-le-Guillaume, son donjon et ses trois tours, débris d'un château du moyen âge, ils entrèrent dans le département de la Mayenne, passant du même coup du haut Maine dans le bas Maine. Une heure et demie plus tard, ils sortaient de la gare de Laval et prenaient l'omnibus qui conduit à cette ville.

Laval est dans une riche vallée, au bas et sur le penchant d'un coteau baigné par la Mayenne. C'est une ville datant du huitième siècle, formée d'abord par la réunion d'une centaine de maisons autour d'un vieux château se dressant en pleine forêt sur une colline, et destiné à arrêter les incursions des Bretons. Ce château, détruit par les Danois et les Normands, fut réédifié au siècle suivant, et ce qu'il en reste de noires murailles — un donjon très haut, large et couronné de créneaux et de machicoulis — sert de prison.

Aujourd'hui la population de Laval est de 30,000 habitants. Cette ville occupe un espace considérable sur les deux rives de la Mayenne, réunies par deux ponts de pierre. Sur l'escarpement de l'un des deux coteaux qui bordent la rive droite, de vieilles maisons couvertes d'ardoises se sont groupées dans un désordre très pittoresque, auquel ajoutent leurs pignons aigus; les unes sont en saillie, les autres en retrait; des terrasses, des bouquets d'arbres, des jardins mettent un peu d'air et de verdure dans ces masses confuses. Certaines rues étroites, d'un accès difficile à cause de la raideur de leurs pentes, se prolongent sous les voûtes que font les maisons en se rapprochant.

Il y en a de ces maisons, qui ont de six à sept cents ans. Bâties en bois, chacun de leur étage surplombe de beaucoup sur l'étage inférieur; la tradition veut qu'elles aient été construites avec des chênes abattus sur leur emplacement même. D'anciens clochers se dressent au-dessus des maisons. La ville moderne abandonne la colline où s'échelonnaient les rues de l'ancienne cité. Un nouveau quartier s'est élevé dans la plaine au delà de la Mayenne. De vastes jardins, des places et des promenades plantées d'arbres donnent à cette partie de la ville un aspect riant. A l'entrée d'une avenue d'arbres, on voit la statue en bronze d'Ambroise Paré, œuvre de David d'Angers. Le célèbre et grand chirurgien du seizième siècle est né tout près de Laval, à Bourg-Hersent.

Dans les quartiers les plus humbles se logent les ouvriers attachés à l'industrie locale : celle des coutils de « nouveauté »; plus de dix mille ouvriers tant en ville qu'aux environs vivent de ce travail de tissage. Cette industrie se trahit tout d'abord aux yeux du voyageur par de grandes quantités de toiles étendues dans les prairies et de nombreuses blanchisseries éparpillées un peu partout. Cela explique que le lin et le chanvre soient les cultures préférées du département, ces deux plantes textiles étant utilisées en quelque sorte sur place.

Tandis que Jean cherchait à s'orienter et s'appliquait à faire *ses frais* de déplacement en regardant tout, Méloir, occupé d'une seule idée, se mettait en quête d'un endroit où l'on put trouver dans les prix modérés, le vivre et le couvert. Il ne fut pas longtemps sans découvrir une vieille auberge d'apparence enfumée, bâtie en pans de bois croisés, avec de massifs balcons de fer à toutes les fenêtres.

— Louchez droit, dit-il à Jean. V'là notre affaire. Vous saurez que Laval a une réputation pour la poitrine de mouton grillée mangée à la sauce poivrade. Paris n'y arrive pas. Vous en licherez votre keuté.

— Mon couteau?

— Oui, bien.

— C'est bon! Nous viendrons souper et coucher ici, répondit Jean ; mais quand il fera nuit.

Méloir marcha en rechignant derrière son ami Jean, qui voulait jeter tout de suite un coup d'œil sur les églises, — et il y en a de remarquables — afin de partir dès la première heure, le lendemain, pour Rennes.

Ils suivirent l'interminable artère qui traverse tout le centre de Laval; c'est la route de Paris à Brest, qui prend successivemement les noms de rue de la Paix et de rue de Joinville, et traverse sur chaque rive de la Mayenne les plus beaux quartiers, en franchissant la rivière sur un pont en pierres de taille construit au commencement de ce siècle.

Du milieu de ce pont, Jean vit se développer tout entière la ville, que la Mayenne divise en deux parties inégales; à droite la vieille cité féodale, à gauche, dans la vallée, la nouvelle ville. Sur les deux rives, de beaux quais de granit bordés de constructions modernes vont se relier en aval au vieux pont gothique. Des bateaux chargés de marchandises descendent jusqu'à Angers. La flèche élégante de l'église d'Avenières se détache vers le sud, tandis que du côté opposé se profile sur le bleu du ciel et les coteaux boisés de la vallée supérieure, le viaduc du chemin de fer.

Enfin Jean dut céder aux exigences du Breton, tourmenté par un féroce appétit et la perspective de la fameuse poitrine de mouton grillée; et l'on prenait le chemin de l'auberge, lorsqu'il se trouva face à face avec un petit bossu, de fort bonne mine, très soigné de sa personne, dans lequel il reconnut ce savant tourangeau dont le baronnet n'avait pas suffisamment apprécié les connaissances en archéologie, lors de leur rencontre à l'hôtel du Faisan, à Tours.

Jean salua avec empressement.

— Votre figure ne m'est pas inconnue, lui dit le bossu en lui rendant son salut, mais, mon jeune ami, je ne sais plus du tout où je vous ai vu?

Jean rappela à M. Camuset quelques circonstances du passage à Tours de sir William Tavistock.

— J'y suis ! s'écria le membre de la Société archéologique ; c'est cela ! Vous étiez avec cet Anglais... Qu'est-il devenu ? J'espère que ni lui ni milady n'ont abusé des pruneaux...

Jean avait bien des choses à raconter sans oublier le naufrage du *Richard Wallace*; il s'en acquitta avec un entrain qui plût à son auditeur. M. Camuset souriait au récit des faits et gestes du baronnet, et ne cacha pas à Jean qu'il ne pouvait lui pardonner une telle indifférence en matière d'archéologie. Des pruneaux de Tours !

— Tenez, mon jeune ami, ajouta-t-il, nous sommes lui et moi placés aux antipodes : je viens de faire exprès le voyage de Tours à Jublains... Vous ne savez pas où c'est Jublains ? C'est un village du département, près d'ici, à treize kilomètres d'Evron... Exprès, dis-je pour visiter attentivement, je pourrais dire religieusement, l'enceinte de ce qui fut une cité gallo-romaine, et qui contient des salles de bains, des étuves, et bien d'autres choses ; et pour voir aussi les restes d'un aqueduc, d'une forteresse, et des antiquités romaines de toute sorte. Cette forteresse, *castellum* romain, forme un carré long portant neuf tours rondes sur la muraille extérieure et enfermant un réduit défendu aux angles par quatre tours carrées. C'est un monument unique en France. Je suis venu à Laval pour étudier au musée la mosaïque provenant de Jublains.

» Et ce n'est pas tout : de Laval, j'ai l'intention de pénétrer en Bretagne et d'aller à Vitré, uniquement pour voir si une tourelle ronde du vieux château, construite au temps de la Renaissance, est d'une ornementation aussi admirable que l'affirme un de mes collègues de la Société archéologique trop enclin à l'exagération. Pruneaux de Tours !... Et comme je serai à six kilomètres des Rochers, pas plus, j'irai me promener jusqu'au château que madame de Sévigné a habité au milieu de ce site sauvage... Des pruneaux ! Fi donc ! Le ventre, quand ce n'est pas l'estomac, ces Anglais !

Jean apprit au savant tourangeau comment il se trouvait à Laval, et lui dit ce qu'il allait faire à Landerneau.

M. Camuset aperçut alors derrière Jean, le gars à l'air rébarbatif qui avait nom Méloir. Il sourit, et dit à demi-voix :

— Il y aura du bruit dans Landerneau...

Le lendemain, Jean et son compagnon roulaient vers la Bretagne. Et maintenant Méloir demeuré en bonne humeur depuis le festin épicé de la veille, était tout entier à l'idée de voir sur son chemin Vitré, d'où était sa mère, ainsi qu'il l'apprit à Jean en ces termes :

— Ma mère, c'est une Vitriasse de Vitré, une demoiselle de la rue Poterie, où qu'y a des vieilles maisons de bois à auvents, avec un saint sculpté à chaque huis. Son père, qui était mon grand-père, faisait des sayons de peau de bique; ce qui est un peu plus cossu que d'être tailleur, sauf respect, comme mon beau-père, — qui n'est pas bon tous les jours, vrai comme un camouflet vaut vingt-huit chopines.

A Saint-Pierre-la-Cour, le train sortit du département de la Mayenne pour entrer dans celui d'Ille-et-Vilaine : c'était la Bretagne...

Les paysans et les artisans qui montaient ou descendaient aux stations avaient le type breton nettement accentué, et portaient les divers costumes de la région ou ceux des Côtes-du-Nord et du Finistère, costumes toujours reconnaissables à quelque particularité, — surtout dans la coiffure des femmes. C'était une révélation pour Jean, qui ne connaissait guère de la vieille province que Nantes et ses environs. Il avait la surprise de voir une veuve de Pont-l'Abbé portant le deuil en jaune. Une jeune femme du Léonais habillée de blanc et de noir avec l'ampleur d'un vêtement monacal, prenait place à côté d'une femme âgée, sa mère, autre veuve, en bleu celle-là. Pour les hommes, la blouse bleue de travail cachait parfois la veste de drap. Généralement, ceux qui étaient venus de loin pour affaires et retournaient chez eux, avaient revêtu le costume du dimanche, propre et sévère, en drap noir.

Les paysans de Pont-Aven et de Douarnenez arboraient le large chapeau de feutre, la veste tout ouverte et laissant voir les rangées de boutons du gilet, la culotte courte, les guêtres, la ceinture de laine. De belles filles des environs de Quimper avaient de faux airs de Bernoises, avec leur courte jupe rouge, le corset entr'ouvert et le bavolet blanc; les hommes qui les accompagnaient portaient les larges braies tombantes.

Avec les montagnards de l'Arrée et des Montagnes-Noires reparaissaient les culottes serrées et courtes. Des femmes de la région des marais salants se coiffaient de bonnets de linge à longues barbes, relevées sur le sommet de la tête ou pendantes, et formant un très doux encadrement au visage. Un Léonard, grand, avec sa mine sévère, l'abondante chevelure des anciens Kymris tombant sur les épaules, enveloppé de vêtement noirs amples et flottants; le chapeau à larges bords, sombre costume tant soit peu égayé seulement par une ceinture rouge ou bleue, s'asseyait gravement en face son de voisin du Trégorrois, brun, celui-là, vif, emporté, joyeux. Et il y avait de curieuses choses à noter : ainsi un veuf du bourg de Batz plaçait avec affectation son chapeau sur la tête d'une certaine façon indiquant, selon Méloir, une intention franchement avouée de se remarier...

Bientôt, on se trouva en gare de Vitré. La vieille cité féodale qui a été ainsi que Fougères, une sentinelle vigilante placée à l'entrée de la province de Bretagne, étage dans une confusion pittoresque, sur la colline qu'on a devant soi, ses remparts, ses tours, des créneaux desquelles s'échappent en touffes les mauves sauvages, les gueules de loups et les ravenelles ; ses clochers et l'aiguille dentelée de sa principale église, les maisons de ses vieux quartiers et les masures bizarres aux toitures noires, aux étroites fenêtres où chaque rayon de soleil allume les vitres verdâtres enchâssées dans le plomb; tout cela, dominé par la masse encore imposante d'un château fort, sombre prison dont l'entrée est flanquée de deux tours massives. Vitré est l'une des anciennes villes de France qui ont le mieux conservé leur physionomie du moyen âge — une relique des siècles écoulés.

Toutefois un travail de transformation s'opère visiblement ; les longues courtines de la ligne méridionale des remparts ont plus d'une fois cédé la place à des constructions parasites ; les fossés, autrefois très larges et très profonds sont comblés en plus d'un endroit. La ville est ouverte sur ses deux flancs à l'est et à l'ouest. Au nord, le rempart s'appuie sur l'escarpement de la colline taillée à pic dans le schiste noir. Une poterne et un escalier très raide mettent cette partie de la ville en communication avec une étroite promenade qui a vue sur la vallée de la Vilaine.

On devine sans peine l'intérieur de Vitré : quelques rues longitudinales reliant entre elles quantité de ruelles, où se pressent tumultueusement des maisonnettes qui ont des porches vermoulus. On soupçonne aussi que cette ville de près de 9,000 habitants ne jouit pas d'immenses ressources... Elle a néanmoins rang de chef-lieu d'arrondissement. Vitré qui avait embrassé la Réforme soutint victorieusement en 1589 un siège de quarante jours contre le duc de Mercœur ; les États de Bretagne s'y réunirent plusieurs fois : c'est la ville du passé.

Méloir épanoui, le corps penché hors de la portière, réclamant l'attention de Jean, tendit sa main dans la direction de la rue Poterie, où fut établie jadis la famille de sa mère. Mais il dut se ranger pour laisser monter plusieurs jeunes Bretons qui prirent place dans le compartiment : des gars éveillés qui s'en retournaient à Lamballe. Joyeusement, ils se donnèrent du coude quelques renfoncements dans les côtes, tandis que le train se remettait en marche.

— Si tu étais roué (roi), dit l'un d'eux, qué que tu désireras?

— Des feuves o du lard fumé, qui seraient grosses comme les peuces des pieds.

— Et ta? demanda encore le premier à un autre gars.

— J'aras de la saucisse longue comme de Lamballe à Saint-Brieuc.

— Et ta?

— Je voudrais, dit un troisième, que la mer serait toute en graisse et ma dans le mitan à l'écumer do une écuelle de bois. Mais ta, gars, qué que tu feras?

— Qué que tu voudras que je feras? répondit celui qui avait posé la question. V's avez pris tout ce qu'i n'y a de bon.

La conversation ainsi entamée était bien faite pour plaire au protégé de Jean, qui s'y mêla avec bonheur.

Et c'est ainsi, en devisant, que l'on arriva à Rennes.

III

Sur le chemin de Landerneau

La Vilaine élargit son cours à mesure qu'elle s'avance vers Rennes parallèlement à la voie ferrée. Bientôt, elle se trouve dans une région riante pleine de fraîcheur et d'ombrage. Avant d'être rejointe par l'Ille un peu au delà de Rennes, elle coule au sud de la forêt voisine de cette ville, où les chênes entremêlés de hêtres touffus forment de magnifiques dômes de verdure. La rivière est bordée de belles et vastes prairies, et les hauteurs du deuxième plan se chargent de charmantes maisons de plaisance enveloppées dans le feuillage.

Après avoir traversé Rennes, la Vilaine tourne brusquement vers le sud, et, en aval de l'importante ville, la campagne ne fait qu'embellir : c'est le petit manoir de la Prévalaye, dont la ferme donne son nom à tous les beurres des environs ; c'est le château de Blossac, c'est Pont-Réan et Bourg-des-Comptes ; partout se rangent en s'harmonisant les vallées vertes et les collines boisées ; les perspectives se développent de plus en plus pittoresques du côté de Redon — à l'extrémité du département.

Rennes se trouve donc au point central de ce site séduisant, entre la forêt et la Vilaine grossie de l'Ille. C'est une ville aristocratique de 61,000 habitants, dont les rues larges, les places spacieuses rappellent le tracé de Versailles, et aussi son peu d'animation, et semblent avoir proscrit l'industrie et le commerce, la vie et le mouvement.

Les maisons bâties en granit sont d'un extérieur sévère et froid. Rennes appartient à la magistrature et à l'enseignement. Siège de toutes les administrations départementales, d'un archevêché, d'une cour d'appel, elle possède

Des calvaires se dressaient sur les pentes (page 584).

en outre, une Faculté de droit, des sciences et des lettres, un lycée et de nombreuses écoles primaires, une école d'artillerie, une école préparatoire de médecine et de pharmacie, une école normale d'instituteurs, une école d'agronomie, une école de peinture, de sculpture et de dessin; plusieurs sociétés savantes y indiquent assez la prédominance des fortes études; sa bibliothèque est riche de 45,000 volumes, son musée est un des plus considérables parmi les musées de nos provinces : elle a aussi un jardin botanique, un beau cabinet d'histoire naturelle, des collections d'archéologie et de numismatique, et d'autres encore qu'il serait trop long d'énumérer.

La ville, partagée inégalement par la Vilaine, offre plus d'un aspect. La partie haute, sur le penchant et la croupe du coteau qui domine la rive droite de la Vilaine, a été en grande partie rebâtie à la suite du grand incendie de 1720, qui dura sept jours et consuma plus de huit cents maisons. Autour du vide que firent les flammes, les places encore existantes des Lices, de Sainte-Anne, les alentours de la cathédrale, les rues Saint-Malo, d'Antrain et quelques autres rues peuvent donner une idée de ce qu'était l'ancienne ville haute, avec ses maisons peu élevées datant du moyen âge, se joignant, s'accotant par des voûtes, avec des galeries de bois, des tourelles; offrant toutes les bizarreries de la pierre taillée dans ses fenêtres, ses balcons, ses portes. L'ancien beffroi a disparu ainsi que tout ce que la vieille ville présentait de plus antique et de plus original.

Rennes se présente avantageusement comme chef-lieu d'Ille-et-Vilaine, mais n'a presque plus rien de ce qui montrait en elle la capitale de la Bretagne, encore moins, si l'on voulait remonter plus haut, — à la conquête romaine — de ce qui pourrait rappeler la principale cité des Redones, l'un des peuples de l'Armorique.

Le temps est loin où les ducs de Bretagne faisaient leur entrée solennelle par la porte Mordelaise; porte demeurée comme un curieux spécimen de l'art des fortifications au moyen âge. Une inscription latine en l'honneur de l'empereur Gordien III, « très heureux, très pieux et très auguste » s'y lit sur une pierre employée au hasard de la construction dans l'un des jambages de la porte.

Si l'hôtel de ville date du grand incendie, il n'en est pas de même du palais de justice qui s'élève sur l'une des principales places. C'est un vaste édifice un peu lourd, mais imposant, œuvre de Jacques Debrosse, destiné au Parlement de la province. Henri II institua ce Parlement à Rennes, bien que sa possession fût ardemment convoitée par Nantes.

La ville, traversée de l'est à l'ouest par la Vilaine, est contournée à l'occident par le canal d'Ille et Rance qui réunit la Manche et l'Océan en coupant toute la presqu'île de Bretagne. Onze grandes routes convergent à Rennes et quatre chemins de fer aboutissent à sa gare. On peut espérer qu'un moment viendra où toutes ces voies de communication seront largement utilisées et serviront à l'accroissement du bien-être de toute une région restée trop en dehors du mouvement industriel et commercial de la France.

A dix heures et demie du matin, par une magnifique journée, on eût pu voir sortant de la gare, située sur la rive gauche de la Vilaine, un jeune garçon à l'air éveillé ayant quelque peine à suivre un paysan maigre et noir comme un loup qui portait la totalité des communs bagages — peu de chose. C'étaient Jean et Méloir ; ce dernier dans un de ses accès de mauvaise humeur.

— Voyez-vous, disait-il, en tricotant un petit du jarret, on serait allé à un bon endroit que je sais, où qu'on y cuit des tripes jusque pour Vitré, et le cidre y est cœuru ; c'est pas loin de la gare — et dans une demi-heure ou tout au moins une petite heure nous reprenions le chemin de fer pour arriver avant la nuit à Landerneau...

— Avant la nuit ! répliquait Jean, chaque fois que Méloir recommençait ses doléances ; je ne tiens pas à arriver à la nuit dans un endroit où je ne connais personne. Ce n'est pas ton beau-père qui nous hébergerait ?

— Pour quant à ça, non ! Ça pourrait venir, mais pas tout d'un coup. Faut pas mentir, c'est un méchant loup, le tailleur.

— Pour te faire rentrer en grâce auprès de lui, il faut que je lui fasse une première visite... sans toi, afin de plaider ta cause, d'annoncer ton retour si je réussis. Est-ce grand Landerneau ?

— Oh ! que oui bien que je le voudrais ! V'la qu'est mignon, et c'est de la bonté de la part de vous ! Et pour ce qui est de Landerneau, fit Méloir en se rengorgeant, il y a plus de huit mille bons chrétiens, sans compter les païens dans le nombre, — avec deux belles églises, Saint-Houardon et Saint-Thomas, dont vous avez sûr et certain entendu parler à Paris, et puis un ancien pont tout bâti de maisons, avec le moulin des Rohan dessus, sans parler de la forêt, où c'est que le chemin de fer traverse à l'autre bout de la ville... Je n'ai point jamais vu de pays où l'herbe soit si verte, ni des landes si fleuries... Et des clochers donc ! il n'y en a nulle part de si hauts.

— La gare est-elle dans la ville ?

— Non, mais si c'est que vous voudrez, nous prendrons l'omnibus, et la maison d'Yvon Troadec, — la gale ! — qui est mon beau-père pour mon malheur, puisqu'ils se sont entremariés avec ma mère qu'était veuvière de défunt mon père Pierre Guirec de son nom nommé — sa maison est sur une petite place au tournant d'une ruelle, cinq minutes en avant de la ville. Les père et mère de ma promise sont établis en face du communal où que Vievtte jouait avec moi et les autres gars et Flohic tout de même, quand nous étions petits : c'était pas la graisse qui l'empêchait de couri c't oiseau-là ! C'est un beau brin de fille ma Vivette, vous verrez ! Et c'est que le bonhomme Jacut Denoual a le sac ; sans compter que la mère Linaïk passe pour en avoir caché plus d'un de ses écus mignons au fond d'un vieux bas... Ah! dame l'argent est l'argent, et c'est blanc, n'y a point à dire non... Ah! mais non fait! appuya l'amoureux de Vivette avec énergie.

— Enfin, nous n'entrons pas dans la ville? C'est ce que je voulais savoir, dit Jean. Il ne faut pas, ajouta-t-il en riant, que notre arrivée fasse trop de bruit dans Landerneau, et je veux voir ton beau-père et ta mère avant qu'ils aient appris que tu es tout auprès d'eux.

— C'est bon ! Je vous attendrai au cabaret, chez la mère Mélaine; en mangeant un morceau sur le pouce, et en buvant un coup à la santé de ma bonne femme de mère, car manger sans boire, c'est faire un repas de mouton. Quant au vieux faudra être mignon d'avec lui ; — un tailleur et un Parisien ça fait deux; s'i s'doutait tant seulement de la part de qui que vous venez venant, y vous mettrait pus bas que vos semelles. Faut pas mentir, mais ce vieux houro-là (1), jure pus salé qu'un trancheur de morue quand il est chaudeboiré.

— C'est bon ! dit à son tour Jean en interrompant son loquace compagnon. Nous partirons demain matin de bonne heure et nous serons dans ton pays au cœur de la journée. Voilà qui est arrêté. Et maintenant Méloir, ralentis un peu ton pas, mon garçon, et conduis-moi où tu voulais me faire manger, tantôt, je ne sais plus quoi...

— Une écuellée de tripes? C'est tout contre le Champ de Mars, à deux enjambées. Vère ! pare à faire attention tous les deux : un camouflet fait vingt-huit chopines.

Et Méloir radieux fit exécuter un prodigieux moulinet à la petite valise de Jean, et se mit à chanter entre ses dents la complainte de la chèvre de Trémaudan.

> La chieuve dont je vous parle
> Avait de biaux parents ;
> Oll'tait cousine germaine
> Au vieux bouc de Trémaudan

Sur ce, ils allèrent déjeuner; après quoi, passant les ponts, comme on dit à Paris, Jean fut conduit par le Breton, qui connaissait la ville, sur les

(1) Bélier.

quais Saint-Yves, d'Orléans et Chateaubriand, puis au Thabor, belle promenade bien plantée, séparée du jardin botanique par une grille.

Dans un vaste carré, Jean vit là une statue de Du Guesclin : Rennes devait bien cet hommage à « monsieur Bertrand, le bon connétable aux poings carrés », qui la délivra des Anglais du comte de Lancastre qui l'assiégeaient (1357). — Du sommet de la butte, la vue s'étend à plusieurs lieues de distance sur l'agreste vallée où la Vilaine promène ses eaux paresseuses.

La ville de Rennes, telle que nous venons de la décrire, Jean la vit dans tous ses détails. Il eut largement le temps de tout visiter : la cathédrale Saint-Pierre, Notre-Dame, l'archevêché, Saint-Sauveur, le palais de justice, où il remarqua de chaque côté du perron les statues des jurisconsultes d'Argentré, né à Vitré et Toullier (né à Dol), celles du procureur général la Chalotais, et de l'avocat Gerbier, gloires du barreau de Rennes, leur ville natale.

Cette apparition d'illustres Bretons mit Jean en goût d'érudition. Il acheta une petite notice du département, qu'il se mit à feuilleter tout en cheminant, et une heure après, il savait que l'Ille-et-Vilaine pouvait revendiquer avec orgueil des grands écrivains tels que Chateaubriand et Lamennais; des philosophes et des savants tels que Maupertuis, la Mettrie, le docteur Broussais, Amaury-Duval; des navigateurs, des marins comme Jacques Cartier, Duguay-Trouin, le vice amiral La Motte-Picquet, le comte de Guichen, Surcouf le Malouin; des hommes d'État, des administrateurs, tels que le comte Lanjuinais, Mahé de la Bourdonnais qui fut gouverneur des Indes; et encore l'auteur dramatique Duval, le romancier Paul Féval, le peintre et critique d'art Henri Delaborde... Bel apport à la patrie commune ! Et le département d'Ille-et-Vilaine n'est pas toute la Bretagne...

Alors, tout d'un coup, Jean fut pris d'une envie folle, irréalisable : tout voir dans cette vieille province, s'initier à tout. Il avait aperçu Vitré, il parcourait Rennes, mais Fougères au nord? Saint-Malo sur la Manche? Et Redon à l'extrême sud? Il trouverait Montfort sur sa route, c'est bien; et aussi Lamballe, et Saint-Brieuc, et Châtelaudren, et Guingamp, et Morlaix; mais le beau château féodal de Combourg, patrimoine des Chateaubriand? mais la tombe du plus illustre représentant de cette famille, sur le rocher solitaire du Grand-Bey, vis-à-vis de Saint-Malo? mais tous ces vieux châteaux en ruines qui donnent un aspect si caractérisé à cette partie de la France? mais surtout le château de Tonquédec, de tous les châteaux, de toutes les ruines de la Bretagne, la grande et la riche merveille? Tonquédec que l'on a surnommé le Pierrefonds de l'Armorique?

Jean ne se faisait pas illusion : dans le Calvados aux environs de Lannion, sur la croupe d'un coteau, au milieu d'un site pittoresque, entre le Léguer, d'un côté, couvert de ponts, de moulins, bordé de prairies, s'échappant en cascades et qui coule dans une profonde vallée encadrée de collines rocheuses et boisées, et sur l'autre face une deuxième vallée où serpente un ruisseau qui sort d'un étang, s'élève sombre, menaçante, la double enceinte de la forteresse de granit, aux puissants remparts de trois à quatre mètres d'épaisseur.

Plusieurs grosses tours rondes et des tourelles, montrent leur couronnement rasé ; mais l'on y monte encore par des escaliers partiqués dans les massives murailles ; un donjon occupe la pointe extrême du promontoire qui surplombe les vallées. Ce réduit, séparé du reste de la place, n'était accessible que par un pont-levis venant s'appuyer sur une haute culée en maçonnerie. Et au-dessous, sous cette accumulation de pierres de taille, des souterrains, des cachots, des caveaux sans fond — des abîmes !

Passant à un autre ordre d'idées, Jean regrettait de ne pouvoir accorder une part d'attention aux antiquités celtiques ; à cette Roche aux Fées du Rouvray, près d'Essé, et à tous ces menhirs ou pierres longues, ainsi que disent les Bretons, à tous ces dolmens ou tables de pierre consacrées à ce culte druidique — mystérieux et sanguinaire ; — il s'en trouve à Grabusson, à Retiers, à Cugnen, dans la forêt de Haute-Sève, dans la forêt de Fougères. Dans cette même forêt, s'étendent de vastes souterrains appelés les Celliers de Landéan ; creusés de mains d'hommes, ces souterrains si curieux sont classés parmi les plus anciens monuments historiques de la France.

Qu'aurait pensé Jean s'il eût pu soupçonner qu'il se trouvait aussi dans le monde enchanté des héros romanesques de la Table ronde, du roi Arthus, de Merlin son devin, de maître Keu son malin sénéchal, de Beduier l'infatigable échanson, de Lancelot du Lac et de Tristan, de la belle et fière Genièvre, de la tendre Yseult aux blonds cheveux, de la fée Morgane et de la fée Viviane, créations du génie breton qui ont tenu une si grande place dans notre littérature du moyen âge et dans les littératures de toute l'Europe, vassales en cela de la nôtre... Au sud de Saint-Brieuc, la forêt de Brocéliande couvre de son ombre le tapis de mousse où Viviane retint Merlin endormi en traçant autour de lui un cercle magique ; sur la lisière de la forêt de Landerneau — au delà de cette ville — se hérissait avec ses tours pointues le château de la Joyeuse-Garde où le roi Arthus tenait sa cour. La fable bretonne — offrant une nuance de vérité — a servi de thème à toute une biblio thèque de romans de chevalerie, — cette même bibliothèque que le curé de Don Quichotte brûla avec un zèle méritoire mais tardif, lorsque déjà l'Incomparable chevalier de la Manche avait perdu la raison à la lecture de ce volumineux et héroïque fatras.

Enfin, même à l'égard des choses qui stimulaient si puissamment sa curiosité, il devait se faire une raison ; il le comprenait : il lui fallait ne pas oublier quel motif généreux l'avait amené jusque-là hors de son chemin et le poussait au fond de la Basse-Bretagne...

C'est ce qu'il se disait en montant en wagon dès les premières heures du jour, suivi de l'affamé Méloir.

Peu après que le train eut franchi la Vilaine sur un pont de trois arches, se présenta Montfort-sur-Meu, bourgade de 2,400 habitants, au confluent de deux petites rivières, — le Meu et le Garun, — qui eut des murailles au quatorzième siècle et qui n'a plus guère que des ruines ou des édifices ayant changé de destination : une belle tour ronde à mâchicoulis devenue une prison, la léproserie de Saint-Lazare transformée en ferme...

A Montfort on trouve des voitures qui font la correspondance avec Ploërmel, célèbre par son « pardon » — et aussi par l'œuvre lyrique de Meyerbeer — et correspondent de même avec Dinan et Loudéac. Le train courait sur Montauban-de-Bretagne, qui apparut bientôt sur le bord de l'étang de Chaillou. C'est encore un chef-lieu de canton de 3,000 habitants. De l'ancien château fort, très vaste, deux tours subsistent. L'entrée principale est seule habitable.

A mesure que Jean et son compagnon approchaient de Landerneau, la Bretagne se développait successivement sous tous ses aspects, par ces beaux jours d'été, où un soleil éclatant brillait dans un ciel ordinairement gris et brumeux : landes fleuries, mêlant l'or de ses genêts épineux au rose obscur de la bruyère ; prairies naturelles d'une agréable fraîcheur ; champs d'avoine, — de très belles avoines — champs de lin et de chanvre, — de ce lin et de ce chanvre qui servent à tisser les toiles de Bretagne ; des coins de terre sauvages succédant à des campagnes cultivées, plus pittoresques, il est vrai, que fertiles ; la terre inculte près de la terre qui produit ; presque partout, un mélange, que l'on ne rencontre nulle part au même degré, d'attristante sécheresse et de riante fertilité.

Tour à tour, apparaissaient les vallées profondes creusées par des rivières nombreuses, au cours sinueux, dont les moulins empruntaient les forces, et où le bouillonnement de l'eau se mêlait au tic tac des roues en mouvement ;

et sans transition, brusquement, se déroulaient les plateaux boisés, ressemblant à des parcs verdoyants, les épaisses forêts, les collines couvertes de hêtres; sur chaque hauteur, les ruines colossales d'un château enveloppées d'un manteau de lierre; des chênes plantés en abondance dans la plaine bretonne, — courts, trapus, solides, qu'aucun vent ne courbe, image des Bretons eux-mêmes; des plantations de châtaigniers, des étangs limpides.

Au tournant d'un bois, à la croisée de deux chemins — rarement toutefois — surgissait la chaumière délabrée du paysan pauvre, dont le toit s'abaisse jusqu'à terre, dont on aperçoit l'intérieur noirci par la fumée des ajoncs et des bruyères, seul aliment de l'humble foyer; le jour n'y pénètre que par la porte. Et à vrai dire, cette misère est plus apparente que réelle, car la charité est admirable dans les campagnes bretonnes et sait accomplir des prodiges. Un peu plus loin, sous bois, c'étaient les huttes en terre et en branchages où les sabotiers installaient leurs familles pour façonner sur place le hêtre, le bouleau, le noyer et quelquefois le tremble. Les hommes s'interpellaient dans une langue gutturale.

Les animaux se montraient différents de la plupart des animaux de leurs races, les vaches, de petite taille : elles sont sobres et résistantes à la maladie, riches en lait; les chevaux, petits de taille aussi, durs à la fatigue.

Le granit dans plus d'un endroit affleurait nu, avec des teintes grises, brunes, rouges ou verdâtres; des pierres mystérieusement posées dans des solitudes avaient vu sans doute, jadis, autour d'elles une foule de fervents d'un culte sanguinaire; des calvaires se dressaient sur les pentes et des croix aux carrefours, où priaient à deux genoux les vieux paysans et les jeunes filles; et, par moments, lorsque le train se rapprochait du littoral, arrivait par bouffées ce vent du large dont s'emplit avec délices toute poitrine de Breton.

— Sarpegoy! je te vas faner d'un coup de talon (page 594).

IV

Le « festin de l'armoire »

Lorsqu'on se rend au fond de la Bretagne, comme faisaient Jean et Méloir, on passe du département d'Ille-et-Vilaine dans le département des Côtes-du-Nord en franchissant la Rance. La première localité de quelque importance qui se présente est Caulnes et son château de Couëllan, puis Broons, où naquit Bertrand Du Guesclin; une colonne de granit a été élevée en 1840 au milieu des ruines du château de la Motte-Broons, à la mémoire de l'illustre connétable.

Après Broons, vient Plénée-Jugon et ensuite Lamballe, au pied et sur le revers d'une colline que couronne son église Notre-Dame, dans un site très accidenté. Cette chapelle d'une forteresse démolie se dresse sur un rocher à pic. Lamballe, qui fut la capitale du duché de Penthièvre et la principale parmi les places fortes appartenant aux princes de cette maison, est une ville d'un peu plus de 4,000 habitants, sur la rive droite du Gouëssant. Le château de ses princes fastueux n'est plus qu'un haras.

Après Lamballe, la voie traverse le ruisseau du Gouëdic sur un pont de sept arches ayant cent trente-quatre mètres de longueur; puis Saint-Brieuc se présente.

Ce chef-lieu du département des Côtes-du-Nord a une importance réelle par sa population (16,000 habitants) et sa proximité du Légué, où se trouve un port sur la rive gauche du Gouët, non loin de l'embouchure de cette rivière dans la Manche. Grâce à cette situation, les Briochins — tel est le nom bizarre des habitants de Saint-Brieuc — ont pu donner de l'extension au commerce des grains, du lin, du chanvre, des légumes, du suif, du miel, du cidre, du beurre, des œufs qui s'exportent en Angleterre, du gibier et du poisson dont il s'expédie de grandes quantités à Paris. L'industrie locale comprend des filatures de coton et de laine, des fabriques de tiretaine, de draps, de molleton. Dans le voisinage de la ville, des centaines d'ouvriers exploitent des carrières d'un beau granit bleu. — Voilà ce qu'apprit Jean en descendant au buffet pour manger une tranche de jambon, tandis que Méloir, sans en perdre pour cela une bouchée, se faisait un devoir de lui désigner au loin et de lui nommer les églises de la ville — la cathédrale Saint-Étienne, Saint-Michel, Saint-Guillaume, — le vaste parc de l'hôtel de la préfecture, les bâtiments du palais épiscopal, ancien manoir de Quiquengrogne...

Le train, ayant repris sa marche, franchit bientôt la vallée du Gouët sur le magnifique viaduc de Méaugon, d'un hauteur de cinquante-neuf mètres, composé d'un double rang d'arches, les arches supérieures ayant quinze mètres d'ouverture chacune.

A quelques kilomètres plus loin, on passa devant Châtelaudren, petite ville encaissée dans une vallée profonde. Une demi-heure après, se montrait

Guingamp, au centre de la riche vallée qu'arrose le Trieux et que limitent et entourent des montagnes et des hauteurs. L'ensemble est très pittoresque. La rivière trace une courbe irrégulière au pied de la ville, entraînant aussi loin que possible sa bordure de peupliers. Le vieux château de Guingamp a été conservé, moins une des quatres grosses tours d'angle ; quant aux anciennes fortifications, il n'en reste que peu de vestiges. De la station du chemin de fer, établie au sud-est de la ville, entre les routes de Morlaix et de Pontivy, Jean regarda, de Guingamp et du village de Sainte-Croix, qui en dépend, tout ce qu'on en pouvait apercevoir.

Comme d'habitude, Méloir se chargea de lui décrire la ville bretonne, et surtout la fontaine du duc Pierre ou la Pompe, qui coule sur la place du Centre. De la longue explication du gars on pouvait induire que cette fontaine comprend trois vasques qui vont décroissant vers le sommet, surmonté d'une statue de la Vierge; des chevaux « avec des queues de poisson », supportent le second « bassin, » et de belles dames, — des naïades sans doute, — soutiennent le troisième bassin.

Méloir s'étendit longuement aussi sur l'église Notre-Dame-de-Bon-Secours et le pèlerinage ou « pardon » qui y a lieu le samedi avant le premier dimanche de juillet. C'était sans mentir à l'en croire, — et il ne mentait pas, — l'un des plus célèbres et des plus fréquentés de toute la Bretagne. Il y a des boutiques en plein vent comme à une foire. Ceux des pèlerins qui sont dévôts se rafraîchissent à la fontaine consacrée; mais il n'est pas défendu de vider un pot de cidre pour se préparer à danser au son du « biniou » avant la sortie de la procession.

A neuf heures du soir la madone se met en marche; elle est portée sur la place, où sont allumés trois grands feux de joie. Après la procession, la fête recommence; mais à minuit on dit une belle messe et tout est fini ; les pèlerins se séparent, non sans échanger quelques horions.

— J'y suis venu une fois qui fut avec des gars de Landerneau, dit Méloir; y en avait aussi de Lesneven, un péchou, Ange Lorant ; et quelques-uns de Paimpol, et encore le vieux Joson, un homme d'âge mais qui avait honnête mine et buvait encore son écuellée de cidre d'une seule haleine; il cousinait avec défunt mon père. Après la messe, on s'en est allé au cabaret manger des grousses et des noces (1), et le cidre chauffait, fallait voir! Mais que

---

(1) Bouillies de sarrazin et d'avoine.

c'était donc plaisant! Aussi Ange Lorant, qu'avait lampé ses sept potées de cidre a éborgné Josille.

— Et toi, demanda Jean en riant, ne t'es-tu pas battu?

— Ah! dame si! j'en ai cabossé deux avec mon pen-bas, si bien que j'étais fait comme un loup de brousse et que Yvon Troadec —, la grêle! — m'a flaupé dur dessus.

— Et depuis, dit Jean, tu n'as plus eu envie d'aller au pardon de Guingamp?

— Savoir! C'est fini pour un temps, mais qui vivra verra, et aussi vrai que je le dis, le vieux Joson qu'avait la caboche dure et le bras solide s'est croché avec un gars de Paimpol, et lui a rentré une côte. Le failli merle n'a pas tant seulement gloussé. Faut pas mentir : le vieux a dit : Si c'est péché j'irai à confesse donc, et la fin du monde après!... *Miserere* à tous les saints! comme je m'ai amusé!

— Si tu allais... m'attendre chez le vieux Joson, à Landerneau, demanda Jean.

— Le vieux ? répondit Méloir ; ah! il est là où nous irons tous sur la semaine ou ben le dimanche, dans le berlinguen.

— Le berlinguen?

— Oui bien, le cimetière donc!

Méloir parlait encore que déjà le train avait repris sa marche, décrivant une courbe de 800 mètres de rayon autour de la ville. Il passa le Trieux sur un viaduc, et la route de Brest sur un pont, et défila devant Plouaret, chef-lieu de canton. Il traversa la chaussée de l'étang de Trogoff. Un peu après, on pouvait apercevoir sur la gauche les montagnes de l'Arrès. Le train s'engagea sur le grandiose viaduc jeté d'une colline à l'autre au-dessus de Morlaix, de son *port* formé par la jonction de deux rivières, à sept kilomètres de la Manche, de ses quais, de ses maisons aux façades revêtues d'ardoises, disposées en amphithéâtre dans un pêle-mêle qui réjouit l'œil, de ses rues en escaliers et de ses jardins étagés.

On entra enfin dans la vallée de l'Élorn; le train franchit le pont de Cannardic; à gauche s'étendait la forêt de Brézal. On passa au pied des ruines du château de la Roche — et, sans quitter la vallée de l'Élorn, on déboucha sur Landerneau.

Les choses se passèrent alors comme il avait été projeté. Jean et Méloir, juchés sur l'omnibus de la gare, descendirent un peu avant l'endroit où habitait le tailleur Troadec.

Mais ce qui n'était pas dans le programme, c'est l'animation extraordinaire qui régnait sur la route, aux abords de la petite ville, et surtout devant le cabaret de la mère Mélaine. Qu'était-ce donc? qu'était-il arrivé? Le retour de Méloir étant éventé, songeait-on à lui préparer une réception?

Une vieille coutume s'est conservée en Bretagne à l'occasion des mariages, le « festin de l'armoire » : c'est l'installation en grande pompe, au domicile conjugal, de l'armoire neuve aux ferrures brillantes, principale pièce du mobilier du jeune ménage. Cette cérémonie se pratique d'une façon plus ou moins originale, dans le pays de Tréguier, en Cornouailles, dans le Léonais et dans la plupart des autres régions de la Basse-Bretagne.

Ceci dit, on comprendra pourquoi nombre d'invités se pressaient ce jour-là, près de Landerneau, autour d'une de ces armoires de mariage.

Placée sur un char orné de feuillage, elle était traînée par des chevaux à la crinière tressée de rubans. Un attelage de ce genre appartient d'ordinaire aux parents de la jeune fille. Il en était ainsi cette fois; les animaux de la ferme, — génisses et moutons au premier rang — suivaient. Deux joueurs de biniou, une bombarde et deux violons marchaient en tête du cortège. Et l'on approchait de la demeure des nouveaux époux.

La coutume veut que lorsqu'il s'agit d'installer l'armoire, deux partis se forment parmi les jeunes gens de l'assistance et qu'une lutte simulée s'engage : les amis de la mariée semblent trouver la maison peu digne de la recevoir et font mine de rebrousser chemin — avec leur armoire; mais les amis du marié n'entendant pas les choses de cette façon; ils s'opposent à cette tentative injurieuse, et recourent à la force pour s'emparer de l'armoire, la garder, et lui donner sa destination.

Enfin on paraît s'entendre et jeter les bases d'un traité. La maîtresse du logis s'empresse aussitôt de couvrir l'armoire d'une nappe blanche; elle y pose deux piles de crêpes, un broc de vin et un hanap d'argent. Le plus âgé des parents du mari remplit la coupe, la présente au chef de la famille de l'épousée et l'invite à boire et à goûter aux crêpes; l'autre trempe discrètement ses lèvres, repasse la coupe à celui qui lui a fait politesse, et à son tour lui offre des crêpes. Chacun des parents des deux côtés fait entrer les invités, d'autant plus nombreux qu'en Bretagne chaque invité paie son écot; — et l'armoire est placée bien en vue au milieu des applaudissements de tous.

Au « festin de l'armoire, » qui avait lieu aux portes de Landerneau, figuraient deux jeunes gars de Roscoff, cousins de la mariée. On les reconnaissait à leur habit de serge blanche sur lequel se dessinait une large ceinture de laine rouge ; un grand gilet vert à manches bleu de ciel leur serrait la taille. Disons en passant que ces cultivateurs, voisins de Morlaix, n'ont pas attendu les chemins de fer pour se mettre en rapport avec Paris : le père et le grand père des deux jeunes Roscovites, plus d'une fois avaient fait en charrette le voyage à la capitale, accomplissant leurs cent-cinquante lieues à petites journées. Ils apportaient les primeurs de leur coin de terre aux Halles, où la colonie roscovite avait son quartier.

Près de la route, devant la maison des nouveaux mariés, on en était aux coups, au simulacre de combat qui inaugure la cérémonie ; et les horions de pleuvoir sur des têtes dures — qui ne demandaient pas mieux que de se trouver à pareille fête.

Notre ami Jean était entré chez le tailleur Troadec ; et sa femme, — une femme toute petite et ridée, ridée, — lui avait dit qu'il était à la noce.

— Vous n'êtes pas du pays? avait ajouté la mère de Méloir ; c'est la noce de Flohic Kerjean avec...

— Avec Vivette? s'était écrié Jean qui eut un fâcheux pressentiment.

— Je vois que vous savez !... — Oui, avec la fille à Jacut Denoual. La mère de Flohic est la veuvière de Guyomard Kerjean, et Flohic n'ira brin au régiment où qu'on est soldat.

Jean s'en alla sans en écouter davantage et se mit à la recherche du pauvre Breton. Il se heurta contre Méloir qui accourait au-devant de lui — livide, les poings fermés, mâchant d'effroyables jurons : il venait de tout apprendre au cabaret : inutile de se cacher plus longtemps, sarpegoy !

Il saisit Jean et l'entraîna, malgré une résistance prudente, vers la ferme de l'heureux Flohic. Ah ! il avait survécu à ses blessures, ce rival indestructible ! Et il avait profité de l'éloignement de Méloir pour se faire agréer par la coquette Vivette ! La trop sensible enfant avait pensé qu'elle devait bien une compensation à son adorateur tant maltraité, et qui avait failli rendre l'âme pour l'amour d'elle.

Devant la maison, à côté de l'armoire luisante, les gars s'allongeaient des taloches, se poussaient, se bousculaient, s'injuriaient pour se mettre un brin en colère. Flohic, brun sous sa pâleur, un poing sur la hanche maintenu par le pouce engagé dans la poche du gilet, très calme, le sourire aux lèvres, laissant errer au hasard ses yeux d'un bleu sombre, présidait distraitement à la lutte courtoise.

Tout à coup, un remous se forme dans les groupes au milieu de ces gars petits de taille, bruns, à tête ronde ; des coups de poings — de vrais coups —

y tombaient drus, faisant tourbillonner les gars ahuris : Vère! on se fâchait pour tout de bon de ce côté-là : quelque grincheux, quelque mal appris qui ne savait pas recevoir en riant un horion administré d'une main un peu lourde.

On s'écarte, le vide se fait devant le rude et fâcheux trouble-fête, et Flohic voit soudain devant lui son rival détesté : Méloir, menaçant, terrible, prêt à faire couler le sang au milieu de cette noce villageoise. Il venait de s'emparer d'un lourd bâton arraché à l'un des assistants et il faisait le moulinet pour écarter la foule et se trouver en quelque sorte seul à seul avec celui qui lui ravissait Vivette. Son visage était écarlate, il riait à grince-cœur; ce n'était plus un homme, c'était un loup à face humaine.

Méloir s'arrêta à trois pas de Flohic, et il éclata d'une voix tonnante :

— Sarpegoy! Je te vas faner d'un coup de talon comme si t'étais un scorpion!... dit-il. Ah! fils de chien! Ah! vilain singe! Voyez-vous le failli drôle! comme je n'étais plus là, il avait le beurre devers la langue et prenait le beau rôle, il s'a donné la bride belle... Je t'avais pourtant arrangé pour que tu n'y penses plus brin ni miette, à cette rousse, qui n'était pas pour toi... Aussi vrai qu'un camouflet fait vingt-huit chopines, c'est moi qu'il lui fallait à Vivette, un mari à trois poils, vertubieu! Mais voyez-le donc, avec son grand nez!

— Jamais grand nez n'a diffamé beau visage, répondit Flohic très calme. Il s'était remis de sa première surprise, et en somme il triomphait. Tu ne me fais pas peur, reprit-il, avec tes yeux de chat fourgoté (1).

Méloir bondit, et comme le cercle se resserrait de nouveau autour de lui et de Flohic, il s'adressa à ceux qui le gênaient dans ses mouvements.

— Vous autres tous, cria-t-il, qu'êtes venus vous enracailler, arrière, ou je vas vous piler, sarpegoy! Je n'ai point jamais vu un ramassis de gars aussi vilains...

Une main s'avança. Méloir poursuivit en se reculant :

— Rangez-vous, Riquet, le bel homme, ou je vas vous arracher.

Comme le Breton Riquet, — un meunier, cousin de Vivette, — faisait mine de persister à s'interposer, Méloir l'injuria sans mesure :

— Ce gros pourciau-là! Guette à te ranger! A bas les pattes!

Et le poignet du malencontreux pacificateur craqua broyé par le bâton de Méloir.

Le meunier allait répliquer et rendre injure pour injure et coup pour

---

(1) En colère.

coup ; l'orage grondait et on menaçait de faire un mauvais parti à Méloir, mais à ce moment Vivette se montra sur le seuil de la maison, interdite et troublée. Les beaux habits de la mariée imposaient à cette foule. Sa présence produisit un apaisement subit. Seul Méloir sentit bouillonner en lui de nouveaux ferments de colère.

— La voilà la rousseaude, s'écria-t-il hors de lui. Venez, venez vous montrer, vous qu'êtes une deffrontée !

Devant cette insulte faite à sa femme, Flohic, perdant toute patience, s'avança vers Méloir et lui donna une poussée, tandis qu'il levait sur lui un bâton dont un gars avait armé sa main.

Les deux jeunes gens se défièrent du regard, et Méloir leva aussi son bâton. Ces deux bâtons, devenus des armes redoutables, s'abattirent derechef. Méloir para un furieux coup asséné sur sa tête ; mais le choc rompit son bâton.

Alors crachant dans ses mains, qu'il frotta vivement ensemble, furieux, sauvage, désespéré, il prit de l'élan et se courba pour se précipiter la tête en avant contre son ennemi.

Soudain Jean, qui avait été distancé par l'agile Méloir sur la route, arriva et saisit son rude compagnon par les épaules. Jean avait vu de loin la bataille s'engager et il accourait en toute hâte...

Méloir accueillit son intervention avec douceur, presque avec humilité. Le pauvre garçon paraissait tout honteux devant son jeune protecteur de l'avoir fait venir inutilement de si loin et de lui donner ce triste spectacle... Il s'en excusa dans son naïf langage, assurant son ami le petit monsieur de Paris qu'il lui serait impossible désormais de vivre à Landerneau.

— Il faudra donc que je m'en aille, poursuivit-il ; ça me sera deuil de ne plus la voir, la méchante bête rousse ! Faudra que je tâche à marcher sus l'obli... (1).

Et il essuya une larme, — la première que faisait couler Vivette à son fidèle adorateur, la dernière peut-être.

Jean entreprit de le consoler, tandis que Vivette et Flohic disparaissaient, et que quelques amis de Méloir venaient serrer la main ou même embrasser le gars malheureux sur le chapitre du mariage.

Yvon Troadec, le tailleur, un peu embarrassé, se montra dans les groupes ; Méloir l'aperçut et lui tourna le dos.

— De sûr et certain je dirai bonjour à ma mère avant de nous mettre en

---

(1) Plante mystérieuse qui fait oublier.

— Sentez voir de vot' nez (page 600).

route, dit-il, car j'irai où que vous irez, voyez-vous; mais lui, le failli chouan, je ne veux point tant seulement le voir.

» Tout ce qui arrive, c'est par sa faute.

— Nous ferons un peu comme tu voudras, répondit Jean devenu subitement soucieux. Puis une idée jeune lui traversa le cerveau :

— C'est égal, fit-il, on pourra dire qu'il y a eu du bruit dans Landerneau...

V

Un bon accueil

Il se peut que Landerneau soit une jolie petite ville, très bretonne, et que des hauteurs qui entourent de tous côtés la riante et fraîche vallée de l'Elorn, dans laquelle elle est assise à la jonction des routes de Morlaix, de Carhaix, de Quimper, de Brest et de Lesneven, on domine la campagne du Léonais et la rade de Brest, qu'on y voie même au loin les eaux de l'Océan ; il se peut aussi, comme l'avait assuré Méloir, que ce soit un centre industriel important qui mérite d'être visité pour ses tanneries, ses minoteries nombreuses, ses fabriques de bougies, ses brasseries, son chantier de constructions maritimes, et surtout ses fabriques de toiles ; mais Jean, après l'aventure de son compagnon de route, ne voulut pas séjourner une heure de plus dans cette ville si célèbre — à tort ou à raison — par ses *cancans*.

Il craignait un retour offensif du gars évincé ; une envie de troubler la noce le reprenant subitement.

Et, de fait, le Breton par moments devenait jaune et vert ; ses yeux égarés sortaient de leur orbite, et il lâchait une injure énergique à l'adresse de celui qui était venu faire obstacle à son bonheur : — Fils de chien !... Ah ! mais dame, oui : un vilain singe... de sûr et certain !

Toutefois comme Méloir retombait après dans son abattement, Jean résolut d'en profiter pour l'éloigner de Landerneau.

Enfin, une idée venait de germer dans son cerveau et prenait de minute en minute une consistance favorable à sa mise à exécution : Jean ne pouvait penser à garder Méloir auprès de lui, même en l'associant à ce petit commerce de livres qu'il songeait à reprendre. Cela étant, il allait le conduire, non à Paris, où il n'avait pas assez de relations, mais à Caen — idée lumineuse! — à Caen, où le baron et la baronne du Vergier daigneraient sans doute s'intéresser à son protégé (passablement encombrant) et le placeraient dans quelque bonne maison de la ville.

Il s'en ouvrit à Méloir. Le gars lui avoua ingénument qu'il ne serait pas fâché de faire connaissance sur place avec les tripes à la mode de Caen. Mais se rappelant soudain que quelque chose était dérangé dans le plan de sa vie, il eut une larme à l'œil, tandis que sa langue se promenait encore sur les lèvres à l'idée d'un régal nouveau.

— Failli gars! s'écria-t-il avec une explosion telle qu'il se crut obligé d'ajouter : C'est pas de vous que je parle, au moins.

Donc, on irait dans le Calvados. Quant à essayer à la faveur de ce moyen de rentrer en grâce auprès de la baronne, Jean n'y pensait pas, oh! non. C'était par pure bonté d'âme qu'il conduisait Méloir à Caen : du moins, c'est ce qu'il se disait en reprenant le chemin de la gare, située au nord de la jolie petite ville.

Il se retourna avec un regret et aperçut quantité de ruisseaux tombant de toutes ces charmantes hauteurs qui enserrent la vallée. Tant pis! Il fallait s'éloigner; et il aurait pourtant si volontiers poussé jusqu'à Brest, si tout avait bien marché. Tant pis, tant pis! Trop de bruit dans Landerneau!... Il se le rappellerait ce festin de l'armoire. Ah! on l'y prendrait encore aux noces bretonnes!

— Le failli merle! Faut pas mentir, c'est un failli drôle!

Par ces apostrophes l'infortuné Méloir ramenait Jean à ces choses qu'il ne pouvait oublier et le fortifiait dans sa résolution de partir au plus tôt. Et c'est ainsi qu'on remonta en wagon.

Jean arriva fort tard ce jour-là à Laval, et d'assez mauvaise humeur. C'est en vain que Méloir avait essayé sur la route de l'intéresser de rechef à Vitré et de l'attendrir sur la rue Poterie, berceau de sa famille du côté de sa mère la Vitriasse; c'est en vain que le gourmand Breton avait en sortant de la gare recommencé l'éloge des préparations culinaires dans lesquelles Laval excelle, notamment de cette fameuse poitrine de mouton grillée relevée à la sauce poivrade, à laquelle Méloir avait voué une sorte de culte; Jean, fort sobre durant tout le trajet, ne voulut entendre parler que de dormir : on verrait demain.

— Vère! je veux ben, finit par dire Méloir avec un gros soupir; m'est avis qui si nous ne partons qu'à dix heures on aura le temps de bien déjeuner avant, ou tout au moins de manger un morceau. C'est égal, Flohic n'est qu'un quart d'homme. Je voudrais le voir crever comme une bousine (1). Et Vivette donc ! Penser comme ça, que cette rousseaude a été ma mignonnaille, sûr et certain que c'est un crève-cœur pour moi !

Le lendemain, Jean dut en passer par les exigences du gars. Au fait, il préférait encore le voir manger et boire que de l'entendre gémir sur son sort, et déblatérer contre la « rousseaude » et son « failli merle. »

La perspective fallacieuse de la poitrine de mouton grillée à manger à Laval avait fait oublier à Méloir l'ennui de quitter sa chère Bretagne : il était entré dans le Maine sans presque sans apercevoir ; mais que de soupirs, que de profonds soupirs quand on reprit le chemin de fer qui menait en Normandie ! Pour le coup, on eut dit qu'on s'en allait au bout du monde. C'était la faute de cette Vivette aussi, la deffrontée ! et du Flohic le gueux !... Et aux soupirs succéda une copieuse distribution d'injures envoyées dans la direction de Landerneau, avec menaces du poing, et des : « Un p'tit de temps et qui vivra verra » à faire trembler les moins peureux.

La seule ville de quelque importance devant laquelle on passa avant de quitter le Maine, fut Mayenne, — chef-lieu d'arrondissement de 11,000 habitants, — irrégulièrement bâtie sur le penchant de deux coteaux qui dominent la Mayenne. De la rive gauche de cette rivière, où se trouve la gare près d'un faubourg, nos voyageurs virent sur le coteau d'en face s'élever la ville, avec le clocher carré de son église Notre-Dame, et le vieux château, se dressant avec ses huit tours sur un escarpement rocheux. Mayenne est en voie de transformation. Son ancien aspect féodal a disparu. Pour répondre à l'activité de son industrie, — la fabrication des toiles — de nouveaux ponts ont mis en communication de beaux quais ; des boulevards et des rues larges font une ceinture à la ville nouvelle.

Une lieue après avoir dépassé Ambrières et son château historique fondé par Henri Ier d'Angleterre, le train entra dans le département de l'Orne : et ce fut de la part de Méloir, à qui la chose fut signalée, un nouveau sujet de soupirs, suivis d'énergiques exclamations : — failli chien ! Chat-huant de pivert !

— Une, deux, trois, quatre, cinq, six, sept...

C'est Méloir qui comptait maintenant les tours de l'enceinte de Domfront.

— Il y en a ben le double peut-être ! ajouta-t-il.

(1) Une vessie.

Pittoresquement juché à l'extrémité de rochers coupés à pic de plusieurs côtés et dominant de très haut le cours de la Varenne, apparaissait Domfront. Outre les tours — dont quelques-unes crénelées encore — de ses anciens remparts, Domfront montre aussi les ruines d'un château avec donjon. On devine tout de suite une ville forte du moyen âge, et ses murailles racontent les sièges nombreux soutenus soit contre les Français, soit contre les Anglais qui s'en disputèrent ardemment la possession, soit un peu plus tard, durant les guerres de religion, contre les catholiques et contre les huguenots. Finalement Henri IV fit démanteler la forteresse. L'ancienne capitale du pays d'Houlme n'est plus qu'un chef-lieu d'arrondissement comptant environ 4,500 habitants. — Au-dessous des ruines du château, au bord de la Varenne, l'église de Notre-Dame-sur-l'Eau, datant du onzième siècle — comme la forteresse, — est classée parmi nos monuments historiques, ce qui n'a pas empêché l'administration des ponts et chaussées d'en faire abattre la nef pour le redressement de la route d'Alençon à Saint-Malo.

Mais ne nous attardons pas : les chemins de fer ne tolèrent pas les longues descriptions : déjà nous touchons à Flers.

Ici la ville est toute moderne. Elle possédait à peine 3,000 habitants en 1820, elle en a aujourd'hui 11,000. D'où vient cet accroissement si peu ordinaire? Est-il besoin de le dire? Il est dû à l'industrie. La filature, la teinture, le blanchiment du coton et du fil, le tissage, occupent vingt-huit mille ouvriers à Flers et dans son rayon, — Condé-sur-Noireau, la Ferté-Macé; — le travail industriel se combine dans tout l'arrondissement avec le travail agricole. Flers fabrique des coutils rayés pour literies, des articles pour chemises, pantalons, du linge de table damassé, du satin pour ameublement, des toiles de coton, etc.

On voit bien, même de loin, que les rues de Flers sont larges, bien percées; les maisons en pierres noirâtres qui les bordent leur donnent un aspect sévère; mais il y a de belles façades; son église date d'une vingtaine d'années.

Est-ce à dire qu'il n'y ait aucun souvenir d'autrefois dans cette cité assez heureuse pour n'avoir pas d'histoire? Non. A la lisière d'un parc immense, le château de ses anciens seigneurs, entouré d'eaux vives, flanqué de tours à créneaux et à mâchicoulis, coiffées d'un dôme en forme de cloche et surmontées de lanternes, rappelle l'existence des barons de Flers et leur rôle personnel dans les guerres qui agitèrent la Normandie pendant tout le moyen âge.

La grande préoccupation de Méloir était de savoir, lorsqu'il y avait une halte, si on trouverait à manger un morceau et à boire une « bolée » de cidre autre part qu'au buffet de la gare. A Flers, la demi-heure d'arrêt fut amplement mise à profit par le pâle gars breton que le chagrin semblait creuser. Jean se disait qu'heureusement Caen n'était plus bien loin : son porte-monnaie n'eût pu supporter plus longtemps les saignées qu'il y pratiquait pour satisfaire à l'appétit de son famélique compagnon. Le jeune Parisien soucieux sur l'issue du voyage, nerveux, rempli d'appréhension sur l'accueil qu'il allait recevoir de la baronne et de Sylvia, ouvrait à peine la bouche. Méloir, pour lui témoigner son estime, achevait lestement la tranche de jambon qui rougissait son assiette; il l'aidait également à voir le fond des bouteilles.

Le train reprit sa marche. La fraîcheur des campagnes que l'on traversait parvint à calmer un peu l'agitation de Jean. Le pays se présentait tout en prairies coupées de ruisseaux, divisées par de nombreuses clôtures; à droite et à gauche quelques points culminants, les buttes de Landissac, de Belle-Étoile et de Cérisy; on distinguait au nord-ouest les futaies de Vassy. C'est ainsi qu'on parvint en gare de Condé-sur-Noireau.

C'est un chef-lieu de canton de plus de 7,000 habitants, à la jonction de la Drouance et du Noireau, ville commerçante et industrielle comme Flers, qui montre les débris d'un donjon du douzième siècle. L'amiral Dumont d'Urville y est né en 1790. Les concitoyens de l'illustre navigateur lui ont élevé une statue de bronze.

A Condé-sur-Noireau le train se trouvait à la limite du Calvados, y ayant pénétré. Il était trois heures. Jean demanda à quelle heure on arrivait à Caen.

— A quatre heures et demie, lui répondit-on.

Et il pâlit.

Méloir s'en aperçut.

— Ce serait donc que vous auriez regret de faire ce que vous m'avez promis? dit-il.

— Oh! que non! fit Jean. C'est l'embarras d'entrer chez les gens... où je veux te conduire. Mais il est temps de te parler d'eux. Tu n'as pas oublié cette jeune fille que ses parents sont venus réclamer à Saintes?...

— Mademoiselle Cydalise? s'écria Méloir. Oh! que nenni da! Faut pas mentir : j'ai encore le cœur troublé de l'émotion de la pauvre mignonne demoiselle.

— Sais-tu d'où venaient ses parents?

— Nenni! non da! rien en tout!

— Ils venaient de Caen.

— Alors nous aurons la chance de la rencontrer, la petite demoiselle devenue grande demoiselle riche? Je ne serais point fâché de lui témoigner mon respect. A la loge, je lui disais toujours : oui, mademoiselle, non, mademoiselle, vu qu'elle était comme la fille du patron.

— Ce n'est pas seulement la chance de la rencontrer que nous aurons; nous allons chez ses parents.

— Vère! Ce beau monsieur qui m'a donné une belle pièce d'argent blanc pour chercher votre oncle qu'avait dévalé? et puis la belle dame qu'était d'avec, qu'a emmené la jolie demoiselle?

— Tu ne m'avais pas parlé de la belle pièce d'argent?

Méloir secoua la tête lentement et se gratta l'oreille. — Et c'est chez eux que vous voulez me placer domestique? C'est la flaupée que j'ai donnée à ce failli merle qui m'a porté bonheur, da!

— Laissons le failli merle de côté et soyons sérieux, Méloir. Ce sera chez le baron du Vergier, ou chez quelqu'un de sa connaissance, grâce à sa recommandation.

— Ils me trouveront peut-être bien maigri depuis qu'ils m'ont visagé à Saintes. Vère, rien qu'entre hier et aujourd'hui, j'ai sûr et certain vingt livres de moins.

— Ce n'est pourtant pas que tu aies perdu l'appétit, observa Jean avec un sourire moqueur.

— Ce serait'y que vous me reprocheriez ce que je mange pour soutenir mon pauvre cœur?

— Loin de moi cette pensée, mon cher Méloir. Je me réjouis même à l'idée que tu vas enfin pouvoir te restaurer, te consoler et prendre forme humaine.

— Chez le baron?

— Chez le baron ou dans son entourage.

— C'est pas là qu'on doit manger les meilleures tripes, fit l'incorrigible gourmand, qui devinait d'instinct que la cuisine du riche a des ragoûts plus raffinés.

— Possible! dit Jean. On n'en mange peut-être même pas du tout.

— Eh bien, alors? fit Méloir désappointé.

— Veux-tu retourner à Landerneau?

— Oh! pour quant à ça, non pas! ça serait retomber du pré dans la lande.

— Alors sois raisonnable, Méloir, et laisse-moi faire.

— Vous avez raison. Je serai toujours mieux qu'à allumer les chandelles de votre oncle; et pour peu qu'on me supporte, j'attendrai bravement, tout en gagnant du bel argent blanc, à Caen, — que saint Jagu protège! — le moment de tirer au sort et de partir soldat.

— Voilà qui est bien dit, observa Jean. Maintenant ajouta-t-il, je te recommande de parler aussi peu que possible de la loge Risler. C'est à peine si tu dois te souvenir que tu y as vu mademoiselle du Vergier.

— Qui ça?

— La fille du baron.

— Ah! oui, mademoiselle Cydalise?

— Ce n'était pas son nom.

— Faudrait que je connaisse le vrai nom qu'elle se nomme.

— Mais non! Il suffit de dire simplement mademoiselle.

Cet entretien, résumé ici bien plus que relaté, se prolongea durant toute la dernière partie du voyage. Jean adressait encore à son protégé ses dernières recommandations, au moment où il saisissait le marteau de la porte du petit hôtel de la rue Saint-Jean.

Comme son cœur battait fort dans sa poitrine! qui donc allait-il voir tout d'abord: Sylvia hautaine, oublieuse? la baronne froide, sévère? Maurice, dégagé de toute affection envers son indigne ami? M. du Vergier distrait et brusque?

Une grande Cauchoise que Jean connaissait, vint ouvrir, et en apercevant le petit Parisien — c'était le nom qu'on lui gardait à l'hôtel du Vergier — elle poussa des exclamations suraiguës et se mit à gesticuler. Jean l'observait attentivement : il n'y avait rien dans les manières de la brave fille qui fût de nature à lui faire craindre un mauvais accueil de la part des maîtres.

La Cauchoise Nanon courut dans la direction du *hall* pour annoncer Jean, qui demeurait immobile, n'osant la suivre. Méloir aussi se tenait comme cloué sur place : son couvre-chef respectueusement tourmenté dans ses mains, il dirigeait son flair du côté de la cuisine, d'où s'échappait, il faut le dire, une bien bonne odeur de pâtisserie chaude, mêlée à l'arome d'un rôti qui va bien.

— Sentez voir de vot'é nez! dit-il à Jean en humant avec délice.

Tout à coup, au fond du couloir où se tenaient les deux jeunes gens, apparut dans la pleine lumière de la cour... miss Kate, — la dernière personne que Jean pût s'attendre à voir à l'hôtel du Vergier.

LE TOUR DE FRANCE D'UN PETIT PARISIEN

Madame du Vergier toisa le gars (page 607).

Il en tira un bon augure. L'aimable Anglaise arrivait au bon moment, comme une petite fée protectrice ; du moins ne se refuserait-elle pas à intercéder en sa faveur, — s'il le fallait.

— Vous voilà donc Jean ! fit la jeune fille.

— Quelle surprise de vous rencontrer ici, mademoiselle !

— Le motif en est douloureux.

— Douloureux, miss? que vous est-il arrivé? Serait-ce que quelqu'un se trouverait en danger dans cette maison, M. Maurice? mademoiselle du Vergier?

— Non, mon bon ami Jean. C'est mon père qui nous donne des inquiétudes, qui nous fait du chagrin. Ce pauvre père... il nous a quittés. Il est malade. Il s'en va la tête perdue, un peu partout, et malheureusement on ne sait de quel côté se diriger pour le rejoindre et le ramener au milieu de nous.

Jean allait demander quelques explications — bien qu'il devinât une fugue de ce baronnet plus qu'original ; mais la Nanon revenant avec précipitation ne lui en laissa pas le loisir : Madame recevrait M. Jean tout de suite, dit-elle.

— Si j'allais attendre à la cuisine? insinua Méloir ; sauf respect, j'ai le ventre plat comme une galette ! Faut-il pas avaler une lampée aussi, puisqu'on va causer d'avec une dame qu'est une baronne!

Jean trouvait que Méloir n'était pas de trop pour lui donner une contenance, — même avec miss Kate pour soutien : il aurait voulu se trouver à la tête d'un régiment pour affronter les regards irrités de la baronne. Toutefois une dernière et très vive crainte d'être mal accueilli lui fit adopter la proposition du Breton. Il le laissa donc en arrière pour ne pas avoir en lui un témoin gênant ; et comme miss Kate, très vive, passait devant, Jean la suivit vers le *hall*.

Il entre, ne trouve pas un mot à dire, ne voit plus personne, si ce n'est madame du Vergier sur la poitrine de qui il alla se jeter tout en larmes.

— Oui, oui, pleurez Jean, se mit à dire la bonne dame d'une voix lente, émue ; vos pleurs feront plus pour vous disculper que ne le pourraient faire les paroles les plus éloquentes ; car vous avez été bien coupable, bien coupable. (Ici Jean sentit qu'une main cherchait la sienne et devina l'étreinte amicale de Maurice.) Mais à côté du mal que vous avez fait... par votre étourderie, par votre obstination inexplicable, que de bien, Jean! Combien vous nous avez donné de bonheur à tous ! (Jean qui, au milieu de son trouble, avait vaguement entrevu Sylvia, comprit qu'elle était près de lui et lui tendit une main qu'elle prit vivement dans les siennes). Que de reconnaissance nous vous devons! Jamais, mon enfant, je ne pourrai m'acquitter envers vous de nos obligations : réglez-vous sur ça, — et relevez la tête... afin que nous nous assurions que votre méchanceté ne vous a pas trop enlaidi...

Jean se dégagea à demi, vit pleurer Sylvia et sourire Maurice, et, honte et défaillance à la fois, il se laissait glisser aux pieds de la baronne comme pour solliciter un pardon obtenu déjà avant d'avoir été demandé... Mais elle prévint son mouvement et l'arrêta.

— Vilain enfant! s'écria-t-elle en le serrant vivement dans ses bras.

Jean, alors tout réconforté, rendit à la baronne sa tendre caresse, et se sentit la force d'aller à son tour embrasser Maurice et Sylvia.

— Et moi? fit une petite voix marquée d'un léger accent étranger.

— Embrassez aussi miss Kate Tavistock, dit Maurice à Jean, — qui s'exécuta de fort bonne grâce.

— Vous êtes tous bien bons pour moi, murmura le pauvre garçon sans oser davantage tenir les yeux levés; mais le baron... que dira-t-il?

— Ami Jean, le baron vous aime autant que nous vous aimons tous, répliqua madame du Vergier.

Jean regarda Sylvia.

Son expression souriante et douce ne démentait pas les paroles de sa mère. Mais qu'elle était donc belle dans cette transfiguration opérée par la fortune! Comme on voyait qu'elle avait retrouvé le milieu pour lequel elle était née! Jean fixa sur elle un regard qui trahissait le trouble que lui causait sa vue; et son émotion fut si vive que de grosses larmes vinrent rouler dans ses yeux à peine séchés. Il lui fallut un violent effort de volonté pour reprendre un air naturel.

— Et vous êtes venu de bien loin, Jean, pour demander votre grâce? dit madame du Vergier.

— Je ne venais pas à Caen pour ce motif, je vous jure, madame, — bien que mon contentement soit grand de vous trouver si indulgente...

— Vraiment? D'où venez-vous donc?

— De... de Landerneau...

— De Landerneau! s'écria Maurice. Et il éclata d'un franc rire. Ma foi! il est unique, ce Jean!

— Et peut-on savoir ce qui vous a conduit à Landerneau? poursuivit la baronne, que sa situation vis-à-vis du jeune Parisien justifiait de toute indiscrétion.

Jean se retourna, cherchant Méloir derrière lui. Il ne l'y trouva pas, — naturellement — et il se rappela cette bonne odeur de cuisine qui avait déterminé le Breton à rester en arrière. Très décontenancé, ne sachant comment expliquer l'objet de son voyage, Jean osa faire appel aux souvenirs de la fille de la baronne.

— Mademoiselle, dit-il, vous n'avez pas oublié ce Breton si sec, si noir, si querelleur... mais si honnête, si respectueux... qui suivait la loge...

— De votre oncle Risler?

— Oui, et se rendait utile... de diverses manières?

— Méloir? n'est-ce pas?

— Méloir. Eh bien! je l'avais ramené à Landerneau où ses parents sont établis, pour le réconcilier avec eux : nous sommes arrivés tout juste pour assister au mariage de sa fiancée; et moi, au désespoir du pauvre garçon.

— Vilain voyage en effet! observa la baronne. Mais si cela nous apprend ce que vous êtes allé faire à Landerneau, nous n'en sommes pas renseignés davantage sur votre venue à Caen.

— Eh! madame la baronne, ne le devinez-vous pas? N'ayant pas réussi à le faire rentrer chez lui, je lui cherche une place dans votre maison...

La baronne regarda sa fille, bien qu'en cette matière elle considérât comme inutile de la consulter.

— Ce n'est pas facile, dit-elle. Et vous le comprendrez, Jean : ce garçon si honnête, si respectueux qu'il soit, a été pour ma Sylvia un compagnon dans des jours douloureux et qui doivent être oubliés : ce serait un mauvais serviteur.

— Je n'y avais point pensé! balbutia Jean, fort désappointé.

— Ce sont des choses auxquelles on ne pense pas à votre âge, fit la baronne, mais ne vous inquiétez pas de ce garçon : nous le caserons quelque part, soyez-en sûr; M. du Vergier nous y aidera; au besoin, je m'en charge.

— Je vais vous le présenter, alors, madame, puisque vous montrez tant d'intérêt pour lui.

— C'est entendu. Mais vous, Jean que devenez-vous? que faites-vous? Où en êtes-vous de la poursuite qui vous tenait tant à cœur?

Jean exposa à la baronne le motif de son voyage au charbonnage de Lourches, la catastrophe à la suite de laquelle il lui avait écrit, et enfin l'heureux résultat obtenu par l'examen de la valise du complice de Jacob. Madame du Vergier le félicita sincèrement et fit l'éloge d'une opiniâtreté si méritoire de la part d'un fils. Elle ajouta :

— Voilà qui est très bien, mon petit Risler, — car on peut vous donner ce nom maintenant que vous l'avez relevé. Et avons-nous quelque projet pour l'avenir?

— Hélas! madame, cet avenir ne m'offre rien de bien brillant. Je fais un petit commerce de livres, et dans les moments de halte, aux heures de repos, je dévore le contenu de ma balle. Je m'y prends très proprement, et en coupant les feuillets d'un seul côté, je puis lire un livre sans lui ôter sa valeur marchande. J'ai beaucoup lu déjà, et cela me donne une envie irrésistible de m'instruire. Le hasard m'a amené à visiter une partie de la France; je peux, grâce à ma balle, voir le reste. Je ne fais plus comme autrefois, lorsque je m'abandonnais au seul plaisir de la curiosité. Maintenant, j'observe, je compare, j'interroge et je classe dans ma mémoire les faits recueillis. Mon ambition...

Jean s'arrêta, craignant d'avoir parlé trop complaisamment de lui.

— Votre ambition? fit la baronne.

— Elle est modeste, et pourtant trop hardie peut-être. Je voudrais pouvoir consacrer une partie de mes journées à l'étude. J'ai lu dans une biographie du célèbre explorateur de l'Afrique, David Livingstone, qu'à mon âge, étant comme moi d'humble extraction, fils d'ouvrier, il partageait en deux ses semaines. Une moitié de son temps était employée à gagner par le travail de ses mains sa subsistance et son entretien; l'autre moitié, il la consacrait à l'étude, aux grandes et fortes études, si bien qu'il gagna ses grades et devint le docteur Livingstone.

— C'est bien pensé, Jean, fit Maurice.

— Sans doute, dit la baronne; mais il faut un certain courage pour mener de tels projets à bonne fin.

— Ce courage, je le sens en moi, madame, répondit Jean d'un ton ferme, exempt de forfanterie.

Et il vit bien que la fille de la baronne et miss Kate approuvaient son plan de conduite.

— C'est la lutte pour la vie, observa Maurice; je vous aiderai, Jean, de toutes mes forces.

— Et moi aussi, dit miss Kate.

Sylvia voulut faire entendre une parole d'encouragement, mais les mots expirèrent sur ses lèvres. Et néanmoins ce fut cette parole qui ne fut pas prononcée que Jean comprit le mieux, tant il y avait d'expression amicale et tendre sur le visage de la belle jeune fille.

— J'ai dit, Jean, que je vous aiderais dans la réussite de vos projets, et je vais cependant, avec la permission de ma mère, tenter de vous en détourner. N'est-ce pas bien commencer?

— Expliquez-vous mieux, dit la baronne.

— Voici : Je voudrais, maman, que vous décidiez Jean à m'accompagner à Dax. Qui sait s'il n'aura pas plus d'influence que moi sur l'esprit du baronnet?

— Sir William est donc à Dax? demanda Jean à miss Kate.

— Oui, mon bon ami Jean, lui répondit la jeune Anglaise. Nous l'avons appris par hasard, ce matin, en lisant un journal de cette ville que reçoit le baron du Vergier.

— Oh! par un bien grand hasard! fit Maurice ; car jamais je n'en déchire la bande : mon père le reçoit à titre d'archéologue et de correspondant. Oui, le baronnet est en train de révolutionner l'Établissement thermal par ses excentricités, au point de prendre place dans la chronique locale.

— Maurice! Oh! fit miss Kate d'un ton de reproche.

— Pardonnez-moi, mademoiselle, si mon langage a pu vous blesser. Vous savez combien je suis dévoué à votre famille et à monsieur votre père, puisque je pars ce soir...

— Certainement, je sais tout cela, dit la jeune Anglaise radoucie, et Jean serait vraiment bon s'il voulait aller avec vous. Je me joins à vous pour que la baronne y consente.

La baronne ne disait pas non. Alors, Jean prit la parole :

— Et que deviendrait mon protégé? demanda-t-il à madame du Vergier.

— Vous n'avez pas d'autre objection, Jean? fit celle-ci; et elle ajouta : Au fait, voyons-le donc, ce gars de Landerneau!

Sur les explications de Jean, Maurice alla chercher le Breton. Ils arrivèrent tous les deux au pas gymnastique, par l'effet d'une malice de Maurice, et l'on entendait résonner sur le pavé de la cour les gros souliers de l'ancien moucheur de chandelles.

— Que de bruit! fit la baronne, lorsqu'ils pénétrèrent dans le *hall*.

— Halte! cria Maurice en s'arrêtant. Ce fut toute la présentation.

Madame du Vergier toisa le gars, et l'examina du coup d'œil sûr d'une maîtresse de maison.

— Mais il est très bien, votre protégé, dit-elle à Jean.

Méloir, alors, salua respectueusement les dames et fit un signe d'amitié au petit Parisien. Se rappelant les recommandations de Jean, il fut aussi cérémonieux vis-à-vis de la fille de la baronne que s'il la voyait pour la première fois ; la chose était d'autant plus facile à observer qu'il fallait de la bonne volonté pour reconnaître la petite Cydalise sous les dehors de mademoiselle du Vergier.

Tout s'annonçant bien, le Breton, crut pouvoir ébaucher son petit parlement :

— Respect de vous, madame la baronne, dit-il, si c'était que vous voudriez me prendre d'avec vous pour me gager domestique, vous auriez un malin gars à vot'e service, je ne mens pas !

La baronne sourit.

— Et, reprit Méloir, je ne dis point tout ce que je peux, ni tout ce que je sais, mais vous verrez, madame : de sûr et de vrai ça sera aussi ben de la bonté de votre part d'avoir pitié d'un brave garçon comme moi.

— Il va bien le gars de Landerneau, murmura Maurice en riant. — Sans mentir, ajouta-t-il d'un ton moqueur.

— Eh bien oui ! Eh bien oui ! dit madame du Vergier. Le baron ne rentrera pas à Caen avant plusieurs jours, mais sur la recommandation de Jean, j'accepte dès à présent son protégé. Il vous suivra, Maurice, et vous sera peut-être de quelque secours. Méloir, vous allez accompagner mon fils dès ce soir. Vous aurez soin de lui et de son ami Jean... seulement, je dois vous avertir que ce n'est que pour un temps assez court..., à moins que je ne change d'idée. Quand vous reviendrez, je prends l'engagement de vous trouver une bonne place. En attendant, voilà votre maître ; aimez-le bien et servez-le fidèlement.

— Madame la baronne, je ne suis pas pour chercher dispute à un quelqu'un, mais celui-là qui voudrait du mal à mon maître ou au petit Parisien... Verè ! i' ne ferait point de vieux os dans sa peau. A qui mal veut, mal arrive. V'là comme nous sommes à Landerneau.

Madame du Vergier sourit de nouveau.

— Bien, bien, dit-elle, je vous les confie tous les deux, Méloir ; et maintenant, allez dîner et vous préparer.

Le Breton s'inclina et dit :

— Bonsoir à vous revoir, madame, portez-vous bien, et le paradis à la fin de vos jours.

Comme Méloir sortait du *hall*, une main délicate lui barra le chemin et se tendit au-devant de la sienne ; une petite voix murmura : — Vous voilà donc retrouvé, mon bon Méloir ?

Récolte de la résine dans les Landes (page 615).

— Saint Houardon! saint Malo! saint Jagu! ça vous r'va donc comme vous voulez, ma jolie mignonne demoiselle? dit Méloir dont la voix se fit douce.

— Oui, répondit Sylvia: surtout, soignez bien mon frère... et son ami Jean...

— Que tous les saints de Bretagne et de Normandie vous bénissent, ma jolie demoiselle! c'était bien du deuil de ne pus vous revoir.

Le soir même, Maurice et Jean, escortés de Méloir, dont la garde-robe venait d'être remontée tout à point, prenaient la direction de la gare. On peut croire que le Breton n'avait pas oublié de dîner, et il se louait fort des petits soins de la grande Nanon. Quant à Jean, c'est dans le ravissement qu'il s'éloignait de cet hôtel où il était venu frapper peu d'heures auparavant, honteux, repentant, le cœur bien gros. Il en sortait grandi, transfiguré lui aussi, se sentant dégagé de l'adolescence et capable d'entamer ce combat que Maurice avait appelé la lutte pour la vie.

VI

Les Landes de Gascogne

Henry Esmond, le gendre du baronnet, cherchait son beau-père aux environs de Mézières, tandis que Maurice et Jean, sans perdre une heure, se dirigeaient sur Dax, dans les Landes, en passant par Bordeaux. Pour ne pas retarder Maurice, pour ne pas le quitter, Jean renonça à aller voir Bordelais la Rose à Mérignac. Lorsque le train traversa Pessac, Jean se trouvait à une lieue seulement de son vieil ami...

Son regret fut un peu diminué par l'espoir d'être libre de revenir dès le lendemain passer quelques heures à Mérignac, Maurice s'engageant à l'attendre à Bordeaux avec le baronnet; — car il ne doutait pas que sur l'ardente prière de miss Kate et d'après le tableau de la désolation de sa famille, sir William ne consentît à reprendre le chemin de l'Angleterre.

Les deux jeunes gens arrivèrent à Dax accompagnés de Méloir. En sortant de la gare, ils entrèrent dans un restaurant pour prendre un léger repas, et Méloir, afin de gagner du temps, fut dépêché — malgré les protestations de son estomac et les signes d'intelligence qu'il faisait à Jean, — vers « l'Établissement des Thermes, » pour s'assurer de la présence du baronnet, avec ordre de ne pas le perdre de vue.

Mais comme Maurice et Jean se levaient de table, ils virent revenir vers eux Méloir tout essoufflé, qui leur cria en les abordant :

— Il s'est ensauvé, le failli merle !

— Méloir, habituez-vous à parler des gens avec plus de respect, dit Maurice. Et, vivement contrarié de ce qu'il apprenait, il ajouta : le baronnet a-t-il seulement quitté cet établissement ou la ville ?

— On ne sait pas où il est, not'e maître ; avant-hier il est parti sans dire bonsoir à personne. Hier matin on ne l'a pas retrouvé. Faut croire qu'il avait déménagé dans la nuit. On parle de lui comme d'un ustuberlu, sauf respect !

— Ce pauvre baronnet a décidément perdu l'esprit, dit Maurice. Pour hurluberlu, il l'a toujours été, puisqu'il a mis dans sa tête de n'avoir jamais de Français pour gendre...

— Si nous allions nous-même aux renseignements? suggéra Jean.

Maurice approuva. Ils passèrent l'Adour et se trouvèrent dans la cité balnéaire. Une fontaine publique, la fontaine Chaude, y jaillissait dans un bassin de quatre cents mètres de surface : c'était comme l'enseigne, le blason de la ville ; mais de tous côtés se présentaient les établissements thermaux : bain Hirigoyen, bain Lavigne, bain Auguste-César, bain romain, le grand établissement des Thermes d'où s'était « ensauvé » sir William, les Baignots, le bain Lauquet, le bain Sarrailh ; et sur les murs, des affiches, des réclames en faveur des eaux chlorurées sodiques de Pouillon, de l'eau sulfureuse de Gamarde, des sources sulfureuses froides et des bassins de boue de diverses localités ; avec cela, appels séduisants aux poitrines faibles, aux larynx détraqués, aux détenteurs de rhumatismes, goutte, névralgies, névroses rebelles et paralysies obstinées.

— Il avait choisi un bon endroit, votre futur beau-père, pour se faire administrer des douches, observa Jean.

— Mon futur beau-père! Pas encore... si au moins, j'avais le bonheur de le ramener à sa famille !... Mais voyez-vous, mon ami, comme c'est peu facile !... Nous n'avons pourtant pas perdu de temps pour venir...

Les renseignements recueillis au grand établissement des Thermes étaient on ne peut plus contradictoires. Le gardien de la tour de Borda, — ancien observatoire du géomètre Borda, né à Dax, — affirmait avoir vu « l'Anglais » se diriger à pied vers les Grandes Landes. Le sacristain de la cathédrale avançait avec non moins d'assurance que l'avant-veille, dès le petit jour, le « huguenot », lui et non un autre, suivait la route de Mont-de-Marsan. Or, Mont-de-Marsan est à l'est de Dax, les Grandes Landes s'étendent au nord et à l'ouest jusqu'aux dunes du littoral. Comment concilier ces deux affirmations et quelle préférence donner à l'une ou à l'autre des directions indiquées?

Jean ouvrit un avis : il pourrait aller à Mont-de-Marsan, et Maurice accompagné du Breton, du côté des Grandes Landes. Ce plan assez sage fut adopté, et nos deux amis se séparèrent immédiatement. On convint de se retrouver à Dax, et d'y ramener de gré ou de force sir William; au besoin on s'écrirait à l'établissement thermal, où le baronnet avait oublié de solder ses dernières dépenses, oubliant aussi, accroché au porte-montre, un chronomètre d'assez de valeur pour couvrir et au delà les dites dépenses.

Les douze ou quinze lieues qui séparent Dax du chef-lieu du département fournirent une agréable promenade à Jean. La région des Landes proprement dite vient mourir sur la gauche de la route, et à droite, le Midou et l'Adour, ainsi que les affluents de cette dernière rivière, donnent au pays un aspect gai et prospère. Jean cheminait à pied, et de temps en temps demandait des nouvelles d'un Anglais un peu toqué. — Ils le sont tous, lui répondait-on le plus souvent; ce n'est pas là un signalement...

Son espoir de rencontrer sir William allait diminuant à mesure qu'il approchait de Mont-de-Marsan. Le gardien de la tour Borda devait être dans le vrai, se disait Jean. Mais il était trop près du but de son voyage pour rétrograder. Déjà apparaissaient les jardins qui égaient les alentours de la ville; bientôt, il aperçut la ville elle-même, entourée de cette verdure éclatante d'où pointent les grands arbres.

Venise des Landes, comme on l'a appelée, Mont-de-Marsan se baigne dans les eaux du Midou et de la Douze qui, en se joignant, forment devant elle la Midouze, grande étendue d'eau navigable où glissent de pacifiques escadrilles. Au milieu de ce paysage la ville s'élève en amphithéâtre; peu de monuments dépassent les maisons, sauf l'église; de sorte qu'en entrant dans la ville, Jean eut la surprise de trouver beaucoup de constructions régulières et belles. Il lui parut que Mont-de-Marsan, ville essentiellement moderne, malgré sa faible population de 11,000 habitants, a une tendance très marquée à se rajeunir, tandis que Dax demeure ville ancienne.

A Mont-de-Marsan on n'avait pas vu d'Anglais dans les jours précédents, ni toqués ni sains d'esprit; — et Jean, ayant acquis cette certitude pénible, monta dans une voiture publique pour s'en retourner le plus diligemment possible à Dax. On y était sans nouvelles du jeune du Vergier, et ce ne fut que quatre jours après, au moment où Jean commençait à être fort inquiet, que Maurice arriva suivi de l'éreinté Méloir.

— Chou blanc! cria celui-ci par-dessus l'épaule de son maître.

Ce mot disait tout, — moins la fatigue, moins les dangers courus. Maurice embrassa Jean et lui raconta son voyage infructueux. Il avait parcouru les Grandes Landes, le Marensin et les dunes qui longent le littoral.

— Singulier pays que ce coin de la France! s'écria Maurice. Je savais comme tout le monde que les paysans des Landes marchent avec des échasses; mais je n'aurais jamais imaginé rien d'aussi différent que tout ce que j'ai pu rencontrer jusqu'ici, et vous aussi sans doute, mon ami. En chemin de fer nous avons regardé sans voir, ou plutôt nos yeux s'étaient vite fatigués de ce défilé rapide de forêts sombres, de landes grisâtres avec la ligne des dunes faiblement marquée à l'occident. Eh bien! je vous assure que c'est une des curiosités de la France, que l'on néglige; c'est un monde à part : le désert succédant à nos villes populeuses, à nos campagnes cultivées partout; le désert auquel l'Océan apporte sans fin ses sables, avec les Pyrénées au sud dressant à l'horizon leur grande masse bleue.

» D'après ce que j'ai vu et ce qu'on m'a appris, les Grandes Landes constituent un vaste plateau qui a dû être autrefois recouvert par la mer. En hiver, ce sol sablonneux est noyé par les pluies; en été les sables y sont brûlants. Et que c'est triste! Rien pour fixer le regard; partout la plaine sans borne; et comme pour mieux en montrer le vide, quelques pâtres montés sur des échasses, — des hommes-compas, ainsi qu'on l'a dit. Le silence n'est interrompu que par le cornet des bergers qui rassemblent leurs moutons, et la chanson flottant çà et là de la cigale, qui se réveille pour vous endormir. Au sein de cette sécheresse, parmi les bruyères, les moutons trouvent une herbe courte, très nourrissante.

» Le Marensin possède des forêts de pins qui vont jusqu'aux dunes; il a aussi des étangs nombreux, des lacs pour mieux dire, arrêtés au pied des falaises de sable qui font obstacle à l'écoulement de leurs eaux.

» C'est une succession de collines de sable, au pied desquelles coulent de petits ruisseaux. Les étangs donnent asile à des champs de roseaux; les bouquets de pins que les colons des Landes — je n'ai pas dit les naturels — appellent « pignadas », alternent avec les chênes-lièges; les pins fournissent leur résine, et c'est une fortune au milieu de cette indigence de la nature; les chênes-lièges donnent leur écorce. Entre les collines s'ouvrent des vallées parallèles, — des « lèdes » ou « lettes ». Ces vallées, qui séparent deux séries de dunes, ressemblent sur une longueur de plusieurs lieues aux lits desséchés de larges fleuves entourant de grands îlots boisés.

» Les dunes occupent, du sud au nord de la Gascogne, une étendue de plusieurs lieues avec huit ou dix kilomètres de largeur : leur élévation varie entre cent et cent cinquante pieds; la pente la plus douce se trouve toujours du côté de la mer.

» Isolées par des vallons, elles changeaient sans cesse de place, naguère. Les dunes s'élevaient, s'abaissaient, s'éloignaient, se rapprochaient suivant le caprice des vents; et toujours leur masse, augmentant la menace d'un danger perpétuel, croissait aussi ; car la mer jette sur les côtes plus d'un million de mètres cubes chaque année; elles augmentaient donc, et gagnaient du terrain, ensevelissant peu à peu et parfois assez brusquement, champs cultivés, villages, forêts, enfin tout ce qu'elles rencontraient; mais sans rien renverser, grain de sable à grain de sable : les feuilles mêmes des arbres gardant leur position et les rameaux leur dernier balancement, à la minute de l'invasion. La dune avançait, et bientôt on ne reconnaissait plus la place occupée la veille par les demeures et les cultures — si ce n'est aux branches hautes de quelques grands arbres plantés devant les portes des habitations, selon une coutume très ancienne généralement suivie. Ces têtes d'arbres perçaient la surface de la colline mouvante. »

Avec une connaissance plus complète de la région, Maurice du Vergier eût pu ajouter que les pays de Born, de Mimizan et du Marensin, qui forment la zone du littoral du département des Landes, sont séparés des Landes du Médoc par le pays de Buch, qui contourne au sud le bassin d'Arcachon et par la charmante vallée où coule la Leyre, vallée renommée pour ses sources nombreuses et ses massifs d'arbres fruitiers. Toutes ces dunes étaient, il n'y a pas beaucoup d'années, dépourvues d'arbres, parsemées de lagunes et d'étangs. Étangs et dunes ont été conquis à la sylviculture par l'assèchement du sol et des plantations régulières. Le boisement des dunes, la transformation des Landes rases en forêts, la mise en culture des bas-fonds arrosés, telle est la réforme en partie réalisée que poursuivent les propriétaires landais. Depuis une vingtaine d'années, on a même entrepris avec ardeur l'agrandissement du domaine agricole par la conquête des terres d'alluvion et des sables que recouvrent de leurs eaux de vastes étangs comme ceux de Soustons, de Léon, de Saint-Julien et les grands lacs du pays de Born.

Il est à regretter que l'exploitation des forêts de pins soit le plus souvent poussée à outrance. Dans le Marensin, on ne voit pas sans appréhension pour l'avenir ces grands pins trop avidement sollicités dans leur sève : entourés de gouttières de fer-blanc et de gobelets en terre, la vie de ces arbres s'écoule prématurément perle à perle.

Les « résiniers », gens d'allure passablement sauvage, sont loin de vivre toujours en bonne intelligence avec leurs « bourgeois ». Pendant longtemps ils ont, en qualité de métayers, partagé la récolte de la résine par moitié avec les propriétaires du sol. Depuis, d'autres conditions leur ont été faites qui ne leur accordent plus que le cinquième du rendement ou moins encore. De là un état permanent d'hostilité.

L'exploitation des pins, qui a fait la fortune des Landes, a enrichi nombre de particuliers sans modifier sensiblement le milieu social dans lequel ils vivent. Tel paysan, qui possède depuis peu les revenus d'un millionnaire, marche encore pieds nus et n'a pas déposé ses sordides vêtements de travail. Certaines communes ont réclamé leur part de l'enrichissement général. Des municipalités, qui possédaient de vastes étendues de landes rases, en ont vendu une partie pour ensemencer ce qui leur restait, et à l'exemple des particuliers, se sont mises en possession de revenus considérables, qui permettent de faire des dépenses d'intérêt général — et même de folles dépenses. Ainsi il n'est pas rare de voir une commune dont le hameau principal n'a pas douze maisonnettes, célébrer sa fête patronale par des combats de taureaux, par des courses de chevaux, — le tout à grands frais.

— Les nomades des landes, reprit Maurice, ne poussent pas jusqu'aux dunes encore mobiles. Qu'y feraient-ils ? Tout y est sans vie. Quelques oiseaux de mer sont parfois amenés par la courbe de leur vol à animer un instant le lugubre paysage... Et voilà, mon ami, où je cherchais... un beau-père ! Au surplus, sans Méloir, j'y serais resté. Ce Breton est un garçon dévoué et de bon conseil. Il m'avait forcé de prendre un guide et je m'en suis bien trouvé. Il faut savoir qu'il n'y a pas de chemin tracé ; en revanche, des fondrières recouvertes de sable multiplient les dangers sous vos pas. On les appelle « blouses » dans le pays. Dieu préserve mes ennemis de ces blouses-là ! Elles se trouvent en des endroits où des amas d'eau ont été saturés de sable, et en s'évaporant ont laissé une infinité de petites voûtes. Là est le piège. La surface ne le trahit pas.

» On s'aventure dessus ; les voûtes cèdent sous le poids et on entre là-dedans jusqu'à mi-corps. C'est ce qui m'est arrivé. Je pousse un cri : j'en avais jusqu'à la ceinture. Méloir accourt à mon aide et disparaît jusqu'à la poitrine. Et il me semblait que je continuais d'enfoncer. Je me rappelai cette saisissante description de l'enlisement qu'on lit avec terreur dans les *Misérables*, et je sentais mes cheveux se dresser sur la tête.

» Mais notre guide nous cria de ne pas avoir peur.

» Il nous indiqua ensuite une bien singulière manière de nous tirer d'affaire, ma foi ! Il fallait raccourcir une jambe, laisser au sable environnant le temps de couler, de se tasser sous le pied, puis en faire autant de l'autre

Sir William Tavistok se dirigeait vers la gare (page 621).

jambe jusqu'à ce que l'on soit au niveau de la surface du sable bouleversé, auquel est venu se mêler un restant d'eau.

» Je sortis de là, mouillé jusqu'aux genoux, mais heureux d'en être quitte à si bon marché.

— Le guide vous a été fort utile en cette circonstance, mon cher Maurice. Comment vous seriez-vous tiré de ce mauvais pas?

— Ah ! je n'en sais rien ! s'écria Maurice. Je crois que nous y serions encore tous deux, Méloir et moi, à nous regarder face à face. Il y a, paraît-il, des endroits plus dangereux encore. Ainsi il existe, au milieu des dunes, des flaques d'eau où les nénufars, les potamots et d'autres plantes aquatiques pressent leurs larges feuilles au-dessus du bassin. Le vent charrie le sable sur cette espèce de plancher mobile, et peu à peu les bords disparaissent et même la flaque d'eau tout entière. Malheur à celui qui entre dans ce bassin vaseux, trompé par l'apparence solide de la surface; une mort horrible l'y attend.

» Pour éviter les dangers dont je parle, poursuivit le jeune du Vergier, les gens du pays marchent sur la crête des dunes ou se tiennent à mi-côte; mais il ne faut pas être préoccupé par la recherche d'un baronnet anglais plus qu'excentrique...

— Je croyais, dit Jean, qu'il n'y avait de sables dangereux que dans les déserts de l'Afrique et de l'Asie.

— C'est une erreur... que je partageais. Ici le sable est véritablement un ennemi, bien autrement à redouter que les loups qui infestent le pays et forcent les paysans à porter partout avec eux un fusil en bandoulière. A Mimizan, qui a été jadis un port sur l'Océan, j'ai vu la dune qui menaçait d'engloutir la dernière église échappée au fléau, suspendue à deux mètres seulement de ses murs, arrêtée enfin dans sa marche par des semis de pins : l'enseignement a été profitable, et la dune de Mimizan a servi puissamment à propager le suprême préservatif popularisé par Brémontier.

» J'ai parlé des étangs, ajouta Maurice. Tout à coup, au delà d'un bouquet de pins, on découvre un de ces petits lacs, une de ces lagunes qui séparent la région des landes de celle des dunes. La vaste nappe d'eau est bordée de villages qui s'y mirent coquettement, et, dans de fraîches prairies, se pressent les troupeaux.

Maurice s'étendit ensuite longuement sur les habitants des Landes, population très sympathique qui se montre de loin en loin aux abords des villages. Ces nomades ne vivent pas seuls ; ils sont suivis de femme et enfants. Les Landais sont de petite taille, maigres, hâves, leur teint est décoloré; ils portent les cheveux longs taillés sur le front suivant des modes vieilles de plusieurs siècles; l'air de leur visage est triste, et la mobilité de leurs traits trahit chez eux une excessive irritabilité nerveuse. Quoique faibles et malingres d'apparence, ils avaient paru au jeune du Vergier sobres, rudes au travail, durs pour eux-mêmes. Il avait rencontré des bouviers se préparant à passer la nuit dans leur charriot ou par terre, à côté de leurs bœufs. Tout ce monde, vêtu l'été d'une casaque de toile grossière va nu-pieds ou chaussé de sabots, porte le béret basque surtout dans la partie méridionale du département.

Le costume d'hiver se compose d'un gilet à manches, d'un justaucorps en peau de mouton et de grandes guêtres de peau. Les bergers ont en outre un manteau blanc à capuchon, de grossière étoffe de laine.

Ces nomades se nourrissent de pain de seigle ou de bouillie de maïs très épaisse, mangée froide, avec un assaisonnement de sardines dont la rancidité semble faire le mérite.

Le besoin de traverser de grands espaces, souvent inondés, a fait adopter aux Landais l'usage des échasses. Grandis de la sorte, ils parcourent plus vite les immenses distances, l'interminable lande : ils peuvent suivre un cheval au trot; ils veillent aussi plus aisément sur leur troupeau. Les bergers sont en outre munis d'un long bâton sur lequel ils s'appuient dans les moments de repos. On les voit alors occupés à un ouvrage de tricot...

Les femmes et les enfants se servent également d'échasses. On s'assied sur une armoire, sur le manteau de la cheminée pour « chausser » ces prolongements de tibias.

Les paysannes landaises se contentent pour leur vêtement d'étoffes grossières. Elles se coiffent d'une sorte de capuce formée de plusieurs mouchoirs; les jours de fête, elles y ajoutent un chapeau à larges bords.

Maurice avait dû louer une carriole pour achever sa tournée et s'en revenir à Dax. Les relais étaient fournis par les chevaux du pays, chétifs, un peu sauvages, mais résistant bien à la fatigue.

— Qu'allons-nous faire maintenant? demanda Jean à son ami. N'avons-nous pas montré toute notre bonne volonté?

— Sans doute; mais vous ne sauriez comprendre jusqu'à quel point je suis déçu! Comment après cet échec oser reparaître aux yeux de miss Kate? Ne pouvoir même lui donner la moindre nouvelle rassurante de son père! Pauvre demoiselle! Il ne me sera donc pas permis de lui venir en aide dans son affliction!

Le roulement d'une voiture publique coupa court aux lamentations de Maurice; un messager descendit lestement de l'impériale, porteur d'un paquet en forme de guitare adressé au gérant de l'établissement thermal. Un moment après, Maurice apprit que l'Anglais était retrouvé : il envoyait de

Bayonne un jambon (!), réclamait sa montre oubliée, et faisait payer sa note. Maurice tout joyeux revint trouver Jean.

— Il est à Bayonne ! cria-t-il.

Lorsque Jean connut l'envoi du jambon, il ne put s'empêcher de remarquer que ce cadeau donnait la mesure du bon sens de l'insulaire.

— Fou ou non, l'essentiel est que je le ramène à sa fille, répliqua Maurice. Et en attendant cet heureux moment je vais expédier à Caen un télégramme où je montrerai tout ce que mon dévouement pour la charmante Anglaise est capable de m'inspirer — sans compter les mots.

— Mais c'est que nous ne le tenons pas encore ! observa Jean.

— Laissez-moi donc rêver aux termes de mon télégramme, répondit Maurice, distrait.

VII

De Bayonne à Bagnères de Luchon.

Comme on le pense bien, Maurice et Jean ne furent pas longs à prendre le chemin de fer de Bayonne. Par le messager porteur du jambon, ils savaient à quel hôtel de cette ville était descendu sir William. Méloir fut emmené. Le Breton se faisait fort de ficeler le particulier comme un saucisson, précaution que Maurice ne jugeait nullement indispensable pour ramener le baronnet au milieu des siens.

Bayonne, mire sur la rive gauche de l'Adour, près de l'embouchure de cette rivière, ses jolies maisons peintes de diverses couleurs voyantes, à la manière espagnole. Elle est traversée par la Nive qui, en venant se jeter dans l'Adour, forme un petit port intérieur tout ensoleillé ; là, évoluent, ou sont amarrés, des navires de commerce d'un moyen tonnage, les seuls qui puissent franchir la barre d'entrée de la rivière, formée de sables mouvants. C'est une ville très fortifiée et que l'on prendrait néanmoins pour une ville ouverte, tant elle offre de promenades plantées d'arbres, de places, de larges espaces, contrairement aux villes fortes des frontières, qui sont bien plutôt des forteresses habitées que des villes ceintes de remparts.

La première personne que Maurice et Jean aperçurent en sortant de la gare, ce fut sir William Tavistock, baronnet. Un sac de voyage à la main, la lunette sur les flancs, il se dirigeait vers la gare... — Nous avons bien fait de devancer le messager, murmura Jean à l'oreille de Maurice.

La rencontre ressembla à un choc, tant il y eut d'ahurissement chez l'insulaire et de surprise de la part de Maurice et de son camarade. Toutefois on s'aborda avec force démonstrations d'amitié. L'Anglais poussait des interjections gutturales et, posant par terre son sac, il se mit en devoir de broyer amicalement les mains que les deux jeunes gens lui avaient imprudemment abandonnées. Flegmatique et souriant — d'une façon non équivoque, grâce à sa puissante mâchoire, — il ouvrait des yeux démesurément interrogateurs et soumettait réellement à la question Maurice et Jean, qu'il secouait.

— Aôh! clama-t-il, je été content de trouver vôs à Bayonne! La petite Jean devenu haut depuis le naufrage! Gentil, tutafaite! Aôh! yes, tutafaite! ce était bien.

Mais le baronnet apercevant le Breton qui l'examinait avec une attention trop soutenue, s'effaroucha subitement, et reprit sa valise.

— Ce été pour môa, dit-il, que vous venez à Bayonne, — ou pour les jambons? Si c'est pour môa, master Maurice, apprenez à milady que je voulé faire bien des folies — je voulé en faire! entendé-vô? Je parté pour Luchon, pour Bagnères de Luchon. Bonnejoure, mes petits amis! N'oubliez pas; écrivez loui à milady. Pour la faire enrager, je loui ai envoyé une caisse de jambons! Aôh! elle dira encore que j'ai le spleen! Le spleen! Je voulé voyager bôcoup, bôcoup.

Tandis que le baronnet parlait, Maurice avait consulté Jean du regard.

— Vous allez à Luchon, sir? Nous y allons aussi, dit-il après une courte hésitation.

— O *dear!* Vous n'en prenez pas la chemin, observa le baronnet, au contraire.

— Il est vrai, balbutia le jeune du Vergier en rougissant. C'est que voyez-vous, milord, nous avions l'intention de tâter de quelques bains de mer à Biarritz.

— Aôh, yes! très comfortabel à Biarritz.

— Mais nous y avons renoncé... en route, préférant les bains de Luchon aux bains de mer — comme vous, sir.

— Alors je regretté bôcoup : je ne vais pas à Luchon pour les eaux, dit sèchement le baronnet. Ce ne été pas assez excentrique, nô!

— Ah! fit Maurice qui se sentait battu. Et... y aurait-il de l'indiscrétion, sir?... pourrait-on vous demander?...

— No, il y avait point nullement de l'indiscréchun, répliqua l'Anglais qui ne demandait pas mieux que de parler « pour faire enrager milady ». De Luchon, j'entrerai dans le montagne pour chasser la petite l'isard; très jiouli sport!

— Voilà une belle idée ! s'écria Maurice. Et s'adressant à Jean : Si nous y allions aussi... chasser l'isard?

— Mais... je ne demande pas mieux! dit Jean.

Sir William souriait. Comment! il aurait la bonne fortune d'emmener avec lui des témoins de ses extravagances!

— Nous vous accompagnerions bien volontiers, sir, si vous le permettiez?... Ce doit être un bien agréable divertissement cette chasse-là!

— Aôh! yes, tutafaite ! Je suis fol, mais je avé encore l'œil juste, vous verrez ce que je sais faire avec une carabine.

La folie du baronnet, Maurice et Jean le devinèrent, consistait à vouloir se faire passer pour fou. Généralement c'est le contraire qui se produit. Mais est-ce bien là une sorte de démence classée? En tous cas, on ne simule pas la folie quand on est en pleine possession de son bon sens.

— Vous feriez peut-être mieux de ne pas venir avec môa? reprit-il par pur esprit de taquinerie. Vous réfléchirez, et vous viendrez me rejoindre... Au revoir! Bonnejoure! voilà l'heure du train. Apprenez aussi à milady que j'avé tout de même l'intention d'acheter les Pyrénées.

En entendant l'énoncé de cette énormité, Méloir éclata de rire et marmotta entre ses dents : « Je vas le piler l'Ingliche! » Maurice se tourna vers l'indisciplinable Breton et lui jeta un regard furieux. Mais le baronnet semblait tout heureux de l'effet produit, et il reprit :

— Je crois que les Pyrénées valent mieux que les Alpes. Je sais bien que pour le même prix je pourrais avoir tout un département français.

Maurice et Jean avaient de la peine à garder le sérieux. Quant à Méloir il faisait des efforts désespérés pour se contenir, se fermait la bouche avec la main. Maurice le regarda de nouveau d'un air sévère.

— Laissez rire cette garçon, intervint le baronnet; puisqu'il est convenu que je suis fol... Voyez-vous en Angleterre nous possédons de grandes, grandes propriétés. Chez vous, on ne sait pas faire les choses... Aôh! non. Des champs morcelés, larges comme un mouchoir, moins que ça : comme la main...

Et, tout à fait réjoui de la tournure que prenaient les choses, sir William se mit à rire à son tour si bruyamment que Méloir en profita pour donner un libre cours à son hilarité, sans crainte de réprimande.

— Hélas! c'était bien vrai, dit Jean à Maurice, il déménage ce pauvre baronnet. Jouez serré, mon ami.

Une sonnerie quelconque se fit entendre à l'église voisine :

— Diable! l'heure! l'heure! aôh! je avais oublié, cria sir William. Adieu! Je parté... Vous réfléchirez.

Le jeune du Vergier se sentait sur les épines.

— C'est tout réfléchi, dit-il, nous allons avec vous. Chemin faisant je vous parlerai d'une belle occasion qui se présente, si vous voulez réellement acheter un vaste domaine, un département tout entier...

— « Really ? » dit l'Anglais devenu très attentif et observant jusqu'à quel point le jeune du Vergier pouvait croire à sa folie simulée.

— J'ai votre affaire, sir, mais il faut se presser. Il y a acquéreur. Le marché ne tient plus qu'à cent millions.

— « Pshaw! » fit le baronnet. Je ne regardé pas au prix, môa. Je voulé acheter, voilà tout!

— Alors, il nous faut d'abord renoncer à aller chasser l'isard du côté de Luchon.

— Très bien! murmura Jean pour encourager son ami.

— Et c'est une privation pour moi, ajouta Maurice d'un ton hypocrite, de ne pas aller dans les montagnes tuer deux ou trois de ces chamois si lestes!

L'Anglais réfléchissait gravement.

— Voyez-vous, dit-il, ce qu'il me faut c'est une forêt... traversée par une rivière; je voulé un château pour milady à un bout et un château pour moi à l'autre bout. Est la chose possible?

— Très possible, fit Maurice. Et déjà miss Kate se doutant de votre intention a fait la moitié du chemin ; elle est en Normandie, à Caen, chez ma mère.

— Ohâ! cria le baronnet. Ce fut comme un rugissement. Et il pirouetta sur lui-même, vivement impressionné par ce que lui apprenait Maurice. Kate, sa petite Kate chez les du Vergier! Donc on le cherchait; milady croyait à sa folie! Ça prenait. Très bien! *All right!* Mais Kate affligée, c'était fort pénible pour le baronnet, qui demeurait malgré tout attaché à ses enfants.

— On pourrait la consulter? insinua Maurice.

Le baronnet joua l'indifférence. Levant la tête et faisant avancer sa barbe par un mouvement du menton, il se mit à se gratter le cou : ce geste semblait activer chez lui la réflexion. Très drôle il était dans cette attitude, avec son bonnet écossais noué en arrière!

— Pas encore, finit-il par dire. D'abord, môa je ne renoncé pas à chasser les petites l'isards.

Maurice échangea un regard d'intelligence avec Jean.

On traversait des sites pleins d'imprévu (page 631).

— Il ne faut pas le lâcher, lui dit ce dernier à demi-voix.

— Soit! fit Maurice. Si vous y allez, nous y allons tous, sir; on ne va pas tout seul à la chasse au chamois? On s'y rend en compagnie, n'est-ce pas? Il faut aussi des rabatteurs, je pense?

— Yes, yes! je voulé touier bôcoup de petites bêtes.

— Eh bien! emmenez-nous tous deux, Jean et moi; cela nous réjouira fort.

L'Anglais indiqua Méloir et dit :

— Quelle est cette garçon ?

— C'est mon domestique, sir, répondit Maurice. Il nous sera utile ; et dès ce moment, je le mets à vos ordres. Méloir, débarrassez sir William de son sac de voyage.

Méloir mit plus que de l'empressement à accomplir cet ordre : tenant le sac du baronnet, il pensait déjà tenir le baronnet lui-même.

Sir William respira plus à l'aise ; sa défiance se dissipait ; il ne lui restait que le plaisir que lui procurait la rencontre de ces deux jeunes gens qui lui étaient sympathiques et qui certainement donneraient des nouvelles de lui à milady.

— Enfin, c'est décidé, lui dit Maurice, nous partons pour Luchon, comme cela ? sans autre préparation ?...

— Oui, nous partons, dit le baronnet ; dans dix minutes, ajouta-t-il en consultant le cadran de la gare. Il n'y a qu'une chose qui me gêne.

— Peut-on savoir ?... toujours sans indiscrétion ?...

Maurice souffrait, dans sa délicatesse, de ces demandes ainsi adressées au père de miss Kate.

— C'est de ne pas avoir ma montre à répétition. Je l'ai oubliée à Dax... On doit me la rapporter... demain.

Maurice et Jean savaient cela aussi bien que le baronnet.

— Mais je n'attendrai pas, reprit l'Anglais. Je reviendrai plutôt. Partons, partons. Hurrah ! Mes petits amis, je prends à ma charge la dépense de tout le monde. Aôh ! mes moyens me le permettent. Je dois me ruiner si je voulé que l'on dise que j'ai la folie des grandeurs.

Il n'y avait rien à répondre à un tel raisonnement.

Maurice aurait bien voulu annoncer à Caen la découverte qu'il venait de faire ; mais les quelques minutes nécessaires à l'expédition d'un télégramme lui faisant absolument défaut, il fallut se résoudre à suivre l'Anglais, et se contenter du résultat obtenu.

Sous son panache de fumée décrivant des orbes immenses, le convoi ondulait comme un gigantesque serpent à travers le département des Basses-Pyrénées, en passant par des localités de peu d'importance.

Le pays que l'on traversait était beau et riche en vignobles ; mais sur des collines se développaient trop librement les *touyas*, fourrés d'ajoncs, de fougères et de bruyères, au milieu desquels croissent clair-semés des chênes « tauzins. » Ces sortes de landes de mince produit occupent une place dont s'accommoderait bien la culture ; mais les paysans sont habitués à utiliser à leur façon les touyas, dont ils se servent pour la litière de leurs animaux, et, lorsque la place fait défaut, ils s'expatrient, — tout simplement. C'est pourquoi la population des Basses-Pyrénées fournit à l'émigration vers le Nouveau-Monde un contingent si considérable.

De temps en temps la voie franchissait un pont. Des paysans se montraient, portant le costume basque : veste bleue en drap ou en velours, pantalon de même étoffe, chemise très blanche, ceinture de soie rouge tournée plusieurs fois autour du corps et dans laquelle le Basque glisse sa pipe, sa bourse et son couteau ; sur la tête le béret, au cou une cravate peu serrée, aux pieds des chaussures de corde, auxquelles on attache des grelots pour l'exécution des danses nationales ; à la main le lourd bâton de néflier rouge, solidement ferré et qui à l'occasion devient une arme terrible. Chez les femmes, le noir dominait dans le vêtement, surtout pour les mantelets et les tabliers des dimanches.

D'heure en heure le baronnet disait d'un air madré :

— Aôh ! Ce n'est pas cette département qui est à vendre ?

— Non, non, répondait invariablement Maurice. C'est plus au nord, tout à fait au nord.

— Du côté de la Normandie ? faisait le baronnet ; oh yes !

Après Sames, se présenta à gauche dans la plaine le confluent de l'Adour et du gave de Pau ; puis Peyrehorade, au pied d'une colline que couronnent les ruines du château d'Aspremont ; la nuit venait lorsqu'on se trouva devant Puyôo, où se réunissent les chemins de fer de Bayonne et de Dax.

On passa devant Orthez, à la nuit close. Nos voyageurs n'entrevirent que bien vaguement cette ville, de près de 7,000 habitants, bâtie au pied d'une colline, sur la rive droite du gave de Pau. La superbe tour de Moncade, donjon du palais des comtes de Foix, se dessinait en noir sur le plateau accessible seulement par l'est, où elle a été élevée au treizième siècle. Une odeur caractéristique trahissait un centre de tanneries et de mégisseries. A Orthez, où les fontaines sont rares, des porteurs d'eau font un service actif entre la ville et le Gave, où ils vont remplir leurs tonneaux près d'un très ancien pont fortifié ayant plusieurs arches en ogives. Au milieu du pont il y a une tour dans laquelle s'ouvre le passage.

De Lescar (1,800 habitants), ils ne virent ni la cathédrale romane que les touristes visitent, ni le vieux château en briques avec sa tour carrée, ni le beau château moderne, appartenant à la famille Dariste.

Lorsqu'ils arrivèrent à Pau, il était près de dix heures du soir. On ne pouvait songer qu'à trouver un hôtel. Le baronnet descendit « avec sa suite » à l'Hôtel de France, où un repas fut aussitôt servi aux voyageurs, arrosé de ce vin de Jurançon, — produit d'un coteau voisin, — dont Henri d'Albret fit avaler quelques gouttes à son petit-fils nouveau-né avant même le lait de sa nourrice. Maurice prit soin de faire sustenter largement Méloir à la cuisine, où le vin de Jurançon même, malgré son prix élevé, fit son apparition.

Le lendemain matin, de bonne heure, tout le monde fut sur pied. Jean ne voulait pas quitter cette ancienne capitale du Béarn sans voir d'un peu près le château où est né Henri IV, ni, rue de Tran, la maison de Bernadotte, devenu roi de Suède, comme l'*autre* Béarnais devint roi de France. Jean entraîna donc Maurice, et reconnut la situation du chef-lieu du département des Basses-Pyrénées, bâti sur le bord d'un plateau stérile d'où il domine d'une quarantaine de mètres les vallées du Gave et de l'Ousse. Sur le Gave est jeté un pont de sept arches. Un ruisseau profondément encaissé, l'Hédas, sépare la ville en deux parties reliées par cinq ponts. La plus grande moitié est celle qui se trouve resserrée entre le ravin de l'Hédas, le Gave et l'Ousse.

De ses maisons, de ses terrasses, de ses jardins, ils virent se développer un vaste panorama, terminé au sud par cette magnifique ligne des Pyrénées, — une succession de sommets s'étendant à droite et à gauche à perte de vue, hachant l'horizon, — et au centre desquels s'élève le pic du Midi de Pau.

A l'ouest de cette partie de la ville, un promontoire escarpé et couronné par ce château de Pau, si pittoresque avec les cinq tours carrées aux toits pointus qui le flanquent et le donjon de Gaston Phébus. Il est réuni à la ville par trois ponts.

Dans les rues on parlait des idiomes variés : c'est que le climat de Pau attire nombre d'étrangers et de valétudinaires qui y font volontiers un séjour avant de se rendre aux diverses stations thermales des Pyrénées. Ce mouvement de voyageurs supplée à l'activité industrielle à peu près absente, sauf quelque travail de manufacture consistant en toiles et mouchoirs. — Quant à visiter le château, il n'y fallait pas songer...

Il était près de neuf heures, lorsque le baronnet s'installa confortablement dans un wagon de première classe avec ses deux compagnons de voyage, — dont il voulait faire des complices. De son côté, Méloir faisait l'admiration des gens de la campagne qui garnissaient un wagon des troisièmes : ils n'avaient jamais vu de Breton, et le gars racontait des merveilles de Landerneau. Il trouvait même de bonnes âmes disposées à s'attendrir sur l'infortune d'un brave garçon éconduit par une Vivette rousse, au profit d'un failli merle du nom de Flohic.

Vers dix heures, un train croisa la voie venant de Tarbes et amenant à Lourdes quantité de pèlerins... Nos voyageurs, laissant Lourdes derrière eux, montèrent vers Tarbes qu'ils atteignirent en trente minutes. Le chef-lieu du département des Hautes-Pyrénées est une ville de 24,000 âmes située à trois cents mètres d'altitude au milieu de l'une des plus belles plaines de la France et sur la rive gauche de l'Adour, dont les eaux desservent tous ses quartiers. Tarbes occupe une vaste superficie, ce qui s'explique par le nombre et la grandeur des cours et des jardins des maisons particulières.

Maurice et Jean virent ce qu'ils purent de la ville dans un arrêt d'une demi-heure. Le baronnet, ne voulant pas quitter la gare — ou plutôt le buffet — et les deux jeunes gens ne pouvant pas quitter le baronnet sans s'exposer à ne plus le retrouver, ils durent se contenter de regarder de loin les divers édifices et églises, la flèche dentelée de Sainte-Thérèse.

La plaine fertilisée par l'Adour verdissait au loin sous un ciel plein de lumière, avec les montagnes bleues des Pyrénées au sud. Les vignes disposées en « hautains » autour des érables et des châtaigniers jusqu'à la hauteur de quatre ou cinq mètres, rougissaient de leurs pampres les pentes ensoleillées.

Dans les prairies, bondissaient les poulains de cette race élégante de chevaux préconisés comme chevaux de selle. Quelques panaches de fumée trahissaient une vie industrielle. Il y a en effet à Tarbes d'importantes usines, des fonderies de métaux, des filatures de laine, des fabriques de feutre; le gouvernement y possède une manufacture d'armes et une fonderie de canons.

Méloir, plus libre que son maître, put s'échapper, et lorsqu'il rentra à la gare, il semblait avoir largement apprécié les vins de Rabasten, de Madiran, et de Castelnau-Rivière-Basse.

Le train fit face de nouveau aux Pyrénées qui se montraient à travers le branchage des noyers; on traversa des campagnes de plus en plus accidentées; on entendit gronder des torrents, murmurer des eaux ruisselantes; on se trouva enfin en pleines Pyrénées, en pleine région des sources thermales, dont quelques-unes très célèbres sont régulièrement fréquentées.

Qui ne connaît les thermes sulfureux de Barèges, dans l'étroite vallée du gave de Bastan; les eaux de Saint-Sauveur, qui sourdent non loin de Luz, au bord d'un défilé du Gave franchi par un pont superbe de soixante-cinq mètres de hauteur; les nombreuses fontaines de Cauterets auxquelles quinze mille malades viennent chaque année demander la guérison des maux les plus divers; Bagnères-de-Bigorre, charmante ville sur l'Adour, entre la riche plaine de Tarbes et la vallée de Campan; Bagnères-de-Luchon, où se rendaient nos voyageurs? Qui ne connaît les Eaux-Bonnes et les Eaux-Chaudes dans la vallée d'Ossau, non loin de la base du pic du Midi de Pau; Aulus et Ax dans l'Ariège ainsi que Ussat-les-Bains, situé dans un vallon rocheux; et dans les Pyrénées-Orientales, le Vernet, au pied d'une arête qui remonte vers le mont Canigou, et Amélie-les-Bains sur la rive droite du Tech?

Les Pyrénées limitent nettement cette région méridionale de la France et s'élèvent comme un rempart continu de l'une à l'autre mer, — du cap de Creus, qui s'avance à l'extrémité du golfe du Lion, jusques au col de Velate, voisin des bords de l'Atlantique. De tous les plateaux ravinés, de toutes les plaines qui s'étendent au nord de l'imposante chaîne vers la vallée de la Garonne, on aperçoit leurs cimes bleues et leurs glaciers découpés en dents de scie à l'horizon. De plus près, on est frappé par l'ardent coloris des broussailles et des roches pyrénéennes.

Les montagnes surmontées de pics aigus se suivent et s'enlacent comme les anneaux d'une chaîne. Moins de forêts que sur les premières pentes des Alpes, moins aussi de neiges perpétuelles sur les sommets. En un seul endroit, vers son centre, la chaîne est comme brisée par le haut val d'Aran — qui appartient à l'Espagne.

Les pics les plus élevés des deux grandes portions des Pyrénées occidentales, sont le Canigou, le massif de la Maladetta (monts Maudits) qui renferme les plus grands glaciers et le plus haut pic de toutes les Pyrénées : le pic Néthou (3,404 m.). Ce massif appartient à l'Espagne. Autour de la vallée du Lys ou vallée de Luchon se trouvent les plus grandes altitudes et les champs de neige les plus étendus des Pyrénées françaises : le pic Perdighero, le Portillon, qui est le plus haut col des Pyrénées, les glaciers des Graoués, etc.

En allant vers l'ouest, on note encore le Marboré, le col appelé Brèche de Roland, le Vignemale (3,298 m.). Le Vignemale est le plus haut sommet des Pyrénées françaises. Dans cette portion de l'immense chaîne, les pics les plus élevés se trouvent sur le territoire espagnol : c'est le pic Poset et le mont Perdu. On remarque encore, plus à l'occident, Néouvieille avec ses glaciers et ses hauts sommets, le pic Campvieil, le pic Long, le pic du Midi de Bigorre. A l'ouest du gave d'Ossau, s'élève un double sommet non moins majestueux, le pic du Midi d'Ossau.

La section la plus occidentale des Pyrénées a son point culminant au pic d'Anie (2,504.), mais la plupart des sommets n'y atteignent pas deux mille mètres.

C'est en traversant des sites pleins d'imprévu et d'accidents de paysage que nos voyageurs arrivèrent à Bagnères-de-Luchon.

Cette petite ville, d'un peu plus de 4,000 habitants se trouve à l'angle le plus occidental de la vallée de Luchon ou du Lys, qui est sans contredit l'une des plus pittoresques, des plus populeuses et des plus productives des Pyrénées. Nous avons dit qu'autour de la vallée de Luchon, se trouvent les plus grandes altitudes et les champs de neige les plus étendus de nos Pyrénées. Plus près de son centre, la vallée et les collines sont couvertes de pâturages et de forêts, et occupées çà et là par de riches habitations et de jolis villages. Le sol a tant de fertilité qu'il donne quelquefois deux récoltes dans la même année.

Le climat de Luchon est assez doux, mais l'air y est toujours vif. Le printemps et l'automne y sont habituellement très beaux. Pendant l'été, surviennent quelquefois des semaines pluvieuses qui contrarient beaucoup les coureurs de montagnes. L'hiver n'y est long et rigoureux qu'une année sur trois en moyenne.

A peine au sortir de la gare, le baronnet demanda si l'on avait des guides à lui procurer, — beaucoup des guides.

— Il vous en faut donc bien, milord! dit un brave homme décoré lui-même de la plaque de guide que délivre l'autorité.

— Ioune régiment! s'écria l'Anglais.

— C'est t'y donc que vous ne voudriez point me compter, not'e milord? fit Méloir en s'avançant respectueusement.

— Non, dit Maurice intervenant. Mais il s'agit d'organiser une chasse à l'isard.

— Yes, yes, les petites l'isards! Je les tiens au bout de mon carabine.

— Et il faut du monde, ajouta Maurice.

— Très bien! j'en suis, répliqua le guide et j'amènerai cinq ou six de mes camarades. Voyez-vous, messieurs, il y en a plusieurs qui ne connaissent pas les montagnes et ne savent pas marcher...

— Que font-ils donc, alors ceux-là? demanda Jean.

— Ils louent des montures aux voyageurs; ils les accompagnent à cheval... Ils leur montent des scies et les exploitent. De ces guides-là on en compte tant et plus, près de cent, peut-être. Quant aux vrais guides — aux guides a pied — capables de conduire les touristes sur les sommets et les cols d'un accès difficile, nous sommes dix, pas un de plus, pas un de moins. Je suis du nombre, Pierre Barrau, pour vous servir. Vous me trouverez quand vous voudrez rue de Piqué, où je suis connu.

— Mais nous n'avons pas de temps à perdre, dit le baronnet; je voulé nous mettre en route tout de suite, tout de suite.

— Vous ne voulez pas chasser cette nuit, je suppose, milord!

— Oh! no; démain.

— Eh bien! à la première heure je me fais fort d'aller vous réveiller à votre hôtel avec les camarades : deux ou trois vrais chasseurs d'isards et trois ou quatre rabatteurs. Vous payerez suivant le tarif. Pas de chiens! Ils vous dispersent tout de suite les isards à plusieurs lieues.

— Et des carabines?

— Et des carabines de bon calibre pour tout le monde. Et aussi, milord, une voiture à quatre places et un char à bancs pour nous conduire tous jusqu'au Portillon. Je me charge de tout cela, même des vivres pour les guides.

— Vous êtes un homme précieux, dit Maurice à Pierre Barrau.

— Je donné à vô carte blanche! s'écria le baronnet.

— A quel hôtel dois-je trouver, milord?

— Nous n'en avons point de préféré, repartit Maurice.

— Alors je puis vous conduire à l'hôtel d'Etigny, cours d'Etigny?

— Comfortèbeul cette hôtel?

— Très confortable, milord.

— Je voulé dépenser bôcoup d'argent, môa. Comprenez-vô le chose?

— Mais je ne demande pas mieux, môa, repartit le guide imitant sans le vouloir l'accent de l'insulaire. A cette condition, vous serez bien servi à Bagnères-de-Luchon! ajouta-t-il en saluant.

Et il prit les devants pour conduire les voyageurs au cours d'Etigny.

— Au petit bonheur! s'écria Méloir emboîtant le pas au guide. J'vas tout casser; je sens ben ça, not'e maître, je ne mens pas; sûr et vrai comme un camouflet fait vingt-huit chopines.

Méloir demeura accroché par sa veste (page 638).

VIII

Une chasse à l'isard

Le chamois, le seul ruminant du genre antilope que possède notre Europe occidentale était connu par nos pères sous le nom d'isard. Ce nom lui a été conservé dans les Pyrénées. L'isard ne diffère en rien du chamois du haut Dauphiné, de la Savoie, du Piémont, de l'Espagne, de la Suisse, de l'Allemagne et de la Dalmatie.

Il a la grosseur d'une chèvre et aussi son port, avec des cornes noires, courtes, lisses et arrondies qui s'élèvent verticalement du front et se courbent brusquement en arrière à leur extré-mité au-dessus de deux beaux yeux, grands et ronds, pleins de feu. Pour être exact, il convient de dire qu'il a le corps plus court que la chèvre, ramassé, les jambes longues et fortes, le cou allongé. L'isard ajuste fort joliment ses oreilles à la pointe de ses cornes.

Son poil court est au printemps d'un gris cendré, et passe successivement, selon la saison, d'un fauve de biche au brun mêlé de noir et brun noirâtre. Sa tête est d'un jaune pâle avec une bande brune qui descend de l'œil vers le museau. La queue est courte. Le mâle seul a le menton garni de barbe.

Cet animal d'une vivacité charmante et d'une admirable agilité, habite la région moyenne des montagnes. En été, comme il craint très fort la chaleur, il s'élève jusqu'aux limites des neiges éternelles; en hiver, il préfère les vallées dans la zone forestière, où il vit de feuillage de sapins, de bourgeons d'arbres et d'arbrisseaux, de quelques herbes qui percent la neige, de mousses et de lichens.

Les isards s'en vont par groupes de trois, quatre, cinq, six, et très souvent par troupeaux de huit à dix, de quinze à vingt; on en voit aussi jusqu'à soixante et quatre-vingts ensemble, dispersés par petits troupeaux sur le penchant d'une même montagne. Au lever du jour, ils descendent en paissant sur le flanc de la montagne; à midi, ils se couchent au pied des rochers, à l'ombre des buissons; après une station peu prolongée, ils remontent et cherchent un endroit pour se reposer librement et ruminer. Par le clair de lune, on les voit redescendre dans les pâturages.

On ne connaît pas de cri particulier à l'isard; il semble n'avoir qu'un bêlement fort bas ressemblant à la voix d'une chèvre enrouée. C'est par ce bêlement que les mères appellent leurs petits. Quand un danger met en fuite ces animaux c'est par une sorte ce sifflement, un souffle aigu poussé avec force par les narines qu'ils s'avertissent entre eux.

D'une défiance extrême, leur vigilance est secondée par un même degré de perfection de l'ouïe, de la vue et de l'odorat. Jamais un chamois n'oublie de veiller à sa sécurité. Au repos même, il conserve une position pouvant lui permettre de fuir d'un seul mouvement. Un chasseur approche-t-il au vent de l'animal? Sa présence est constatée bien avant qu'il se soit montré. C'est là ce qui rend très difficile la chasse du chamois.

Au fond de la vallée du Lys, que suit la rivière du même nom, au delà des glaciers du pic de Crabioules et du port d'Oo se trouve le Portillon, col qui s'ouvre à plus de trois mille mètres au-dessus du niveau de la mer sur la ligne de séparation des Pyrénées françaises et espagnoles. En avant du Portillon, bleuit un lac qui porte aussi ce nom.

Le soleil était haut déjà lorsque sir William, Maurice et Jean occupèrent le Portillon avec leur escorte de chasseurs et de rabatteurs. Ils avaient suivi en voiture la route qui longe la rivière du Lys.

Le baronnet se montrait dispos et allègre ; et on le crut aisément lorsqu'il raconta que, dès sa jeunesse, il avait gravi bien des fois les flancs abrupts des highlands de l'Écosse. Maurice faisait bonne figure, la carabine à la main. Quant à Jean, en sa qualité de petit Parisien, il était apte à tout, et il n'eût pas volontiers passé à d'autres cette arme dont il comptait faire un si bon usage. C'est lui qui suivait de plus près les chasseurs de chamois que le guide avait amenés ; il faut tout dire : ses fortes semelles lui permettaient d'avancer plus lestement que Maurice ou le baronnet.

Méloir ne semblait pas non plus malhabile à jouer des jambes. Son jeune maître n'avait pas voulu qu'on lui confiât une carabine et la précaution ne manquait pas de sagesse. Le Breton se dédommageait en exécutant avec un bâton de prodigieux moulinets. Mêlé aux rabatteurs, ceux-ci, en l'entendant enfiler des kyrielles de jurons et invoquer tour à tour les saints de Bretagne aux noms bizarres, pensaient qu'il procédait à sa manière à l'œuvre commune par des paroles cabalistiques.

Les trois chasseurs choisis par le guide étaient de solides gaillards pourvus de muscles infatigables, endurcis au métier, grimpeurs hardis, tireurs émérites. La chasse actuelle n'était pour eux qu'un jeu, et ils se tenaient aussi près que possible du baronnet pour ne pas l'humilier en le distançant.

Toutefois ils se plaisaient à faire montre de la justesse de leur coup d'œil, de leur sang-froid, de leur décision.

Ils prenaient sur le bord d'un précipice, le long d'une paroi presque perpendiculaire des positions exigeant une vigueur extrême des membres, s'aidant pour s'appuyer des coudes, des épaules, du menton, des dents au besoin, bondissant par moments comme l'animal agile que l'on poursuivait, rampant le moment d'après pour franchir un mauvais passage, — façons de virtuoses en quête d'applaudissements.

Ils avaient revêtu la chaude veste de laine grise des chasseurs pyrénéens et portaient des guêtres. La carabine en bandoulière, ils se servaient adroitement du bâton alpestre muni d'un crochet. Le sac aux munitions et aux vivres que tout chasseur de chamois porte ordinairement sur le dos, et qui contient avec la poudre et le plomb, du pain bis, du fromage, du lard, une gourde d'eau-de-vie, avait été abandonné cette fois, et les rabatteurs laissés en arrière, au nombre de quatre — plus Méloir — avançaient seuls avec ce surcroît de charge. On les voyait apparaître et disparaître tour à tour, se rapprochant toujours du terrain de chasse. Méloir sans se lasser courait de l'un à l'autre.

Les chasseurs embauchés connaissaient à fond les passages, les pâturages préférés, les retraites, les roches salées que viennent lécher les isards. Chacun d'eux possédait une provision de renseignements fournis par des pâtres dans des tournées préparatoires. Tenant compte de la direction du vent, ils marchaient en silence.

Un d'eux possédait une bonne longue vue; il s'en servit pour explorer le terrain et il eut la joie de découvrir quatre isards dans un pâturage frais que le soleil n'atteignait pas encore. Il fit des signes convenus à ses deux camarades, et dès lors la chasse ne fut plus livrée au hasard.

Les trois chasseurs prirent bientôt position derrière des roches et des buissons, et ils attendirent, pour attaquer, d'être rejoints par « l'Anglais et ses compagnons. »

Le baronnet avançait lentement s'aidant du bâton à crochet; Maurice et Jean par convenance réglaient leur marche sur la sienne, bien qu'il en coûtât à leur ardeur; car ils avaient compris que la poudre allait parler : il fallait donc se hâter si on voulait placer son coup de carabine.

Sir William avait quelque peine à garder le mutisme qu'on lui avait recommandé. Il s'encourageait malgré tout par des « hip! hip! » très joyeux, et il y avait bien de quoi : cette belle journée serait racontée à milady : elle serait bien forcée de croire à autre chose qu'à un simple *spleen*. Dans son contentement, il n'hésita pas, pour rejoindre plus vite les trois chasseurs apostés, à suivre une corniche de deux pieds, surgissant du flanc d'une roche que bordait un précipice d'une centaine de pieds. Maurice et Jean, moins téméraires, arrivèrent en même temps que lui à l'endroit où l'on devait s'arrêter ; mais par un chemin moins dangereux, très émus l'un et l'autre de cette preuve de démence que venait de donner le père de miss Kate.

Les guides s'étaient agenouillés. Ayant ôté leurs chapeaux, ils hasardaient seulement la tête au-dessus des rochers qui les cachaient, et tenaient la main sur la gachette de leurs carabines. Sir William vint prendre position non loin d'eux — à une centaine de mètres — et fut rejoint par Jean, puis par Maurice.

Les isards se trouvaient bien en vue.

Ils se montraient là, beaux, hardis, nobles, vigoureux. Dans leurs bonds il y avait autant de force que de souplesse.

Le guide du petit troupeau paissait à quelque distance, très attentif, flairant devant lui, dressant les oreilles, se retournant, regardant partout. Il entendit quelque bruit et se mit à siffler comme le fait la marmotte, à frapper le sol de ses pieds de devant.

Tous prirent peur; mais ne pouvant distinguer d'où venait le danger, les pauvres bêtes se démenaient angoissées, indécises sur la route à choisir pour la fuite, tendant le cou et cherchant à découvrir l'ennemi.

De l'endroit où il était, Jean apercevait Méloir au loin, bien au-dessous de lui, contournant les hautes roches où une saillie faisait un étroit sentier, audacieusement suivi par le gars. Les autres rabatteurs avaient fini leur besogne et poussé les isards entrevus dans le demi-cercle formé par les glaciers; sachant par expérience que les chamois ne s'aventurent pas volontiers sur les glaciers, ils se dirigeaient vers Méloir pour, delà, entreprendre un mouvement destiné à une nouvelle opération au cas où la première n'aurait pas réussi : pousser les chamois dans un de ces endroits où la piste cesse d'être possible : ils ignoraient encore que sur le revers d'un sommet et en face des glaciers mêmes les chasseurs tenaient un groupe d'isards au bout du canon de leurs armes.

Soudain, ils entendirent la décharge d'une carabine — c'était le baronnet qui ouvrait le feu. Elle fut suivie d'une formidable détonation : les trois chasseurs venaient de tirer à la fois. Maurice et Jean ne trouvèrent pas l'occasion de placer leur coup : les isards fixés enfin, demeurèrent un seul instant immobiles, regardant avec inquiétude la fumée des carabines qui s'élevait dans l'air, puis, bondissant sur leurs jambes nerveuses, détalaient au galop, chef en tête; mais ils laissaient l'un des leurs sur le terrain — un jeune faon.

D'un saut, ils franchirent un abîme, retombèrent sur leurs quatre pattes à la pointe d'une roche et sans se concerter davantage se dispersèrent au hasard.

Glorieux, le baronnet s'était levé et le bonnet à la main, religieusement, il entonnait d'une belle voix de basse le *God save the queen!*

Mais Jean avait vu le bouc de la troupe s'engager sur cette corniche si étroite que suivait Méloir.

L'animal faisait des bonds de cinq à six mètres.

Jean cria au Breton de se garer. Son cri se perdit dans les actions de grâce de l'Anglais et les hourrahs frénétiques des chasseurs. D'ailleurs toute place faisait défaut pour se mettre hors d'atteinte de la bête, redoutable par son élan, et la rencontre allait être inévitable.

Désespérément Jean tira sur le bouc, et Maurice, qui devina ce qui allait arriver, l'imita, mais tardivement, et leurs corps de feu ne produisirent d'autre effet que d'accélérer la vitesse de l'animal.

Un des rabatteurs vit aussi le danger que courait le Breton et lui cria de se coucher — pour que le chamois pût lui passer sur le corps sans le renverser : trop tard : le choc eut lieu, et Méloir disparut dans le vide.

L'isard perdit pied également; mais il s'en tira et, profitant des moindres aspérités, il opéra sa descente par bonds prodigieux, réduit par instants à faire porter tout le poids du corps sur les pieds de derrière et à ralentir la descente en faisant frotter ces pieds contre la roche.

Tout cela se passa bien plus vite qu'on ne saurait le dire.

Ce fut l'incident émouvant de la chasse et qui manqua de tourner au tragique.

Heureusement dans sa chute rapide le gars rencontra une pointe de rocher à laquelle il demeura accroché par sa veste, brusquement remontée autour de son cou.

Méloir étouffait, et il se mit à crier autant qu'il le put. Ses bras battaient dans le vide; les manches de sa veste étaient à demi dépassées, et il se raidissait pour ne pas glisser du double fourreau des manches, cherchant aussi pour ses pieds un point d'appui qu'il ne rencontrait pas.

Le rabatteur qui avait assisté le plus près à la rencontre du chamois et du Breton réussit à se rapprocher du gars, et dénouant sa ceinture, il en fit descendre un bout jusqu'à lui. Méloir s'y cramponna, se hissa légèrement, put dégager sa tête et respirer un peu. Le plus difficile était fait. Dix minutes après — dix minutes bien longues! — un autre rabatteur apporta une corde tenue en réserve dans son sac et, à eux deux, ces braves gens travaillèrent, non sans s'exposer eux-mêmes, à tirer d'affaire le Breton.

Sir William, Maurice et Jean, d'une élévation voisine assistaient à cette scène, séparés par un véritable gouffre de l'endroit où Méloir suait sang et eau pour accomplir son propre sauvetage. Enfin les acclamations des rabatteurs, les battements de main de Jean et de Maurice annoncèrent aux chasseurs de chamois qui étaient descendus vers le pâturage où gisait le faon tué, que tout s'arrangeait.

Bientôt après celui des trois qui exerçait son autorité sur les deux autres apparut, rapportant sur ses épaules et retenu à son front par les quatre pieds liés, la victime de la journée. L'isard avait la tête pendante, le ventre ouvert et vidé de ses entrailles, sauf le foie...

C'était une belle pièce, et les montagnards stimulés par leur passion pour la chasse, très heureux de ne pas revenir bredouilles — affaire d'amour-propre plus que d'intérêt — ne prêtaient que peu d'attention aux lamentations du Breton qui prodiguait au bouc malencontreux toutes les apostrophes de son répertoire.

En somme, belle chasse et bonne journée pour tous, — car le guide, les chasseurs de profession et les rabatteurs furent largement gratifiés par le baronnet, qui réalisait son désir de dépenser beaucoup.

— Au train dont il y va, ne put s'empêcher de remarquer Maurice, la dot de miss Kate risque d'être fortement entamée.

La journée du lendemain, consacrée à un repos bien gagné, fut employée en partie par les jeunes gens à écrire : Maurice apprit à miss Kate le résultat heureux de son voyage, brièvement télégraphié l'avant-veille; il raconta à sa mère, à sa sœur, à la jeune Anglaise la chasse à l'isard. Jean écrivit à Bordelais la Rose, privé de ses nouvelles depuis bien des jours. Il lui dit la catastrophe de Lourches, la prise de possession de ces pièces qui ne laissaient plus planer aucun soupçon sur le caractère honnête de son père; la rentrée de Cydalise dans sa famille; il lui parla de ses projets d'avenir, de son intention d'aller au Niderhoff pour mettre à néant les calomnieuses inventions de Jacob Risler; enfin, après lui avoir expliqué le motif de sa présence à Luchon, il s'excusa de ne s'être pas arrêté à Mérignac en passant par Bordeaux : il croyait si fermement pouvoir revenir le lendemain sauter au cou à son vieil et excellent ami !

Le baronnet vit avec plaisir toute cette correspondance — surtout celle de Maurice : milady allait avoir des nouvelles et en apprendre de belles !

La fantaisie de la chasse à l'isard passée, il semblait que sir William n'eût qu'à se laisser ramener loin des Pyrénées : pas du tout! Le baronnet ne voulait pas être venu de si loin pour si peu de chose. Il prétendit qu'il serait scandaleux de s'en aller sans avoir visité le pays.

Il fallut bien en passer par là; et ce ne furent plus, tous les jours, que promenades en voiture, à cheval ou à pied à travers la vaste région montagneuse; ils contournaient les sommets qui s'élancent en pics, s'arrondissent en dômes, se déchirent comme les parois d'un cratère ou s'aplanissent en terrasses; ils suivaient les lacets des pâturages escaladant des promontoires qui avancent leur tête entre deux vallées; ils mesuraient de l'œil les pyramides neigeuses du Quaïrat, du Montarqué et de Spijoles; ils saluaient quelque ancien castel ou une tour à signaux; des cours d'eau, des torrents nés du dernier orage, des cascades leur barraient la route; de ces cascades il y en avait d'imposantes comme celle du Juzet, qui tombe de quarante mètres, ou celle du lac d'Oo qui n'a pas moins de deux cent soixante-quinze mètres de hauteur : l'eau se détache du rocher en poudroyant, tantôt enveloppée d'une écharpe irisée, tantôt en pluie de perles; ils suivaient des sentiers en zigzags au pied d'escarpements boisés, où çà et là des sapins ébranchés par des tourmentes montraient leurs têtes mutilées; ils cherchaient leur route à travers les hauts vallons, avec l'étonnement continu de voir les gorges se resserrer et se fermer brusquement devant eux, comme si elles aboutissaient à une pente raide, à une muraille, puis l'instant d'après la gorge s'élargissait, le vallon s'agrandissait démesurément, et les sommets que l'on semblait près d'atteindre reculaient tout à coup comme par un jeu cruel.

On grimpait, et on découvrait soudain un lac profond entouré de roches escarpées; on montait encore, on franchissait les cols — les ports — brèches aux murailles nues, aux âpres parois au-dessus desquelles planent les aigles qui descendent en tournoyant pour s'abattre sur le cadavre de quelque mouton que l'avalanche a précipité; on laissait loin derrière soi les granges, la maison du laboureur juchée comme un ermitage, les maigres plantations de défrichement; on dépassait les pelouses, les bois, les antres sauvages, au fond desquels tombe un ruisseau, ou qui sont fermés en guise de rideau par une nappe d'eau cristalline, qui fuit comme l'éclair, sans flot et sans écume, dans un tortueux labyrinthe de rochers.

Et l'on montait toujours. En avant! en avant! Et l'on arrivait aux crêtes où bondit l'isard à travers les abîmes pour fuir le chasseur, et l'on arrivait à des grands pans de montagnes sombres et boisés de chênes, de hêtres et de pins d'où s'échappaient des odeurs résineuses, à des côtes plus hautes où les

A travers ce rideau s'élançaient les pics les plus élevés (page 643).

mousses et les lichens jaunes et rouges tachaient les rocs de rouille, — dernière végétation de ces hauteurs, que leur disputent les neiges. Et nos grimpeurs devenant intrépides, montaient encore essayant d'atteindre les cimes inaccessibles qui portent leur front dans l'éternel silence, là où plus rien ne vit sinon Dieu et la lumière.

Sans cesse, quelque part grondait l'orage qui promenait ses éclairs de montagne en montagne, et les roulements du tonnerre venaient se répercuter dans les monts chauffés à blanc par un ardent soleil; alors les guides faisaient remarquer sur les roches les traces de fusion laissées par la foudre lorsqu'elle sillonne et frappe les hauteurs.

Dans les passages étroits, nos touristes faisaient quelquefois la rencontre de bergers en quête de nouveaux pâturages. Ils chassaient devant eux leur bétail. Un jeune garçon cheminait en tête du troupeau pour le diriger; il ne parvenait à se faire suivre des brebis et des chèvres, toujours disposées à s'éparpiller, que par les appels de la voix et les balancements d'une petite cloche fêlée qu'on eut dit de fer-blanc. Un de ces chiens des Pyrénées, si dociles sous leur air farouche, l'aidait à rallier les bêtes incertaines ou volontaires.

Les vaches plus obéissantes venaient après les brebis, avec un air étonné de voir des lieux inconnus; puis les juments et leurs poulains aux folles allures, les mulets à la marche prudente, au pas sûr, enfin le chef de famille et sa femme, tous deux à cheval, les plus jeunes enfants en croupe derrière eux, le nouveau-né contre la poitrine de sa mère, couvert d'un pli de son large voile écarlate.

Sur les montures, les filles déjà grandes filaient; les petits garçons couraient sur les flancs, coiffés d'une marmite ou d'un chaudron, et jetant des regards d'envie sur leur aîné, armé en chasseur. Enfin le moins turbulent de tous, possédant la confiance du patriarche, et déjà préposé au soin du bétail, fermait gravement la marche, chargé du sac à sel marqué d'une grande croix rouge.

Enfin nos touristes arrivaient aux plus hauts sommets, et ils étaient bien payés de toutes leurs peines. Les jeunes gens considéraient avec une muette surprise les plus grandioses des spectacles. La vue s'étendait au loin de tous côtés sur la France et parfois sur l'Espagne, avec des effets de perspective aérienne marquant les distances. Comme naïvement ils trouvaient la France grande, vue du sommet de cette barrière qui lui sert de frontière : immense cassure du globe, dont les fragments se sont dressés en cent montagnes. Ce qu'ils en pouvaient embrasser du regard était pourtant fort peu de chose...

Un matin, sir William conduisit Maurice et Jean au pic de Monségu. La promenade se fit en grande partie en voiture. Du haut de ce pic qui a plus de deux mille quatre cents mètres, la vue est très belle. On y embrasse du regard le groupe des Pics de Néré, pics dont on ne se trouve séparé que par un étroit et profond ravin.

La vallée du Lys est l'une des plus charmantes des Pyrénées : ses prairies, ses forêts, ses pâturages parsemés de granges, ses cascades et son amphithéâtre de glaces offrent une succession de vues admirables. Le baronnet dans son enthousiasme semblait ne plus pouvoir s'en arracher. C'est en vain que Maurice le pressait : il voulait tout voir, et Maurice et Jean devaient aller se promener avec lui bien que, dans leur impatience de mettre fin à cette situation, les merveilles que présentent les Pyrénées commençassent à les trouver un peu froids.

Un matin, le baronnet voulut les conduire au fort de Vénasque. A cheval dès six heures, nos touristes, suivis de Méloir qui ne montait pas trop mal, se mirent en chemin par un beau temps et un soleil déjà très chaud. Amusés par les réflexions du Breton, ils arrivèrent jusqu'aux cinq lacs qui, vus d'en haut, forment un groupe très pittoresque. Le plus grand de ces lacs est d'un bleu presque noir; le ciel et les montagnes s'y réfléchissent.

Enfin ils parvinrent au fort : un pas de plus, ils étaient en Espagne. Devant eux se trouvait le mont Maudit, — la superbe Maladetta et son magnifique glacier, beau massif de roches et de glaces où une forêt tombe de vétusté sans porter les marques de la main de l'homme.

Longuement, ils admirèrent dans sa couleur vitreuse, dans ses larges crevasses, dans ses reliefs formidables, ce magnifique glacier, le plus vaste et le plus dangereux qui soit aux Pyrénées : il rejette une telle quantité de débris, qu'on entend sans cesse le bruit des roches qui tombent, et qui en rendent sur plusieurs points les approches périlleuses.

Le lendemain fut un jour de repos forcé ; mais dans la nuit ils montèrent sur le Montné pour assister au lever du soleil. C'est un belvédère d'où l'on découvre presque toutes les Pyrénées centrales.

Aux premières lueurs de l'aube, ils virent tout l'espace occupé par une couche de nuages formant un espèce de sol aérien. Au travers de ce rideau s'élançaient les pics les plus élevés qui trouaient cette nappe de brouillards et surgissaient au-dessus comme des îles dans une mer très calme.

Le soleil se leva resplendissant du côté de l'Italie, créant des oppositions d'ombres et de lumières et éclairant de teintes magiques le lacis immense de cimes, de pics, de chaînes, qui semblèrent s'élever, s'arrondir et onduler. Les premiers rayons du soleil donnèrent une coupe nette et hardie à ces hautes roches dont les larges assises s'alignent en murailles, s'ouvrent en amphithéâtres, se façonnent en gradins, s'élancent en tours, éclairant chaque relief du sol, chaque lit de ruisseau. Alors de grandes ondulations, de grandes vagues, de véritables houles, agitèrent et déchirèrent la masse opaque qui surplombait, et qui se déchira en nuages isolés.

Ce sont là de beaux spectacles et qu'on n'oublie jamais.

Enfin Maurice décida le baronnet à abandonner Luchon ; mais alors il voulut aller à Luz : c'était si près ! Et de là on visiterait le cirque de Gavarnie, on irait voir la brèche de Roland. Quelles objections faire ? On partit donc ; et une fois à Luz, sir William voulut aller loger à Gavarnie même, où se trouvait un hôtel, un grand hôtel, sur lequel les touristes rencontrés, ne tarissaient pas d'éloge : un hôtel moderne dans un village des Pyrénées !

Gavarnie n'est en effet qu'un bien petit village — une ancienne propriété de l'ordre de Malte. Il doit sa réputation au cirque dont il porte le nom et qui se trouve à une heure de marche.

Ce cirque immense est situé au centre des plus sauvages montagnes, et à l'extrémité d'une vallée ravagée, que les paysans appellent le Chaos, à 1,220 mètres d'altitude. Il mesure trois mille six cents mètres de tour et quatre cents mètres de hauteur, et présente trois étages de murs perpendiculaires, divisés en de nombreux gradins. Au-dessus de ses sommets qui portent leurs glaces éternelles dans l'azur du ciel, il est dominé par les môles énormes d'Estazou, par les crêtes du Taillon, par le pic de Marboré, les tours de Marboré et le Cylindre. Des milliers de filets d'eau venus de la plus haute assise bondissent de gradin en gradin.

L'une des deux cascades principales, qui ne tarissent jamais, et que l'on considère comme la source du gave de Pau, se précipite du haut d'une roche qui surplombe à plus de quatre cents mètres de hauteur, vient frapper une saillie vers les deux cinquièmes de sa chute, et se brise plus bas, sur une projection plus saillante de la même roche. La fraîche et transparente vapeur se balance, flotte en avant de la roche trempée, et rejaillit en poussière d'argent, dans un murmure monotone donnant l'illusion du bruissement des feuilles que le vent froisse.

A l'ouest du cirque de Gavarnie, les guides conduisirent les touristes à la célèbre brèche de Roland. C'est une muraille creuse, dont la convexité est tournée vers la France et qui mesure trois cents pieds d'élévation. La solitude est affreuse : nulle végétation : rien que des neiges accumulées du côté de la France à une hauteur considérable. Cette barrière formidable élevée entre deux pays voisins est un véritable passage de contrebandiers.

La légende prétend que sur le point d'expirer, et pour ne pas laisser tomber aux mains des infidèles Durandal, sa vaillante épée, le preux Roland essaya de la briser contre les rochers. Mais l'acier de Durandal n'était pas un acier que le roc entame ; le roc au contraire fut profondément entamé, et chaque coup agrandit la brèche formidable.

Les montagnards des Pyrénées, mêlent ici la légende à une autre tradition relative au col de Roncevaux, — qui s'ouvre à l'extrémité de la partie occidentale de la chaîne. Là encore, « hauts sont les monts », comme dit la chanson de Roland. Le neveu de Charlemagne, avec ses compagnons, son ami Olivier et l'archevêque Turpin y eurent à soutenir l'attaque furieuse de l'armée sarrazine ; ou plutôt, ils succombèrent par l'effet de la vengeance des Basques, qui percèrent les Français de leur flèches et firent crouler sur eux les roches de leurs montagnes, ensevelissant vivante l'arrière-garde d'une armée.

IX

Les rives de la Garonne

Toutes ces promenades dans les Pyrénées avaient pris bien des jours! Comme le baronnet ne disait jamais ce qu'il comptait faire le lendemain, et que chaque soir Maurice et Jean s'étaient flattés de ne passer pas une journée de plus dans les montagnes, le jeune du Vergier n'était pas entré en communication directe avec le gendre du baronnet, sir Henry Esmond, dont la présence eût pu être d'un grand secours. Il est permis aussi de penser que Maurice, ayant mis la main sur le baronnet, non sans peine comme on l'a vu, tenait à mener lui-même son œuvre à bonne fin. Il attendait une si belle récompense! En somme, et comptant sur l'assistance de Jean, il ne faisait aucune tentative sérieuse pour appeler à lui Henry Esmond. Sa responsabilité se trouvait couverte par cette parole du baronnet, bien des fois répétée :

— Je parté démain... Et vô?

— Moi, je vous suis... avec votre permission.

— Cette départemente que je voulé acheter? Dites-moi où?

— Je vous y conduirai, sir.

— Mais son nom? dit une fois le baronnet toujours désireux de savoir jusqu'à quel point le jeune Normand faisait semblant de croire à ce prétendu caprice d'un prétendu fou.

— C'est l'Orne, hasarda Maurice au risque de brusquer les choses.

— Pas loin de Caen? demanda sir William finement.

Maurice et lui se regardèrent et éclatèrent de rire au nez l'un de l'autre. Lequel des deux se moquait de son partenaire?

Mais Jean commençait à s'impatienter.

— Et mes études? disait-il à tout propos à son ami. Et mes études?

— Ingrat! répliquait Maurice; il me semble que vous avez depuis plusieurs jours quelques grandes pages d'un bien beau livre, ouvertes sous vos yeux.

— C'est vrai! murmurait le Parisien; mais j'ai une si grande envie de savoir!... de savoir ce qu'il est indispensable de connaître. C'est merveilleux les Pyrénées, mais c'est du luxe. Mon ignorance réclame le pain quotidien de l'instruction. Que vous êtes heureux d'avoir eu des maîtres de toute sorte!

— Hélas! repartit Maurice d'un ton piteux, voyez si cela peut attendrir cet insulaire! si ça l'empêche de me désavouer pour gendre! Croyez bien que s'il changeait jamais de manière de voir, ma fortune y serait certainement pour beaucoup.

— C'est que je n'ai pas de fortune, moi! Vous savez ce que je me suis proposé... C'est bien difficile, allez! Le célèbre potier Bernard de Palissy se posait cette question : « Si pauvreté empêche les bons esprits de parvenir? » Il finit par prouver à lui-même et aux autres que non. Mais cela est-il permis à qui voudrait l'imiter?

— Par le travail, les hommes, ainsi que les sociétés, peuvent se transformer. Honneur aux plus courageux!

— Sans doute, répondit Jean. Mais la pauvreté, quel obstacle presque invincible! Si jamais j'arrive à quelque chose, je fais vœu de m'attacher à combattre ce qu'on a appelé le paupérisme.

— Si jamais vous arrivez à quelque chose vous ferez comme les autres, mon cher ami : vous serez tellement fatigué par le chemin parcouru que...

— Que je ne songerai qu'à me reposer? Je vous vois venir. Détrompez-vous. J'ai déjà mes idées sur tout cela, — mes idées et les idées des autres.

— Quelles idées?

— Des réflexions, des axiomes, des maximes que je note au cours de mes lectures.

Et Jean exhiba à son ami Maurice un cahier qu'il portait sur lui. Il y avait écrit des pensées dans le genre des suivantes :

« Créez des institutions bienfaisantes qui préviennent le mal et l'étouffent dans son germe (Thomas Morus). ».

« Un temps viendra où l'on ne concevra plus qu'il fut un ordre social dans lequel un homme comptait un million de revenu, tandis qu'un autre n'avait pas de quoi payer son diner (Chateaubriand). »

« Il y a une espèce de honte d'être heureux à la vue de certaines misères (La Bruyère). »

« La science du gouvernement se propose ou doit se proposer le bonheur des hommes réunis en sociétés (de Sismondi). »

« Les seules conquêtes utiles, celles qui ne laissent aucun regret, sont celles qu'on fait sur l'ignorance (Napoléon). »

« Il faut chercher la vérité avec un cœur simple (Bernardin de Saint-Pierre). »

« Toutes les sciences sont encore dans l'enfance, et celle de rendre les hommes heureux n'est pas encore au jour (le même). »

Il y en avait comme cela une cinquantaine de pages.

— C'est vous qui avez glané toutes ces vérités utiles ? s'écria Maurice. Mais vous allez devenir un philosophe, un savant...

— Je ne vise pas aussi haut, répondit Jean ; j'ai pourtant mon ambition...

— Votre ambition me plaît en ce qu'elle n'a rien de trop personnel. Vous pensez un peu à votre prochain, à la société, à l'humanité.

— C'est ma seule excuse, dit Jean avec gravité. Sans cela je rougirais de vouloir sortir d'une condition bien humble, mais qui a été celle de mon père, et du père de mon père... Savez-vous ce qui me pèse, en ce moment ? C'est ma balle absente. Je n'aurais pas cru qu'un tel poids de moins puisse tant vous alourdir. Voyez-vous j'ai hâte de me remettre à mon petit commerce, car tout doit sortir de là !

— Vous valez mieux que moi, Jean, lui dit Maurice.

Cette conversation avait lieu devant le fameux hôtel « confortable » du village de Gavarnie. Tout à coup les deux jeunes gens virent déboucher de l'hôtel, sir William qui venait de régler sa note au bureau et qui s'en allait droit et raide — suivi de Méloir, chargé des bagages de tous. Décidément on partait !

— Je parté ; et vô ? fit l'insulaire flegmatique et résolu.

Et il s'achemina d'instinct du côté où se trouve la voiture qui relie Gavarnie à Luz. Ces Anglais ont pour ces sortes de choses un flair exquis... Maurice et Jean n'eurent que la ressource de grimper à leurs chambres pour s'assurer que rien n'avait été oublié, et de courir après sir William, qui prenant au mot le jeune du Vergier, agissait à l'égard de Méloir comme s'il lui eût appartenu.

A Luz, la diligence conduisit sir William « et sa suite » à Pierrefitte. Ils longèrent un magnifique défilé de huit kilomètres et franchirent le pont de

Méloir fut expédié avec les bagages (page 652).

Villelongue sur le gave de Pau. Où allait le baronnet? Lui seul le savait — peut-être. Ce qui semblait le plus probable, c'est qu'à Pierrefitte on monterait en wagon. C'est en effet ce que sir William avait décidé : on prit le chemin de fer qui passe par Argelès-de-Bigorre et Lourdes, pour aller... à Toulouse. Maurice et Jean apprirent cela avec une véritable consternation.

Argelès est adossé aux pentes boisées du Gez, sur la rive gauche du gave d'Azun, près de son confluent avec le gave de Pau. Un peu avant Lourdes, la voie longe la rive de ce cours d'eau et entre dans la célèbre vallée de Lavedan, où viennent déboucher sept autres vallées dites rivières... Enfin, on laissait derrière soi les Pyrénées : il fallait se contenter de cela. Les deux amis se trouvaient délivrés d'un souci : celui de voir le baronnet passer en Espagne. Qu'auraient-ils fait?

A Lourdes, ils virent la belle route bordée d'hôtels et de villas qui va de la gare au joli village de la grotte... Mais qu'importait cela à Maurice et surtout à Jean qui s'éloignait à contre-cœur de Bordeaux, — de Bordelais la Rose. Ils ne voulaient rien voir, ni l'un ni l'autre, boudaient sir William, et répondaient à peine à ses paroles.

L'Anglais, au contraire, épanoui, radieux s'amusait du bon tour qu'il jouait à ses jeunes amis, ce dont milady ne manquerait pas d'être informée; et il semblait prendre intérêt à tout. La voie côtoyait de près un cours d'eau :

— Quel est cette petite ruisseau? demanda-t-il à un gentilhomme campagnard qui lui faisait vis-à-vis.

— Un ruisseau! Peste! mais c'est la Garonne, monsieur l'Anglais!

— Très vite! Elle arrivera avant nous à Toulouse, remarqua le baronnet avec un gros rire.

— Elle y est déjà, milord, et je n'ai pas à vous apprendre qu'elle va plus loin, notre Garonne, elle va à la mer, ni plus ni moins.

— Yes! dit « milord », la mer, yes! Aux Anglais, la mer...

Le gentilhomme campagnard eut un regard furieux, suivi d'un haussement d'épaules. C'était un brun, grand — car ses jambes semblaient le gêner — orné de superbes moustaches qu'il tournait en vrille. « Milord » lui fit pitié; et il se contenta de répondre :

— Oui, oui, à la mer les Anglais!

— Yes! fit le baronnet qui ne saisit pas la nuance.

Ce que voyant, le gentilhomme campagnard fut tout à fait calmé et reprit d'un ton plus libre.

— Cette Garonne, qui donne son nom à toute une région, à toute une race d'hommes dont on dit : les enfants de la Garonne, prend sa source en Espagne, dans le val d'Aran; elle commence là par un petit torrent formé des neiges et des glaces du pic Nethou, et bientôt, ce torrent grossi de plusieurs autres, s'abîme dans le gouffre de Clèdes. Quand elle en sort c'est en jaillissant aux flancs d'un promontoire couvert de sapins, entre les racines des arbres et les fentes des blocs amoncelés; elle bondit en cascades de trente mètres de hauteur des deux côtés d'un véritable escalier de roches. Elle entre en France par l'étroite gorge du Pont-du-Roi où son lit est très profondément encaissé. La Garonne descend alors vers Montrejeau, forcée de se replier vers l'est par le plateau de Lannemezan.

— Yes, fit l'Anglais, Laneméchant!

Le gentilhomme campagnard haussa les épaules, et se tournant avec affectation du côté de Maurice et de Jean, il reprit :

— La Garonne décrit une grande courbe en longeant le faisceau de collines d'Armagnac; elle passe près de Saint-Gaudens et arrive à Saint-Martory où elle prend la direction du nord-est. Au-dessous de cette ville, elle reçoit le Salat, qui doit son nom aux sources salées de ses bords et elle devient navigable; puis elle entre dans une plaine d'alluvion où elle arrose Muret, reçoit l'Ariège, dont les premières eaux sourdent du milieu de pâturages appartenant à la république d'Andorre, et elle vient se heurter contre les dernières pentes des Cévennes, qui la rejettent alors vers le nord-ouest. En cet endroit elle a créé Toulouse, comme la Seine à créé Paris... Toulouse est en face du col de Naurouse, au débouché du canal du Midi dans la Garonne.

» Au delà de cette ville, la Garonne passe près de Castel-Sarrazin, et reçoit le Tarn. Elle coule alors à pleins bords; elle arrose Agen, Marmande, la Réole, forme le port de Bordeaux, se grossissant sur son parcours du Lot et du Gers. A Bordeaux, la Garonne, large de six cents mètres est accessible aux grands navires; la marée s'y fait sentir. A quelques lieues au-dessous de cette ville — au Bec d'Ambez — les eaux de la Dorgogne viennent se réunir à ses eaux, qui prennent alors le nom de Gironde. Ce n'est plus un fleuve, c'est un estuaire de onze à treize kilomètres de largeur qui débouche dans la mer entre la pointe de Grave et la pointe de la Coubre, au milieu de grands bancs de sable, en avant desquels s'élève sur un rocher le beau phare de Courdouan. »

Le gentilhomme campagnard eut pu ajouter que la Garonne fait quelquefois parler d'elle — en mal; et que la plus grande de ses inondations durant les trois derniers siècles a été celle de 1875. « L'eau, s'éleva en certains endroits de plus de treize mètres au-dessus de l'étiage, dit M. Elisée Reclus dans sa belle *Géographie;* un grand nombre de ponts furent emportés; Toulouse, située au confluent de toutes les eaux pyrénéennes du bassin et à un endroit du fleuve beaucoup trop rétréci par les quais, se trouva partiellement inondée; ses usines furent démolies ou dévastées, ses ponts s'écroulèrent, à l'exception d'un seul, le plus ancien de tous ceux qui existent sur le fleuve en aval de l'Ariège; le faubourg Saint-Cyprien, ville de vingt mille habitants, qui occupe toute la rive gauche, en face de Toulouse, et plusieurs villages bâtis en briques crues, cimentées par un mauvais mortier, furent presque entièrement rasés; des centaines de personnes restèrent ensevelies sous leurs décombres. Les pertes matérielles causées par l'immense débâcle, qui renversa près de 7,000 maisons, furent évaluées à 85 millions de francs; en outre, des campagnes, que l'inondation recouvrit de pierres, devinrent incultivables pour des années. Quant aux plaines d'une si étonnante fécondité qu'arrose le fleuve dans son cours moyen, leurs terres labourées par le flot, leurs arbres déracinés, présentaient l'aspect le plus lamentable. »

Tout en se défendant de rien voir, Maurice et Jean se firent en quelque sorte malgré eux une idée du pays traversé. A Montrejeau, ils descendirent au buffet, où ils dînèrent avec le baronnet. Il leur fallut bien payer le tribut des touristes et reconnaître que de l'extrémité du plateau où se trouve cette ville on jouit d'une vue sur les Pyrénées, justement célèbre. De même, ils virent, en passant, Saint-Gaudens, sur une éminence de la rive gauche de la Garonne avec son église romane, et Muret.

Une demi-heure après, à l'approche de Toulouse, ils franchissaient le pont d'Empalot sur la Garonne, partagé en deux moitiés par une île, puis le canal du Midi.

Ils entrèrent en gare de Toulouse à la clarté du gaz allumé partout.

— Pour peu qu'il s'attarde ici, murmura Maurice à l'oreille de Jean, c'est dans cette ville que je le ferai pincer. Dès que nous aurons un hôtel, je télégraphierai à Caen, pour que miss Kate nous envoie sir Henry : décidément le morceau est trop gros pour moi tout seul.

Méloir fut expédié avec les bagages à la suite d'un courtier d'hôtel, qui réussit à faire agréer ses services par « Milord ». Le baronnet entraîna les deux jeunes gens, qui ne demandaient pas mieux, du côté des promenades et des cafés.

— Aôh! Il n'est pas dix heures, disait-il; je ne voulé pas me coucher. Je voulé dépenser bôcoup à Tou-louse, bôcoup!

Et le baronnet répétait : Tou-louse; et il riait : ce nom ainsi coupé signifiait en anglais, avec une autre orthographe, *trop large*. — Tou-louse! Toulouse! ô yes!

Non loin de la gare se trouve la place Lafayette; c'est de ce côté que sir William entraîna ses jeunes amis, et il les poussa dans le Grand-Café, très éclairé, très animé, très bruyant, plein d'un grand bruit de dominos remués, de conversations d'une table à l'autre, débordant de consommateurs au dehors : endroit bien choisi — si on l'eût choisi — pour se faire une idée de ces populations méridionales au milieu desquelles on se trouvait : — bourgeois, négociants, ouvriers, étudiants et commis voyageurs mêlés et confondus, ce dont personne ne s'étonne. Notons que Toulouse appartient bien plus à la Gascogne qu'au Languedoc.

Les Gascons ont de l'esprit et de la gaieté dont ils font montre dans un langage coloré, pittoresque, plein de vives saillies. On leur a reproché de se laisser aller trop facilement à l'exagération, à la hâblerie, comme on dit d'après un mot espagnol. Cela tient sans aucun doute à la vivacité de conception et à une chaude façon de parler particulière à la plupart des peuples méridionaux et qu'il ne faut pas prendre au pied de la lettre. On a signalé aussi une autre cause, sociale et historique celle-là ; l'habitude prise par les cadets de Gascogne d'aller chercher fortune loin de leur province. Dans un pays sans commerce, sans industrie et purement agricole, la fortune ne peut s'augmenter que par l'économie domestique, établie qu'elle est sur des propriétés foncières. Ces propriétés, avant la Révolution, passaient presque en entier dans les mains de l'aîné de la famille. Force était aux autres garçons de se créer au dehors une existence indépendante.

Ils allaient au loin, dans des pays où l'on ne connaissait ni leur famille ni leur position, et quand il parlaient avec emphase — et respect — du château paternel qu'ils venaient de quitter, quand ils dénombraient les serviteurs, les chiens et les chevaux, quand ils racontaient le train de vie mené par eux jusque-là, la pauvreté de leur accoutrement, leur misère trop accusée semblait donner un démenti à leurs paroles ; et on leur riait au nez ; et ils se fâchaient ; et ils mettaient hors du fourreau la longue rapière rouillée reçue au moment du départ comme un digne présent. On croisait le fer ; et s'ils n'étaient pas de force, au grief de vantardise s'ajoutait celui de fortanterie.

Il leur fallait, à ces aventuriers que les romanciers ont su nous rendre si sympathiques, une extrême confiance en eux-mêmes et dans l'avenir pour braver le froid dédain ; confiance robuste qui leur permettait de s'imposer dans les milieux les plus ingrats. On sait le mot d'Henri IV à l'un de ses jardiniers qui se plaignait d'un terrain où rien ne pouvait venir à bien : « Sèmes-y des Gascons, ils prennent partout. »

Grâce au penchant naturel qui nous porte à charger les ridicules pour les rendre plus comiques, on devait se plaire à exagérer la jactance des Gascons. Et les anecdotes et les gasconnades de voler de bouche en bouche.

Un Gascon appelé en duel s'étant rendu de très bonne heure au lieu choisi pour la rencontre, y avait trouvé deux spadassins plus matineux encore, gisant sur le pré, après s'être enferrés l'un l'autre. Il se fit un siège des deux corps morts et attendit tranquillement son adversaire. Celui-ci arrive enfin, s'étonne, s'alarme, demande des explications. « C'est, dit le Gascon qui comptait bien recevoir des excuses, que je me suis amusé à peloter avec ces deux messieurs, en attendant partie. »

Un autre Gascon disait : « Qu'en quelqu'endroit de son corps qu'on le blessât, le coup était mortel, car il était tout cœur.

Un autre encore : « Dès que le duel fut défendu (sous Louis XIII) il poussa du poil dans la paume de la main de mon père. »

On formerait des recueils entiers des gasconnades du même genre.

De nos jours, l'originalité des caractères provinciaux s'effaçant et tout étant ramené sans cesse chez nous à l'unité par excès de centralisation, il ne reste plus aux habitants de la Guienne, de la Gascogne et du haut Languedoc que cet amour excessif de leur pays, qui les porte à le placer toujours au-dessus de tous les autres. Le mal n'est pas grand, et la contagion du chauvinisme n'est plus à craindre chez nous.

C'est toujours une grande surprise pour un Parisien de trouver au dehors de l'enceinte de la capitale une ville grande, belle et populeuse. A Paris, on s'accoutume de bonne heure à considérer le reste de la France comme un éloignement des horizons champêtres où l'on va se promener le dimanche. On sait bien qu'il existe de grands centres, mais on ne veut pas le croire ; l'esprit se refuse avec une singulière obstination à accepter avec résignation cette réalité de l'existence de grandes villes, et la cécité volontaire l'emporte sur l'évidence. De là cette tendance à généraliser certaines expressions, telles que ruraux, provinciaux, qui sonnent assez mal à bien des oreilles françaises.

Jean sentait donc se renouveler en lui des étonnements déjà éprouvés à Nantes, à Bordeaux, à Lille, au Havre, à Rouen... Il en parlait à sir William avec abondance, — pour dissimuler le mouvement opéré par Maurice vers les bureaux du télégraphe, ouverts sur cette même place Lafayette.

Au retour de son ami, il le pria de se joindre à lui pour obtenir du baronnet qu'avant de rentrer à l'hôtel pour la nuit, on parcourût la ville, si séduisante aux lumières, avec toute cette foule, vive, joyeuse, délivrée enfin des soucis de la journée et se répandant par les rues et les promenades, des refrains plein le gosier. — Des refrains ! Des grands airs d'opéra très bien chantés à la cantonade.

Ainsi vue par une soirée d'été, la métropole du Languedoc a quelque chose de capiteux qui monte à la tête.

De la place Lafayette, ils gagnèrent aisément la place du Capitole. Là est le Capitole ou hôtel de ville, centre de la vie politique de la cité. Tout le quartier est également le centre du commerce toulousain. Aussi trouve-t-on sur cette place et aux environs les principaux hôtels, cafés et restaurants. De cette place rayonnent les omnibus dans les directions les plus diverses et jusque dans les faubourgs.

Nos touristes prirent — à pied — la rue du Taur, qui conduit à la basilique Saint-Sernin, l'un des monuments du style roman les plus intéressants du midi de la France, et ils trouvèrent que le clocher qui repose sur des piliers octogones n'est pas en harmonie avec l'ordonnance générale.

Puis ils se mirent à la recherche des places publiques, et rencontrèrent les allées Saint-Michel, Saint-Étienne, des Zéphirs, des Soupirs, la Grande-Allée aboutissant au Grand Rond ou Boulingrin orné d'un jet d'eau ; ils longèrent encore le cours Dillon, reconnurent l'allée Lafayette où se dresse la statue en marbre de Riquet, le créateur du canal du Midi, par Griffaut-Duval, enfin les places Saint-Georges, Saint-Étienne et de la Trinité décorées de fontaines.

Ramenés vers le fleuve, ils virent avec intérêt le Pont-Neuf et le Château-d'eau qui en orne l'une des extrémités, le pont Saint-Michel et le pont suspendu de Saint-Pierre. Chemin faisant ils avaient côtoyé ou aperçu la plupart des édifices religieux et civils du chef-lieu de la Haute-Garonne : la cathédrale Saint-Étienne, l'église de la Daurade (dorée) qui conserve la tombe de Clémence Isaure, considérée comme la vraie fondatrice des Jeux floraux ou Collège du Gai-Savoir, l'église du Taur et son bizarre clocher, l'Université, le Palais de justice, avec la statue de Cujas devant la façade, le Musée, quelques hôtels remarquables, des maisons historiques, notamment celle de Calas, au n° 50 de la rue des Filatiers.

Toulouse, avec ses 140,000 habitants, est la sixième ville de la France. Malgré tout, elle n'eut pas l'heur de plaire au baronnet qui sut faire entendre qu'il trouvait ses rues étroites, tortueuses, mal pavées, bordées de maisons en briques rouges d'un aspect peu gai. C'était une déception pour lui. Il « voulé pâtir tute suite, tute. »

Et Maurice qui attendait le résultat de son télégramme, c'est-à-dire l'arrivée de Henry Esmond ! Le jeune Normand se mit à vanter les curiosités de la ville : il ne les connaissait point; mais n'était-il pas sur les bords de la Garonne? L'influence ! Toutefois il se rappela avoir entendu dire que l'ancien couvent Saint-Augustin, qui possède deux cloîtres débordant de verdure, est un édifice remarquable que les touristes ne manquent pas de visiter : c'est dans les salles et les galeries des bâtiments de ce couvent que sont renfermés les trésors du musée, débris archéologiques, sculptures et tableaux. Il parla du couvent Saint-Augustin avec enthousiasme.

— Eh bien, dit l'Anglais, nous pâtirons demain.

— Mais où voulez-vous aller? s'écria Maurice désespérément. Jean est fatigué, — c'était un prétexte — restons au moins quelques jours dans cette belle ville où il y a tant de choses dignes d'être vues !

Ils rentrèrent à leur hôtel de la rue d'Alsace-Lorraine sans que le baronnet eût pris aucun engagement.

Le lendemain, pour gagner du temps, Maurice et Jean se concertèrent et réussirent à conduire le baronnet au Capitole, où il parut s'intéresser à l'examen de la longue suite de bustes de la salle des Illustres, — des illustrations locales, parmi lesquelles le mathématicien Fermat, le compositeur Dalayrac, P. P. Riquet, le savant botaniste Picot de la Peyrouse.

Le baronnet s'obstinant à ne point visiter les églises, Jean indiqua comme une curiosité qu'on ne pouvait se dispenser de voir le moulin du Bazacle, et l'Anglais consentit à diriger ses pas de ce côté.

Première ville commerciale du Midi languedocien, Toulouse est aussi la première ville industrielle de la même région. Le moulin monumental du Bazacle, en aval d'une chaussée qui traverse la Gironde, renferme une minoterie très importante, ou trente-quatre meules donnent en moyenne soixante et quelques hectolitres de farine par heure. Il s'y trouve en outre une papeterie, des laminoirs, et la manufacture des tabacs qui occupe plus de douze cents ouvriers. Le canal de fuite du moulin sert de moteur à plusieurs autres usines, telles que scieries, amidonneries, fonderies, filatures situées plus bas, entre le fleuve et un embranchement du canal du Midi. Dans la partie d'amont, la longue île de Tounis est également couverte de moulins et de fabriques.

Toutes ces choses Maurice les regardait à peine. Tandis que le baronnet mettait son doigt dans chaque engrenage, s'exposant vingt fois à avoir la main broyée, les deux jeunes gens se concertèrent sur un moyen de retenir un jour encore à Toulouse le père de miss Kate, afin de donner le temps d'arriver à sir Henry.

LE TOUR DE FRANCE D'UN PETIT PARISIEN

— Sauriez-vous ce qu'il y a de bon à manger dans la ville (page 658).

A la fin, Jean suggéra un moyen ne consistant en rien moins qu'à « perdre » Méloir pendant quarante-huit heures. Ce plan adopté, Jean se chargea de l'expliquer au Breton.

Retenant Méloir un peu en arrière, il lui fit comprendre qu'il était indispensable d'attendre à Toulouse l'arrivée du gendre du baronnet. Pour y réussir, il n'y avait qu'un moyen : il allait, lui Méloir, s'installer dans une auberge à sa convenance, et il ne reparaîtrait que le surlendemain à la fin de la journée : il serait censé s'être « égaré » dans Toulouse — chose assez difficile ! — et avoir cherché d'hôtel en hôtel jusqu'à l'hôtel de la rue d'Alsace-Lorraine. Le jeune baron se refuserait à quitter la ville avant d'avoir retrouvé son fidèle serviteur...

— Ça me flatte tout de même cette manigance-là, observa le Breton. Dommage que ce soit à cause de ce faille merle d'Ingliche !

Jean glissa quelque argent dans la main du gars, heureux de le voir s'associer résolument à leur stratagème.

— Par sainte Nonne et saint Divy, son fils ! s'écria Méloir, vous ne me reverrez brin ni miette avant le moment que vous avez dit. Sauriez-vous pas ce qu'il y a de bon à manger dans cette ville ?

Très sérieusement, Jean réfléchit : il fallait bien entrer dans les idées de ce garçon gourmand sur qui reposait peut-être le succès des efforts communs.

— Des foies gras, peut-être, dit-il... mais il me semble que ce n'est pas encore la saison... Attends un peu : on fait ici des pâtés de foies de canard excellents...

— Je verrai bien, dit le Breton en se pourléchant d'avance, surtout si vous n'êtes pas regardant à l'argent blanc que je puis dépenser...

— Nullement ; mais quitte-nous avec adresse !

C'est ce que sut faire Méloir. Et lorsqu'une heure après en rentrant à l'hôtel, sir William voulut donner l'ordre au Breton de tout préparer pour le départ du lendemain, Jean et Maurice firent semblant de chercher le gars partout.

— Je parté sans lui, voilà !

— Mais, sir, je ne puis abandonner ce garçon dans une ville où il ne connaît personne...

— Fort bien ! Je parté sans vô !

— Oh ! sir, vous ne me feriez pas une semblable peine ! Mon domestique sera facilement retrouvé... s'il ne retrouve lui-même notre hôtel...

— Fort bien ! Allons dîner, dit flegmatiquement le baronnet, qui se dirigea vers la table d'hôte, accompagné de Maurice et de Jean assez inquiets sur la réussite de leur combinaison.

Ils ne s'attendaient certes pas à ce qui allait arriver.

X

Qui commence bien et finit mal

Le dîner fut très gai.

Il y avait assis à la table d'hôte une Espagnole et son mari, un Suisse et sa femme, trois Parisiens, — sans compter Jean — deux demoiselles russes, genre nihiliste, de fort bonne tenue, du reste; sir William, Maurice et enfin trois bruns habitants de la région : un marchand de fruits secs d'Agen, un Auscitain, fabricant d'Armagnac et un rentier de Montauban, tous trois grands et forts, et bruyants à proportion.

Chacun d'eux affichait des dispositions habituelles à la discussion et se montrait ardent à rompre une lance en faveur de son clocher. Or, le premier représentait le Lot-et-Garonne, ni plus ni moins, le second le Gers tout entier, le troisième le Tarn-et-Garonne, impétueux et débordant comme ces deux cours d'eaux.

La connaissance se fit au dessert entre l'Anglais et ces excellents mais un peu vifs méridionaux, le baronnet indiquant une préférence très marquée pour le fromage « bleu. »

— C'est à Roquefort qu'on les confectionne ces fromages, dit le rentier de Montauban. Et il ajouta quelques curieux détails sur leur fabrication.

La glace était rompue et le fromage fortement entamé.

Le baronnet stimula l'ardeur de ses commensaux par des questions qui établirent tout d'abord une sorte de rivalité parmi eux trois. L'Anglais voulait savoir lequel de leurs départements primait les deux autres. Les braves gens à qui il s'adressait avec insistance étaient à cent lieues de deviner pourquoi : ils l'auraient battu! Ils s'animaient en conscience, gesticulaient, appliquaient des coups de poing sur la table; si bien que les conversations particulières ne furent plus qu'un chuchotement et que peu à peu la table se vida. Maurice et Jean se demandaient jusqu'à quel point les trois méridionaux se prêteraient à l'indiscrète fantaisie de sir William.

— Vous autres d'abord, criait le Gascon d'Auch, en foudroyant du regard ses deux adversaires, — car ils avaient pris une position telle vis-à-vis l'un de l'autre — vous dites une « troupe » de mensonges, que ça fait trembler! Et puis je ne suis pas ici pour écouter vos « remonstrances. » Quand je dis que nous reposons sur les dernières pentes des Pyrénées, il est certain que j'entends parler de mon département du Gers et non pas de moi et de mes amis. Figurez-vous, milord, que notre beau département est couvert de chaînes de collines peu élevées et disposées comme les branches d'un éventail ouvert. Là! vous voyez ça? Sur ces hauteurs, nombre de vieux donjons se dressent encore qui vous donnent une fière idée du temps passé, et de nos barons à rapières.

» Nous avons plusieurs rivières, monsieur, le Gers, naturellement, qui nous traverse du sud au nord, la Baïse, la Gimone, la Save, la Losse, l'Adour, l'Arros, la Nidou, la Douze; la Baïse est même navigable. Si le sol des collines et des coteaux est peu fertile, en revanche les bonnes terres du fond nous donnent du beau blé, et qui n'a pas la jambe courte, de belles récoltes de maïs, d'orge, d'avoine, des légumes en veux-tu? en voilà, et du lin et des fruits excellents, surtout des « arbricots. » La partie la plus fertile et la plus riante est celle qu'arrosent les eaux de l'Adour, dans le voisinage des Hautes-Pyrénées, des Basses-Pyrénées et des Landes... Que je vous dise encore : nous avons dans nos prairies des bêtes à cornes, d'une petite espèce, c'est vrai, mais beaucoup de moutons; peu de chevaux, c'est encore vrai; mais des chevaux pleins de vigueur, malgré qu'ils soient petits, et puis des ânes et des mulets en quantité.

Le bourgeois de Montauban ne put réprimer un sourire.

— Il n'y a pas de quoi rire, observa le susceptible Auscitain, parce que je parle en bien de nos ânes et de nos mulets. Nous élevons aussi une quantité de volailles, surtout de oies et des canards, pour les pâtés de foie. Et nos vins donc? Nous possédons plus de cent mille hectares de vignobles. Demandez à ces messieurs s'ils oseront nier que nos vins de Mazère et de Vertus...

— N'aient des vertus et même des qualités? interrompit le marchand de fruits secs en achevant la phrase.

L'Auscitain reprit sans se déconcerter :

— Quant à notre industrie et à notre commerce, il ne faut pas s'en moquer. On sait qu'après le « cognac », — moi je dis avant, — la meilleure eau-de-vie de France est « l'armagnac. » Avec cela, la minoterie, la tannerie, la préparation des conserves de volailles... Té! Ce n'est pas peu de chose. Et puis donc nos scieries de planches, nos fabriques de toiles, nos cotonnades, nos rubans de fil, nos verreries, nos faïences, nos poteries? Eaux-de-vie, laine, plumes, blé, bêtes à cornes, mulets, vins, voilà des articles de commerce de quoi enrichir dix départements et non pas un!

— Mais les villes? demanda l'Anglais.

— Ne l'écoutez donc pas, milord! s'écria le bourgeois de Montauban, ce qu'il vous dit c'est un tas de vantardises. C'est un « ostiné ». Il vous ferait voir le soleil dans « l'obscurité » ; il ne connaît pas « d'ostacle »

Le fabricant d'armagnac visiblement agacé eut une grimace de souverain mépris pour son voisin de Tarn-et-Garonne.

— Les villes? fit-il. Ah! il n'en manque pas, allez; il y en a que ça fait trembler : Auch, d'abord.

— Oui, dit le bourgeois de Montauban, mais Auch, au témoignage de Georges Sand est une des plus laides villes de France.

— Oh! si l'on peut dire! La plus laide? Mais sous le rapport du pittoresque Auch peut défier toute comparaison! Monsieur... Milord, située sur le plateau et les versants d'un promontoire assez élevé, la ville vue de la route de Fleurance, de Mirande ou de Masseube, avec ses maisons grisâtres disposées en amphithéâtre, présente une masse fort imposante, je vous l'assure, grâce à son escalier monumental orné de fontaines qui gravit la pente rapide de la colline, grâce à sa tour de César — elle est du onzième siècle.

— Oui, oui, rendons à César ce qui ne lui appartient pas, grommela le bourgeois de Montauban.

— ... le tout couronné sévèrement par les tours de sa belle cathédrale.

— Ah! parlons-en de vos escaliers, s'écria le marchand de fruits secs d'Agen, très décidé à intervenir; parlons-en des « pousterlos » comme on les nomme : la terreur des étrangers, monsieur, la bénédiction des « sirurgiens » pour les entorses que ça leur procure à soigner.

— Mais nous possédons aussi les quartiers de la ville basse, répondit victorieusement l'Auscitain ; et il ajouta, non sans orgueil : puisque nous avons été inondés en 1836.

— Inondés! Je ne le lui fais pas dire! s'écria le bourgeois de Montauban rayonnant de satisfaction. Inondés par le Gers! si cela ne fait pas pitié!

— Laissez-moi donc tranquille! reprit l'Auscitain. C'est à vous que je parle, milord, et à ces jeunes gens, (il désignait Jean et Maurice) pour leur instruction... Nous disons Auch, d'abord, en fait de ville.

— Il y revient toujours! observa le bourgeois de Montauban.

— Condom, Lectoure, dont la position sur un haut promontoire offre une certaine ressemblance avec la position d'Auch, Mirande sur la rive gauche de la Baïse, renommée pour sa coutellerie... Malheureusement, il ne reste plus de ses fortifications qu'un vieux château en ruines; il y a Lombez sur la rive gauche de la Save, l'Ile Jourdain, qui doit son nom à sa situation dans une île de la Save, elle est située à moitié chemin d'Auch à Toulouse; Vic-Fezensac, ancienne capitale du comté de Fezensac, sur la Losse, Fleurance arrosée par le Gers, Eauze sur la Gélize, qui fut saccagée par les Goths et les Sarrazins; il y a Montréal, Casaubon, Aignan...

— Assez! assez! cria le baronnet avec force. Assez!

— Il n'est pas poli, cet Anglais, observa l'Auscitain subitement refroidi comme par une douche glacée. Sans effort, il fit adopter tout de suite sa susceptibilité aux deux autres méridionaux.

— Et les hommes? demanda sir William en mettant les deux coudes sur la table.

L'Auscitain avait bien envie de ne plus parler ; mais il lui en coûtait trop.

— Les hommes... dit-il, ils ont leur mérite... Ainsi ils s'habillent encore comme ils s'habillaient il y a cent ans.

— C'est qu'ils sont arriérés, observa le marchand de fruits secs, prompt à rompre la discipline et à reprendre sa liberté.

— Laissez-moi donc parler! Leurs vêtements sont tissés avec la laine de leurs troupeaux par des artisans du cru qui fabriquent ces tissus à la main, à tant par aune. Pour économiser la dépense de la teinture, on mêle quelque laine brune avec la blanche. En été ils s'habillent de lin, mais d'un lin semé et cultivé dans leur champ et filé en famille.

» Les femmes de la campagne se montrent aussi raisonnables que leur maris en fait de toilette; les jeunes filles, seules, ajoutent à leur costume un tablier de cotonnade, un bonnet de toile blanche ou un mouchoir dont elles se font de très élégantes coiffures; té! la jeunesse! Les souliers sont un objet de luxe pour tous ; pas de souliers, des sabots, — excepté le dimanche pour aller à l'église.

» Nos paysans sont patients, sobres, économes, infatigables. Chacun d'eux travaille pour acheter de la terre, arrondir son champ. Ils ne mangent de viande et ne boivent de vin que deux fois par an : le mardi gras et le jour de la « balocho. »

— Balocho? fit sir William, quoi donc, « if you please? »

— Sandis! tout le monde sait bien que c'est la fête patronale! Leur pain est fait de froment mélangé de seigle et de maïs. Ils vendent le vin qu'ils récoltent, et se contentent de piquette. Le surplus de leur nourriture consiste en pommes de terre cuites sous la cendre, d'ail et d'oignons croqués au sel, d'une soupe aux choux sans huile ni graisse, ni beurre — ni margarine. En hiver, ils se régalent avec des « armotos. »

— Armotos? répéta l'Anglais interrogateur.

— Mais d'où sortez-vous donc, mon vieux? C'est une bouillie de farine de maïs, chacun sait ça. Avec cela de rudes gaillards, allez! Et il n'y a pas que des paysans, les bourgeois aussi sont solides; et le Gers a fourni bien des fameux soldats, les généraux Lagrange, Soulès, Subervie, Léglise, Dessolles né à Auch, le maréchal Lannes né à Lectoure. Et je n'ai pas nommé le comte de Montesquiou-Fezensac, maréchal de camp des armées du roi, ni Villaret de Joyeuse, l'un des plus braves marins de la République; je n'ai pas nommé non plus, pour ne pas remonter trop haut, le brave Lahire et Xaintrailles!

— Xaintrailles appartient au Lot-et-Garonne! vociféra le commerçant d'Agen.

— « Well! », fit le baronnet à peu près satisfait. Et le département de... Montauban? demanda-t-il, est-il « valuable? »

— Vous voulez dire le Tarn-et-Garonne? corrigea le bourgeois de Montauban. Il a aussi ses grands hommes; té! le maréchal Caumont de la Force, général et pair de France, le général Doumerc qui commanda une division de cuirassiers de la grande armée, le général Malartic, celui qui défendit si courageusement pendant six ans l'Ile de France et l'Ile Bourbon, et puis le célèbre tacticien Guibert...

Le bourgeois de Montauban avait décidément la parole; pour la garder, il éleva la voix, — un superbe creux du midi — et couvrant les interruptions du bouilleur de cru et du marchand de fruits secs, ligués à leur tour contre lui, il exposa que son département possédait et le Tarn et la Garonne et l'Aveyron, sans compter « un monde » de petites rivières. Les fertiles vallées larges, unies où coulent toutes ces eaux au milieu d'un pays ondulé par quelques coteaux, ne formant pour ainsi dire qu'une plaine immense et verdoyante, couverte de vignes et de vergers. Le bourgeois de Montauban s'extasia sur les rives de la Garonne, signalées de loin par de longues files de grands peupliers. Il garda un silence prudent sur les inondations qui ne sont que trop à craindre. Il n'en est pas de même pour le Tarn qui coule dans son lit profond de quinze à vingt mètres. L'Aveyron s'émancipe quelque peu, avoua notre homme; mais il apporte la fertilité de son limon dans les terres qu'il envahit; c'est un mal pour un bien, ajouta-t-il philosophiquement.

L'industrie et le commerce trouvèrent à leur tour dans l'excellent bourgeois, un habile apologiste. En faisant la part de l'exagération, on comprenait qu'industrie et commerce sont assez développés dans ce même département. L'agriculture fit son apparition sur un sol fertile, des plateaux, des vallées bien cultivées, de beaux pâturages, des céréales en abondance, des fruits, de la vigne, des légumes, des plantes textiles et oléagineuses. Le chemin de fer de Bordeaux à Cette est venu vivifier encore cette contrée. Le bourgeois assura de sa belle voix de basse qu'on envoyait des mulets, des bestiaux, des grains, des fruits à l'Espagne et à l'Italie; et que la minoterie faisait de grandes affaires, surtout quand la récolte des blés a été bonne.

— C'est Moissac, sur le Tarn, dit-il, qui fait principalement le commerce de la farine épurée, avec le Levant et les colonies. C'est pourquoi cette ville est l'un des marchés régulateurs des grains pour la France entière. En amont de cette ville, ajouta-t-il, deux ponts traversent le Tarn, l'un en pierre portant le canal latéral à la Garonne, l'autre en fer laminé livrant passage aux trains du chemin de fer...

Montauban ne fut pas oublié. C'est en vain que le marchand de fruits secs lança l'appellation de vieille ville huguenote : l'Anglais eut une représentation fidèle de l'une des quatre places de sûreté garanties aux calvinistes au seizième siècle, qui sut résister à une armée de vingt mille hommes commandée par Louis XIII en personne. Le rentier la lui montra sur la haute berge du Tarn, avec son vieux pont ogival à huit arches, l'un des plus beaux ponts anciens de France; les fabriques, les manufactures eurent leur tour; les chasselas dorés ou roses qui s'expédient jusqu'en Angleterre ne furent pas oubliés. Le citadin de Montauban se montra même soucieux des beaux-arts, et parla avec conviction des curiosités artistiques léguées par Ingres à sa ville natale et qui font la valeur de son musée.

— Yes! Démêloir !... ma valet! (page 669).

Le bon bourgeois ouvrit toute grande la bouche pour reprendre haleine. C'est le moment qu'attendait le marchand de fruits secs d'Agen pour lui couper la parole. L'Auscitain voulait de son côté faire une rentrée, mais l'Agénois, frappant à coups redoublés sur une carafe, ne lui en laissa pas le loisir.

— Eh bien! Et le Lot-et-Garonne donc! s'écria-t-il avec force. Nous ne comptons donc plus! Tout le monde a de belles villes, de belles maisons : nous sommes peut-être logés à la charité? Tout le monde a des amis parmi les grands hommes, et nous rien alors? Té! Nous avons Jasmin cependant et il n'y a pas deux Jasmin en France!

— Mais des grands hommes de guerre? objecta l'Auscitain.

— Des grands hommes de guerre? Nous avons Xaintrailles, — ici il éleva la voix pour couvrir les interruptions — un des meilleurs capitaines du roi... qui était roi du temps de Jeanne Darc; nous avons Blaise de Montluc, le maréchal d'Estrades et plusieurs généraux de la République et de l'Empire. Et puis il n'y a pas que les militaires qui comptent. Baillez-moi le carafon, que je lampe une rasade à la santé des civils! Nous avons à citer Bernard de Palissy, Lacépède, nous avons madame Cottin...

— Ce n'est pas un homme! vociféra le bourgeois de Montauban, comme si l'Agénois trichait.

— Je apprécié, fit l'Anglais d'un air grave.

L'hôte, un Gascon pur sang, impatient d'éteindre son gaz, intervint :

— Avez-vous besoin « de rien » ! dit-il.

— De rien ni de quelque chose! cria celui qui s'était donné la parole et entendait la garder. Apprenez, milord, par ma bouche que le Lot et la Garonne viennent se réunir dans la plaine la plus féconde de la France! Les deux vallées de ces rivières forment l'Agénois. C'est surtout la vallée de la Garonne qui présente le plus bel aspect. Sur la rive gauche, et à travers les oseraies, ou les peupliers qui bordent la rivière, on voit se dérouler au loin les plaines de la Lomagne, magnifiquement cultivées; la rive droite est bordée de collines basses couronnées de vignes et de bois. Des hauteurs qui commandent l'endroit où le Lot et la Garonne marient leurs eaux, le regard est ébloui, véritablement ébloui, par un magnifique panorama de champs, de prairies, de vignobles, — attendez — de vergers, au milieu desquels apparaissent une « troupe » de villages ou de vieilles villes, si agréables à l'œil qu'on dirait qu'un peintre les a arrangés à son goût.

— Ha! tellement? fit l'homme au creux du midi; mais vous ne nous dites pas, mon bon, qu'à côté de cette fertilité du pays d'Agen les landes viennent envahir une grande partie des arrondissements de Nérac et de Marmande?

— Si, j'allais en parler; vous me l'avez coupé sur les lèvres; mais je n'en dirai rien puisque vous avez dénoncé nos pauvres Landes! Milord, je passe à notre bonne ville d'Agen, dont les fabriques de toiles à voiles et les teinturesries en écarlate et en cramoisi ont acquis de la renommée ; mais Agen est surtout connu par ses pruneaux...

— Pruneaux ! s'écria le baronnet.

Le marchand de fruits secs ne comprit pas le sens de cette interruption, qui faisait sourire Jean, et il reprit :

— Ils sont plus estimés que ceux de Tours.

— Pruneaux de Tours ! s'écria de nouveau le baronnet. O yes !

— On les expédie dans des boîtes, dans des paniers... Ces prunes sèches d'Agen, connues aussi sous le nom de prunes d'*ente* viennent de tout mon département : de Clairac, de Castel-Moron, de Marmande, de Villeneuve d'Agen surtout ; ces villes en font un grand commerce. Villeneuve en expédie annuellement pour plus de trois millions de francs ! Quant à ma maison de fruits secs, elle est assez avantageusement connue à Agen, j'ose le dire.

» Agen reprit le marchand, sans être une fort belle ville, a de l'animation. Les plus curieux édifices sont un pont de pierre, un pont suspendu et un pont canal sur la Garonne... admirable ! !

» Villeneuve d'Agen fabrique des toiles, du linge de table, du papier ; le Lot y devient navigable. Nérac, au sud, est sur la Baïse ; c'est l'ancienne capitale du duché d'Albret, qu'Henri IV réunit à la couronne. Le Béarnais aimait le séjour de Nérac, qui fut longtemps la résidence des rois de Navarre.

» Mais, tenez : une petite ville de l'arrondissement de Marmande est aussi fort connue, par sa manufacture nationale de tabacs, dont les produits sont répandus dans tout le Midi, et même au delà. — Dix villes en France ont de pareilles manufactures : celle de Tonneins est la plus importante après celle de Paris.

— Si l'on veut ! ajouta le bouilleur de cru, du ton dont il eut dit : Amen ! C'était une concession, signe précurseur d'un apaisement général.

Les trois braves méridionaux ayant achevé de débiter ce que chacun avait à cœur de répandre, se trouvaient fort près de s'entendre.

— Enfin, tout ce qu'on peut dire, conclut le marchand de fruits secs en s'essuyant le front, c'est que nos pays sont de beaux pays !

— Sûr ! fit la voix flûtée du fabricant d'eau-de-vie d'armagnac.

— Sûr ! résonna le creux du Midi.

Le baronnet paraissait soucieux de cet accord qui ne lui permettait pas, après avoir prêté une attention soutenue, de fixer sa préférence — réelle ou fictive.

— Je voulé bien savoir, dit-il, comme si la discussion pouvait recommencer pour l'éclairer, lequel des trois départements est le plus... jiouli.

— Oh! messieurs, se permit de dire Maurice, c'est une fantaisie...

Jean ajouta à demi-voix :

— Une fantaisie d'Anglais...

— Cela vous intéresse donc bien, milord? dit la basse-taille de Montauban.

— Yes; je voulé choisir.

— Choisir? fit le fabricant d'armagnac.

— Pour acheter.

— Mais, acheter quoi? dit l'Agénois, qui flairait un écoulement de ses fruits secs.

— Acheter un de vos départements. Peut-être celui des pruneaux... Compréné-vô le chose?

Les trois Méridionaux atterrés, se consultèrent du regard, se demandant s'ils permettraient à cet Anglais de se moquer d'eux plus longtemps, de les mystifier et s'ils ne lui administreraient pas une correction exemplaire.

— En voilà un drôle de corps! finit par dire le bouilleur de cru.

— Qu'est-ce? fit le baronnet.

— Pour un toqué d'Albion, c'est un toqué d'Albion! observa le bourgeois de Montauban.

— Qu'est-ce, môsieur? que dites-vous? dit sir William en se levant, très rouge.

Tout le monde se leva avec lui.

— Ne faites pas attention, messieurs, dit Maurice, tandis que Jean ajoutait : Il est un peu... extravagant... un peu fou...

— Je suis fol... bôcoup! s'écria le baronnet qui avait entendu; mais je voulé acheter tout de même, pour dépenser bôcoup et faire enrager milady! Celui qui riait de moi je boxé loui!

A ces mots il y eut une bousculade. Une carafe alla se briser sur le parquet. Malgré l'intervention de Maurice et de Jean, le baronnet fut poussé dans le vestibule, et l'un des garçons de l'hôtel, au bruit qu'ils faisaient tous, se mit à crier à la garde! et courut chercher la police.

— Je boxé la prémier, je boxé la second et la troisième aussi, diabel! hurla le baronnet, dont la tête se montait. Il prit du champ en faisant rouler ses poings pour se tenir sur la défensive.

— Prenez garde, vous « me marchez » ! s'écria le Gascon d'Auch, à qui le baronnet venait en effet d'écraser le pied.

Un sergent de ville apparut fort à point.

Le maître d'hôtel survint et essaya en vain de calmer la querelle.

— Il m'a « coupé » deux « garraffes » dit-il au sergent de ville, en désignant l'Anglais — on n'en avait cassé qu'une. — Retirez-nous de « ce bagar » s'il vous plaît, monsieur le commissaire.

Mais déjà quelques coups de poing s'échangeaient : les hostilités étaient ouvertes...

Le sergent de ville sépara les combattants comme il put, aidé de Jean, de Maurice, du maître d'hôtel et de son personnel, et pria l'Anglais de le suivre au bureau de police — au poste !

Il n'y avait pas à résister. Maurice et Jean accompagnèrent le baronnet. Le bourgeois de Montauban fut délégué par les deux autres plaignants comme ayant l'organe le plus grave pour une déposition à faire par-devant un commissaire. — Décidément le Tarn-et-Garonne l'emportait !

On arriva au poste... L'Anglais de la rue d'Alsace-Lorraine, sir William Tavistock y était connu déjà par M. le commissaire. Et comment? Grâce à Méloir, arrêté un quart d'heure auparavant dans un cabaret, pour tapage et coups; Méloir qui était présentement occupé de se recommander du baronnet « son maître ».

On entend d'ici l'exclamation de Jean et de Maurice en apercevant le gars breton, déchiré, fait comme un voleur...

— Par saint Malo et saint Brieuc et saint Houardon itou, je ne mens pas ! v'là mon milord, et notre maître le baron, et notre petit monsieur de Paris ! Un camouflet fait vingt-huit chopines.

— Connaissez-vous ce garçon? demanda à brûle-pourpoint le commissaire à l'Anglais.

— Yes ! fit-il. Déméloir... ma valet...

— Le voilà retrouvé ! dit Jean en faisant un signe d'intelligence au Breton.

Le bourgeois de Montauban calmé par l'air frais du soir, adoucit autant que possible sa plainte collective. Sa voix se tempéra de sons argentins, et i réclama l'indulgence de M. le commissaire.

Celui-ci ne se fit pas faute d'en user et renvoya tout ce monde, très encombrant, y compris Méloir.

— Pour celui-ci, dit-il en le désignant, il ne faut pas qu'il s'y fasse reprendre. Tapage, coups et blessures... Rébellion envers les agents...

— Monsieur le commissaire, dit Jean, pardonnez-lui; c'est le meilleur garçon du monde; mais il est de Landerneau où tous les nez pompent la moutarde!

Un dicton que Jean avait retenu dans sa tournée en Bretagne.

XI

Les caves de Roquefort

On dormait profondément à l'hôtel de la rue d'Alsace-Lorraine — après les émotions de la veille. Mais le baronnet se leva au petit jour et alla réveiller tout son monde : — « En route! » Il fallut s'habiller et le suivre à la gare. Jamais il ne consentit à dire où il voulait aller!

Maurice et Jean emboîtaient le pas derrière lui, se communiquant leurs réflexions sur le fâcheux avortement de la combinaison destinée à permettre à sir Henry Esmond d'arriver à Toulouse. Il avait fallu que Méloir leur fût rendu quelques heures à peine après les avoir quittés!

Le Breton fermait la marche, — nullement fier de n'avoir pas su mieux répondre à ce que les deux jeunes gens attendaient de lui. Sa démarche pleine de balancements timides était comme un plaidoyer, un acte de contrition, un engagement pour l'avenir.

A la gare, on passa au guichet. Que demandait cet Anglais? des billets; mais pour où?

— Pour une petite village... pas loin, où on faisait des fromages...

— Roquefort? Vous voulez des billets pour Roquefort?

— Yes; les fromages de Roqueforte.

Maurice et Jean levèrent les bras en l'air : à Roquefort!

Et par où y allait-on à Roquefort? Un village pas loin, avait dit le baronnet. Oui, à vol d'oiseau ; mais il faut tenir compte des montagnes qui enserrent et rendent inabordable Saint-Affrique, Tournemire et Roquefort. Se rendre à Roquefort par Albi c'eut été trop commode! Le chemin de fer s'arrête à cette dernière ville, et après, il faut poursuivre par la route de poste, ou à pied, en mettant des journées entières pour franchir par monts et par vaux de faibles distances ; et d'Albi à Roquefort il n'y a pas moins de quatre-vingt dix-huit kilomètres...

Tout cela fut entrevu par les deux jeunes gens en jetant un coup d'œil sur une des cartes murales de la gare. Hélas! pour aller à ce Roquefort maudit, il fallait descendre vers les Pyrénées — tourner le dos à Bordeaux, observa Jean — et, par une vaste courbe, remonter à travers les Cévennes méridionales... Il fallut se résigner.

Les voilà donc tous roulant parallèlement au canal construit par Riquet vers Castelnaudary et les deux bassins d'eau douce qui lui servent de port. Après Castelnaudary ce fut Carcassonne sur l'Aude et le canal du Midi, entre les Corbières qui se détachent des Pyrénées et la montagne Noire, au nord. C'est une ville de 28,000 habitants : on n'y donna pas même un coup d'œil, tant l'ennui était grand d'être entraîné de force vers ce désert montagneux avoisinant le plateau du Larnac! Pourtant il aurait fallu être aveugle pour ne pas voir qu'outre une basse ville se trouvait, sur une éminence escarpée une haute ville (la Cité) ceinte d'un double rempart et de tours...

Puis, ce fut au tour de Narbonne d'inspirer la même indifférence : on était cependant à quelques kilomètres de la Méditerranée ; la ville a cela de curieux qu'elle est coupée en deux par le canal de la Robine, qui conduit à la mer...

La voie ferrée faisant un coude entra enfin dans la plaine de l'Aude, et ce fut un soulagement énorme pour Maurice et Jean de penser qu'ils remontaient vers le nord, vers Béziers, et que l'on allait quitter le département de l'Aude pour celui de l'Hérault.

Les aspects de la route passaient presque inaperçus, à une exception près toutefois : après Nissan, la voie pénétra dans un tunnel long de cinq cents mètres creusé sous le sol de Malpas, dans la montagne d'Enserune. Ce tunnel passe au-dessous de celui du canal du Midi, qu'il croise.

Revenu à la lumière, le train franchit l'Orbe sur un pont, et l'on fit une station en gare de Béziers. Il était un peu plus de midi. Nos touristes mirent à profit un quart d'heure d'arrêt passé au buffet, temps que Méloir trouva si court qu'il emporta des vivres dans son wagon : le Breton était en fonds, n'ayant pas pu dépenser tout l'argent que Jean lui avait remis la veille.

Béziers est une ville de 33,000 habitants, pittoresquement assise sur une colline au-dessus de l'Orbe et du canal du Midi. Même indifférence pour

La rue des caves à Roquefort (page 675).

Béziers que pour Carcassonne. Pourtant les souvenirs historiques ne manquaient pas ! Saccagée par les Sarrasins, ruinée au treizième siècle par les croisés conduits par Simon de Montfort contre les Albigeois, il fallut à Béziers une vitalité exceptionnelle pour continuer de se développer.

Mais ce n'est pas à cela que pensaient Maurice et Jean, « milord » encore moins. On parla aux jeunes gens de la belle écluse de Fonserannes, à mille mètres de la ville. Le canal du Midi y descend la colline par neuf écluses. Réel sujet d'admiration auquel on ne prêtait qu'une attention bien distraite.

Le train laissa à droite la ligne d'Agde et de Cette, et s'engagea au milieu de vignobles qui s'étendaient de toutes parts à perte de vue. On voyait par le transit des stations que l'Hérault fait un très grand commerce de vins. Un peu avant d'être à la hauteur de Bédarieux, le terrain commença à se mamelonner. Bientôt on atteignit les premiers contreforts des montagnes des Cévennes, défrichés en partie pour la culture de la vigne, mais tapissés encore sur plusieurs de leurs versants de taillis de chênes verts et d'arbousiers.

Bédarieux, reconnaissable de loin aux cheminées des usines où se fabriquent des draps pour l'armée, fut laissée sur la gauche, et, de même, un peu après, la voie qui dessert les mines de charbon de Graissessac.

La vallée se resserrait ; de hautes montagnes se dressaient plus rapprochées l'une de l'autre à mesure que l'on avançait vers le nord. Il y eut des gorges à franchir, des pentes à gravir, qui réclamaient l'emploi de deux puissantes machines l'une à la tête du train, l'autre à l'arrière ; des descentes rapides, pour lesquelles on mettait les deux locomotives en tête, la contre-vapeur fonctionnant.

Partout des montagnes arides, des roches dénudées, des vallées profondes et déchirées, des ravins sauvages. Pour végétation, çà et là quelques arbres chétifs, quelques touffes de buis. Comme pour rappeler la présence de l'homme, parfois les ruines d'un château féodal. Ce tableau désolé augmentait la peine des jeunes gens. Quant à sir William il se fût plutôt réjoui. Ce voyage à Roquefort n'était-il pas une circonstance aggravante à faire connaître à milady, et dont milady serait certainement informée avant peu par le jeune baron du Vergier ?

Nos touristes descendirent enfin à la gare de Tournemire, dernière station de leur voyage : c'est un village bâti dans un cirque découpé dans la falaise du Larzac. En face, une chaîne de hauteurs, à l'extrémité de laquelle se groupent les maisons de Roquefort, dans une anse de la montagne, au pied de rochers élevés et à pic et confondues même parmi ces rochers, s'attachant à leur flancs... Ils se rendirent pédestrement à Roquefort.

C'était bien là, en effet, à huit kilomètres à l'est de Saint-Affrique, sur la pente du Combalou, ce village de Roquefort, si renommé par ses fromages... On n'ignore pas que c'est à des caves creusées dans le roc que le fromage de Roquefort doit ses qualités. Ces caves sont situées au-dessous du sol et couvertes de quartiers de roche gigantesques : on a pu y établir plusieurs étages et jusqu'à cinq.

Vingt-trois de ces caves sont naturelles. Dans ces vastes anfractuosités, on n'a eu besoin que d'adoucir les aspérités des parois et de régulariser les voûtes. Le désir d'accroître le nombre de ces caves a fait pratiquer de main d'homme des excavations nouvelles, pour lesquelles on a profité des bouleversements du sol.

Les caves de Roquefort sont une richesse pour le pays, comme pour d'autre pays la possession de mines et de carrières. L'utilité qu'on en tire remonte à un temps fort éloigné ; ainsi la concession des caves naturelles de la « Rue », qui sont les plus anciennes, a été accordée, dit-on, par un édit du roi Jean, en 1355.

Presque tout le département, du reste, fabrique du fromage, pour utiliser le lait des grands troupeaux de brebis que nourrissent des montagnes et des rochers où ne croissent que des plantes aromatiques. Dans la belle saison on y cantonne les bestiaux.

L'élevage des brebis, autrefois restreint aux environs de Roquefort, s'est étendu aujourd'hui dans tout l'arrondissement de Saint-Affrique et dans les parties limitrophes des départements du Tarn, de l'Hérault, du Gard et de la Lozère. La région du Larzac possède environ trois cent cinquante mille brebis laitières ; la totalité des troupeaux y atteint presque le chiffre énorme de neuf cent mille têtes.

Dans l'Hérault et dans tout l'Aveyron, on a utilisé des excavations naturelles pour y préparer des fromages de brebis ; mais ces caves sont loin d'avoir les qualités de température et d'humidité réunies à Roquefort et qui sont dues à des circonstances exceptionnelles de bouleversement du sol dans des conditions particulières d'altitude et d'exposition. Les caves de Roquefort sont à une température à peu près constante de dix degrés. Cette température peut s'abaisser jusqu'à cinq.

Arrivés au sommet de la côte, nos voyageurs débouchèrent au centre du village, sur une étroite place, en face de la rue des Caves. Le baronnet accepta tout de suite l'offre qui lui fut faite d'en visiter une.

On donna aux étrangers, pour les éclairer au milieu des ténèbres, des bougies, dont les flammes incertaines et vacillantes sous l'effet des courants d'air, les guidèrent au bas d'un escalier en bois, étroit et raide, jusqu'au plancher de l'étage supérieur de la cave.

Les caves de Roquefort sont coupées par une série de planchers superposés, que soutiennent de forts madriers. A chacun de ces étages sont disposées des étagères, entre lesquelles la circulation est ménagée au moyen de couloirs. La hauteur des étages est d'environ deux mètres cinquante, et la largeur des étagères de deux mètres.

La paroi de la cave, qui est le roc même de la montagne, a été laissée nue; le côté opposé, au contraire, est entièrement muré. De la paroi du fond s'épanche, par de grandes fissures, en courants continus, l'air frais. Ces fissures se prolongent souterrainement et se perdent dans l'intérieur du sol montagneux; les courants d'air qu'elles fournissent et qui sont appelés *fleurines*, sont parfois très violents; mais plus une cave possède de *fleurines*, plus elle est favorable à la fabrication du fromage.

La température de la cave étant assez basse, ils virent les ouvrières, — qu'on appelle cabanières — de *cabo*, cave en patois du pays — occupées dans ses profondeurs, et habillées très chaudement de vêtements de laine, la tête protégée d'un bonnet recouvert d'un mouchoir; un grand tablier leur montait jusqu'à la poitrine. Toutes ces ouvrières jeunes, fraîches, paraissaient vives et gaies, contrairement à ce que l'on aurait pu croire : l'existence souterraine qu'elles mènent pendant les huit mois de l'année que dure le travail des caves, n'altère nullement leur robuste santé.

Les cabanières, réparties aux divers étages de la cave, travaillaient, éclairées par des lumignons suspendus auprès d'elles. Assises sur des escabeaux, les unes raclaient à l'aide d'un couteau au tranchant bien affilé, les pains de fromage; les autres, les rangeaient sur des étagères, les disposant par piles de trois, en ayant soin de ménager entre chaque pile une certaine distance, afin que l'air circule librement; d'autres encore allaient et venaient, descendant dans la cave les fromages frais qui déjà ont passé au saloir et dont une première croûte gluante appelée *pégot* a été enlevée, et aussi la seconde croûte nommée *rebarbe blanche*.

Tous les fromages passent ainsi par plusieurs raclages successifs dans lesquels tombe ce qu'on appelle barbe ou duvet. Quelques-unes des ouvrières enlevaient les fromages arrivés à point et prêts à être expédiés. Il faut de trente à quarante jours de cave pour la confection d'un fromage. Ceux de l'arrière-saison sont les plus estimés.

On reconnaît qu'un fromage est formé lorsque son enveloppe grise se marbre de bleu : c'est le résultat d'une végétation cryptogamique, dont les germes ont été déposés dans le lait caillé au moyen d'une poudre de pain moisi.

Les fromagers se firent un plaisir de donner aux touristes toutes ces indications, et nombre d'autres concernant la fabrication des fameux fromages, — depuis le moment où le lait caillé est versé dans le moule en terre vernissée percé de petits trous pour l'égouttage du lait. C'est alors qu'on y introduit, entre chaque couche de caillé, cette poudre de pain à laquelle les fromagers donnent une attention particulière, car c'est surtout de sa préparation que dépend la qualité des fromages.

On fait donc des pains composés d'une égale quantité de froment, d'orge d'hiver et d'orge de mars, et d'un levain très fort dans la proportion de trois pour cent, additionné de vinaigre. La pâte est pétrie très ferme et le pain reste au four jusqu'à ce qu'il soit bien cuit. On le laisse moisir pendant deux ou trois mois, et on le réduit ensuite en poudre, pour l'employer par pincées déposées entre chaque couche de lait caillé versé dans les moules.

Maintenant « Milord » en savait autant que quiconque. Aussi, en sortant de cette cave, « Milord » avait-il un air radieux, souligné par les deux superbes rangées de dents dont sa mâchoire était pavée. Maurice et Jean ne riaient pas. « Milord » aurait voulu visiter les autres caves.

— Décidément, nous voilà encavés à Roquefort ! grommela Jean.

— Les autres caves? répondit-on à l'Anglais, elles se ressemblent toutes.

— Pas si encavés, dit Maurice, s'il lui prenait fantaisie de nous tirer d'ici, comme c'est probable, par Rodez, le Lot, la Corrèze...

— Sans mentir, on en mangerait bien de ces fromages, observa judicieusement Méloir, malgré qu'on leurs y a vu faire la barbe !

— Toi, lui dit Jean, tu ne vois que ça : manger : tu n'en es pas plus gras !

Le baronnet consultait son Guide. Quand il eut trouvé ce qu'il cherchait dans le livre cartonné :

— C'est assez de petites fromages, dit-il : Partons !

— Vous ne voulez donc pas voir la grotte des Fées, messieurs? dit une voix derrière eux.

C'était un gamin d'une dizaine d'années, noir comme une cigale, qui parlait. Il s'offrit d'accompagner messieurs les voyageurs. Trois autres morveux reniflaient derrière lui, échelonnés par tailles décroissantes.

— Ah dame! fit Méloir je vois ben qu'on pense ici comme à Landerneau : qu'il vaut mieux laisser son éfant morveux que de li écourter le nez.

— L'ouverture de la grotte des Fées, reprit le cicérone en herbe, est à neuf mètres au-dessus du sol: cette grotte a dix-huit cents mètres de profondeur, avec des trous, des gouffres, et des grosses chandelles de pierre qui pendent des voûtes...

— Oha! fit l'Anglais d'une voix qui dispersa les enfants comme une volée de moineaux; vô, la petite guide, allez-vous-en à l'école.

Le baronnet voulait « pâtir » tout de suite, tout de suite. — Mais lui dit-on, les chemins de fer ne sont pas à vos ordres. — Il paierait dix fois le prix des places : il voulait dépenser beaucoup d'argent...

Certes, Maurice et Jean avaient autant d'envie que lui de sortir et de Roquefort et de l'Aveyron.

Mais où le baronnet les conduirait-il?

— Si nous allions à Paris? suggéra Maurice. Hein! c'est une idée... de flâneurs comme nous?

— Paris était trop près de London!

Telle fut la réponse qu'il reçut.

Et maintenant, voici en un mot où ils se trouvèrent le lendemain matin : à Limoges; — ayant passé une nuit en wagon. Tout ce qu'ils auraient pu dire de leur voyage, c'est qu'ils avaient soupé à Rodez, l'ancienne capitale du Rouergue, et, qu'au dessert, on leur avait servi beaucoup d'amandes : c'est le seul fruit du Rouergue, mais tellement abondant qu'il donne lieu à un commerce d'exportation de plusieurs millions de francs.

Avec un peu de bonne volonté, ils auraient pu ajouter encore que Rodez, chef-lieu de l'Aveyron, est une vieille ville bâtie sur une colline baignée par la rivière d'Aveyron.

Après Rodez ils n'avaient plus rien vu.

Dans la traversée du Lot, aux environs de Cahors, un statuaire grec qui visitait les musées de France, parla longuement d'une illustration locale qu'il appelait Zapetta. Il fallut beaucoup de bonne volonté pour comprendre qu'il s'agissait de Gambetta, qu'il traitait de philhellène et de « vrai ami. »

Un peu plus loin, Jean avait raconté à Maurice les impressions de son premier voyage à travers le Lot, au début de ses pérégrinations, lorsque Bordelais la Rose l'avait conduit de Bordeaux à Aurillac. En approchant de Brives-la-Gaillarde, Jean montra à Maurice l'endroit où la baronne du Vergier avait failli être étranglée en wagon par Jacob Risler et Hans Meister, — entre les tunnels de Montplaisir et de Galop.

Si les deux jeunes gens avaient voyagé avec moins de contrainte, ils auraient regretté d'avoir laissé à leur droite l'Auvergne — dont Jean dit des merveilles à son ami, — et à leur gauche, le Périgord, le pays de Montaigne et de Brantôme; le Périgord *blanc* et le Périgord *noir*, celui-ci abondant en forêts où dominent les essences résineuses...

Mais il avait fallu suivre le baronnet; et voilà comment ils étaient arrivés à Limoges — passablement fatigués par une nuit blanche. L'Anglais avait dormi dans son coin — et ronflé. Méloir paraissait aussi parfaitement reposé : il avait passé la nuit allongé sur une banquette dans son compartiment, faute d'auditeur bénévole à endoctriner sur le chapitre du failli merle Flohic et de la rousse Vivette.

Il eut sommeillé avec moins de calme s'il eut pu se douter qu'il passait près de Périgueux, où l'on fait un si grand commerce de volailles et de pâtés truffés renommés; où l'on fabrique de l'anisette, des liqueurs fines et des dragées fort estimées.

XII

Le châtiment

C'était à mi-côte, sur une petite place ombragée de quelques arbres, sorte de palier où aboutissaient deux ou trois rues tortueuses à pente rapide, et d'où montaient vers le haut de la ville une rue ou deux escarpées, mal pavées ; rues bordées, les unes et les autres de constructions irrégulières, d'anciennes maisons en bois, sauf le rez-de-chaussée, quelques-unes de ces maisons ayant conservé, encore, à défaut de croisées à grands carreaux, des panneaux de verre enfumé, montés en plomb.

Autour de baladins, une foule curieuse, attentive, — presque recueillie, — formait un cercle, les plus grands du deuxième rang se penchant pour mieux voir par-dessus les têtes du premier rang. L'orgue jouait et, sur un vieux tapis, une femme, la tête renversée en arrière, se soutenant des pieds et des mains, accomplissait un tour de force ou d'adresse qui tenait la foule en suspens.

— C'est la femme à moustaches, dit un enfant à côté de Jean.

— Assez ! assez ! criaient plusieurs voix.

— Il n'en manque plus que dix-huit ! vociféra une sorte d'hercule en maillot, courant après les gros sous qui pleuvaient lentement ; il les arrêtait sous son pied et les comptait de l'œil, attendant pour faire cesser l'exercice de la femme, — une grosse dame à jupe rose pailletée, — que le chiffre de la recette fixé par lui-même fût atteint.

— Plus que dix-sept ! Plus que seize ! ajouta-t-il.

Que faisait donc cette grosse dame dans son attitude de bête à quatre

On traversait un pays hérissé de montagnes (page 687).

pattes qui s'essaye à marcher? Elle venait d'avaler sur l'air du *Miserere* du « Trovatore », un sabre de cavalerie, moins la poignée de cuivre.

L'orgue déroulait ses notes, et le supplice de la dame se continuait malgré les cris répétés de : Assez! assez!

Jean, désireux comme la plupart des assistants, de faire cesser ce douloureux spectacle, — cette torture peut-être, — mit la main à la poche ; Maurice en fit autant, et sir William ne voulut pas demeurer en reste. Le gros sou de Jean tomba le premier.

— Plus que treize! cria l'hercule.

Au même moment, deux pièces blanches tombèrent à ses pieds. Celle du baronnet, — une roue de derrière, observa un charretier, — produisit une réelle sensation; tout le monde se tourna du côté d'où elle arrivait. Le baronnet souriait et murmura :

— Yes! Bôcoup d'argent!

Mais Jean venait de reconnaître dans l'hercule son oncle Jacob, dans la femme à moustaches madame Risler, et c'était Hans Meister qui tournait la manivelle de l'orgue, — Hans Meister!

En cherchant des yeux le généreux spectateur, Jacob Risler aperçut Jean, et il fit part de sa découverte à sa femme. Celle-ci prit peur : troublée déjà par le brouhaha d'admiration causé par la pièce de cinq francs et dont la cause lui échappait, croyant voir apparaître le képi de la police tant redouté depuis Saintes, elle fit un faux mouvement, poussa un cri, blessée intérieurement par la lame d'acier, et s'affaissa sur le carré de moquette, tandis que l'Allemand, dont les yeux avaient souffert de l'explosion de grisou de Lourches, continuait de moudre le *Miserere*, sans trop rien voir qu'un peu de désordre dans les rangs.

Le cercle était brisé, en effet ; chacun s'empressait vers la malheureuse gisant dans une si atroce position, et qui hurlait maintenant. Un vieux homme bredouillait en son patois : — San Marceou, prégat per ello! (Saint-Martial, priez pour elle!)

Jean s'arracha à ce spectacle lamentable et entraîna le baronnet et Maurice; Méloir des premiers, s'était précipité vers l'acrobate, et Jean le vit de loin parmi ceux qui transportaient à l'hôpital la femme à moustaches.

Ceci se passait à Limoges, le second jour de l'arrivée du baronnet et de sa suite dans le chef-lieu de la Haute-Vienne.

— Vous avez vu cette femme? dit Jean à Maurice, vous avez vu son mari? c'est à eux qu'il a fallu arracher votre chère Sylvia... Le baron voulait sévir rigoureusement, ils ont pris la fuite, perdant sans doute tout leur avoir, puisque nous les retrouvons amusant le carrefour au prix de leur vie...

— Quelle rencontre ! s'écria Maurice frappé d'étonnement.

— J'ai compris la terreur de Risler à ma vue ; mais je regrette bien d'être pour quelque chose dans l'accident... dans le malheur...

— C'est le châtiment ! fit Maurice. Vous n'y pouvez rien, mon ami.

— Et Hans Meister avec eux ! Comment cela a-t-il pu se faire ? Dans un piteux état, l'Allemand !

— C'est votre voleur ? dit Maurice ; ne ferez-vous rien pour qu'on l'arrête ?

— Non, car je suis rentré en possession des papiers dérobés : à l'heure présente, ils doivent être entre les mains de mon vieil ami Bordelais la Rose. J'avais demandé qu'on les lui adressât le plus tôt possible, n'ayant pas d'autre domicile fixe à indiquer. Mais comme la chose mérite examen, je vais tout de suite télégraphier à Mérignac. Si j'étais déçu...

— Vous n'hésiteriez pas, je pense, à faire coffrer ce vilain joueur d'orgue ?

Jean s'esquiva vers le bureau du télégraphe.

Comme il allait y entrer Méloir passa en courant, se dirigeant vers l'hôtel du baronnet. Jean le saisit par le bras.

— Mais c'est la femme à votre oncle ! c'est la grosse mère, la patronne de la loge !

— Je le sais bien.

— Vère ! Elle est morte en arrivant à l'hopital, v'là votre oncle veuvier ! Fallait voir comme elle criait, avec sa jupe rose et sa couronne de fleurs sus la tête !

Jean pâlit et lâcha le gars. Une minute après il rédigeait la dépêche suivante à l'adresse de l'ex-zouave :

« De Limoges. Toujours empêché d'aller à Mérignac. Recevrez ou avez reçu papiers de réhabilitation. Risler ici : sa femme avalait des sabres ; vient de se blesser mortellement, effrayée par ma présence. Suis encore avec le fils de la baronne. Après vous avoir vu, irai au Niderhoff réclamer contre accusation de trahison. A bientôt. »

Jean ne parla pas de Hans Meister. Mais combien la présence de l'Allemand à Limoges l'intriguait !

Le soir même il reçut par le télégraphe une réponse en ces termes :

« Content de toi. Ton succès de Lourches m'a rendu mes jambes de vingt ans. Reçu le carnet et les papiers du véritable traître. Vais partir pour le Niderhoff où ferai mieux que toi. »

— Sac et giberne ! ajouta Jean après la lecture du télégramme. C'est sous-entendu. Brave cœur, va !

Et il essuya une larme d'émotion.

Jean ne sachant vraiment plus quand il lui serait permis d'aller à Mérignac s'était enfin décidé à se mettre en communication avec son excellent ami. Pourquoi n'aurait-il pas fait jouer ce télégraphe que Maurice employait sans cesse? La veille encore, le jeune du Vergier avait donné de ses nouvelles à sa famille, à miss Kate et réclamé la prompte arrivée de sir Henry Esmond à Limoges, où le baronnet semblait vouloir faire un séjour. Un télégramme arriva une heure après celui que Jean venait de recevoir : sir Henry malade ne pourrait se rendre à Limoges.

Maurice communiqua à Jean cette fâcheuse nouvelle.

— Il faut nous résigner, conseilla Jean. Aussi bien nous rapprochons-nous de Caen, — de Paris, qui est au bout de la voie ferrée sur laquelle se trouve Limoges.

— Est-ce que les fous marchent droit? répliqua Maurice avec un hochement de tête qui témoignait de son peu de confiance. Que doit penser de moi, miss Kate? Quelle dégringolade je dois faire dans son estime ! Ah ! ce baronnet, il me désespère ! Si encore il m'était permis de lui dire pourquoi je suis là? de faire briller à ses yeux mon dévouement? Si je pensais faire quelque progrès dans son amitié? Mais c'est tout le contraire ! Il finira par ne plus pouvoir me supporter ; je lui serai odieux... Et alors que deviendront mes projets de mariage avec l'adorable miss Kate !... Moins de Français que jamais pour gendre : préjugé, entêtement, folie,.. il me faut combattre tout cela ! c'est à en perdre la raison moi-même. Enfin ! ajouta le pauvre Maurice avec un soupir, je dis comme vous Jean : Paris est au bout du chemin que nous suivons : Paris et Calais, à défaut de Paris et Caen.

— Démêloir ! cria une voix enrouée, au fond du couloir de l'hôtel.

A cet appel, le Breton s'élança, tout en protestant contre l'altération de son nom. Il revint deux minutes après en maugréant :

— Voilà ! Il commande encore de faire les paquets, ce failli merle d'Ingliche !

— Et où allons-nous? demandèrent d'une seule voix Maurice et Jean. — Maurice ne songea pas à réprimander Méloir pour la liberté de son langage.

— Où? il m'a dit disant qu'il veut aller à un moulin.

— C'est, ma foi, bien sûr à Moulins ! s'écria le jeune du Vergier avec un accent tragique.

Maurice ne se trompait pas. Le baronnet apparut et déclara qu'il en avait assez de Limoges, et qu'il voulait sur l'heure « pâtir. »

— Nous sommes à vos ordres, répondirent Maurice et Jean.

Sir William s'attendait comme toujours à de la résistance : il ignorait le télégramme annonçant la maladie de son gendre. Il provoqua de l'opposition — pour tâter le terrain ; assura qu'il s'éloignait à regret, que son Guide affirmait que le Limousin ressemble à l'Écosse dont il a les montagnes nues, les mornes landes, les forêts, les rivières ombreuses, les belles prairies, les ravins déserts ; mais avec beaucoup trop de soleil en plus et les lacs en moins, et surtout sans les rivages de la mer que rien ne remplace.

— Vous voulé peut-être voir le pays? dit le baronnet en achevant.

— Non pas, nous sommes aussi pressés que vous... d'aller ailleurs, repartit Maurice.

Jean se fut laissé plus aisément que son ami prendre à l'amorce : il devinait de ravissants paysages le long des rives de cette Vienne qui passait au pied de Limoges et qui, torrent étroit prenant sa source dans le département limitrophe de la Corrèze, vient couler paisiblement dans de riantes prairies, au fond d'une vallée dominée par les croupes de montagnes qui sont de puissantes ramifications des monts du Limousin ; ces montagnes, couvertes de forêts ou dénudées, penchent leurs versants ravinés au-dessus des gorges étroites qui donnent parfois à la région un aspect sauvage, sans rien lui retirer de la variété et de la fraîcheur des perspectives.

De ces parties arides du Limousin qu'on entrevoyait s'échappent ces nuées d'ouvriers en bâtiment qui se répandent un peu partout, principalement à Paris : plus favorisés, les paysans attachés au sol, font de la petite culture, exploitent les parcelles appelées « domaines » et « borderies. » Jean eût voulu examiner de près ces chevaux limousins qui constituent la richesse du pays ; il eût voulu visiter les dépôts de kaolin de Saint-Yrieix qui alimentent la fabrication de la porcelaine de Limoges. Mais il comprit malgré la feinte bonne volonté de sir William qu'il fallait en faire son deuil, — ainsi que les principales villes du département : Bellac, Rochechouart, le Dorat, Magnac-Laval, Saint-Junien...

Et si l'Anglais se détournait de Paris et s'en allait du côté de la Bourgogne, il s'efforcerait de l'entraîner dans les Vosges, ne fût-ce qu'en lui vantant les merveilles lacustres de Gérardmer ; et alors, sans se détourner beaucoup, il pousserait jusqu'au Niderhoff ; — mais comment Hans Meister avait-il pu rejoindre Jacob Risler? Énigme dont Jean cherchait en vain le mot.

Comme on montait en wagon, Jean demanda à Méloir s'il avait trouvé quelque friandise à son goût à Limoges.

— Ah! dame! Avec de l'argent blanc on a de tout partout, répondit le Breton. Ici ce qu'il y a de meilleur ce sont les marrons et les châtaignes, vienne la fin de l'automne.

Le train traversait le département de la Creuse, s'engageait dans des tunnels successifs indiquant une région très accidentée, un pays hérissé de montagnes ou déchiré par d'étroites et profondes vallées. Dans ces vallées s'étendaient des plaines, de ces belles prairies décrites par George Sand, « avec de la mousse, des joncs, des iris, mille espèces de gramens plus jolis les uns que les autres, des ancolies, des myosotis; il y a de tout et cela vient tout seul, et cela vient toujours. »

Aux vallées, succédaient les larges plateaux d'un terrain maigre et humide couvert de petits arbres et de grands buissons; il y pousse aussi de grandes ronces et des chardons aux rudes feuilles déchiquetées, qui font penser à la végétation des déserts africains. Puis se présentaient des gorges longues, sinueuses, s'élargissant par endroits pour devenir vallées et au fond desquelles coulent rapides et tourbillonnantes des rivières qui ont des allures de torrent.

On passa devant Guéret, fort ancienne ville de moins de 7,000 habitants, qui se dresse sur le penchant d'une montagne entre la Creuse et la Gartempe; ville assez jolie, bien bâtie, mais où rien ne sollicite la curiosité du touriste. On ne laissait guère en arrière, pouvant faire regretter d'aller si vite, qu'Aubusson, dont la manufacture de tapisserie prend rang après celle des Gobelins et de Beauvais, et occupe environ deux mille ouvriers.

Peu après Guéret, la voie ferrée franchit la Creuse sur un beau viaduc de 286 mètres de longueur, ayant une hauteur de plus de cinquante mètres. Trente kilomètres plus loin, on sortait du département pour entrer dans l'Allier; on contournait très visiblement au nord-est le massif central de la France; on s'avançait vers les plaines du Bourbonnais; on roulait vers Montluçon.

Jean reconnaissait ce Bourbonnais qu'il avait traversé une fois déjà, lors de ce singulier voyage dans lequel il avait forcé Hans Meister à le suivre à Orléans. On se souvient que Maurice avait accompagné son petit ami et l'Allemand jusqu'à Clermont-Ferrand. Les étapes accomplies avec ce disgracieux personnage devinrent un sujet de conversation pour les deux jeunes gens.

C'est ainsi qu'après un trajet de près de six heures on passa en gare de

Montluçon, la ville la plus considérable du Bourbonnais, grâce à la voie ferrée qui la relie au Limousin. Fort heureusement, il s'y trouvait un buffet que sir William, Méloir — nous nommons d'abord les plus faméliques — Maurice et Jean prirent d'assaut. La ville, assise sur les deux rives du Cher, se développe sur un mamelon qui domine cette rivière à l'embouchure du Lamaron, et doit sa prospérité à sa manufacture de glaces et à ses forges.

Montluçon n'est pas, il s'en faut, dans la plaine du Bourbonnais : c'est encore la Marche aux gorges creusées, aux pentes ravinées, où les monts ont une ossature de squelette. On a remarqué que le Bourbonnais est une province composée de pièces de rapport ne formant pas un ensemble, et cela semble exact. Si Montluçon appartient à la Marche, Gannat et Vichy, au sud, appartiennent à l'Auvergne, la Palisse, à l'est, appartient au Forez.

Les baigneurs de Vichy, qui s'y réunissent dans la saison au nombre de vingt ou trente mille, ont donné le nom de Petite Suisse aux environs de cette ville d'eaux : la vallée du Sichon, les encaissements de la Bèbre dans son cours supérieur, les gorges sauvages, les cirques, les ravins des Bois-Noirs, les forêts de chênes, de hêtres, de pins et de sapins accentuent le caractère de cette région tourmentée. Les chemins des bords du Sichon, la route qui longe la Bèbre, de la Palisse à Saint-Priest, se déroulent au milieu d'un magnifique panorama. La route nationale de Montluçon à Saint-Amand-Montrond, bordée par le Cher et coupée d'un nombre infini de ruisseaux n'est pas moins pittoresque.

Tout cela est très différent du centre du Bourbonnais. Après les hautes collines, des ondulations de terrain coupées de fertiles vallées, avec une pente sensible de l'est à l'ouest, se prononcent jusqu'à la plaine. En somme pays accidenté, boisé, marécageux.

Mais le platane est partout dans l'ancienne province l'arbre de la plus belle venue. On en rencontre de superbes allées. A Cusset, ils donnent à l'entrée de la petite ville un air de distinction sévère. A Vichy, ils forment une belle promenade. Les plus beaux sont ceux de Moulins, où une avenue de vieux platanes mène du chemin de fer à l'entrée de la ville.

De Montluçon à Commentry il n'y a pas loin. Le train s'engage d'abord dans la gorge profonde et pittoresque du Lamaron, croisant à tout moment le torrent, qui court au pied de hauteurs granitiques, nues ou couvertes de fougères et de maigres taillis. Dans le compartiment des premières occupé par le baronnet, Maurice et Jean, on parla beaucoup de la grève des mineurs qui avait éclaté au commencement du mois de juin précédent.

LE TOUR DE FRANCE D'UN PETIT PARISIEN

Un gros chien noir le mordit (page 691).

Cette grève de Commentry, fut presque générale. A son début, le chemin de fer spécial de la mine qui met en communication Commentry et Montluçon, fonctionnait encore. Des femmes d'ouvriers, affolées, se mirent en foule en travers de la voie au moment du passage d'un train, en criant qu'on ne passerait pas. Ce ne fut qu'à grand'peine que l'on put arrêter la locomotive à quelques mètres de ces malheureuses femmes. Il n'y avait pas de force armée pour mettre ces femmes à la raison. Pour éviter des catastrophes inévitables on dût arrêter la marche des trains. Les femmes dans cette grève, se montrèrent particulièrement exaltées, injuriant les ouvriers qui se rendaient au travail, les empêchant de passer, les frappant, leur déchirant les vêtements.

Nos voyageurs arrivèrent à Moulins, chef-lieu du département situé sur la rive droite de l'Allier, sur lequel il a un pont, — l'un des plus beaux ponts de France : composé de treize arches à plein cintre, sa longueur est de trois cents mètres. C'est une curieuse histoire que celle de ce pont de Moulins sans cesse emporté par les crues et les affouillements de la rivière.

Le dix-septième siècle avait vu disparaître après tant d'autres ponts un pont en bois et quatre solides ponts de pierre. L'architecte Mansard, puis son fils échouèrent piteusement ; le pont construit par ce dernier fut enlevé avant d'être achevé. Enfin Regemortes eut l'idée de débarrasser l'Allier de ses sables et de coucher sur le sol vif une large et solide muraille formant radier. De cette formidable fondation s'élancèrent enfin les piles d'un pont qui a résisté à toutes les crues.

Moulins, à l'origine rendez-vous de chasse des ducs de Bourbon, est d'ordinaire négligé par les touristes, bien que les souvenirs intéressants n'y manquent pas, et non plus les édifices : un débris remarquable du somptueux palais des ducs de Bourbon, détruit en 1755 par un violent incendie : la « Mal coiffée, » grosse tour carrée que l'on conserve comme monument historique ; une ravissante cathédrale demeurée longtemps inachevée, sorte de dernier legs de l'art gothique agonisant à la Renaissance ; le tombeau du duc Henri II de Montmorency, cet adversaire de Richelieu décapité à Toulouse pour crime de haute trahison. Sa veuve lui fit élever dans la chapelle de la Visitation — actuellement du Lycée, — un très beau monument de style composite. Quatre colonnes de marbre noir avec entablement et fronton entourent un sarcophage sur lequel le duc est représenté à demi couché ; près de lui est assise la duchesse. Hercule, Mars, personnifications de la force et des armes, la Charité, la Religion, des anges, des génies forment la décoration. Les statues, en marbre de Carrare, sont dues au ciseau de Coustou, de Regnaudin, de Thibaud Poipant et de François Anguier.

Le baronnet, Maurice et Jean parcoururent la ville et virent ce qu'elle renferme de plus intéressant. Méloir les suivit en rechignant.

Comme il regardait, ébahi, sur la façade de la tour carrée de l'Horloge, un groupe formé d'un homme, d'une femme, d'un jeune garçon et d'une fillette qui frappent les heures, quelqu'un lui dit : — C'est « la famille Jacquemart » (Cette famille Jacquemart on la retrouve à Dijon et dans plusieurs autres villes de l'Est et du Nord.)

Le Breton se retournait pour répondre à celui qui lui avait adressé la parole — un paysan court et trapu, — lorsqu'un gros chien noir le mordit au jarret et reprit sa course. Méloir poussa un cri de douleur, accompagna « le failli merle de failli chien » de toutes sortes de malédictions et fit cette remarque prudente :

— Si ce serait qu'il soit enragé ? Ah ! dame ! Ah ! dame ! Ça s'est vu ! Est-il enragé ce chien-là ? Faut pas mentir, mon bon chrétien !

— Enragé ? ce chien ? dit le paysan ; possible...

— On dirait que ça vous fait rien, à vous...

— Dans le pays on n'a pas peur des chiens enragés... parce qu'il y a ici près le tombeau d'un saint qui guérit leurs morsures. C'est à Saint-Menoux, — à deux petites lieues approchant.

— Vous entendez, not'e maître, dit le Breton à Maurice du Vergier. C'est que j'y veux aller à Saint-Menoux ! Vu que si j'étais enragé, je pourrais bien vous mordre, dà ! ou madame la baronne en retournant à Caen, au lieu de lui rendre le respect que je lui dois. Oui bien, je vas aller faire mes dévotions à Saint-Menoux.

Il fallut l'y laisser aller. Jean l'y suivit pour le contenter. Saint-Menoux est un gros village, son église, est un vieux monument roman du onzième siècle embelli au quinzième, avec des toits hérissés de clochetons, et un clocher central plus haut que les autres. C'est là que se trouve le tombeau qui fait des miracles ; il est fort simple, en forme de bière, et renferme le cœur du saint contenu dans une cassette de bois de cèdre.

Un trou rond, pratiqué dans le tombeau même sert aux croyants à faire preuve de leur foi. Un homme mordu par un chien enragé n'a qu'à introduire sa tête dans ce trou, et l'y laisser le temps de dire cinq *Pater* et cinq *Ave* avec la certitude de s'en retourner guéri, — surtout s'il est généreux envers le sacristain. Jean donna la pièce blanche ; et le sacristain, très satisfait, lui coula confidentiellement ces quelques mots à l'oreille :

— Il y a longtemps qu'on s'est aperçu que le bienheureux Menoux ne guérit pas de la rage, mais de la folie ; ne dites rien : vous savez, c'est la foi qui sauve.

On rentra à Moulins.

— Peut-être bien qu'il n'était pas enragé, ce chien, observa tardivement Méloir redevenu brave.

Cette morsure d'un chien enragé, — qui ne l'était sans doute pas, — fut un souvenir formidable que Méloir emporta du Bourbonnais : car sir William avait repris sa course : de Moulins il était parti pour Nevers, entraînant toujours après lui Maurice et Jean, ainsi que le Breton, — qui racontait à un chacun dans les wagons, combien il avait peu de chance avec la rousseaude Vivette, le failli merle Flohic et tous les chiens enragés de Moulins.

XIII

Vendanges de Bourgogne

Jean s'irritait de cette course au clocher, au moins autant que son ami du Vergier. Si celui-ci trouvait matière à lamentations dans cet insuccès relatif qui ne devait pas le placer bien haut dans l'estime de miss Kate, le petit Parisien pouvait déplorer avec bien plus de raison de se voir détourner de la réalisation de ses projets les plus chers : s'instruire, se créer d'honnêtes moyens d'existence. Jean n'osait s'avouer que le mobile secret de tous ses efforts tendait à se rapprocher de mademoiselle du Vergier, — si éloignée de lui maintenant par le rang et la fortune! Pour ne point se sentir trop écrasé par la tâche qu'il s'imposait, il tendait, pensait-il, vers un but plus modeste : acquérir le plus possible ces bonnes manières, cette sûreté de jugement qui appartenaient à Maurice, diminuer la distance qui les séparait.

— Cela forme, les voyages, lui disait parfois son ami.

Et Jean finissait par croire que tout ce mouvement qui lui était communiqué par l'Anglais spleenique ne serait pas à pure perte. Il redoubla d'attention, afin de mettre le temps à profit. Le baronnet une fois à Nevers, fut pris d'une folle envie de s'en aller dans tous les directions autour de cette ville, sans même donner un coup d'œil à l'ancienne capitale du Nivernais. On eut dit vraiment que sa lubie d'acheter un département tout entier prenait force dans son cerveau détraqué.

Jean vit donc le département, et il lui apparut dans son ensemble comme une vaste forêt montueuse entrecoupée d'usines. Les forêts couvrent près du tiers de son sol; elles gravissent des montagnes aux formes arrondies, d'où se détachent çà et là des sommets élevés et âpres, au milieu de solitudes profondes.

Les accidents de terrain se présentaient avec une variété infinie : plaines sablonneuses, vallées profondes, fraîches et grandes prairies, eaux abondantes et pures qui alimentent la Loire, la Nièvre, l'Aron, l'Yonne, le Beuvron. Les plateaux et les bassins fertiles situés sur les croupes ou à la base des montagnes portent le nom « d'ouches. » Jean fut frappé du contraste existant entre le mouvement industriel et agricole du val de la Loire, qu'on appelle le Bas-Pays, et l'aspect étrange, les occupations toutes différentes du Haut-Pays ou Morvan. Dans le Morvan, ces ouches, — coins de terre privilégiés, véritables oasis dans un désert de granit, — sont fort recherchés et chèrement payés à cause de leur fertilité.

Le Morvan occupe l'est du département et s'étend vers la Bourgogne. Il comprend la presque totalité de l'arrondissement de Château-Chinon. C'est un pays perdu, formé de montagnes boisées, coupé de filets d'eau, presque sans routes, dans lequel vit une population pauvre.

La principale occupation des Morvandiaux est l'exploitation des forêts. Au seizième siècle, l'un d'eux, Jean Rouvet, imagina d'utiliser les cours d'eau pour le flottage des bois, soit à bûches perdues, soit par trains. Il part annuellement de Clamecy de six à sept mille trains de bois flotté, dirigés par l'Yonne sur Paris et la basse Seine.

L'idée de Jean Rouvet fait vivre le Morvan. Aussi ses compatriotes lui ont-ils élevé un buste sur le pont qui traverse l'Yonne, à Clamecy. Ces braves habitants du Morvan sont extrêmement sobres ; ils ne boivent guère que de l'eau. Ils se contentent pour chaussure de sabots, dont les sabotiers prennent quatre sous de façon par paire.

Cette tournée dans la Nièvre prit plus d'une semaine.

Enfin on retourna à Nevers. Cette ville est bâtie légèrement en amphithéâtre, dans une agréable situation sur la rive droite de la Loire et au confluent de la Nièvre.

Au milieu d'une vaste place, dont la pente descend vers la Loire, s'élève le château des ducs de Nevers.

Ce palais est une des plus importantes constructions féodales du centre de la France. Commencé au quinzième siècle et terminé au siècle suivant, son architecture unit dans une sévère harmonie ce que le moyen âge eut de plus morose et la Renaissance de plus sérieux. Deux énormes tours rondes flanquent les deux côtés de l'édifice.

L'aspect de ces masses de pierre est un peu corrigé par les deux tourelles qui en sont rapprochées et par le vaste développement de la façade. Au centre de cette façade se renfle une tourelle octogonale, chef-d'œuvre d'élégance. Elle contient le grand escalier d'honneur, et ses nombreuses fenêtres décorées de sculptures relatives à la maison de Clèves, suivent la spirale de la rampe intérieure; c'est, — on l'a dit — une sorte d'épisode architectural d'un merveilleux et presque féerique effet.

Deux tourelles rondes, engagées dans le mur et placées à égale distance de la grande tourelle octogonale, s'élèvent du premier étage de l'édifice et s'arrêtent au bord du faîte, complétant ce palais d'une correction fantasque. Au-dessous des lucarnes, entre les fenêtres, se déroulent des armoiries sculptées, des figures d'ornement, des bas-reliefs. Le château des ducs de Nevers a été transformé en palais de justice. Dans les salles supérieures on a établi un musée de céramique.

L'arc de triomphe de la Porte de Paris a été élevé en 1746 pour célébrer la victoire de Fontenoy. Ce monument d'un goût douteux, placé au sommet de la ville, ouvre une longue rue marchande qui traverse la ville dans toute sa longueur, et mérite d'être parcourue pour son caractère vraiment original.

Nevers possède deux églises dignes d'intérêt, Saint-Étienne et la cathédrale de Saint-Cyr. Saint-Étienne est la plus ancienne, et l'on peut presque dire qu'elle remonte aux origines du Nivernais. Elle fut bâtie vers la fin du onzième siècle. C'est un édifice roman, dont l'intérieur est d'un puissant effet, dû en partie à la rareté des fenêtres qui laissent échapper un jour avare dans le sombre vaisseau.

La cathédrale est un beau et étrange monument qui ne remonte pas, dans sa forme actuelle, au delà du quatorzième siècle. Elle offre ceci de très particulier qu'elle présente une abside à chacune de ses extrémités, de sorte que n'ayant point de porche, on n'y pénètre que par les ouvertures latérales.

Nevers, ville de 24,000 habitants est devenue fort industrieuse. Elle a une fonderie de canons pour l'artillerie navale, elle a des forges, elle fabrique des ancres et des chaînes-câbles de fer pour la marine, des enclumes; ses manufactures de faïence et de porcelaine trouvent à Decize du sable à émailler.

Comme dans le Bourbonnais, le sol du Nivernais recèle de grandes richesses minérales. Le département possède des canaux qui facilitent le transport des matériaux les plus lourds. Aussi ses usines, ses forges, ses hauts fourneaux, ses feux d'affinerie sont-ils parmi les plus considérables de toute la

France. Les forges de Fourchambault, d'Imphy, et de la Chaussade près de Guérigny, ont une très grande importance. Dans cette dernière, on fond d'énormes quantités d'ancres. A Imphy, on fabrique surtout des tôles d'une dimension énorme pour les constructions navales et des rails de voies ferrées.

Il faut mettre aussi en bon rang les établissements métallurgiques de Donzy, de Guérigny et de Decize. Cette dernière ville est située à l'endroit où commence le canal du Nivernais. Cosne, sur la Loire, est l'entrepôt des forges du département et des départements voisins; cette ville a une manufacture où l'on fond des clous pour la marine et des ancres de toute grandeur. La Charité-sur-Loire, entre Nevers et Cosne est entourée de forges. En résumé l'industrie manufacturière de la Nièvre compte près de quinze cents établissements, dont la production totale atteint annuellement le chiffre de cinquante millions.

Toute la vallée est d'un aspect riant. Malheureusement, les inondations y causent parfois de terribles ravages lorsque la Loire et l'Allier, gonflés en même temps, s'élèvent sur les quais des villes riveraines et débordent dans les campagnes.

Tout d'un coup, le baronnet s'avisa d'aller vérifier l'importance des vignobles de la Côte-d'Or. Le voilà, — filant par Imphy, Decize, Luzy, le Creusot, Montchanin, Chagny, Beaune, Nuits ; il avait pris des billets pour Dijon. Et de nouveau, voilà « sa suite » en wagon, passant du Nivernais dans la Bourgogne, et de Nevers à Dijon sans transition pour ainsi dire, et avec l'agrément que l'on peut avoir dans la compagnie d'un Anglais qui n'a pas tout son bon sens.

— Mais, sir, nous ne verrons donc pas le Creusot? dit Jean, lorsqu'on approcha de la fameuse usine.

— Je voulé goûter les bons vins de la Bourgogne, répondit le baronnet, pour acheter... voilà tout.

— Acheter quoi, sir? Les bons vins ou la Bourgogne?

— Yes! fit l'Anglais.

Ce n'était pas répondre et Jean se dit : Bon ! ce n'est plus maintenant un département qu'il lui faut à cet original, c'est une province entière : Qu'il y vienne ! On lui en donnera ! Et à haute voix, il ajouta :

— Mais cela ne vous empêchait pas de visiter le Creusot, sir.

Maurice faisait les gros yeux à son ami. Que disait-il là ! Ne fallait-il pas avant tout se rapprocher de Paris? D'ailleurs, il les avait visitées, lui, avec son père, les forges du Creusot ; il pouvait en parler savamment.

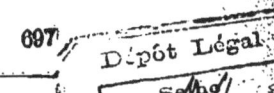

La maison où est né Victor Hugo (page 704).

Et pour lever toute envie à Jean d'arrêter le baronnet dans son itinéraire, il en parla en effet en toute connaissance, aussi bien de l'extraction de la houille, que de la fabrication de la fonte et du fer, de la construction des machines, des locomotives; il dit des merveilles des ateliers de forge et de leurs marteaux-pilons, des ateliers d'ajustage et de la belle collection de machines-outils qu'ils possèdent. Et il donna ainsi à son camarade une envie plus grande encore de voir de ses propres yeux cette usine de premier ordre qui emploie plus de treize mille ouvriers.

Autun, l'ancienne Bibracte des Gaulois, cité riche en monuments de l'époque romaine se trouva peu après le long de la voie ferrée, sur une colline dont l'Arroux baigne la base.

— Pas de bon vin ici? demanda sir William. Cette question s'adressait à tous les voyageurs du compartiment. Personne ne répondit.

Chagny apparut avec sa seule tour, débris d'un ancien château fort, l'Anglais interrogea du regard : chacun comprit sa préoccupation de gastronome.

Mais à la station de Meursault, une manière de jeune avocat, bien rose et bien rasé, annonça que la localité donnait des vins blancs supérieurs. Un peu plus, à ce nom de Meursault qu'il connaissait bien, pour l'avoir vu souvent figurer sur les cartes de menus distingués, le baronnet sautait par la portière, tant il reçut l'information malicieuse avec agitation.

— Mais nous allons en rencontrer partout maintenant des vignobles fameux ! s'écria Maurice. Nous sommes à quelques kilomètres de Beaune, dont le territoire produit plus de bon vin en un an, que vous n'en pourriez boire en dix mille ans, sir.

— Hurrah ! Ooh !ého ! hip ! s'émerveilla l'Anglais dans un franc enthousiasme, très réjouissant à contempler.

On touchait à Beaune, situé au pied de la Côte d'Or. Le baronnet eut un moment d'hésitation, se montrant prêt à ne pas aller plus loin. Cela devenait amusant.

— Sir, tous les vins de la Bourgogne se trouvent à Dijon, assura Maurice.

Ces mots calmèrent un peu l'Anglais ; mais après Beaune, se présenta Nuits, et la tentation allait recommencer.

— Vignobles renommés, fit le jeune homme bien rasé, assumant le rôle de tentateur ; entre autres, le clos de Saint-Georges.

— Oh ! yes ! fit l'Anglais chez qui se réveillait des souvenirs du palais. Et il fit claquer sa langue en dégustateur capable.

— Ici, dit à demi-voix Maurice à Jean d'un accent grave qui contrastait avec l'agitation comique de l'insulaire, le 18 décembre 1870 a eu lieu un terrible combat : les Allemands ont acheté chèrement les avantages de la journée ! Les troupes de Werder perdirent six mille hommes, tués ou blessés ; tandis que de notre côté les pertes de la division Cremer furent moindres de moitié.

Après Nuits on annonça Vougeot.

— Vous n'êtes pas, milord, sans avoir fait connaissance avec le Clos-Vougeot! dit le voyageur qui avait pris la parole.

Maurice avait bien envie de le prier de se taire, en voyant le baronnet si tourmenté, si déraisonnable.

Un quart d'heure après, une autre exclamation retentit :

— Chambertin!... Chambertin, milord! fit le voyageur, devenu familier.

— Patience, sir! Nous touchons à Dijon, dit Maurice.

— Par Thémis! si je ne craignais de vous altérer, milord, je vous dirais quelque chose de tous ces bons vins que produit le pays.

— Yes! fit le baronnet d'un ton encourageant. Je voulé acheter...

L'autre était à cent lieues de comprendre. L'avocat, — c'en était bien un — reprit :

— Le pays est tout parfumé et tout pétillant de crus d'un bouquet délicieux et d'une robe brillante! Ces vins de Bourgogne sont — comment dirais-je? — d'un tissu moins fin, moins soyeux et moins transparent que les vins de Bordeaux; mais ils ont plus de solidité, plus de richesse; ils sont plus généreux, plus corpulents, plus toniques. (Les yeux de l'Anglais sortaient de l'orbite). Je vous ai signalé les vins de Chambertin, de Vougeot, de Nuits et de Beaune. Mais il y a encore les crus de Pomard, de la Romanée, de Volnay, de Corton, de Richebourg, de Mercurey; il y a les vins de Mâcon, les crus de Thoreins et de Moulin-à-Vent... Il y a, outre les vins blancs de Meursault, les vins blancs de Montrachet, ceux de Châblis, celui de Pouilly...

Le baronnet saluait au passage la plupart de ces noms d'un *yes!* plus ou moins énergique, témoignant de son admiration à divers degrés.

Et c'est ainsi qu'on arriva à Dijon. La vieille capitale de la Bourgogne, aujourd'hui chef-lieu du département de la Côte-d'Or, est située dans une plaine assez vaste, dont le sol onduleux s'incline doucement de l'est à l'ouest, jusqu'à la rive gauche de l'Ouche. La rive opposée de cette petite rivière s'appuie sur une longue suite de coteaux couverts de vignobles.

Le baronnet avait hâte d'aller loger quelque part et de demander la carte des vins. Il découvrit un hôtel « respectable » dans le voisinage de la promenade de l'Arquebuse, voisine elle-même du chemin de fer, et qui est séparée par une haie et par un ruisseau du Jardin des plantes. Quelqu'un dit au baronnet qu'on montrait parmi les collections botaniques de cet établissement plus de trois cents variétés de vignes, et il allait y courir lorsqu'il se ravisa, pensant avec raison qu'il valait mieux commencer par rendre hommage à leurs produits par une dégustation intelligente.

Or il arriva ceci :

Pendant huit jours le baronnet s'acquitta en conscience du classement des vins de Bourgogne : Avec les huîtres, les Chablis et les crus de Meursault ou de Montrachet ; au pâté de foie gras, les Clos-Vougeot, Pomard, Romanée-Conti. Mais à mesure qu'il devenait plus expert, plus fin connaisseur, son esprit perdait en activité — et en intelligence — ce que son palais gagnait en délicatesse. Il buvait, mangeait, — mangeait pour boire — et se traînait de la promenade de l'Arquebuse au Parc, — jardin français de plus de trente hectares, l'une des plus belles promenades publiques de nos départements. Voilà comment ses journées s'écoulaient.

Maurice et Jean, faisant garder l'Anglais par Méloir, — qui trouvait le moyen, lui aussi, d'apprécier l'un après l'autre les grands crus de Bourgogne, tout en se bourrant de pain d'épices, — Maurice et Jean utilisaient les loisirs que leur faisait la demi-somnolence dans laquelle l'insulaire demeurait plongé, et ils parcouraient du matin au soir la cité bourguignonne, qu'ils connurent bientôt dans toutes ses parties : le vieux Palais-des-Ducs de Bourgogne aussi bien que la maison des Cariatides dans la rue de la Chaudronnerie, la cathédrale Saint-Bénigne avec sa flèche en charpente haute de quatre-vingt-quinze mètres et courbée par un orage au commencement de ce siècle, aussi bien que l'évêché, ou le château édifié par Louis XI, et devenu actuellement caserne de gendarmerie.

Le Palais-des-Ducs, ou palais des États, ou Logis du Roi, aujourd'hui l'hôtel de ville, a conservé de ses plus vieux bâtiments une tour dite de la Terrasse, la tour de Brancion, la grande salle des gardes où se donnaient les banquets de la cour de Bourgogne, les cuisines et les salles voûtées du rez-de-chaussée. Certaines parties neuves ont été affectées aux beaux-arts. Les deux jeunes gens virent aussi la maison où est né Bossuet, sise dans une rue à laquelle on a donné le nom de l'illustre prélat.

Enfin ils jugèrent que Dijon, avec ses 56,000 habitants, occupe un très bon rang parmi les capitales de nos anciennes provinces.

Jean s'étonnait des formes vigoureuses de la population. Les femmes lui semblaient fortes et puissantes, comparées aux femmes du Nivernais fluettes et sèches, aux visages délicats qui, s'ils n'ont pas toujours la beauté pour eux, sont en revanche très souvent remarquablement jolis. Quant au pays, le voyage en chemin de fer le lui avait montré tel qu'il est : une surface entrecoupée de montagnes, de collines, de vallées et de plaines ; la partie centrale, traversée du nord au sud par la Côte-d'Or étant surtout montueuse et boisée.

Il était réservé à notre ami Jean une surprise du genre de celle qu'il avait eue à Limoges. En se promenant sur les boulevards plantés d'arbres, établis sur l'emplacement des remparts d'autrefois, il fut amené, ainsi que Maurice qui l'accompagnait, devant la loge d'une ménagerie hurlante et beuglante. Un grand gaillard, — plus que grand — faisait le boniment. Il récapitulait les merveilles exhibées pour la somme de vingt centimes — dix centimes pour les militaires non gradés : Deux tigres du Bengale, l'un des célèbres ours de Berne, un boa constrictor capable d'avaler son homme en quinze minutes, trois lions d'Afrique nés sous les drapeaux français...

— Eh! mon Dieu! s'écria Jean ; c'est mon géant tyrolien !

C'est lui, en effet. Il reconnut Jean, pendant que le Parisien expliquait à Maurice la cause de sa surprise, et lui parlait du bon géant comme d'un protecteur que sa sœur avait rencontré chez les Risler. Au cours de ce récit, quelques mots du boniment arrivaient à l'oreille de Jean. Il était question d'un gorille empaillé, d'autruches vivantes, de singes et ouistitis, d'un nègre anthropophage, et même de « six puces faisant mouvoir une machine à vapeur. »

Lorsqu'il eut débité sa prose alléchante et fallacieuse, le géant vint serrer la main à Jean, saluer Maurice, en qui il devina le frère de Cydalise. Jean le mit à son aise vis-à-vis de son ami, et lui apprit la fin tragique de madame Risler.

— Nous finissons tous comme ça, observa philosophiquement l'homme énorme, sans s'émouvoir davantage ; aussi je suis bien heureux que le petit roitelet ait retrouvé son nid, ajouta-t-il avec un bon sourire et en faisant allusion à la petite danseuse.

Maurice lui donna une chaude poignée de main.

Ce jour-là en rentrant à l'hôtel, les deux jeunes gens trouvèrent le baronnet si réveillé qu'il voulait partir tout de suite. Maurice pâlit et dit à Jean :

— Voilà le moment décisif! Va-t-il enfin nous conduire à Paris ?

— Nous allons à Paris, pas vrai, sir? dit Jean au baronnet en prenant un air dégagé.

— Pho! fit l'Anglais en soufflant avec force. Paris après ; Besançon d'abord. Je voulé dépenser bôcoup. Mon petit ami Jean, envoyez à moi Démêloir.

Maurice entendit ce dialogue et eut un moment d'insurmontable désespoir. Jean se mit à la recherche du Breton. Il le trouva dans un coin ronflant comme une toupie : Méloir semblait avoir hérité de l'engourdissement de l'Anglais, de même qu'il héritait par droit d'aubaine de toute bouteille décachetée et entamée. Jean prit un air sévère en le secouant un peu :

— On dirait, Méloir, que le baronnet te donne un mauvais exemple?

— Par saint Houardon, patron de Landerneau, répliqua le Breton, je ne sais pas de quoi il retourne; faut dire la vérité en tout, mais depuis que ce chien enragé m'a mordu, je ne peux plus voir l'eau en face, et les chiens « hydropiques » sont de même, de sûr et certain.

— Tu as horreur de l'eau comme les hydrophobes : c'est pour cela que le vin ne t'effraie pas?

— Oui bien, et j'ai pensé comme ça que de me chaudeboirer un petit, ça peut me renouveler le sang. Ah dame! je ne voudrais brin devenir enragé et vous mordre sans pouvoir me retenir, mon petit monsieur de Paris, aussi vrai qu'un camouflet...

— Fait vingt-huit chopines, dit Jean.

XIV

La Dôle

Nous ne dirons pas combien ce voyage en Franche-Comté fut désagréable à Maurice. Jean feignait de s'associer à la colère du jeune du Vergier; au fond, il ne fut pas fâché de connaître une partie de la France des plus intéressantes, puisqu'aussi bien son petit commerce était suspendu. Il était d'autant moins impatient qu'il avait rencontré le jour même de son départ de Dijon — et dans la gare du chemin de fer — Bordelais la Rose revenant du Niderhoff.

Ce fut un bien grand bonheur pour tous les deux. Dans l'entretien qu'ils eurent, l'ex-zouave apprit à son petit Parisien qu'en arrivant au Niderhoff il avait trouvé à qui parler, Jacob Risler lui-même, sentant la nécessité de baisser la voix, mais plus venimeux que jamais. Jean ferait bien de se défier de lui. Sous la menace de l'attaquer, et non pas seulement de défendre la mémoire du père de Jean, ce coquin de Risler avait rendu la croix...

Et Bordelais la Rose tremblant d'émotion avait remis à Jean cette croix de son père, que le pauvre garçon reçut en pleurant à chaudes larmes, et en protestant à son excellent ami qu'il se rendrait digne de ce dépôt.

Autre chose importante que Bordelais la Rose dut lui dire encore. Pourquoi importante? C'était son idée à lui, et il n'était point nécessaire de s'en expliquer davantage; mais il avait refusé quarante mille francs de sa vigne, puis cinquante mille : té, puisqu'elle en valait le double! Il ne vivrait pas toujours, non; et il songeait à l'avenir... des autres. Mais assez sur ce chapitre, mon bon. Sac et giberne! la discrétion c'est une vertu du Midi...

On s'était séparé avec effusion, et Jean comparant cette belle et franche nature du Bordelais, avec l'automate riche et titré qu'il suivait un peu malgré lui, ne vit plus durant plusieurs heures dans le baronnet qu'un mannequin, un homme de bois, gesticulant et grimaçant.

Sir William, Maurice et Jean firent à Besançon un séjour d'une semaine. Dès le premier jour pour satisfaire leur très légitime curiosité, on leur avait montré la maison où est né Victor Hugo :

> Ce siècle avait deux ans! Rome remplaçait Sparte,
> Déjà Napoléon perçait sous Bonaparte.

Le grand poète approchait donc de sa quatre-vingtième année. Il ne songeait pas à aller mourir au lieu où il avait vu le jour ; il pouvait sans ingratitude préférer à sa ville natale, Paris, la ville d'adoption de sa jeunesse, où son brillant génie avait pris son essor, Paris le champ de ses triomphes ; et la Grande Ville, en retour, avait adopté le glorieux vieillard. Prise tout d'un coup pour lui d'une tendresse quasi maternelle, elle était devenue attentive à ses moindres paroles, elle surveillait ses pas, allait au-devant de ses désirs afin de lui faire une vieillesse heureuse et douce ; elle lui préparait des fêtes pour tous ses anniversaires, et, anticipant sur les jugements qui donnent l'immortalité, afin de ne laisser aucun doute au poète sublime sur le rang que la postérité lui accorderait, elle le proclamait le plus grand poète de notre temps, le plus grand poète de notre littérature tout entière ; bien plus, elle saluait en lui le plus grand poète du monde, le poète dont la hauteur ne serait jamais dépassée.

La « vieille ville espagnole » et impériale, avec ses 50,000 habitants, étonna surtout les deux jeunes gens par la multiplicité de ses fortifications : citadelle sur roc, forts détachés, enceinte bastionnée entourant la ville, bordée par la rivière et par des fossés profonds. Il était facile de constater que c'était une place forte et non une ville de plaisance et de luxe. Bâtie sur le canal du Rhône au Rhin, dans une presqu'île formée par le Doubs et entourée de montagnes, elle a un aspect triste et sévère.

En fait de ville de la Franche-Comté, Jean et Maurice ne virent pas seulement Besançon, durant les trois semaines que le baronnet leur fit passer auprès de lui ; il les entraîna à Beaume-les-Dames, jolie petite ville de 3,000 habitants située dans un bassin verdoyant formé de collines parsemées de vignobles ; à Montbéliard, chef-lieu d'arrondissement de 9,000 habitants, où est né Georges Cuvier qui y a sa statue en bronze par David d'Angers ; à Pontarlier sur le Doubs qui possède des distilleries renommées

Le saut du Doubs (page 707).

d'absinthe et de kirsch ; à Lons-le-Saunier, chef-lieu du département du Jura, veuf de grands édifices par défaut de solidité d'un sol qui recèle des bancs de sel gemme ; à Saint-Claude sur la Brienne, ville de 8,000 habitants, encaissée dans un étroit bassin formé par trois montagnes ; à Salins, au pied du mont Poupet, dans une étroite gorge qui ne laisse de place qu'à une seule rue ; l'établissement des salines est situé au centre de la ville ; enfin dans plusieurs autres villes de moindre importance; il les conduisit, en outre, au cœur même de la chaîne d'imposantes montagnes qui traverse et borne à l'est la Franche-Comté : le Jura.

Le Jura a une longueur de trois cents kilomètres; sa plus grande largeur est entre le lac de Neufchâtel et Besançon (70 kilomètres). C'est, à vrai dire, un vaste plateau incliné vers l'ouest et surmonté de longues crêtes parallèles d'où surgissent plusieurs hauts sommets : le mont Chasseral au-dessus du lac de Bienne, le mont Terrible au pied duquel le Doubs se replie vers le sud-ouest, la Dent de Vaulion, le mont Tendre, le Noirmont, la Dôle, le Crêt de la Neige (1,723 mètres) le plus haut pic du Jura; le Reculet et le Grand-Credo qui se dressent immédiatement au-dessus de la gorge du Rhône, le Crêt du Nû, le Grand-Colombier, le mont du Chat et le mont de Vuache.

La Franche-Comté, grâce au Jura qui s'abaisse sur le Doubs et la Saône, grâce aux ramifications des Vosges si riches en sources, dont elle est bornée au nord, réunit les avantages propres à un pays de montagnes à ceux particuliers aux pays de plaines; aussi dès les temps les plus reculés fut-elle célèbre pour la richesse et la diversité de ses produits.

Ne voir que les villes n'eut pas satisfait le baronnet. Il était membre du club alpin de Londres et, en cette qualité, toujours préparé pour une ascension.

Il choisit l'une des plus fières montagnes de la chaîne. Ils gravirent à quatre la Dôle, l'un des plus hauts sommets du Jura, d'où la vue plane sur le lac de Genève : Lausanne, Morges, Rolle n'y font pas plus d'effet que quelques grains de sable jetés sur le bord de l'eau. A l'une des extrémités du lac, Genève brille comme une escarboucle. Vers les rives de la Savoie une flotille de voiles blanches sème l'étendue liquide de points brillants; du côté de la Suisse deux ou trois bateaux à vapeur semblent immobilisés : on dirait des fourmis prises dans un réservoir glacé.

La Dôle domine non seulement le lac de Genève et ses alentours, mais encore tout le Jura, dont il présenterait l'ensemble, si l'œil pouvait embrasser d'aussi grandes distances. Au lever du soleil, par un temps parfaitement clair, mais très froid, ils purent reconnaître, outre le lac de Genève, le lac d'Annecy et celui des Rousses; d'autres touristes prétendirent distinguer encore les lacs du Bourget, de Joux, de Morat et de Neufchâtel : ils exagéraient peut-être un peu. A vrai dire, ce que ces touristes apercevaient au soleil levant c'étaient quelques vapeurs accumulées un peu au-dessus des endroits où ils savaient que sont ces lacs ; mais ce qui s'étendait magnifiquement à leurs regards, c'est la chaîne des Alpes. Du sommet de la Dôle on en découvre une étendue de près de cent lieues ; on voit les Alpes depuis le Dauphiné jusqu'au Saint-Gothard fermant l'horizon du côté de la Suisse. Au centre de cette chaîne s'élève le Mont-Blanc, — le Mont-Blanc dominateur, qui asseoit sa base sur la tête des autres monts ; ses cimes neigées surpassent toutes les autres cimes, et même à cette distance d'environ vingt-trois lieues, elles paraissent d'une hauteur étonnante.

Dans le milieu du jour, l'état du ciel leur offrit un spectacle qui faisait valoir l'immense développement des Alpes. Un épais nuage s'était étendu sur le lac de Genève, sur les collines qui le bordent, et sur toutes les basses montagnes. La Dôle et les sommets alpestres seuls élevaient leurs têtes au-dessus de cette immense nappe que le soleil illuminait sur toute la surface. Les Alpes éclairées par les rayons directs du soleil et par la réverbération argentée du voile nuageux, brillaient d'un vif éclat, et se distinguaient nettement à des distances prodigieuses.

Cette situation si nouvelle avait pour Jean, pour Maurice, et même pour l'Anglais et le Breton, un singulier attrait, doublé d'une crainte insurmontable : il leur semblait qu'ils se trouvaient perdus sur un rocher, au milieu d'une mer tumultueuse, loin d'un continent, dont les côtes se dessinaient bordées de rochers plongeant à pic dans l'eau, — inaccessibles. Tout à coup, les nuages s'élevèrent et les enveloppèrent dans une demi-obscurité ; puis soudain, un vent léger fit monter ces nuages au-dessus de leurs têtes, et ils retrouvèrent plus riants, après ce moment d'émotion, le lac de Genève et ses bords cultivés, couverts de petites villes et de blancs villages.

Bien d'autres excursions furent tentées avec succès dans les diverses parties du Jura : d'Ornans, excursion dans les Combes de Nouailles, jusqu'à la source de la Loue, qui jaillit au fond d'un cirque immense de rochers de plus de cent mètres de rayon ; de Mouchard, excursion aux sources de la Cuisance qui sort d'une grotte profonde percée au fond d'un cirque de montagnes ; de Morteau, excursion au Saut du Doubs par Villers-le-Lac : le Doubs se précipite d'un roc de vingt-sept mètres de hauteur environ, dans un gouffre sans fond ; de Salins, excursion au mont Poupet, d'où l'on jouit d'admirables points de vue sur les plaines accidentées de la Franche-Comté, la chaîne du Jura, le Mont-Blanc et une partie de la chaîne des Alpes, à la source du Lison, à la grotte du bief Verneau, village bâti au milieu d'un vallon dominé de tous côtés par de hautes montagnes ; de Champagnole, excursion dans les environs des Planches-en-Montagne, qui présentent la région la plus tourmentée et la plus pittoresque du Jura et offrent plusieurs belles cascades ; des Rousses, excursion dans la vallée de Joux, l'une des plus hautes vallées du Jura — elle est à plus de mille mètres d'altitude, — le Risoux, la Dent de Vaulion, le mont Tendre, le Marchairu et le Noirmont ferment de tous côtés cette vallée, en partie française en partie suisse.

L'horlogerie, la coutellerie, l'industrie du lapidaire, la fabrication du fromage, occupent les habitants de toutes ces régions du Jura. Les lapidaires de Septmoncel ont une réelle célébrité : ils travaillent toutes les pierres précieuses, les diamants exceptés. Des associations de paysans jurassiens se sont formées pour la fabrication en grand du fromage de Gruyère, par un « fruitier » qui tient compte de la quantité de lait fournie par chacun d'eux. Ces associations merveilleusement administrées font l'admiration des économistes et témoignent d'un parfait bon sens et de beaucoup de droiture dans la population du pays. Dans une ferme du Jura, le soir les hommes préparent des ressorts d'horlogerie ; les femmes sont occupées au métier à tricoter.

Ce ne sont pas, du reste, les seules industries du Jura, où la métallurgie a créé les forges de la Saisse, celles de Bourg-de-Syrod, de Beaudin, de la Serve, de Pont-du-Navoy, la société des forges de la Franche-Comté ; où les établissements de Morez fournissent annuellement des millions de verres de lunettes et des milliers d'horloges de toute sorte ; où la tournerie de Saint-Claude convertit le buis, le bois, la corne, l'écaille, l'ivoire, les os en une infinité d'objets que le commerce répand dans toute l'Europe.

Généralement, dans ces excursions, on abandonnait les ruisseaux, les lacs, on coupait à travers les grands pâturages entourés de forêts couvrant des pentes largement ondulées. Les routes se croisaient sur les plateaux. Enfin, on s'élançait sur le sol montueux de la forêt, tantôt uni et présentant un plancher jonché des fines aiguilles sèches du sapin, tantôt semé de grosses pierres moussues. Nos touristes voyaient les rivières torrentueuses qui descendent du Jura et se répandent parmi les écueils, sur des amoncellements chaotiques de roches ; leurs eaux bondissaient par nappes, se blanchissant d'écume, se déversant avec une clameur qui remplit les solitudes. C'est ainsi que l'Orbe leur apparut. Plus calme, sous leurs pieds, au fond d'un abîme, le Doubs, clair, silencieux, glissait furtivement dans son étroite vallée. La muraille des monts se crénelait à tous les étages de vieux sapins à la ramée d'un vert métallique.

Dans les bois, des lianes aux fruits rouges enveloppaient les sureaux, le sorbier des oiseleurs étalait déjà ses grappes de corail, lourdes à faire fléchir la branche. Une lumière ambrée colorait en dessus la ramée des sapins; la feuillée des hêtres commençait à rougir. Parfois ces sapins — comme au mont Tendre — sortaient deux ou trois à la fois d'une même souche, leur double ou triple tronc soutenant un dôme verdoyant qui chantait au vent avec des murmures de harpe éolienne. Sur un plan vertical, se piquaient hardiment quelques pins penchés au-dessus de l'abîme.

Dans les clairières, s'épanouissait la dentaire, qui donne en sa saison des fleurons d'un bleu indécis, et fleurissaient tardivement de rares scabieuses et des campanules; des plantes charnues étalaient leurs larges feuilles, le lys martagon balançait son paquet de fleurs rouges, la pimprenelle déployait son parasol étoilé, la digitale lançait ses jets où se balancent des casques nacrés.

Au milieu de ces ascensions, tandis que derrière un repli de terrain s'effaçait une petite ville ou une forêt, un semis de maisonnettes blanches apparaissaient jetées à tous les versants; les villages avec les clochers des églises se groupaient dans une tache de lumière tombée de quelque gorge par où regarde le soleil.

Sans relâche, on escaladait les crêtes chenues, bien haut — dans le bleu..

Mais la grande ombre de la montagne s'imposait; un mur prodigieux d'élévation dessinait son arête sur le ciel; seuls, les cônes les plus élevés demeuraient lumineux, le reste ne s'éclairant plus que de reflets : il fallait songer au retour. Les pentes se faisaient glissantes — la fatigue aidant, — et l'on s'estimait heureux si l'on pouvait moyennant finance trouver le vivre et le couvert dans quelque hôtellerie villageoise ou chez un habitant de bonne volonté.

La plupart de ces excursions du baronnet, de Maurice et de Jean, avec l'amusant Méloir pour porter les cache-nez et le goûter, faire sauter les bouchons et allumer les feux de bivouac, rappelaient ces désopilantes scènes d'Anglais en voyage que nous a décrites Töpffer.

Maintes fois, sir William, malgré sa bonne mine et tout en déclarant qu'il voulait dépenser « bôcoup d'argent », eut toutes les peines du monde à se procurer un gîte pour la nuit. Après toutes sortes d'explications, plusieurs commères l'envoyaient dans quelque maisonnette isolée.

— Allais, allais, la cousin' Mélanie a des chambres, et des lits, et de tout, assurait une commère.

— Oh là! Je crais bien, je crais bien, ajoutait une autre bonne femme.

— Est-ce loin? demandait un de nos touristes exténué.

— Loin? ah ouah !

Un colloque s'établissait d'une voix traînante entre les montagnardes. L'une parlait d'un tiers « d'heur' », une autre de deux tiers « d'heur' ». Il suffisait de retourner « drait en dessus d'où ils venaient. »

Une autre, en voyant la bande fatiguée affirmait qu'il leur faudrait plus de temps.

— C'est pas d'un' heur' qu'ils y vont, allais !

— Je voulé dépenser bôcoup d'argent, compréné-vô le chose? répétait l'Anglais.

— Encore faudrait-il être sûr d'être hébergés, observait Maurice. Si c'était une auberge ?...

— Pas seulement, pas seulement; mais il y a des chambres, pardi, des lits, et tout, pardi, il y a de tout et de tout.

Méloir intervenait.

— Not'e maître, si c'était un effet de vot'e politesse d'y demander s'y on aura du quoi pour manger; faut pas mentir, mais j'ai mon estomac plus bas que mes semelles.

Enfin un gamin s'offrait de conduire les voyageurs à ce port de salut. On se mettait en route. Pour pénétrer dans la maison hospitalière il fallait parlementer un bon moment. Introduits, le baronnet et sa piteuse suite devaient attendre que le souper des hôtes eût pris fin.

Ils voyaient la table chargée d'un monceau de pommes de terre rôties sous la cendre, éclatées et farineuses à plaisir, de plusieurs pots de lait tout fumant, d'une grosse cafetière; mais on les priait de passer derrière quelques sacs d'avoine empilés; tout à l'heure on s'occuperait d'eux.

Des deux côtés de la salle basse deux grands lits bien garnis, dressaient leurs courtines; pourtant il en serait du coucher comme du souper ; il leur faudrait aller reposer au fenil. Heureusement, les draps ne manquaient pas dans la maison solitaire, prise au dépourvu de tout — même de bonne volonté.

Et le lendemain, quand on voulait partir, il fallait arracher Méloir des mains des garçons de ferme ou de moulin avec qui le Breton, peu endurant et mal nourri, venait de se prendre de querelle.

XV

En canot de papier

Un matin, après toute une nuit passée en wagon, Maurice et Jean se réveillèrent à Châlon-sur-Saône. Ils arrivaient en droite ligne de Belfort où le baronnet avait tenu à voir le pays : un ensemble de collines resserrées entre le Jura et les Vosges, qui s'appelle la trouée de Belfort; cette « trouée » est défendue par la place forte de Belfort, qui s'est illustrée par sa résistance en 1871.

Pourquoi sir William s'était-il décidé à venir à Châlon-sur-Saône? On pouvait bien craindre que ce ne fût pas pour prendre là le chemin de Paris : il aurait pu y aller directement de Belfort. Ce devait donc être par une autre raison; l'Anglais avait donné ses ordres de départ après avoir lu un article dans une feuille départementale, et ce journal, il le conservait. Voulez-vous le mot de l'énigme? Le baronnet cherchait une occasion de se singulariser : chasser l'isard dans les Pyrénées, faire l'ascension de la Dôle ne suffisaient pas à convaincre milady : il avait trouvé mieux.

Aussi à peine sorti de la gare de Châlon-sur-Saône demanda-t-il à tout le monde, master Ferdinand Brecqueville, « armateur ». On ne connaissait pas d'armateur à Châlon. Le baronnet déplia son journal; alors on put lire :

« Un amateur de curiosités nautiques habitant Châlon-sur-Saône... »

Il fut difficile de faire comprendre à l'Anglais la différence de sens des deux mots; mais on lui indiqua tout de suite la demeure de l'amateur en question.

C'était un ancien employé du Mont de Piété de Paris qui, ayant pris sa retraite, était venu s'établir à Châlon-sur-Saône. Pour occuper ses loisirs, il s'amusait à construire un canot de papier, genre américain, et il projetait de descendre la Saône et même le Rhône dans le frêle esquif. Le baronnet, de son côté, se proposait de séduire master Ferdinand par de brillantes offres, d'acheter le canot de papier, et d'exécuter cet extravagant voyage sur les deux fleuves. Aoh! Hoâh! cette fois milady apprendrait la chose par les journaux anglais.

L'insulaire arrive à la villa Malakoff, nom donné par M. Brecqueville à sa maisonnette, en souvenir de celle qu'il avait possédée dans la banlieue de Paris. Une odeur de peinture et de chanvre conduit l'étranger à l'atelier mystérieux du constructeur de canots de papier.

L'excellent homme, agenouillé devant sa première œuvre, très absorbé, donnait un dernier coup de peinture à la proue du canot, en répétant sa chanson favorite :

C'est moi le petit qui ramone...

— Je voulé acheter le canot de papier, dit l'Anglais pour entrer résolument en matière.

Mais l'amateur était un peu dur d'oreille — quand il le voulait.

— Master Brecqueville! cria l'Anglais d'un ton à réveiller un dormeur.

L'amateur de canots se leva tout d'une pièce, et vexé d'être surpris dans son atelier, dont la porte demeurait close aux curieux, il s'avança vers l'Anglais, et nez contre nez, — son nez brûlé de coups de soleil contre le nez diaphane de l'insulaire, sa forte barbiche noire s'embarrassant dans la barbe blonde du susdit, il prit un ton rébarbatif.

— Hein? Que voulez-vous? Qui vous a permis?...

— Master Ferdinand, je acheté la petite canot de papier.

Master Ferdinand demeurait immobile, le geste menaçant. Le baronnet se mit alors en garde comme pour boxer. Mais l'amateur de canots voyant à quel original il avait affaire, redevint subitement bon enfant et dit, tout en exagérant son attitude provocatrice :

— As-tu six sous? Le marchand de vin n'est pas loin...

— Yes! fit l'Anglais en souriant sans trop comprendre; mais il voyait le visage de son interlocuteur se dérider. Je voulé acheter.

— Mon canot n'est pas à vendre, milord Goddam.

— Je dépensé bôcoup d'argent.

— Bernique!

— Combien? demanda le baronnet qui prenait ce dernier mot pour une évaluation monétaire.

L'âne allait plus vite que les vélocipédistes (page 716).

— Il vaut cent francs, au moins, mon canot, dit l'amateur, mais à un Anglais, je ne le donnerais pas pour mille francs !

— Yes ! mille francs ! fit le baronnet avec un geste d'acquiescement.

— Au fait ! s'écria M. Brecqueville, pourquoi pas? Toi et les tiens vous avez fait mourir notre empereur à Sainte-Hélène : il y aura neuf cents francs pour les pauvres de Châlon... Soit !

Ce fut marché conclu.

Le canot de papier était prêt à mettre à l'eau. Il avait été construit avec du papier provenant de chiffons de lin écru, plaqué tout mouillé sur une forme de canot légèrement construite en sapin. Les feuilles de papier superposées et collées ensemble produisaient un carton d'un seizième de pouce d'épaisseur. Une fois retiré du moule, le canot avait été pourvu d'une carcasse convenable, composée d'une quille, de deux préceintes et d'une cloison; point de membrures, l'extrême rigidité du bordage permettant de s'en passer; un pont de papier avec une ouverture pour le siège du canotier. L'ensemble de la construction fut rendu imperméable par des couches de vernis.

Ce canot avait les dimensions suivantes : longueur quatorze pieds, largeur vingt-huit pouces; hauteur de l'avant au-dessus de la flottaison, vingt-trois pouces; il pesait cinquante livres. Il était garni d'une paire de tolets en acier, pouvant s'enlever aisément. Les avirons, en sapin, mesuraient sept pieds de long et pesaient chacun trois livres. La pagaie de sept pieds six pouces de long était d'un poids de deux livres et demie. Le mât et la voile : six livres. En ajoutant à ces diverses parties la toile nécessaire pour recouvrir le pont, des bandes de caoutchouc pour en assurer la solidité, l'éponge, le panier à provisions, le coussin, le propre poids de l'acquéreur, le canot avec son chargement et les provisions de vivres devait demeurer encore léger au-dessous de toute attente.

Les vivres — du biscuit de mer, un fromage de Hollande, une bouteille de rhum — se trouvaient dans le panier aux provisions, bien avant que le canot fût achevé; de sorte que le baronnet en tirant une billet de banque de son portefeuille pour solder son achat, déclara qu'il voulait « pâtir » tout de suite, tout de suite.

Malakoff n'était pas loin de l'eau. Une porte de derrière menait du jardin à la rivière. Le constructeur et l'acquéreur du canot n'eurent pas de peine à l'y transporter.

Et le baronnet, administrant une vigoureuse poignée de main à master Ferdinand, s'insinua dans l'ouverture ménagée sur le pont — et poussa au large. La journée était belle. L'équipée du baronnet réussissait à merveille.

— Bon voyage! lui cria M. Brecqueville, non sans quelque regret de voir s'éloigner ce cher canot dont il devait lui-même inaugurer la navigation. Enfin les pauvres n'y perdraient rien; et après tout, il n'était peut-être pas mauvais que le canot de papier fût essayé par un Anglais...

Cependant Méloir, qui faisait sentinelle à la porte de la rue, inquiet de ne pas voir revenir le baronnet, dont il répondait sur sa tête, pénétra dans l'intérieur, et, aux premiers mots qui lui furent dits, il courut avertir son jeune maître et Jean. Ce failli merle d'Ingliche, il naviguait sur la Saône !

Ce fut un coup terrible pour le postulant à la main de miss Kate.

— Deshonoré ! s'écria-t-il ; je suis deshonoré !

— A moins que... insinua Jean qui sentait poindre une idée.

— A moins que ?

— A moins que nous ne le rattrapions.

— Mais voilà le difficile ? où est-il ? quelle route suivre ? le chemin de fer ? pour quel endroit ? va-t-il vite, cet abominable baronnet ? va-t-il doucement ?

— J'ai vu des vélocipèdes à louer, en face, dit Jean dont l'idée mûrissait à vue d'œil.

— Allons donc ! fit Maurice exaspéré ; on dirait, Jean, que vous vous faites un malin plaisir...

— Comment ! Mais c'est un vrai moyen que je vous propose ; croyez-moi, mon cher ami.

— Au fait, nous pourrions essayer. Je sais me servir du vélocipède, mais vous Jean ?

— En ma qualité de Parisien, je sais tout sans avoir rien appris... Non, je ne veux pas plaisanter, je ferai pour le mieux, afin de ne pas vous abandonner dans un moment si difficile.

Maurice tendit la main à Jean.

— Et Méloir... qu'en ferons-nous ? dit-il. Un vélocipède et lui ne sont jamais passés par le même chemin. Il faut pourtant qu'il tâche de nous suivre, de nous rejoindre ; nous pouvons avoir besoin de lui...

Jean s'était beaucoup vanté sur le chapitre de l'adresse propre aux Parisiens. Il y parut bien lorsqu'il s'agit de se tenir en équilibre sur le vélocipède et de faire avancer la machine. Aidé par Maurice, qui le soutenait dans ses premiers tours de roue, il accomplit des prodiges d'équilibre, non sans aller plus d'une fois souffler dans la poussière.

Les deux amis avaient pris la route de Senecey-le-Grand pour, de là, retrouver la Saône à Tournus. Méloir était demeuré en arrière, porteur d'une légère valise, en attendant l'heure du train pour Tournus...

Tout à coup, on entendit un grand bruit sur la route, une enfilade de gros mots, un chapelet de jurons : au milieu d'un nuage de poussière galopait le Breton, assommant de coups de poing un grison dont il s'était emparé, —

mettons qu'il l'eût loué — dans son impatience de rester inactif. L'âne allait plus vite que les vélocipédistes; seulement il s'engagea dans un chemin de traverse conduisant au château du Chesne, et d'où Méloir ne put jamais le faire sortir.

Sans perdre leur temps à attendre Méloir, les deux amis poursuivirent leur chemin; à leur gauche, à l'extrême horizon, ils distinguaient la chaîne du Jura dominée par le Mont-Blanc...

Maurice et Jean arrivent enfin à Tournus, qui s'élève sur la pente d'un coteau, couronné par les bâtiments d'une vieille abbaye qui ressemble à une antique forteresse. Ils courent au quai de la Saône, bordée de curieux : le baronnet venait de toucher, et reprenait le fil de l'eau. Le canot de papier se trouvait encore en vue.

— Il est de papier, vous dis-je, assurait un joueur de boules à son partenaire; je l'ai tâté et gratté avec mes ongles.

— De papier! de papier! Il serait déjà troué par les troncs d'arbres de la rive. Et celui qui le monte, il est donc de papier aussi!

— Je vais télégraphier à mon oncle de Mâcon, disait un neveu en passe d'hériter, pour qu'il aille voir la merveille nautique sur les quais. Ah! ces Anglais sont capables de tout!

— Si nous usions nous aussi du télégraphe, pour faire arrêter le baronnet? suggéra Maurice à son ami.

— Y pensez-vous! répondit Jean qui, heureux de son début de vélocipédiste, désirait faire une campagne plus longue. Votre futur beau-père aurait le droit de se formaliser...

— Qu'est-ce que le monde va devenir, s'écria une bonne femme, si l'on fait maintenant des bâtiments en papier!

— Alors essayons de gagner de vitesse sur lui, dit Maurice.

Et sans entreprendre de retrouver Méloir, ils remontèrent sur les vélocipèdes et roulèrent vers Mâcon. La route suivait le fleuve de très près; souvent elle y touchait. Un peu avant Mâcon, ils longèrent l'île de la Palme; ils aperçurent cette dernière ville et ses églises sur la pente d'un coteau qui vient mourir au bord du fleuve.

A Mâcon, où déjà il y avait foule sur les quais, — le télégramme du neveu n'avait point souffert de retard — ils eurent le crève-cœur de voir le baronnet aborder sur la rive d'en face, à Saint-Laurent de l'Ain, qui est le faubourg de Mâcon. Ils entreprirent de traverser la Saône sur le pont de douze arches qui relie les deux rives ; mais ils n'étaient pas au milieu du fleuve que déjà l'Anglais poussait de nouveau au large.

Ils le virent tantôt ramant, tantôt pagayant avec une belle *furia*. La Saône n'est pas très rapide, mais elle aidait la marche du canot de papier.

— Si nous louions un bateau ? avec de bons rameurs ? proposa Maurice ; nous pourrions peut-être l'atteindre.

— Et les vélocipèdes ?

— Nous les emporterions avec nous... C'est vous qui retardez ma marche, cher ami.

— Louons un bateau, je le veux bien !

Cinq minutes plus tard, ils voguaient sur la Saône. Le rameur d'avant manœuvrait une paire d'avirons ; Jean et le second rameur occupaient le second banc faisant chacun plier leur unique rame sous leurs efforts ; Maurice tenait la barre.

— Gagnons-nous de vitesse ? demanda Jean au bout d'un moment.

Maurice secoua la tête. Le baronnet, qui devinait une poursuite, se servait de la voile et de l'aviron. Sa légère coque de papier, courait sur l'eau qu'elle effleurait à peine.

Ils passèrent devant Thoissey, sur la Saône. A droite se montraient les montagnes du Beaujolais, et parmi elles le pic isolé de Torvéon ; la vallée de la Saône se rétrécissait. Du même côté, tout près du fleuve, Belleville cachait son église romane derrière un rideau de peupliers.

Le canot de papier si bien manœuvré, et qui faisait honneur à son constructeur autant qu'à celui qui le dirigeait, s'engagea entre la rive droite et l'île de Guerreins, puis l'île de Mont-Merle. A la hauteur de Villefranche les deux amis se trouvaient tellement distancés qu'ils abandonnèrent le bateau de location et remontèrent sur leurs vélocipèdes.

Ils suivaient la rive droite. Hélas ! le baronnet alla toucher la rive gauche, un peu avant Trévoux. S'il avait pu s'attarder dans l'admiration des bords de la rivière qui offrent, à partir de cet endroit, des paysages charmants ? Une île balançait au milieu du fleuve ses hauts peupliers ; les rives se présentaient vertes et riantes. Mais que lui importaient à lui les rives de la Saône ? Il ne pensait qu'à compléter le bon tour joué à sa « suite » en disparaissant tout à fait — pour faire enrager milady d'une autre manière.

Les vélocipédistes dépassèrent Albigny où la Saône coule entre des îles boisées et pittoresques. Ils approchaient de Lyon. Tout à coup, Jean perd l'équilibre, et le vélocipède le couche sur la route, froissé, meurtri. Il fallut cette fois s'arrêter au premier village et renoncer à rejoindre sir William.

Le lendemain matin, de bonne heure, poussant leurs vélocipèdes — conduisant leurs chevaux par la bride — les deux amis prirent la route de Lyon. Ils n'étaient plus qu'à six kilomètres de la grande et importante ville. En approchant de Lyon, quelle ne fut pas leur surprise de voir venir au-devant d'eux, Méloir, le sac de nuit à la main et son bâton à gros bout sous le bras : l'avisé Breton ne pouvant plus rien tirer de son bourriquet avait pris le chemin de fer à Tournus, pour Lyon, et, depuis la veille au soir, il stationnait sur la route par où il pensait que son maître et le petit monsieur de Paris arriveraient — sans l'Anglais.

Il fut récompensé de sa perspicacité par les compliments sincères de Maurice et de Jean.

— Et monsieur le baronnet? demanda-t-il. De sûr et de vrai, s'il n'a pas péri sur l'eau, il est à cette heure à Lyon, assis tout contre une table bien servie tandis que moi, et vous...

— Il ne fallait pas le laisser partir! dit Maurice.

— *Miserere* à tous les saints! C'est sûr que je suis embarrassé de bout en bout, des pieds jusqu'à la tête, depuis que le chien enragé de la famille Jacquemart... à Moulins, m'a mordu à la jambe et quasiment enlevé le morceau!...

XVI

Sur le Rhône

Lyon est la première ville de France, après Paris, par son étendue, son importance politique, son industrie et son commerce ; bien grande ville pour mettre la main sur un Anglais réfactraire au sens commun !

— De quel côté nous diriger ? avait demandé Maurice à son ami Jean. Où aller ?

— Au plus grand hôtel de Lyon, répondit Jean sans hésiter.

Il y allèrent, et trouvèrent sir William, qui les accueillit par un immense éclat de rire, — rire auquel s'associa Méloir avec tant d'abandon, que bientôt tout le monde se dérida. Il demeurait entendu que le baronnet avait voulu jouer un bon tour à ses petits amis : il avait deviné et vaguement entrevu leur course après lui. Et il trouvait la chose toute naturelle, puisqu'il tenait la bourse. Ce canot de papier, oh yes ! c'est une fantaisie qu'il s'était passée. Très « jioulie » la navigation ! Et que de surprise le long des rives ! On ne devait parler que de l'Anglais ; on en parlerait longtemps. Où était-il ce canot ? Dans un coin des quais, ouvert en deux, à ce que dit le baronnet : cela dispensa Maurice de faire prendre à l'insulaire des engagements pour l'avenir.

Il n'avait pas eu l'intention de venir jusqu'à Lyon, affirma-t-il ; mais puisqu'on s'y trouvait, eh bien ! on se promènerait un peu dans la belle ville, par ci, par là. Il y était venu une fois déjà, avec milady, miss Kate et son autre fille ; seulement milady toujours le contrariait dans ses volontés, toujours. Il aimait bien Maurice et Jean, obéissants, eux, et empressés. On verrait donc Lyon — avant de reprendre le chemin de Paris.

Trois heures plus tard, réconfortés par un bon déjeuner, Maurice et Jean grimpaient à la suite du baronnet les hauteurs de Fourvières et celles de Saint-Irénée qui en est le prolongement. Méloir, fatigué de sa nuit blanche, les suivait en dormant, avec des oui, not'e maître, non, not'e maître, indiquant suffisamment son état de somnolence. Il ne se réveillait un instant et ne redevenait attentif que si quelque chien venait le flairer de trop près ; alors ses jambes flageolaient comme s'il voulait protéger l'une par l'autre alternativement.

De Notre-Dame de Fourvières nos touristes découvrirent l'un des plus beaux panoramas de France : à leurs pieds la ville, le Rhône, la Saône et leur confluent, les divers groupes de l'agglomération lyonnaise, c'est-à-dire, sur la rive droite de la Saône, Vaise, véritable ville associée à Lyon par son industrie et son commerce ; en face, sur la rive gauche le faubourg de Serin, dominé par les hauteurs de la Croix-Rousse, quartier des ouvriers ; les Brotteaux, sur la rive gauche du Rhône, l'un des beaux quartiers de Lyon, défendu par une digue contre les inondations tant de fois redoutables pour la grande cité, et, touchant aux Brotteaux, la Guillotière, ville populeuse, assez abandonnée et où tout monument fait défaut.

En étendant les regards au delà, jusqu'où ils pouvaient atteindre, ils voyaient les forts, les faubourgs, le Rhône et la Saône réunis, descendant rapidement vers la Méditerranée, les campagnes environnantes, fertiles, bien cultivées, parsemées d'un nombre infini de charmantes maisons de plaisance ; enfin, à l'horizon, ils apercevaient à l'est, confondues avec les nuages, les blanches dentelures des Alpes et toute la chaîne du Dauphiné ; au nord et à l'ouest, le Mont-d'Or, aux fromageries célèbres, tout couvert de villas, la chaîne de l'Izeron, les montagnes du Forez ; au sud le mont Pila, dont le versant méridional calciné par le soleil, produit le fameux vin de Côte-Rôtie, enfin les volcans de l'Auvergne, — vaste, bien vaste étendue.

Puis, après ce premier coup d'œil d'ensemble, le détail s'imposait. Lyon, ville de 324,000 habitants, serrée entre la Saône et le Rhône, s'étend sur la péninsule qui s'allonge entre les deux fleuves, et déborde de toute part sur les rives opposées, envahissant les collines et la plaine caillouteuse. Elle offre des quais qui n'ont de rivaux que ceux de Paris.

Du haut de cette colline de la rive droite de la Saône où ils se trouvaient, vieux forum de la première colonie romaine, ils voyaient se dérouler les deux grands cours d'eau qui expliquent la création d'une importante cité commerciale à leur point de jonction : la ville primatiale des Gaules est

La cascade du Bout-du-Monde (page 728).

devenue le grand marché européen de la soie et le principal entrepôt du commerce de la France avec la Suisse et l'Italie.

Ils comptaient les ponts, plus nombreux sur la Saône que sur le Rhône, et en outre les ponts destinés exclusivement aux chemins de fer de Paris, de Marseille et de Genève ; ils suivaient de l'œil les quais, entrecoupés de ports et dont quelques-uns forment d'agréables promenades ; ils apercevaient les places, quelques-unes très distinctes, et parmi elles la place Bellecour, immense, ornée de jardins, de fontaines et d'une statue équestre de Louis XIV, par Lemot; la place des Terreaux où fut jadis l'autel d'Auguste, où se tint le conseil sacerdotal des trois provinces de la Gaule; comme souvenirs moins antiques c'est sur cette place que furent décapités Cinq-Mars et son ami de Thou.

Devant eux se dressaient les parties hautes des monuments de la ville : les deux tours carrées de l'église primatiale Saint-Jean, bel édifice gothique construit du douzième au quinzième siècle, et qui est classé parmi nos monuments historiques; la tour avec flèche qui surmonte la porte principale de l'église d'Anay, de style roman, édifiée du dizième siècle au siècle suivant, sur l'emplacement même d'un temple dédié à Rome et à Auguste par soixante nations des Gaules; la tour moderne, surmontée d'une flèche, de l'église gothique de Saint-Nizier dominant tous les autres édifices de Lyon; le clocher de Saint-Georges, la coupole byzantine de Saint-Paul, la tour à coupole de l'horloge de l'hôtel de ville; le Massif des Terreaux, en face de l'hôtel de ville, grande et belle construction moderne, le palais des Arts, l'un des plus somptueux édifices du nouveau Lyon, et qui forme le côté sud de la même place; le palais du Commerce et de la Bourse, les hôpitaux, l'arsenal, les casernes, les théâtres.

Autour de la place Bellecour, sise au centre de la péninsule, se dessinaient les rues les plus larges, bordées de maisons architecturales. Au nord la Croix-Rousse se présentait comme un quartier de travail et de négoce; les maisons y semblaient vieilles et tristes, hautes de cinq, six et sept étages, avec des cours étroites et sombres d'où le soleil paraît exclu; elles rachetaient, il est vrai, ces divers défauts par la solidité apparente de leur construction.

De l'autre côté du Rhône, les Brotteaux au nord, laissaient deviner une population bourgeoise d'employés et de négociants, retenus dans ce quartier par le voisinage de l'admirable jardin public ou parc de la Tête-d'Or, qui renferme un jardin botanique; tandis que sur la même rive, mais au sud, la Guillotière s'accusait comme un humble centre d'ouvriers; enfin Vaise, un peu en arrière de Fourvières et sur la rive droite de la Saône présentait une masse confuse de fabriques et de maisons d'habitation. — Notre-Dame de Fourvières est une église votive qui voit à certains jours monter vers elle de longues files de pèlerins.

Le lendemain fut consacré en grande partie à visiter les musées d'antiquités, collection d'objets du moyen âge et de la Renaissance, musées de sculptures et de tableaux, où se trouvent quelques bonnes toiles de l'école italienne et la collection des bustes de la plupart des Lyonnais célèbres : des grands artistes comme Philibert Delorme, Coustou, Coysevox, Lemot et Hippolyte Flandrin, des savants et des philosophes tels que Bernard de Jussieu, Ballanche, Ampère, J. B. Say, de Gérando, Ozanam, etc., sans oublier une femme poète, Louise Labbé, « lyonnoise ». Ils visitèrent aussi le muséum d'histoire naturelle et une bibliothèque spéciale riche de 70,000 volumes. — Cette bibliothèque est indépendante de la bibliothèque publique qui possède 180,000 volumes et 2,400 manuscrits.

Le troisième jour, nos touristes s'attachèrent à prendre une idée de l'importance industrielle de Lyon et des conditions qui régissent l'industrie des soieries. A Lyon le fabricant n'a point de métiers à lui, il ne s'entoure pas non plus d'ouvriers travaillant à la journée ; il reçoit les commandes du commerce, choisit ses dessins, et confie les soies à mettre en œuvre à des tisseurs chefs d'atelier, qui travaillent à leur propre domicile, à l'aide de métiers leur appartenant, et en ayant recours à des ouvriers ou compagnons nommés canuts, qu'ils engagent. Les tisseurs sont parfois associés entre eux. Le nombre des métiers employés est considérable. Ces métiers sont distribués dans toute l'agglomération lyonnaise, les faubourgs, les villages environnants, dans le département et les départements voisins jusqu'à Chambéry.

Le nombre de personnes occupées à l'industrie des soieries est de 240,000, dont une moitié seulement dans la ville même. L'accord entre les tisseurs et les fabricants n'est pas toujours complet, et nos touristes virent poindre une rupture entre eux sous forme de grève à propos des articles unis et armures et aussi des peluches. Ils comprirent à l'excitation contenue des mécontents ce que devait être la cité industrielle dans un mouvement insurrectionnel comme au mois de novembre 1831, en avril 1834, en juin 1849, et sous le gouvernement de la Défense nationale.

Un ouvrier lyonnais, Jacquard s'illustra — nous ne disons pas s'enrichit — par l'invention d'un métier spécial qui a renouvelé l'industrie de la soie. Lyon lui a élevé une statue — comme à Louis XIV et à Napoléon.

La production annuelle de l'industrie de la soie peut être évaluée à 450 millions, dont un chiffre très élevé — il était il y a quelques années encore des trois cinquièmes — appartient à l'exportation. Le mouvement d'affaires auquel donne lieu cette industrie, tant pour l'achat de la matière première que pour la vente des étoffes fabriquées atteint à près d'un milliard

Il y a encore d'autres industries lyonnaises, dont nos amis, si ce n'est même sir William purent se faire une idée : celle des tulles de soie, celle des foulards ; la passementerie et la teinturerie qui occupent un grand nombre d'ouvriers ; l'industrie du fer, de la construction des machines et des métiers à tisser ; la fonte des cuivres, la fabrication des papiers peints ; les produits chimiques, l'orfévrerie et la bijouterie en faux, enfin la chapellerie.

Quant au commerce général il porte en outre sur les vins, les eaux-de-vie, le coton et la laine, la draperie et la toilerie, la houille et le charbon de bois, les marrons et certains fromages appréciés, notamment ceux du Mont-d'Or.

Le quatrième jour, en sortant de leur chambre pour aller saluer le baronnet, Maurice et Jean furent fort étonnés de ne pas le trouver chez lui. Son absence était soulignée par l'enlèvement de quelques menus objets que l'Anglais emportait avec lui dans un nécessaire de voyage, sans jamais le confier à personne.

Les deux jeunes gens se regardèrent atterrés, avec une même pensée : sir William leur aurait-il, une fois encore, faussé compagnie? Méloir appelé, ne se trouva pas à l'hôtel. Cette circonstance rendait quelque espoir à Maurice et à son ami, lorsqu'ils virent accourir Méloir tout essoufflé :

— Il n'était point naufragé son bateau en papier, cria-t-il dès qu'il pût reprendre haleine ; il l'avait caché, et il vient de s'ensauver d'avec sur la rivière.

— Sur le Rhône? s'écria Jean.

— Dame, oui, tout au bout de la ville. Faut dire la vérité, je l'avais suivi pour voir un peu, sans même prendre le temps de manger un morceau ni boire goutte... Maintenant, bonsoir à revoir! il navigue en pleine mer... sus la rivière, ce chat-huant d'Ingliche!

Au bureau de l'hôtel, Maurice apprit que le baronnet avait soldé toute la dépense, en recommandant de laisser « bien dormir les jeunes garçons ».

Méloir disait vrai. Le baronnet descendait le Rhône, dont le courant avait ce jour-là une force exceptionnelle Son projet était de gagner la Méditerrannée, — ni plus ni moins.

Les eaux du Rhône sont toujours rapides et cela s'explique par la pente de son lit. Bondissant, écumeux, ravageur, il sort du lac de Genève se rétrécit ensuite entre le Jura et les monts de Savoie, s'enfonce dans les sombres défilés du fort de l'Écluse, et, large comme un ruisseau, mais profond comme un abîme, il coule dans les effrayantes gorges de Malpertuis ; enfin, se développant librement et après s'être accru à Lyon du tribut de la Saône, il roule avec une très grande rapidité jusqu'à Avignon : sa vitesse ne se ralentit qu'aux approches de Beaucaire et d'Arles, et c'est tout à fait paisible et calmé, qu'il arrive à la mer.

L'Anglais, trompé par les agréments de sa navigation sur la Saône, ne se doutait pas des périls qui l'attendaient. Il les devina toutefois à peine engagé au fil de l'eau ; mais trop tard pour rétrograder. Le canot de papier glissait sur le fleuve ainsi qu'un coquille de noix et avec la légèreté d'un bouchon ; mais un vent du sud assez fort soulevait de petites vagues qui secouaient la frêle embarcation.

Comme le baronnet avait sournoisement amassé d'assez abondantes provisions de bouche, le canot, mieux lesté, donnait davantage prise à la masse d'eau qui l'entraînait. Son seul espoir — il le raconta plus tard — était de parvenir à jeter une amarre à l'une des stations du littoral et de réussir à la placer entre les mains des gens de bonne volonté qui voudraient bien s'en saisir, — au risque d'être entraînés. A plusieurs reprises, il tenta vainement d'aller s'échouer au milieu d'un fourré de roseaux.

Près de Lyon, les rives du Rhône s'étaient couvertes de curieux qui poussaient des exclamations, s'étonnaient, riaient, levaient les bras en l'air — lugubre adieu à un téméraire qui semblait voué à une perte certaine. On admirait aussi l'extrême légèreté et le poli de la coque de ce canot, dont le bordage ne s'élevait pas à plus de cinq à six pouces au-dessus de l'eau.

Le baronnet malgré son vif désir d'aborder, était toujours entraîné vers le milieu du fleuve et demeurait tout préoccupé, tantôt d'éviter une des îles du Rhône, tantôt un bateau à vapeur remontant le courant, tantôt de franchir les arches redoutables d'un pont.

Il marchait avec une vitesse de quinze kilomètres à l'heure. C'est dans ces conditions plus qu'aventureuses qu'il longea successivement les limites départementales de la Loire et de l'Isère, — à tribord et à bâbord — de l'Ardèche et de la Drôme, ayant à sa droite les monts du Lyonnais, puis ceux du Vivarais.

Il passa comme un trait devant Vienne, qui après avoir été Vienne la belle, au temps où les Césars y élevaient des palais et des temples, fut successivement Vienne la sainte, en souvenir des martyrs qu'elle donna au christianisme naissant, puis Vienne la républicaine et Vienne la patriote. De l'antique cité, abritée par cinq montagnes qui l'enveloppent en demi-cercle et la garantissent des vents du nord et des ardeurs du midi, il ne vit guère que sa tour de Pilate croulant dans le Rhône.

Un pont de fil de fer, si léger qu'il ressemble à un ruban tendu d'une rive à l'autre du fleuve, joint Vienne à Sainte-Colombe. Au-dessous, un pilier brisé du vieux pont romain lève sa tête hors de l'eau. Le baronnet eut toutes les peines du monde à se détourner de cet écueil.

Il passa devant Tournon et les abruptes collines au pied desquelles la ville est couchée, et c'est à peine s'il aperçut son château gothique perché sur un rocher très pittoresque...

Il approchait de Valence. Tout à coup, sur sa gauche, l'Isère apporta au grand fleuve, très large déjà, le tribut considérable de ses eaux. La force du vent augmentait et le canot de papier fut assailli par une véritable tempête. De fort loin, le vent d'octobre amenait tourbillonnantes les feuilles rougies et brûlées arrachées aux arbres des campagnes. Les vagues à crêtes blanches embarquaient de l'eau dans le canot à travers la toile qui en formait le pont. Le baronnet s'en aperçut. Il sentait l'eau lui monter aux chevilles, et dans ces conditions il devait absolument songer à prendre terre le plus tôt possible.

Du confluent de l'Isère et du Rhône à Valence même, il y a cinq ou six kilomètres. Le baronnet fut emporté le long de la rive droite d'une île. En atteignant son extrémité, il découvrit le chef-lieu du département de la Drôme, à l'endroit où le fleuve forme un coude très marqué. En face de la ville, une dernière ramification des Cévennes dressait ses roches énormes, coupées à pic et couronnées des ruines du château de Crussol.

En aval de Valence, il apercevait le magnifique pont suspendu sur le Rhône; malgré la grande largeur du fleuve ce pont n'a que deux arches. Le baronnet se promit bien de faire tout ce qui dépendrait de lui pour ne pas dépasser ce pont; tous ses efforts tendirent à diriger le canot de papier vers des chalands amarrés à la rive; mais le canot s'obstinait à courir droit sur la pile du milieu du pont. Les promeneurs, les mariniers descendirent au bord de l'eau pour voir de plus près ce qui allait arriver...

Le baronnet ramait désespérement. Au fond, il lui importait peu d'aborder en amont du pont ou en aval; l'essentiel était pour lui de ne pas aller plus loin que Valence. Le vent le contrariait beaucoup dans ses mouvements et, quoi qu'il pût faire, il fut lancé sur la pile du pont, contre laquelle, l'avant de son canot s'écrasa.

Le choc fut tel que le rameur, brisant les fargues, fut projeté violemment dans le fleuve.

Heureusement pour lui un petit bâtiment à vapeur remontait le Rhône, remorquant plusieurs bateaux. Grâce à d'habiles manœuvres et avec l'aide des mariniers accourus dans un solide bateau, le naufragé fut tiré de l'eau et ramené à Valence.

Un heure après, les banknotes du portefeuille convenablement séchés au soleil, et quelques pièces de rechange pour son vêtement fournies à l'Anglais, on eut pu voir le héros de cette folle équipée déjeunant tranquillement, si toutefois ce mot peut s'appliquer à un affamé devant qui les plats se succédaient avec rapidité. Il était trois heures de l'après-midi : le baronnet avait mis sept heures pour descendre le Rhône de Lyon à Valence, — de rudes heures !

Quant à la merveille des merveilles, le canot de papier, devenu informe, il roulait comme un corps mort vers Avignon et la mer.

Il y avait une heure que Maurice et Jean, suivis de Méloir, venaient d'arriver à Valence par le chemin de fer, — qui va encore plus vite qu'un canot. Aussi ne doutaient-ils pas d'avoir dépassé le canot de papier. Ayant renoncé à reprendre leur course en vélocipède, ils avaient renvoyé à Châlons les bicycles loués, et étaient montés en wagon pour Valence, avec l'espoir que le baronnet ne pousserait pas plus loin que cette ville ce jour-là, et qu'ils l'y rejoindraient. Mais lorsque dès leur arrivée ils allèrent voir le fleuve, ils le trouvèrent tellement rapide et menaçant pour un canot de papier qu'ils se persuadèrent qu'à moins d'une catastrophe presque immédiate l'Anglais avait dû chercher un refuge bien avant Valence.

Alors très humiliés, affligés même, ils décidèrent de revenir vers Lyon, après avoir jeté un simple coup d'œil sur la ville. Ils parcoururent le quartier Saint-Victor, presque détruit par un incendie moins de trois mois auparavant. Ils virent la cathédrale, qui possède le cœur de Pie VI, mort à Valence dans le château du Gouvernement. Jean chercha en vain des traces du séjour de Napoléon Bonaparte dans cette ville, où il passa trois ans en garnison, étant sous-lieutenant d'artillerie.

Enfin, ils se dirigeaient vers la gare, lorsque Méloir, toujours en arrière, toujours mêlé aux populations, pérorant ou se disputant, sortit d'un cabaret et accourut pour leur apprendre le naufrage de l'Anglais sur le Rhône. Il savait où le baronnet « se retrempait ; » et le Breton n'avait pas terminé la cinquième version de l'accident funeste, que Maurice et Jean pénétraient dans la chambre d'hôtel où le baronnet achevait de se sécher devant un bon feu ; car cette journée d'octobre était réellement froide et brumeuse, même pour quiconque n'eut pas pris des familiarités avec le fleuve Rhodanus.

XVII

En pays de montagnes.

Nous avons supprimé la surprise de sir William en voyant apparaître devant lui Maurice et Jean : l'intelligence et l'activité de ces jeunes gens n'étaient pas pour lui déplaire. De leur côté, les deux amis crurent retrouver le baronnet dans de meilleurs dispositions d'esprit ; plus calme, plus disposé à entendre raison : peut-être la baignade forcée dans le Rhône n'y était-elle pas étrangère...

Aussi la plaisante invention d'un département à acheter fut-elle abandonnée comme d'un commun accord. Maurice obtint même du père de miss Kate qu'il réintégrerait le domicile conjugal... Mais il n'y voulut pas consentir sans avoir vu les Alpes d'un peu près.

— Ce n'est pas la saison, objectait Maurice.

Comment donc la saison ! Avoir visité les Pyrénées, le Jura, et dans un précédent voyage, les monts d'Auvergne, les Cévennes, les Vosges, et paraître dédaigner les Alpes et le Mont-Blanc serait-ce digne d'un membre distingué de « l'Alpine Club ? »

On ne sera donc pas surpris d'apprendre que vingt jours après la perte en Rhône du fameux canot de papier, le baronnet et son jeune monde se trouvaient en pleine Savoie, après avoir visité Grenoble, la vallée du Graisivaudan, l'un des plus beaux et des plus riches pays qu'on puisse voir, Gap, Embrun, Briançon, la Grande-Chartreuse, Chambéry, Saint-Jean de Maurienne, Aix-les-Bains et le lac du Bourget, Annecy et son lac, ainsi que bien des curiosités locales, telles que la grotte de la Balme, les lacs souterrains de la grotte de Bauge, les cascades du Bout-du-Monde et de Coux, les

LE TOUR DE FRANCE D'UN PETIT PARISIEN 729

Ils parvinrent à l'entrée de la gorge (page 730).

vallées sauvages de la Maurienne, les glaciers du Buet et de la haute Tarentaise.

Nos touristes avaient aussi vu de près, — ou de loin, — les monts Viso et Genèvre, le massif du Pelvoux et le mont Ventoux couvert de neige même en été; enfin l'Isère et la Drôme ne leur étaient plus inconnues, pas plus les villes et les bourgades que les montagnes en partie couvertes de belles

92ᵉ Liv. Le Tour de France. — Librairie illustrée. 92ᵉ Liv.

forêts, ravinées par des torrents qui descendent des Alpes et remarquables par les gras pâturages de leurs plateaux. Dans toute cette région les montagnards du Dauphiné s'étaient montrés intelligents et fins, ayant l'activité patiente et l'industrie qui sont d'ordinaire l'apanage des habitants des régions élevées.

Plus d'une fois Jean compta sur ses doigts les sept merveilles du Dauphiné : la Tour sans venin, la Montagne inaccessible (le mont Aiguille, à neuf kilomètres de Die), la Fontaine ardente, la Fontaine vineuse, etc. De toutes ces merveilles vraies ou prétendues, il y en a cependant une très réelle et très remarquable : la grotte de la Balme près de Crémieux et du Rhône.

L'ouverture de cette grotte n'a pas moins de trente-trois mètres de hauteur et de vingt et un mètres de largeur. Cette vaste entrée est comme une immense bouche s'ouvrant dans un calcaire taillé à pic et dont le front est couronné de buissons. Particularité des plus curieuses : la grotte de la Balme renferme une église romane du douzième siècle, dont le clocher n'atteint même pas jusqu'à la voûte. Les hardies dimensions de l'ouverture se conservent dans la grotte sur une profondeur de soixante-quinze mètres; puis la voûte s'abaisse; puis encore la grotte se divise en plusieurs galeries percées à diverses hauteurs et que l'on visite. On montra aux jeunes gens la « chambre des Faux monnayeurs » qui servit de refuge à Mandrin.

Mais il y aurait une lacune dans notre récit si nous passions avec tant de rapidité à travers les régions traversées. Sacrifions les villes, si l'on veut; aussi bien dans cette région de la France tout l'intérêt est dans le sol montagneux.

Grenoble est une jolie petite ville bien proprette que l'Isère coupe en deux parties fort inégales et que de hautes montagnes dominent; mais elle doit beaucoup de son animation au voisinage de la Grande-Chartreuse, très visitée, comme l'on sait, par les étrangers.

Le baronnet après avoir jeté un rapide coup d'œil sur la ville était monté avec Maurice et Jean dans une voiture de louage, Méloir s'asseyant à côté du cocher. Et l'on avait pris le chemin de la Grande-Chartreuse. Une partie du trajet se fait en plaine, sur une route facile, tracée au milieu de prairies et de jardins et, dans la belle saison, bien ombragée.

Quand ils commencèrent à monter, ce fut par une suite de faciles contours. Ils atteignirent le premier plateau. Mais après avoir roulé une heure comme en plaine, ils durent prendre des mulets et un guide. C'est ainsi qu'ils parvinrent à l'entrée de la gorge : avec ses forêts de sapins et de bouleaux qui s'élèvent des deux côtés depuis le pied de la montagne jusqu'au sommet elle est d'un aspect des plus saisissants. On comprend que les bruits du monde expirent à cette porte de l'empire du Silence et de la Mort. L'animation n'y est produite que par la chute sourde d'un torrent au milieu du désordre d'un abîme. Le chemin est taillé dans les rochers qui dominent et parfois surplombent cet abîme. Les touristes durent passer le pont de Saint-Bruno, jeté avec hardiesse sur le torrent, et traverser trois tunnels...

Enfin la Grande-Chartreuse se montra à eux dans un vallon formé par l'écartement de plusieurs pics : ses bâtiments sont simples, vastes et nombreux : on dirait un village où tout est bâti au hasard ; le cloître seul est d'un beau style gothique. Chaque religieux a son habitation, se composant d'un promenoir, d'un cabinet de travail et d'une chambre à coucher ; un atelier et un jardinet y sont joints. Les portes de toutes ces habitations indépendantes l'une de l'autre ouvrent sur un cloître immense, dans le préau duquel se trouve le cimetière des chartreux. C'est au fond d'un désert, dans une solitude perdue qu'ils vivent, au milieu du silence ; c'est là qu'ils meurent.

Un père hôtelier reçut les voyageurs et remplit à leur égard les devoirs d'une hospitalité cordiale. On goûta à la célèbre liqueur fabriquée au couvent, et qui donne un revenu annuel d'environ cinq cent mille francs.

De la Grande-Chartreuse ils se rendirent à Chambéry par le chemin de fer.

L'ancienne capitale du duché de Savoie est assise dans une plaine riante et fertile, entre de hautes montagnes, et arrosée par deux rivières. Elle a une cathédrale du quatorzième siècle, le vieux château des princes de la maison de Savoie, un jardin botanique très bien planté. Les costumes d'autrefois ont été conservés, surtout par les gens de la montagne. Les femmes mettent toute leur coquetterie dans la largeur de leur croix d'or et dans la blancheur de leur bonnet.

Le baronnet conduisit Maurice et Jean aux Charmettes, cette humble maison des champs que le séjour de J. J. Rousseau a rendue célèbre ; puis ils allèrent faire une excursion au lac du Bourget et de là visiter Aix-les-Bains, où le chemin de fer les conduisit en moins d'une demi-heure. Une longue avenue de platanes s'étend de la petite ville à ce lac du Bourget, le plus vert des lacs, et qui reflète sur son miroir des croupes chargées de forêts ; beau lac, si admirablement chanté par Lamartine :

O lac ! l'année à peine a fini sa carrière...

L'adorateur de miss Kate aimait le poète des *Mélodies* et de *Raphaël*, et i récita des vers. On prit un bateau pour traverser la nappe d'eau qui chatoyait avec ses péniches et ses canots. L'Anglais demeurait positif autant que burlesque ; mais Jean s'épanouissait, remué, vibrant, heureux de se sentir vivre et, pour la première fois, échappant aux vulgarités de l'existence.

Sir William prit sa revanche en visitant méthodiquement et Guide en main, — à l'anglaise — l'abbaye de Haute-Combe, toute sombre sur son rocher, près des rives du lac. Son église renferme la sépulture des princes savoisiens. En cédant la Savoie à la France, Victor-Emmanuel s'est réservé la possession de Haute-Combe comme domaine privé.

Jean vit ainsi la Savoie qui est la contrée la plus élevée de l'Europe. Située dans les Alpes, elle possède les cimes les plus hautes de ces montagnes, et tout d'abord le Mont-Blanc qui est de 4,900 mètres au-dessus du niveau de la mer. Du Mont-Blanc au Rhône, les montagnes se succèdent en diminuant, de sorte qu'on les dirait placées en amphithéâtre le long de la chaîne centrale des Alpes.

Jean fut à même de vérifier que cette terre porte l'empreinte de toutes les révolutions du globe ; toutes sont indiquées par les érosions, les crevasses, les redressements et les renversements des couches, les éboulis, les excavations internes, les agglomérations de tous genres. Là, en une journée de course, il est possible de parcourir les divers degrés de l'échelle géologique, et de voir successivement les dépôts des cataclysmes les plus modernes, les graviers du Déluge, les blocs erratiques charriés par les champs de glace, les calcaires, les grès, les roches cristallines, les granits, les porphyres et tous les éléments qui forment l'écorce de notre planète.

Attentif et réfléchi comme il le devenait Jean fit aussi ses remarques. Il constata le petit nombre des grandes propriétés, et la multitude de petites terres, toutes bien cultivées, — surtout dans la vallée qui s'étend de Rumilly à Chambéry et de là à la vallée de Tarentaise ; c'est une suite de vergers qui reposent le regard au milieu de l'âpreté des cimes granitiques et des perspectives changeantes.

Dans les hautes vallées de la Tarentaise et de la Maurienne, les paysans retiennent la terre sur les pentes ravinées, en construisant des parapets, en formant des terrasses ; ils apportent même de la terre végétale d'assez loin, se contentant parfois de créer un champ d'un mètre carré, tout au plus assez large pour recevoir deux ceps de vigne. Avec la vigne, qui réussit grâce à l'élévation du sol, et qui se rencontre jusque dans les hautes vallées voisines des glaciers, les Savoisiens obtiennent des fruits nombreux, des céréales variées; les pâturages, les mûriers y sont des sources de richesse et font de la Savoie une contrée essentiellement agricole.

Il faut que nous disions qu'à la Grande-Chartreuse, Méloir voulut assister dans une tribune aux offices que chantent les moines à minuit. Il sortit trop tard de sa cellule, laissa se fermer derrière lui une porte dont il ne connaissait pas le secret, et il ne vit, des chartreux en robe blanche, que leur lugubre défilé dans la chapelle à peine éclairée, d'où ils se retiraient, se dispersant sans bruit comme des ombres... Jamais il ne fut possible au Breton de retrouver la vaste salle sur laquelle s'ouvrait sa cellule. Son luminaire éteint par un courant d'air, il se perdit dans tous ces corridors, ces galeries, ces cloîtres, ces escaliers, n'entendant que le retentissement de ses pas sur les dalles sonores, et n'osant, malgré sa hardiesse naturelle, faire trop de bruit. Il passa le reste de la nuit à errer, — une froide et longue nuit. Si bien que le lendemain il avait une rage de dents, — rage bien autrement réelle que la rage communiquée par le chien de la famille Jacquemart à Moulins.

On le poussa vers la fabrique de liqueurs, où il devait, paraît-il, trouver un soulagement. Les serviteurs à gages employés là, lui vendirent trois flacons d'un spécifique pour les dents, à 80 degrés (la chartreuse jaune n'en a que 43), et dans son ignorance et sa grande hâte de guérir, le pauvre garçon crut qu'il fallait avaler la liqueur le plus lestement possible, — satisfaction qu'il accordait du même coup à sa gourmandise.

Il le fit, et ses douleurs s'accrurent jusqu'au délire. Aussi à partir de cette visite à la Grande-Chartreuse on ne vit oncques Méloir suivre « ses maîtres », autrement qu'affublé d'une mentonnière, lui donnant un air passablement grotesque.

Or, il advint qu'à Annecy un humble charlatan, — s'il en est d'humbles! — qui avait déposé des fioles inégales sur une table formée d'une planche et d'un pliant en X, avisa, passant au large du groupe défiant qui l'entourait, lui et son joueur d'orgue, le gars à la mentonnière, trop endolori pour être curieux, et il l'appela comme lui appartenant de plein droit, comme un sujet tout trouvé pour une démonstration publique de l'excellence de son eau merveilleuse.

Méloir rompit d'assez mauvaise grâce les rangs des curieux et pénétra dans le cercle... Quelle ne fut pas sa stupéfaction en retrouvant dans le charlatan son ancien patron de la loge Sartorius et Risler, l'hercule de Limoges, le mari de l'avaleuse de sabres, Jacob Risler en personne !

Hans Meister l'assistait charitablement des plus persuasives mélodies de son orgue de Barbarie ; mais « ça ne mordait pas. »

— Surtout... n'aie pas l'air de me connaître, malheureux !

Ce furent les premiers mots que le charlatan adressa à voix basse au Breton.

— On croirait que tu es mon compère, ajouta-t-il.

Jacob Risler avait presque aussi vite constaté l'identité du gars à la mentonnière avec son « père aux chandelles », que lui-même avait été reconnu. Hans, seul ne voyait rien, bien qu'il loucha autant et plus que jamais, et peut-être pour cette raison.

Méloir dut s'asseoir et se frictionner les gencives *coram populo*. Il avoua qu'il se sentait considérablement soulagé. Que n'eut-il pas avoué pour esquiver les ennuis de cette exhibition ?

— Et c'est d'une odeur et d'un goût agréables, n'est-ce pas ? lui demanda avec l'accent du triomphe le vendeur d'orviétan. Dites la vérité, toute la vérité, rien que la vérité !

— Faut pas mentir, mes bons chrétiens, et vous me hacheriez en petits morceaux que je ne dirais que ce qui est, fit le Breton décidé à faire preuve de bon vouloir ; de sûr et de vrai on dirait quasiment de la limonade, da !

— C'est justement, reprit Jacob, la remarque qui a été faite déjà par le prince de Bismarck, qui a eu l'honneur de me commander incontinent un onguent pour la calvitie à l'usage de sa noble tête.

A ce nom de Bismarck, le joueur d'orgue ajusta la roue de son instrument pour un nouvel air, un air de bravoure, qu'il enleva avec entrain, mais qui déplut au public dès les premières notes.

— Ce sont des Allemands, se disait-on dans les groupes.

Sur ce bel air, le charlatan arracha la mentonnière de Méloir, et le forçant à se lever, il lui tint la tête et montra victorieusement à tous, ses deux joues, pourpres toutes les deux, — de confusion : il était impossible, en effet, de reconnaître le côté malade.

— Savoyards ! criait Jacob, guérissez, n'arrachez pas !

Un dentiste ambulant se trouvait dans la foule. Indigné de la proclamation de cet axiome sur un air qui résonnait à ses oreilles avec des accents de défi, il excita les mécontents et se mit bientôt lui-même à crier :

— C'est des Allemands ; faut les faire déguerpir. A la porte ! A la porte !

A la porte ! sur une place ! Néanmoins ces mots produisirent un certain effet. Il y eut rupture et envahissement du cercle d'oisifs, et Jacob fort surpris de la tournure que prenaient les choses, devant la malveillance générale et les visages menaçants de quelques-uns, empila ses fioles dans un panier, mit sa table pliée sous son bras, et entraîna du côté de son auberge le joueur d'orgue, — et Méloir.

Il sut bientôt, en pressant Méloir de questions, que le Breton se trouvait avec Jean à la suite d'un Anglais très riche, bourré de billets de banque, voyageant pour son plaisir ou pour sa santé, et qui voulait acheter argent comptant « un morceau » de la France.

Sur quelques observations faites par Hans Meister, en langue allemande, Risler recommanda à son ancien gazier, entrevu vaguement à Limoges le jour de la mort de madame Risler, de ne point parler de leur rencontre. Il ajouta, d'un ton fort jovial, qu'il réservait à son neveu une surprise... agréable.

XVIII

Le guet-apens.

Méloir fêté, cajolé, abreuvé avant son départ, garda le silence sur la présence de Jacob Risler et de l'Allemand à Annecy ; mais il fut plus d'une fois vivement intrigué, les jours d'après, en constatant furtivement à diverses reprises que l'Anglais et ses jeunes maîtres étaient suivis par les deux hommes, d'Annecy à Belleville, de Belleville à Sallanches, de Sallanches aux Ouches et des Ouches à Chamonix.

Dans cette dernière localité, il parut au Breton que Jacob et son compagnon les épiaient tout en se cachant. Au milieu des excursions que l'on faisait journellement dans la vallée ou sur les pentes qui l'enferment, au Brévent, à l'Aiguillette, à la Montagne de fer, Méloir, jetant des regards inquiets en arrière, avait aperçu plusieurs fois les deux hommes aux allures mystérieuses. L'Allemand semblait diriger Risler, le conseiller, autant que Méloir en pouvait juger, car ils ne se montraient guère.

Ils devaient loger à Chamonix ou dans un des nombreux hameaux du voisinage. Fallait-il parler d'eux au neveu malgré la défense de l'oncle? se demandait le Breton. Quel danger, après tout, pouvait-il y avoir? A eux quatre n'étaient-ils pas de force à faire face à ces deux gaillards-là, à supposer qu'ils eussent quelque envie de les molester ?

Comme Méloir avait promis le verre en main, il se crut engagé et ne souffla mot de ce qui s'était passé à Annecy, et pas davantage des craintes plus ou moins fondées conçues depuis. Au surplus, dans les dernières excursions le Breton n'avait plus rien observé de suspect et se tranquillisait.

La vallée de Chamonix conserve son aspect riant jusqu'aux premiers jours

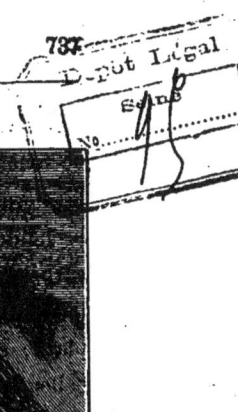

Il gisait le front ouvert (page 742).

de la mauvaise saison. Ce chef-lieu de canton possédant plus de 2,000 habitants, se réduit en réalité à un carrefour entre l'hôtel de l'Union, situé sur une place d'un côté de l'Arve, et l'église à deux cents pas sur l'autre bord de ce cours d'eau. C'est à Chamonix qu'est le bureau des guides. Une quantité de hameaux longent la vallée au fond de laquelle passe le chemin, bordé de petites palissades.

Nos voyageurs avaient pénétré dans cette vallée par le défilé que l'on suit en venant de Sallanches. C'est de cette petite ville que l'on commence à voir les développements grandioses du géant des Alpes, masqué longtemps par les hauteurs qui encadrent et resserrent la route. Nos touristes jouirent de la surprise de l'apercevoir pour la première fois caché dans les nuages qui ne laissaient visible que sa cime. Ils ne pouvaient croire que cette masse aérienne placée si haut fût autre chose qu'une de ces nuées blanches qui s'amoncellent parfois au-dessus des sommets les plus élevés. Il fallut pour les désabuser que les nuages se dispersassent, déchirés par le vent de l'aube, laissant alors à découvert la large et solide base qui unit à la terre cette cime qui se perd dans l'azur.

De Sallanches à Chamonix, ils remontèrent le cours torrentueux de l'Arve, « aux écailles d'argent », dont les crues subites ont plus d'une fois ravagé les rives, et emporté la chaussée que suit le voyageur, chaussée ménagée au milieu des éboulis, des débris amenés par les débâcles des roches primitives, avec l'Arve resserrée en un passage étroit et profond, et dont on voit blanchir l'écume à travers les troncs des sapins qui hérissent la ravine d'un côté, faisant face à la roche noire taillée presque à pic, teinte çà et là de couleurs métalliques, et portant de place en place rangés en étages, de grands sapins d'un vert mouillé dont la ramure conique se montrait légèrement saupoudrée de neige.

Chamonix est en quelque sorte la première station du Mont-Blanc, massif colossal qui, malgré sa faible étendue relative, est un monde de neiges et de glaces! Il est frangé de toutes parts de ces fleuves solidifiés, qui, de ses cirques, descendent lentement au loin dans les ravins.

C'est le glacier de Taconnaz, celui des Bossons qui lui fait face : leur éclat azuré vient se mêler au vert vif des pacages; l'un et l'autre s'étendent sur des hauteurs voisines du sommet principal; derrière leurs accumulations de glace se dressent les Grands-Mulets, les Roches-Rouges, les Petits-Mulets, formant un escalier gigantesque. C'est la mer de Glace et le glacier des Bois qui le termine au nord-ouest, près du hameau des Bois : ils ont la forme d'un large fleuve, et se meuvent avec une rapidité moyenne de cent mètres par an. Ce sont les glaciers du Géant et de l'Argentière. C'est le glacier de Talèfre, très au large dans une enceinte formée de pics de granit extrêmement élevés. Au centre de ce glacier un rocher uni demeure comme une île au milieu des neiges et des glaces. Il est de forme à peu près circulaire et, circonstance très singulière, les frimas semblent le respecter. A la fin d'août il est couvert d'un beau gazon et d'une grande variété de jolies fleurs des Alpes. On l'appelle le Courtil, d'un mot qui signifie jardin.

Ces glaciers d'un blanc qui aveugle, séparés par de grandes forêts, couronnés par des rocs de granit d'une hauteur surprenante qui sont taillés en obélisques, présentent un des plus grands et des plus émouvants spectacles qu'il soit possible de contempler.

Les plus considérables de ces glaciers du Mont-Blanc ont leur pente relativement douce vers l'occident, vers la vallée de Chamonix. Du côté du sud, l'énorme masse de granit est séparée des massifs de la Savoie par le col du Petit-Saint-Bernard et le col Bonhomme, ouvert à plus de 2,300 mètres au-dessous de son dôme suprême ; du côté de la Suisse, ses contreforts s'abaissent vers la profonde fissure où coule le Rhône ; à l'orient, ses escarpements rapides et ses glaciers fort inclinés plongent vers l'Italie.

Heureux, pensait Jean, ceux à qui il est permis de se lancer dans ces océans de glace, d'escalader ces falaises de glace, ces promontoires de glace et de parvenir dans les régions éthérées, jusqu'à l'endroit où Dieu a posé la main sur le granit en disant : « Tu ne monteras pas plus haut! » Jean eut donné plusieurs années de sa vie pour accomplir une ascension au Mont-Blanc. Il dut se borner à se faire raconter les ascensions célèbres ; il y en a eu de périlleuses ; mais ce n'est pas là ce qui eût pu refroidir son ardeur ! Il se fit dépeindre les magnificences du tableau qui se déroule aux yeux des élus, et les émotions éprouvées par eux en embrassant d'un coup d'œil circulaire une si vaste partie du globe : les hauteurs effacées du Jura, des Vosges et du Vivarais, tout le midi de la France avec un relief diminué ; Lyon, le Rhône semblable à un ruisseau dans une prairie desséchée, toute la vallée de l'Isère, assez rapprochée, par suite plus verte, l'obélisque isolé du Mont-Viso, les Alpes maritimes...

Et en se détournant de la France, tout le nord de l'Italie, les plaines de la Lombardie, Milan ressemblant à un village poudreux, l'Adriatique... Sur un autre plan, les Alpes tyroliennes, les crêtes neigeuses des montagnes de la Carinthie et de la Carniole, les Apennins, et beaucoup plus près le Saint-Gothard, les hautes pyramides de l'Altens, du Munch, de la Jungfrau, la tête altière du Mont-Cervin, les pics nombreux du Rosa. Aux pieds du Mont-Blanc s'affaissait le Saint-Bernard, se creusait la vallée d'Aoste, s'échancrait le lac de Genève... Au-dessus de tout un ciel d'un bleu très foncé.

C'était un rêve que Jean devait abandonner. Au reste ce qu'il lui était donné de voir n'était nullement à dédaigner ; il dévorait le Mont-Blanc en détail.

Après une excursion aux cascades et au glacier des Pèlerins, sir William décida qu'on verrait la mer de Glace en passant par le Montanvers. C'était une promenade de six à sept heures, dont deux et demie pour atteindre le haut du Montanvers, à près de deux mille mètres d'altitude.

Ils partirent un matin aussitôt après leur lever et, sans emmener de guide se contentant de leurs bâtons alpestres à pointe de fer.

Arrivés à l'endroit où, l'été, le Montanvers étale sa jolie pelouse, ils rassasièrent leurs regards du spectacle des hauteurs qui les séparaient du Mont-Blanc et des glaciers qui remplissent leurs intervalles. Le Mont-Blanc dominait tout superbement.

Sir William voulut qu'on se dirigeât ensuite vers la mer de Glace. Ils descendirent tous par un sentier rapide encombré de neige, où les mélèzes, aux troncs desquels ils se retenaient, servaient à ralentir leur course. Ils allaient pénétrer dans la mer de Glace et déjà, les inégalités qui semblaient d'en haut n'être que des ondulations arrondies d'une mer subitement figée, leur apparaissaient telles qu'elles sont : des ondes hautes comme des collines, des creux profonds comme des vallées. Ils se faisaient une joie de voir les curieux accidents du glacier, ses larges et profondes crevasses, ses cavernes, regrettant de n'être pas en été pour admirer les lacs remplis de la plus belle eau enfermée dans une cuvette aux parois transparentes, les ruisseaux qui coulent alors dans les canaux de glace, et forment des cascades qui écrasent leur écume dans des abîmes de glace, — blanc sur blanc.

Cependant Jacob et Hans avaient suivi de près le baronnet et ses amis. Par un froid de plusieurs degrés au-dessous de zéro ce n'était pourtant pas là une promenade des plus agréables... Évidemment ces deux hommes agissaient avec un dessein inavouable, et ils cherchaient l'occasion de le mettre à exécution.

Hans Meister avait persuadé Risler de terminer leur vie de pérégrinations et d'aventures en dérobant au gentleman anglais, si riche et si ridicule, son portefeuille trop garni et, par la même occasion, de distribuer à droite et à gauche du personnage grotesque quelques horions à tous, sans oublier ce coquin de neveu si tenace et qui s'obstinait à se trouver toujours sur leur chemin ! Il est vrai qu'ils seraient reconnus et par le maudit Jean, et par le Breton ; mais qu'importait après tout ? La force et l'adresse n'étaient-elles pas de leur côté ? En s'y prenant bien, on pouvait mettre l'étranger et les siens hors d'état de se plaindre en temps opportun ; la frontière suisse n'était pas si éloignée...

— Mais je ne voudrais tuer personne, avait objecté Jacob Risler.

— Tarteiffle ! Qui vous parle de tuer ? Ce n'est ici qu'une bonne farce... comme nous en faisions dans le Cantal...

Hans Meister reprochait à son ancien compère sa timidité nouvelle. Il le stimulait, l'excitait contre son neveu; il déclarait se charger du plus lourd de la besogne, et prendre à son compte ce qui surviendrait de plus grave. Et c'est dans ces dispositions qu'ils s'étaient mis en campagne ce matin-là, Jacob hésitant toujours un peu...

L'Anglais descendit un escarpement. Il enfonçait dans la neige tombée la veille. Un moment, il se trouva assez éloigné de Maurice et de Jean, mais non hors de leur vue. Méloir était avec ces derniers, lorsque soudain, levant les yeux, il aperçut tout en haut du talus de glace, l'Allemand qui s'avançait avec précaution, avec des mouvements sinistres, des allures de bête fauve; il n'hésita pas à le désigner à ses jeunes maîtres; mais avant que Jean eût pu réfléchir à ce qu'avait d'étrange cette apparition en ce lieu, l'attention de tous se porta sur un homme grand et fort qui venait de surgir de derrière un pan de granit, assez près de sir William.

Jean étonné, effrayé même, n'en pouvait croire ses yeux, lorsque Méloir lui dit :

— De sûr et de vrai que c'est votre oncle, ce gros-là !

Comment et pourquoi Jacob Risler se trouvait-il au milieu de ce glacier ? se demandait Jean. Et cette silhouette noire, là-haut, qui ne pouvait être, — il n'en fallait plus douter, — un autre que Hans Meister ? Que signifiaient donc les agissements de ces deux hommes capables de tout ?

Le baronnet voyait sans aucune crainte Jacob se diriger vers lui.

— Vô êtes une guide ? lui cria-t-il.

Une guide ! Jacob souriait dédaigneux et ironique. Il examinait l'étranger, étudiait l'ampleur de sa poitrine, semblait s'assurer que le portefeuille s'y trouvait, mesurait la distance qui le séparait du touriste, sondait la profondeur de l'escarpement où il pouvait le pousser après l'avoir dépouillé dans une courte lutte... Voilà où en était arrivé Jacob Risler, grâce aux suggestions de Hans.

Tout à coup, il s'aperçut que son compère lui jouait un tour de sa façon : il s'efforçait à l'aide de son pic de détacher, de briser à sa base un glaçon qui s'ébranlait déjà, près de rouler comme une avalanche destinée à emporter l'Anglais jusqu'au fond d'une crevasse du glacier. Celui-ci mort ou blessé, pensait Hans, il devenait facile de lui enlever ses billets de banque. Le misérable venait en aide à son complice par trop hésitant...

Jacob Risler poussa un cri, — terrible de menace pour Hans, rempli d'angoisse pour le baronnet en péril, et d'horreur pour le crime qu'on lui faisait commettre malgré lui. Et il courut vers l'Anglais, il le saisit à bras-le-corps, non pour le voler mais pour le sauver; il l'entraîna hors de la ligne que le projectile de glace commençait à suivre; il le poussa, le fit asseoir malgré lui; mais lui-même, perdant l'équilibre, il alla rouler à une cinquantaine de pieds au-dessous, pêle-mêle avec les débris du bloc que l'Allemand avait fait tomber.

Maurice se disposait à rejoindre le père de miss Kate, qui était encore tout ému du danger qu'il venait de courir, et épouvanté d'avoir vu disparaître *la* guide.

— La avalanche! répétait-il terrifié; la avalanche! ôh yes! bôcoup d'argent pour la guide... Véné Maurice.

Dans le haut de l'escarpement Hans Meister n'était plus visible.

Jean et Méloir descendirent aussi vite qu'il était possible vers Risler blessé, mort peut-être. Quand ils furent auprès de lui, il virent la neige teinte de son sang. Il gisait le front ouvert, respirant toutefois, et laissant échapper des plaintes.

— Je vous disais bien que c'était votre oncle Jacob! s'écria Méloir. J'en aurais juré sur mon baptême, et je ne dis point tout ce que je pense, oh dame, non!

Risler ouvrit les yeux, reconnut Jean agenouillé près de lui et dit:

— Jean, mon garçon, je suis puni... Mais quel être maudit que ce Hans! Toujours sur mon chemin, toujours retrouvé partout... pour m'amener là... où je vais mourir.

— Non, vous ne mourrez pas, mon oncle! dit Jean avec force. Il comprenait que Jacob pour ne pas s'associer à un meurtre s'était sacrifié sans hésitation, ce qui était fort louable, étant connu son caractère.

Le baronnet arriva à son tour, suivi de Maurice.

— Où est-elle cette guide qui m'avé sauvé la vie? dit-il. Une autre fois je prené toujours les guides. S'il été blessé je vais donner à loui bôcoup pour se soigner; s'il été mort je donné tout de même pour faire enterrer loui...

— Il n'est que blessé, et pas dangereusement je l'espère, dit Jean.

— Alors, je été heureuse bien bôcoup; cette guide il avé fait oune chose grand!

Le baronnet tenait à la main son portefeuille rebondi.

Jacob, entr'ouvrant les yeux, vit le portefeuille; il eut un regard de convoitise, suivi d'un éblouissement : tout son sang afflua au cerveau : mais comme si ç'eut été sa dernière mauvaise pensée, il repoussa doucement le portefeuille, refusant le présent des billets que l'Anglais voulait lui donner.

— Je n'en suis pas digne, murmura-t-il. Jean me comprendra. Il est mon parent... mon héritier.

— Alors, je remetté à vô, Jean, les petites billets, fit sir William, passablement étonné.

Jean remercia, refusa, et dit à Maurice penché vers lui :

— Le baronnet croit à l'avalanche... Reconnaissez-vous dans ce blessé l'homme que je vous ai montré à Limoges ? Il n'y a pas d'avalanche : il y a eu un guet-apens, et c'est moi que Jacob Risler poursuit de sa haine... Sir William a failli payer pour moi.

Le blessé entendit ces derniers mots et, faisant un effort, il réussit à s'emparer de la main de Jean, toujours agenouillé. Il pressa cette main, et sur son visage se répandit l'expression d'une contrition profonde.

Maurice prit la parole.

— On ne peut pas laisser ce malheureux sans secours, dit-il. Si nous envoyions Méloir à Chamonix demander du monde pour le transporter?

— Respect de vous, not'e maître, je ne veux point vous désobéir, et je vas y aller, mais il n'y a jamais eu vilain lieuve ni biau loup.

— Que veux-tu dire, Méloir?

— Que je ne serais point bien aise de rencontrer ce particulier qu'était tout en haut de la côte au moment de l'éboulis. J'aimerais encore mieux les chiens enragés de Moulins que cet Allemand qui louche des deux yeux, le vilain singe...

— Aurais-tu peur, Méloir?

— Oh! que nenni, note'maître. Je n'ai pas peur d'un chrétien et Flohic, le failli merle, ne me ferait reculer brin ni miette. Mais je ne voudrais point me crocher d'avec ce païen-là, faut dire la vérité !

Pendant que le Breton manifestait sa crainte d'une mauvaise rencontre, Jacob se souleva un peu. Le baronnet lui versa quelques gouttes de cognac qu'il but avec plaisir, tandis que Maurice disposait une compresse autour de son front.

— Vous êtes bien honnêtes tous, dit le blessé; et il ajouta d'une voix affaiblie : C'est bien beau l'honnêteté!

— Bien plus honnête, vô, observa le baronnet, puisque vous avez sauvé moâ de cette avalanche. Je voulé écrire tute suite à milady et à mon fille Kate que cette avalanche a guéri moâ du spleen... et que je voulé ritorner... Vô, master Maurice, et vô, la petite Jean, je souis votre ami toujours ; je n'avé pas d'autre chose que je pouvé dire à vô.

Méloir allait se mettre en route vers Chamonix.

— Il me semble, dit le blessé, que... avec un peu d'aide... en m'appuyant sur Jean... je pourrais marcher.

On essaya, et Méloir pour ne pas aller seul du côté où l'Allemand aux regards louches avait disparu, fit des prodiges pour ramener le blessé — Jean et Maurice aidant — jusqu'à l'endroit du Montanvers où il n'y avait plus qu'à descendre dans la vallée.

Quelques braves gens rencontrés près du hameau des Bois, offrirent leur assistance et, deux par deux, se relayant, ils transportèrent Jacob jusqu'à l'hôtel du baronnet ; non sans émouvoir toute une population de gens honnêtes, sérieux et charitables. Les hommes accouraient — ramassés, pleins de nerf et de vigueur, — croyant à l'une de ces catastrophes qui viennent périodiquement attrister Chamonix ; les jeunes filles ne se montraient pas moins empressées et sensibles ; — belles avec un teint animé, des yeux profonds et purs, un visage grave. Elles portaient un petit bonnet rond de soie noire, enjolivé de tulle, en arrière sur le chignon, un fichu de soie au cou ; un haut bavolet enveloppait leur poitrine ; leurs jupes courtes étaient rouges ou bleues.

En se voyant l'objet de tant de soins, de tant d'attentions, Jacob Risler comprit que ce n'était pas à Chamonix qu'il mourrait.

— Mais c'est Barbillon, s'écria Jean (page 751).

XIX

Jacob Risler.

L'oncle de Jean ne croyait pas penser si juste : non seulement il ne devait pas mourir à Chamonix, mais il entrait dans une vie nouvelle par une sorte de transformation, de régénération. Son corps demeurait affaissé, plié par la souffrance, et beaucoup plus longtemps qu'on eut pu le croire tout d'abord; mais son être moral n'avait jamais été aussi sain, aussi vigoureux.

Quel abîme que cette complexité de l'âme humaine! A côté du bien, le mal y prend parfois un large développement; et à côté du mal, il reste toujours un peu de place pour que le bien puisse y germer. Abîme insondable, au bord duquel vacille notre justice. Que vaut l'être qui a démérité lorsqu'il se reprend pour bien faire? Faut-il le repousser, l'écraser sous le poids de son ignominie acquise? La Miséricorde et la Charité, moins inflexibles que la Loi, ne le veulent pas. Généreusement, elles humilient le bon pour relever le méchant dans sa propre estime délabrée; elles proclament une même origine, un lien de parenté entre toutes les créatures; elles n'admettent ni tant d'orgueil et d'assurance du côté de la vertu, ni tant de honte et d'irréparable dégradation du côté du vice.

Mais pourquoi ces réflexions à propos d'un gredin n'ayant jamais rien eu d'intéressant dans sa vie? Peut-être pour expliquer que ce n'était nullement par faiblesse ou entraînement, mais par un sentiment très raisonné et fort louable que Jean se consacrait à cet oncle si peu méritant.

Depuis trois semaines, Jacob Risler était cloué sur son lit. De tous les empressements de la première heure un seul persévérait, celui du jeune garçon qui avait tant souffert par la faute de ce triste parent. Sir William était parti à peu près guéri de ses vapeurs, et il avait emmené Maurice et Méloir. Maurice très heureux, grisé de la perspective enfin ouverte de devenir le gendre de sir William, Méloir non sans quelque regret d'abandonner son jeune protecteur...

Risler avait vu se fermer assez promptement sa blessure de la tête; mais il gardait de sa chute une extrême lassitude générale, occasionnée sans doute par quelque lésion interne plus ou moins grave. Jean le soignait avec une affection filiale. Le jeune du Vergier en quittant ce camarade dévoué l'avait forcé d'accepter une somme plus que suffisante pour les déboursés que nécessiterait l'état du malade; et il lui avait fait promettre, lorsque Jacob Risler serait en état de se passer de son assistance, de venir le retrouver à Caen, afin d'obtenir de ses parents la réalisation de leur promesse de l'aider à poursuivre ses études interrompues. C'eut été un grand bonheur pour Jean de retrouver le frère de Sylvia au milieu de sa famille; mais le brave garçon possédait trop de bon sens pour ne pas comprendre qu'il acquerrait d'autant plus de mérite aux yeux des autres, qu'il aurait su par lui-même vaincre de plus nombreux obstacles.

Et il s'était remis courageusement au travail, donnant à la lecture tout le temps que ne réclamait pas son oncle. Il faisait froid dans le voisinage du Mont-Blanc et de ses glaciers, en cette fin de novembre. Aucune distraction ne venait donc du dehors le détourner de la tâche entreprise. En dressant seulement la tête, il évoquait un tableau d'un grandiose communicatif : des montagnes drapées dans leur manteau d'hermine, des sommets plus inaccessibles que jamais, un amoncellement gigantesque d'où les pics s'élançaient à des hauteurs vertigineuses, et parfois de grands oiseaux de proie planant silencieusement, et salissant de leur plumage fauve les perspectives immaculées.

Le rude Jacob s'étonnait de cette opiniâtreté qu'apportait Jean dans ses études. Il avait toujours et malgré lui respecté le caractère du jeune homme ; il en venait à l'aimer pour son esprit de suite, sa persévérance ; il aurait voulu avoir le droit d'être fier de lui ; voilà où en était l'abominable compagnon de Hans Meister.

De celui-là, aucune nouvelle : après avoir manqué son coup, il avait délogé sans tambour ni trompette, mais non sans musique, trouvant le moyen d'emporter son orgue.

— Que comptes-tu faire quand je pourrai marcher et quitter la Savoie ? demanda un jour Risler à son neveu. Tu ne peux pas toujours demeurer rivé à ton coquin d'oncle !...

— J'ai l'intention de reprendre mon petit commerce de livres.

— Ah ! oui, ce commerce... qui n'en est pas un ! murmura Jacob, se rappelant ce qu'il disait naguère à Jean pour le décider à venir se joindre à la troupe qu'il dirigeait.

— Vous trouvez que ce n'est pas un gagne-pain honnête ?

— Non pas ; j'ai changé d'idées là-dessus... Je pensais tantôt comme autrefois, au temps où je ne voulais pas te voir aider la petite danseuse à retrouver ses parents... car c'est bien toi qui as tout fait, n'est-ce pas ? Ah ! quand j'y pense ! dit Jacob d'une voix devenue rauque. Il y avait là une fortune à gagner pour tous les deux... C'est toi ! Dis-le !

— Nous en reparlerons plus tard, mon oncle, lorsque vous serez tout à fait bien, et en état d'entendre mes raisons.

— Oh ! je puis en parler à présent, dit Jacob subitement radouci. Tu as agi honnêtement, je le vois bien... Quand tu écriras au Bordelais, tu lui diras que je t'ai approuvé. Et plus tard, tu me feras faire ma paix avec ce Gascon qui t'aime bien... malgré que j'aie encore une fameuse dent contre lui!... Nous disons donc que tu vendras des livres...

— Et vous, mon oncle, avez-vous quelque projet?

— J'ai mon idée... Tu m'ennuies.

— On ne peut donc pas savoir?

— Ah! scélérat, je ferais peut-être mieux de te tordre le cou, et de me précipiter après : il y a des endroits pour ça ici... Vois-tu, je ne suis qu'une vieille bête, mais avec mes larges et fortes épaules je puis faire une bonne bête de somme : je porterai ta balle de livres. Toi, tu feras le monsieur qui s'entend au commerce.

— Vous voulez?...

— Oui, porter ta balle. Si je vais par un autre chemin que toi, Jean, je risque de rencontrer encore Hans... Tu m'entends, Jean? Tu m'entends? As-tu peur que je ne gagne pas le pain que tu me donneras?

— Oh! ce n'est pas ce à quoi je pense! dit Jean d'un ton affectueux. Je fais des réflexions, des rapprochements... Vous auriez dû toujours être bon pour moi, mon cher oncle... Combien vous m'auriez épargné de chagrins!...

— Et à moi de regrets... Mais assez sur ce ton-là : ça me déplaît... Si je me sentais mollir tout à fait, je ne sais pas ce que je ferais pour redevenir le Jacob qui n'avait peur de rien.

Jean s'était de nouveau mis en relation avec la maison de librairie de Paris qui lui fournissait des livres, et il attendait un envoi.

Il avait aussi écrit à son oncle Blaisot, à M. Pascalet, à Modeste Vidal et à l'ami Werchave. Il échangeait de nombreuses lettres avec Maurice, et il apprit ainsi que sir William, devenu tout à fait raisonnable et très affectueux, après un séjour d'une semaine à Caen, était retourné en Angleterre avec miss Kate, et en accueillant favorablement les ouvertures de mariage à lui faites par les deux aimables enfants. Par Maurice, beaucoup de bonnes paroles arrivèrent à Jean de la part de la baronne et du baron, de Sylvia et de miss Kate. Méloir restait dans la famille; il regrettait son petit monsieur de Paris au point de se donner des indigestions matin et soir.

De Mérignac arrivaient tous les deux ou trois jours quelques lignes de Bordelais la Rose, variantes de ce thème : « J'ai refusé soixante mille francs de ma vigne; elle vaut plus, sac et giberne! Je sens venir l'offre de soixante-dix-mille... Ça c'est un joli chiffre, fort acceptable. — J'ai refusé hier soixante-dix-mille francs comptants... »

Un jour, Jean en rentrant d'une courte promenade, faite malgré le froid, pour se dégourdir un peu, retrouva Jacob sur le seuil de l'hôtel, fumant une pipe.

— Nous partirons demain, lui déclara celui-ci. Je me sens de force à porter le Mont-Blanc sur mes épaules : ce n'est rien ta balle ! Mais, dis-moi, ce ne sont pas ces Savoyards, qui serrent leurs gros sous jusqu'au soleil de juin, qui nous achèteront des livres, ni les montagnards du Dauphiné? Si nous allions à Lyon?

— Ce n'est pas une mauvaise idée, répliqua Jean.

— Tu vois, je puis même donner de bons conseils !

— Certainement, mon oncle, — quand vous voulez...

Et ils partirent pour Lyon, en effet, par le chemin de fer. Mais en route, Jean réfléchit que la grande ville de Lyon devait être un maigre champ à exploiter; avec tant de libraires que restait-il à glaner au porteballe? Il fut donc décidé qu'on ne séjournerait pas à Lyon, qu'on se dirigerait vers Saint-Étienne à petites journées. C'est ce qu'ils firent après s'être reposés deux jours à Lyon.

On était au 10 décembre. Ce moment de l'année n'est pas le plus agréable pour arpenter les routes. Ce trajet de Lyon à Saint-Étienne, que l'on peut faire en train express en moins de deux heures, ils mirent quinze jours à l'accomplir en s'arrêtant successivement à Oullins, ville de 7,000 habitants, aux villages d'Irigny et de Vernaison, au hameau de la Tour, à Millery, à Grigny. Ils avaient franchi la Saône près de son confluent avec le Rhône, traversé l'Yzeron, et plusieurs fois un petit bras du Rhône. Ils séjournèrent près d'une semaine à Givors, ville d'environ 12,000 habitants, située à gauche du chemin de fer de Roanne à Lyon par Saint-Étienne. Les maisons en sont bâties au pied d'un coteau et sur la rive droite du Gier, qui s'y jette dans le Rhône. Sur ce coteau, on voit les ruines du château de Saint-Gérald et du couvent de Saint-Ferréol. Givors possède un pont en fil de fer sur le Rhône. Un canal le met en communication avec Rive-de-Gier, principalement pour le transport des houilles.

Ils passèrent par Trèves et Burel, firent une pointe jusqu'aux mines de Tartaras, et s'arrêtèrent à Rive-de-Gier, ville de 17,000 habitants assise sur les deux bords du Gier. C'est une des plus importantes localités du grand bassin houiller de la Loire, qui s'étend dans le département de la Loire et du Rhône. Une forte partie de la population y travaille aux mines ; mais il y a d'autres industries. La fabrication des bouteilles y est très développée, et le moulinage de la soie y emploie beaucoup d'ouvriers.

A une demi-lieue de Rive-de-Gier se trouve le bassin de Couzon, destiné à servir de réservoir au canal en temps de sécheresse. C'est une curiosité que les touristes vont visiter. La hauteur du mur qui ferme ce bassin est d'environ trente mètres, et l'épaisseur de la digue de soixante mètres.

Ils virent Lorette, ses usines et ses mines de houille; les Rouardes-Grand'-Croix et leurs forges dans le voisinage du mont Pila; Saint-Chamond, petite ville de 14,000 âmes, située au pied d'une colline, dans la vallée pittoresque où le Janon vient réunir ses eaux à celles du Gier. L'ancien château de ses seigneurs, avec bastions et remparts, domine encore la ville, de ses ruines imposantes.

Jean et son oncle suivaient à peu près, on le voit, le chemin de fer, raccourcissant parfois leur route, et allégeant leur charge en montant en wagon pour passer d'une localité à une localité voisine. Jacob Risler tenait sa promesse : c'est lui qui portait la balle. Il le faisait avec assez de bonne volonté; mais la brusquerie qui formait le fond de son caractère, se trahissait à tout moment; et c'était pénible pour Jean. Jacob n'était pas si bien remis qu'il avait pu s'en flatter; il traînait le pied; toutefois cette vie honnête lui rendait ses forces.

Dans les centres ouvriers que l'on parcourait le commerce de petits livres marchait assez bien, malgré la crise qui s'annonçait déjà dans le bassin de la Loire, — comme à Lyon — menaçant les deux principales industries de la région : la soierie et la métallurgie. A Saint-Chamond, par exemple, ils trouvèrent des acheteurs de leurs livres à bon marché parmi les mineurs, les ouvriers des forges, les mouliniers de soies grèges et les ouvriers des fabriques de rubans et de lacets.

Après Terre-Noire, — dont le nom indique assez la situation au-dessus d'un terrain houiller, — ils arrivèrent à Saint-Etienne qu'on pourrait nommer sans exagération, la Ville Noire. Saint-Etienne doit cela à ses nombreuses fabriques, à son ciel couvert, à son climat brumeux, à la houille en poussière qu'y soulève le moindre vent; et à sa brune population de mineurs, d'ouvriers d'usines et de manufactures — et parmi celles-ci, au premier rang, la manufacture d'armes qui occupe de quatre mille à cinq mille travailleurs.

Les maisons de cette ville de 125,000 habitants, affaissée dans un vallon peu profond, au pied de la chaîne du Pila, quoique bien bâties et largement alignées, sont noircies par la fumée du charbon de terre, et leur aspect sévère est loin d'être racheté par une profusion de monuments : toutes les forces sont dirigées vers le travail ; toutes les aspirations vers le désir de maintenir au prix de bien des efforts, de bien des sacrifices une situation acquise parmi les grandes villes industrielles. Jean et son oncle le constatèrent; mais au fond il leur importait médiocrement que la ville fût ou non séduisante : ils ne venaient pas à Saint-Etienne pour leur plaisir.

C'est l'industrie de la rubanerie qui a fait la fortune de Saint-Etienne. Au moment où Jean et son oncle arrivèrent dans cette ville, la production en rubans de soie, — pouvant être naguère encore évaluée à près de cent millions par an, — diminuait sensiblement, et semblait devoir tomber bientôt à la moitié de ce chiffre. C'était la crise qui commençait. De saison en saison le travail se faisait de plus en plus rare, et les salaires de moins en moins rémunérateurs. Cinquante métiers sur cent demeuraient inoccupés. Ceux des ouvriers tisseurs qui conservaient leur travail, consentaient à d'énormes réductions de salaire. Deux années auparavant, un tisseur gagnait en moyenne quatre francs par jour ; maintenant les salaires étaient tombés à deux francs, à un franc cinquante centimes, et menaçaient de tomber encore plus bas.

Malheureusement le mal ne pouvait être attribué à une cause passagère : il venait de la concurrence faite par l'étranger. L'Angleterre, l'Amérique, l'Allemagne, l'Autriche qui, il y a quarante ans, ne tissaient pas un mètre d'étoffes de soie, en fabriquent aujourd'hui des quantités d'autant plus considérables que, s'étant organisées tardivement, elles ont des outillages aussi perfectionnés que possible.

À Lyon, tout occupés qu'ils étaient de leur Anglais, Jean et Maurice n'avaient rien vu de cette décadence d'une grande industrie que l'habileté seule des ouvriers ne saurait arrêter...

Le soir même de la première journée de séjour à Saint-Etienne, Jean fut accosté par un grand gaillard, très brun, au torse développé, aux larges mains, ayant la blouse courte et passée de couleur de l'ouvrier d'usine. Il fut un moment sans reconnaître le gros garçon qui lui souriait.

— Mais c'est Barbillon! s'écria-t-il. Je ne me trompe pas?

— Si, tu te trompes; on ne connaît pas Barbillon ici, mon cher Jean, dit Etienne Barbeau, en embrassant son ancien camarade.

Jacob se fit aimable et salua.

— C'est un de mes oncles, dit Jean, sans préciser davantage ; mais que fais-tu à Saint-Etienne?

— Je fais des fusils... Je suis à la manufacture d'armes...

— Des fusils pour l'armée?

— Nous faisons des fusils pour l'armée, et des fusils de chasse, des pistolets et des revolvers.

Et Etienne Barbeau raconta à Jean comment sa tante Pelloquet devenant de plus en plus revêche, il était entré chez un armurier de Rouen et, peu après, venu à Saint-Etienne. Les deux jeunes gens avaient quantité de choses à se dire ; et, à bâtons rompus, ils se mirent au courant de ce qu'ils avaient fait l'un et l'autre depuis leur séparation. Pour ne pas les gêner, Jacob voulut aller se coucher de bonne heure.

Etienne s'étonnait que Jean ne fût pas allé dans la Limagne d'Auvergne, puisqu'il avait le choix de la route à suivre.

— C'est à l'ouest, dans le département du Puy-de-Dôme, lui dit-il, entre les montagnes de l'Auvergne et celles du Forez.

Lui, il l'avait parcouru dans tous les sens ce jardin de la France centrale, en venant à Saint-Etienne et depuis, dans des petits voyages, il l'avait vu du sommet de plusieurs puys de la chaîne des Dômes, des terrasses qui dominent la ville de Thiers, et de la plate-forme, encore debout, des ruines du château de Tournoël.

— Thiers, vois-tu... figure-toi une ville dont les rues seraient creusées dans le granit, les routes qui y mènent taillées dans le roc, avec des maisons noires, les environs remplis de ravins profonds où les châtaigniers disputent la place aux cascades. Mais il faut voir comme c'est cultivé cette plaine de la Limagne! Pas un pouce de terrain perdu ; ni haies, ni barrières : elles tiendraient trop de place. L'Allier y passe à travers une quantité de petits vallons. Il y a là des champs de blé, d'immenses champs de blé ; et puis des prairies bordées de saules, des plants de vignes, des allées de platanes, des noyers isolés... On dirait que tu descends de la Lune? Eh bien! alors, comment faut-il que ce soit moi, un Parisien grandi à Rouen, qui t'apprenne ce que tu devrais savoir déjà...

— Vois-tu, mon cher Barbillon...

— Pas de Barbillon!

— Vois-tu, mon ami, je n'ai plus cette curiosité d'autrefois qui nous mettait en route. J'étudie beaucoup, et j'espère bien que je ne ferai pas toujours mon commerce de livres... D'ailleurs, j'en ai une idée de la Limagne par ce que j'en ai aperçu du plateau de Gergovie et de Clermont-Ferrand.

Jean se lança ensuite dans les confidences et dévoila à son ami ses plus secrètes pensées. Ils ne se séparèrent pas sans se promettre de se revoir.

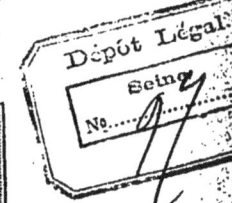

Son commerce devint celui de libraire étalagiste (page 759).

— Et si tu rencontres jamais l'Allemand, dit Etienne en quittant son camarade, donne-lui mon adresse. Je voudrais lui administrer une de ces piles !... histoire de lui prouver qu'il ne m'a pas tué au bois du Mont-Mal, et de lui enlever tout remords.

Vers la fin de décembre, Jean et son oncle Jacob se trouvaient au Puy, ayant visité dans l'intérêt de leur commerce plusieurs localités de la Haute-

Loire : Yssingeaux et sa colline rocailleuse (8,232 habitants), Langeac (4,228 habitants), Polignac, (2,800 habitants) agréablement situé dans une vallée, autour d'un plateau basaltique fort escarpé. Sur ce plateau s'éleva un temple dédié à Apollon ; c'est de ce nom *Apollonicum* que s'est formé celui de Polignac, rendu célèbre par la famille historique qui a possédé en fief cette bourgade. Ils séjournèrent à Brioude (5,000 habitants) près de la rive gauche de l'Allier.

Enfin Jean revit ces sites du massif central, dont il connaissait bien toute la partie occidentale et la partie septentrionale. Il retrouva cette région de volcans éteints et revêtus d'une végétation splendide ; c'était moins terrible que les Alpes de Savoie et leur Mont-Blanc, mais c'était plus beau. Cette partie du massif possède son caractère propre : point de vastes et tranquilles arènes où les moissons alternent avec les prairies ; point de plateaux cultivés : tout est cime ou ravin, la culture ne peut s'emparer que de profondeurs reserrées et de versants très inclinés, et elle fertilise les cendres des volcans dans les interstices des coulées de lave.

L'horizon grandiose, George Sand l'a admirablement décrit. Ce sont d'abord les Cévennes. Dans un lointain brumeux, on distingue le Mézenc avec ses longues pentes et ses brusques coupures, derrière lesquelles se dresse le Gerbier de Joncs, cône volcanique à la large base qui produit un très grand effet. D'autres montagnes de formes variées, les unes arrondies comme les « ballons » des Vosges, les autres plantées en murailles droites, çà et là vigoureusement ébréchées, circonscrivent un espace de ciel profondément creusé en coupe, comme si tous les volcans qui ont labouré cette région eussent été contenus dans un cratère commun d'une dimension fabuleuse.

« Au-dessous de cette magnifique ceinture, dit le grand écrivain, les détails du tableau se dessinent parfois avec une prodigieuse netteté. On distingue une seconde, une troisième, et par endroits une quatrième enceinte de montagnes également variées de formes, s'abaissant par degrés vers le niveau central des trois rivières qui sillonnent ce que l'on peut appeler la plaine ; mais cette plaine n'est qu'une apparence relative : il n'est pas un point du sol qui n'ait été soulevé, tordu ou crevassé par les convulsions géologiques. Des accidents énormes ont jailli du sein de cette vallée, et, dénudés par l'action des eaux, ils forment aujourd'hui ces dykes monstrueux qu'on trouve déjà en Auvergne, mais qui se présentent ici avec d'autres formes et dans de plus vastes proportions. Ce sont des blocs d'un noir rougeâtre qu'on dirait encore brûlants, et qui, au coucher du soleil, prennent l'aspect de la braise à demi éteinte. Sur leurs vastes plates-formes, taillées à pic, et dont les flancs se renflent parfois en forme de tours et de bastions, les habitants bâtirent des temples, puis des forteresses et des églises, enfin des villages et des villes. Le Puy est en partie dressé sur la base d'un de ces dykes, le rocher de Corneille, une des masses homogènes les plus compactes et les plus monumentales qui existent, et dont le sommet, jadis consacré aux dieux de la Gaule, puis à ceux de Rome, porte encore les débris d'une citadelle du moyen âge, et domine les coupoles romanes d'une admirable basilique tirée de son flanc. »

Et George Sand ajoute, « c'est ce gigantesque piédestal d'une seul roche, qu'il eut fallu à Michel-Ange pour lancer dans les airs le dôme magistral de Saint-Pierre. »

Le Puy-en-Velay est une étrange ville, qui a conservé sa physionomie féodale. Bâtie en partie sur la roche vive, elle se divise en ville haute et ville basse. Ses rues sont étroites et raides. Le rocher de Corneille, dont parle George Sand dans les lignes qui précèdent, se dresse au sommet de la montagne conique qui porte la ville. Ce rocher, massif gigantesque taillé à pic, est accessible par des marches ouvertes dans la brèche volcanique ; diverses plates-formes étagées sur le rocher portent encore des vestiges de tours, de pont-levis et de murs crénelés, restes d'anciennes fortifications. A l'endroit le plus élevé, se dresse la statue colossale de Notre-Dame de France, haute de seize mètres, et d'un poids de cent mille kilos. Elle a été érigée en 1860 et coulée en fonte de fer avec deux cent-treize canons pris sur les Russes à Sébastopol.

La cathédrale, est un édifice aux grandes proportions dont la masse grisâtre domine de haut la multitude des maisons aux toits de tuiles rouges, et se découpe, puissante, sur les fonds vaporeux des lointains de la campagne. Ce fut pendant des siècles un lieu célèbre de pèlerinage.

Le Puy est une ville de commerce qui compte 20,000 habitants. Il a été peuplé bien davantage avant les guerres de religion. Dans la partie moderne, qu'habite la bourgeoisie, se trouve la grande place du Breuil, la belle fontaine Crozatier aux statues allégoriques, les promenades, l'hôtel de ville, la préfecture, le musée, où sont conservés les célèbres crânes préhistoriques de la Denise, et, parmi d'autres collections, une rare collection de dentelles. L'industrie dentellière a été florissante dans tout le Velay, où elle occupait plus de cent mille personnes; mais la concurrence a presque tué cette industrie, la mode s'en mêlant.

Actuellement, le mouvement commercial de la région porte sur la vente des bestiaux pour les marchés de Lyon et de Marseille, et celle des mulets pour les Pyrénées.

XX

Languedoc et Provence

La fin de février 1882 trouva Jean et Jacob Risler dans les environs de Nîmes, ayant traversé l'Ardèche, séjourné à Privas, (7,000 habitants) et à Largentière. Du Gard, ils connaissaient comme s'ils les eussent toujours habités Alais, Uzès, le Vigan ; — Alais, au pied des Cévennes, sur la rive gauche du Gardon, ville assez triste, marché important de l'industrie séricicole ; Uzès, à l'aspect féodal, avec ses vieux quartiers groupés sur une colline autour du Duché ou château à donjon et tours massives ; le Vigan, au centre d'un bassin houiller, avec son pont gothique sur l'Esperon et sa promenade plantée d'énormes châtaigniers, célèbre dans tout le Midi.

On marchait à petites journées à travers les campagnes. Le rétablissement définitif de Jacob Risler laissait beaucoup à désirer.

— Pour ma première bonne action en ma vie, observait-il parfois, je ne suis guère récompensé !... Je m'en serais tiré à meilleur compte avec cet Anglais, si...

Jacob n'achevait pas, observait son neveu, et se demandait comment, pour lui donner le change, il pourrait expliquer à son avantage sa présence si mystérieuse et si opportune tout à la fois au glacier du Mont-Blanc. Il ne trouvait pas, se troublait un peu, et reprenait : — Enfin je ne regrette rien... quand j'en devrais mourir.

Mais alors, Jean se faisait généreux, compatissant et réconfortait son oncle en le louant de sa conduite.

— Maintenant, c'est avec le Bordelais que je voudrais faire ma paix. Mais que veut-il dire avec ses refus de soixante-quinze mille francs, de quatre-vingt mille francs pour sa vigne (Jean avait montré des lettres de son ami contenant quelques bonnes paroles à l'adresse de Jacob). Qu'est-ce que cela peut te faire?

Jean demeurait fort embarrassé pour répondre; il affirmait à son oncle que ce n'était nullement « une cachotterie ».

L'ami de Maurice, la pensée toujours dirigée vers ce coin de la Normandie où vivait Sylvia, assuré des sentiments de la jeune fille, songeait à donner plus d'activité à cette lutte pour la vie qu'il avait entreprise. Il lui fallait absolument amoindrir la distance qui le séparait de la demoiselle de noble maison. Possédant déjà assez de style et d'orthographe, connaissant passablement l'histoire de notre pays, il portait toutes ses forces sur l'étude de la géographie, et il apprenait sans maîtres l'anglais et l'allemand, avec l'intention d'y joindre dans quelques mois l'espagnol, langue parlée ainsi que l'anglais sur une grande partie du globe. Il s'aidait beaucoup des relations de voyage pour se donner une idée de l'aspect des contrées lointaines, de leurs ressources, des mœurs et des lois propres aux races qui les peuplent.

Et maintenant, délivré d'un vague désir de s'instruire, il savait par quelle voie il se dégagerait de son milieu. Son ambition était de prendre part à une de ces expéditions comme on en a fait plusieurs de notre temps, et que le monde civilisé suit de ses regards et accompagne de ses vœux. Aujourd'hui, on ne va plus au loin uniquement pour faire fortune, comme autrefois tant d'illustres aventuriers. Des mobiles supérieurs impriment leur activité aux hommes de bonne volonté, et la fin de ce siècle attend d'eux le couronnement de ses connaissances géographiques, la solution de bien des problèmes scientifiques, le renversement des antiques barbaries, l'élargissement des voies qui conduisent à travers le monde.

Dans ses livres, Jean avait appris à connaître un intrépide voyageur, Savorgnan de Brazza, qui venait d'accomplir sa deuxième exploration dans l'Afrique occidentale, et en préparait hardiment une troisième, ayant le caractère d'une expédition faite en vue d'établissements à créer. Quel bonheur pour ce petit Parisien, ce gamin de Paris, s'il lui était donné de s'attacher aux pas de cet homme d'une si louable persévérance et de revenir dans quelques années de ces régions du Congo, de l'Ogooué et de l'Alima, comme on revient d'une campagne brillante en victoires et conquêtes; de rapporter à son pays — noble ambition — une âme virile et fortement trempée; d'être quelqu'un qui s'estime et que l'on prise ; d'avoir combattu le combat pour l'existence d'où l'on ne sort pas toujours heureux, mais toujours fortifié et grandi. Et une pensée d'égoïsme ramenait sa réflexion vers mademoiselle du Vergier...

Nîmes fut un lieu de repos forcé pour Jacob Risler, repos réclamé par son état languissant. Jean installa les livres de la balle sur quelques planchettes, contre un vieux mur romain, et momentanément son commerce devint celui du libraire étalagiste. Encore un nouveau hasard dans son existence ; mais le mur romain, débris de l'enceinte de la ville, avait vu bien d'autres vicissitudes !

Le Midi devait être une révélation pour Jean. Les Romains y ont laissé de nombreuses marques de leur prise de possession d'une partie de la Gaule, nominale en bien des régions, très effective dans tout le sud de la France. A Nîmes, ce sont les Arènes, la Maison-Carrée, la tour Magne, le temple de Diane, la porte d'Auguste, la porte de France, les thermes, le château d'eau, les anciennes murailles. Ce fut pour Jean comme une découverte qu'il crut avoir faite. Il visita le musée de cette ville, et il le trouva très riche en fragments antiques. D'autres surprises lui étaient réservées : sur une vaste région de notre sol, cet art romain, dont le trait distinctif est la voûte combinée avec les ordres grecs, offre de nombreux et considérables spécimens. Jean admira l'amphithéâtre de Nîmes, tour à tour attribué à Antonin, à Trajan, à Vespasien, à Titus et à Domitien. Son plan décrit une vaste ellipse dont le grand axe n'a pas moins de 133 mètres. Le pourtour est formé de voûtes et d'escaliers intérieurs supportant les gradins. Dans les Arènes, comme dans tous les amphithéâtres romains, se donnaient des combats de gladiateurs, de bêtes féroces et d'autres spectacles.

A Nîmes, ce lieu de réjouissances publiques créé pour satisfaire aux exigences d'une populace qui réclamait du pain et les jeux du cirque — *panem et circenses* — fut transformé en forteresse par les Wisigoths. Les Arènes s'entourèrent alors d'un fossé. Un peu plus tard les Arabes s'y virent assiégés par Charles Martel ; puis les comtes de Nîmes réparèrent la forteresse improvisée, et en confièrent la garde à des Chevaliers des Arènes. Cela dura jusqu'au temps de Charles VI ; enfin François 1er fit démolir les maisons qui s'y appuyaient à l'extérieur, et les premières années de notre siècle virent commencer les travaux de déblaiement de l'intérieur.

La Maison-Carrée, chef-d'œuvre de l'art romain dans notre pays, est un temple rectangulaire de vingt-cinq mètres de long. Son riche entablement est supporté par trente colonnes d'ordre corinthien, dont vingt engagées dans les murs, les dix autres soutenant le péristyle, auquel on accède par un perron de quinze marches. La tour Magne, située sur la plus haute des sept collines de Nîmes, se compose de trois étages superposés et en retrait les uns sur les autres.

Ce n'est pas anticiper que de dire que, pendant les treize ou quatorze mois que Jean passa dans le Languedoc, le comtat Venaissin et la Provence, sa connaissance de notre histoire se trouva fortifiée par l'aspect imposant de tous ces débris d'une civilisation disparue. Sur le ciel bleu du Midi se détachent les lignes pures et hardies de l'architecture gréco-romaine, et cette partie de la France n'a presque rien à envier à l'Italie et à la Grèce, dont elle possède aussi le climat.

Au nord de Nîmes, le Gard, formé par la réunion du Gardon d'Anduze, du Gardon de Mialet et du Gardon d'Alais, traverse des gorges sauvages. Parfois, ses eaux s'échappent à travers les fissures des rochers. Elles reparaissent plus bas, dispersées, il est vrai, les unes surgissant au milieu des sables, les autres s'écoulant paisiblement en minces filets de roche en roche ou s'épanchant avec force en gros bouillons.

A l'endroit où la rivière a enfin recueilli toutes ses eaux, s'élève — à quarante-neuf mètres de hauteur — le magnifique aqueduc romain, appelé Pont du Gard, qui domine de ses arches aériennes toute la vallée sévère qu'il traverse. Jean et son oncle longeaient la base d'un coteau, lorsqu'ils virent surgir tout à coup au-dessus du feuillage sombre des chênes et des oliviers, et se détachant sur un ciel d'un azur intense, les trois rangs d'arches superposées que dix-huit siècles ont dorées des feux de leurs soleils, et qui apparaissent comme un arc-en-ciel de pierre remplissant tout l'horizon.

L'effet produit par cette chaîne granitique jetée en travers d'une gorge où la roche se montre à nu, fut saisissant pour eux, comme il l'est pour tous les touristes. La beauté, la puissance et la hardiesse de cette conception gigantesque, indestructible et bâtie comme pour l'éternité, n'ont d'égales que certaines œuvres d'art modernes de nos ingénieurs; — par exemple, dans la même région, les ponts et les viaducs construits pour l'exécution du chemin de fer qui surmonte les Cévennes, et, en Provence, l'audacieux aqueduc de Roquefavour, qui depuis 1846, charrie à quatre-vingt-deux mètres au-dessus de la rivière d'Arc, les eaux enlevées à la Durance pour l'approvisionnement de Marseille.

Les arcades inférieures du Pont du Gard sont au nombre de six, les arcades intermédiaires au nombre de onze, et les arcades supérieures au nombre de trente-cinq; la masse entière a plus de deux cents mètres d'étendue. La cou-

Les ruines du théâtre antique à Arles (page 763).

verture est formée de pierres d'un seul morceau de huit pieds de long sur deux et demi de large. Toutes ces pierres s'entre-soutiennent sans ciment, par leur propre poids, et grâce à leur coupe savante.

La merveille du Gardon resta telle qu'elle était jusqu'en 1747, époque où fut adossée aux flancs de la seconde lignes d'arcades, une route destinée au passage des voyageurs et des voitures.

Comme reste de la puissance romaine Jean devait voir encore, près d'Apt, sur le Caulon, le pont Julien admirablement conservé : ce pont faisait partie de la voie Aurélienne de Milan à Arles. Près de Saint-Chamas, le pont Flavien : il a une arche unique de vingt et un mètres de portée, jetée sur la Touloubre, entre deux arcs de triomphe d'ordre corinthien. A côté d'un arc de triomphe, qui se dresse près de Saint-Rémy, dans les Bouches-du-Rhône, se trouvent les restes très bien conservés d'un de ces élégants mausolées dont les voies se bordaient aux environs des villes. A Orange, un arc de triomphe romain se fait remarquer par la grande richesse de sa sculpture.

Jean fut à même de comparer l'amphithéâtre d'Arles à celui de Nîmes, dont il diffère surtout en ce qu'il avait des colonnes au lieu de pilastres. On évalue à 25,000 le nombre de spectateurs auxquels il pouvait donner place — comme l'amphithéâtre de Nîmes. A Arles, Jean vit aussi ce qui reste du théâtre antique, bâti sur le même plan et dans les mêmes proportions que celui d'Orange (dont nous n'avons rien dit encore), mais moins bien conservé ; on y découvrit au dix-septième siècle la Vénus d'Arles, l'un des joyaux du musée du Louvre. Cette ville avait encore à montrer d'autres richesses : l'obélisque en granit, les restes de ses magnifiques aqueducs, ceux du palais de Constantin, des thermes, des remparts, du Forum, enfin l'antique nécropole appelée les Alyscamps (les Champs-Elysées) convertie actuellement en promenade.

Durant leur séjour à Nîmes, Jean et Jacob furent surpris aux environs de cette ville par une de ces pluies orageuses qui s'abattent sur le versant méditerranéen des Cévennes ; les lits des rivières roulent jusqu'au Rhône des torrents d'eau chargés de débris. La proximité des montagnes du Vivarais et des Cévennes ne permet pas aux tributaires du grand fleuve d'apporter leurs eaux calmées par un long trajet.

C'est aveuglés, les vêtements à l'état d'éponge et le corps ruisselant qu'ils étaient rentrés à Nîmes, où dès le lendemain, Jacob, qui n'était plus le colosse d'autrefois, s'était alité comme nous l'avons dit. Lorsque deux semaines auparavant Jean était passé à Alais, avec son oncle, on leur raconta que le 25 septembre précédent un épouvantable cyclone s'était abattu sur cette ville. En moins d'une demi-heure, les toitures de plus de cent maisons avaient été enlevées, les arbres séculaires des promenades presque tous renversés, deux ponts emportés... Après une heure de tourmente, la pluie tomba abondamment. Le Gard grossi par ses affluents, charriait des cadavres de bestiaux, des meubles, des arbres... La gare des marchandises s'était écroulée ensevelissant cinq personnes, toutes grièvement blessées ; et le train de Quessac, qui allait partir, fut emporté par la force du vent, à plus de cent mètres de la gare, blessant le mécanicien et le chauffeur.

Voilà le régime de la région située à l'ouest du Rhône, au-dessous de Lyon, et jusqu'aux bouches de fleuve.

Jacob à peu près rétabli de son indisposition, on s'était mis en route, cette fois à travers la Provence. L'oncle et le neveu arpentèrent bien des coins de pays poudreux, blanchâtres, voués à la sécheresse éternelle, sous un ciel aveuglant ; le long des routes, leurs pieds laissaient une empreinte d'un pouce dans la poudre blanche finement tamisée par le soleil. Voyager devenait un supplice.

Soudain au tournant d'une montagne, comme par un coup de baguette magique, ils se trouvaient sur des routes belles, ombragées ; un air vif chargé de senteurs balsamiques courant sur les campagnes ; les coteaux apparaissaient chargés d'une innombrable quantité de petites maisons, gaies avec leurs volets verts et leurs toits de tuiles rouges ; dans les fonds humides, sur la verdure des prairies, s'allongeaient les ombres des peupliers et des saules plantés au bord des eaux vives ; des champs de garance ou de maïs alternaient avec des pièces de luzerne ; plus loin, en bonne situation, les coteaux se ceignaient de vignes, d'oliviers et de mûriers ; et tout cela, alors, était éclairé par un beau soleil, qui fécondait et ne tarissait pas.

Ailleurs, — comme entre le mont Ventoux et le Rhône, — la vaste plaine s'étendait couverte d'oliviers et de mûriers formant çà et là de véritables forêts.

Tantôt à pied, tantôt en chemin de fer, on avait atteint, à la jonction des deux vallées du Rhône et de la Durance, Avignon, qui au moyen âge tint un rang distingué parmi les cités du Midi, et conquit au treizième siècle son autonomie, avant de devenir la résidence des papes. Jean vit se dresser sur le rocher des Doms, la masse énorme et sévère de leur palais, surgissant comme une vision du passé, du milieu des tours de la vieille muraille d'enceinte, des nombreux clochers et des « bourguets » ou petites tours que les bourgeois avaient élevées par centaines au temps de la liberté de leur ville, et dont plusieurs se dressent encore au-dessus des maisons aux toits rouges.

Son fameux pont « Le pont d'Avignon » de la ronde enfantine, « bâti par le diable et saint Bénezet », a été longtemps le seul pont jeté sur le Rhône en aval de Lyon.

La curiosité poussa Jean vers la fontaine de Vaucluse, et son oncle le suivit. On sait que ce lieu a inspiré à Pétrarque quelques-uns de ses plus jolis vers. C'est à douze kilomètres d'Avignon que se trouve cette fontaine, au fond d'une gorge, dans la chaîne des monts qui joint le Ventoux au Luberon. Un demi-cercle de rocs calcaires à pics, déchirés, dénudés, calcinés, aux parois de plus de deux cents mètres de hauteur, sans autre végétation qu'un seul figuier qui s'accroche à la pierre, ferme le vallon sinueux de Vaucluse. Au centre de ce mur de rochers, s'ouvre une grotte ou plutôt un gouffre d'environ trente mètres de largeur, sous une vaste roche rougeâtre et nue. Là, filtrent et s'amassent dans un bassin tranquille les eaux venues des plateaux voisins à travers les fissures d'un sol rocheux. Ce bassin a une soixantaine de pas de circuit. L'eau croît ou diminue, souvent sans cause apparente. Quand elle diminue, son récipient présente l'aspect d'un vaste entonnoir dans lequel on peut descendre assez facilement.

Soudain la fontaine est gonflée par les infiltrations; elle franchit les parois du bassin, bouillonne à ciel ouvert, et déborde en flots tumultueux dans le lit incliné de la Sorgues, formant une cascade au-dessus du talus de débris des roches. Ce phénomène se produit quelquefois avec une violence terrible, un fracas épouvantable.

D'Avignon, nos porteballe s'en allèrent du côté d'Orange, ville de 11,000 habitants, située sur le Meyne, au pied d'une colline. De là, ils se dirigèrent vers Carpentras. « C'est bien injustement, a dit M. E. Reclus, que le seul nom de Carpentras, éveille l'idée d'une petite ville de province, peuplée de bourgeois vaniteux et médisants; il se trouve précisément que, toute proportion gardée, Carpentras est, parmi les villes de faible population, une de celles qui se distinguent le plus par l'industrie, l'amour de la science et des arts. Elle a bibliothèque et musée, et forme elle-même une sorte de musée par ses monuments, depuis l'arc de triomphe romain de l'ancienne Carpentoracte, aux puissants bas-reliefs représentant des guerriers, jusqu'à son bel hôtel de ville du dix-huitième siècle et à ses grands aqueducs. » Et voilà comme on fait les réputations, avec des plaisanteries de feuilletonistes et des chansonnettes :

A Carpentras ! à Carpentras !

Pénétrant dans la région montagneuse, nos petits marchands virent Apt qui possède des mines de soufre, les seules qui soient fructueusement exploitées en France.

Ils contournèrent au sud le mont Ventoux, et visitèrent les principales villes des Basses-Alpes : Forcalquier, sur le flanc d'un mamelon, dominé par un pic que couronnent les ruines d'un ancien château fort; Digne, dans un vallon pittoresque; Sisteron, sur la rive droite de la Durance, place forte qui commande les vallées de la Durance et du Buech.

Un ancien proverbe disait que la Provence était affligée de trois fléaux : le mistral, la Durance et le parlement. De ces trois fléaux, il n'en subsiste plus que deux. La Durance jusqu'à l'endroit où elle va rejoindre le Rhône (un peu au-dessus de Tarascon) a gardé ses allures de torrent, tour à tour roulant à elle seule autant d'eau que tous les fleuves de France réunis, et réduite à de minces filets d'eau, serpentant au milieu des champs encombrés de pierres, véritables « craus », larges d'une demi-lieue. Des îles ou « isèles » couvertes de saules et d'autres arbres se succèdent régulièrement entre les petits courants partiels et leurs lits de cailloux.

Ils virent aussi Barcelonnette, principal centre habité d'une admirable vallée adossée aux grands sommets des Alpes; les dernières rampes frangées de sapins et de mélèzes l'encadrent de toutes parts. La ville est entourée de belles prairies, de vergers et de jolis jardins.

Ils se hasardèrent dans la montagne, et, à leur grande surprise, ils rencontrèrent nombre d'acheteurs parmi les populations qui habitent ces agglomérations villageoises de maisons à un seul étage, aux toits à pointes aiguës couverts d'ardoises ou de petites plaques de bois résineux. Ces montagnards très studieux par goût, et qui lisent beaucoup durant l'hivernage, s'adonnent avec profit à des occupations pastorales. L'été, les pelouses verdoyantes et fleuries qui couvrent les flancs et les sommets des montagnes, forment d'excellents pâturages, fréquentés annuellement par des milliers de moutons transhumants, qui appartiennent principalement aux départements du Var et des Bouches-du-Rhône. Ces animaux vivent là en plein air pendant plusieurs mois, sous la garde de bergers qui les défendent contre les loups.

Jean et son oncle quittèrent les montagnes des Basses-Alpes, et ces vallées agrestes et profondes qu'arrosent des eaux limpides ; ils traversèrent les plaines ornées de toute la richesse des cultures méridionales, les pelouses des plateaux et les hautes forêts pour descendre dans le département des Alpes-Maritimes, en marchant vers Nice.

XXI

Au bord de la Méditerranée

L'ancien comté de Nice est occupé dans presque toute son étendue par les Alpes et leurs contreforts. La ville principale, bâtie à l'extrémité septentrionale d'un golfe semi-circulaire, est bordée à l'orient par un promontoire rocheux et au sud par la pointe marécageuse de l'embouchure du Var. On distingue à Nice la vieille ville, dont les quartiers se pressent en un triangle à la base du château, et la ville neuve, où abondent les maisons élégantes et les jardins, au sud et à l'ouest de la vieille ville ; enfin la ville du port bâtie autour des deux bassins du port de Limpia.

Jean et Jacob Risler constatèrent que dans certains quartiers la langue dominante est l'italien. Il est parlé aussi à Nice un idiome tout local, le niçois, composé d'italien, de provençal et de français.

La douceur et l'égalité du climat de Nice sont connues et y attirent nombre de malades et de valétudinaires. Jean aurait bien désiré que son oncle fît dans cette ville un séjour assez prolongé pour rétablir complètement sa santé délabrée ; il aurait poursuivi tout seul son itinéraire, en se rapprochant de Marseille et de Bordeaux, afin de ne pas manquer la première occasion qui s'offrirait de faire partie de la future expédition projetée. Mais Jacob se refusa obstinément à demeurer à Nice plus que ne le permettaient les exigences de leur petit commerce : d'ailleurs on leur disait que tout le littoral de la Méditerranée leur offrirait la même douceur de température, en quoi il y avait exagération.

Un détracteur du climat de Nice, s'appesantit sur l'inconstance extrême

Ils étaient hélés par les pêcheurs (page 771).

des vents qui occasionnent fréquemment de brusques changements dans l'atmosphère, et dénonça les méfaits du mistral qui, à certains jours, soulève une poussière noire, semblable aux cendres que vomissent les volcans. Il est vrai que le quidam était de Menton, que l'on a appelé, non sans raison, la perle de la France. Là, en effet, aucun des inconvénients de Nice pour les malades, la ville étant abritée contre les vents à ce point que les citronniers, les orangers y fleurissent et donnent leurs fruits en toute saison. Dans certains hivers, la température la plus basse est de 8 degrés au-dessus de zéro, et les étés, grâce aux brises de la mer, y sont moins chauds que les étés de Paris.

Jean et son oncle virent tout le littoral, de la frontière italienne à Toulon, tantôt brûlant en carriole ou en *calesino* à quatre chevaux, la route carrossière de bord de la mer, — cette fameuse Corniche qui va de Gênes à Nice; — tantôt s'en allant à pied d'un golfe à un autre, en escaladant les promontoires, à la recherche de quelques hameaux de pêcheurs; tantôt assis sur le pont d'un léger navire de cabotage se rendant d'un petit port à un petit port voisin.

C'est ainsi que de Bordighera à Nice ils suivirent en pleine lumière la route blanche de la Corniche, taillée à mi-côte, avec la paroi rocheuse, grise et ardente à droite. Au plus profond des courbes plusieurs ponts étagés indiquaient les diverses assises de la roche creusée par un torrent. Parfois la route s'engageait une minute sous une voûte sombre pour ressortir dans la lumière.

A leur gauche, et sans fin s'étendaient les belles eaux bleues de la Méditerranée, moutonnées de petites vagues écumantes. Du côté de la mer, la côte dégringolait par forts quartiers de roches, jusqu'au sable fin et, à certains endroits, jusqu'au fond de l'élément liquide, où ces roches s'entassaient, équilibrées par leur propre poids et cimentées par une végétation étrange, entrevue au passage, grâce à la transparence de l'eau, — ainsi que les poissons dorés et argentés nageant par petites troupes. Les voiles rousses des tartanes, taillées en triangle, donnaient aux bateaux pêcheurs l'aspect de gros oiseaux des mers.

Les caps, les pointes, sans cesse renouvelés à l'horizon, prenaient des couleurs changeantes, suivant la nature de leur formation, passant du rose au gris cendré, au rouge brique, au vert, au violet. Sous cette splendeur d'un ciel rayonnant, c'était pour Jean un éblouissement très inattendu. Et dans l'ombre de ces roches massives la mer, d'un bel indigo, paraissait profonde en raison de la hauteur du promontoire qui s'y réfléchissait.

A Bordighera les palmiers découpaient dans le bleu leurs feuilles pointues.

Entre l'Italie et le Var, les Alpes elles-mêmes et non pas leurs ramifications, viennent faire des pointes jusque dans les eaux de Nice et de Menton. La péninsule de Saint-Hospice, si gracieusement étalée sur la mer entre la baie de Villefranche et le golfe de Beaulieu, la superbe « Tête de Chien » dont le pittoresque rocher de Monaco semble être un bloc détaché, le cap Martin, aux longues pentes revêtues d'oliviers séculaires sont les derniers escarpements de la grande chaîne qui s'étend au loin à travers l'Europe.

Lorsque nos colporteurs faisaient un trajet en bateau ils abordaient, après avoir pénétré profondément au fond de quelque port ouvert dans une brèche du littoral, entre deux promontoires chargés de vignes débordant de leurs étroits plateaux. Le village maritime, habité par des pêcheurs se profilait au bord de sa caranque sablonneuse, avec ses murailles blanches lézardées, ses toits rouges, ses hangars vermoulus à claire-voie; les filets à raccommoder s'amoncelaient devant les seuils pour l'occupation des femmes et de vieillards; un quai formé de pieux et de quelques planches indiquait un semblant de trafic, briques, tuiles, poteries, — avec un va-et-vient de femmes et de jeunes garçons travaillant jambes nues au déchargement d'une barque… Mais à des plans plus reculés, la campagne ouvrait ses perspectives; une vallée apparaissait encombrée d'une véritable forêt d'oliviers, une autre vallée, plus fraîche, verte et embaumée de citronniers et d'orangers.

Et quand Jean et son oncle s'engageaient à pied sur ces sentiers à mi-côte, tracés dans la roche friable par le pas des pêcheurs et des douaniers, l'impression était différente encore. C'étaient bien les mêmes promontoires de calcaire, de porphyre ou de granit, les mêmes anses dessinées en arc de cercle, la même végétation semi-tropicale, les même blanches bastides éparses entre les roches au milieu des oliviers et des vignes, les mêmes hauteurs sur leur droite où s'étageaient les pins-parasols et les chênes-verts, où des oliviers étaient retenus sur des terrasses bordées de pierres sèches; mais la mer se montrait en bas scintillante à travers les déchirures des fourrés de hautes herbes, de fougères et d'épines sentant le miel. Ils faisaient place, en se garant, à des jeunes pêcheurs ployant sous une corbeille de sardines ruisselante, et courant pieds nus, le pantalon retroussé au-dessus du genou, vers le marché le plus proche.

Souvent, aux heures des repas, ils étaient hélés par les pêcheurs en train de confectionner la bouillabaisse, et invités à prendre leur part de la soupe de poisson. C'était un moment de repos très réjouissant. La marmite de terre bouillait, posée sur le sable au-dessus de deux ou trois pierres; un mousse tranchait le pain en de larges assiettes, disposées sur le gouvernail pour recevoir le bouillon : c'est la manière de tremper cette soupe fortement safranée; le poisson demeurait dans l'espace laissé vide au milieu de cette singulière jatte de bois, toute incrustée de petites coquilles rondes.

Assis sur le sable, les jambes en croix, chacun satisfaisait sa faim. Puis circulait à la ronde la grosse bouteille garnie d'un tissu de cordes tressées. Les courtes vagues ramenant les galets avec un bruit sec, rythmaient la conversation : un petit Parisien était un phénomène pour ces braves gens, qui allient à beaucoup de finesse et de bon sens une charmante naïveté.

Au nord du golfe de Fréjus et de la vallée de l'Argens, se dresse un petit massif de montagnes, parfaitement distinct des Alpes maritimes ; c'est l'Esterel. Du temps des Romains la voie Aurélienne escaladait les hauteurs des plus âpres sommets, et jusqu'à l'ouverture du chemin de fer qui contourne l'Esterel en longeant le littoral, il n'y a eu d'autre chemin, de Toulon à Nice, que cette route de montagne infestée de voleurs.

L'Esterel, très désert, très aride, coupé de précipices et de ravins périlleux, n'a point de forêts étendues, mais seulement des broussailles, des fourrés d'arbousiers et de bruyères, entremêlés çà et là de grands arbres. Ce qui fait son incomparable beauté, ce sont les superbes promontoires d'où l'on domine à la fois les deux golfes de Fréjus et de la Napoule.

Jean et son oncle après avoir stationné à Grasse, célèbre par ses distilleries de fleurs, et à Draguignan qui est le chef-lieu du département, se hasardèrent dans l'Esterel, où ils virent plus d'une curieuse localité.

En passant par Bagnol, Jean ne se doutait pas que ce village caché dans cette région perdue, a été fondé par l'ancêtre de l'écrivain qui devait raconter ses pérégrinations à travers la France, Luigi Amero, noble génois qui, au treizième siècle, et au plus fort de ces querelles des Guelfes et des Gibelins qui chassèrent Dante de l'Italie, vint, à la tête de trente-cinq familles s'établir au milieu de ces solitudes.

En sortant de l'Esterel, nos petits marchands traversèrent les Maures pour se rendre à Hyères. Ces Maures sont un groupe de sommets granitiques ayant gardé le nom des envahisseurs africains qui s'y établirent fortement pendant le cours du neuvième et du dixième siècle. Cette terre avancée du continent, toute en forêts de châtaigniers, de pins et de chênes-lièges, en sombres ravins, en hauteurs abruptes, rendit fort difficile l'expulsion des Sarrazins. De nos jours, les montagnes des Maures, sont très rarement visitées, elles demeurent comme séparées du reste de la France par la route et le chemin de fer de Marseille à Gênes.

Cette région a pour elle son admirable climat, ses bois d'orangers, ainsi que ses bouquets de palmiers dans les vallées qui s'ouvrent sur le littoral. Ses plages sont fort belles et ses promontoires superbes. Elie de Beaumont a dit que les vallées des Maures sont « la Provence de la Provence ». Ignorés de la foule, peu de sites méritent plus justement d'être admirés que Bormes, le cap de Col Nègre, l'anse de Cavalaire. A l'ouest de ce littoral s'arrondit la rade d'Hyères, et au sud se développe la rangée pittoresque des îles de cette rade, l'île du Levant, aux ravins boisés que l'on dit pleins de serpents, l'île haute de Portecros, et, à l'occident, Porquerolles.

En contournant, — par mer cette fois — la presqu'île de Gien, Jean et Jacob entrèrent en rade de Toulon.

Dans la Méditerranée, Toulon est la place forte, la grande station navale. Sa rade est sûre, grande et mise à l'abri d'une surprise par de nombreuses fortifications. Son arsenal maritime est inépuisable. Il occupe avec la ville le fond de la petite rade et la partie plane du Mourillon. Là, se dressent les vastes cales couvertes et les chantiers pour la construction des navires ; de ces cales ont été lancés ces superbes vaisseaux à trois ponts qui ont fait l'orgueil de notre marine avant la prépondérance des cuirassés, avant l'intrusion des torpilleurs.

Toulon, très agrandi dans ces trente dernières années, pour pouvoir contenir dans son enceinte ses 70,000 habitants, occupe l'étroite bande de terre que laissent les montagnes de moyenne hauteur qui, au nord et à l'ouest abritent la rade. Sa petite rade est continuée par la baie de la Seyne, localité où sont ouverts d'importants chantiers appartenant à la Société des forges de la Méditerranée : plusieurs milliers d'ouvriers y travaillent à la construction de grands navires en fer et en bois destinés soit à la marine militaire soit à la marine marchande ou de transport.

Sur la presqu'île qui contourne la rade, se trouve la position d'où Napoléon Bonaparte envoyé par la Convention démasqua ses batteries d'artillerie pour reprendre la ville aux Anglais. — Le cap Sépet, jeté comme un môle puissant en avant de la grande rade, renferme le Lazaret, très vaste hôpital, doté de magnifiques jardins, et appartenant à l'administration maritime.

Tandis que Jacob colportait fructueusement sa balle dans les villages environnants, Jean visitait les arsenaux : la corderie, le magasin général, les bassins de radoub, la machine à mâter, le parc d'artillerie, émerveillé de cette production incessante, de cette abondance de matériaux et d'approvisionnements destinés aux flottes de guerre. Très fier et très heureux, le jeune homme surprenait là comme une artère de la France et sentait battre la pulsation. — Ce sentiment a été éprouvé avec la même intensité par l'auteur de ce livre, né à Toulon, et qui l'habitait encore à l'âge du petit

Parisien. — Notre domination en Algérie et l'ouverture du canal de Suez ont fait de Toulon notre premier port militaire. Ouvrez un journal au hasard : vous y trouverez le nom de Toulon aussi sûrement que celui de Paris. Mais l'exubérance de la marine de l'État paralyse dans ce port, si bien situé, la navigation marchande et le commerce.

De Toulon, Jean et son oncle se rendirent à Marseille par le chemin de fer.

En arrivant dans cette dernière ville, Jacob Risler déclara à Jean qu'il désirait le voir se consacrer tout entier à ses études, et cela, jusqu'au moment de son départ pour l'expédition en pays lointain dont il ambitionnait de faire partie. Il se chargeait de faire aller à lui tout seul leur petit commerce, — qui lui plaisait maintenant, et qu'il voulait continuer après l'éloignement de son neveu, avec l'arrière-pensée de pousser jusqu'en Corse. Il ne demandait à Jean que de le guider, le conseiller et préparer la maison de Paris qui lui fournissait des livres à l'accepter comme son remplaçant.

L'offre était tentante ; Jean possédait encore une partie de l'argent offert par Maurice du Vergier. Bordelais la Rose insistait pour lui venir en aide pécuniairement, — en attendant qu'on lui offrît quatre-vingt-dix mille francs de sa vigne : il en avait refusé quatre-vingt mille. Marseille présentait de nombreuses facilités pour l'étude. Tout cela fit que Jean céda ; et Jacob ayant avisé sur les vieux quais de la ville, entre la Loge (l'hôtel de ville) et le fort Saint-Jean, l'étalage d'un humble bouquiniste dont les livres à tranches rouges, produits de siècles écoulés, faisaient au soleil de l'amadou de leurs reliures, proposa au pauvre diable de lui céder quelques-unes de ses étagères, où il rangea ce que la dernière balle arrivée de Paris offrait de plus séduisant. L'endroit était favorable : entre deux boutiques de marchands d'oiseaux des colonies, de perroquets et de singes. — Ils font la parade à mon profit, disait à son neveu Jacob, assez tôt familiarisé avec les cris perçants et le ramage de toutes ces bestioles.

Le fait est que les curieux, arrêtés à droite et à gauche devant les cages et les perchoirs, d'un seul pas transportaient leur flânerie devant l'étalage de librairie et, campés pour résister au mistral qui les prenait en flanc, le chapeau bien enfoncé sur la nuque, pour ne pas être décoiffés par le vent, ils feuilletaient, ils coupaient du doigt, — délicatement, — et souvent ils achetaient.

Jacob, assis, sur sa chaise de paille, un peu affaissé dans une atmosphère lourde, saturée de goudron, d'épices, et de ces émanations que dégagent les dépouilles des grands troupeaux de bœufs de l'Amérique du Sud, — peaux et cornes, — regardait décharger les navires par ces robustes portefaix organisés en société comme les peseurs et mesureurs, et qui gagnent assez pour pouvoir se promener le dimanche au Prado en redingote et en bottes vernies.

Toutes sortes de voitures de transport roulaient devant lui, sur la chaussée pavée; au bord du quai, à cent pas, des navires de tous les pays se serraient l'un contre l'autre; le vent sifflait dans les mâtures et derrière eux faisait écumer l'eau verte du vieux port.

Jean, tout étourdi par le bruit et le mouvement, s'asseyait un instant à côté de Jacob, et regardait comme lui ce spectacle d'une extrême activité. De cet endroit, il apercevait au delà des navires bordant le quai sur plusieurs rangs, une autre ligne de navires se pressant, en face, contre les quais de Rive-Neuve. A sa gauche, se trouvait le quai en retour sur lequel débouche la Canebière; à sa droite, la tour carrée couleur d'ocre qui fait partie du fort Saint-Jean, lequel communique avec le quai par un pont-levis. Ce fort et le fort Saint-Nicolas qui lui fait vis-à-vis, à l'extrémité de Rive-Neuve, ferment l'entrée du vieux port.

Près de ce dernier fort, en dedans de la darse, la fumée des calfats à l'œuvre indiquait le bassin flottant de carénage pour la réparation des navires, bassin dominé par plusieurs tours crénelées aux pierres noires et luisantes, qui forment la plus ancienne partie de l'abbaye de Saint-Victor. Au dernier plan s'étageaient des rangées de maisons parallèles aux deux quais les plus longs, et derrière, sur une colline, bien en vue de tous les points de la ville, des campagnes environnantes et surtout de la mer, la chapelle de Notre-Dame de la Garde, assise au milieu de ce qui reste d'un fortin qui eut jadis ses commandants :

> C'est Notre-Dame de la Garde,
> Gouvernement commode et beau,
> A qui suffit pour toute garde
> Un suisse, avec sa hallebarde,
> Peint sur la porte du château.

Jean devinait l'ancienne configuration de la ville, — cette forme de fer à cheval dont l'échancrure assez restreinte était dessinée par le port, l'un des côtés par la vieille cité phocéenne et l'autre côté, ainsi que la section du cercle supérieur par la ville moderne. La création de nouveaux quartiers le long des bassins ouverts au nord-ouest des anciens quartiers, a modifié cette forme en y ajoutant un vaste appendice.

Le jeune homme quittait ce vieux port un peu délaissé, et s'en allait assister au spectacle plus animé qu'offrent cette suite de bassins conquis sur la mer au moyen de jetées : la Joliette, les bassins du Lazaret, d'Arenc et le bassin National, qui ont plus que quadruplé l'ancienne superficie de mouillage et de quais de Marseille.

Là, à proximité des chemins de fer, s'accusait toute la puissance du trafic de la grande cité maritime. Là, sur les quais de débarquement s'amoncelaient à découvert les céréales de l'Orient, de la Russie et des États du Danube, les graines oléagineuses de la côte occidentale d'Afrique, les sacs de café de la Côte-Ferme, les couffes de sucre des Antilles, les boîtes de thé et les soies de Chine, les balles de coton de l'Égypte et de l'Inde. Là, se rangeaient les laines et les minerais de fer d'Algérie, le pétrole des États-Unis, les bois du Canada, les cuirs de l'Amérique du Sud, le guano du Pérou, les bestiaux de l'Algérie, de l'Espagne et de l'Italie.

Un certain nombre de navires pouvaient s'en retourner sur lest, — chose toujours avantageuse, — et chargeaient des ciments d'Aubagne, des tuiles et des carreaux de l'usine de Saint-Henry (deux localités voisines de Marseille), des houilles du Gard, et même des pierres des Alpes, des sels du littoral, des houilles des Cévennes. Un monde de travailleurs fourmillait dans un va-et-vient indescriptible sur les quais étroits et insuffisants encore, malgré leur immense développement. Les matelots des ports du Levant, au teint bronzé, aux fortes moustaches, au fez rouge dominaient dans la foule bariolée.

Au large, navires à vapeur et navires à voiles se mêlaient aux barques des pêcheurs de thon de la madrague et aux bateaux qui vont de Marseille au petit port du Frioul, établi entre les îles voisines de Pomègues et Ratonneau, véritable brise-lames dont fait partie l'île d'If, — cette île dont le château fut célèbre comme prison d'État, bien avant qu'Alexandre Dumas y eut trouvé Dantès et l'abbé Faria.

On conçoit que la rade de Marseille soit sillonnée de navires : il entre ou il sort de ses ports environ dix-huit mille navires par an : cinquante chaque jour ; sur ce nombre plus de la moitié en bateaux à vapeur. Il y a des services réguliers de paquebots établis entre Marseille et l'Italie, Malte, Constantinople, la Syrie, l'Égypte, la Corse, l'Algérie, l'Espagne, l'Inde et l'Indo-Chine.

Si Jean n'avait pas été possédé par la fièvre des voyages, qui devaient, il le sentait bien, faire de lui un homme et un être nouveau, cette fièvre lui fût venue à la vue de tant de pavillons étrangers, arborés par ces navires originaires de ces contrées lointaines où il irait peut-être un jour.

LE TOUR DE FRANCE D'UN PETIT PARISIEN

De cette hauteur, Jean voyait la mer (page 779).

Ce qui surprit le plus Jean dans ses courses à travers la grande ville, ce fut d'apprendre que nombre de ses édifices ne datent que de vingt ou vingt-cinq ans. En les lui désignant, on disait : — La nouvelle cathédrale (la Major), le nouvel hôtel de la Préfecture, le nouveau palais de Justice, la nouvelle Bourse, le nouvel archevêché, la nouvelle chapelle de Notre-Dame de la Garde, la nouvelle gare maritime du chemin de fer, le nouvel Observatoire.

le nouvel édifice destiné à la bibliothèque publique et à l'Ecole des Beaux-Arts ; cela allait avec le nouveau port, avec les nouveaux quartiers de la Joliette et d'Arenc, auxquels le port de création récente a donné naissance, avec le nouveau jardin des plantes, le nouveau musée, établi sur la colline de Longchamp dans un *nouveau* palais de style Renaissance ; cela allait avec la manutention des vivres, avec la manufacture des vivres, avec la manufacture des tabacs, l'église de Saint-Vincent de Paul, l'église Saint-Michel, plusieurs casernes, un arsenal, des halles, des écoles, tous édifices de construction nouvelle; avec le nouveau canal qui amène à Marseille les eaux de la Durance et a permis de doter la ville de quatre cents nouvelles fontaines publiques et de dix-huit cents bouches d'arrosage.

C'était à croire à une ville née d'hier avec 315,000 habitants ! Et cependant Marseille il y a trente ans était déjà une fort grande et fort belle ville très peuplée. On a agrandi ou restauré les hôpitaux, créé des places et des boulevards, prolongé les rues; même une partie de la Canebière est désignée aussi sous le nom de nouvelle Canebière.

Jean comprenait que les Marseillais fussent glorieux de leur Canebière, la plus spacieuse de leurs rues, bordée de belles maisons, de cafés dorés où ils passent la moitié de leur vie ; magnifique artère, coupée en croix par le cours Belzunce, les rues d'Aix et de Rome qui y aboutissent, cette dernière rue prolongée par le Prado (ensemble 5 kilomètres).

En effet, ils en sont glorieux à ce point qu'on a pu mettre dans leur bouche cette énormité: « Que si Paris possédait une Canebière il serait un petit Marseille ». Les Marseillais, qui fréquentent le monde entier, ne sont pas gens si incapables de comparer; mais Marseille ne donne pas seulement le jour à des négociants, à des armateurs et à des marins: nombre d'écrivains nés dans ses murs viennent exercer à Paris leur verve caustique de vaudevilliste aux dépens de leurs compatriotes, qui ne s'en portent que mieux: on n'est jamais trahi que par les siens ; et voilà comment il se fait que tant de légendes burlesques ont pour héros des braves Marseillais.

Les Marseillais sont actifs, énergiques, et très entendus dans les affaires, ce dont il faut les féliciter pour eux et pour la France, qui doit redouter l'engourdissement. Leur ville est riche et a pu faire face à ces énormes dépenses de transformations et d'embellissements exécutées en quelques années. La Bourse seule a coûté près de neuf millions, et c'est la chambre de Commerce qui a fourni la presque totalité de cette somme. Le canal a coûté plus de cinquante millions.

Le futur explorateur de l'Afrique aimait à se trouver en face de cette mer si belle, si engageante, large chemin intrépidement parcouru depuis tant de siècles! Il se familiarisait avec elle par la contemplation. Souvent, après une journée d'étude, à l'heure où le soleil éclairait horizontalement les collines il aimait à quitter la ville et à suivre la belle avenue du Prado, bordée de chaque côté d'allées d'arbres, et à l'alignement de laquelle se rangent les grilles des villas et de leurs jardins. A un rond-point, ces allées se brisent à angle droit, et se dirigent vers la plage. Aussitôt, Jean apercevait les eaux bleues de la Méditerranée au bout de la perspective.

Une fois au bord de l'eau, il s'en revenait du côté de la ville en suivant le rivage par la Corniche, superbe route de voitures, taillée dans la roche — marchant en plein soleil, le visage fouetté par le vent du large; il escaladait la colline pointue que termine Notre-Dame de la Garde, et il s'asseyait là, au sommet, un livre sur les genoux, pour lire encore tant qu'il ferait jour.

De cette hauteur, il voyait dans toutes les directions la mer promenant ses vagues; il voyait la ville et les divers bassins qui reçoivent les navires. Puis, la nuit tombait; les rues de la ville s'éclairaient de points lumineux; le phare de Planier allumait au loin, sur la mer, son feu tournant; la grosse cloche de Notre-Dame de la Garde frappait lentement les coups de l'angelus, dont la vibration prolongée remuait la poitrine et le cœur du pauvre garçon.

Dans son isolement, plus sensible encore à cette heure et en ce lieu, il faiblissait un moment; il pensait à tous ceux qu'il aimait et dont il était si loin, sa réflexion s'arrêtait mélancolique sur le souvenir de Sylvia, ce culte de sa vie, et il se disait que, par un sorte de dérision, la voie qui le rapprochait le plus d'elle était le sillage à peine visible encore des navires, sur cette vaste mer dont le bleu s'assombrissait et se moirait devant la nuit. Et puis, de minute en minute l'éclat du phare lui apparaissait comme un appel mystérieux. Au delà de toute cette eau, se disait-il aussi, se trouvait l'Afrique, vers laquelle tendaient présentement tous ses efforts. Alors, il redevenait lui-même.

Il fermait son livre et descendait d'un pas léger vers la ville. Pour deux sous, un batelier lui faisait traverser le vieux port, juste en face de l'étalage de son oncle, qui s'était assoupi sur sa chaise dès que les oiseaux aux plumages exotiques des boutiques voisines avaient cessé de crier et de pépier. On mettait les volets, et on s'en allait dîner chez un Sicilien qui vantait son art de préparer la pâte, tandis qu'on engloutissait les grandes jattes de nouilles à l'italienne de sa façon. Le reste de la soirée s'écoulait dans la tenue des comptes et la correspondance.

A cette vie-là, Jean augmentait chaque jour la somme de ses connaissances; mais Jacob dépérissait sensiblement. Il faut croire, comme il le disait, que son premier acte « de vertu » ne lui avait pas porté bonheur.

XXII

Le « Précurseur »

Un dimanche, Jean et son oncle, abandonnant l'étalage de petits livres, s'étaient dirigés du côté des Catalans : c'est comme un petit port dans une anse creusée dans les rochers de la pointe d'Endoume, en avant et à gauche du vieux port.

En passant au pied des murailles de l'abbaye de Saint-Victor, qui portent la trace du feu allumé par les Sarrasins, Jean se surprit à écouter le carillon égrenant lentement les notes d'un cantique, ou de cet air de « Marlborough » qui n'a pas toujours noté une chanson satirique, et qui a été l'air d'un cantique que psalmodiaient les Croisés en Terre-Sainte. Et alors il fit un retour vers les siècles écoulés, et tout ce qu'il y avait de vieux et d'antique dans la cité phocéenne qui date de 600 ans avant Jésus-Christ, lui apparut très distinct et tranchant avec l'apport des temps modernes.

En approchant des Catalans, ils virent un rassemblement au bord de la mer. Bientôt, ils apprirent que quelques mauvais sujets venaient de jeter à l'eau un Allemand, un joueur d'orgue : l'orgue gisait à terre avec sa courroie luisante ; l'Allemand se débattait dans l'onde amère comme un chien qui ne veut pas nager ; et les « marias » se tordaient de rire, retenant ceux des assistants qui voulaient se porter au secours du patient, objet de leur féroce amusement.

— Mais c'est Hans Meister ! s'écria Jean.

Jacob pâlit.

— C'est pour mon malheur qu'il reparait sur mon chemin, murmura-t-il. Il faut le laisser, Jean... il faut le laisser se noyer.

Mais Jean n'entendit même pas. Mettant bas son veston, il s'était élancé dans la mer au moment où l'Allemand, à bout de résistance, allait disparaître. En quelques brassées, Jean, fut auprès de lui, le saisit et le soutint, tandis qu'un bateau détaché de ceux dont la quille coupait le sable, — en rangs serrés — venait à point l'aider à compléter le sauvetage.

Hans Meister, hissé dans le bateau se secoua comme un barbet, souffla pour chasser l'eau salée des narines, s'essuya les yeux et aperçut, alors seulement, Jean. Furieux, il saisit une barre de gouvernail, et la souleva en criant : — Tarteiffle ! Tu étais avec eux ; tu vas payer pour tous !

Mais le batelier arracha à l'énergumène cette arme improvisée, et les « marias » se mirent à rire de plus belle.

Déjà le bateau touchait le sable. Jean sauta à terre, l'Allemand descendit dans la mer où il pateaugea, au milieu des risées, ayant de l'eau jusqu'aux genoux. Il était sauvé, mais sa colère grandissait. Le Tudesque menaçait furieusement tous ces mauvais plaisants qui l'entouraient en le traitant de « darnagas », et autres aménités dont est riche la langue provençale. Les gestes de Hans se faisaient de plus en plus désordonnés. Il vociférait en allemand tout ce qu'il savait de jurons formidables.

— Mais il est fou, ce saint homme ! observa un vieux pêcheur, coiffé du long bonnet de laine rouge des Catalans.

Fou ! c'était le mot de la situation. Hans Meister, qui ne fut oncques sain d'esprit, avait perdu complètement le peu de raison qui lui restait. Quand cela ? Peut-être dans sa fuite, après la criminelle tentative de la mer de Glace. Il s'arrêta un instant devant Jacob et ne le reconnut pas, bien qu'il eût reconnu Jean un moment auparavant lorsqu'il avait tenté de l'assommer.

Un brigadier des douanes le fit mener en lieu de sûreté, tandis qu'un mousse, pieds nus, le scapulaire rouge sur la poitrine découverte portait l'orgue derrière l'étranger, en jouant de l'instrument, émerveillé d'être devenu musicien rien qu'en tournant une manivelle.

Cependant les désœuvrés, à qui l'on avait trop tôt enlevé leur jouet, s'excitaient l'un l'autre pour faire un mauvais parti au Lorrain et à son neveu. Jacob Risler, affaissé, n'avait plus rien du lutteur d'autrefois, dont la crâne attitude et les biceps saillants imposaient le respect. Jeanne ne devait pas, semblait-il, peser bien lourd... Si l'on envoyait le « vieux » boire un coup à son tour à la grande tasse, histoire de voir comment le « jeune » s'y prendrait pour le repêcher ? La première poussée seule coûtait...

— Bagasse ! disait l'un qui trouvait l'entreprise hardie. Commence, toi...

Un bon renfoncement sur le chapeau... jusqu'au menton, une vraie « bouite »...

— Té ! faisait l'autre, commence toi-même, que t'as tant de langue...

En ce moment, fort opportunément, surgit un nouveau personnage qui, après une seconde d'hésitation, souleva Jean de ses deux mains, en criant joyeusement :

— Je le tiens ! c'est mon petit Parisien ! Ah ! c'est un bon métier celui de marin pour rencontrer les amis partout, et le père Vent-Debout a du flair quand il n'a pas été passé au tafia. Oui, c'est Vent-Debout, c'est ton ancien, mon garçon !

C'était bien le vieux pilote : il passait par Marseille, faisant du cabotage entre la Ciotat et Cette, et il repartait le lendemain...

Cette rencontre devenait une véritable fête. Son premier effet fut de tenir à distance les mauvais garnements qui complotaient quelque nouveau tour de leur façon. De chaudes poignées de main s'échangèrent entre le pilote et Jean.

— Mais tu es plus trempé qu'un faubert ! s'écria le vieux marin ; tu coules l'eau !

Jean montra la mer, l'Allemand qu'on emmenait, et dit deux mots de ce qui venait d'arriver.

Alors tous les deux à la fois se racontèrent comment ils avaient vécu depuis leur séparation à Calais, — « sans trop d'avaries » en ce qui concernait le père Vent-Debout.

La présence de l'oncle Risler jetait un froid : Jean ne réussit pas à expliquer au loyal Breton comment son ancien persécuteur s'était réconcilié avec lui. Les favoris de « chaloupier » portés par Jacob ne lui revenaient pas.

Toutefois la journée s'acheva gaiement dans une guinguette, au bord de l'eau, où l'on mangea des sardines frites à l'huile. Jean, séché et réchauffé, parla tant qu'il voulut de ses projets d'avenir, et l'on se sépara avec l'espoir de se rencontrer encore « sur le plancher des vaches », avant de « mettre le cap sur l'autre monde. »

L'incident relatif au bain forcé de Hans Meister et au dérangement d'esprit du susdit, avait singulièrement étonné le vieux pilote.

— Tout arrive ! murmurait-il gravement.

Pour ceux qui s'intéresseraient à l'ancien compère de Jacob, à son mauvais génie, — nous ajouterons que l'Allemand, dont l'aliénation mentale ne pouvait plus faire doute, fut rapatrié selon les usages administratifs.

Mais Jacob demeurait frappé de cette étrange rencontre.

— J'avais bien dit, répéta-t-il plus d'une fois, qu'il me porterait malheur jusqu'à la fin !

— Mais en quoi, mon oncle ?

— Il m'a coupé bras et jambes... Le moins qu'il puisse avoir, cet Allemand, c'est le mauvais œil !

Malgré tout, avant la fin de la semaine, cette journée de dimanche fut oubliée. Jean venait de recevoir de bonnes lettres de Caen. Il obtenait enfin d'accompagner M. de Brazza dans sa troisième expédition. Le baron du Vergier avait fait exprès le voyage de Paris pour voir le jeune lieutenant de vaisseau, dont s'occupaient le monde savant et le gouvernement français, et il tenait de lui une promesse favorable à son protégé.

On était au milieu de janvier 1883 et l'expédition devait quitter Bordeaux à la fin de mars. Jean, mieux préparé que jamais par un travail assidu, avait tout juste le temps de jeter un coup d'œil sur la Crau et la Camargue et de s'acheminer par Cette et Montpellier vers Bordeaux, où il comptait passer quelques jours auprès de son vieil ami Bordelais la Rose.

Il dût se résigner enfin à dire adieu à son oncle Risler, auquel il avait fini par s'attacher, et qu'il laissait à Marseille dans un fâcheux état de santé : rien n'assurait Jean de le retrouver vivant, s'il avait lui-même le bonheur de revoir ce beau pays de France qu'il allait quitter pour bien des années !

Cette séparation accomplie, il alla voir le grand et le petit Rhône, et l'île de la Camargue, qu'enserrent les deux bras du fleuve. Elle est marécageuse, toute coupée de canaux naturels et de fosses d'écoulement. Sa tête touche à Arles, à l'endroit même de la bifurcation du Rhône. Le delta du Rhône est presque inhabité, sauf dans cette partie septentrionale où les cultivateurs bravent la fièvre. Là, se trouvent aussi de vastes pâturages où vaguent des chevaux blancs ou gris, des troupeaux de bœufs à demi sauvages, et des « manades » de taureaux noirs, petits, aux cornes recourbées, destinés aux courses dans les fêtes votives (les vôtes) des villages de la région, imitation très mitigée des « corridas » espagnoles.

La Camargue infestée de moustiques qui s'échappent par nuées des marais boisés de tamaris, est poudreuse l'été et à demi inondée durant l'hiver. Son sol limoneux est fortement échancré au sud par l'étang de Vaccarès, où les vaches paissent les herbes marines des rives. Cet étang est en arrière du golfe de Beauduc, dont il est séparé par des îlots d'alluvion.

Au delà du petit bras du Rhône, et bornée au nord par des étangs et des marais, Jean vit la petite Camargue, toute en étangs elle-même jusqu'à

LE TOUR DE FRANCE D'UN PETIT PARISIEN

Jean éleva son chapeau et cria : « Vive la France » (page 791).

Aigues-Mortes, cette ville aux curieuses fortifications, témoins du départ des Croisés.

Entre Arles et Marseille, Jean parcourut la vaste plaine de la Crau, si singulière avec son encombrement de grosses pierres qui semblent avoir servi à armer des frondes de géants. Cette plaine est fermée au nord par le canal de Crapponne et le massif des Alpines.

Il prit des notes intéressantes, et pouvant devenir utiles pour lui. Dans la plaine encombrée de pierres qui s'étend du Rhône à l'étang de Berre, — la plaine de la Crau, ancien lit de la mer, — le canal de Crapponne se ramifie en une multitude de rigoles ou « béals », qui ont fait des campagnes d'Istres — sur l'étang de Berre — une des régions agricoles les plus fécondes de la France ; la ville de Salon, qui se trouvait lors du creusement du canal, à la limite même de la Crau, en est séparée maintenant par une vaste étendue de terrains couverts des plus riches cultures. Un quart de cette plaine de cailloux a déjà été transformé.

La Crau n'était autrefois qu'un pâtis où se montraient les rares pasteurs des troupeaux transhumants. Maintenant les rideaux de cyprès, les cultures diverses, les maisons qui bordent les canaux d'arrosement introduisent quelque variété dans l'ancienne solitude, si morne jadis.

Toutes les excursions de Jean à travers la Crau et la Camargue le ramenaient à Arles, ancienne colonie grecque, qui devint capitale de ce royaume d'Arles créé par le démembrement de l'empire de Charlemagne. Nous avons dit déjà que Jean y trouva de nombreuses antiquités romaines. Le moyen âge se montra à lui dans les restes de l'ancien palais des rois d'Arles, la tour de l'horloge à l'hôtel de ville, et surtout l'église Saint-Trophime avec son portail et son magnifique cloître romano-byzantin.

Cette ville de 25,000 habitants, a conservé, malgré le voisinage de Marseille, un certain commerce maritime, grâce au canal qui va rejoindre la mer au port de Bouc.

Enfin Jean prit le chemin de fer de Cette, d'où il devait se diriger directement vers Bordeaux. Il passa par Lunel et Montpellier ; — Lunel, célèbre dans le monde entier par ses vins muscats ; Montpellier, ville d'étude, et aussi de commerce et d'industrie, où une population de plus de cinquante mille âmes trouve à s'occuper.

Jean devait revoir ces villes où il était passé à la suite de sir William et dans la compagnie de Maurice : Béziers, Narbonne, Carcassonne, Toulouse. Il aurait bien voulu, étant à Narbonne, faire une pointe jusqu'à Perpignan et Port-Vendres, afin de pouvoir dire qu'il connaissait la Méditerranée depuis les Alpes jusqu'aux Pyrénées ; mais l'état de ses finances ne le lui permettait pas. C'était pourtant bien séduisant : s'arrêter à Narbonne et y voir son hôtel de ville (ancien archevêché) à la fois gothique et mauresque, et à Perpignan le castillet maure, avec ses tourelles rondes à larges créneaux ; avoir une révélation complète de ce Midi d'au delà des Cévennes qui étonne tant les Français du Nord, — surtout lorsque connaissant l'histoire de leur pays et se rappelant les massacres et les destructions qui marquèrent les phases de la croisade contre les Albigeois, ils s'attendent à ne plus trouver partout que des ruines. Il y a des ruines, en effet, mais des ruines aimées du soleil, qui y sème des giroflées, des sempervirens, et fait pénétrer dans les fentes des vieux murs les racines tenaces du grenadier. Ils évaluent naïvement les kilomètres qui les séparent de Paris, par exemple, et sont tout surpris en constatant que, par son climat, ses rochers et ses plaines d'un caractère particulier, ses horizons d'une couleur inattendue, la belle mer bleue qui frange son littoral, ses monuments et son histoire, le Languedoc semble faire partie d'un autre monde que la France.

Cette impression que Jean ressentait fut fortifiée précisément par cette étrange ville de Carcassonne, — mal vue par lui la première fois : au milieu d'une plaine onduleuse et semée de forêts d'un vert pâle, s'élève un vaste rocher sur lequel des tours et des murailles, semblables elles-mêmes à d'autres rochers, brillent aux rayons du soleil comme une apparition de l'Orient, et se détachent en jaune d'or sur le bleu lointain des Pyrénées.

Notre futur explorateur africain passa par Montauban, l'ancienne forteresse huguenote qu'il connaissait grâce à l'éloge fait devant lui par l'un de ses bourgeois — à Toulouse, dans une soirée mémorable qui finit par des coups ; — et de même Agen. Il vit Marmande, port de commerce très fréquenté sur la Garonne et qui compte 9,000 habitants ; il vit la Réole, ville de 4,000 habitants, étagée sur les flancs d'une colline baignée par le même fleuve.

Et Jean, tandis que les wagons roulaient avec bruit, franchissaient ponts suspendus et tunnels, pensait : — C'est un sujet d'inépuisable étonnement que la diversité du sol de la France! Tout y est représenté : les hautes cimes telles que les Alpes et les Pyrénées, couronnées de neiges, les montagnes volcaniques, brûlées et bouleversées comme celles du massif central, les hauteurs boisées arrondies en dômes comme dans les Vosges ; il y a des vallées et des plaines fertiles ainsi que le Graisivaudan et la Limagne, des prairies herbeuses telles que celles de la Normandie, des jardins et des vergers comme en Touraine, des forêts comme dans l'est et le centre, des terres noyées comme le delta du Rhône, des plages areneuses comme celles du littoral de la Manche et du golfe de Gascogne, où la dune se meut au gré des vents du large ; il y a des landes stériles et des vignobles fameux...

La France a des côtes développées sur plusieurs mers ; elle a de grands fleuves reliés entre eux par un système de canaux qui permet d'aller de Rouen à la Méditerrannée et de Bordeaux au Rhin; sa constitution économique est de nature à être enviée; son sol admet les cultures les plus variées; ses campagnes sont riches par les produits de la ferme et l'élevage du bétail, ses villes riches encore par les industries les plus diverses; elle possède des bassins houillers, des minerais; elles a à la disposition de son trafic des chemins de fer développés, une marine marchande importante; enfin, chose précieuse entre toutes, ses populations, si diverses par leurs origines, leurs mœurs, leurs usages, leurs idiomes provinciaux sont confondues en une admirable unité; cette unité française qui brille par une phalange d'hommes d'élite — ceux dont Jean avait visité les villes natales et tant d'autres bien plus nombreux... A lui seul, Paris en a fourni une légion.

En faisant toutes ces réflexions, qui fortifiaient son patriotisme, Jean arriva à Mérignac, un peu après le 15 mars. Il était attendu par Bordelais la Rose qui lui avait préparé un petit trousseau de linge de corps, — toile et laine.

— J'ai accepté enfin quatre-vingt-dix mille!

Ce fut la première parole que lui dit son vieil ami, lorsqu'il put se dégager de son étreinte.

Et sans plus d'ambages, l'excellent homme déclara à Jean qu'il le faisait son héritier.

— Si tu reviens un jour, comme j'en ai le ferme espoir, tu trouveras cet argent en bonnes rentes sur l'Etat, augmenté des intérêts. Et si Bordelais la Rose n'est plus là, — sac et giberne! — tu te rappelleras qu'il a voulu t'adopter et tu l'aimeras un peu avec cette vigueur de sentiment que tu as montrée quand il s'est agi de la mémoire de ton père. Vois-tu, Jean, quatre-vingt-dix mille francs, — mettons cent mille avec les intérêts, — ça leste joliment un gaillard retour du Congo; et il me semble que si j'étais le baron du Vergier, je ne me trouverais pas trop noble pour acquitter envers toi une dette de cœur qu'il a contractée dans des conditions... Reste à savoir si la demoiselle...

— Oh! fit Jean d'un air indiquant qu'il ne doutait point de Sylvia.

Toutefois il avait beaucoup rougi.

— Je m'étais toujours douté, sac et giberne! que tu prenais par le Congo pour aller à Caen.

— Si ce n'était pour *elle*, murmura Jean, je n'aurais peut-être pas entrepris cette lutte pour la vie, comme disent les Anglais, d'où je dois sortir grandi et fortifié si je ne succombe...

Quelques jours s'écoulèrent bien rapidement, et Bordelais la Rose ramena son jeune ami à Bordeaux. On attendait l'arrivée de M. de Brazza, annoncée de Paris comme imminente...

De grand matin, Jean et Bordelais virent tout de suite, amarré au quai, le navire qui devait transporter l'expédition sur la côte africaine, le *Précurseur*, bateau à vapeur de la maison Tandonnet.

Le personnel qui suivait l'explorateur se composait d'une trentaine de personnes attachées à la partie scientifique ou politique de l'expédition, plus seize contremaîtres de différents corps de métiers; en outre M. de Brazza devait prendre à Dakar cent tirailleurs sénégaliens. Il emportait des armes et des munitions: 350 mousquetons, 150 revolver, 4,000 sabres, 12 canons de campagne avec leurs affûts, de la poudre et des projectiles; en outre un petit vapeur (le *Papillon*) dont la machine se démontait, destiné à explorer les cours d'eau peu profonds, enfin, une grande quantité de provisions de toute sorte, une balle de couvertures de laine, etc.

M. de Brazza devait rejoindre le *Précurseur* à Pauillac.

Autour du navire à vapeur régnait une grande animation. Chaque passager faisait embarquer ses bagages. Bordelais la Rose veilla à ce que tout ce que Jean emportait fût rangé soigneusement dans sa cabine. L'excellent homme avait les larmes aux yeux, et pour se donner une contenance mâle, il répétait sans fin: sac et giberne! sac et giberne! Puis, se ravisant:

— Mais ce ne sont pas les adieux! J'irai te retrouver à Pauillac: une heure et demie de chemin de fer ce n'est pas une affaire! Ici, c'est une fausse sortie, comme au théâtre: tu pars, et demain je te retrouve. Tu me diras si tu te sens le pied marin... Mais que cherches-tu? ajouta Bordelais la Rose en voyant le regard de Jean errer vers les quais.

— Rien, rien, répondit ce dernier.

Les partants recevaient des accolades et des poignées de main de leurs amis, accompagnées de souhaits chaleureusement exprimés. Jean s'étonnait de n'avoir pas trouvé à Mérignac d'autre lettre d'adieu que quelques mots de Jacob Risler datés d'Ajaccio. Le porteballe se plaignait de son état de santé, qui lui laissait peu d'espoir de revoir son neveu... Jean se demanda si ses amis l'oubliaient. Il avait pourtant annoncé son départ à Maurice, à Modeste Vidal, à M. Pascalet, à Werchave; il avait pris congé de son oncle Blaisot, du baron du Vergier et de sa femme, de Sylvia, de sir William et de miss Kate. Si Maurice allait lui faire la surprise de venir?

— Que regardes-tu donc, enfin? dit encore Bordelais la Rose.

— Je cherche si, parmi tant de monde, il n'y a pas des amis pour moi...

— Des amis? s'il en vient, ils n'arriveront pas avant le chef de l'expédition, dont tout le monde connaît les mouvements, par les journaux. Va, je te les amènerai à Pauillac...

Le *Précurseur* largua ses amarres vers sept heures trois quarts du matin, pour aller mouiller devant l'Entrepôt, afin de faire son évitage avec le flot. Entre midi et une heure, il devait lever l'ancre pour Pauillac.

Ce moment arriva.

Il fallut se quitter — séparation douloureuse, prélude d'une séparation plus douloureuse encore.

Le lendemain, Bordelais la Rose se trouvait à Pauillac, mais non pas seul : le train venant de Paris avait amené à Bordeaux, en même temps que M. de Brazza et plusieurs personnes de sa suite, le baron du Vergier, son fils, Modeste Vidal et Werchave; et o delais la Rose, grâce à sa faconde de méridional, avait su rallier dans tout ce monde les voyageurs venus pour son protégé.

Les amis de Jean montèrent à bord du bateau à vapeur. Le plus leste, ce fut Maurice, qui dit d'abord adieu à son ami au nom de sa sœur, très touchée, très fière de sa courageuse détermination. Le baron du Vergier mit fin à ces confidences en s'emparant du jeune homme qu'il serra tendrement sur sa poitrine. Le baron, toujours un peu solennel, se crut obligé de faire un petit discours. Il dit à Jean tout plein de choses très sensées et fort bienveillantes, et l'assura de la sympathie de la baronne.

— Souvenez-vous, mon cher Jean, dit-il en finissant, que si jamais vous avez besoin des conseils et du secours d'un ami, vous en avez un en moi. Je me croirai toujours trop heureux de vous servir. Inutile de vous recommander d'agir avec honnêteté dans la voie nouvelle où vous vous engagez hardiment : je n'ai jamais rencontré de jeune homme en qui les principes de l'honneur et la loyauté aient jeté de plus profondes racines. Dieu vous bénisse, mon enfant, et que le bonheur vous accompagne! Aussi loin que vous irez nous vous suivrons, et nos vœux hâteront votre retour.

— Oui, oui, c'est bien cela, murmurait Bordelais la Rose très ému. Sac et giberne! c'est bien cela!

Les adieux de Modeste Vidal et de Werchave furent ceux de joyeux jeunes gens, enviant le sort de leur camarade.

— Il ne faut pas compter sur le poulet à naître de l'œuf qui n'est pas encore pondu, dit le Flamand, toujours sentencieux. Il ajouta comme correctif : Mais, va toujours !

Jean pria Vidal de ne point perdre de vue l'oncle Blaisot et de lui expliquer les motifs de sa conduite. M. Pascalet ne fut pas négligé.

Maurice était chargé d'une commission mystérieuse : sir William et miss Kate souhaitaient toutes sortes de prospérités à leur ami Jean. Le baronnet, sachant que Jean avait été dépouillé de la montre offerte jadis par sa fille, envoyait au jeune homme sa propre montre, en le priant de la porter en souvenir de leurs « journées » à travers la France. Sir William espérait que Jean serait de retour pour le moment du mariage de miss Kate avec le jeune du Vergier.

Méloir aussi ne voulait pas être oublié par son petit monsieur de Paris, et se promettait déjà de festiner à son retour avec un entrain dont on se souviendrait à Caen.

Jean fut recommandé une fois encore à M. de Brazza par le baron.

Enfin le moment vint de la séparation définitive, — et il y avait dans tous ces cœurs d'hommes un trouble qui n'était pas de la faiblesse. Dans tout adieu n'y a-t-il pas un déchirement?

Retournés sur le quai, tous suivaient attentivement les manœuvres du bateau à vapeur impatient de prendre la mer. Les moments étaient comptés. Les adieux du geste et de la voix se pressaient plus fébriles. Jean faisait bonne contenance, ferme comme ce jeune homme nouveau rêvé par lui ; il se multipliait pour répondre à tous ses amis.

Le navire reçut une secousse et l'eau bouillonna : on était en route. Jean éleva plus haut son chapeau, et cria d'une voix que l'émotion rendait vibrante : Vive la France !

S'il fut le premier, il ne fut pas le seul à pousser ce cri à bord. Des quais, cette exclamation revint au navire comme un suprême adieu.

Mais tout à coup, un homme fend la foule, l'œil en feu, le vêtement en désordre, gesticulant, le verbe haut :

— On s'en va donc? on laisse les amis à bâbord sans rien dire à Vent-Debout, qui a démarré exprès de Rochefort? Attrape à courir ! Arrêtez ! Je souffle comme un marsouin... (le vieux pilote élevait la voix à mesure que le bateau à vapeur s'éloignait). S'il n'y a pas de quoi s'arracher le gréement ! J'aurais pourtant gagé ma pipe contre une queue de sardine que j'arriverais à temps pour l'embrasser... C'est bien sûr ce beau monsieur, là-bas, qui me salue, mon petit Jean? Ma foi, oui bien. Dire que je l'ai connu gros comme un rat de cale ! Il est spalmé et suifé ce steamer, je ne dis pas non ; c'est pas une raison pour aller si vite...

Le père Vent-Debout se mit à courir le long du quai pour se rapprocher du *Précurseur*.

— Bon voyage, mon ami Jean ! criait-il. Bon voyage ! On s'y rencontrera peut-être un de ces quatre matins dans le pays où tu vas. Le Congo ! c'était une frime autrefois : pour rimer avec matelot. Maintenant il en reviendra des neveux millionnaires. Adieu, mon fils ; tu as assez bourlingué pour avoir le droit de te requinquer un brin... Tremblement de Brest ! tu es un crâne, un soigné ! tu es taillé en lougre ; je veux être coulé avec la grande ancre en cravate si tu ne fais pas ton chemin ! Adieu !... Adieu !! Et surtout, mon garçon, pare la coque !

FIN

TABLE DES MATIÈRES

PROLOGUE

LE COUP DE MAIN DU PONT DE FONTENOY.... 1

PREMIÈRE PARTIE

L'HONNEUR D'UN PÈRE

		Pages
I.	Un crime en wagon	45
II.	L'orphelin	55
III.	Le compère Hans	64
IV.	Dans la forêt	75
V.	Le buron	85
VI.	Le dernier des vicariants	93
VII.	La promesse de Jacob Risler	102
VIII.	Mont-Dore-les-Bains	110
IX.	Au Puy de Sancy	118
X.	Le mentor de Jean	128
XI.	Gergovie	136
XII.	De Clermont-Ferrand à Orléans	145
XIII.	Les joyeux vinaigriers	153
XIV.	Les sources du Loiret	163
XV.	Les châteaux de la Touraine	168
XVI.	A Amboise	179
XVII.	La famille de sir William	189
XVIII.	Le pilote Vent-Debout	199
XIX.	La tour des Baleines	214
XX.	L'embouchure de la Loire	226
XXI.	Nantes	235
XXII.	Le littoral de la Bretagne	244
XXIII.	Le livre de bord de miss Kate	253
XXIV.	La pointe de Barfleur	261

DEUXIÈME PARTIE

SANS NOM

		Pages
I.	— Au champ de foire.	275
II.	— La petite Emmeline.	286
III.	— Pauvre mère !	297
IV.	— Sur les grands chemins.	309
V.	— Un nouvel exploit de Hans Meister.	320
VI.	— A travers la Normandie.	332
VII.	— Une page d'histoire.	342
VIII.	— L'Exposition universelle de Paris	353
IX.	— Cydalise.	363
X.	— A travers les Flandres	374
XI.	— La ducasse de Bambecque	384
XII.	— Aux mines d'Anzin.	396
XIII.	— Jean vaincu.	408
XIV.	— A Dunkerque	420
XV.	— Une ancienne connaissance.	430
XVI.	— Le porteballe	439
XVII.	— Picardie et Ardennes.	451
XVIII.	— Souvenirs d'un ambulancier.	462
XIX.	— Lorraine et Champagne.	477
XX.	— Sylvia.	488
XXI.	— A cœur fort poids léger.	505
XXII.	— Une autre vieille connaissance	519
XXIII.	— La catastrophe de Lourches.	533

TROISIÈME PARTIE

LA LUTTE POUR LA VIE

I.	— La mère et la fille	547
II.	— Maine et Bretagne.	561
III.	— Sur le chemin de Landerneau.	576
IV.	— Le « festin de l'armoire ».	585
V.	— Un bon accueil.	594
VI.	— Les landes de Gascogne.	611
VII.	— De Bayonne à Bagnères de Luchon	621
VIII.	— Une chasse à l'isard	633
IX.	— Les rives de la Garonne.	646
X.	— Qui commence bien et finit mal	658

		Pages
XI.	— Les caves de Roquefort	671
XII.	— Le châtiment	680
XIII.	— Vendanges de Bourgogne.	693
XIV.	— La Dôle.	708
XV.	— En canot de papier.	711
XVI.	— Sur le Rhône	719
XVII.	— En pays de montagnes	728
XVIII.	— Le guet-apens	736
XIX.	— Jacob Risler.	745
XX.	— Languedoc et Provence.	757
XXI.	— Au bord de la Méditerranée	768
XXII.	— Le « Précurseur »	781

FIN DE LA TABLE

Paris. — Imp. Ve P. Larousse et Cie. — Librairie Illustrée, 7, Rue du Croissant.

www.ingramcontent.com/pod-product-compliance
Lightning Source LLC
Chambersburg PA
CBHW061728300426
44115CB00009B/1139